企業倫理

기업윤리

변상우

PnC publishing and culture
피앤씨미디어

머리말

기업윤리(business ethics)는 기업의 경영활동에 대한 규범적 기준에 사회의 윤리적 가치체계를 기업경영에 제시한 것이다. 오늘날 치열한 글로벌 경쟁 속에서 기업이 경쟁력을 제고시키고 지속가능한 발전을 위한 핵심요소가 바로 '윤리경영'의 실천이다. 윤리경영은 기업 활동에 있어 '기업윤리'를 최우선 가치로 생각하며, 투명하고 공정하며, 합리적인 업무 수행을 추구하는 경영정신이다.

기업은 이익을 극대화하는 것이 주목적이지만, 기업의 사회적 책임 역시 매우 중요하게 받아들여지고 있다. 기업의 경영성과가 아무리 좋아도 기업윤리 의식에 대한 사회적 신뢰를 고객과 시민들로부터 얻지 못하면 결국 기업은 문을 닫을 수밖에 없는 현실적 요구를 바탕으로 한다.

국제적으로 국제표준화기구(ISO) 산하 소비자정책위원회가 윤리경영을 ISO 9000(품질인증), ISO 14000(환경보호 인증)과 같은 범주에 포함시켜 기업의 사회적 책임(Corporate Social Responsibility)에 대한 기준을 제시한 ISO 26000, 반부패경영시스템에 대한 표준으로 ISO 37001이 공표되어 국내·외 반부패, 윤리경영에 대한 관심이 높아지고 있으며 기업들의 윤리경영을 실천하는 데 도움이 될 것으로 기대하고 있다. 이처럼 국제경제사회에서 기업윤리가 21세기에 기업들이 갖추어야 할 기업경쟁력으로 대두되면서 윤리경영의 필요성이 더욱더 커지고 있다. 이에 따라 국내 기업들도 윤리경영 전담부서 설치, 윤리강령, 윤리교육 등 윤리경영을 적극적으로 도입 실천하고 있다.

기업윤리는 사업가들이 지니고 있는 기업이나 종업원에 관한 도덕적 규범이나 규칙에 관한 지침서 역할을 하게 된다. 경영자들은 대중과의 관계에서 높은 수준의 가치관, 정직, 공정성에 대한 정당한 실행을 유지하여야 한다.

최근 기업윤리와 관련된 뉴스가 자주 미디어에 메인으로 장식되고 있다. 사용자의 갑질, 채용 비리, 리콜, 회계부정, 환경오염 등에 대한 논란이 계속되고 있다.

오늘날 사회는 기업이 법만 잘 준수하면 되는 준법경영을 넘어서 윤리라는 잣대를 기업에 대기 시작한 것이다. 기업에게는 예전보다 부담이 커지는 것은 사실이지만 기업이 윤리에 부응하지 못하면 기업의 사회적 평판은 땅에 떨어지고 기업 운영 자체가 힘들어지는 경우가 많이 발생하고 있다.

이처럼 우리 사회에서 기업윤리의 실천은 이제 선택이 아니라 필수가 되었다. 본 교재는 기업에서 윤리경영을 왜 실천해야 되는지, 실천하기 위해서는 무엇을 준비하고 구체적으로 무엇을 해야 되는지를 상세하게 설명하고 있다. 이를 위해서 본 교재는 총 5부 15장으로 구성되어 있다.

제1부에서는 기업윤리의 본질을 이해하기 위해서 제1장 기업윤리에 대한 이해, 제2장 기업윤리 이론으로 구성되어 있다.

제1장에서는 기업윤리에 대한 이해를 돕기 위해서 윤리에 대한 이해, 기업윤리의 개념과 중요성, 기업윤리 인식의 변천 과정, 기업윤리의 구성 요소, 기업의 윤리적 판단 기준에 대해 설명하고 있다.

제2장은 기업윤리 이론에 관한 내용으로 의무주의 윤리론, 공리주의 윤리론, 상대주의 윤리론, 정의주의 윤리론, 이기주의 윤리론에 대해 설명하고 있다.

제2부에서는 기업윤리의 실천시스템에 관한 내용으로 제3장 기업윤리강령(Code of Business Ethics), 제4장 기업윤리 실천을 위한 조직 및 제도, 제5장 기업윤리교육에 관한 내용으로 구성되어 있다.

제3장은 기업윤리강령에 관한 내용으로 기업윤리강령의 개념, 기업윤리강령의 작성, 윤리강령의 작성 원칙, 윤리강령, 윤리강령 사례에 대해 설명하고 있다.

제4장은 기업윤리 실천을 위한 조직 및 제도에 관한 내용으로 기업윤리의 실천을 위한 조직, 기업윤리 관리제도, 외국의 기업윤리시스템에 대해 설명하고 있다.

제5장은 기업윤리교육에 관한 내용으로 기업윤리교육, 각국의 기업윤리교육, 기업윤리교육의 내용, 기업윤리교육의 방법, 기업윤리교육기법의 효과적 적용, 윤리교육 프로그램의 개발에 관한 내용을 설명하고 있다.

제3부에서는 기업의 사회적 책임에 관한 내용으로 제6장 기업의 사회적 책임에 이해를 돕기 위해서 설명하고 있다. 기업의 사회적 책임에 대한 개념, 기업의 사회적 책임에 대한 인식 변화, 기업의 사회적 책임(CSR: Corporate Social Responsibility), 기업의 사

회적 책임의 내용, 경영자의 사회적 책임의 의미, 기업의 사회적 책임에 대한 논쟁, 기업의 사회적 책임에 대한 국제적 논의 등에 관한 내용을 설명하고 있다.

제4부에서는 관리기능과 기업윤리에 관한 내용으로 제7장 인적자원관리와 기업윤리, 제8장 마케팅과 기업윤리, 제9장 재무관리와 기업윤리, 제10장 생산관리와 기업윤리, 제11장 정보관리와 기업윤리, 제12장 회계와 기업윤리, 제13장 금융·보험과 기업윤리, 제14장 환경경영과 기업윤리에 관한 내용으로 구성되어 있다.

제7장은 인적자원관리와 기업윤리에 관한 내용으로 인적자원관리의 환경변화, 인적자원관리에 대한 윤리적 이슈, 내부고발과 윤리적 이슈, 세계의 각국별 내부 고발자 보호, 윤리경영 상담센터 설치 등에 관한 내용을 설명하고 있다.

제8장은 마케팅과 기업윤리에 관한 내용으로 마케팅 윤리의 본질, 마케팅 윤리에 대한 이해, 광고 윤리, 소비자보호 운동 등에 관한 내용을 설명하고 있다.

제9장은 재무관리와 기업윤리에 관한 내용으로 재무관리와 윤리에 대한 이해, 기업공개와 윤리, 기업 공시제도와 윤리, 내부자거래와 윤리, 기업지배구조와 윤리, 증권집단소송제도와 윤리 등에 관한 내용을 설명하고 있다.

제10장은 생산관리와 기업윤리에 관한 내용으로 생산관리 윤리의 개념, 생산관리 윤리의 내용, 생산관리와 윤리목표, 생산관리 단계별 윤리문제, 제조물책임 등에 관한 내용을 설명하고 있다.

제11장은 정보관리와 기업윤리에 관한 내용으로 정보화 사회에 대한 이해, 정보화 사회와 윤리문제, 정보기술과 관련된 윤리문제, 정보관리와 윤리문제 등에 관한 내용을 설명하고 있다.

제12장은 회계와 기업윤리에 관한 내용으로 회계윤리의 본질, 회계 제도 개선, 분식회계와 회계투명성, 회계감사인의 윤리의식 등에 관한 내용을 설명하고 있다.

제13장은 금융·보험과 기업윤리에 관한 내용으로 금융기관에 대한 이해, 은행업의 윤리, 증권업의 윤리, 보험업의 윤리 등에 관한 내용을 설명하고 있다.

제14장은 환경경영과 기업윤리에 관한 내용으로 환경경영의 개념, 환경경영의 필요성, 환경경영과 삶의 질, 환경오염의 유형, 환경마인드, 친환경경영의 실천 등에 관한 내용을 설명하고 있다.

제5부에서는 윤리경영 사례에 관한 내용을 정리했다. 제15장은 한국기업의 윤리경

영 사례와 공직자윤리법을 정리했다. POSCO 윤리경영, 삼성전자의 윤리·준법 경영, KT 윤리경영, 공직자윤리법을 정리해 놓았다.

본 책이 완성되기까지 수많은 참고자료, 인터넷 자료 등을 읽고, 검색하여 참고로 했으며 선배, 동료 등 많은 분들의 지원과 격려에 진심으로 감사드린다. 또한 본 책의 출판을 할 수 있도록 허락해 주시고 용기를 주신 피앤씨미디어 박노일 사장님께 감사드린다. 그리고 좋은 책이 될 수 있도록 편집과 디자인에 도움을 주신 출판사 임직원 여러분께도 감사드린다.

2020년 7월

변 상 우

차 례

제 1 부 기업윤리의 본질

제 1 장 기업윤리에 대한 이해

제 1 절 윤리에 대한 이해 ······ 5

1. 윤리의 정의 · 5
2. 도덕, 규범, 법에 대한 이해 · 6
3. 윤리 수준 · 7

제 2 절 기업윤리의 개념과 중요성 ······ 11

1. 기업윤리의 개념 · 11
2. 기업윤리의 중요성 · 13

제 3 절 기업윤리 인식의 변천 과정 ······ 16

1. 기업윤리의 관심 배경 · 16
2. 기업윤리 인식수준의 발전 단계 · 17

제 4 절 기업윤리의 구성요소 ······ 19

1. 이론으로서 기업윤리 · 20
2. 실천으로서 기업윤리 · 20
3. 제도로서의 기업윤리 · 21

제 5 절 기업의 윤리적 판단기준 ······ 21

1. 목적론적 윤리방법론 · 22
2. 의무론적 윤리방법론 · 23
3. 상황론적 윤리방법론 · 24
4. 통합론적 윤리방법론 · 24

제 2 장 기업윤리 이론

제 1 절 의무론적 윤리론 ··· 31
1. 의무주의 윤리론의 개념 • 31
2. 칸트의 의무론 • 34
3. 의무주의 윤리론의 장·단점 • 36

제 2 절 공리주의 윤리론 ··· 36
1. 공리주의 윤리론의 개념 • 36
2. 공리주의 윤리론의 문제점 • 38

제 3 절 상대주의 윤리론 ··· 39
1. 상대주의 윤리론의 개념 • 39
2. 상대론적 윤리론자 • 40
3. 상대주의 윤리론의 문제점 • 41

제 4 절 정의주의 윤리론 ··· 42
1. 정의주의 윤리론의 개념 • 42
2. 롤스의 정의론 • 45

제 5 절 이기주의 윤리론 ··· 48
1. 이기주의에 대한 이해 • 48
2. 이기주의 윤리론에 대한 이해 • 49

▌제 2 부▐ 기업윤리의 실천시스템

제 3 장 기업윤리강령

제 1 절 기업윤리강령의 개념 ··· 58
1. 행동지침 • 59
2. 비윤리적 행동예방 • 61

제 2 절 기업윤리강령의 작성 ··· 69
1. 기업윤리강령의 제정 목적 • 69
2. 기업윤리강령 속의 용어 정의 • 69

제 3 절 윤리강령의 작성 원칙 ···· 70
1. 명확성 • 71
2. 논리성 • 71
3. 보편성 • 71
4. 구체성 • 72
5. 보완성 • 72
제 4 절 윤리강령 ···· 72
1. 윤리강령의 주요 내용 • 72
2. 윤리강령 제정 절차 • 74
3. 윤리강령의 내용 • 76
제 5 절 윤리강령 사례 ···· 78
1. 모토닉의 기업윤리강령 • 78
2. 사회복지사의 윤리강령 사례 • 84

제 4 장 기업윤리 실천을 위한 조직 및 제도

제 1 절 기업윤리의 실천을 위한 조직 ···· 95
1. 기업윤리위원회 • 95
2. 기업윤리실 • 95
3. 윤리담당임원 • 96
4. 사무국 • 97
제 2 절 기업윤리 관리제도 ···· 98
1. 기업윤리 관리제도 필요성 • 98
2. 기업윤리 실천 내부제도 • 98
3. 조사제도 • 100
4. 징계제도 • 101
제 3 절 외국의 기업윤리시스템 ···· 102
1. 미국의 기업윤리시스템 • 102
2. 프랑스의 기업윤리시스템 • 106

제 5 장 기업윤리교육

제 1 절 기업윤리교육 113
1. 기업윤리교육의 필요성 • 113
2. 기업윤리교육의 목적 • 116
제 2 절 각국의 기업윤리교육 119
1. 한국의 기업윤리교육 • 119
2. 미국의 기업윤리교육 • 121
제 3 절 기업윤리교육의 내용 122
1. 계층별 기업윤리교육 • 122
2. 영역별 기업윤리교육 • 124
3. 특수기업윤리교육 • 124
4. 공기업 윤리교육 • 125
5. 중소기업 윤리교육 • 126
6. 대기업의 기업윤리교육 • 127
제 4 절 기업윤리교육의 방법 128
1. 기업윤리교재 • 128
2. 시청각 매체 • 128
3. 언론 기사의 인용 • 129
4. 사례연구 • 129
제 5 절 기업윤리교육기법의 효과적 적용 130
1. 토론 • 130
2. 그룹학습 • 130
3. 강의 • 131
4. 교화 • 131
5. 역할연기/경영게임 • 132
6. 멘토링 제도 • 133
7. 사이버 교육 • 134
8. 봉사활동 • 135
제 6 절 윤리교육 프로그램의 개발 136
1. 윤리적 의사결정을 위한 교육 프로그램 • 136
2. 업무부서별 교육 프로그램 • 137
3. 직급별 윤리경영 교육 프로그램 • 137
4. 이해관계자를 위한 교육 프로그램 • 138

제 3 부 기업의 사회적 책임

제 6 장 기업의 사회적 책임에 대한 이해

제 1 절 기업의 사회적 책임에 대한 개념 145

제 2 절 기업의 사회적 책임에 대한 인식 변화 147

1. 시대별 인식변화 • 147
2. 관점에 따른 인식변화 • 155
3. 수행 목적에 따른 인식의 변화 • 158

제 3 절 기업의 사회적 책임의 필요성 159

1. CSR 활동 시 고려 사항 • 159
2. 자발적 CSR의 필요성 • 160

제 4 절 기업의 사회적 책임의 내용 161

1. 경제적 책임 • 162
2. 법적 책임 • 162
3. 윤리적 책임 • 162
4. 자선활동 책임 • 163

제 5 절 경영자의 사회적 책임 164

1. 경영자의 사회적 책임의 의미 • 164
2. 경영자의 사회적 책임 • 164

제 6 절 기업의 사회적 책임에 대한 논쟁 167

1. 기업의 사회적 책임 논의 • 167
2. 기업의 사회적 책임 이행의 바람직한 길 • 171

제 7 절 기업의 사회적 책임에 대한 국제적 논의 175

1. UN차원의 협약: UN Global Compact • 176
2. 유럽연합(EU) • 178
3. OECD와 국제책임표준 ISO 26000 • 179

제 4 부 관리기능과 기업윤리

제 7 장 인적자원관리와 기업윤리

제 1 절 인적자원관리의 환경변화 ······ 188
1. 노동에 대한 인식 • 188
2. 직업에 대한 인식 • 190
3. 종업원 • 196
제 2 절 인적자원관리에 대한 윤리적 이슈 ······ 205
1. 고용 및 승진 • 205
2. 보상 및 처우 • 207
3. 조직설계와 직무설계 • 207
4. 조직개발 • 208
5. 교육훈련 • 210
6. 안전·보건관리 • 210
7. 노사관계 • 212
제 3 절 내부고발과 윤리적 이슈 ······ 213
1. 내부고발의 개념 • 213
2. 내부고발의 성격 • 213
3. 내부고발의 요건 • 214
4. 내부고발 시 고려사항 • 216
5. 내부신고 시 유의사항 • 217
6. 내부 고발자의 보호 • 218
제 4 절 세계의 각국별 내부 고발자 보호 ······ 219
1. 미국의 내부자 고발 법적 보호 • 219
2. 영국의 공익정보 개시법 • 223
3. 일본의 공익통보자 보호제도 • 227
제 5 절 윤리경영 상담센터 설치 ······ 231

제 8 장 마케팅과 기업윤리

제 1 절 마케팅 윤리의 본질 ······ 235
1. 마케팅 윤리의 개념 · 235
2. 마케팅 윤리의 체계 · 236
3. 마케팅 윤리의 특징 · 237

제 2 절 마케팅 윤리에 대한 이해 ······ 238
1. 제품과 윤리적 이슈 · 238
2. 가격과 윤리적 이슈 · 240
3. 유통경로와 윤리적 이슈 · 242
4. 판매촉진과 윤리적 이슈 · 245

제 3 절 광고 윤리 ······ 246
1. 광고대행사의 윤리 · 246
2. 광고주의 윤리 · 247
3. 광고매체의 윤리 · 248
4. 광고윤리의 관리 · 251

제 4 절 소비자보호 운동 ······ 254
1. 소비자보호 운동의 의미 · 254
2. 소비자보호 운동의 발생원인 · 255
3. 소비자보호 운동 · 256
4. 소비자보호를 위한 제품 제조 및 설계 규제 · 258
5. 소비자보호를 위한 광고 규제 · 259

제 9 장 재무관리와 기업윤리

제 1 절 재무관리와 윤리에 대한 이해 ······ 268
1. 재무관리와 윤리 · 268
2. 재무관리에서의 윤리 영역 · 269

제 2 절 기업공개와 윤리 ······ 270
1. 기업공개 · 270
2. 기업공개와 상장·등록 · 270
3. 각국별 기업공개 · 271

4. 기업공개의 윤리와 개선방안 • 272

제 3 절 기업 공시제도와 윤리 275

1. 기업 공시제도의 의미 • 275
2. 주식 등의 대량보유 등의 보고(자본시장법) • 276
3. 임원·주요주주의 특정증권 등 소유상황보고 • 276
4. 최대주주 등의 소유주식변동신고 • 277

제 4 절 내부자 거래와 윤리 277

제 5 절 기업지배구조와 윤리 279

제 6 절 증권집단소송제도와 윤리 280

제10장 생산관리와 기업윤리

제 1 절 생산관리 윤리의 개념 287

제 2 절 생산관리 윤리의 내용 289

1. 공정관리의 윤리 • 289
2. 자재관리의 윤리 • 290
3. 품질관리의 윤리 • 291

제 3 절 생산관리와 윤리목표 292

1. 고품질 • 293
2. 저원가 • 293
3. 시간(납기) • 293
4. 유연성 • 293

제 4 절 생산관리 단계별 윤리문제 294

1. 산업재해관리 • 294
2. 거래 기업 간 윤리문제 • 296

제 5 절 제조물책임 300

1. 제조물책임의 개념 • 300
2. 제조물 결함의 유형 • 304
3. 제조물의 결함판단 기준 • 304

제11장 정보관리와 기업윤리

제 1 절 정보화 사회에 대한 이해 ······ 312
1. 정보화 사회의 개념과 특징 · 312
2. 정보화 사회로 변화 · 313

제 2 절 정보화 사회와 윤리문제 ······ 314
1. 정보화 사회의 윤리 · 314
2. 인터넷 윤리 · 315
3. 사이버 문화 · 316

제 3 절 정보기술과 관련된 윤리문제 ······ 318
1. 정보기술의 발달과 윤리문제 · 318
2. 정보기술의 발달과 사생활의 침해 · 320
3. 정보기술의 발달과 근로자 감시 · 322

제 4 절 정보관리와 윤리문제 ······ 323
1. 사이버 범죄 · 323
2. 정보침해 · 324
3. 저작권 침해 · 324
4. 유해정보의 유통 · 327

제12장 회계와 기업윤리

제 1 절 회계윤리의 본질 ······ 332
1. 회계윤리의 개념 · 332
2. 회계윤리의 중요성 · 333

제 2 절 회계제도 개선 ······ 335
1. IMF 사태와 회계기준 변경 · 335
2. 결합 재무제표의 도입 · 337
3. 기업회계기준 개선 · 337
4. 회계감리제도의 개선 · 338
5. 집단소송제 도입 · 339

제 3 절 분식회계와 회계투명성 340
1. 분식회계의 개념 • 340
2. 분식회계의 동기 • 341
3. 분식회계의 목적 • 344
4. 분식회계의 유형 • 345
5. 회계의 투명성 • 348
6. 회계담당자의 회계윤리 • 349
제 4 절 회계감사인의 윤리의식 350

제13장 금융·보험과 기업윤리

제 1 절 금융기관에 대한 이해 357
제 2 절 은행업의 윤리 358
1. 은행업의 역할 • 358
2. 은행업의 윤리 • 360
제 3 절 증권업의 윤리 361
1. 공매도 • 363
2. 일임매매 • 366
제 4 절 보험업의 윤리 368
1. 보험회사의 윤리 • 368
2. 보험판매인의 윤리 • 369
3. 보험소비자의 윤리 • 370

제14장 환경경영과 기업윤리

제 1 절 환경경영의 개념 377
제 2 절 환경경영의 필요성 378
1. 환경경영의 동인 • 378
2. 환경경영의 필요성 • 379

제 3 절 환경경영과 삶의 질 380

1. 환경과 삶의 질 • 380
2. 환경오염 발생의 주체 • 381

제 4 절 환경오염의 유형 383

1. 대기오염 • 383
2. 수질오염 • 384
3. 해양오염 • 388
4. 토양오염 • 390
5. 폐기물오염 • 391
6. 소음오염 • 392
7. 식품오염 • 393

제 5 절 환경마인드 394

1. 환경악화 및 환경정화 비용 • 394
2. 환경오염과 건강 • 399
3. 환경보호의 생활화 • 399

제 6 절 친환경경영의 실천 400

1. 친환경경영을 위한 실천 과제 • 400

제 5 부 윤리경영 사례

제15장 한국기업의 윤리경영 사례와 공직자윤리법

제 1 절 POSCO 윤리경영 408

1. 윤리준칙 • 408
2. 실천지침 • 412

제 2 절 삼성전자 윤리·준법 경영 424

1. 경영원칙 • 424
2. 부정제보 • 428
3. 법위반 제보 • 429

제 3 절 KT 윤리경영 ········ 430
1. 신경영윤리원칙 • 430
2. 윤리경영활동 • 432
3. 윤리위반 신고 • 435
4. 윤리경영원칙 실천지침 • 436
제 4 절 공직자윤리법 ········ 466

참고문헌 ········ 507
찾아보기 ········ 511

제1부
기업윤리의 본질

제1장 기업윤리에 대한 이해
제2장 기업윤리 이론

제1장

기업윤리에 대한 이해

제1절 윤리에 대한 이해
제2절 기업윤리의 개념과 중요성
제3절 기업윤리 인식의 변천 과정
제4절 기업윤리의 구성 요소
제5절 기업의 윤리적 판단기준

[사례] 경영학자들이 선정한 윤리경영 부문 최우수경영대상 수상 기업(한독)

한국경영학회는 1956년에 설립된 국내 최대 규모의 경영학회로 2013년부터 매년 타 기업에 모범이 되고 국민경제에 크게 이바지하고 있는 국내 기업을 선정해 '경영학자가 선정하는 대한민국 최우수경영대상'을 수여하고 있다.

2019년도에는 한독이 경영학자들이 선정한 윤리경영 부문에서 최우수경영대상을 수상했다. 한국경영학회는 2019년 4월 26일 대한상공회의소에서 개최된 2019 한국경영학회 최우수경영대상 시상식에서 한독을 경영학자들이 선정한 대한민국 『최우수경영대상 윤리경영』 부문에 수상 기업으로 선정했다.

한독은 다른 기업들보다 한발 앞서 투명경영과 윤리경영을 도입하고, 단순히 제도나 시스템을 구축하는 것을 넘어 회사의 핵심가치와 기업문화로 내재화하여 다른 기업들의 모범이 되고 있다는 점을 인정받아 한국경영학회에서 선정한 최우수경영대상 윤리경영 부문 수상 기업이 되었다.

한독의 김영진 회장은 "한독은 일찍이 세계 유수의 제약회사들과 다양한 전략적 제휴를 맺고, 선진적인 투명경영을 적극 도입하여 윤리경영에 앞장서고 있으며 앞으로도 한독하면 신뢰할 수 있는 기업으로 여겨지고 정도경영을 통해 성장하는 기업의 참 본보기가 될 수 있도록 최선을 다할 것이다"라고 말했다.

한독의 60여 년 동안 변함없이 투명경영과 윤리경영을 실천해 오고 있는 이는 회사의 핵심가치와 경영철학 속에서 뿌리 깊게 자리 잡고 있으며 조직문화, 업무 프로세스, 의사소통 등 전반에 걸쳐 실천되고 있다.

한독은 1976년 상장을 통해 기업 투명성을 제고했으며, 1997년 당시 개념조차 생소했던 전사적 자원관리 시스템(ERP)을 도입해 재무회계, 관리회계, 판매관리, 재고·구매 관리, 생산관리 계획 업무를 통합했다. 2000년에는 자산 규모 2조원 이상 회사에서만 설치가 의무화돼 있던 감사위원회를 자발적으로 설치해 운영하는 한편 내부 회계 관리 제도를 국내 강제 규정이 실시되기 이전부터 도입했다.

특히, 한독은 제약업계에서 선도적이고 모범적으로 윤리경영을 실천해오고 있다. 1998년 모든 영업비용을 법인카드로 결제하고, 2008년부터 클린카드제도를 시행하고 있다. 2007년에는 윤리헌장 제정과 더불어 공정거래 자율준수 프로그램을 도입했으며, 그 일환으로 운영하는 한독투명경영센터를 통해 임직원뿐만 아니라 누구든지 불공정한 업무처리, 부정, 비리 등 위반행위에 대해 익명으로 제보할 수 있도록 되어 있다. 2014년에는 대표이사를 자율준수 관리자로 선임하고 최고경영자 산하에 컴플라이언스 전담 조직을 만들어 윤리경영을 더욱 적극적이고 체계적으로 운영하고 있다.

투명경영과 윤리경영을 평소 실천해오고 있는 것을 인정받아 2008년 '대한민국 보건산업대상'에서 『윤리경영부문 특별상』, 2009년 한국회계학회가 수여하는 '투명회계대상', 2010년 전경련 등 경제 5단체에서 주관하는 '투명경영대상'에서 제약업계 최초로 『우수상』을 수상했다.

최근에는 제약업계 최초로 영국왕립표준협회(BSI: British Standard Institution)로부터 전 부문에 걸쳐 부패방지경영시스템의 국제표준인 'ISO 37001' 인증을 획득하고 윤리경영을 한층 더 체계화했다.

제1절 윤리에 대한 이해

1. 윤리의 정의

윤리(ethics)의 사전적 의미는 "사람으로서 마땅히 행하거나 지켜할 도리, 곧 실제의 규범이라는 원리, 인륜(人倫)"으로 정의하고 있다. 인륜의 의미는 사람 사이에 질서가 잘 잡힌 인간관계를 의미한다. 다른 관점에서 윤리의 개념으로는 "어떤 선택이나 행동을 하는데 있어서 선과 악, 옳고 그름, 공정성과 불공정성 등의 대한 규정과 규율"이라고 말할 수 있다.

윤리에 대한 광의의 개념으로는 윤리는 선악의 판단기준으로 사용되며, 다양한 사회 구성원들 사이에서 상호작용을 통하여 형성된 도덕적 가치라고 말할 수 있다.

따라서 윤리는 더불어 살아가는 인간관계 속에서 보편적으로 받아들여지고 실천되는 행동에 관한 기준 내지 표준을 말하는 것이다.

2. 도덕, 규범, 법에 대한 이해

윤리에 대한 정의를 이해하는 데 함께 알아야 할 것이 바로 도덕, 규범, 법에 대한 이해가 필요하다.

도덕(mores)은 사회의 구성원들이 양심, 사회적 여론, 관습 따위에 비추어 스스로 마땅히 지켜야 할 행동 준칙이나 규범의 총체로서 외적 강제력을 갖는 법률과는 달리 각자의 내면적 원리로서 작용하며, 종교와는 달리 초월자와의 관계가 아닌 인간 상호관계를 규정하는 것이다.

규범(norm)은 인간이 행동하거나 판단할 때에 마땅히 따르고 지켜야 할 가치 판단의 기준으로 법률, 도덕 및 관습 등이 속하며, 사회 조직의 규칙이나 종교집단의 규율도 넓은 의미의 규범에 속한다.

법(raw)은 국가의 강제력을 수반하는 사회규범으로 국가 및 공공 기관이 제정한 법률, 명령, 규칙, 조례 등이 있다.

윤리(ethics)는 인간이 어떻게 행동해야 하는가에 대해 명백하고 절대적인 행동강령으로서 오랜 기간 동안 사회적 관례로 여겨지고 있다. 윤리가 옳고 그른 것에 대한 규칙과 관련 있는 긍정적인 지침으로 간주되고 있는데 반해, 도덕은 개인행위에서 있어서 해서는 안 되는 부정적인 의미로 받아들여지고 있다.

표 1-1 도덕·규범·윤리의 비교

구분	작동 방법	특성	적용 범위
도덕 (mores)	이성과 양심	• 집단생활에서 개인의 습관, 예절 • 개인적, 내면적 사심 없음, 공명정대함	• 이법의 체득 • 부정적인 지침
규범 (norm)	강제적 규제	• 사회질서 유지에 필요한 공통의 행위기준이 되는 최소한의 규칙	• 법률, 규칙, 규율 등 사회규범과 자율규범
윤리 (ethics)	자율적, 감성적	• 지적행위인 정당성이나 정직성 • 습관에 의한 품성	• 인간관계의 이법 • 긍정적인 지침

자료: 현대사회와 윤리경영, 최만기·김영복, 탑북스, 2011, p.25.

따라서 윤리가 도덕보다는 상위개념이라고 볼 수 있다. 규범은 공통의 기대된 행위 기준이 되는 규칙으로 윤리의 많은 부분이 수용되어 있다.

3. 윤리 수준

가. 윤리 범주

우리 인간의 삶 속에서나 조직생활에서 이해관계자들과의 관계에서는 다양한 윤리 문제들이 항상 발생하게 된다. 윤리문제는 그 범주에 따라서 다양하게 나타나게 되는데 개인 간의 발생하는 직업윤리에서부터 국제사회에서의 국제윤리까지 다양한 윤리의 범주가 있다. 윤리의 범주를 정리해 보면 <표 1-2>와 같다.

(1) 직업윤리

직업윤리는 조직의 구성원으로서 조직생활 가운데에서 발생하는 윤리적 판단 기준이다. 특정한 직업에 종사하는 사람들 사이에서 서로 지켜야할 것으로 정해진 행동규범이다. 직업윤리는 일반 사회인에게 요구되는 윤리와는 상당 부분 중첩이 되는 경우가 대단히 많다.

직업윤리에서 가장 필요한 기초 덕목으로는 정직, 성실, 신의, 책임, 의무 등이 있다. 직업윤리는 다른 직종에서는 요구되지는 않는 것이 특정 직업의 경우에는 반드시 요구되는 윤리의 성격을 지니고 있는데 이를 직업윤리의 특수성이라고 한다.

표 1-2 윤리의 범주

수준	윤리 범주
개인	직업윤리
기업	기업윤리
지역사회	사회윤리
국가	국가윤리
국제사회	국제윤리

그런데 직업윤리의 특수성을 지나치게 강조하다 보면 윤리적 상대주의나 회의주의에 빠질 수가 있기 때문에 항상 보편적 윤리의 토대 위에서 정립되어야 한다. 따라서 직업윤리의 기본 원칙이 중요한데 다음과 같다.

막스 베버(Max Weber)

첫째, 천직, 소명 의식, 사회적 책임이다.

이는 자신의 능력과 역량에 따라서 맡은 직분을 직업적 양심에 따라서 자신에게 주어진 직무를 성실하게 수행해야 함을 의미한다.

둘째, 각종 행동 강령이나 규범의 준수이다.

이는 단체의 이익을 위해 조합이나 협회가 제정한 각종 행동 강령이나 규범을 준수해야 한다.

셋째, 전문성이다.

이는 자신이 맡은 업무를 원활하게 수행하기 위해서는 해당 업무에 대한 전문적인 기술과 지식을 갖추고 있어야 한다.

독일의 사회학자인 막스 베버(Max Weber)는 자본주의의 특징으로 금욕주의적 직업윤리, 즉 직업에 대한 천직관과 전문성을 들기도 했다.

넷째, 인간애와 연대 의식이다.

우리 인간은 다른 사람과 더불어 살아가야 하는 존재이기 때문에 자신이 몸담고 있는 조직의 직업공동체를 건강하게 가꾸어 나가야 한다.

직업윤리는 직업적 양심, 전문적인 직업 기술 연마, 연대의식, 인간애에 투철할 것을 요구한다. 여기서 연대 의식은 독립적이고 고립된 자아관을 지양하는 대신 공동체의 일원으로서의 사회적 책무를 강조하는 공동체 주의적 개념이다.

(2) 기업윤리

기업윤리는 기업과 관련된 옳고 그름의 문제를 다루는 분야로서 기업의 경영활동 과정에서 이윤추구와 관련된 많은 윤리적인 문제가 발생하게 된다. 기업윤리는 기업과 관련된 윤리적인 문제가 무엇이며, 기업들이 어떻게 대처해야 하는지를 연구하는 분야이다.

기업윤리는 시장, 환경, 소비자 마케팅, 고용, 조직 등에 이르기까지 광범위하게 적용된다. 따라서 기업과 관계된 다양한 이해관계자의 가치를 창출하고 제공함으로써 공동의 이익을 추구하는 기업의 영속적 발전을 추구하기 위해서는 기업윤리의 이해가 필수적이다.

(3) 사회윤리

사회윤리는 공동체로서 지역사회에서 준수해야 할 윤리이다. 이는 사회 구조나 제도가 갖는 윤리적 문제에 관심을 두고 개인 차원을 넘어서는 구조적인 해결책을 모색하고 있다. 또한 개인 윤리와 상호 보완적인 관계를 지향하는 것이 바람직하다.

예로 지역의 경제수준 향상, 환경보호, 환경감사, 공해방지, 자원봉사 활동 등 지역사회와 공존하는 기업시민으로 대응하는 윤리를 말한다.

(4) 국가윤리

국가윤리는 한 나라를 통치하는 윤리로서 이는 국민경제를 형성하는 데 중요한 역할을 한다. 정부의 각종 제도와 가치 및 국민과 소통하는 정의로운 국가로서의 행동윤리를 의미한다.

(5) 국제윤리

국제윤리는 가장 포괄적인 범주로서 글로벌 시장과 관련되어 발생하는 국제윤리를 말한다. 이는 지구상에 존재하는 국가 간에 정치, 경제, 사회적 교류활동 과정에서 문제가 발생할 경우 문제를 바로 잡아주는 역할을 한다. 특히 국제 사회는 선진국, 개발도상국, 후진국 간에 발생하는 여러 문제를 윤리적 차원에서 해결을 모색하고자 하는 것이다.

나. 윤리의 구분

일반적으로 윤리는 적용 영역에 따라서 다양하게 구분할 수 있다. 윤리는 사회윤리, 기업윤리, 종교윤리, 인간윤리, 기타 윤리 등으로 구분하게 된다.

윤리는 인간의 공동생활을 영위하고 사회질서를 유지하는 사회윤리, 기업의 활동과 관련 기업윤리, 선과 악을 구분하는 종교윤리, 개인과 집단에서 발생하는 인간윤리, 그리고 기타 상황에서 발생하는 기타 윤리 등으로 구분할 수 있다.

이러한 윤리에 대해서 막스 베버는 자신의 생애에서 마지막 강연 주제로 삼았던

'소명으로의 정치(politics as a vocation)'에서 서로 대립되는 윤리의 두 가지 준칙을 각각 '심정윤리(affection ethics)'와 '책임윤리(responsibility ethics)'로 공식화하면서 정책결정자로서 정치가의 신념과 책임이 상호 결합된 정치적 소명의식을 핵심 덕목으로 강조하였다. 심정윤리적인 행위준칙은 행위의 결과보다는 행위를 유발하는 선(善)의 의지나 도덕적 신념에 대한 확신에 대해 상대적 우위를 두었다. 반면, 책임윤리적 행위준칙은 행위로부터 예견되는 결과와 그 결과에 대한 책임에 더 많은 무게를 두고 있다.

이념적으로 두 가지 윤리준칙은 상호 충돌하기보다는 내적으로 잘 조화되어야 한다. 그러나 현실적으로 모든 국면에서 이 같은 내적 조화가 가능하지 않다면 특히 정책결정자에게 있어서 상대적으로 중요하게 고려되어야 할 것은 바로 책임윤리가 강조되고 있다.

표 1-3 윤리의 영역과 범주

윤리영역		범주	기능
윤리	사회윤리	적용시대	전통윤리, 현대윤리
		이데올로기	자본주의 윤리, 사회주의 윤리
		사회기능	교육, 언론, 정치, 법률, 경제
		사회계층	엘리트, 지식인, 지도자, 권력자
		직업별	공직자, 정치인, 교육자, 언론인, 군인, 의사, 경영자 등
	기업윤리	공조직	중앙정부, 지방정부, 국회, 공공기관, 비영리조직
		사조직	인적자원윤리, 생산윤리, 마케팅윤리, 재무윤리, 회계윤리, 정보윤리, 지식경영윤리
	종교윤리	종교별	불교, 기독교, 천주교, 도교, 천도교, 유교, 천도교, 이슬람교
	인간윤리	집단	집단윤리, 공중윤리, 이해관계윤리
		개인	개인윤리, 신분윤리, 여가윤리, 노동윤리,
	기타윤리	속성	심정윤리, 책임윤리
		적용 범위	국내윤리, 국제윤리
		적용 영역	생명윤리, 공학윤리, 환경윤리

자료: 최만기·김영복, 전게서, p.28.

인간은 개인적 존재인 동시에 사회적 존재이기 때문에 자신의 행동이 다른 사람들에게 혜택을 줄 수도 있지만 반대로 해를 입히는 등의 영향을 미치기도 한다. 인간은 자신의 양심에 따라서 부끄러움이 없이 행동을 한다고 하지만 때로는 다른 사람에게 해를 끼칠 수도 있다. 이처럼 행위를 하는 동기의 순수성이나 심정의 아름다움에 따라서 윤리적 가치를 평가하고 행동하는 것이 심정윤리이다.

그런데 매사에 지나치게 심정윤리에 치우치면 객관적인 공공의 선을 보장할 수 없고 주관적인 독선에 빠지기 쉽다. 그러므로 사회적 존재로서 자신이 행한 선이 타인에게도 선이 될 수 있도록 배려하는 것이 중요하다. 책임윤리는 바로 자신이 행한 행동에 대해 사회적 결과에 대한 책임을 지는 것이다.

제2절 기업윤리의 개념과 중요성

1. 기업윤리의 개념

기업윤리(business ethics)에 대해 바텔스(L. Bartels)는 “기업경영 활동 과정에서 나타나는 행동, 태도의 옳고 그름이나 선과 악을 체계적으로 구분하는 판단기준”으로 정의하였다.

과거에는 기업 활동 과정에서 기업윤리의 관점을 오로지 기업의 이익을 극대화하는 과정으로만 여기는 경우가 많았다.

최근 기업 활동의 의사결정과정에서 기업윤리의 관점이 기업의 계속기업(going concern)으로 발전해 나가는데 중요한 지침이 되고 있다. 기업윤리를 연구함에 있어서 접근방법으로는 두 가지가 있다.

바텔스(L. Bartels)

첫째, 규범적 접근이다. 이는 윤리의 본질, 기업 목적과 윤리, 윤리의 주체, 윤리적 가치판단의 기준 등을 주로 연구하는 것이다.

둘째, 실용적 접근이다. 이는 조직이론과 행동과학론의 연구 등을 통해 검증된 도덕적 가치와 관련 있는 경영자와 기업경영 활동에서의 의사결정에 초점에 두고 연구가 이루어졌다.

기업윤리를 실용적 관점에서 보면 도덕적 가치보다 구체적으로 다양한 이해관계자나 보다 많은 이해관계자들의 이익이나 해를 끼칠 수 있는 행동을 하는 것과 관련된 의사결정을 연구하는 것이다.

따라서 기업윤리는 모든 상황에서 보편적으로 적용되는 규범적 윤리라기보다는 기업 경영활동 과정에서 적용되는 응용적 윤리의 성격을 더 많이 갖고 있기 때문에 실용적 접근이 중요하게 인식되고 있는 것이 오늘날 더 설득을 얻고 있다.

기업윤리의 개념에 대해 다양한 연구들을 분석한 결과 네 가지 관점에서 정의해 볼 수 있다.

첫째, 기업윤리를 도덕적 기준의 관점에서 선(善)과 악(惡)을 구분하는 원칙을 정하고 그 원칙을 적용하는 기준으로 개념화 한다.

둘째, 기업윤리를 기업적 측면에서 합법적인 범위 내에서 기업에게 가장 유리한 방향으로 처리하도록 하는 기업의 '이윤 창출'의 기준으로 개념화한다.

셋째, 기업윤리를 개인적 측면에서 기업 활동과 관련된 '의사결정'에 개인의 가치관을 척도로 하는 기준으로 개념화 한다.

넷째, 기업윤리를 앞에서 제시한 모든 관점을 포함한 기업적인 측면과 도덕적 측면

표 1-4 기업윤리와 유사 개념의 비교

	기업윤리	사회적 책임	지속경영
개념 발전 과정	법규 준수 및 직원의 윤리적 의사결정과 판단 기준	기업이 갖는 사회적 책임으로서 사회적 측면에서 발전	지구환경을 보전하기 위한 지속가능한 발전 개념에서 출발
현재 정의	기업 정보공개에 관한 투명경영과 기업의 사회적 책임 개념까지 일부 도입되었으나 직원의 윤리적 의사결정을 위한 준거기능이 더 강함	사회적 측면 이외에 환경적 측면까지 수용하게 됨.	지속가능한 발전 개념에 경영방식을 접목시켜 기업의 지속가능성을 향상시키기 위한 지속경영 개념이 발전됨.

자료: 기업윤리경영모델, 국가청렴위원회, 2007, p.14 재수정.

모두에 초점을 두고 종합적 측면의 기준으로 개념화 한다.

따라서 기업윤리는 기업경영이라는 특수한 상황하에서 나타나는 행동양식의 태도로서 옳고 그름이나 선과 악을 구분해 주는 판단기준과 도덕적 가치와 관련된 의사결정 과정이라고 정의할 수 있다.

기업윤리와 유사 개념으로는 최근에 많이 사용되는 사회적 책임, 지속경영이 있다. 기업윤리는 직원들의 윤리적 의사결정 차원에서 개념이 발전하였는데 사회적 책임은 기업이 갖는 사회적 측면에서, 지속경영은 지구환경 보전을 위한 지속가능한 발전이라는 개념에서 발전하였다.

2. 기업윤리의 중요성

오늘날 사회는 수많은 개인과 기업들 간에 상호작용을 통해서 상생하는 가운데 발전해 가고 있다. 이런 사회화의 과정에서 큰 파장을 불러일으키는 기업비리 사건이 종종 발생하고 있다. 그 이유는 기업의 조직구성원이 윤리적인 행동을 할 수 있도록 하는 윤리적 기업문화가 제대로 개발되어 있지 않거나 개인의 윤리의식 수준이 부족하기 때문이다.

조직을 구성하고 있는 개개인과 기업은 서로 상호작용을 통해 공존하고 있다. 세상에 잘 알려진 수많은 기업비리 사건의 가장 큰 이유는 조직구성원 개개인이 다른 기업의 조직구성원들보다 덜 윤리적이라기보다 오히려 개개인이 윤리적으로 행동을 하도록 하는 도덕적·윤리적 기업문화가 제대로 개발되어 정착되어 있지 않고 이에 대한 관심도 낮고 자원을 적극적으로 투자하지 안했기 때문이다.

기업윤리를 논할 때 기업의 본질적 기능인 이윤추구를 최우선 과제로 선정하면 기업윤리에 대한 이해의 필요성이 적어진다. 그러나 기업 활동이 경제적 기능만을 최우선으로 간주할 수 없는 여건이 많다. 기업 활동에 직·간접적으로 관여하고 있는 수많은 이해관계자들의 입장을 고려해야 한다.

기업윤리는 조직구성원의 행동규범으로 윤리적 행위와 비윤리적 행위를 구분시켜 줌으로써 행위의 기준을 제시하고 있다. 즉, 최고경영자로부터 관리자, 종업원에 이르기까지 행동에 대한 올바른 기준을 제시해 줌으로써 업무처리에 대한 성취감과 만족감을 갖게 하고, 기업성장을 저해하는 부정적 요소들을 제거해 주는 역할을 한다.

기업윤리가 기업경영활동에서 얼마나 중요한지를 실제 사례를 통해서 살펴보면 다음과 같다.

첫째, 기업이 비윤리적 행위를 하게 되면 그로 인하여 반드시 엄청난 비용과 위험을 수반하게 된다는 사실이다. 가습기 살균제 논란으로 사회의 공분을 일으킨 옥시는 소비자들의 강력한 불매 운동의 여파로 매출이 크게 감소했다. 옥시의 제습제 매출은 전년 대비 53% 급감하는 결과를 초래했다.

대표의 원정도박 혐의와 변호사 폭행 혐의로 여론의 지탄을 받은 네이처리퍼블릭도 온라인에서 불매 운동이 확산되는 등 비윤리적 기업에 대해서 적극적으로 행동하는 소비자들이 늘어났다. 특히 네이처리퍼블릭은 100억원대 해외 원정 도박 혐의의 '오너리스크'로 인한 불매 운동이 확산되기도 했다.

둘째, 조직이 건전한 윤리의식으로 정착되어 있다면 비윤리적 기업행위를 예방하고 개인의 인격을 존중하는 조직문화 속에서 건전한 조직생활을 영위할 수 있다. 궁극적으로 기업의 윤리적 기업문화의 정착은 조직구성원의 근무태도에도 긍정적인 영향을 미쳐 생산성 향상, 품질향상, 고객만족과 가치 증대와 같은 총체적 품질경영(total quality management)을 실현할 수 있기 때문에 궁극적으로는 기업의 경쟁력을 강화시켜주는 결과를 가져다준다.

셋째, 시장경제체제하에서 기업이 경영의 효율성을 달성하기 위해 최대한의 노력을 하지만 때로는 일정한 제약조건하에서 이익을 추구해야 하는 기업시민으로서 책임있는 윤리적 행동이 요구되고 있다. 최소한의 윤리적 행동을 하지 않는다면 일반 시민들로부터 강한 저항과 정부의 시장개입을 자초하게 된다.

수많은 현장의 사례에서처럼 윤리적 기업에 투자하는 것이 그렇지 않은 기업에 투자하는 것보다 투자수익률이 높게 나타난다는 것이 실증적으로 증명되고 있다.

넷째, 21세기는 윤리의 시대(The Era of Ethics)가 도래했다. 새로운 세계질서 구축의 하나로 '범세계윤리'의 도입이 활발히 진행되고 있다. 고도로 발달한 기술에 대한 통제수단의 하나로 범세계적인 윤리도입의 필요성이 강조되고 있다. 기업 임직원의 의사결정과 행동에 있어서 윤리를 도입하여 기업윤리 시스템을 위험보완장치로 적극 활용하고 있다.

다섯째, 국제경제기구에서는 기업윤리를 강화하는 제도를 도입하고 있다. UN은 1996년 12월에 '국제상업거래에 있어서 부패와 뇌물에 관한 선언문' 채택하여 세계 각국 공직자를 위한 행동강령으로 권하고 있다.

OCED는 1997년 12월에 'OECD뇌물방지협약'을 체결하여 회원국들은 '국제상거래 뇌물방지법'을 제정하고 1999년 12월부터 시행하고 있다. 1998년 4월에는 '공직윤리 관리원칙'을 OECD 권고안으로 채택하여 '공직사회 윤리인프라'를 구축했다.

표 1-5 OECD의 윤리 관련 협약과 조치

협약 및 조치	주요 내용
자금세탁방지 대책	• 자금세탁에 대응하는 정책개발과 촉진 목적 → 정부 간 기구설치 • 1990년 40개 권고사항 마련 • 자금세탁 대응 → 각국의 형법제도, 수사, 금융시스템과 규제, 국제협력에 대한 각종 필요조치의 포괄적 청사진 제시
OECD 뇌물방지협약	• 국제상거래 → 외국공무원에 대한 뇌물제공 방지 • 최초 국제상거래에 있어서 뇌물공여 → 범죄 규정 • 1999년 발효, 36개국 가입
기업지배구조 원칙	• 기업의 이해관계자 간의 협력강화 및 회계 투명성 강조 • 1999년 각료 이사회 → 채택, 회원국 및 비회원국 유포
다국적기업 가이드라인	• 다국적기업 → 투자진출국의 정책과 조화 권장 • 2006년 6월 이사회 → 개정안에 다국적기업의 뇌물방지 사항 신설

제3절 기업윤리 인식의 변천 과정

1. 기업윤리의 관심 배경

기업윤리란 '선(善) 의지'에 입각한 윤리적 행동을 기업경영에 도입한 것이다. 그러므로 기업에서는 법적 책임의 준수는 물론이고 사회가 요구하는 윤리적 기대를 의사결정 및 행동에 반영하는 경영을 요구받고 있다.

기업에서 기업윤리의 실천은 기업이 지속적인 생존을 위해서 반드시 실현되어야 한다. 21세기 글로벌 국제환경하에서 정치적, 경제적, 사회적 환경은 매우 빠르게 변하고 있다. 기존의 낡은 기업문화는 그 자체로서 기업의 생존을 저해할 뿐만 아니라 때로는 큰 위기로 내몰 수 있다.

기업윤리를 단순히 비리행위 금지와 같은 도덕적인 기업행위로 바라보는 소극적인 의미로 볼 것이 아니라 이제는 기업의 미래를 준비하는 핵심 경영전략으로 보고 철저히 준비하고 대처해 나가야 한다. 기업경영에 있어서 기업윤리의 준수가 요구되는 중요 배경을 살펴보면 다음과 같다.

첫째, 윤리경영 실천이 기업생존의 필수조건이다. 21세기 글로벌 시대에서는 기업문화의 정착, 시민의식의 성장과 사이버 파워의 형성 등으로 인하여 기업이 단 한 번의 비윤리적인 행동과 의사결정은 기업에게 심각한 문제를 초래하게 된다. 잘못된 의사결정으로 인한 비윤리적 행동의 결과는 지금껏 쌓아온 모든 공들이 하루아침에 무너지게 되고 결국 도산에 이를 수 있다는 사실이다. 따라서 기업의 적극적인 윤리경영의 실천은 기업생존의 필수조건이 되었다.

둘째, 윤리경영 실천이 글로벌 스탠다드로 정착되었다. 국제기구들은 '윤리라운드(ER: Ethic Round)'를 통해 기업 활동에 윤리경영의 실천을 요구하고 있다. 그러므로 기업이 윤리경영을 실천하지 않고서는 글로벌 기업으로 성장할 수 없다. 모든 것은 기본에 충실히 하는 것이 중요하다.

기업이 이윤을 추구하기 위해서 부정을 저질러 단기적으로는 이익을 얻을 수는 있지만 그 결과로 이해관계자로부터의 강한 항의와 외면을 받게 되어 결과적으로는 사업을 지속할 수 없는 지경에 이르게 된다.

최근 가속화되고 있는 글로벌화로 기업에서의 윤리경영은 하나의 글로벌 스탠다드로 자리 잡았기 때문에 경영자는 이를 중요하게 인식하고 현장에 바로 실천할 수도 있도록 해야 한다.

셋째, 윤리경영 실천이 기업과 근로자의 경쟁력을 강화시켜준다. 기업이 적극적으로 윤리경영을 실천하면 노사 간의 신뢰가 돈독하게 쌓이고, 그 결과로 기업은 성장을 더욱더 강화할 수 있다. 근로자에게는 지속적인 일자리 유지와 새로운 일자리를 창출할 수 있는 기회를 제공하게 된다. 그러므로 윤리경영은 기업과 근로자에게 모두 경쟁력을 강화시켜주는 긍정적인 결과를 가져다준다.

넷째, 윤리경영 실천은 우수한 인재의 유지·확보가 가능하다. 조직 내 충성도 연구기관인 워커 인포메이션(Walker information)의 조사 결과에 따르면 조직구성원들은 회사가 윤리경영을 실천하지 않는다고 믿게 되면 이직의 확률이 그렇지 않은 경우보다 6배가 더 높다고 한다. 직장 상사의 의사결정에 대해서 불신하고 기업 활동에 수치심을 느끼게 되면 5명 중 4명은 상사로부터 자신이 기만을 당한다고 생각하고 가까운 시간 내에 직장을 떠날 확률이 매우 높다고 한다.

인적자원관리 측면에서 우수한 인재가 회사를 떠나는 것은 조직에 결코 유익하지 않고, 궁극적으로는 조직목표를 달성할 수도 없게 되어 지속 경영도 불가능하다. 기업이 계속기업으로 발전해 나가기 위해서는 우수한 인재들이 서로 협력하여 자신의 직무에 최선을 다할 때 가능하다. 윤리경영이 제대로 실천이 되는 기업의 경우에는 직원의 마음을 사로잡을 수 있어 기업이 하고자 하는 방향으로 나아갈 수 있다.

2. 기업윤리 인식수준의 발전 단계

조직에 윤리의 개념이 도입된 과정을 라이덴바흐와 로빈(R. E. Reidenbach & D. P. Robin, 1991)은 기업의 이윤추구와 윤리적 적용을 고려하여 기업조직의 윤리수준을 다섯 단계로 구분하였다.

가. 1단계: 부도덕단계(Amoral Stage)

이 단계는 기업의 소유주와 경영자를 이해당사자로 보고 우선 이익의 극대화를 위해서 행동을 하게 된다. 만약 기업에서 비윤리적 행위를 하다가 발각이 되면 처벌을 받는데 그런 행위가 이익을 얻기 위한 대가로 여기고 그 결과로 이익이 상대적으로 크게

그림 1-1 윤리인식 수준단계

제5단계 선진단계	▶ 윤리관과 윤리원칙 천명 • 경영행동에 윤리 우선 • 윤리원칙 행동
제4단계 태동단계	▶ 기업윤리와 기업이익 균형 • 기업비전, 목표, 이념에 윤리반영 • 윤리강령발표, 윤리위원회조직
제3단계 대응단계	▶ 윤리적 문제인식 • 기업의 사회적 책임을 다하는 것이 기업에 이익이 된다는 인식 • 지역사회 봉사, 대외적 이미지 중요시
제2단계 준법단계	▶ 법규만 잘 지키면서 윤리적 고려는 아직 하지 않음 • 위법만 하지 않으면 비윤리적이 아니라는 인식 팽배 • 법을 지키지만 윤리는 아직 고려하지 않음
제1단계 부도덕단계	▶ 윤리적 문제를 고려하지 않음 • 창업자와 경영자만이 이해관계자로 생각함 • 처벌과 대가를 받더라도 기업의 이익극대화가 최우선 과제

자료: 김성수, 지식경영사회의 기업경영윤리론, 삼영사, 2000, p.44 재구성.

발생하게 되면 비용은 상대적으로 감소한다. 이 단계는 비윤리적 수준에 머물러 있기 때문에 윤리적 문제에 대해서는 아직 고려하지 않는다.

나. 2단계: 준법단계(Legalistic Stage)

이 단계는 기업의 경영자들은 기업 활동을 할 때 윤리적 행위를 하려고 노력은 하지 않지만 사회에서 요구하는 법규는 가능한 준수하려고 한다. 그러므로 이 단계에서 기업의 윤리적 의무는 단지 사회에서 요구하는 법규를 어기지 않는 선에서 중요한 의사결정을 하지만 윤리적 행동을 적극적으로 실천하고자 하는 노력은 하지 않는다.

다. 3단계: 대응단계(Responsive Stage)

이 단계에서부터 기업의 경영자들은 경영 활동에 있어서 윤리적 문제를 적극 고려하게 된다. 기업의 경영자들은 기업과 관련된 이해관계자들의 입장도 적극적으로 고려하며, 기업의 사회적 책임에 대해 진지하게 생각하고, 기업의 대외적인 이미지를 중요하게 여기게 된다.

이 단계에서도 기업의 의사결정과정에 있어서 중요하게 고려되는 점은 바로 기업의 이익을 극대화하는 데 있지만 그것을 위하여 이제는 윤리적 경영을 함께하려고 노력한다.

라. 4단계: 윤리관 태동단계(Emerging Ethical Stage)

이 단계는 기업의 경영 활동의 의사결정과정에서 기업의 이익과 기업윤리가 균형을 유지하려고 노력한다. 경영자는 기업의 비전, 목표, 경영이념 등을 규정할 때 반드시 윤리를 반영하게 된다.

따라서 이 단계로 발전하게 되면 기업에서는 기업윤리강령 제정, 기업윤리위원회를 설치하여 가동, 경영 활동 중에서 발생하는 윤리문제를 인사고과 반영, 중요한 의사결정 과정에서 기업의 이익을 포기하는 일이 있더라도 기업윤리를 준수하는 것을 중요시 하게 된다.

마. 5단계: 윤리 선진단계(Developed Ethical Stage)

이 단계는 기업의 윤리수준이 가장 높은 단계에 이르게 된다. 기업에서는 명확한 윤리관과 윤리원칙을 선포하고 모든 기업의 구성원들이 그 원칙하에 자발적으로 행동하게 되며, 기업문제의 개선이나 해결방식을 찾는데도 기업이익보다는 윤리를 우선 고려하게 된다.

제4절 기업윤리의 구성요소

기업윤리를 이해하기 위해서는 기업윤리의 구성요소를 이해하는 것이 중요하다. 김여동·김경진(2010)은 기업윤리의 구성요소로 세 가지로 구분하여 제시했는데 이에 대해 구체적으로 살펴보고자 한다.

1. 이론으로서 기업윤리

이론으로서 기업윤리는 주로 기업 활동이나 경영 현장에서 발생하는 여러 윤리적인 쟁점을 다루고, 행위를 지배하는 윤리 원칙과 윤리적 정당화 작업에 대해 구체적으로 제시하고자 하는 것이다.

2. 실천으로서 기업윤리

실천으로서 기업윤리는 경영상 여러 행위 맥락과 기업체의 대내·외적 쟁점 및 과제와 관련된 일상적인 행위의 영역을 모두 망라한다. 예로 의사결정, 특정 행위의 통제, 사례 토론 등의 과제를 숙지하는 등이 해당된다.

그림 1-2 기업윤리의 구성요소

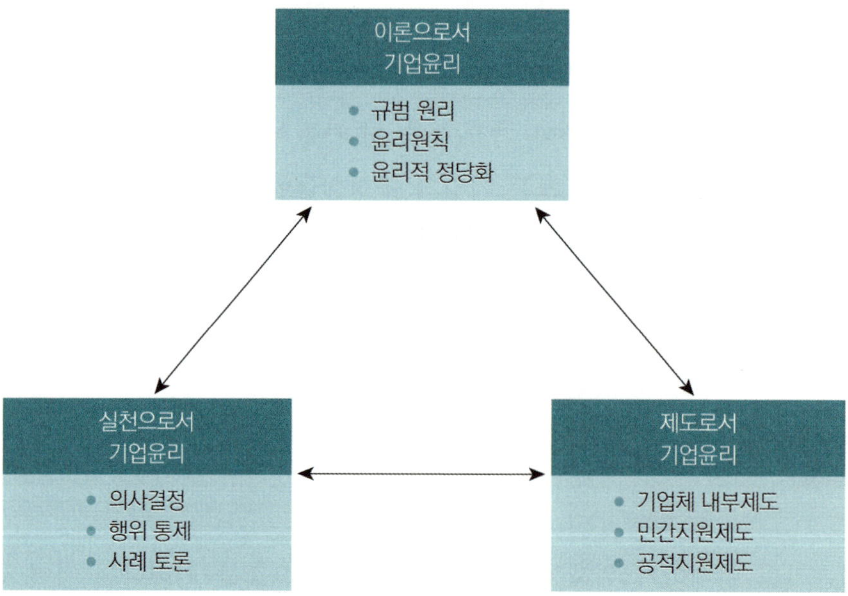

자료: 김경동·김여진, 한국의 사회윤리, 철학과 현실사, 2010, p.86.

3. 제도로서의 기업윤리

제도로서의 기업윤리는 기업체 내부와 민간지원 분야 및 공적 지원 등에서 실행에 옮길 수 있는 다양한 윤리 관련 제도를 마련하는 것이 과제가 된다.

기업윤리의 세 가지 구성요소는 상호 간에 영향을 미치면서 필요에 따라 서로 적응하고 변경하며 발전해나가는 관계에 있다는 점을 이해해야 한다.

제5절 기업의 윤리적 판단기준

기업윤리의 판단기준은 기업이 경영활동을 수행하는 과정에서 행한 행동이 윤리적인지 비윤리적인지를 판단하는 것이다. 그런데 어떤 것이 윤리적 행동이고, 비윤리적 행동인지를 판단하는 기준은 매우 중요하다.

어떤 행동이 윤리적이라고 하는 것은 조직에서 수용되는 윤리적 가치 또는 규범과 실제 현장에서 이행되고 있는 행동을 서로 비교하는 것이다. 그러므로 윤리적 행동인지를 판단하기 위해서는 비교 기준으로 제시되고 있는 조직에서 수용 가능한 윤리적 가치와 규범이 명확히 마련되어 있어야 한다. 그러나 명확하게 조직에서 수용이 가능한 윤리적 가치나 규범을 제시하는 것은 불가능하다.

한국성서대학교의 최영태 교수(2014)는 인간 삶의 윤리적 판단기준에 대한 연구에서 인간 삶의 윤리적 판단 기준은 인간 행위 또는 인격의 옳고 그름 또는 선악에 대한 판단의 기준으로서 우리가 어떤 행동을 하고자 할 때에 그 행동 선택의 기준이 된다고 하였다.

윤리도덕적 판단을 하는 데 있어 근거를 제시한 대표적 이론에는 목적론적 윤리방법론, 의무론적 윤리방법론, 상황론적 윤리방법론, 응답론적 윤리방법론의 네 가지를 제시할 수 있다.

1. 목적론적 윤리방법론

목적론적 윤리방법론은 인간 삶의 최종 목적에 근거를 두고 인간의 행위 또는 규범이 옳고 그름을 판단하는 윤리방법론이다. 목적론적 윤리방법론은 최종 목적과 결과에 따라서 옳고 그름의 판단하는 윤리방법론이다.

목적론적 윤리방법론은 어떤 행동이나 규범이 최종 목적을 성취하는 데 기여하며, 최상의 결과를 성취하는데 기여하면 그것이 도덕적으로 옳은 행동이나 규범이 되지만 반대일 경우에는 비도적이고 비윤리적인 것이 된다는 것이다.

목적론적 윤리방법론은 무엇이 옳고 그르며 의무가 되는가에 대한 기본적이고 궁극적인 기준이나 척도는 산출될 결과물이 도덕과 무관한 가치라는 것이다. 즉 직접적이든 간접적이든 간에 최종적인 근거는 산출된 선의 분량이거나 아니면 산출될 악을 뺀 선의 상대적 양이어야 한다는 것이다. 이때 도덕과 무관한 가치란 인간의 삶에 유익한 것을 가져다주는 것 곧 선을 말하며, 곧 윤리적 판단의 기준은 행위의 목적으로서의 선 또는 가치의 양이라는 것이다.

목적론적 윤리방법론의 대표적인 예로 아리스토텔레스의 행복론과 윤리적 이기주의, 그리고 공리주의를 통해 이해할 수 있다. 그중에서 공리주의는 최대 다수의 최대 행복을 추구하는 것으로서 목적론적 윤리방법론에 있어서 가장 타당한 윤리이론이라고 볼 수 있다.

목적론적 윤리방법론은 인간행위의 궁극적인 목적이 바로 인간행위의 옳고 그름을 판단하는 것이기 때문에 적절한 윤리방법론이라 할 수 있다. 인간의 행위는 목적을 추구하는 것으로서 추구하는 목적에 어긋나는 행위는 옳다고 할 수 없다.

일반적으로 인간행위의 목적은 대개가 선(善)또는 행복(幸福)을 추구하게 된다. 그러므로 인간 삶의 윤리적 판단의 기준 중에서 하나가 바로 선 또는 행복이라고 할 수 있다. 그러면 선과 행복이 과연 무엇인가에 대해서 여러 다양한 견해가 있다. 선과 행복의 일반적 견해를 보면 '인간의 삶에 유익이 되는 것' 또는 '인간의 삶에 도움이 되는 것'으로 이해할 수 있다. 그런데 문제는 인간행위의 목적으로서 선 또는 행복이 무엇인가에 대해서는 사람마다 생각하는 것이 각자 다르다. 이처럼 선과 행복에 대한 생각이 사람마다 다른 것은 각자 가지고 있는 가치관과 세계관이 다르기 때문이다. 선과 행복에 대한 각자의 가치관은 각자 가지고 있는 세계관에 의해서 결정된다. 따라서 각자 가지고 있는 세계관에 따라서 그 사람의 가치관이 결정되고 선과 행복의 내용이 달라지고 그의 윤리적 판단기준도 다르게 된다는 것을 이해할 필요가 있다.

사람은 각자의 세계관, 가치관을 가지고 있고 그에 따른 윤리적 기준을 가지고 살아가지만 인류 공동사회에서는 공동의 기준이 필요하다. 모든 사람에게 적용되는 공동의 기준을 가질 수는 없을까? 이런 공동의 기준이 없다면 사람들 사이의 다툼이 생기게 되면 해결할 수가 없다. 결국 인간사회에서는 공통의 세계관에 따라서 공통의 가치관에 합의함으로써 공통의 윤리적 판단기준을 가질 수 있다.

2. 의무론적 윤리방법론

의무론적 윤리방법론은 인간 행위의 윤리적 판단의 기준은 보편적 규범(또는 규칙) 또는 의무로 보는 윤리이론으로 '무엇이 윤리적인지를 결정하기 위하여 규범준수와 행위자의 의무 이행에 주목'하게 된다.

의무론적 윤리방법론에서 도덕적으로 옳은 행동은 인간이 마땅히 지켜야할 특정한 또는 보편적 규범을 준수하기 위하여 하는 행동, 즉 의무를 수행하는 행동을 말한다. 의무론적 윤리방법론에서는 목적을 전제하지도 않고 궁극적인 결과도 고려하지 않는다. 따라서 인간행위에 대한 윤리적 판단 기준은 보편적 규범 또는 의무에 대해 중요한 관점을 가지고 있다.

의무론적 윤리방법론의 대표적인 예가 칸트의 정언명법(定言命法)이다. 칸트의 정언명법에서는 인간행위의 옳고 그름을 보편적 규범이나 의무를 기준으로 판단하게 된다. 인간행위의 윤리적 기준은 보편성을 가지고 있어야 되며 보편성을 갖지 못한 기준은 타당성을 갖지 못하기 때문이다. 따라서 규칙이나 의무가 보편성을 가지려면 사람들 사이에 공평성을 가져야 한다.

의무론적 윤리방법론의 문제점으로는 인간행위의 목적을 무시하고 있다는 것이다. 만약 두 가지 이상의 규범들이 충돌하는 경우가 발생하게 되면 어느 것을 지킬 것인가에 대한 명확한 지침을 제시하지 못하고 있다. 따라서 의무론적 윤리방법론이 완벽한 윤리적 판단기준이라고 할 수는 없다.

3. 상황론적 윤리방법론

상황론적 윤리방법론은 목적론적 윤리방법론과 의무론적 윤리방법론의 문제점을 시정하고 실제적인 상황에 적합한 윤리적 판단을 위해서 상황과 행위자의 창의적인 반응을 중요하게 생각하는 윤리방법론이다.

쉰(Roger L. Shinn)은 윤리란 "상황이 결정을 좌우하는 것이 아니라 상황 속에 처해 있는 행위자가 결정을 내리는 것"이라고 말했다. 상황론적 윤리방법론은 각각의 상황이 가지고 있는 특이성을 중시하면서 그러한 상황 속에 처한 행위자가 규범에만 얽매이지 않고 창의적으로 반응할 것을 강조하며, 각각의 상황 속에서 아가페적인 사랑이 명하는 대로 행하는 것이 도덕적으로 가장 올바른 행동이며 각각의 상황에 가장 적절하게 행동하는 것이다.

상황론적 윤리방법론의 문제점을 살펴보면 도덕적 규범의 긍정적 기능을 너무 일방적으로 무시하거나 원칙이나 규범들을 단순히 계몽적으로만 본다는 것이다. 또한 상황을 너무 강조한 나머지 행위자가 아니라 마치 상황이 결정을 내리는 것처럼 오도할 위험이 있다는 것이다. 상황론적 윤리방법론은 절대주의적 계율주의에 대한 반발로서 윤리이론으로 상황의 특이성을 고려하고 창의적인 행동을 할 수 있는 가능성을 제공했다는 점에서 큰 기여를 했지만 너무 극단적인 방향으로 나아가게 됨에 따라서 필요 이상으로 규범을 무시하는 오류를 범하고 있다.

4. 통합론적 윤리방법론

통합론적 윤리방법론은 목적론과 의무론, 상황론 등의 이론을 통합하여 윤리적 판단 기준을 세워나가야 한다는 것이다. 이들 방법론은 상호 보완적이기 때문에 이들을 통합할 때 상당히 포괄적이며 유용한 윤리기준이 될 수 있다는 것이다.

통합적 접근을 시도한 배리(V. Barry)는 모든 윤리문제에 있어서 공통되는 요소로 세 가지 차원을 제시하고 다음과 같은 실행기준을 설정하였다.

첫째, 의무들 간에 갈등이 생기면 보다 중요한 의무를 먼저 우선시해야 한다.

둘째, 이상들 간에 갈등이 생기거나 이상과 의무 사이에 갈등이 생기게 될 경우에는 높은 이상에 봉사하는 행위를 선택해야 한다.

셋째, 결과가 복잡하면 가장 큰 이익을 가져오거나 가장 작은 손실을 초래하는 행위를 선택해야 한다.

이상의 방법론을 통하여 인간 삶의 윤리적 판단의 기준으로 필수 요소에는 ① 진리성, ② 가치 또는 인간의 이상으로서의 선, ③ 공평성이 있어야 한다는 것이다.

어떤 행위 또는 규범이 윤리적으로 옳은 것이 되려면, 그것이 최소한 이들 세 가지의 요소들을 가지고 있어야 한다. 진리성에도 두 가지 요소를 중요하게 고려해야 한다.

첫째, 참된 이치로서의 진리성은 어떤 행위 또는 규범이 참된 이치에 맞아야 한다는 것이다.

둘째, 사실로서의 진리성은 어떤 행위 또는 규범이 사실 또는 현실에 대한 바른 이해에 기초해야 한다.

선이란 어떤 행위 또는 규범의 목적으로서 그것이 인간에게 선 또는 유익을 가져오는 것이어야 한다는 것이다. 공평성은 어떤 행위가 여러 사람에게 관련될 경우 그 행위는 관련된 사람들 사이에 선을 공평하게 분배하는 것이어야 한다.

따라서 어떤 행위 또는 규범이 옳은 것이 되려면 진리에 어긋나지 않아야 하며, 사람들에게 선을 가져오는 것이어야 하며, 관련된 사람들에게 선을 공평하게 분배하는 것이 되어야 한다.

[사례] 삼성의 준법감시위원회

삼성의 준법감시위원회는 회사 외부에 독립해 설치되는 기구로서 독립성과 자율성이 생명이다. 삼성의 개입을 완전히 배제하고 독자적인 운영을 하게 된다. 그러면서 윤리경영의 파수꾼 역할을 하게 된다.

삼성 계열사들의 이사회에서 의결한 주요 의결 사안들이 법의 위반 리스크가 없는지를 사전에 모니터링하고 사후에도 검토하는 준법 통제자로서 역할을 한다.

삼성그룹 준법감시위원장으로 내정된 김지형 초대 위원장은 대법관 출신으로 "때에 따라서는 법의 위반 사항을 직접 조사하게 되며, 최고경영진의 법 위반 행위에 대해 위원회가 곧바로 직접 신고 받는 체계도 만들겠다"고 다짐했다. 사실상 총수에 대한 위법 여부도 직접 점검하겠다고 우회적으로 언급한 만큼 이재용 부회장의 준법 여부도 예외 없이 대상에 포함될 것으로 보인다.

준법감시위원회는 독립·자율성을 바탕으로 이들 계열사의 이사회 산하 등 내부에 속하지 않는 외부 독립기관으로 출범하기 때문에 준법감시 업무를 위탁받아 자율적으로 업무를 수행하게 된다.

기업의 준법, 윤리 경영을 향한 유의미한 변화와 진전을 바라는 관점에서 합리적인 비판과 균형 잡힌 견해를 견지하기 위해 위원회의 구성은 김지형 전 대법관을 비롯해 고계현 소비자주권시민회의 사무총장, 권태선 시민사회단체 연대회의 공동대표, 김우진 서울대 경영대 교수, 봉욱 변호사, 심인숙 중앙대 법학전문대학원 교수, 이인용 삼성전자 사회공헌업무총괄 고문 등 총 7명으로 구성됐다. 위원회는 준법감시 프로그램과 시스템이 작동하도록 구체적 실행방안을 마련하기로 했다.

준법감시위원회의 지위를 보면 위원회의 설치 근거를 마련하기 위해서 계열사와 협약을 체결하고 이사회 결의를 거쳐서 위원회 활동이 이루어진다. 우선 삼성의 주요 계열사 7개, 즉 삼성전자, 삼성물산, 삼성생명, 삼성SDI, 삼성전기, 삼성SDS, 삼성화재 등이 계열사 간 협약을 맺고 참여한다. 준법감시위원회는 이들 회사의 이사회를 비롯한 내부에 속한 기구가 아닌 회사 외부에 독립해서 설치되는 기구이다.

준법감시위원회의 운영은 다음의 기본 원칙하에서 운영된다.

첫째, 위원회는 독립성과 자율성을 숙명으로 삼는다. 삼성의 개입을 완전히 배제하고 철저히 독자적으로 운영한다.

둘째, 삼성의 준법윤리경영에 대한 파수꾼 역할을 하는 데 모든 역량을 집중한다.

셋째, 준법 감시자가 된다. 계열사의 이사회에서 주요 의결 사항에 법 위반 리스크가 없는지 사전에 모니터링하고 사후에도 검토한다. 준법 통제자로서 법 위반 리스트를 인지하게 될 경우에 이에 관해 조사 및 보고를 시행하고 법위반 사항이 확인되면 시정 및 제재요구 등의 조치를 강구하며 재발 방지 방안을 마련한다. 준법감시 프로그램 및 시스템이 전반적이고 실효적으로 작동되도록 하는 구체적 액션 플랜을 구현하여 운영한다. 예방부터 대응 그리고 회복의 각 단계 전반에 걸쳐서 빠짐없이 구축한다. 이보다 더 중요한 것은 준법감시의 실효성을 담보할 수 있는 제도적 장치들이 충분히 구비되어야 한다는 점이다. 계열사들의 준비감시 프로그램 또는 시스템이 제대로 작동되도록 감독하고 필요 범위 안에서는 계열사 준법지원인 등에게 보고하게 하고 자료 제출도 요구할 수 있다. 계열사의 준법감시정책과 계획의 수립 및 준법감시 프로그램 또는 시스템의 개선에 관해서 이사회에 직접 권고 또는 의견 제시를 하고 이에 대한 이행 정도를 지속적으로 감시해 나간다. 계열사의 이사회가 위원회의 요구나 권고에 대해서 적극적으로 수용하게 하고 만약에 이를 수용하지 않는 경우에는 그 사유를 적시해서 위원회에 통보하고 위원회가 재요구나 재권고를 한 경우에도 수용하지 않으면 이를 위원회 홈페이지에 게시하게 된다. 때에 따라서는 법 위반 사안을 직접 조사한다. 특히 회사 최고 경영진의 법 위반 행위에 대해서 위원회가 곧바로 직접 신고를 받는다. 그에 따라서 법 위반 리스크나 위반 행위를 적발할 경우 필요한 조치를 취하게 된다.

제2장

기업윤리 이론

제1절 의무주의 윤리론
제2절 공리주의 윤리론
제3절 상대주의 윤리론
제4절 정의주의 윤리론
제5절 이기주의 윤리론

[사례] 윤리경영 바로미터 ISO 37001 도입

최근 많은 국내 제약사들이 국제반부패경영시스템인 ISO 37001을 도입하고 있다.

산업계의 부패 척결을 위한 대표적 사례로 평가된다. 국제 표준 시스템을 도입함으로써 국내 기업의 해외 진출과 글로벌 회사들과의 협력에 도움이 될 것이다.

부패방지경영시스템 ISO 37001 도입의 당위성은 무엇이고, 이를 통한 올곧은 유통질서 확립을 위한 미래전략은 무엇일까.

2017년부터 현재까지 31개 제약기업이 ISO 37001을 인증 받았고, 2019년에는 22개 제약기업이 인증받았다.

제도도입이 중요한 이유는 윤리경영을 최종 목표로 자율준수프로그램규정(CP)을 준수하고, 나아가 올바른 유통질서 확립의 바로미터로 해석되기 때문이다.

ISO 37001은 162개국이 참여하는 ISO(국제표준화기구)가 2016년 10월 제정한 반부패경영시스템이다. 정부기관과 비정부기구, 기업체 등 다양한 조직이 반부패경영시스템 프로그램을 수립하고, 집행·유지하는 데 도움을 주고자 고안된 부패방지 국제표준이다.

인증 기업의 경우, 모든 임직원에게 부패방지·윤리경영을 위한 역할과 의무가 부여된다. 윤리경영과 뇌물수수방지 등에 대한 실천 지침도 구체적으로 마련하고 이를 이행해야 한다. 인증은 항구적 자격부여가 아닌 인증 후 1년 내 사후 심사를 받게 되며, 3년 후 갱신 심사를 받는다.

내부조직에 한해 적용되는 CP와 달리 ISO 37001은 조직의 이해관계자와 관련된 직·간접적 뇌물 위험까지 다루는 전사적 개념으로 이해할 수 있고, 더욱 체계적이고 조직적인 관리가 요구된다.

실행을 위해 업체들은 자체 현황 및 갭 분석, 부패 위험 평가, ABMS(Anti-Bribery Management System)전략 수립 단계를 거친다. 조직의 상황을 제대로 이해하고 위험도에 대한 자료를 구축해 모든 조직의 활동 기준으로 제시하게 된다.

CP 등급평가에서는 인증기관이 요구하는 정해진 항목들이 있다. 여기에 맞춰 시스템을 갖추고, 이행한 다음 서류를 만들어 등급평가를 진행한다. 보통 회사에서는 컴플라이언스팀이라는 컨트롤타워를 세우고, 여기서 CP 관련 지침이나 가이드라인을 회사 구성원들에게 전파하고, 위반사항을 관리하게 된다.

ISO 37001이 제약업계에 정착할 경우 리베이트에 대한 효과적 통제 수단 기능 외에도, 전사적으로 반복적인 노력을 통해 리스크 발생가능성을 차단할 수 있어 윤리경영 실현에 도움이 될 것이다.

ISO 37001 인증조건으로 부서별 부패 리스크를 도출하고, 향후 그 리스크를 어떻게 파악하고 관리할 것인지에 대한 방법론을 제시해야 한다. 이 과정에서 해당 부서 직원들이 능동적으로 참여하기 때문에 부패 방지에 대한 구성원들의 경각심이 높아질 수 있다.

ISO 37001(반부패경영시스템) 도입·인증 순서

구분	기간	참여기업
1차	2017.12~2018.05	• 이사장단사(8개사): 녹십자, 대웅제약, 대원제약, 동아ST, 유한양행, 일동제약, JW중외제약, 한미약품 • 희망기업(1개사): 코오롱제약(非이사사, 자율준수분과위원사)
2차	2018.05~2018.10	• 이사장단사(7개사): 명인제약, 보령제약, 삼진제약, 안국약품, 휴온스글로벌, 종근당, 동구바이오
3차	2018.10~2019.03	• 이사사(12개사): 제일약품, 엘지화학, CJ헬스케어, SK케미칼생명과학부문, 한독, 글락소스미스클라인, 한국아스텔라스제약, 한국얀센, 동화약품, 동국제약, 신풍제약, 한국유나이티드제약
4차	2019.03~2019.08	• 이사사(12개사): 한림제약, 경동제약, 명문제약, 환인제약, 한국콜마, 대한약품공업, 한국오츠카제약, 광동제약, 일양약품, 박스터, 삼천당제약, 국제약품
5차	2019.07~2019.12	• 이사사(11개사): 태준제약, 현대약품, 삼일제약, 건일제약, 일성신약, 유유제약, 한국파마, 구주제약, 비씨월드제약, 삼익제약, 진양제약

제1절 의무론적 윤리론

1. 의무주의 윤리론의 개념

의무론적 윤리론(deontological ethics)은 행위에 대한 결과와는 상관없이 도덕 행위의 본질적 가치인 '규범에 복종해야 할 의무'를 주장하는 윤리이론을 말한다. deontological

은 '의무'라는 뜻의 그리스어 deon과 '과학'이라는 뜻의 logos에서 유래하였다.

임마누엘 칸트(Immanuel Kant)

의무론은 논리학과 윤리학에 초점을 맞추고 있는데 의무주의 윤리론은 특정한 도덕적 의무를 설명하려고 하는 것은 아니다. 의무론적 윤리학에서 어떤 행위를 도덕적으로 옳다고 생각하는 것은 그 행위의 결과가 좋기 때문이 아니라 그 행위 자체가 갖고 있는 어떤 특성 때문이라는 것이다. 인간의 행복은 어떤 결과를 가져오느냐에 상관없이 적어도 몇 가지 행동은 도덕적으로 반드시 해야 한다는 것이다. 이러한 윤리학은 "의무를 위한 의무", "선행의 보람은 바로 그 자체이다", "하늘이 무너져도 정의가 이루어지게 하라"라는 말로 설명된다.

의무주의 윤리학의 원리를 수립한 철학자는 18세기 독일의 비판철학의 창시자인 임마누엘 칸트(Immanuel Kant, 1724~1804)였다. 그의 윤리학은 계몽주의의 합리주의뿐만 아니라 그리스도교 사상에서 많은 영향을 받았다.

칸트는 선의지를 제외하고는 어떤 것도 무조건 옳지는 않다고 주장했다. 선의지란 타고난 성향에 의해서가 아니라 도덕률에 따라 도덕률을 존중하면서 행동하려는 의지이다.

'의무'를 의미하는 그리스어 deon에 어원을 두는 의무주의 윤리학은 비(非)결과주의 윤리학에 해당한다. 즉 행위의 옳고 그름을 결정하는 것은 이 행위가 좋은 결과를 산출하였는지에 대한 문제와는 전혀 상관이 없다고 주장하는 것이다.

행위의 옳음은 올바른 도덕 규칙의 준수 여부에 따르게 된다. 규칙은 도덕적 의무의 근본적인 요구사항을 만족하는 행위의 규칙을 의미한다. 상황이나 행위의 결과에 도덕적 정당성이 의존하지 않는다고 보는 의무론자의 입장에서는 모든 상황에서 반드시 지켜져야 하는 보편타당하고 예외 없이 유효한 도덕적 규범이 존재한다.

어떤 것이 선한 것인가? 어떤 것이 올바른 것인가의 판단을 할 때 일반적으로 인간의 행동의 동기와 결과를 놓고 이해할 수 있다. 동기가 좋고 결과도 좋은 경우나 동기가 나빠서 결과가 나쁜 경우는 판단하기 쉽다. 그런데 동기는 좋았는데 결과가 나쁘다거나, 동기는 좋지 않았는데 결과가 좋은 경우는 판단이 쉽지 않다. 윤리학에서는 이 같은 문제의 판단을 위해 동기를 중시하는 쪽과 결과를 중시하는 쪽으로 크게 양분할 수 있는데 동기를 중시하는 쪽의 입장을 흔히 의무주의 윤리론이라고 하고, 결과를 중시하는 쪽의 입장을 목적론적 윤리설이라고 한다.

의무주의 윤리설은 한 사람의 행위의 옳고 그름을 판단하는 것은 그 사람의 행동의 결과가 아니라 행동의 종류라고 주장한다. 행동의 종류는 개별적인 행동 유형을 말하는 것이 아니라 도덕적 판단에 의한 도덕적인 행동의 종류에 해당하는 것이냐 아니냐의 문제이다. 즉 도덕적으로 볼 때 인간으로서 마땅히 해야 할 도덕적 의무에 해당하는 행위를 한 경우라면 결과와 무관하게 그것은 올바른 행동이라고 생각하는 것이다. 만약 결과가 좋더라도 그것이 도덕적인 행위에 속하지 않는다면 그것은 그르다는 것이다. 즉 행위의 옳고 그름은 '도덕률'에 의한다.

의무주의 윤리론을 주장하는 사람들이 생각하는 핵심 문제는 "시대와 지역의 차이를 초월하여 언제 어디서나 타당한 행위의 법칙, 즉 도덕률이 무엇이냐?" 하는 것이다. 이러한 의무론적 윤리설의 대표적인 철학자가 칸트이다. 그 외에도 의무주의 윤리론의 대표적인 학자들은 영국의 로저 스크루턴(Roger Scruton), 미국의 프랜시스 캄(Frances Kamm), 토마스 네이글(Thomas Nagel), 토마스 스캔런(Thomas Scanlon) 등이 있다. 이들은 의무주의를 행위자-중심적(agent-centered) 의무주의와 피행위자-중심적(patient-centered) 의무주의로 나눈다.

행위자-중심적 의무주의는 의무의 개념을 중심으로 행위자의 행위가 의무를 따름으로서 그 어떤 도덕적 흠결도 가지지 않게 하는 것을 목적으로 한다. 반면 피행위자-중심적 의무주의는 권리의 개념을 중심으로 평등권, 생명권과 같은 피행위자의 권리가 침해받지 않도록 하는 것이 주목적이다.

이에 반해 목적론적 윤리설은 어떤 사람이 한 행동이 좋은 결과를 낳기니 그 행위를 다른 모든 사람들이 행할 경우 좋은 결과를 낳는다면 그것이 도덕적으로 옳다고 생각한다. 즉 그 행위의 옳고 그름을 판단하는 것은 그 행동이 가지고 오는 결과의 옳고 그름으로 판단하는 것이다.

목적론적 윤리설은 행동의 결과가 윤리적 판단의 전제가 되는 것이다. 목적론적 윤리론을 주장하는 사람들의 핵심 문제는 '인생의 궁극적인 목적은 무엇이냐'의 문제이다. 이러한 목적론적 윤리설의 대표적인 철학자는 벤담과 밀 등의 공리주의자들이다.

2. 칸트의 의무론

칸트는 윤리학의 과제가 선(善)의지에 대한 탐구이며, 인간의 행위가 의무로부터 행해졌을 경우에만 도덕적일 수 있다고 보았다는 점에서 의무론적 윤리학을 주장한 대표적인 철학자이다.

선의지는 행위의 결과나 어떤 목표의 추구 및 달성에 도움이 되기 때문에 선한 것이 아니라 자신의 의지에 의한 작용을 통해서만 그 자체로 선하게 할 수 있다. 인간의 선의지는 언제나 의무 의식을 수반하고 있으며, 이는 내적인 의무감으로부터 행해진 행위만이 도덕적인 것으로 불릴 수 있게 되며 선의지를 드러낼 수 있는 것이다. 도덕적 가치는 선의지에 토대를 둔 의무로부터 곧 의무가 근거하는 보편적이고 필연적인 도덕 법칙에 대한 '존경'으로부터의 행위일 경우에만 드러나게 된다.

칸트는 '선(善)'이란 무엇이냐에 대해서 "인간은 누구나 자신의 행동이 보편화되어서 모든 사람이 같은 행위를 하더라도 좋을 행동을 해야 한다"는 절대적 의무론을 주장하고 있다.

의무주의론의 핵심은 칸트의 사상에서 찾아볼 수 있는데 그는 윤리성 여부를 판정하는 기준에 대해 다음과 같이 제시했다. "지금 하고 있는 일이 세계 모든 사람들이 그렇게 해도 좋으냐고 반문해보고, 만일 나는 해도 되지만 다른 사람들은 절대로 해서 안 되는 행위는 '善'이 아니라는 것"이라고 했다. 따라서 윤리성의 여부는 "행위가 보편적 법칙으로 될 수 없으면 '善'이 아니다"라고 하였다.

칸트는 행위의 결과보다는 동기를 더 중요시 한다. 그는 결과는 우연적이지만 동기는 조절할 수 있기 때문에 동기에 초점을 맞추는 것이 바람직하다고 보았다.

예를 들어 만약 독립투사가 당신의 집에 찾아와서 지금 자신이 일본군에게 쫓기고 있는 신세이니 제발 숨겨달라고 부탁해서 당신은 독립투사를 집에 숨겨주었다. 잠시 후 일본군이 집으로 찾아와 혹시 도망치던 독립투사를 보았냐고 물었을 때 당신은 그 독립투사를 숨겨준 사실을 그대로 말해야 할지, 아니면 거짓말을 해야 할지 고민하는 상황에 놓이게 될 것이다.

모든 한국인이라면 독립투사를 배반하고 싶지 않을 것이다. 여기에서 재미있는 것은 당신이 어떤 선택을 하던 독립투사를 구할 수 있을지는 전혀 알 수 없다는 사실이다. 결과는 우연적이기 때문이다. 당신이 사실 있었던 그대로 말했는데 갑자기 저 멀리서 뛰어가는 사람을 보고 일본군이 그쪽으로 쫓아갈 수도 있고, 당신이 거짓말을 했는데도 일본군이 당신을 믿지 않고 집을 뒤져 독립투사를 찾아낼 수도 있는 것이다. 이처럼 결과를 알 수 없고, 어떤 결과가 나올지가 우연적이라면 우리는 결과보다는 자신이 어떤 행위를 하고, 그 행위를 하는 동기가 무엇인지에 더 주목하는 것이 옳다는 것이 칸트의 주장이다.

칸트는 상대론이 아닌 '절대론'적 윤리설을 주장했다. 윤리는 보편적이고 객관적인 것으로 보았다. 그는 '정언명령'이라는 개념을 통해서 그 자체가 목적인 무조건적인 명령으로 '반드시 ~해야 한다'의 형태를 띤다. 정언명령의 반대되는 개념이 바로 '가언명령'으로 '~한다면 ~하라'와 같이 조건부 명령의 형식을 취한다. 절대론을 주장하는 칸트는 당연히 가언명령이 아닌 정언명령을 좋아했다.

칸트는 인간의 이성을 매우 신뢰했다. 인간에게는 선천적인 양심과 선의지가 있기 때문에 인간이라면 누구나 실천이성에 따라 스스로 도덕 법칙을 세우고 자율적으로 도덕적인 행위를 할 수 있다고 믿었다. 그리고 도덕적인 행위는 결과와 무관하게 오로지 그것이 절대적으로 옳기 때문에 실천하는 것이라는 자율적 의무 의식에서 비롯된다는 '의무론'에 입각하고 있다.

칸트는 도덕적으로 가치가 없는 행위는 두 종류가 있다고 보았다. 첫째, 의무를 위반한 행위로서 쉽게 납득 가능하다. 의무는 절대적인 것이기에 행해야 마땅한 것인데 하지 않았으므로 도덕적이지 않은 것이다. 문제는 두 번째의 경우에 해당되는데 의무에 합치되더라도 결과를 고려했거나 자연적 경향성에서 비롯된 행위거나, 이성이 아닌 동정심과 같은 감정에서 비롯된 것이라면 도덕적 가치가 없다고 보았다. 사회적으로 많은 사람들로부터 칭송을 받을 만한 행위를 했지만 그 행위를 한 동기가 무엇인지를 중요하다는 것이다.

칸트는 시간을 정확하게 지키는 사람으로 잘 알려져 있다. 그는 매사에 생활 계획표를 작성해서 그대로 지켰는데, 그것이 오차 없이 정확해서 당시 사람들이 시계가 고장 나면 칸트를 보고 시간을 맞췄다고 할 정도였다. 이렇게 철두철미한 칸트가 시간을 어긴 적이 딱 한 번 있었는데, 루소의 '에밀'을 읽다가 산책시간을 어겼다고 한다. 책을 읽다가 산책시간을 어긴 것이 유일한 것을 보면 절대적으로 자신이 정한 것을 지키는 면모에서 그의 철학적 깊이를 할 수 있다. 칸트의 이론은 바로 자신의 삶과 매우 닮아 있음을 알 수 있다.

3. 의무주의 윤리론의 장·단점

의무주의 윤리론의 장·단점을 살펴보면 다음과 같다. 먼저 의무론적 윤리론의 장점으로는 도덕적 의무와 권리의 개념을 중심으로 어떠한 행동이 옳고 그른지를 판단하기 때문에 그 어떤 경우에 있어서도 침해될 수 없는 도덕적 원칙이 있을 수 있다는 도덕적 직관을 반영하고 있다는 것이다.

의무주의 윤리론의 단점으로는 의무주의는 의무를 따른 행위의 결과가 좋은지 나쁜지에 대해서는 전혀 고려하지 않고 있기 때문에 의무를 따르는 행위가 도덕적으로 아주 나쁜 결과가 초래될 것이라고 예측되는 경우에도 의무를 따라야만 한다는 반(反) 직관적인 결론에 이르게 된다는 것이다.

제2절 공리주의 윤리론

1. 공리주의 윤리론의 개념

공리주의 윤리론(utilitarianism Ethics)은 19세기 중반 경에 영국에서 나타난 사회사상으로 가치판단의 기준을 효용과 행복의 증진에 두어 '최대 다수의 최대 행복' 실현을 윤리적 행위의 목적으로 보았다.

공리주의는 공리성을 가치판단의 기준으로 하는 사상이다. 즉 어떤 행위의 옳고 그름은 그 행위가 인간의 이익과 행복을 증진하는 데 얼마나 기여하는가 하는 유용성과 결과에 따라 결정된다고 보는 것이다. 넓은 의미에서 공리주의는 효용·행복 등의 쾌락에 최대의 가치를 두고 있다.

대표적인 공리주의자로는 19세기 영국에서 벤담(Jeremy Bentham, 1748~1832), 제임스 밀(James Mill, 1773~1836), 존 스튜어트 밀(John Stuart Mill, 1806~1873) 등이 있다.

공리주의는 쾌락의 계량가능성을 주장한 벤담의 '양적(量的) 공리주의'와 쾌락의 질적 차이를 인정한 존 스튜어트 밀의 '질적(質的) 공리주의'로 나뉜다. 벤담은 1789년 발표된 『도덕 및 입법 원리의 서론(*Introduction to the principle of morals and legislation*)』에서 공리주의 사상의 핵심 원리들을 체계화하여 공리주의를 대표하는 사상가가 되었다. 그는 인간은 본래 쾌락을 추구하고 고통을 피하려는 자연성에 따라 행동하는 것이 개인은 물론 개인의 집합체인 사회에도 최대의 행복을 가져다준다고 보았다. 그는 쾌락의 질적인 차이를 인정하지 않고 계량 가능한 것으로 파악했으며, 강도(强度)·계속성·확실성·원근성·생산성·순수성·연장성이라는 일곱 가지 척도로 그것을 계산하고자 했다. 그리고 '최대 다수의 최대 행복'을 도덕과 입법의 원리로 제시하였다.

제레미 벤담(Jeremy Bentham)

반면 존 스튜어트 밀은 쾌락의 질적인 차이를 주장하며 벤담의 사상을 수정하였다. 그는 인간은 동물적인 본성 이상의 능력을 가지고 있기 때문에 질적으로 높고 고상한 쾌락을 추구한다고 보았다. "만족한 돼지가 되는 것보다는 불만족한 인간이 좋고, 만족한 바보보다는 불만족한 소크라테스(Socrates)가 좋다"는 것이다. 그리고 법률에 의한 정치적 제재를 중시한 벤담과는 달리 양심의 내부적인 제재로서 인간이 가지는 인류애를 존 스튜어트 밀은 중시하였다.

존 스튜어트 밀(John Stuart Mill)

공리주의는 인간을 언제나 쾌락(행복)을 추구하고, 고통(불행)을 피하려 하는 인간 본성을 지닌 존재로 파악하고 있다. 인간 행동에 대한 윤리적 판단의 기준도 이러한 공리적 인간관에 기초하고 있는데 인간의 쾌락과 행복을 증진시키는 데 기여하는 것은 선한 행위이지만, 고통과 불행을 크게 하는 것은 악한 행위이다. 나아가 사회의 행복을 최대로 하려면 되도록 많은 사람들이 가능한 한 많은 행복을 느낄 수 있도록 하는 것이 필요하다.

따라서 공리주의의 목표는 '최대 다수의 최대 행복(the greatest happiness of the greatest number)'을 실현하는 것이다. 행위의 선악을 쾌락의 기준으로 정하는 이러한 원리를 '공리의 원리(Principle of utility)'라고 한다.

공리(功利)의 원리는 입법이나 정치 등 모든 개인적 사회적 행위를 규율한다. 개인적 공리의 추구가 반드시 사회적 공리로 나타나지는 않는다. 따라서 사회적 공리를 실현하기 위해서 법은 개인의 행위를 규율하고 조정해야 한다. 그리고 사회적 공리의 실현을 위해서는 위정자의 부정한 이익을 배제해야 한다. 여기에서 민주주의적 의회제도가 요구된다.

또한 공리주의는 쾌락과 행복을 추구하는 개인의 이기심을 전제로 하기 때문에 경제적 자유주의를 뒷받침한다. 실제로 공리주의는 19세기 초 영국에서 곡물조례의 폐지와 자유무역을 주장한 자유주의적 경제개혁의 이데올로기로 나타났다. 하지만 공리주의의 관점에서는 사회적 공리의 증대에 도움이 된다면, 정부의 간섭과 분배를 위한 사회적 입법도 정당화된다. 특히 쾌락의 질적 차이를 인정하며 벤담의 양적 공리주의에 근본적인 수정을 가한 존 스튜어트 밀은 노동입법이나 단결권의 보호, 지대(地代) 공유 주장 등을 통해 사회 개량의 방향을 제시했다.

이처럼 공리주의는 '다수결의 원리'에 기초한 민주주의적 정치 제도와 사유재산 보호의 틀 안에서 점진적인 분배의 평등을 강조하는 복지 사상의 발달에 큰 영향을 끼쳤다. 특히 영국에서는 웹(Webb) 부부와 같은 페이비언* 사회주의자들에게 사상적 근거를 제공하며 영국 사회사상의 중요한 원천이 되었다. 또한 경제학에서 제번스(W. S. Jevons, 1835~1882)나 에지워스(F. Y. Edgeworth, 1845~1926) 등의 한계효용설의 성립에도 커다란 영향을 끼쳤다.

※ 페이비언주의
특정 개인이나 계급 집단이 토지와 산업 자본을 소유하는 것이 아니라 사회가 공동으로 소유함으로써 사회를 다시 조직하자는 이론

2. 공리주의 윤리론의 문제점

공리주의 윤리론은 윤리적 문제해결을 공리주의적 사고에 기반을 둔 행동의 윤리성을 행동의 결과에 따라서 판단하기 때문에 목적론적 이론이라고도 한다. 목적론적 관점에서 보면 행동의 결과가 중요하지 결과를 이르는 과정은 중요하지 않다고 보게 된다. 공리론적 윤리론이 결과만을 중시하는 특성 때문에 다음과 같은 문제점이 제기되고 있다.

첫째, 공리주의 윤리론은 행동의 결과로 '선(善)'을 극대화하는 것이라고 하지만 구체적으로 어떤 '선'을 극대화해야 하는지, 누구의 '선'을 위한 행동이 되어야 하는지에

대해서는 명확하지 않다는 것이다. 어떤 결과가 사람에 따라서 선이 될 수도 있고, 안 될 수도 있는 것이다. 또한 구체적으로 누구를 위한 선이 되어야 하는지를 제시하지 못하고 있다.

둘째, 공리주의 윤리론은 결과만 좋으면 그 결과에 이르는 과정은 크게 문제가 되지 않는다고 보기 때문에 그 과정에서 비윤리적 행위가 수반되더라도 결과가 좋으면 정당화될 수 있다는 문제점이 있다.

제약회사에서 개발한 신약이 대부분의 사람들에게는 효과가 탁월하게 나타나지만, 소수 사람들에게 치명적인 영향을 미치게 된다고 할 때 과연 그 신약을 회사는 출시를 하는 것이 옳은 것일까? 많은 사람들이 약으로 병이 호전될 수 있다고 하더라도 소수의 사람이게 피해를 볼 수 있다면 생산과 판매를 신중히 고려하는 것이 옳은 것이다.

셋째, 공리주의 윤리론은 결과가 좋아서 대다수의 사람들이 이익을 얻는다고 해도 반드시 그런 행위가 옳지 않을 수도 있다. 예를 들어 불법 제작된 영상물이 유포되어 제작자나 유통업자가 많은 이익을 얻고, 소비자가 그 영상물을 몰래보면서 쾌락을 느낀다고 하여 그런 행위가 정당화될 수 없는 것이다.

넷째, 공리주의 윤리론에서는 '선'을 극대화하는 것이 목적을 두고 있지만 극대화한 선을 어떤 방법으로 나눌 것인가에 대해서는 구체적인 방안을 제시하지 않고 있다. 부(富)가 편중되어 일부 부유층에서 많은 혜택이 돌아가는 경우와 반대로 사회 전체적으로 이익이 크게 발생하여 부의 크기는 작지만 여러 사람이 부를 나누어 혜택을 보는 경우의 두 가지 상황에서 전자의 경우가 부의 크기가 크기 때문에 '선'이라고 주장하게 된다.

제3절 상대주의 윤리론

1. 상대주의 윤리론의 개념

상대주의 윤리론(relativism ethics)은 이 세상에 절대적으로 올바른 진리란 있을 수 없고 올바른 것은 그것을 정하는 기준에 의해 정해지는 것이라고 한다. 상대론적 윤리론은 인식이나 가치의 판단을 할 때 상대성을 주장하는 철학적 개념을 의미한다.

상대주의는 절대주의와 반대되는 개념으로서 인간의 인식과 가치판단 과정에 절대적으로 올바른 진리란 있을 수 없고 올바르다는 것은 그것을 정하는 기준에 따라서 정해진다는 것이다. 이와 같이 상대주의는 절대적 개념이나 판단의 기준이 존재하지 않기 때문에 여러 대상·현상·과정 등의 상호관계와 상호연관만을 인식할 수 있을 뿐 인식 대상·현상·과정 그 자체는 인식할 수가 없다.

상대주의 윤리론의 관점에서 보면 우리는 현실을 현실 그대로 인식할 수 없으며 인식하는 의식에 의해서만 인식할 뿐이라는 것이다. 모든 이론적·실천적 가치는 주관적·심리적인 개인과의 관계에 있어서는 상대적일 뿐이며, 모든 진리·규범·가치는 각자의 입장에 따라 서로 다르게 해석할 수 있다는 것이다. 어떤 행위가 어느 사회에서는 비윤리적인 것으로 인정되지만 다른 사회에서는 그런 행위가 문제가 되지 않고 정당화될 수 있다는 것이다.

따라서 개인이나 사회가 어떤 행위를 옳다고 믿으면 그것이 옳은 일이라고 보는 것이 바로 상대주의 윤리론이다. 상대주의 윤리론과 가장 잘 어울리는 어구 중에서 "로마에 가면 로마사람들이 하는 대로 하라"는 말이 가장 잘 설명된다고 볼 수 있다.

2. 상대론적 윤리론자

상대주의 사상에 입각한 위대한 인물로 대표적인 사람이 바로 기원전 5세기경의 수학자이자 철학자인 피타고라스(Pythagoras)가 있다. 그는 "인간은 만물의 척도다"라고 주장했다. 그의 이러한 태도는 당시 소피스트에 의해서 널리 주장되었으며 절대적 진리, 절대적 도덕가치의 존재를 부정하는 이론으로 정립되었다.

피타고라스(Pythagoras)

상대주의 사상은 기성의 형이상학적 독단과, 신을 유일한 진리의 원천으로 본 신학적 세계관에 대한 강력하게 비판적 관점에서의 이론이었으나, 객관적 진리를 부인한 탓에 회의론에 빠지기 쉬운 결함을 갖고 있다.

현대 철학의 흐름에서 보면 특히 실용주의 이론에는 이 상대주의의 요소가 많이 포함되어 있다고 볼 수 있다. 윤리학의 경우 상대주의는 보편타당한 도덕규범이나 윤리가치를 부정하는 '윤리적 상대주의'로 나타난다. 또한 문화연구의 측면에서 적용된 '문화 상대주의(cultural relativism)'는 『문화들은 다양하고, 각 문화는 그 자체 유일한 것이며, 각 문화들은 바람직하다고 여기는 개념들이 서로 다르다』는 입장을 취하고 있다. 그러므로 어떤 문화가 다른 문화보다 발전되었다거나 우월하다고 말할 수 없고, 가치의 기준은 그 문화 내에서만 의미를 가지는 것이다.

상대주의는 철학사적으로는 고르기아스, 프로타고라스 등의 소피스트들이 처음 이를 주장했다. 특히 프로타고라스는 "인간은 만물의 척도이다"라는 주장했는데 지식이나 가치가 개인과의 관계에서 상대적으로만 타당하다는 것을 나타내고 있으며 그런 입장은 주관적 상대주의라고 할 수 있다.

상대주의는 지식이나 가치의 보편타당성을 인정하지 않다. 그러므로 회의주의(懷疑主義)와 합쳐질 가능성이 있다. 신학(神學)·형이상학(形而上學)에 대해서는 비판적이다.

르네상스와 근대에는 몽테뉴가 모랄리스트의 입장에서, 홉스는 공리주의(功利主義)의 입장에서, 로크, 흄은 경험론의 입장에서 회의론적 상대주의의 입장을 취하였다. 칸트는 선험철학(先驗哲學)의 입장에서 경험적 인식의 상대성을 인정하고 선천적 인식을 말한 점에서 비판주의적 상대주의의 입장에 섰다고 할 수 있다.

19~20세기엔 쇼펜하우어, 니체가, 생의 철학에서는 딜타이가, 실존철학에서는 사르트르가, 프래그머티즘에서는 제임스가 상대주의의 입장에 서 있다. 신칸트학파에서는 존재와 가치를 구별하고 가치의 상대성을 설명했다.

3. 상대주의 윤리론의 문제점

상대주의 윤리론은 각 개인의 서로 다른 가치관이나 사회관행의 차이를 인정하고 있지만 그 자체의 문제점이 존재하는데 구체적으로 살펴보면 다음과 같다.

첫째, 상대주의 윤리론은 서로 다른 개인의 행위를 정당화시키는 도구로 사용할 수 있다는 것이다. 여러 다양한 윤리 원칙이 존재하는데 그런 것을 고려하지 않고 자신이 옳다고 하는 방식을 고집하게 된다는 것이다. 한편으로는 사회의 관행이 자신의 생각과 일치하게 되면 남들이 하는 대로 하는 것이 옳다고 이야기함으로써 스스로의 행위를 정당화시키게 된다.

둘째, 상대주의 윤리론은 우리 개인들은 자신만의 방식이 옳다고 항상 믿고 따르기 때문에 굳이 다른 사람들과 커뮤니티를 형성하여 대화를 할 필요가 없다고 생각한다. 자신이 절대적으로 옳다고 믿기 때문에 여러 다른 사람들과 관계되는 일의 경우에는 상대주의 윤리론에서는 어느 것이 옳은 것인지를 구별할 수가 없는 경우가 발생하게 된다.

셋째, 상대주의 윤리론의 관점에서 만약 어떤 일을 처리하고자 할 때 사회의 일반 관행대로 하면 된다고 할 경우에 문제가 발생할 수 있다. 예를 들어 인도 사람들이 모임을 하는 경우 지각하는 것이 일상화되어 있다. 다른 어떤 요인들에 의해서 지각하는 것이 아니라 자연스럽게 늦는 것은 바로 철저한 시간개념이 부족하기 때문이다. 그렇다고 인도 사람과 상거래를 할 때 시간개념이 없다고 미팅 시에 늦게 도착하는 것은 당연하다고 해서는 안 된다.

제4절 정의주의 윤리론

1. 정의주의 윤리론의 개념

정의주의론(A Theory of Justice)은 기업의 경영활동 과정에서 의사결정 시 중요한 판단기준이 바로 사회적 정의를 준수하는 원칙이 지켜져야 한다는 것이다. 이때 정의(正義)는 '평등하고 공정하게 처리하는 것'을 의미하며 그런 과정에서 얻게 되는 이익을 평등하게 배분하고 비용도 마찬가지로 모든 사람들에게 고르게 배분되도록 하는 것을 의미한다.

정의주의론의 대표적인 인물로는 존 롤스(John Rawls, 1921~2001)가 있다. 그는 정의의 원리를 개인적 자유라는 전통적인 자유주의자의 이념과 부와 권력을 모든 사람들에게 보다 평등하게 분배하는 평등주의적 이념을 혼합한 것으로 파악하였다.

롤스는 정의란 사회적 합의의 대상이라는 독창적 이론을 제시했다. 그는 정의의 두 가지 원칙을 제시했다. 제1원칙은 '평등한 자유의 원칙'이다. 이는 모든 사람은 다른 사람의 자유와 상충되지 않는 한도 내에서 가장 광범한 자유를 누릴 수 있는 동등한 권한을 갖는다는 것이다.

제2원칙은 '차등의 원칙', '기회균등의 원칙'으로 불평등으로 생겨난 이익은 최소 수

존 롤스(John Rawls)

혜자에게 최대의 이익이 되게 하고, 불평등의 조건인 공직과 직위가 공정한 기회균등의 조건하에 개방되어야 한다는 것이다.

롤스는 소득 재분배를 통해 시민들의 평등한 삶에 관심을 갖게 되었고, 사회의 빈곤층을 소외시키지 않는 분배원칙을 선택해야 하는데, 이러한 정의의 원칙을 공정으로서의 정의라고 하였다. 그는 취득과 권한은 정당한 재분배의 원리의 테두리 내에서만 정당화될 수 있다고 주장하고 분배의 정의를 통해 기존의 불평등한 사회관계를 최소화하고자 하였다.

롤스는 사회구성원 각자의 자유를 인정하면서도 동시에 사회적 약자들, 즉 사회의 혜택을 제대로 받지 못하는 사람들을 위한 '정의론'을 수립하고자 하였다. 그는 기본적 자유를 평등하게 나눠가져야 한다는 '정의의 원칙'을 기반으로 하되, 최소 수혜자의 처지를 개선시키는 한도 내에서만 약자를 우대하기 위한 사회·경제적 불평등이 허용되어야 한다는 '차등의 원칙'을 제시하였다. 그는 차등의 원칙에 사회의 최대 수혜자들이 불평등(자신의 능력에 따른 차등)을 누리게 하되 그것은 최소 수혜자들의 편익을 증대시킬 수 있을 때에만 인정되어야 한다는 조건을 달았다.

롤스는 자신의 정의론을 '공정으로서의 정의관(justice as fairness)'이라 명명하고 이것이 "자신의 이익증진에 관심을 가진 자유롭고 합리적인 사람들이 평등한 최초의 입장에서 그들 공동체의 기본조건을 규정하는 것으로서 채택하게 될 원칙들"이라고 주장했다.

공정으로서의 정의관을 전개하면서 롤스는 '평등한 원초적 입장(original position)'을 가정한다. 롤스의 정의론이 높이 평가되고 있는 것은 이와 같은 정의의 원칙을 도출하기 위한 방법론적 논의이다. 그는 정의가 무엇인가라는 물음에 직접 대답하기보다는 공정한 절차에 의해 합의된 것이면 정의로운 것이라고 하는 순수한 절차적 정의를 주장했다.

정의의 원칙을 도출하기 위한 공정성을 보증해줄 전제들의 집합으로서 그의 '원초적 입장'은 전통적인 사회계약론에 있어서 자연 상태에 해당하는 개념이다. 원초적 입장은 기본적 합의가 공정함을 보장하는 데 적절한 최초의 원상이다. 원초적 입장에서 개인들은 아무도 자신의 사회적 지위나 계층상의 위치를 모르며 누구도 자기가 어떠한 소질이나 능력, 지능, 체력 등을 천부적으로 타고났는지를 모른다. 정의의 원칙들은 바로 이러한 상황하에서, 즉 '무지의 베일(veil of ignorance)' 속에서 선택한다.

※ 무지의 베일(롤스 『정의론』)
'무지의 베일'은 합의의 정당성을 보장하고 '정의의 원칙'을 이끌어내는 중요한 조건과 절차를 제시하는 개념이다. 왜냐하면 이러한 상황하에서는 아무도 타고난 우연의 결과나 사회적 여건의 우연성으로 인해 유리하거나 불리해지지 않기 때문이다.

무지의 베일은 원초적 입장이 갖는 매우 중요한 조건으로 순수 절차적 정의를 보장하기 위한 계약 당사자들의 제약 조건이다. 즉 합의도 원칙이 정의로운 것이 되게 하는 공정한 절차를 설정하기 위한 원초적 입장의 가장 중요한 요소 중 하나이다. 무지의 베일은 합의 당사자들의 특수한 사정을 모르게 함으로써 사회적, 자연적 여건들을 자신에게 유리하게 하도록 하지 못하게 하는 역할을 하고 있다. 무지의 베일은 원초적 입장의 인지적 조건이다.

원초적 입장을 구성하는 조건은 크게 두 가지로 설명될 수 있다. 첫째, 계약 당사자가 인간사회에 관한 일반적 사실을 알고 있으나, 자신의 자연적 재능과 사회적 지위, 그리고 인생계획의 세목과 더불어 자신의 가치관, 소속된 세대 등 특수한 사정들을 알 수 없는 '무지의 베일(veil of ignorance)'을 쓰고 정의의 원칙을 숙고하게 된다는 인지적 조건이다.

둘째, 당사자들이 합리적 존재로서 자신의 이익은 극대화하고자 하나, 타인의 이해관계에 대해서는 상호 무관심하며 서로 간에 시기심 같은 부정적 관심도 동정과 같은 긍정적 관심도 없다고 가정하는 동기 상의 가정이다.

원초적 입장에서 롤스는 사람들이 다음과 같은 두 가지의 상이한 원칙을 채택할 것이라고 말한다. 첫 번째 원칙은 기본적인 권리와 의무의 할당에 있어 평등이다. 두 번째 원칙은 사회적·경제적 불평등은 사회의 최소 수혜자에게 그 불평등을 보상할 만한 이득을 가져오는 경우에만 정당한 것임을 내세우는 것이다.

첫 번째 원칙은 기회의 균등을 말하며, 두 번째 원칙은 어떠한 경우에도 다른 사람의 선을 위해서 자신의 권리나 이득에 대한 희생을 요구할 수는 없다는 것을 의미한다. 여기서 최소 수혜자란 남성에 대하여 여성, 기업가에 대하여 노동자 등을 생각하면 이해하기 쉽다. 다시 말해 남성과 기업가의 이익을 위해 여성의 희생을 요구하거나, 노동자의 이익을 무시하는 정책이나 제도는 정의롭지 못한 것이 된다.

이러한 두 가지 원칙은 특정의 사회협동체에서 발생하는 이득의 분배는 가장 곤란한 처지에 있는 사람을 포함해서 그 사회에 속한 모든 사람의 협력을 이끌어내도록 이뤄져야만 한다는 것이다. 만일 어떤 사회협동체가 특정 구성원들의 권리나 이익의 희생을 요구한다면 비록 그것이 아무리 소수의 작은 이익을 얻는 것이라 해도 희생을 강요당하는 사람들은 협력에 동참하지 않기 때문이다.

상대론적 윤리론은 기업이 경영활동 과정에서 의사결정 시에 롤스의 정의주의론에 입각한 원칙을 준수하는 것이라고 할 수 있다.

2. 롤스의 정의론

롤스는 사회의 모든 가치, 즉 자유와 기회, 소득과 부, 인간적 존엄성 등은 기본적으로 평등하게 배분되어야 하며, 가치의 불평등한 배분은 그것이 사회의 최소 수혜자에게 유리한 경우에만 정의롭다고 본다.

그는 사회정의 실현을 위한 사회구성의 원리로 2가지 원리를 제시하였다. 첫째, '기본적 자유의 평등원칙'이고, 둘째, '조정의 원리'이다. 전자는 모든 개인은 다른 사람의 유사한 자유와 충돌하지 않는 범위 내에서 최대한 기본적인 자유에 대한 평등한 권리를 인정해야 한다는 것이고, 후자는 기본적 자유의 평등원칙하에서 발생하는 불평등을 조정하기 위한 원칙으로 공정한 기회균등의 원리와 차별의 원리가 있다.

공정한 기회균등의 원리는 사회경제적 불평등은 그 원천이 되는 모든 직무와 직위에 대한 공평한 기회균등하에 발생한 것이어야 한다는 것이며, 차별의 원리는 사회경제적 불평등은 불평등이 가장 불리한 입장에 있는 사람에게도 이익이 되는 경우에만 정당화될 수 있다는 것이다. 롤스는 이 두 가지 원리가 충돌 시 기회균등의 원리가 차별의 원리에 우선되어야 한다고 하였다. 롤스의 『정의론』을 이해하기 위서는 다음 두 가지를 알아야 한다.

첫째, 롤스가 어떠한 가정을 전제로 정의의 원칙을 도출해내는가 하는 점이다. 즉,

그의 방법론적 특성을 파악할 수 있어야 한다. 그는 '원초적 입장'과 '무지의 베일'을 가정함으로써 정의론을 도출해 내었다. 이것이 롤스의 계약론적 정의론이 가지고 있는 독특성이다.

둘째, 이렇게 해서 도출된 정의론의 두 가지 원리가 각각 무엇을 의미하며 어떠한 사회적 의미를 내포하고 있는가를 이해할 수 있어야 한다.

가. 자유와 불평등의 사회적 배분

정의론은 다음 두 가지를 그 핵심으로 하고 있다.

첫째, 각자는 타인의 동등한 자유와 양립 가능한 최대로 광범위한 기본적 자유에의 평등한 권리를 갖는다(평등한 자유의 원칙). 이것은 정의로운 사회란 각 사람이 다른 사람의 자유와 양립할 수 있는 평등한 기본적 자유를 최대한 누릴 수 있는 사회라는 것을 의미한다. 다시 말해서 정의란 '각자에게 자기의 몫을 주는 것'이다.

둘째, 사회·경제적 불평등은 다음 두 조건을 만족시키도록 배정되어야 한다. 즉, 최소 수혜자와 모든 성원의 이익을 극대화하고(차등의 원칙), 공정한 기회균등 아래 직책과 직위가 모든 사람들에게 개방되어야 한다(공정한 기회균등의 원칙).

사회적·경제적 불평등은 최소 수혜자에게 최대이익을 보장하는 한도 내에서만 허용되어야 한다. 그리고 불평등의 계기가 되는 지위는 공정한 기회균등의 원칙에 따라 모든 사람에게 개방되는 사회가 정의로운 사회이다. 여기서 평등이란 모두에게 동등한 기회는 줌으로써 각자의 재능을 마음껏 발휘하게 만드는 것을 의미한다.

기본적 자유의 평등한 분배를 요구하는 제1원칙은 인간다운 삶을 위한 사회·경제적 최저생활이 보장되는 한에서라면 자유를 위해서만 제한될 뿐 사회 전체의 경제적 복지 증진을 위해서도 희생될 수 없으며, 다수자의 자유의 확대를 위해서도 개인이나 소수자의 기본적 자유가 희생될 수 없다는 것이다.

정의론의 제2원칙은 두 부분(사회적·경제적 불평등은 최소 수혜자에게 최대이득이 되어야 하며, 공정한 기회균등의 조건 아래 모든 사람들에게 개발된 직책과 직위가 결부되어야 한다)으로 이루어져 있다.

첫 번째 부분은 차등의 원칙으로 최소 수혜 시민들에게 최대의 이익을 가져다 줄 사회적·경제적 불평등만을 정당화하며 그렇지 못할 경우 평등분배를 내세우고 있다.

두 번째 부분은 모든 이에게 공정한 기회의 균등을 요구하는 것으로서 단지 직업이나 직책의 기회뿐만이 아니라 삶의 기회들까지 평등화하자는 원리이다. 유사한 능력과 기능을 가진 사람이라면 누구나 그들이 태어난 사회적 지위와 무관하게 유사한 삶의 기회를 보장받아야 한다는 것이다.

두 번째 원칙의 중심이 되는 차등의 원칙에서 주목할 만한 특징은 자유주의적인 형식적 평등의 원리가 묵인해온 사회적·자연적 행운이나 우연을 배제하고, 그러한 요인들에 의해 주어진 개인의 재능이나 능력을 사회의 공동자산으로 간주하여 이를 최소수혜자의 이득을 도모하는 데 이용하자는 것이다. 이를 통해 롤스는 평등한 분배를 보는 새로운 시각을 제시하고 있다. 이는 분배적 정의의 문제를 기회의 형식적 균등으로부터 결과의 실질적 평등으로 끌어올리는 현대적 전환의 이론적 기초가 되고 있다.

나. 정의론의 시사점

롤스의 정의론은 자유주의적 이론체계 속에 사회주의적 요구를 통합한 정치철학으로 평가받는다. 롤스가 주장한 정의의 제1원칙인 평등한 자유의 원칙은 사상·양심·언론·집회의 자유, 보통선거의 자유, 공직 및 개인재산을 소유할 자유 등 자유주의가 내세우는 가장 기본적인 자유들을 보장하는 것에 우선성을 두고 있다.

롤스의 정의의 제1원칙은 평등한 시민의 기본적 자유가 희생되지 않는 것이 정의론의 자유주의적 핵심이다. 이에 대하여, 제2원칙은 자유주의적 의미의 자유가 사회적으로 불리한 처지에 있는 사람들에게 유명무실한 말이 되지 않게 하는 롤스 정의론의 사회주의적 핵심을 대변하고 있다.

물론 롤스가 고전적 자유주의와 사회주의간의 간격을 좁힌 선구자적인 철학자는 아니다. 그러나 롤스는 밀, 듀이 등 자유주의철학의 오랜 전통의 연장선상에서보다 더 자유주의직이었는데 그야말로 '자유주의적 평등(libcral cquality)'의 이념을 옹호하고 있다. 이러한 점에서 롤스의 정의관은 자유주의적 이념과 사회주의적 이념을 가장 체계적이고도 정합적으로 통합한 것이라고 할 만하다.

롤스는 『정의론』에서 정의로운 사회의 기본원리로서 사회적 약자에 대한 배려가 우선되어야 한다는 세 번째 원리를 추가하였다. 바로 이 마지막 원칙이 현대 복지국가의 필요성과 관련되는 원칙으로 롤스의 『정의론』이 가지는 핵심적인 사회적 함의라고 할 수 있다.

롤스의 정의론이 자유민주주의적 전통에 기반 하였고, 사회의 강자들, 즉 최대수혜자들에게 보장되는 자유가 항상적으로 사회의 최소 수혜자, 즉 사회적 약자들의 삶을 염두에 두지 않으면 안 된다는 점을 지속적으로 강조하였다.

제5절 이기주의 윤리론

1. 이기주의에 대한 이해

이기주의(egoism)는 자기만의 이익을 중심에 두고, 다른 사람이나 사회의 이익은 고려하지 않는 입장을 말한다. 이기주의는 개인주의와 결부되는 것으로 모두 자신의 이익을 극대화하기 위해 노력한다는 이론이다.

이기주의는 두 가지가 관점에서 살펴볼 수 있다. 심리학적 이기주의와 윤리학적 이기주의로 구분해 볼 수 있다.

먼저 심리학적 이기주의는 "인간의 모든 행동은 자신의 이익추구를 동기로 갖는다"는 것이다. 예를 들어 누군가가 불우이웃돕기에 거금의 기부를 했을 경우 그것은 자기 자신의 심리적인 만족을 위한 것이지 이타적인 이유에서가 아니라고 본다. 인간의 모든 행동을 이기주의로 설명하고자 하는 것이 바로 심리학적 이기주의이다.

심리학적 이기주의는 인간의 모든 행동을 이기적으로만 해석하려고 하는 것이 가장 큰 문제점이다. 왜냐하면 인간의 행동을 이기적으로 해석하는 것이 가능하다고 해서 반드시 그 행동이 이기적이라고 말할 수 없기 때문이다.

정신병원에 정상인을 수용시키고 실험을 했는데, 그가 정상인임에도 불구하고 그 사실을 모르는 의사들은 그의 모든 행위를 정신병자의 행위로 분석했다고 한다. 의사는 그 환자를 정신병자라고 미리 규정하고 모든 행위를 정신병자의 행위로 분석한 것이다. 그런데 그 사람은 분명히 정상인임에도 불구하고 그런 취급을 받게 된 것이다. 심리학적 이기주의도 마찬가지로 모든 인간을 이기주의자로 간주하고 모든 행위를 이기주의자의 행위로 분석하게 되는데, 그것이 반드시 옳다고 할 수는 없는 것이다.

심리학적 이기주의의 이론적 맹점은 반증 불가능성이다. 확인이 불가능한 정보는 아무런 의미가 없듯이 반증이 불가능한 이론 역시 아무런 의미가 없다고 보는 것이다.

반면 윤리학적 이기주의는 '모든 인간은 이기적으로 행동해야 한다'는 것으로 자신에게 이익이 되는 행동만을 하는 것 외에는 아무 의무도 지지 않는다고 보는 것이다. 모든 인간은 자신의 이익만을 추구할 때 사회적인 이익이 가장 커진다는 것이다. 그런데 현실은 그렇지 않은 경우가 너무 많다. 초기 자본주의 사회에서 발생한 문제점에서 쉽게 알 수 있다.

윤리학적 이기주의의 근본적인 문제는 불평등의 문제이다. 윤리학적 이기주의는 자신의 이익만을 중시하고 타인의 이익은 무시하는 것이 옳다고 보기 때문에 나의 이익이 타인의 이익보다 중요하다고 말할 수 있는 근거가 어디에 있는지에 대한 아무런 근거도 없이 나의 이익이 타인의 이익보다 우월하다고 하는 것이다. 마치 아무런 근거도 없이 남자가 여자보다 우월하다고 하는 것과 같은 것으로 자의적인 차별에 지나지 않는 것이다.

2. 이기주의 윤리론에 대한 이해

기업 활동에서도 기업의 관리자가 자신이나 회사의 이익을 극대화하기 위해 행동하는 것을 관리적 이기주의라고 말한다. 일반적으로 윤리적 이기주의는 이타주의, 부분적으로는 공리주의와 대립된다. 소피스트, 키레네학파, 에피쿠로스학파, 홉스, 슈티르너 등에서 그 두드러진 경향을 찾아볼 수 있다.

이론적으로는 의무론의 형태도 취할 수 있으나, 개인의 선(善: 이익)이라는 목적을 행동의 의무, 올바름의 유일한 기준으로 삼는 점에서 실제로는 목적론적 윤리관의 한 형태를 취한다.

이기주의는 목적 내용의 차이에 따라 행복주의나 쾌락주의의 한 형태를 취하기도 하는데 주로 쾌락주의에 가깝다. 이기주의를 지원하는 유력한 근거는 인간의 본성이 원래 자기의 이익만을 추구하는 경향이 많다는 것이다. 그러나 인간의 이타적 경향을 완전히 부정해 버리는 것은 일종의 독단이라고 할 수 있다. 기업윤리에서 이기주의의 관점에서 살펴보면 자기 회사에 가장 유리하도록 기업을 운영하는 것이 경제적으로 '善'을 추구한다고 보는 것이다.

매일같이 우리 주변에는 많은 안전사고들이 발생하고 있다. 그중에서도 요양병원에서 일어난 대형화재로 많은 인명이 목숨을 잃었다. 그런데 요양병원 측에서는 환자의 안전보다는 병원 측의 비용 절감과 이윤의 극대화를 위해 소방장치를 설치하지 않는 경우가 많다.

병원의 경우 스프링클러 설치 기준이 현행 법률에는 근린생활시설은 연면적 5,000㎡ 이상이거나 수용인원이 500명 이상일 때만 의무적으로 설치하도록 되어 있다. 그런데 중소 병원들은 이런 규정에 의해서 항상 화재의 위험에 노출되어 있다. 대부분의 병원 관계자들은 일단 비용측면에서 스프링클러 장치의 설치를 외면하게 된다. 그러나 법적으로는 강제적으로 설치할 의무는 없지만 환자들의 안전을 우선으로 생각한다면 당연히 화재에 대비한 안전장치로 설치하는 것이 옳은 것이다.

기업윤리의 관점에서 이기주의에 입각한 기업 관리는 단기적으로는 이익을 가져다 줄 수 있겠지만 장기적으로는 지역사회, 고객, 여론 등 각 이해관계자들에게 좋지 않은 영향을 미치게 되어 궁극적으로는 기업의 발전에 걸림돌이 될 수 있다는 점을 명심해야 한다.

[사례] 한국가스안전공사, '투명경영' 실현으로 윤리청렴기관 도약

한국가스안전공사가 '2025 비전'으로 '국민에게 신뢰받는 최고의 가스안전 책임기관'을 달성하는 것이다. 가스안전공사의 경영방침인 투명경영을 실현하기 위해 전사적 역량을 결집하고 있다. 이를 위해 2019년 8월에는 한국투명성기구와 반부패 및 청렴도 제고, 투명한 윤리경영 실천을 위한 업무협약을 체결했다. 이번 협약을 통해 양 기관은 반부패 및 청렴 윤리경영 실천을 위한 활동을 전개하고, 지식교류 등을 추진하고 있다.

또한 청렴문화를 공사 대내·외에 정착하기 위해 2019년 9월에는 충북혁신도시 이전기관 임직원과 주민을 대상으로 첫 청렴영화제를 개최했다. 내부고발을 주제로 한 영화를 상영하며, 청렴문화에 대해 생각해 보는 계기를 마련했다.

업무와 관련해 공사를 방문한 민원인과 식사접대 문화를 개선하기 위해 '청렴 식권제'를 운영하고 있다. 민원인과 식시가 필요할 때 구내식당을 이용하도록 장려하는 제도다. 이를 통해 혹시라도 발생할 수 있는 부정청탁과 향응, 접대 등 부패요인을 사전에 차단하기 위해서다. 또한 민원인과 공사 직원 모두에 식사대접에 대한 부담을 줄여 업무 수행에 차질이 없도록 했다.

청렴한 공사를 만들기 위해 '바른 윤리 실천하기' 단계별 프로그램도 도입했다. 전 직원이 공감하는 바른 윤리를 공유 전파함으로써 윤리 의미를 되새기고, 부패 요인을 없애기 위한 것이다.

'바른 윤리 실천하기' 첫 단계에서는 사내 게시판을 통해 직원들이 생각하는 윤리 모습을 공유하고, 다음 단계에 청탁금지법 및 윤리경영관련 규정, 인권경영 등과 관련한 온라인 교육을 통해 바른 윤리상을 정립한다.

공사 윤리 골든벨 행사를 통해 임직원 행동강령과 윤리경영실천규정, 청렴 시사상식 등을 공유하며, 임직원의 관심을 높이고 공공분야에서 발생한 비윤리적인 행위나 부패행위 사례를 공유해 자신의 행동을 돌아보는 기회도 만들고 있다.

한국가스안전공사는 올바른 윤리 및 청렴 인식과 실천을 통해, 공공기관 최고 수준의 윤리청렴 기관으로 도약할 수 있도록 노력하고 있다.

제 2 부

기업윤리의 실천시스템

제3장 기업윤리강령
제4장 기업윤리 실천을 위한 조직 및 제도
제5장 기업윤리교육

기업에서 윤리경영이 선언적으로 끝나서는 안 된다. 실제 주요한 경영 의사결정 및 직원들의 행태에 영향을 줄 수 있는 수준까지 실효적으로 수행되는 것이 중요하다. 이를 위해서는 기업윤리 실천시스템을 갖추어야 하는데 이를 위한 대표적인 것이 3C로 표시되는 시스템이다.

기업윤리의 실천시스템의 대표적인 구성요소는 3C는 다음과 같다.

첫째, 윤리강령(Code of conduct)의 설정이다. 윤리강령은 기업윤리 준수를 위해 직원들의 행동지침을 구체적이고 성문화한 형태이다.

둘째, 기업윤리의 준수 여부를 감독할 수 있는 조직(Compliance check organization)을 운영하는 것이다. 여기서는 윤리경영 전담임원을 선임하고, 감독조직은 내부고발제도를 운영하며 윤리경영의 실천수준을 평가한다.

셋째, 기업윤리의 준수 문화 풍토를 임직원들 사이에 조성하는 것이다. 이를 위해서는 반복적이고 일상적인 교육이 제공되어야 한다(Consensus by ethic education).

제3장

기업윤리강령

제1절 기업윤리강령의 개념
제2절 기업윤리강령의 작성
제3절 윤리강령의 작성 원칙
제4절 윤리강령
제5절 윤리강령 사례

[사례] 한국기자협회 윤리경영

Ⅰ. 윤리강령

기자는 국민의 알 권리를 충족시키고, 진실을 알릴 의무를 가진 언론의 최일선 핵심존재로서 공정보도를 실천할 사명을 띠고 있으며, 이를 위해 국민으로부터 언론이 위임받은 편집-편성권을 공유할 권리를 갖는다. 기자는 자유로운 언론활동을 통해 나라의 민주화에 기여하고 국가발전을 위해 국민들을 올바르게 계도할 책임과 함께, 평화통일·민족화합·민족의 동질성회복에 기여해야 할 시대적 소명을 안고 있다. 이와 같이 막중한 책임과 사명을 갖고 있는 기자에게는 다른 어떤 직종의 종사자들보다도 투철한 직업윤리가 요구된다. 이에 한국기자협회는 회원들이 지켜야 할 행동기준으로서 윤리강령과 그 실천요강을 제정하여 이의 준수와 실천을 선언한다.

1. 언론자유 수호

우리는 권력과 금력 등 언론의 자유를 위협하는 내·외부의 개인 또는 집단의 어떤 부당한 간섭이나 압력도 단호히 배격한다.

2. 공정보도

우리는 뉴스를 보도함에 있어서 진실을 존중하여 정확한 정보만을 취사선택하며, 엄정한 객관성을 유지한다.

3. 품위유지

우리는 취재 보도의 과정에서 기자의 신분을 이용해 부당이득을 취하지 않으며, 취재원으로부터 제공되는 사적인 특혜나 편의를 거절한다.

4. 정당한 정보수집

우리는 취재과정에서 항상 정당한 방법으로 정보를 취득하며, 기록과 자료를 조작하지 않는다.

5. 올바른 정보사용

우리는 취재활동 중에 취득한 정보를 보도의 목적에만 사용한다.

6. 사생활 보호

우리는 개인의 명예를 해치는 사실무근한 정보를 보도하지 않으며, 보도대상의 사생활을 보호한다.

7. 취재원 보호

우리는 어떠한 경우에도 취재원을 보호한다.

8. 오보의 정정

우리는 잘못된 보도에 대해서는 솔직하게 시인하고, 신속하게 바로 잡는다.

9. 갈등·차별 조장 금지

우리는 취재의 과정 및 보도의 내용에서 지역·계층·종교·성·집단 간의 갈등을 유발하거나, 차별을 조장하지 않는다.

10. 광고·판매활동의 제한

우리는 소속회사의 판매 및 광고문제와 관련, 기자로서의 품위를 손상하는 일체의 행동을 하지 않는다.

II. 실천요강

본 실천요강은 윤리강령을 실천하기 위한 구체적인 행동지침을 규정하며, 강령 및 본 실천요강의 규정을 회원들이 철저하게 준수하도록 하기 위한 실천기구로 협회 내에 한국기자협회 윤리위원회를 별도의 규정에 따라 구성 운영한다.

1. 언론자유

가. 회원은 언론자유를 침해하는 내·외부의 어떤 간섭과 압력에도 굴하지 않으며, 언론자유를 위협하는 개인이나 집단에 대해서 단호히 대처한다.

나. 회원은 언론자유를 침해하는 사태가 발생할 경우 협회 보도자유분과위원회에 침해사례를 즉각 고발하여 이를 시정토록 한다.

다. 회원은 언론의 자유로운 정보 접근권과 비판 및 논평의 권리가 보장되도록 노력한다.

2. 취재 및 보도

가. 회원은 기자의 제1사명이 공정보도임을 명심하고, 객관적 사실에 입각한 진실보도를 위해 최선을 다한다.

나. 회원은 이해관계가 얽힌 사안의 취재 및 보도활동에 있어서 취재원에 대해 형평과 공정성을 유지해야 한다.

다. 회원은 본인 또는 취재원의 개인적인 목적에 영합하는 취재 보도활동을 해서는 안 된다.
라. 회원은 확증을 갖지 않는 내용에 대한 추측보도를 지양한다.
마. 회원은 정보를 취득함에 있어서 위계(僞計) 나 강압적인 방법을 쓰지 않는다.
바. 회원은 기록과 자료를 사용함에 있어서 이를 임의로 조작하여 사용하지 않는다.
사. 회원은 고의든 고의가 아니든 간에 개인의 명예를 손상하지 않도록 주의를 다한다.
아. 회원은 공익이 우선하지 않는 한 모든 취재 보도 대상의 사생활이 침해되지 않도록 최선을 다한다.
자. 회원은 비밀리에 정보를 취득했을 경우, 취재원을 철저히 보호한다.
차. 회원은 오보가 발생했을 때는 잘못을 솔직하게 시인, 가능한 빨리 이를 정정보도 한다.
카. 회원은 지역·계층·종교·성·집단 간의 문제를 다룸에 있어 상호간의 갈등을 유발하거나, 차별을 조장하지 않도록 보도에 신중을 기한다.

3. 품위유지
가. 회원은 취재원으로부터 제공되는 일체의 금품, 특혜, 향응을 받아서는 안 되며, 무료여행, 접대골프도 이에 해당한다.
나. 회원은 취재과정에서 취재원으로부터 비난받을 여지가 있는 저급한 언행을 삼간다.
다. 회원은 출입처의 기자단 및 기자실이 취재활동의 편의 이외의 집단 또는 개인의 이익을 취할 목적으로 운영되지 않도록 한다.
라. 회원은 출입처 기자단의 단순한 보도편의만을 위한 [엠바고]와 불합리한 담합을 삼간다.
마. 회원은 취재 보도과정에서 취득한 정보를 개인이나 특정 집단의 이익추구에 사용하지 않는다.
바. 회원은 소속회사의 출판물 강매 및 광고 강요행위를 하지 않으며, 이를 취재보도와 연계 하지 않는다.

제1절 기업윤리강령의 개념

기업윤리강령(Code of Business Ethics)이란 일정한 조직 혹은 단체가 외부적으로 공적인 사회적 책임을 인식하고 이를 바탕으로 구성원들의 의식혁신을 통하여 조직의 투명성을 제고하고, 윤리적 소명을 다하기 위하여 사회와 직장 및 나아가 사적인 생활영역에 이르기까지 스스로 준수하여야 할 자세와 실천규범을 정립하는 것을 의미하는 것이다.

따라서 기업윤리강령 자체만으로는 그 지향하는 목적이나 내용이 회사의 구성원들에게 법률적 의무를 부과하거나 새로운 규제를 가하여 구성원들을 통제하려고 하는 것이라 볼 수 없다. 그러므로 기업윤리강령은 본질적으로 강제적인 규범력을 가지는 것이 아니며, 구성원의 자발적인 실천의지에 의존할 수밖에 없기 때문에 기업윤리강령의 시행에 있어서 그 실천의지를 대내·외적으로 나타내기 위하여 구성원들로부터 당해 서약서를 제출받고 서약서의 서두에는 근로자들이 윤리강령을 준수할 것을 약속하고 그 실천을 다짐하는 내용이 포함되어 있어야 한다.

리더의 철학과 가치관은 기업의 기업문화를 형성하는데 중요한 역할을 한다. 리더의 윤리경영을 실현하기 위해서는 조직 내 윤리강령의 역할이 중요하게 작용하게 된다. 조직의 윤리강령은 경영전략, 실행프로그램, 교육프로그램 등의 윤리적 요소를 포함한 기준을 제시하고 있다. 윤리강령은 최고경영자의 윤리적 리더십에 영향을 주게 되고, 종업원들의 윤리적 행동을 촉진하는 계기가 된다.

최고경영자가 정의롭고 공정하게 업무를 처리한다면 조직 내 구성원들도 업무처리 과정에서 공정하게 처리하게 될 것이며 불법이나 비윤리적 압력 등에는 단호히 배격하게 될 것이다. 따라서 최고경영자는 윤리강령에 바탕을 둔 윤리적 리더십을 발휘하여 종업원들의 역할모델이 됨으로써 구성원들의 행동에 바람직한 방향으로 영향을 미치게 된다. 기업윤리강령의 구체적 내용을 살펴보면 다음과 같다.

1. 행동지침

기업의 윤리강령은 구성원들이 회사의 업무수행 과정에서 윤리적인 딜레마에 부딪히게 되었을 경우 올바른 판단기준을 제시하게 된다. 윤리강령에서 장려하는 일과 금지하는 일을 확실히 구분하는 기준을 제시한다. 기업의 임직원들이 기업윤리를 실천하는 구체적인 지침으로서 윤리강령이 역할을 하게 된다.

미국의 상무성(1995)에서는 기업행동강령표준을 제정하고 기업들로 하여금 작업 시 안전중시, 아동 및 인종차별 금지, 환경보호, 뇌물공여금지 등에 대한 명확한 지침을 마련하여 발표했다.

세계적으로 광풍이 불었던 가상화폐와 관련하여 스위스의 비영리기관 CVA(Crypto Valley Association)가 가상화폐공개(ICO) 행동강령(Code of Conduct)을 발간했다. 이 지침서에는 법적·윤리적 문제를 포함한 가상화폐공개 시 요구되는 기업의 바람직한 행동과

태도에 대한 규범이 유형별로 명문화되어 있다. 특히 가상화폐 공개 절차에 대한 기업의 투명성을 강조하고 있다. 구체적으로 자금조달 방법, 자금 사용처, 토큰 활용 방법, 적용기술과 관련된 위험도 평가 분석방법 등에 대한 명확한 공개를 요구하고 있다. 발표된 행동강령은 초기 개척 단계에 있는 신규 자산 유형인 암호 화폐와 암호 화폐시장의 신뢰감을 고취시켜주는 가이드 역할하고 있다.

국내 1위 농기계 기업인 대동공업은 2018년에 공정하고 투명한 거래문화 조성을 위해 공정거래 자율준수 프로그램(CP: Compliance Program)을 도입하고, 선포식을 통해 공정거래 자율준수 결의를 다졌다.

대동공업은 대표이사와 팀장급 이상 임직원 30명, 협력업체 대표 70명 그리고 한국공정경쟁연합회 회장 등이 참석한 가운데 선포식을 진행했다. '공정거래 자율준수 프로그램(CP)'은 기업에서 자체적으로 공정거래 위반 행위를 사전에 예방하기 위한 행동 기준을 제시하는 내부 준법 시스템을 뜻한다. 이번 프로그램의 도입을 통해 기업의 성장에 걸림돌이 될 수 있는 불평등, 불공정거래 등의 영업행위를 방지하고, 능동적인 공정경쟁 체제가 기업 조직내부에 뿌리내릴 수 있도록 지속적인 노력을 하고 있다. 이와 관련해 대동공업은 계약 체결 과정 및 계약의 내용, 계약의 이행과정에서 공정성 및 충실성, 정당성을 확보하고, 법 위반 사전예방, 사후 감시 시스템을 마련하여 협력업체와 공정하고 투명한 거래문화를 조성해 나가게 된다.

대동공업은 공정거래 자율준수 프로그램(CP: Compliance Program)을 통해 투명경영,

윤리경영을 강화하여 업계 리딩 기업에 걸 맞는 공정경쟁 시스템 구축, 기업 경쟁력을 높여 나가고 있다. 이를 계기로 회사의 지속 성장을 위해 임직원 모두 협력업체의 목소리를 더 가까이에서 청취하고 동반성장의 문화가 더욱더 확고히 정착되었다.

2. 비윤리적 행동예방

기업의 윤리강령은 임직원들의 행동에 대한 기준을 명시하고 있지만, 비윤리적 행동에 대한 처벌기준도 함께 명시하고 있다. 윤리강령에서 제시하고 있는 행동준칙은 임직원들에게 비윤리적 의사결정과 행동을 자제시키거나 억제하게 하는 긍정적인 효과가 있다.

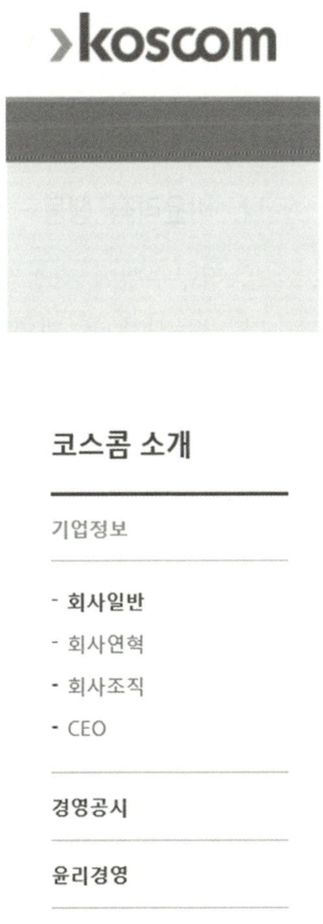

코스콤(Koscom)은 임직원들이 윤리규정을 핵심가치로 준수할 것을 약속하며 행동강령의 최적의 안으로 모든 임직원들에게 고객을 존중하며, 최적의 서비스를 제공하기 위해 노력하도록 요구하고 있다.

코스콤은 다음의 사례를 참고하여 임직원들이 판단하도록 제시하고 있다.

① 고객의 의견을 경청하며, 불만과 요구에 대해 신속히 조치하도록 노력한다.

② 고객과의 약속을 반드시 지키도록 노력한다.

③ 회사가 보유하고 있는 고객정보가 외부로 누출되어 고객의 사생활 침해나 신용훼손이 발생하지 않도록 고객정보를 관계법령에 따라 엄중히 관리하여야 한다.

④ 고객이 만족하는 상품과 서비스 제공을 위해 지속적인 품질개선 활동을 전개한다.

⑤ 고객과 시장의 상황을 수시로 조사하고 이를 경영정책에 반영한다.

가. 임직원의 근무기준

① 임직원은 업무상 부정한 행위 또는 과도한 업무효율 저해행위를 하여서는 아니 된다.

② 임직원은 건전한 직장분위기 조성을 위해 성희롱 예방 등의 의무를 다하여야 한다.

③ 임직원은 상·하급자간 상호존중의 의무를 다하여야 하며, 스스로가 창의적이고 자율적인 근무환경을 조성하고 상호 신뢰와 이해가 기본이 되는 조직문화가 되도록 노력한다.

나. 비윤리적 행동

① 직무수행에 직접적인 관련이 없는 과도한 인터넷 서핑, 채팅, 오락, 잡담 등

② 근무시간 후 개인적 용무를 위한 사무실 체류 또는 시간외 및 야근식대 청구

③ 회사의 흡연 장소 이외에서 흡연

④ 회사 업무에 지장을 줄 수 있는 과도한 음주, 오락 및 취미생활

⑤ 음담패설과 회식 등의 경우 술시중이나 음주가무를 강권하는 행동

⑥ 근무지에서 인터넷 음란사이트 접속을 하거나 음란물의 시청 및 유포하는 행위

⑦ 성적수치심을 일으키는 불필요한 신체접촉, 성적농담

⑧ 학연, 지연, 혈연, 성별 등과 같이 개인의 능력과 관계없는 파벌조성 및 차별대우

⑨ 자신의 직급, 신체적 조건 등의 우월적 조건을 이용한 부적절한 호칭, 욕설, 비방, 부정적 편견, 위협적인 언행 등 상대방에게 객관적으로 심한 괴로움을 주는 행위

다. 임직원의 직무수행 시 준수사항

① 하급자는 업무를 수행함에 있어 상급자의 의견 등을 존중하여야 하며 정당한 명령과 지시에 복종하여야 한다.

② 상급자는 하급자에게 적법하지 못한 부당한 업무나 사적인 지시를 하여서는 안되며, 하급자는 이러한 지시를 받은 경우 이를 거부할 수 있다.

③ 상급자는 하급자의 의견 및 업무실적을 본인의 의견이나 실적으로 오인케 하는

행위를 하여서는 안 된다.

④ 불손한 언행이나 타 임직원을 비방하는 언행을 하지 않는다.

라. 이해관계가 있는 직무의 회피

① 임직원은 자신이 수행하는 직무가 자신 또는 4촌 이내의 친족(민법 제767조의 규정에 의한 친족을 말한다. 이하 같다)의 이해와 관련되는 경우에는 원칙적으로 당해 직무를 회피해야 한다.

※ 4촌 이내의 친족

- 혈족: 직계존속(부모, 조부모, 증조부모, 모의 부모의 조부, 모의 증조부), 직계비속(자, 손, 증손), 방세혈족(형제자매, 백수부, 질(조카), 종형제자매(4촌형제)), 양자 및 그 혈족과 양자
- 인척: 혈족의 배우자, 배우자의 혈족, 배우자의 혈족의 배우자
- 배우자: 아내 또는 남편

② 제1항의 규정에 의해 직무의 회피의 필요성이 있는 경우에는 직무의 회피 여부 등에 관하여 직근 상급자와 상담한 후 처리해야 한다.

- 자신이 포함되어 있는 승진심사, 자신의 형이 물품공급업체의 임직원일 경우 등

특혜의 배제에 대해서도 구체적으로 제시하고 있다. 임직원은 직무를 수행함에 있어 지연·혈연·학연 등을 이유로 특정인에게 특혜를 주어서는 안 된다. 법령, 규정 등의 명확한 근거 없이 우월적 지위를 부여하거나 공정한 거래 또는 경쟁을 저해하는 일체의 행위를 의미한다.

지연, 혈연, 학연 등은 구체적인 범위를 특정 하는 것이 아니라, 은연중의 압력 또는 정실 개입의 개연성이 있는 정도의 친분관계가 존속하고, 이와 같은 관계가 부당하게 직무수행에 영향을 미칠 수 있느냐가 판단의 근거가 된다.

예산의 사적사용 금지에 대해서도 구체적으로 제시하고 있다. 임직원은 직무수행을 위한 예산을 사적 용도로 사용함으로써 회사에 재산상 손해를 가해서는 안 된다. 예산의 사적용도 사용과 회사에 대한 재산상 손해가 동시에 충족되는 경우에 해당된다.

사적인 용도는 회사 업무와 관련 없이 개인의 이익을 위해 사용하는 것을 의미한다. 예로출장비로 개인 경조사비에 사용, 해외연수비로 동반 가족의 경비로 일부 충당,

상품 판촉비로 가족과의 식사비용으로 사용하는 것이 해당된다.

인사 청탁 등의 금지에 대해서도 구체적으로 제시하고 있다. 임직원은 자신의 승진·승급·전보 등의 인사에 관하여 부당하게 영향을 미치기 위하여 타인으로 하여금 인사업무를 담당하는 자에게 청탁을 하게 해서는 안 된다.

임직원은 직위를 이용하여 다른 임직원의 승진·승급·전보 등 인사에 부당하게 개입해서는 안 된다. 타인으로 하여금 청탁을 하도록 하는 것이므로 임직원 자신이 인사문제를 상급자나 인사담당자에 상담하거나 부탁을 하는 행위는 허용된다.

마. 공정한 직무수행을 저해하는 지시에 대한 처리

① 임직원은 상급자가 자신 또는 타인의 부당한 이익을 도모하기 위하여 공정한 직무수행을 현저히 저해하는 지시를 한 경우에는, 그 지시를 따르지 않고 사유를 당해 상급자에게 소명할 수 있다.

② 제1항의 규정에 의한 지시의 불이행에도 불구하고 같은 지시가 계속될 때에는 당해 상급자의 차상급자 또는 사장에게 보고할 수 있다.

③ 제1항, 제2항에도 불구하고, 윤리경영책임관에 상담할 수 있으며, 이 경우 윤리경영책임관은 적절히 판단하여 후속조치를 시행하여야 한다.

공정한 직무수행을 저해하는 지시인지 여부는 지시자 또는 직무담당자의 판단에 의하지 않으므로 의심이 있을 경우 윤리경영책임관과 상담하여 판단하도록 한다. 단, 윤리경영책임관은 직무담당자의 판단의 최대한 반영하여 조치하여야 한다.

바. 이권개입 등의 금지

① 임직원은 직위를 이용하여 부당한 이익을 얻거나 타인이 부당한 이익을 얻도록 해서는 안 된다.

② 임직원은 자신 또는 타인의 부당한 이익을 위해 회사의 명칭 또는 자신의 직위를 이용하거나 타인으로 하여금 이용하게 해서는 안 된다.

다음의 사례를 참고하여 판단한다.

- 임직원이 직무관련 협력업체에 얘기해서 친구들의 친목행사를 지원하는 것은 금지
- 인사팀장이 신용카드 회원가입 신청서를 각 팀에 배포하여 회수하는 것은 인사

팀장의 권한을 고려할 때 직위를 이용한 것으로 판단 가능하므로 금지
- 직위 이용 아닌 팀원 간 개인적 회원가입 신청서 작성요청은 무방

사. 알선·청탁 등의 금지

① 임직원은 자신 또는 타인의 부당한 이익을 위해 다른 임직원의 공정한 직무수행을 저해하는 알선·청탁 등을 해서는 안 된다.

② 임직원은 직무수행과 관련하여 자신 또는 타인의 부당한 이익을 위하여 직무관련업체를 임직원 또는 다른 직무관련업체에게 소개해서는 안 된다.

알선 및 청탁의 대가로 재산 또는 향응 등 뇌물을 수수하지 않아도 위반된다. 알선은 공정한 직무수행을 저해하는 소개 행위이며, 청탁은 부탁하는 행위를 의미하나 실제로는 혼용되고 있다.

직무관련 정보를 이용한 거래 등의 제한에 대해서도 구체적으로 제시하고 있다. 임직원은 직무수행과 관련하여 알게 된 정보를 이용하여 유가증권·부동산 등과 관련된 재산상 거래 또는 투자를 하거나 타인에게 그런 정보를 제공하여 재산상 거래 또는 투자를 돕는 행위를 해서는 안 된다. 업무수행 과정에서 특정 기업에 대한 정보를 사전 취득하였을 경우 등이 해당된다.

아. 회사재산의 사적사용/수익금지

임직원은 회사의 소유재산을 정당한 사유 없이 사적인 용도로 사용·수익해서는 안 된다.

다음 사례를 참고하여 판단하면 된다.

① 업무용 차량을 직원 가속이 사적으로 사용
- 단, 임직원 동호회 활성화 등 정당한 사유가 있을 경우 회사의 승인을 얻어 일정한 범위 내에서 사용하는 경우는 허용

② 홍보용 기념품, 복사지 등 사무용품을 개인 용도로 사용
- 단, 시험용 시제품 사용, 사무용품의 업무상 사용 과정에서 발생하는 일시적인 개인용도 사용 등은 제외

자. 금품 등의 수수제한

① 임직원은 직무관련업체로부터 금전·부동산·선물 또는 향응(이하 "금품 등"이라 한다)을 받아서는 아니 된다. 다만, 다음 각 호에 해당하는 경우에는 수수할 수 있다.

- 채무의 이행 등 정당한 권원에 의해 제공되는 금품 등
- 직무수행 상 부득이한 경우에 통상적인 관례의 범위(5만원 한도) 내에서 제공되는 음식물 및 편의
- 직무와 관련된 공식적인 행사에서 주최자가 참석자에게 일률적으로 제공하는 금품 등
- 불특정 다수인에게 배포하기 위한 기념품 또는 홍보용 물품
- 질병, 재난 등으로 인하여 어려운 처지에 있는 임직원을 돕기 위하여 공개적으로 제공되는 금품 등
- 그 밖에 원활한 직무수행 등을 위하여 사장이 허용하는 범위 안에서 제공되는 금품 등

② 임직원은 직무관련임직원으로부터 금품 등을 받아서는 아니 된다. 다만, 다음 각 호에 해당하는 경우에는 그러하지 아니하다.

1. 제1항 각 호에 해당하는 경우
2. 통상적인 관례의 범위 안에서 제공되는 소액(5만원 한도)의 선물
3. 직원 상조회 등에서 공개적으로 제공되는 금품 등
4. 상급자가 하급자에게 위로·격려·포상 등 사기앙양을 목적으로 제공하는 금품 등

③ 제2항에도 불구하고, 하급자가 상급자에게 선물을 제공하는 행위 또는 승진이나 보직변경 등에 따른 임직원간의 화환 등의 선물을 전달하는 행위를 하여서는 아니 된다.

④ 임직원은 직무관련업체 또는 직무관련임직원이었던 자로부터 그 당시의 직무와 관련하여 금품 등을 받아서는 아니 된다. 다만, 제1항 및 제2항 각호에 해당하는 경우에는 그러하지 아니하다

금품의 종류 예시를 보면 다음과 같다.

- 어음, 수표, 주식, 채권, 승차권, 상품권, 공중전화카드, 스키장 리프트탑승권 등
- 영업권, 아파트분양권 등 경제적 가치가 있는 것
- 식사, 음주(룸사롱, 단란주점, 나이트클럽), 골프, 스키, 카지노, 경마장, 증기탕, 안마시술소, 고급이발소, 열차표, 항공권, 여행권, 축구 등 스포츠 관람권, 콘도
  - 성수기 예약이 힘든 상황에서 콘도 예약은 실비를 지급한 경우에도 향응에 해당됨

5만원 초과의 금품은 금지되므로 승진승급 축하 난 화분을 받는 경우에도 5만원 초과의 경우 금지

- 초과되는 금액(차액)을 즉시 지불할 경우 허용됨(예시: 10만원 난화분 선물 받았을 경우, 5만원을 지불: 단, 식사 등으로 사례를 하는 것은 지불에 해당되지 않음)

허용되는 경우

- 통상적인 관례의 범위(5만원 한도) 내에서 제공되는 음식물 및 편의 : 음식물은 업무 협의 시 제공되는 음료 및 식사를 말하며, 편의는 통신시설 이용이나 차량지원 등을 포함
- 공식적인 행사에서 일률적으로 제공하는 금품·교통·숙박 또는 음식물 : 비공식 행사 또는 특정 임직원에게 제공되는 것은
- 수수금지
- 불특정 다수인에게 배포하기 위한 기념품 또는 홍보용 물품 : 고객 증정용 기념품, 세미나 등 행사 기념 홍보용 물품을 말하며, 특정인에게 제공되는 기념품은 금지됨
- 재난 등에 처한 임직원을 돕기 위한 금품 : 비공개적으로 갹출된 금품은 수수금지
- 그 밖에 원활한 직무수행 등을 위하여 사장이 허용하는 범위 안에서 제공되는 금품 : 윤리경영책임관이 사장이 정하는 기준을 마련하여 적용하며, 사전 신고를 요구하여 판단할 수 있음(예시: 업계 정보공유 또는 시장동향 파악 목적의 비공식 골프행사 참여 등)

금지되는 사례는 다음과 같다.

- 다량의 협찬품을 받아 부서원에게 제공하는 행위
- 신용카드회사가 카드실적 많은 기관별로 2~3명의 회계담당 임직원을 선정하여 해외 시찰여행을 실시하는 경우
- 여러 부하 임직원이 갹출하여 새로 부임하는 상사 선물을 제공하는 행위
- 동료 경조사에서 과거 직무관련업체와 만나 식사와 술 대접을 받는 경우
- 행사 예산부족으로 협력업체로부터 찬조금을 받는 경우
- 하급자가 상급자에 선물을 제공하는 것이 금지되므로, 상하급자의 관계가 아니라 경조사 시 참석자 대상으로 제공하는 기념품이나 답례품은 허용

위반행위의 신고에 대해서도 구체적으로 제시하고 있다.

- 누구든지 임직원이 강령을 위반한 사실을 알게 된 때에는 비윤리 행위 신고센터에 신고하여야 한다.
- 제1항에 따라 신고하는 자는 본인 및 위반자의 인적사항과 위반내용을 적시하여야 한다.
- 회사는 신고인의 비밀과 신분을 보장하여야 하며, 신고인이 신고에 따른 어떠한 차별이나 불이익을 받지 아니하도록 하여야 한다.

코스콤은 강령의 모든 규정은 윤리경영책임관의 해석에 의하며, 임직원의 자의적인 판단은 금지하고 있다. 윤리실천에 있어서 자문자답을 통해 확신이 생길 때까지 심사숙고하여야 하며, 의심이 있을 경우 반드시 상담을 통해 확인을 하여야 한다. 임직원 모두는 윤리경영의 의무자이므로 비윤리행위를 알게 되는 경우 비윤리행위 신고 센터에 신고를 하여야 한다. 특히, 윤리경영책임관 등 윤리경영 업무와 관련 임직원은 업무상 알게 된 비윤리행위 또는 강령위반행위는 반드시 신고하여야 하며, 신고하지 않을 경우 윤리경영지침에 의거 징계 받게 된다. 단, 무고성 신고에 의해 임직원의 피해는 예방되어야 하므로, 신고는 실명으로 하여야 하며, 익명신고는 접수하지 않을 수 있다.

제2절 기업윤리강령의 작성

1. 기업윤리강령의 제정 목적

한국기업윤리학회(2000)에서는 기업윤리강령의 제정 목적은 기업이 지향하는 기업윤리 수준을 정해 놓고, 전체 종업원의 이에 걸 맞는 행동을 유도하는 데 있다고 보았다. 기업윤리강령의 제정 목적에 대해 구체적으로 살펴보면 다음과 같다.

첫째, 기업윤리강령은 종업원들에게 윤리적으로 옳고, 그른 판단기준을 제공함으로써 종업원들이 윤리적 문제를 자의적으로 판단할 수 있는 여지를 감소시킬 수 있다.

둘째, 기업윤리와 관련된 문제가 발생하여 여론의 비판을 받거나 또는 정부의 간섭을 받지 않도록 사전에 예방하는 데 도움이 된다.

셋째, 경영전략, 집행계획, 교육프로그램에 윤리관련 요소를 어느 정도 포함시켜야 할 것인가를 결정하는 기준을 제공한다.

넷째, 하급직원이 경영자 또는 중간관리자로부터 부당한 간섭이나 압력을 받게 될 경우, 이에 대항할 수 있는 근거를 제공해 준다. 즉, 종업원의 행동준칙에 금지된 사항이면 비록 상사의 명령이라도 거절할 수 있는 근거가 된다.

2. 기업윤리강령 속의 용어 정의

기업윤리강령을 작성할 때 반드시 포함되어야 할 문서는 다음과 같다. 각 문서의 개념을 정의하면 다음과 같다.

가. 사훈(Motto of a Company)

기업의 신념을 간단한 문구로서 표현한 가장 기본적인 문서이다. 일반적으로 “친절봉사, 고객감동, 최고품질” 등 3~5행 정도의 용어로 표현한다. 기업에 따라서 사시(社是)라는 용어로 쓰이기도 한다.

나. 기업윤리헌장(Charter of Business Ethics)

기업의 기본적인 가치관이나 신념을 표현한 문서이다. 기본적인 신념만을 표현하기 때문에 대체로 1~2쪽 분량이 보통이며, 「윤리헌장」이라 불리기도 한다.

다. 기업윤리강령(Code of Business Ethics)

기업윤리헌장의 내용을 조금 더 구체적으로 표현한 문서이다. 종업원의 행동의 기본방향을 명시하고 있기 때문에 보통 4~8쪽 정도의 분량이다. 그러나 기업에 따라서는 기업윤리규정, 기업행동헌장 이란 용어로 쓰이기도 한다.

라. 종업원 행동지침(Guidelines for Business Conduct)

기업윤리강령을 실천하기 위해 임직원들의 구체적인 행동지침을 문서화한 것이다. 즉, 기업윤리강령은 기본적인 원칙만을 제시하고 있지만, 종업원의 행동준칙은 이를 더 구체적으로 상세하게 표현하고 있다. 종업원 행동지침을 종업원들이 보다 쉽게 이해할 수 있도록 도움을 주기 위해서 휴대하기 편리하도록 그림·만화 등을 활용하여 간단한 수첩 모양으로 만들어서 활용하기도 한다.

마. 종업원행동지침 문답(Questions and Answers on the Business Conduct Guidelines)

종업원행동지침 문답은 종업원 행동지침의 구체적인 해설서로 종업원이 행동지침이 기본방향 또는 생산·판매현장에서 흔히 부딪히는 문제에 대하여 질문을 제기하고 이에 답하는 형식으로 구성되어 있다. 기업윤리 실천에 가장 필요한 문서이다.

제3절 윤리강령의 작성 원칙

윤리강령은 어떤 집단에서 내세우는 윤리적인 행동규범으로서 한 조직의 구성원들의 행동이나 직무윤리강령 형태로 표현되고 있다. 이러한 윤리강령을 실제로 제정하고자 할 때는 다음과 같은 작성원칙에 기초해서 작성되어야 한다.

1. 명확성

윤리강령에서 제시하는 조문의 문장과 용어는 명확하게 표현해야 한다. 윤리강령에 포함된 용어가 애매모호한 표현이 되면 사람마다 해석을 다르게 할 수 있고 그와 관련하여 서로 간에 시비의 빌미가 될 수 있다.

윤리강령은 윤리적 문제와 관련하여 문제가 발생하거나 의문이 생겼을 때 어떻게 대처해야 하며, 누구로부터 지시를 받거나 질의를 해야 되는지에 관한 사례를 제시해서 명확히 해 두어야 한다.

2. 논리성

윤리강령을 작성 할 때 각 조문에 제시하고 있는 내용이 서로 충돌하거나 모순점이 발생해서는 안 된다. 윤리강령의 조문의 내용과 사례 등이 논리적으로 작성해야 한다. 또한 윤리 강령을 위반 시 어떤 제제를 받게 되며, 처벌에 대한 절차도 구체적으로 제시해야 한다.

직원이 윤리강령에 위반되는 행위를 했을 경우 어떤 절차를 거쳐 신고를 해야 되는지에 대해서도 상세하게 제시해야 한다.

3. 보편성

윤리강령으로 제시된 내용은 조직 내 모든 사람들에게 적용되어야 한다. 그러므로 윤리강령을 작성할 때 작성 초안을 가급적 조직 내 구성원들이 볼 수 있도록 하고, 다양한 구성원들로부터 관련 내용을 피드백을 받아서 수정해 나가는 과정을 거쳐야 한다. 이런 과정을 통해 자연스럽게 모든 구성원들이 윤리의식을 갖도록 유도하며 윤리교육의 효과도 동시에 기대할 수 있다.

최종 윤리강령이 확정이 되었을 경우 발표를 하고 모든 구성원들에게 윤리강령을 교육하고 주요 내용을 요약해서 사무실, 게시판, 사보 등에 게시해야 한다.

4. 구체성

윤리강령의 조문의 내용은 가급적 간단하면서 구체적인 내용으로 작성되어야 한다. 윤리강령에 모든 내용을 상세하게 빠짐없이 설명하는 것도 중요하지만 가급적 내용을 간결하게 축약해서 구체적으로 제시하는 것이 이해를 쉽게 할 수 있다.

윤리강령의 조문과 관련된 다양한 사례들을 제시해 줌으로써 어떤 상황이 발생했을 때 윤리적 행동을 하는 데 어려움이 없이 신속하게 판단할 수 있게 구체적으로 제시해 주어야 한다.

5. 보완성

오늘날 사회는 너무나 빠르게 변화가 일어나고 있고 상황도 하루가 다르게 변화되고 있다. 과거에는 정당화되었든 것이 오늘날에는 정당화될 수 없는 일들이 너무나 많이 일어나고 있다.

따라서 윤리강령이 실효성을 갖기 위해서는 주기적으로 조문의 내용을 점검하여 현실에 맞게 수정하거나 보완하는 작업을 해야 한다. 최소한 1년 주기로 조문의 내용을 검토하고 보완하는 작업을 지속적으로 진행해야 한다.

제4절 윤리강령

1. 윤리강령의 주요 내용

현재 널리 활용되고 있는 윤리강령은 19세기 후반 미국에서 처음으로 시작되었다. 기업에 적용되는 최초의 국제윤리강령은 코오(Caux) 원탁회의에서 논의되었다. 실제로 1990년 이후 글로벌 기업을 중심으로 윤리강령이 제정되었는데 그 중에서 대표적인 기업으로는 존슨 앤 존슨(Johnson And Johnson)의 윤리강령을 들 수 있다.

윤리강령에 포함되는 내용으로는 기업의 경영철학과 비전, 이념을 반영한 기업의 목표와 재무에 관한 규정, 뇌물수수, 공금횡령, 부정한 회계원칙 적용 규제 등 불법적이거나 비윤리적인 행위에 대한 구체적인 행동지침 등이 있다.

윤리강령에 담겨지는 조문들은 기업의 경영정책 결정과저에서 영향을 받는 이해관계자들과의 커뮤니케이션을 통해 당사자들의 기대에 부응할 수 있도록 작성하여야 한다. 그러나 윤리강령이 CEO를 위한 대내·외적 홍보용 선언문이 되거나 직원들이 지키지도 못하는 내용을 조문에 담아서 윤리강령으로 발표하는 것은 바람직하지 않다.

윤리강령과 종업원 행동준칙은 <표 3-1>과 같다. 윤리강령의 주요 내용으로는 전문, 기본정신, 고객, 임직원, 주주, 기업시민, 경쟁관계, 사회공헌활동, 법규준수, 정치개입, 환경보호, 국제경영활동, 직장생활, 처벌 등이 포함된다.

표 3-1 윤리강령의 주요 내용

구성	주요 내용
전문	강령제정 이유, 준수 의무
기본정신	착한기업, 사회적 가치 창조, 기업시민
고객	고객만족, 요구와 기대에 부응, 신의, 고객보호
임직원	인간적 존엄성과 가치인정, 정신적, 물질적 삶의 질 향상
주주	합리적인 투자와 건실한 경영, 정당한 투자수익보호, 공정
기업시민	지역사회와 공생, 조세 및 각종 의무 수행, 선량한 기업시민
경쟁자	자유롭고 공정한 경쟁, 공평한 대우
사회공헌활동	자발적 사회봉사, 재난구호, 이익의 사회환원, 문화예술 발전에 지원
법규 준수	각종 법규준수, 상도의와 거래관습 존중
정치개입	조직의 정치 불개입, 이해관계자로서 입장표명
환경보호	환경 친화적, 환경운동, 자원보존
국제거래	국가 간 문화와 전통 존중, 국제 기업시민, 에티켓과 품위유지
직장생활	명예와 품위, 자율과 창의, 공정한 인사, 공사구분, 근검절약과 건전한 가정생활, 자기계발과 부하육성
처벌	윤리성 판단기준, 고발 의무, 개인의 책임, 처벌

자료: 최만기·김영복, 현대사회와 윤리경영, 탑북스, 2011, p.173 재구성.

2. 윤리강령 제정 절차

윤리강령을 제정하기 위해서는 다음과 같은 절차에 따라 진행하는 것이 바람직하다. 윤리강령 제정 시 절차는 [그림 3-1]과 같다.

그림 3-1 윤리강령 제정 절차

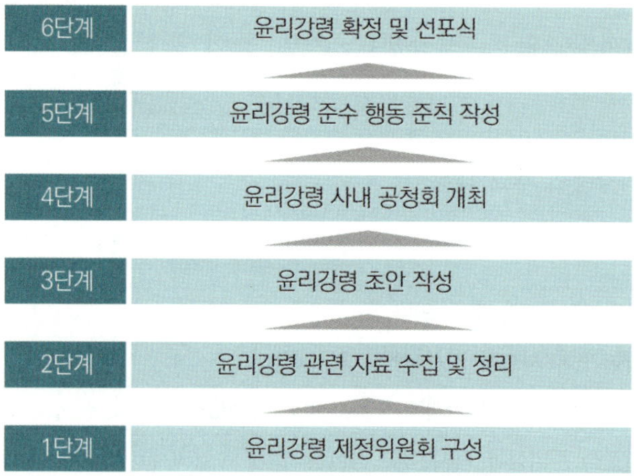

자료: 최만기·김영복, 현대사회와 윤리경영, 상게서, p.174 수정보완.

가. 1단계: 윤리강령 제정위원회 구성

기업에서 기업윤리를 실천에 옮기기 위해서는 윤리강령을 제정해야 한다. 이를 위해서 가장 먼저 추진해야 할 것이 바로 윤리강령을 제정하기 위한 윤리강령 제정위원회를 구성해야 한다. 제정위원회에서는 윤리경영 담당임원, 담당부서를 정하고, 윤리강령 제정을 위한 기획, 자료의 수집 및 분석, 초안 작성, 토론회 개최, 윤리강령 집행계획 등의 활동을 한다.

윤리강령 제정위원회의 책임자는 주로 감사실장, 기획실장, 인사부장 등이 맡고, 윤리경영과 직간접적으로 관련이 많은 업무를 있는 부서의 사내전문가를 차출하여 위원으로 임명하여 조직을 구성하게 된다.

나. 2단계: 윤리강령 관련 자료 수집 및 정리

기업의 윤리강령을 만들기 위한 위원회가 구성되면 윤리강령과 관련된 자료를 가급적 많이 수집하여야 한다. 관련된 자료는 국내뿐만 아니라 외국의 자료를 수집하여 분석하여 참고자료로 활용해야 한다. 또한 국내 정부의 공무원 행동윤리강령, 공정거래법, 제조물책임법 등과 같은 윤리경영과 관련이 있는 규정, 법률 등도 조사해서 참고해야 한다. 특히 동종업계 경쟁기업이나 다른 회사들이 윤리강령을 제정하여 실천하고 있다면 철저히 분석해서 윤리경영의 실천에 실제적으로 도움이 될 만한 윤리강령이나 행동지침, 사례 등을 윤리강령 작성하는 데 참고해야 한다.

다. 3단계: 윤리강령 초안 작성

윤리강령에 담길 내용은 최고경영자의 윤리실천의 의지와 윤리수준에 영향을 받게 된다. 윤리강령에 무엇을 담아서 구체화시켜 나갈 것인가는 최고경영자의 윤리경영의 실천에 대한 강한 의지를 반영하게 된다.

윤리강령 제정위원회에서는 윤리경영과 관련된 수집한 자료를 바탕으로 자신의 기업의 조직구성원들이 윤리경영을 실천하는데 가장 적합한 내용의 초안을 작성해야 한다. 이를 위해서 먼저 최고경영자의 윤리경영에 대한 철학과 실천의지를 확인하고, 각 부서의 관리자와 면담을 통해 윤리경영을 실천하는 데 장애요인이 무엇이며 윤리경영을 실천하는 제기될 수 있는 문제점에 대한 의견을 수렴하여 윤리강령의 초안을 작성하도록 해야 한다.

라. 4단계: 윤리강령 사내공청회 개최

윤리강령 제정위원회에서 윤리강령 초안이 작성되면 우선 작성된 초안에 대해 임직원들에게 설명을 하고 의견을 청취하는 과정의 공청회를 개최해야 한다. 사내 공청회 과정을 거치면서 윤리강령의 초안이 점점 완성도가 높아지게 되고, 그런 과정을 통해 임직원들이 자연스럽게 윤리강령에 대한 내용을 이해할 수 있다.

사내 공청회에서는 작성된 윤리강령 초안에 대한 토론을 하기보다는 실제로 임직원들이 윤리강령을 실천하는 데 예상되는 문제점, 실제 현장에서 윤리강령의 실천을 하고 할 때 부딪힐 수 있는 애로사항에 대해 서로 의견을 나누는 방식으로 공청회를 진행하는 것이 바람직하다.

마. 5단계: 윤리강령 준수 행동준칙 작성

기업에서 기업윤리를 실천하고자 할 때 먼저 윤리강령을 제정하고 이러한 윤리강령을 어떻게 하면 제대로 실천할 수 있는가에 대한 행동강령이 바로 행동준칙이다.

대부분의 기업에서는 윤리강령을 만들고, 이러한 윤리강령을 실천하는 데 구체적인 행동준칙을 별도로 만들어서 발표하고 있다. 이러한 행동준칙의 제정을 통해 종업원들이 업무와 관련하여 겪을 수 있는 이해관계가 충돌하는 상황에서 어떤 행동이 바람직한지를 예시를 통해 제시함으로써 행동준칙에 따른 행동을 유도하고 있다.

바. 6단계: 윤리강령 확정 및 선포식

1단계에서 5단계 과정을 차례대로 거치면서 완성된 윤리강령은 윤리담당부서의 내부결재를 득하고 이사회의 결의를 거쳐 최종 확정하게 된다. 확정된 윤리강령은 대내외 공포하게 된다. 주로 사내에는 윤리강령 전문과 행동준칙을 인쇄해서 직원들이 쉽게 보고 이해할 수 있도록 하며 사외공포 방법으로는 자사 홈페이지를 윤리강령과 행동준칙을 거재하면 된다.

확정된 윤리강령과 행동준칙에서 가장 중요한 내용을 요약집으로 만들어서 직원들이 언제라도 필요할 때 참고할 수 있도록 해주면 좋다. 또한 임직원들의 윤리경영의 실천을 독려하기 위해서 윤리경영 실천 홍보 포스터를 제작하여 항시 윤리적 행동을 유도하거나 윤리경영실천 다짐의 현수막을 제작하여 많은 이해관계자들에게 기업의 윤리경영실천의지를 홍보할 필요가 있다.

3. 윤리강령의 내용

가. 기업윤리강령의 추구 가치이념

윤리강령은 임직원들이 기업경영 활동과정에서 영향을 받는 다양한 이해관계자들과 관계에서 윤리적 가치이념을 정립해야 한다. 한국기업윤리학회(2000)에서 발간한 기업윤리 실천 매뉴얼 실무지침서에 따르면 기업이 윤리적으로 추구해야 할 이해관계자별 가치이념을 제시하고 있는데 이러한 이해관계자별 가치이념이 기업윤리강령에서 다루어져야 한다.

표 3-2 윤리강령 제정 시 이해관계자별 추구 가치이념과 문제점

이해관계자	가치이념	문제점
고객	성실, 신의	유해상품, 결함상품, 허위·과대광고, 정보은폐, 가짜 상표, 과대광고, 성분 허위 표시 등
종업원	인간의 존엄성	고용차별(국적, 성별, 인종, 장애자 등), 사생활 침해, 작업장의 안전성, 노동 3권 등
경쟁자	공정한 경쟁	불공정 경쟁(카르텔), 거래선 제한 및 차별, 덤핑, 지적재산권 침해, 기업비밀 침해, 뇌물 등
주주	공평, 형평	내부자거래, 인위적 시장 조작, 시세 조작, 이전거래, 분식회계, 기업지배행위 등
지역사회	기업시민	산업재해(화재, 유해물질 침출), 산업공해(소음·매염·전파), 산업폐기물 불법처리, 공장 폐쇄 등
정부	준법	탈세, 뇌물, 부정 정치헌금, 보고의무 위반, 허위보고, 검사 방해 등
외국정부/기업	공정한 협조	탈세, 돈 세탁, 뇌물, 덤핑, 정치개입, 문화파괴, 법규 악용(유해물질 수출, 공해 방지시설 미비) 등
지구환경	공생관계모색	환경오염, 자연파괴, 산업폐기물 수출입, 지구환경 관련 규정 위반 등

자료: 한국경제인연합회/기업윤리학회, '기업윤리 실천매뉴얼', 2000년, p.4.

21세기 글로벌 시대에 많은 기업들의 대외거래가 활발히 이루어지고 있다. OECD의 「외국공무원 뇌물방지협정」, 「국제기업 및 국제투자지침」, 「기업지배의 원칙」 등이 권장되고 있는데 이러한 국제적 환경을 고려하여 글로벌 기업 간 국제거래에서 발생할 수 있는 기업윤리문제는 정리해 보면 <표 3-3>과 같다.

표 3-3 글로벌 국제기업의 윤리문제 및 내용

문제	내용
소액 뇌물	하급 공무원 또는 직원에게 주는 소액의 뇌물, 급행료 등
거액 뇌물	고위관리에게 청탁하여 일을 처리해 주는 대가로 주는 거액 뇌물, 정치 헌금 등
선물, 특혜, 접대	과대한 선물, 접대, 여행경비 부담 등
가격	가격담합, 가격특혜, 덤핑 등
제품, 기술	본국에 사용금지품 수출, 현지국에 수입금지 제품 수출 등
탈세 및 재무비리	세금회피, 이전가격, 외화 불법거래 등
종업원 권리	본국에 금지된 노무원 관리행위, 인종차별에 의한 인권침해 등
환경파괴	현지국의 불충실한 환경규제를 이용하여 환경오염, 폐수 방류 등
지적재산권 침해	저작권 침해, 무단 복사 등
정치관여	현지국의 정치 관여, 전쟁 발발 시 적국에 기술 수출 등

자료: 한국경제인연합회/기업윤리학회, '기업윤리 실천매뉴얼', 2000년, p.5.

제5절 윤리강령 사례

1. 모토닉의 기업윤리강령

〈서문〉

모토닉 임직원은 고객, 주주, 협력업체 등과 함께 발전 성장하여 국민과 세계로부터 신뢰받는 초일류기업이 되기 위하여 최선의 노력을 경주한다. 아울러 이러한 노력의 근간은 윤리적으로 깨끗한 기업풍토가 기반이 되어야 한다. 이에 경영이념을 바탕으로 모토닉의 윤리강령을 제정하고, 이를 모든 임직원의 행동과 가치판단의 기준으로 삼아야 한다.

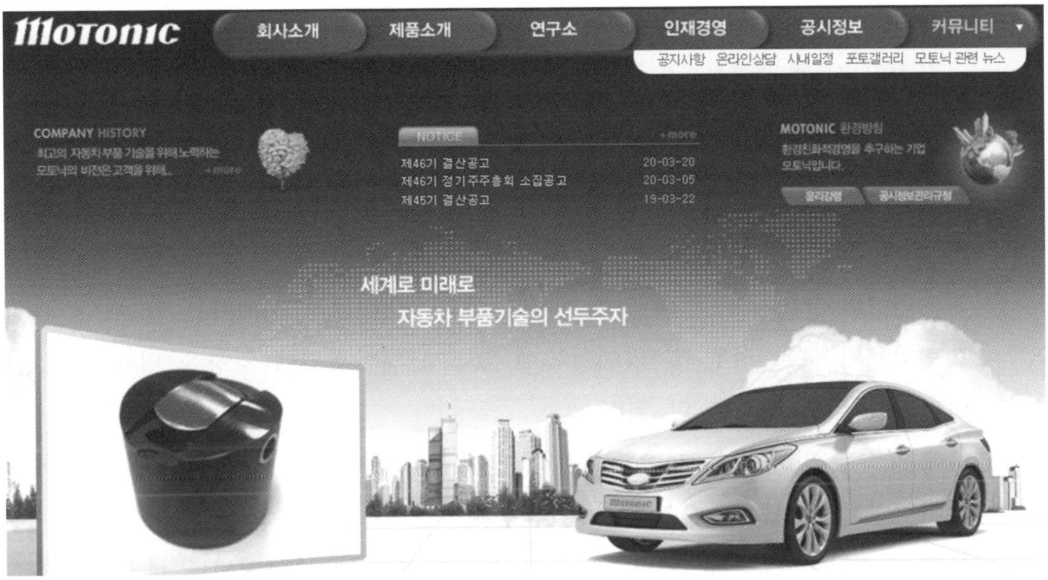

〈윤리강령〉

Ⅰ. 기본 행동 윤리

- 정직하고 성실한 자세로 맡은 바 업무를 수행하고, 윤리적 표상이 되도록 최선을 다한다.
- 회사의 제반 정책 및 사규의 내용을 숙지하고 이를 준수하며 업무의 수행과 보고는 공정하고 정직하게 한다.
- 회사의 명예를 실추하거나 허위사실을 유포 및 불신 풍조 조성 등을 하지 않는다.
- 모든 대내외 활동을 함에 있어 예절과 품위를 지키고 허례허식행위를 하지 않는다.
- 공사구분을 명확히 하고 회사의 이익에 위배되는 행위를 하지 아니한다.
- 업무수행 시 회사와 개인의 이해가 상충될 경우 회사의 이익을 우선으로 하고, 회사의 물적 재산과 지적 재산 등을 개인의 목적으로 사용하지 아니한다.

Ⅱ. 법규준수와 공정거래

1. 법규준수

- 모든 사업 및 영업활동에 있어 해당 국가와 해당 지역의 관련 법규를 철저히 준

수한다.

- 국제적인 사업 관례상 금지된 행위는 하지 않는다.

2. 공정거래

- 회사는 협력업체와 깨끗하고 투명한 거래풍토를 통하여 공정거래 풍토를 확립한다.
- 협력업체와의 거래에 있어서 회사이익 외의 어떤 고려도 해서는 안 된다.
- 협력업체와 모든 사업 및 영업활동에 있어서 의사결정에 영향을 미칠 수 있는 어떠한 행위도 해서는 안 된다.
- 거래처 선정 및 등록은 제반규정에 의하여 실시하며, 만약 규정이 없을 경우에는 객관적이고 공정한 심사기준에 따라 합리적인 방법으로 수행한다.
- 우월한 권한과 지배적 지위를 이용한 어떠한 형태의 부당행위도 하지 않는다.
- 회사는 장기적으로 협력업체가 경쟁력을 갖추어 성장할 수 있도록 배려하는 원칙에 따라 공동 발전을 도모한다.

3. 금품 및 접대

- 현금 및 상품권, 선물, 의복, 각종 할인권 등 어떠한 형태의 금품도 수수하지 않는다.
- 일반적인 규모의 경조사비는 허용하되 반드시 상급자에게 사후보고 하여야 한다.
- 접대는 원칙적으로 받아서는 안 된다.
- 개인적인 용무로 협력업체로부터 각종 편의를 제공받는 행위를 금지한다.

4. 기타 불공정 거래

- 회사 업무와 무관한 협력업체와의 모든 채무(차용, 보증 등)거래를 금지한다.
- 친척 또는 자신이 관계되는 협력업체와 원칙적으로 거래할 수 없다. 단, 회사에 공식적으로 보고하고 결재를 받았을 경우에는 예외로 한다.
- 협력업체에 자신이 직원 또는 임원으로 등록하는 등의 이중 취업을 금한다.
- 이외의 경우는 각자 회사원칙에 의거 판단하고, 조금이라도 의심이 있으면 관련 부서(총무) 문의한다.

Ⅲ. 주주 및 고객 만족

Motonic (주) 모토닉

모토닉은 자동차 부품 기술의 선두주자로 **기술 개발에 노력하는 활력이 넘치는 기업, 안전을 생각하는 튼튼한 기업, 환경을 보호하는 생명력을 가진 기업**으로 최고의 기업이 되겠다는 모토닉의 굳은 의지를 담고 있습니다.

○ 사훈

모토닉은 창조, 정직, 자율을 모토로 자동차 산업의 전문 기업으로 성장해 나가고 있으며 바르고 정직한 기업 활동을 통하여 끊임없이 가치를 창출하는 존재가 되고자 합니다.
모토닉은 글로벌 기업으로 우뚝 서기 위해 오늘도 최선을 다하고 있습니다.

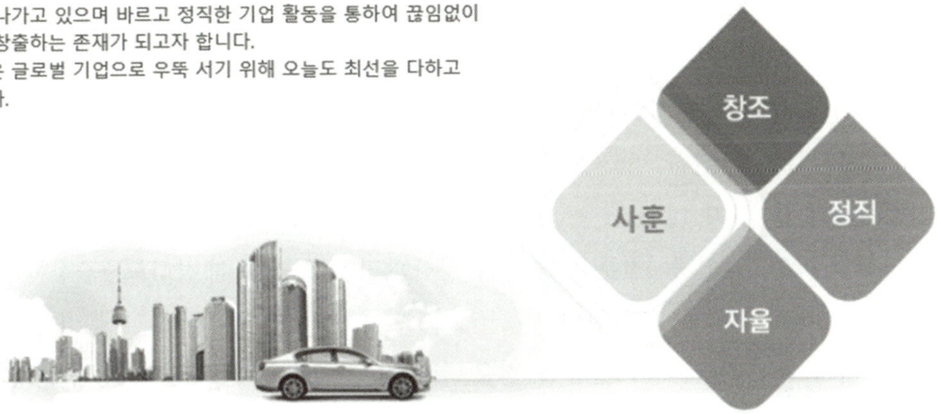

1. 주주존중

- 건실한 이익 실현과 합리적인 투자로 주주의 이익을 성실하게 보호한다.
- 주주의 이익에 반하는 행위는 절대로 하지 않는다.
- 회사는 적극적인 홍보, IR 등을 통하여 기업 가치에 합당한 평가를 받도록 노력한다.
- 회사는 일반적으로 인정된 기업회계 기준에 따라 재무 상태를 기록, 관리 등 투명한 회계 처리를 하도록 한다.

2. 고객 만족

- 고객이 필요로 하는 최고의 서비스와 제품을 최단시간에 제공하기 위해 최선의 노력을 한다.
- 고객의 의견을 최고로 생각하여 존중하며, 겸허히 받아들인다.
- 고객의 만족지수가 100이 되도록 지속적 노력을 경주한다.
- 고객에 대한 약속은 반드시 지켜, 고객으로부터 무한한 신뢰를 받을 수 있도록

끊임없이 노력한다.

Ⅳ. 임직원의 회사에 대한 책무

1. 公私의 구분

- 회사의 비품이나 자재를 사적인 용도로 사용하지 않는다.
- 자신의 지위를 이용하여 사적인 이익을 추구하지 않는다.
- 회사의 중요 정보를 절대로 유출하지 않는다. 다만 필요한 경우 시 관련 부서(관리부)와 반드시 협의하여야 한다.
- 회사업무와 무관한 인터넷, 증권, PC 통신, 게임, 사적인 전화의 장시간 사용 등의 행위를 하지 않는다.
- 지연, 학연, 혈연 등 친분을 중시한 인사관리를 철저히 배격하고, 공정한 경쟁 원리에 따라 조직을 운영한다.
- 회사와 개인의 이해가 상충될 경우 회사의 이익을 우선으로 생각하고 행동한다.

2. 직장 내 성희롱 방지

임직원은 성희롱이 개인의 인권을 침해하고 직장의 분위기를 저해할 뿐 아니라 노동의욕 상실, 업무 생산성 저하 등의 결과를 초래하는 위법행위임을 인지하여 회사의 성희롱 방지 규정을 준수하며, 이에 저촉되는 일체의 행동을 하지 아니한다.

- 음담패설을 삼가고 회식 시 술 시중, 춤을 강요하지 아니한다.
- 회사에서 인터넷 음란사이트에 접속하지 아니한다.
- 회사 동료의 신체에 대해 성적평가나 비유를 하지 아니한다.
- 불필요한 신체접촉을 삼가고 고정된 성 역할을 강조하는 말을 하지 아니한다.

3. 직원상호간의 동료의식 제고

- 직장의 상, 하, 동료는 한 가족으로서 신의와 성실을 바탕으로 결속하여 후배는 선배를 존경하고 따르며, 선배는 후배를 올바르게 이끈다.
- 상사의 업무상 지시에 대해서는 열과 성을 다하여 이행한다. 그러나 그 지시가 명백히 부당하거나 위법인 경우 이를 거부하고 시정되도록 건의하여야 한다. 그럼에도 불구하고 계속적인 부당요구 시에는 관리부나 공장장에 보고하여야

한다.

- 회사는 직원의 위 보고사항을 공정히 심의, 처리하며, 이를 이유로 불이익을 가하여서는 아니 된다.

4. 투명한 경영활동

- 모든 경영활동에 있어 허위보고를 하지 않는다.
- 회사의 자금은 항상 투명하게 원칙에 의거하여 집행해야 한다.
- 예산 전용 등의 행위를 하지 않는다.

5. 건전하고 깨끗한 근무환경

- 청결 정리정돈을 생활화하여 안전하고 쾌적한 근무환경을 조성한다.
- 회사 내에서 성적 수치심을 유발하는 언어, 신체적 행위를 하지 않는다.
- 지정된 장소 이외에서 흡연행위, 회사 내에서의 도박행위를 하지 않는다.
- 무례하거나 위협적 언행, 행동을 하지 않는다.

Ⅴ. 회사의 임직원에 대한 책무

1. 임직원 존중

- 회사는 임직원 개개인을 독립된 인격체로서 대하며, 각자의 기본권을 존중하여야 한다.
- 회사는 임직원이 주인의식을 가지고 일을 통해 긍지와 보람을 성취할 수 있도록 근무, 교육체제를 확립한다.

2. 공정한 대우

- 회사는 임직원의 능력과 자질에 따라 공평한 기회를 부여하며 공정한 기회 적용하여 평가하고 정당하게 보상한다.
- 회사는 고용, 업무, 승진 등에 있어서 성별, 종교, 연령, 신체조건 등을 이유로 차별대우를 하지 아니한다.

3. 인재의 육성과 창의성의 촉진

- 회사는 임직원의 독창적 사고와 자율적 행동을 장려하며, 그 능력 개발을 적극

지원하고 교육 기회를 제공하며, 장기적인 관점에서 인재를 육성한다.

- 회사는 임직원이 자유롭게 제안, 건의하고 애로사항을 표시할 수 있도록 내부제안, 건의제도를 갖추고 분위기를 조성한다.

Ⅵ. 국가와 사회에 대한 책임

1. 건전한 기업 활동

- 회사는 국가와 지역사회의 가치관을 존중하고, 각종 규정, 규범 등을 준수하며 건전한 기업 문화 창달에 노력한다.
- 회사는 건전한 기업 활동을 저해하는 모든 형태의 부조리를 배격한다.

2. 사회에 대한 공헌

- 기업의 사회적 책임과 의무를 다한다.
- 회사는 고용창출과 납세 기타 각종 의무를 성실히 수행한다.
- 사회봉사, 재난구호, 사회계몽 등 사회에 대한 봉사활동에 적극 참여한다.
- 환경 친화적 사업을 중시하며, 환경오염을 예방하고 지구환경의 보전과 개선을 위해 노력한다.

3. 회사를 대표하여 정치활동을 하지 아니한다.

- 다만 회사의 이해와 관련되는 정책의 법규제정에 대해서는 입장을 표명할 수 있다.
- 회사는 임직원의 개인적 참정권을 존중한다. 개인의 견해가 회사의 입장에서 오해나 해를 끼쳐서는 안 된다.
- 회사의 명칭, 자신을 정치적 목적으로 이용하지 아니한다.

2. 사회복지사의 윤리강령 사례

사회복지사는 인본주의·평등주의 사상에 기초하여, 모든 인간의 존엄성과 가치를 존중하고 천부의 자유권과 생존권의 보장활동에 헌신한다. 특히 사회적·경제적 약자들의 편에 서서 사회정의와 평등·자유와 민주주의 가치를 실현하는 데 앞장선다. 또한 도움을 필요로 하는 사람들의 사회적 지위와 기능을 향상시키기 위해 저들과 함께 일

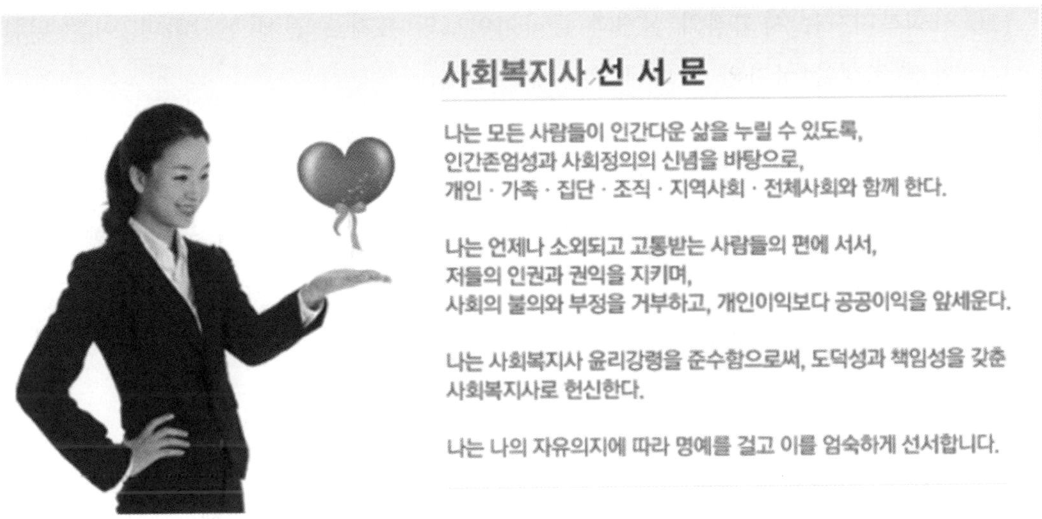

하며, 사회제도 개선과 관련된 제반 활동에 주도적으로 참여한다. 사회복지사는 개인의 주체성과 자기결정권을 보장하는 데 최선을 다하고, 어떠한 여건 에서도 개인이 부당하게 희생되는 일이 없도록 한다. 이러한 사명을 실천하기 위하여 전문적 지식과 기술을 개발하고, 사회적 가치를 실현하는 전문가로서의 능력과 품위를 유지하기 위해 노력한다. 이에 우리는 클라이언트·동료·기관 그리고 지역사회 및 전체사회와 관련된 사회복지사의 행위와 활동을 판단·평가하며 인도하는 윤리기준을 다음과 같이 선언하고 이를 준수할 것을 다짐한다.

Ⅰ. 사회복지사의 기본적 윤리기준

1. 전문가로서의 자세

① 사회복지사는 전문가로서의 품위와 자질을 유지하고, 자신이 맡고 있는 업무에 대해 책임을 진다.

② 사회복지사는 클라이언트의 종교·인종·성·연령·국적·결혼상태·성 취향·경제적 지위·정치적 신념·정신, 신체적 장애·기타 개인적 선호, 특징, 조건, 지위를 이유로 차별 대우를 하지 않는다.

③ 사회복지사는 전문가로서 성실하고 공정하게 업무를 수행하며, 이 과정에서 어떠한 부당한 압력에도 타협하지 않는다.

④ 사회복지사는 사회정의 실현과 클라이언트의 복지 증진에 헌신하며, 이를 위한 환경 조성을 국가와 사회에 요구해야 한다.

⑤ 사회복지사는 전문적 가치와 판단에 따라 업무를 수행함에 있어, 기관 내외로부터 부당한 간섭이나 압력을 받지 않는다.

⑥ 사회복지사는 자신의 이익을 위해 사회복지 전문직의 가치와 권위를 훼손해서는 안 된다.

⑦ 사회복지사는 한국사회복지사협회 등 전문가단체 활동에 적극 참여하여, 사회정의 실현과 사회 복지사의 권익옹호를 위해 노력해야 한다.

2. 전문성 개발을 위한 노력

① 사회복지사는 클라이언트에게 최상의 서비스를 제공하기 위해, 지식과 기술을 개발하는 데 최선을 다하며 이를 활용하고 전파할 책임이 있다.

② 클라이언트를 대상으로 연구하는 사회복지사는 저들의 권리를 보장하기 위해, 자발적이고 고지된 동의를 얻어야 한다.

③ 연구과정에서 얻은 정보는 비밀보장의 원칙에서 다루어져야 하고, 이 과정에서 클라이언트는 신체적, 정신적 불편이나 위험·위해 등으로부터 보호되어야 한다.

④ 사회복지사는 전문성을 개발하기 위해 노력하되, 이를 이유로 서비스의 제공을 소홀히 해서는 안 된다.

⑤ 사회복지사는 한국사회복지사협회 등이 실시하는 제반교육에 적극 참여하여야 한다.

3. 경제적 이득에 대한 태도

① 사회복지사는 클라이언트의 지불능력에 상관없이 서비스를 제공해야 하며, 이를 이유로 차별대우를 해서는 안 된다.

② 사회복지사는 필요한 경우에 제공된 서비스에 대해, 공정하고 합리적으로 이용료를 책정해야 한다.

③ 사회복지사는 업무와 관련하여 정당하지 않은 방법으로 경제적 이득을 취하여서는 안 된다.

Ⅱ. 사회복지사의 클라이언트에 대한 윤리기준

1. 클라이언트와의 관계

① 사회복지사는 클라이언트의 권익옹호를 최우선의 가치로 삼고 행동한다.

② 사회복지사는 클라이언트에 대하여 인간으로서의 존엄성을 존중해야 하며, 전문적 기술과 능력을 최대한 발휘한다.

③ 사회복지사는 클라이언트가 자기결정권을 최대한 행사할 수 있도록 도와야 하며, 저들의 이익을 최대한 대변해야 한다.

④ 사회복지사는 클라이언트의 사생활을 존중하고 보호하며, 직무 수행과정에서 얻은 정보에 대해 철저하게 비밀을 유지해야 한다.

⑤ 사회복지사는 클라이언트가 받는 서비스의 범위와 내용에 대해, 정확하고 충분한 정보를 제공함으로써 알 권리를 인정하고 존중해야 한다.

⑥ 사회복지사는 문서·사진·컴퓨터 파일 등의 형태로 된 클라이언트의 정보에 대해 비밀보장의 한계·정보를 얻어야 하는 목적 및 활용에 대해 구체적으로 알려야 하며, 정보 공개 시에는 동의를 얻어야 한다.

⑦ 사회복지사는 개인적 이익을 위해 클라이언트와의 전문적 관계를 이용하여서는 안 된다.

⑧ 사회복지사는 어떠한 상황에서도 클라이언트와 부적절한 성적관계를 가져서는 안 된다.

⑨ 사회복지사는 사회복지 증진을 위한 환경조성에 클라이언트를 동반자로 인정하고 함께 일해야 한다.

2. 동료의 클라이언트와의 관계

① 사회복지사는 적법하고도 적절한 논의 없이 동료 혹은, 다른 기관의 클라이언트와 전문적 관계를 맺어서는 안 된다.

② 사회복지사는 긴급한 사정으로 인해 동료의 클라이언트를 맡게 된 경우, 자신의 의뢰인처럼 관심을 갖고 서비스를 제공한다.

Ⅲ. 사회복지사의 동료에 대한 윤리기준

1. 동료

① 사회복지사는 존중과 신뢰로서 동료를 대하며, 전문가로서의 지위와 인격을 훼손하는 언행을 하지 않는다.

② 사회복지사는 사회복지 전문직의 이익과 권익을 증진시키기 위해 동료와 협력해야 한다.

③ 사회복지사는 동료의 윤리적이고 전문적인 행위를 촉진시켜야 하며, 이에 반하는 경우에는 제반 법률규정이나 윤리기준에 따라 대처해야 한다.

④ 사회복지사가 전문적인 판단과 실천이 미흡하여 문제를 야기시켰을 때에는, 적절한 조치를 취하여 클라이언트의 이익을 보호해야 한다.

⑤ 사회복지사는 전문직 내 다른 구성원이 행한 비윤리적 행위에 대해, 제반 법률규정이나 윤리기준에 따라 조치를 취해야 한다.

⑥ 사회복지사는 동료 및 타 전문직 동료의 직무 가치와 내용을 인정·이해하며, 상호간에 민주적인 직무관계를 이루도록 노력해야 한다.

2. 슈퍼바이저

① 슈퍼바이저는 개인적인 이익의 추구를 위해 자신의 지위를 이용해서는 안 된다.

② 슈퍼바이저는 전문적 기준에 의해 공정하게 책임을 수행하며, 사회복지사·수련생 및 실습생에 대한 평가는 저들과 공유해야 한다.

③ 사회복지사는 슈퍼바이저의 전문적 지도와 조언을 존중해야 하며, 슈퍼바이저는 사회복지사의 전문적 업무수행을 도와야 한다.

④ 슈퍼바이저는 사회복지사·수련생 및 실습생에 대해 인격적·성적으로 수치심을 주는 행위를 해서는 안 된다.

Ⅳ. 사회복지사의 사회에 대한 윤리기준

① 사회복지사는 인권존중과 인간평등을 위해 헌신해야 하며, 사회적 약자를 옹호하고 대변하는 일을 주도해야 한다.

② 사회복지사는 필요한 사회서비스를 개발하기 위한 사회정책의 수립·발전·입

법·집행에 적극적으로 참여하고 지원해야 한다.

③ 사회복지사는 사회 환경을 개선하고 사회정의를 증진시키기 위한 사회정책의 수립·발전·입법·집행을 요구하고 옹호해야 한다.

④ 사회복지사는 자신이 일하는 지역사회의 문제를 이해하고, 그것을 해결하는 일에 적극적으로 참여해야 한다.

Ⅴ. 사회복지사의 기관에 대한 윤리기준

① 사회복지사는 기관의 정책과 사업 목표의 달성, 서비스의 효율성과 효과성의 증진을 위해 노력함으로써, 클라이언트에게 이익이 되도록 해야 한다.

② 사회복지사는 기관의 부당한 정책이나 요구에 대하여, 전문직의 가치와 지식을 근거로 이에 대응하고 즉시 사회복지윤리위원회에 보고해야 한다.

③ 사회복지사는 소속기관 활동에 적극 참여함으로써, 기관의 성장발전을 위해 노력해야 한다.

Ⅵ. 사회복지윤리위원회의 구성과 운영

① 한국사회복지사협회는 사회복지윤리위원회를 구성하여, 사회복지윤리실천의 질적인 향상을 도모하여야 한다.

② 사회복지윤리위원회는 윤리강령을 위배하거나 침해하는 행위를 접수받아, 공식적인 절차를 통해 대처하여야 한다.

③ 사회복지사는 한국사회복지사협회의 윤리적 권고와 결정을 존중하여야 한다.

[사례] SK건설 2019년 건설업 윤리경영 대상 수상

SK건설이 대한건설협회의 '2019 건설업 윤리경영대상'에서 대기업 부문 대상의 영예를 안았다. 대한건설협회 서울 논현동 건설회관에서 '2019 건설업 윤리경영대상' 시상식을 거행했다.

대한건설협회에서는 SK건설(대표이사 사장 안재현)을 윤리경영대상 기업으로 선정했는데, 은 동반성장위원회에서 소통과 협력체계 구축을 위해 노력을 해 왔으며, 중소기업의 기술보호와 하도급업체와 동반성장 등을 위한 노력을 높이 평가받았다. 또한, 책임경영과 사회공헌활동도 임직원뿐 아니라 임직원 가족까지 참여하는 가족봉사활동을 펼치는 등 지역사회 봉사를 꾸준히 추진한 노력도 크게 인정받았다.

대한건설협회 유주현 회장은 "국가발전의 초석을 다진 기간산업인 건설업이 일부 잘못된 관행과 비윤리 행태로 국민에게 부정의 이미지로 각인돼 안타깝다"면서 "이를 극복하는 길은 윤리경영뿐이며, 앞으로도 건설업계 전반에 윤리경영과 나눔 경영이 확산될 수 있도록 노력 하겠다"고 밝혔다.

윤리경영대상은 윤리경영을 모범적으로 실천하는 업체를 발굴, 그 사례를 확산하고, 이를 업계에 정착시키기 위해 2011년부터 대한건설협회가 주최하고, 국토교통부, 공정거래위원회, 국민권익위원회, 대한건설단체총연합회 후원으로 시행하고 있다.

제4장

기업윤리 실천을 위한 조직 및 제도

제1절 기업윤리의 실천을 위한 조직
제2절 기업윤리 관리제도
제3절 외국의 기업윤리시스템

[사례] 공직자윤리법

공직자윤리법의 목적은 공직자 및 공직후보자의 재산등록과 등록재산 공개 및 재산형성 과정 소명과 주식백지신탁을 제도화하고, 공직을 이용한 재산취득의 규제·선물신고·퇴직공직자의 취업제한 등을 규정함으로써, 공직자의 부정한 재산증식을 방지하고, 공무집행의 공정성을 확보하여 국민에 대한 봉사자로서의 공직자 윤리를 확립함에 있다.

공직자윤리법 체계는 아래 그림과 같다.

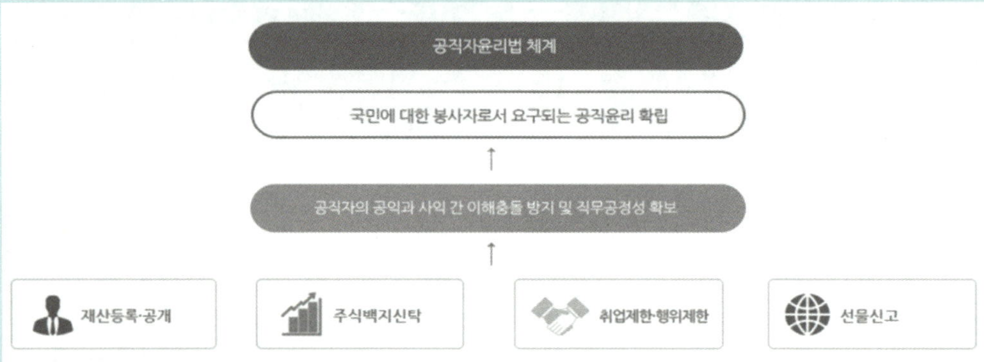

공직자윤리법의 연혁을 살펴보면 다음과 같다.

- 2019. 12. 3. 공직자윤리법 개정(20. 6. 4. 시행)
  - 공직자 재산등록 및 심사의 투명성제고
    - 고위공직자 특정재산(부동산 등) 형성 과정 신고 의무화
    - 재산형성 과정 소명 대상 확대(재산등록의무자 전체)
    - 비상장주식 실제가치 반영(액면가 → 실거래가 또는 평가액)
  - 기관별 직무관련 주식 신규취득 제한
  - 퇴직공직자 취업제한 및 행위제한 개선
    - 국민안전, 방위산업 분야 취업제한기관 확대
    - 실무직 업무분야별 취업심사 완화
    - 퇴직공직자 부정청탁, 알선 신고제도 실효성 제고
- 2015. 12. 29. 공직자윤리법 개정(16. 6. 30. 시행)
  - 금융 및 부동산 정보 제공 대상자 확대 및 등록기간 조정
    - 수시 재산신고자(최초, 퇴직, 의무면제 등)에게 금융 및 부동산 정보 제공
    - 수시 재산신고기간을 등록기준일로부터 2개월째 되는 날이 속하는 달의 말일까지로 조정
  - 주식백지신탁제도 관련 이해충돌 방지 강화

• 이해충돌해소 방안으로 '직위변경'도입
• 백지신탁한 주식의 처분 완료시까지 '직무회피 의무' 부여
▸공직자윤리위원회 및 주식백지신탁 심사위원회 직권재심 신설
▸업무취급 영구제한 위반여부 확인을 위한 자료요구 근거 마련

■ 2014. 12. 30. 공직자윤리법 개정
▸취업제한기간 연장: 퇴직 후 2년 → 퇴직 후 3년
▸취업제한 대상기관 확대
• 시장형 공기업, 안전감독·인허가규제·조달 공직유관단체
• 사립대학·종합병원과 그 설립법인, 사회복지법인 등
▸고위공직자에 대한 취업 및 취급제한 대폭 강화
• 2급 이상 공무원, 공직유관단체 임원 및 일부 1급 직원
• 업무관련성 판단범위: 소속부서 → 소속기관
• 기관업무취급 제한: 퇴직 전후 1년 → 퇴직 전후 2년
• 취업이력공시: 퇴직 후 10년간 신고(1천만원 과태료)
▸변호사 등 자격증 소지자가 법무법인 등에 취업 전 심사대상자 확대 : 장차관 → 공개대상자
▸취업제한, 업무취급제한 등의 위반자에 대한 처벌 강화
• 징역1년, 벌금 1천만원 → 징역2년, 벌금2천만원
▸업무대행을 공직유관단체 지정요건에 추가

■ 2011. 7. 29. 공직자윤리법 개정
▸사전 취업제한제도 강화
• 로펌·회계법인(외형거래액 150억원 이상)세무법인(외형거래액 50억원 이상) 등을 취업심사대상업체로 신규 포함
• 취업업체와의 업무관련성 판단기간 확대(퇴직 전 3년 → 5년)
• 임의 취업한 경우 과태료(1천만원 이하) 부과
• 사외이사, 비상근 고문 등 직위에 대한 취업심사 근거마련 등
▸업무취급제한, 행위제한제도 도입
• 재직 중 본인처리업무 취급금지
• 재산공개자의 경우 퇴직 후 1년 동안 퇴직 전 근무기관과의 일정업무 취급 금지
• 퇴직 전 소속기관에 대한 부정한 청탁·알선금지
▸금융감독·국방조달 등 분야 재산등록대상 확대
▸최초 재산등록기간 연장(1개월 → 2개월) 등

■ 2009. 2. 3. 공직자윤리법 개정
▸재산등록 친족범위 조정

- 본인 직계 존비속 재산신고
  ※ 다만, 기존의 기혼여성공직자는 배우자 직계 존비속 재산
- ▸공직유관단체 지정기준에 대한 근거 신설
- ▸사전 제공된 금융·부동산 정보를 심사 자료로 활용
- ▸구금·실종 등 불가피한 경우 변동신고 유예·면제

■ 2005. 5. 18. 공직자윤리법 개정
- ▸주식백지신탁제도 도입
- ▸가액변동신고제 도입
- ▸재산 공개자에 대한 재산형성 과정 소명요구

■ 2001. 1. 26. 공직자윤리법 개정
- ▸퇴직공직자 취업제한범위 및 요건확대
- ▸재산공개자의 주식거래내역 신고 의무화 → 민관 유착 근절 및 재산등록 투명성 제고

■ 1993. 6. 11. 공직자윤리법 전면 개정
- ▸재산공개의 제도화, 공직자윤리위에 재산심사권 부여
- ▸4급 이상 공무원의 재산등록의무화, 처벌규정 강화 - 현행 공직윤리제도의 기틀 마련

■ 1981. 12. 31. 공직자윤리법 제정
- ▸공직자 윤리확립을 위한 최초 법제정 시행(83. 1. 1.)

공직자윤리법의 주요 내용을 살펴보면 다음과 같다.

■ 재산등록 및 공개제도(법 제2장)

4급 이상 공무원(일부 특정분야는 7급 이상) 및 공직유관단체 임직원은 재산을 등록하고, 1급 이상 고위공직자는 재산 공개, 등록재산에 대해 관할 공직자윤리위원회에서 심사를 받는다.

■ 주식백지신탁제도(법 제2장의2)

재산 공개대상자 및 기획재정부(금융사무 관장 국)·금융위원회 소속 4급 이상 공무원이 보유한 주식가액이 3천만원을 초과하는 경우 이를 매각하거나 백지신탁계약 체결 후 등록기관에 신고한다. 백지신탁한 주식의 처분 완료시까지 관련 직무를 회피하여야 한다. 주식백지신탁심사위원회에서 직무관련성 여부를 심사한다.

■ 선물신고제도(법 제3장)

공직자가 외국 또는 직무와 관련된 외국인으로부터 10만원 또는 100달러 이상의 선물을 받은 때에는 이를 소속기관·단체의 장에게 신고하고 인도한다. 신고 선물은 국고에 귀속한다.

■ 퇴직공직자 취업제한 및 행위제한 제도(법 제4장)

재산등록의무자였던 공직자는 퇴직 전 5년 이내에 소속하였던 부서 또는 기관의 업무와 밀접한 관련이 있는 취업제한기관에 퇴직일로부터 3년간 취업을 제한한다.

퇴직 후 3년 이내에 취업제한기관으로 취업하고자 하는 경우 관할 공직자윤리위원회에 취업제한여부의 확인 또는 취업승인을 받아야 한다.

모든 공무원과 공직유관단체 임직원은 재직 중에 본인이 처리한 업무를 퇴직 후 취급이 금지되고, 기관업무기준 취업심사대상자(2급 이상 고위공직자)는 퇴직 전 2년간 근무기관의 일정 업무에 대해 퇴직 후 2년간 취급이 금지되며 업무활동내역서를 제출해야 한다.

퇴직한 모든 공무원과 공직유관단체 임직원은 본인 또는 제3자를 위하여 퇴직 전 소속 기관의 임직원에게 법령을 위반하게 하거나 지위 또는 권한을 남용하게 하는 등 공정한 직무수행을 저해하는 부정한 청탁 또는 알선행위가 금지되며, 이를 받은 재직자는 신고를 해야 한다.

제1절 기업윤리의 실천을 위한 조직

1. 기업윤리위원회

기업윤리와 관련하여 회사의 정책을 결정하기 위하여 회사 내에 독립적인 윤리위원회가 설치되어야 한다. 기업윤리위원회의 구성은 이사회에서 선임하고, 위원회의 위원장은 사외이사가 맡는 것이 바람직하다.

그런데 실제 현장의 기업에서는 기업윤리위원회의 위원장을 부사장이 맡는 경우가 많은데 이는 회사 내의 모든 업무에 대한 이해도와 총괄경영의 책임자로서 윤리경영을 실천하는 추진력을 얻는 데 도움이 되기 때문이다. 기업윤리위원회가 윤리정책을 추진하고자 할 때에는 반드시 이사회의 승인을 받고 시행하는 것이 바람직하다.

2. 기업윤리실

기업윤리강령과 윤리경영 실천행동준칙의 관리와 실천을 감독하기 위한 기구로 기업 내 기업윤리실 또는 기업 실정에 맞는 윤리업무 담당부서가 필요하다.

기업윤리실은 실제적으로 기업의 윤리경영의 실천에 필요한 업무를 담당하게 되는

데 대표적으로 다음과 같은 업무가 있다.

① 회사의 기업윤리강령과 종업원 행동준칙의 제정과 보완 업무
② 종업원 교육프로그램의 기획 및 관리
③ 윤리강령, 윤리경영 실천행동준칙의 이행 여부 감독
④ 직무수행 중 발생하는 윤리문제에 대한 종업원의 질의에 대한 응답
⑤ 직무수행 중 비윤리적 행위 적발 시 적절한 조치
⑥ 윤리강령, 윤리경영 실천행동준칙 개정 건의
⑦ 윤리감사 실시

등 윤리경영의 실천과 준수에 필요한 업무를 추진하거나 이행하고 있다.

3. 윤리담당임원

기업윤리실 부서를 책임지고 맡아서 조직을 지휘하기 위해서는 윤리담당임원이 필요하다. 윤리담당임원(CBEO: Chief Business Ethics Officer)은 회사에 따라서 윤리담당 이사, 윤리부장 등으로 불리고 있다. 기업에 따라서는 윤리담당임원으로 윤리담당관과 준법담당관을 두기도 한다.

윤리경영을 실천하기 위해 임명된 윤리담당임원의 주요 역할은 다음과 같다.

① 윤리관련 정보 수집 및 분석
② 조직 내 윤리관련 커뮤니케이션의 전달경로 역할
③ 종업원에 대한 교육, 계몽 활동

기업윤리실의 최고책임자인 윤리담당임원이 조직의 윤리수준을 향상시키기 위해서는 다음과 같은 요건과 조건을 갖추어야 한다.

① 기업윤리실의 독립성 보장
② 임원의 자격요건으로 사내 인사
③ 회사 조직상 문제와 업무상 문제에 대한 풍부한 지식과 경험
④ 원만한 대인관계를 바탕으로 소통능력
⑤ 긍정적 마인드
⑥ 직업의식이 투철하며 매사에 충실히 하는 성실성

4. 사무국

사무국은 기업윤리원장의 직속기구로 설치하며 기업윤리위원회의 일상적인 업무와 기업윤리위원회, 조사분과위원회 및 징계분과위원회의 직무수행을 지원하기 위한 여러 가지 업무수행을 맡게 된다.

사무국은 기업윤리위원회 산하의 기구로 주로 설치되어 있다. 그러나 기업의 규모가 작은 중소기업의 경우에는 기업윤리에 관한 전담부서가 이를 대신하게 된다.

가. 사무국의 조직

사무국의 조직에는 주로 사무국의 업무를 총괄하는 국장과 사무직원이 있다.

사무국의 국장은 다음과 같은 업무를 맡아 처리하게 된다.

① 기업윤리규범을 위반할 가능성이 있는 사안에 대한 직원과의 상담

② 직원들의 기업윤리와 관련된 저촉사항에 대한 고충 접수 및 기업윤리위원회 회부

③ 직원들의 기업윤리의 저촉혐의에 대한 제보 접수 및 기업윤리위원회 회부

④ 윤리감사분과위원회, 조사분과위원회, 징계분과위원회 등의 업무보조

⑤ 기업윤리에 관한 윤리상담실, 윤리홍보실 운영에 관한 일

다음으로 사무국의 직원의 역할은 다음과 같다.

① 기업윤리위원회의 목적달성을 위하여 규정 및 사무국의 세부규정에 따라 엄정하고 성실하게 직무수행

② 직무수행과 관련하여 알게 된 정보를 타인에게 누설 금지

③ 직무수행 중에 알게 된 정보를 개인의 이익을 추구하기 위해 사용 금지

나. 사무국의 기능

사무국은 기업윤리와 관련하여 저촉되어 제보나 고발이 접수되었을 때에는 이를 옴부즈맨(제보자, 내부 고발자)에게 다음과 같이 조치를 취해야 한다.

① 고충 또는 제보 및 고발의 접수사실

② 접수된 사항에 대해 정보가 필요하게 되면 옴부즈맨에게 면담 요청

③ 윤리사항에 대한 예비심사 착수예정일 공표

④ 윤리사항에 대한 예비심사 참여 외부인사의 명단 통보
⑤ 제명, 정직과 같은 중징계의 경우를 제외한 조사와 관련된 인물의 비공개
⑥ 기업윤리와 관련된 조사 이외의 경우에는 제보자나 내부고발자의 신원의 비밀 보장

제2절 기업윤리 관리제도

1. 기업윤리 관리제도 필요성

글로벌 시대에 기업을 둘러싸고 있는 주변 환경은 하루가 다르게 급변하고 있다. 이런 가운데 기업은 생존을 위해서 글로벌 기업과의 경쟁에서 반드시 살아남아야 한다. 생존 경쟁에서 살아남기 위해서 일부 기업들이 비윤리적인 방법으로 경영을 하거나 행동을 하는 경우가 종종 발생하고 있다. 이런 비윤리적 기업경영활동에 대해 사회적으로 비난이 쏟아지자 많은 기업에서 기업윤리강령과 종업원 행동준칙을 제정하고 공포하였다. 정작 기업에서 기업윤리강령이나 종업원의 행동준칙을 제정을 했지만 실제로 현장에서 제대로 시행되고 있는지에 대한 철저한 관리가 필요하다.

기업윤리를 제대로 실천하고 보다 발전적인 방향으로 진행되기 위해서는 기업윤리강령이나 종업원의 행동준칙의 제정하고 실천을 전담하는 전문조직이 기업 내부에 만들어지도록 하는 제도가 필요하다.

현재 기업윤리를 제대로 실천하고 있는 기업의 경우를 보면 기업의 윤리적 사안을 심의하고 실천하기 위한 제도적 장치로 기업윤리 담당부서가 만들어지는데 그것이 바로 ‘기업윤리위원회’로 많은 기업에서 설치·운영하고 있다.

2. 기업윤리 실천 내부제도

윤리강령을 선포하고 종업원의 행동준칙에 따라 윤리경영을 실행하게 되면 내부적으로 여러 문제가 발생할 수 있다. 이러한 문제발생에 대한 대비를 철저히 사전에 해두어야 한다.

기업윤리 실천의 내부제도를 정비하는 데 있어 다음과 같은 점을 염두에 두어야 한다. 우선 윤리경영과 관련하여 비윤리문제를 제기한 사람, 양심선언을 한 사람에 대한 보호제도를 마련해야 한다. 또한 기업윤리를 실천하는 데 있어 윤리의식의 개선을 위한 제도를 마련해야 한다.

가. 비윤리문제 제기자 보호 장치

기업윤리 실천에는 비윤리문제의 제보자나 내부 고발자에 대한 보호제도를 마련해야 한다. 내부고발자에 대한 조직에서의 보호가 제대로 이루어지지 않으면 오히려 비윤리문제를 제기한 사람이 해를 입을 가능성이 있기 때문이다. 비윤리문제를 제기한 사람에 대한 보호 장치는 다음과 같은 점을 염두에 두어야 한다.

① 내부고발자의 보호주체
② 제보 및 내부고발에 대한 전 종업원의 의무규정을 두고 권장하는 형식
③ 제보자 및 내부고발자의 보호제도의 장치 구축
④ 내부고발자의 입증책임 및 처벌의 면책

나. 기업윤리실천 개선제도

조직의 전 구성원이 윤리강령과 종업원의 행동준칙에 따라 기업윤리의 실천을 하기 위해서는 다음과 같은 제도가 개선되어야 한다.

① 조직 내 윤리적 조직기반 조성
② 전 임직원의 윤리의식 고취
③ 기업윤리 교육
④ 노사 화합형 관계구축
⑤ 뇌물방지제도
⑥ 비윤리적 행위 거부 장치
⑦ 윤리적 행위 평가 및 보상
⑧ 회사의 영업비밀 관리
⑨ 컴퓨터 범죄 예방
⑩ 환경 친화적 실천을 위한 방안

등의 다양한 개선 제도를 마련함으로써 기업윤리 실천의 정착을 앞당길 수 있다.

3. 조사제도

가. 조사위원회 구성

기업윤리와 관련된 문제에 대한 조사는 기업윤리위원회에서 임명한 조사위원장과 조사위원장이 추천하고 기업윤리위원회에서 선임한 조사위원들로 구성된다. 조사위원은 회사의 임원과 중간관리자 중에서 선임되며 조사의 공정성과 객관성을 유지하기 위해서 기업외부의 기업윤리 전문가 1인 이상을 포함시키는 것이 바람직하다. 조사위원으로 선임할 때 고려되어야 할 사항은 다음과 같다.

① 기업윤리위원회 위원이나 최근 2년 이내 징계위원회 위원인 자
② 기업윤리위원회 위원으로서 결격사유가 없는 자
③ 기업윤리위원회에서 이해관계가 없다고 인정하는 자

제시된 사안에 대해서 조사위원회의 의결정족수는 재적위원의 과반 수 이상 동의가 있어야 한다. 조사위원장과 조사위원의 임기는 해당 제시된 윤리사항에 대한 징계위원회의 심사가 완료되면 자동 종료된다.

나. 조사위원회 조사결과보고서

조사위원회에서 기업윤리와 관한 조사의 결과 보고서는 다음의 각 항목에 대한 조사결과를 명시하도록 해야 한다.

① 국가 또는 지역사회에 해를 끼치는 행위
② 전국경제인연합회의 기업윤리강령에 위배되는 행위
③ 자사의 기업윤리기준이나 종업원 행동준칙에 위배되는 행위
④ 의도적으로 윤리사실의 은폐 행위
⑤ 기업윤리에 위배되는 것을 알면서도 지키지 못한 행위
⑥ 기업윤리위원회에서 지적된 윤리사항의 불이행 여부
⑦ 기업윤리규범의 반복적인 위배 여부
⑧ 피조사자의 반성 여부

다. 조사결과 보고

조사위원회가 구성되면 구성된 날로부터 90일 이내에 조사를 완료하고 그 결과를 기업윤리위원회에 보고해야 한다. 조사위원회는 90일간 조사를 마무리하지 못하게 되는 경우 조사위원장이 서면으로 기업윤리위원회 위원장에게 허가를 요청하여 90일까지 조사기간을 연장할 수 있다. 연장 기간 내 조사가 마무리 되지 않게 되면 조사위원장은 서면으로 기업윤리위원회의 허가를 다시 얻어 조사를 계속할 수 있다. 그러나 하나의 윤리혐의 사항에 대해 조사기간이 1년을 초과할 수 없다.

4. 징계제도

가. 징계위원회 구성

기업윤리에 관한 징계제도는 윤리강령과 종업원 행동준칙을 위반을 했을 경우 징계를 하는데 이를 위해 징계위원회를 설치한다. 징계위원회의 징계위원은 위원장을 포함하여 대체로 3~5인의 범위 내에서 구성하면 된다. 징계위원회의 위원장과 위원의 선출은 기업윤리위원회에서 하는 것이 원칙이다.

징계위원회의 위원은 회사의 임원, 10년 이상 근무하고 있는 중간관리자 중에서 선출하게 된다. 징계위원회의 위원장은 징계위원 중에서 징계위원회에서 선출하도록 한다. 징계위원회의 위원은 다음의 사항에 해당되지 않은 자로 선임하여야 한다.

① 기업윤리위원회의 위원이나 최근 3년 이내 윤리감사위원인자

② 기업윤리위원회의 결격사유에 해당하는 자

③ 기업윤리위원회에서 이해관계가 있다고 인정된 자

나. 징계절차

윤리강령과 종업원 행동준칙을 위반한 자에 대한 제보나 고발이 접수되면 기업윤리위원회의 위원장은 조사위원회의 조사결과보고서를 받은 날로부터 10일 이내에 징계위원회에 회부할 것인가를 결정하여 한다. 따라서 기업윤리위원회 위원장은 조사위원회의 조사결과를 심의한 다음 그 결과가 무혐의로 판정된 것을 제외하고 모두 징계위원회에 회부하여야 한다.

징계위원회는 기업윤리위원회의 위원장으로부터 회부된 윤리사안에 대하여 회부된 날로부터 20일 이내에 객관적이고 공정한 기준에 의하여 징계를 결정하고 이를 기업윤리위원회에 보고하는 순서를 진행해야 한다.

징계위원회는 재적위원 3분의 2 이상의 찬성으로 결정하는 것이 원칙이다.

징계위원회는 회부된 윤리사안에 대한 충분한 심의를 거친 후 다음의 각호에 해당하는 사안 중에서 하나 이상의 징계를 결정하고 회사의 인사위원회에 보고한다.

① 면직

② 정직(휴직)

③ 경고

④ 주의

⑤ 윤리교육(재교육)

⑥ 징계유예

⑦ 무혐의

다. 징계 결과 통보

기업윤리위원회는 징계위원회에서 결정한 징계 결정 사항을 보고받는 즉시 사무국(윤리담당부서)을 통하여 피조사자에게 통지하여야 한다. 사무국장(또는 윤리담당 부서장)은 조사위원회의 징계결정을 보고받은 날로부터 20일이 경과한 후 그 징계조치가 실제로 이행될 수 있도록 필요한 절차를 진행시켜야 하며 그 결과를 기업윤리위원장에게 보고하여야 한다.

제3절 외국의 기업윤리시스템

1. 미국의 기업윤리시스템

미국사회에서 개인은 사적 이익을 추구하면서 윤리적 규범을 준수한다는 점에서 개인들이 소속 집단의 공동이익을 추구하고, 윤리적 가치 면에서 결속된 공동체를 구성하게 된다. 이러한 환경하에서 기업윤리시스템은 효과적으로 운영될 수 있으며 윤리경영이 가능해진다.

이와 같은 환경 속에서 기업은 경제주체의 지위와 동시에 윤리적 공동체의 지위를 겸비한다. 즉, 기업은 경제주체로서는 경제적 이익을 추구할 권리를 지니며, 윤리적 공동체로서는 소속구성원들을 규율할 의무를 지니는 것이다. 기업의 이러한 이중적 지위는 주요 기업들의 윤리규범을 보면 쉽게 발견되어 진다.

윤리규범의 핵심 주제는 기업으로서는 건전성에 기초하여 좋은 평판을 얻는 것이 사업 성공을 위한 핵심요소의 하나가 되고 이 성공은 선행을 위해 필요한 자원을 제공한다는 것이었다.

기업의 경영자들도 역할이 이중적이다. 즉, 이들은 기업 평판의 중요한 원천의 하나로 작용하는 윤리시스템을 완벽하게 지키는 한편, 동시에 공동체의 지도자의 역할도 하는 것이다.

기업의 윤리적 공동체 측면을 보면 공동체의 운영은 구성원들 간의 지위 고하와 상관없이 전 직원들의 공동 책임하에 진행되며 전 직원들은 각자가 개인적 역할에 대한 관심과 함께 전 직원들의 공정성에도 주의를 기울인다.

미국의 기업윤리는 기업들과 국가가 함께 거국적으로 일찍부터 윤리경영을 추구해 온 선진국이다. 국가 차원에서는 법규 제정 등 제도적으로 기업들의 윤리경영을 유도하는 환경을 적극적으로 조성하여 왔다. 주요 사례를 보면 다음과 같다.

첫째, 1977년에 록히드 항공사의 뇌물제공사건을 계기로 '해외부패방지법(The Foreign Corrupt Practices Act)'을 제정하였다. 당시 이러한 법은 세계 최초였다. 이 법은 준수를 위해 기업들은 문서화된 윤리규정을 제정하고, 공정하고 정확하게 회계장부를 기록하도록 하였고, 이를 유지 및 실행하기 위한 통제구조나 실행시스템을 갖추게 하였다.

해외부패방지법의 제정이 추구한 효과는 대외적으로는 미국 기업들이 뇌물을 주지 않는 정직하고 성실한 기업들임을 세계에 선언하고 대내적으로는 부정 없는 기업경영을 통하여 비윤리적 행위를 방지하고 통제함으로써 투자자와 직원들을 보호하겠다는 것이다.

둘째, 1978년에는 공직자의 윤리행동 원칙을 규제하는 '정부윤리법'을 제정하였다. 미국의 부패척결을 위한 기관으로 정부윤리국(OGE: Office of Government Ethics)은 정부윤리법(Ethics in Government Act of 1978)에 따라 1978년에 설립되었다. 미국의 연방행정부로부터 독립된 기관으로서 연방행정부 내 공무원들의 위법행위 방지에 대해 책임지고 있다. 이 기관의 주요임무는 행정부의 운영기준, 규정, 자산공개를 위한 구조적 체제를 마련하고, 공무원들을 교육하는데 사용할 윤리교육 프로그램을 개발하고 교육 프로그램이 올바로 기능하도록 지원 및 감독을 한다.

셋째, 1991년에는 기업을 포함하여 조직적 범죄를 처벌하기 위한 '연방조직범죄 판결지침'을 제정하였다. 이 지침으로 기업들은 준법 프로그램을 구축하게 되었고, 자기단속체제를 구축하여 부패방지 및 윤리적 기업이 되고자 하는 노력을 입증하고자 하였다. 이러한 결과 1990년대에는 대다수의 미국기업들이 효과적인 준법프로그램을 구축하게 되었다.

넷째, 1995년부터는 해외경쟁에서 부패한 국가 및 기업 활동에 의해 상대적으로 불이익을 당하는 미국기업들의 보호를 위하여 국제적으로 윤리 라운드(Round)를 선도적으로 추진하였다. 이는 1999년부터는 '부패방지라운드'의 추진으로 이어졌다.

미국의 기업윤리 시스템은 상당히 발달되어 있다. 즉, 주요 기업들을 대상으로 살펴볼 때, 윤리경영이 이루어지며 발전 단계는 최고 단계인 윤리적 선진단계(제5단계)에 이르렀고, 실천시스템인 3C도 잘 구축되어 있다.

미국의 부패방지노력에 대해 살펴보면 미국의 공무원 부패방지를 위한 법과 기관은 다음과 같다. 부패척결을 위한 법으로는 미국연방법18편 형법(공무원 부패 범죄에 대한 처벌 규정), 정부윤리법(워크게이트 사건을 계기로 1978년 제정), 정보공개법(일반이 정부의 정보를 공개를 요구할 수 있는 법), 내부고발자보호법(정부의 예산낭비나 부패 등을 고발한 공무원을 인사 등에서 불이익을 받지 않게 만든 법, 1989년 제정), 해외부패방지법(1934년 제정, 77년, 98년 개정) 등이 있다.

워터게이트 사건은 미국의 대표적인 부정부패 사례로써 미국 부패 방지제도에 대해 많은 영향을 끼쳤다. 1972년 6월 17일 워터게이트 빌딩에 침입한 괴한으로부터 불거진 사건으로 당시 닉슨 대통령의 재선을 위하여 전직 CIA요원이 민주당 전국선거위원회를 도청장치를 설치하려다 체포되었다. 이 사건을 보도한 언론에 유무형의 압박과 함께 CIA를 이용 FBI수사를 무마시키려고 했다. 같은 해 11월 닉슨은 재선에 성공하지만 1973년 집무 내용을 녹음한 테이프로 인해 법무장관 존 미첼, 국무장관 헨리 키신저 등이 온갖 도청 활동과 문서 위조, 매수 등의 부정행위와 연관되어 있었음이 밝혀졌다.

또한 닉슨이 거액의 탈세를 했다는 사실, 또한 선거 과정에서 걸프 오일을 비롯한 미국의 대기업들의 불법 자금을 받았다는 사실도 드러났다. 이로 인해 1974년 7월 미 하원에서 탄핵이 결의되었고, 탄핵 이전에 닉슨이 사임을 하였다.

공직자청렴성수사국(The Public Integrity Section)은 1976년에 설립된 기관으로서 법무부의 형사부 예하 기관이다. 연방정부, 주정부, 지역정부 등, 모든 단위에서의 임명직 혹은 선출직 공직자의 선거범죄나 이해상반행위와 같은 부패행위를 수사하고 필요한 경우에 기소한다. 공직자청렴성수사국은 공무원 부패사건 중 중대한 사건만을 다루며, 대부분 연방수사국(FBI)이 보고하는 공직자 부패사건을 수사한다. 공직자청렴성수사국은 착취, 뇌물수수, 선거범죄, 공직자 이해상반범죄에 관한 전문적 지식을 가진 검사들로 구성된다.

미연방특별조사국은 1999년 미연방독립조사국의 폐지와 함께 이를 대신하여 신설된 독립적 기관으로서 연방정부의 행정기관들의 위법행위에 대해 조사하고 불공정한 인사행위에 대해 감시하는 임무를 수행한다.

정부감독국은 예산 및 회계법에 의해 설립된 기관이다. 정부감독국은 연방의회의 책임 하에 있는 기관이지만 독립적인 감사기관으로서 연방정부기관들의 사업 및 활동에 대한 회계감사, 평가, 수사를 수행하여 이를 연방의회에 보고한다.

감찰국(OIG: Office of Inspector General)은 감찰관을 구성원으로 한 연방정부기관 내에 설치되어 있다. 1978년 감찰관법이 제정되었을 당시 연방정부기관에 설치된 감찰국은 자주적으로 운영된다. 감찰관의 임무는 정부기관, 군 조직, 군수회사에서의 행위들이 정부기준에 따라 올바르게 수행되고 있는지를 감독하고, 감사를 통해 정부기관의 예산이나 신용을 남용한 것과 관련한 위법행위, 재원낭비, 절도, 운영과 관련한 개인적 또는 집단적 범죄행위를 찾아내는 것이다. 연방정부기관에 설치된 대다수의 감찰국은 복잡하고 장시간이 소용될 것으로 보이는 조사에 대해서는 FBI와 협동하여 수행하고 있다.

국세청 범죄수사국(CI)은 미연방재무성 예하 기관인 국세청(IRS) 소속의 수사기관으로서 세금, 자금세탁, 은행기밀에 대한 수사를 소관하고 있다. 국세청의 범죄수사국은 연방정부, 주정부 지방정부의 선출직 또는 임명직 공직자들을 포함해서 의무를 위반한 모든 공무원에 대해 수사한다. 공공영역에서의 부패행위에는 뇌물수수, 강요, 횡령, 세금사기, 자금세탁 등과 같은 여러 종류가 있지만 범죄수사국에서는 세금과 자금세탁과 관련한 문제에 대해서만 집중하여 수사하며, 연방정부, 주정부, 지방정부와 협력해 일한다. 현재 범죄수사국은 미국의 공무원 부패를 척결하는 데 가장 큰 기여를 하는 기관으로 평가받고 있다.

2. 프랑스의 기업윤리시스템

미국사회와 달리 프랑스는 기업이 직원들을 도덕적으로 규율할 윤리적 공동체로서의 지위를 인정받지 못하고 있으며 직원들은 사생활을 보호받고 싶어 하며 사생활과 직업 활동을 분리시키고 싶어 하고, 기업이 사생활에 개입하는 것을 꺼리는 편이다.

프랑스는 역사적 배경에 의해 윤리가 집단적 가치 수준에 이르지 못하고 개인의 선택적 결단에 의한 개인적 가치 수준에 제한되고 있기 때문이다. 이런 결과로 윤리적 측면에서 기업이 직원보다 더 책임이 크다고 보기가 힘들며, 직원 입장에서 기업을 포함하여 외부로부터 부과되는 압력 같은 것은 윤리적 시각을 벗어난 관점(예를 들어 명령)에서 판단되는 것이 일반적이다. 프랑스는 미국사회와 달리 이익 추구와 윤리 준수가 조화를 이룰 수 있다는 사고가 형성되지 못하였다. 기업은 원칙적으로 경제주체로서의 단선적 성격으로만 받아들여지며 경영진도 기업의 경제적 이익을 추구하는 관리자 역할만 기대될 뿐이다.

미국의 기업에서 윤리가 경영에서의 정직함이나 기업과 조직원 간의 호감, 조직원들의 건전한 사생활 같은 사항들과 관련되어있는 데 반해, 프랑스의 기업에서는 조직원들의 사생활에 대해서는 더할 나위 없고, 경영은 물론 기업 관련된 사항들이라도 이에 대한 조직원들의 태도 문제는 서로 별도의 영역이라는 사고가 지배적이다. 프랑스의 기업 중에서도 경제적 가치 외에 다른 사회적 가치를 추구하는 기업들도 없는 것은 아니다. 그러나 이 경우에도 전형적 미국 기업들과 달리 그러한 사실 및 관련 활동을 비공개적으로 조용히 처리하는 것이 일반적이다. 이는 프랑스 사회에서 기업은 경제주체로서의 이미지만 있기에 비경제적 가치 추구의 공시는 도리어 불순한 의도가 있지 않은가 하는 의심을 불러일으키기 쉽기 때문이다.

프랑스는 기업에 대해 윤리적 관리자 역할을 부정하는 문화의 또 다른 영향은 기업이 직원들의 행태를 윤리적으로 유도하려는 제반 수단들이 기피되는 분위기로 나타난다. 이러한 환경에서 기업이 취할 수 있는 최선의 정책은 윤리 개념 대신 책임 및 의무의 개념을 적용하는 것이다. 이는 법규 같은 강제규정에 의해 최소한의 행태를 요구하는 것이다.

프랑스의 소비자들은 대부분이 환경에 긍정적인 영향을 끼치기 위한 소비를 하는데 불필요한 것을 덜 사고 소비를 감소하는 것이 책임감 있는 소비라고 생각하면서 이러한 신념을 구매상품 선택을 통해 의사를 표시하고 있다.

Aegis Media Expert 프랑스 시장조사업체가 ADEME 프랑스 에너지절약 및 환경관리기관의 후원을 받아 7,000명의 소비자를 대상으로 실시한 '그린소비 윤리' 설문조사를 한 결과에 따르면 응답자 4,500명 가운데 70%의 소비자가 "덜 사는 것이 책임감 있는 소비다"라고 생각하는 것으로 나타났다. 소비자의 70%는 책임감 있는 소비 상품 및 서비스들이 선반석으로 매력적이지 못하다고 판단하고 있으며, 소비자 및 근로자의 건강과 안전을 충분히 배려하는 기업이미지를 부각해 기업에 대한 불신을 회복하는 노력이 필요한 것으로 나타났다.

[사례] 기업윤리 실천을 위한 중소기업윤리위원회

중소기업중앙회는 기업윤리의 실천을 위해서 '제8기 중소기업윤리위원회'를 새롭게 구성하고 신임 위원들이 참석한 가운데 위촉식을 개최했다.

중소기업윤리위원회는 1999년 2월 중소기업인 윤리강령 실천규정의 제정으로 제1기 위원회가 출범한 이래 20여 년간 중소기업 협동조합의 윤리의식 제고와 고객으로부터 신뢰받는 중소기업인상을 정립하기 위해 운영되고 있다.

제8기 중소기업윤리위원회 위원으로는 박상준 한국보일러공업협동조합 이사장, 이은용 한국석회석가공업협동조합 이사장, 정용찬 부산프라스틱공업협동조합 이사장, 이상훈 한국제책공업협동조합 이사장, 정종호 한국연식품협동조합연합회 회장, 고동현 대한제면공업협동조합 이사장, 이창의 한국정기간행물협동조합 이사장, 김덕성 (사)한국미용산업협회 회장, 원재희 한국폴리부틸렌공업협동조합 이사장 등 총 9명이 선임되어 위원회를 이끌어가게 되었다.

이기중 중기중앙회 감사실장은 "오늘날 우리 사회는 높은 수준의 윤리의식과 도덕성을 중시하게 되었고, 기업인의 올바른 기업가정신과 윤리의식에 대한 국민의 기대도 매우 높다. 이번 '중소기업윤리위원회' 출범으로 중소기업과 협동조합이 함께 윤리경영에 앞장서고, 더 큰 사회적 책임을 실천해나가는 데 밑바탕을 만들어 나가겠다"고 포부를 밝혔다.

중소기업중앙회는 국민권익위원회가 발표한 '2018년도 공공기관 부패방지 시책평가'에서 1등급 기관으로 선정됐다. 중기중앙회는 공공기관 부패방지 시책평가에서 1등급을 받은 것은 지난 2012년 평가를 받기 시작한 이후 처음이다. 부패방지 시책평가는 국민권익위원회 주관으로 공공부문 청렴수준을 제고하기 위한 각급 기관의 자발적인 반부패 노력을 평가하는 제도다. 2018년에는 전국 270개 공공기관을 대상으로 청렴 생태계 조성, 반부패 수범사례 개발·확산 등 총 39개 과제를 평가했다.

이번 평가에서 중소기업중앙회는 청렴 거버넌스 운영, 청렴교육 내실화, 청탁금지제도 및 공익·부패신고 활성화 등의 단위과제에서 만점을 받았다.

회원사에 대한 청렴교육, 청렴 캠페인, 청탁금지법 위반 여부에 대한 회원조합 감사 실시 등 공공부문을 넘어 민간분야까지 청렴문화 확산을 위해 노력한 점을 인정받았다.

정구철 중기중앙회 상임감사는 “2017년 12월 최초로 청렴도 종합평가에서 중소기업 관련 기관 중 최고인 2등급을 받고, 이번 평가에서도 1등급 기관으로 선정된 것은 2015년 박성택 중앙회장 취임 이후 4년간 강력한 청렴의지 표명과 지원에 따른 모든 임직원의 꾸준한 노력으로 이뤄낸 성과여서 더 의미가 크다”고 말했다. 그는 “앞으로도 360만 중소기업의 윤리경영을 선도하고 업무추진 과정의 잠재적 부패요소까지 근절, 중소기업이 더욱 신뢰하는 청렴한 중앙회가 되도록 노력하겠다”고 덧붙였다.

제5장

기업윤리교육

제1절 기업윤리교육
제2절 각국의 기업윤리교육
제3절 기업윤리교육의 내용
제4절 기업윤리교육의 방법
제5절 기업윤리교육기법의 효과적 적용
제6절 윤리교육 프로그램의 개발

[사례] 주택도시보증공사(HUG), 임직원 대상 청렴·윤리교육

기업에 대한 국민의 눈높이와 사회적 기대가 높아진 만큼 준법·윤리 경영에 대한 요구에 부응하기 위한 노력도 강화될 수밖에 없다. 이를 위해 주택도시보증공사(이하 HUG)는 임직원의 청렴 강화를 위해 청렴·윤리교육을 실시하였다. 이번 교육은 관련분야 외부 전문가의 초청강의로 진행됐다. 교육과정으로 1부에서는 부정청탁, 갑질, 직장 내 괴롭힘 등의 사례를 교육했고, 2부에서는 주택도시보증공사의 사내변호사가 청탁금지법, 임직원 행동강령, 직장 내 괴롭힘 금지법, 공익신고자 보호제도 등 청렴·윤리 관련 법령 및 개정사항에 대해 교육했다.

주택도시보증공사 이재광 사장은 "청렴·윤리의식은 HUG의 리더로서 반드시 갖추어야 하는 덕목"이라며 "HUG가 국민의 기대에 부합하는 청렴한 공공기관으로 자리매김 하기 위하여 경영진부터 앞장서서 청렴 실천에 솔선수범하겠다"고 밝혔다.

HUG는 조직 내 반부패 및 청렴윤리 문화를 확립하기 위해 직원 참여형 이벤트 실시, 청렴 상담관 제도 운영, 카카오 톡 청렴 설문조사 등의 프로그램을 운영하고 있다.

HUG의 임직원들은 청렴·윤리교육을 통해 관련 법령을 내면화하고 반부패·청렴의지를 다지는 유익한 시간을 가졌다. 이런 청렴·윤리교육을 통해 HUG의 임직원들은 청렴하고 투명한 조직문화 확립에 앞장서며 국민에게 신뢰받는 공공기관으로 자리매김 하겠다는 의지를 갖게 되는 좋은 계기가 되었다.

한편, HUG는 임직원 윤리퀴즈, 생애 주기별·직급별 맞춤 청렴교육, 협력업체 등 이해관계자 대상 윤리교육 등 다양한 맞춤형 교육 프로그램을 운영하고 있다.

HUG는 공정한 조직문화 구축과 대내·외 신뢰도 향상을 위해 '갑질 근절 추진대책'을 수립하고, 갑질 없는 HUG를 목표로 갑질 예방에서부터 피해자보호 및 갑질 근절 문화 확산까지 5단계에 걸친 단계별 대책을 수립하여 맞춤형 갑질 예방교육, 갑질 피해 신고시스템 운영, 갑질 근절 캠페인 등 갑질 근절 분위기 확립을 위한 다양한 과제들을 추진하고 있다.

특히, 청렴·컴플라이언스 전문 외부기관과 함께 내·외부 고객을 대상으로 HUG 내 갑질 실태를 조사해서 갑질 행위가 적발되면 엄정하게 처벌하고 건의사항 등을 청취해 제도에 반영하고 있다.

이재광 HUG 사장은 "단호하고 적극적인 조치를 통해 갑질 근절 분위기를 조성해 국민이 체감할 수 있도록 노력하고, 외부고객에 대한 갑질 근절뿐만 아니라 직원 상호 간에 존중하는 문화를 형성해 갑질 근절 및 청렴 선도 기관으로 자리 매김하겠다"고 말했다.

HUG는 2018년 'HUG 갑질 피해 신고·지원 센터' 설치 이후 갑질 예방 교육, 찾아가는 윤리상담실, 갑질 근절 캠페인 등 내·외부 갑질 행위 근절을 위한 지속적 노력을 통해 국민권익위원회의 '2019년 공공기관 종합청렴도 평가'에서 우수기관으로 선정되기도 했다.

제1절 기업윤리교육

1. 기업윤리교육의 필요성

우리나라에서는 1980년대까지만 해도 기업 고유의 목표는 임직원들이 열심히 노력해서 고도성장을 이루고 사업을 크게 확장하는 데 초점이 맞추어져 있었다. 그런 과정에서 많은 부작용이 발생하였고 이제껏 쌓아온 기업의 명성·부를 하루아침에 잃게 되는 결과를 초래하기도 했다.

1990년대는 우리나라의 기업윤리의 관점에서 볼 때 기업들의 경영활동에 있어서 큰 전환점을 가져온 시기였다. 그 당시 기업들의 경영활동을 윤리적 측면에서 살펴보면, 기업의 비윤리적 활동으로 인한 대형사건 및 사고들이 사회에 큰 충격을 주었던 시대였다. 일련의 사건이 기업들로 하여금 윤리경영을 해야만 하는 시대적·사회적 요구와 함께 국제적 요구에 직면하게 되었다.

기업들이 사회에서 요구하는 윤리경영을 실천하기 위해서는 임직원들이 기업윤리에 대한 구체적인 내용을 잘 이해하고 있어야 한다. 따라서 윤리경영을 실천하기 위해서는 기업윤리교육이 매우 중요하다.

기업윤리교육은 임직원들이 기업경영활동 과정에서 윤리적인 문제에 부딪쳤을 때 어떻게 행동하는 것이 바람직한 것인가를 가르쳐 주는 것이다. 기업윤리교육에서는 임직원들에게 의사결정을 하게 될 때 도덕적 가치와 사회적 책임을 고려하여 의사결정을 할 수 있도록 도와준다. 기업윤리교육을 통해 임직원들에게 조직 활동 과정에서 부정부패를 예방하고 도덕적 해이를 방지하기 위한 교육이다.

기업의 도덕적 해이와 관련된 우리나라의 대표적인 사고가 바로 1991년에 발생한

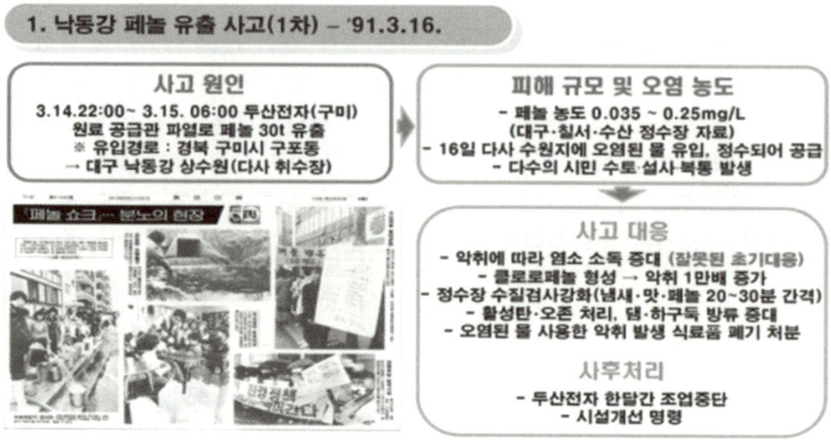

두산전자의 낙동강 페놀 방류 사건이다. 두산전자가 낙동강을 식수원으로 하는 경남과 부산지역에 거주하고 있는 시민들에게 페놀을 방류하는 충격적인 사건이 발생했다. 이 사건으로 인해 지금껏 쌓아온 두산그룹의 100년 전통과 이미지가 하루아침에 곤두박질 치었고, 경제적으로는 수백억원의 금전적 손실을 보았다. 그로 인하여 여러 시민단체들이 두산그룹의 상품에 대한 불매운동을 벌였고, 페놀에 오염된 수돗물을 먹은 유산한 임산부들이 두산전자를 상대로 손해배상 소송을 제기하였다.

이 시기에 또 다른 사건은 1994년 10월에는 성수대교가 붕괴되는 사건이 발생했다. 성수대교의 붕괴사고로 32명의 시민들이 사망하였다. 이 사건으로 인해 시공사인 동아건설은 복구비 등의 명목으로 450억을 서울시에 헌납하였고, 서울시는 헌납액과는 별도로 동아건설에 대해 800억의 손해배상 청구소송을 제기했다. 성수대교 붕괴 사건의 사고 원인은 다리의 철골구조물 및 트러스가 불량으로 제작되었고, 부실시공에 대한 서울시공무원들의 관리소홀로 최종 밝혀졌다. 이 사건은 국내·외 건설시장에서 지금껏 견고하게 쌓아온 동아건설의 명성과 신뢰도에 큰 타격을 입혔다. 그리고 이 사건이 발생한 이후 우리나라의 건설업체들이 동남아건설의 입찰 심사과정에서도 탈락하는 등 해외 건설수주에도 악영향을 미쳤다.

1995년 5월에는 삼풍백화점이 붕괴되는 초유의 사건이 발생했다. 삼풍백화점의 붕괴로 506명이 사망 및 실종되고, 940명이 부상당하는 사고가 발생하였다. 이 사고의 원인은 건축, 구조설계, 시공, 유지관리 등에 있어서 총체적 부실로 밝혀졌다.

삼풍백화점 붕괴사건은 붕괴되기 전에 이미 붕괴의 조짐들이 나타났음에도 불구하

성수대교 붕괴

삼풍백화점 붕괴

고 적극적인 사후 조치를 하지 않고 영업을 계속 강행히다 붕괴가 발생하여 인명피해가 커졌다. 이 사고로 인해 삼풍의 회장은 징역 10년 6월, 아들인 이사장은 징역 7년을 선고 받았다. 그리고 성수대교 붕괴사고에 이어 발생한 삼풍백화점 붕괴사고로 인해 현대건설이 홍콩 고급아파트 건설공사 입찰 과정에서 최저가를 써내고도 탈락하는 등 우리나라 건설사들의 해외건설수주에 어려움을 겪었다.

1990년대는 많은 기업에서 비윤리적 사건과 사고들이 발생하게 되자 기업과 정부에서 기업의 윤리적 활동을 제고시키기 위한 움직임들이 본격적으로 시작되었다. 많은 기업들이 주변의 사건과 사고들이 발생하자 기업윤리 헌장을 제정하기 시작하였다. 공기업인 포스코가 국내기업으로는 처음으로 1993년에 4장 15조로 된 '윤리강령'을 제정 발표하고 동시에 '윤리강령해설'을 발행하였다.

1994년에 사기업으로는 처음으로 LG그룹이 맥킨지 컨설팅회사의 자문을 받아 '윤리규범'을 제정하였다. 현대그룹은 1995년에 '기업윤리강령'을 제정하는 등 기업윤리강령의 제정이 전 사업장으로 확산되기 시작하였다.

전경련의 '기업윤리 실태조사 결과' 보고서에 따르면 1999년 5월에 기업의 22.1%가 '기업윤리강령'을 가지고 있는 것으로 나타났다. 전국경제인연합회는 1980년에 기업풍토 쇄신을 위한 기업인대회를 개최하고 '기업윤리강령'을 선언하였다. 그리고 1996년에 '기업윤리헌장'을 선포하였다. 또한 전국경제인연합회, 상공회의소, 무역협회, 중소기업중앙회, 경영자총협회 등 경제 5단체는 1996년의 정기총회에서 '해외진출기업 행동강령'을 채택하였다. 이 강령은 해외에 진출한 국내 기업들의 이미지를 높이기 위해 지켜야 할 규범을 담고 있다.

OECD는 1997년에 '국제 상거래에 있어서의 외국 공무원에 대한 뇌물제공행위 방지를 위한 협약'을 제정하였고, 1998년에는 '국제상거래에 있어서 외국공무원에 대한뇌물방지법'을 제정하였는데, 이 협약과 법은 1999년 2월 15일부터 우리나라에 대하여 효력이 발생하고 있다. 정부는 OECD의 요구에 따라 『국제 상거래에 있어서 외국공무원에 대한 뇌물방지법』을 제정하였으며, 이 법은 1999년 2월 15일에 발효되었다. 그리고 부패방지법이 2001년 7월에 제정되었다.

1990년대 말에 우리나라에서 발생한 여러 대형 사건들 중에서 기업의 비윤리적인 행위와 관련하여 좋지 않은 일들이 연이어 발생하게 되면서 많은 기업에서 그에 대한 반성과 자성이 일어나기 시작했다. 기업이 생존하고 더 나아가 발전하기 위해서는 정직하고 투명한 윤리경영을 실천하지 않으면 안 된다는 것을 절실하게 깨닫게 된 것이다. 이와 관련하여 많은 기업에서는 전임직원들에게 기업윤리교육을 실시하기에 이르렀다.

기업의 구성원들이 사회에서 요구하는 기대에 부응하기 위해서는 필요한 사회적 가치나 규범을 이해하고 습득하여 실천해 나가는 것이 중요하다. 아직도 일부 기업의 임원진들이 회사의 이익을 앞세워 비윤리적 행위를 조장하는 풍토를 개선하기 위해서 기업윤리교육이 많은 역할을 하게 된다. 실제로 기업윤리수준이 높은 기업일수록 기업의 경영지표가 그렇지 않은 기업들보다 더 높게 나타나고 있는 것이 많은 연구에서 입증되고 있다.

기업윤리교육을 통해 기업 관리자의 윤리적 행동은 두 가지 측면에서 영향을 미치게 된다.

첫째, 기업이미지가 향상된다. 이로 인하여 거래하는 고객의 충성도가 향상되어 판매 및 재구매가 증가하게 되어 장기적으로 큰 이익을 얻게 된다.

둘째, 종업원의 자부심을 향상시키는 결과를 가져온다. 기업윤리교육을 통한 윤리적 행동은 회사에 대한 자긍심을 갖게 하여 작업능률의 향상으로 이어지고, 그 결과 생산성과 품질이 향상되어 장기적으로 이익을 극대화되는 결과로 나타나게 된다.

2. 기업윤리교육의 목적

기업윤리강령이 제정이 되어 발표되면 윤리 프로그램을 실천하기 위한 경영계획이 수립되고, 기업윤리강령에 대한 구체적인 내용에 대한 사내교육이 기업윤리 프로그램의 성공적인 실천에 가장 큰 역할을 하게 된다.

기업윤리교육을 시행할 때에는 교육의 목표를 분명히 해야 한다. 기업윤리 교육의 목표는 급변하고 있는 글로벌 경쟁사회에서 기업의 역할이나 경영자 및 관리책임자들에게 필요한 교육의 내용으로 이루어져야 한다.

Gandz & Hayes(1988)는 기업윤리교육의 목표를 다음과 같이 제시했다. 기업윤리교육의 목표는 "기업 활동에 있어서 윤리적 요인을 인식하고, 윤리적 요인을 규정하고, 분석의 개념적 틀을 정하고, 그것을 기업 활동에 적용하는 것"이라고 정의하였다.

Parmental(1989)은 기업윤리교육의 목표에 대해 윤리적 문제를 인식시키고, 도덕적 생각을 자극하고, 도덕적 의무를 느끼게 하고, 윤리문제 해석에서 모호하거나 의견이 다를 수 있는 점을 축소시키는 것이라고 하였다. 따라서 기업윤리교육의 목표를 다음과 같이 재정립한다.

첫째, 기업 활동에서 주어지는 의사결정에서 윤리적 문제가 있는지를 파악하고,

둘째, 기업의 장기적 사명을 달성하는데 윤리적 문제가 대두될 수 있는지를 분석하고,

셋째, 윤리적 문제가 대두될 시 기업의 경영의사결정에 조정 및 통합을 유도할 수 있는 능력을 함양시키는 것으로 한다.

정원규(2007)는 기업윤리 교육의 총괄 목표를 다음과 같이 제시하고 있다. 기업 활동과 관련된 윤리적 쟁점을 이해하고, 기업에 대한 사회의 요구에 능동적으로 대처하며, 윤리적 리더십을 발휘하여 윤리 경영의 원칙을 올바로 적용할 수 있는 능력을 지닌 경영자를 양성한다. 기업윤리교육의 부분목표로 CSR(Corporate Social Responsibility, 사회적 책임)과 윤리적 리더십에 대한 교육이 필요하다는 것이다.

기업윤리교육프로그램은 교육대상자의 계층에 따라서 그 목적과 내용 및 교육방법이 다르다. 일반적인 기업윤리교육의 목적은 다음과 같다.

가. 기업생존을 위한 기업윤리의 필요성 인식

오늘날 국내·외 경영환경은 기업의 기업윤리수준의 향상을 요구하고 있다. 전임직원의 기업윤리행동의 실천은 기업의 사회적 책임이기도 하지만 21세기 기업의 경쟁력이라는 인식하에 준비하고 교육이 이루어져야 한다.

나. 경영의사 결정시 윤리적 판단기준 제공

회사의 윤리강령과 종업원행동준칙에 비추어서 어떤 것이 회사에서 규정한 윤리문제에 해당하는가를 판단할 수 있도록 교육이 이루어져야 한다. 예를 들면, 국내에서는 법적으로 현재 불법이 되지만 후진국에서는 합법적으로 제품을 수출해도 무방한지, 경쟁 입찰을 할 때에 경쟁업체의 입찰 서류를 우연히 보게 되었을 경우 현장에서 어떻게 행동해야 되는지 판단기준을 교육을 통해 제시해 준다.

다. 윤리적 문제에 대한 대처방법 제시

직무관련 행위 중에 돌발적으로 윤리적인 문제가 발생했을 경우의 대처방법에 대한 교육이 이루어진다. 예를 들면, 제품을 제조할 때 규격에 맞지 않는 부품을 사용하여 제품을 제작하여 납품했을 때 어떻게 해야 되는지 등의 문제에 대하여 회사의 윤리강령에 비추어 대응해야할 방법을 교육한다.

라. 윤리적 분석능력을 실제 조직생활에 응용할 수 있도록 교육

윤리교육을 통하여 평소 현장에서 윤리적인 문제에 부딪쳤을 때 어떻게 행동하는 것이 바람직한 것인가를 분석할 수 있는 능력을 교육을 통해 학습하여 실제 조직생활에 여러 다양한 사건들이 발생할 때 학습한 교육 내용을 토대로 의사결정을 하도록 하는 것이다.

마. 윤리의식 고취와 윤리적 분석능력의 향상을 위한 교육

기업윤리교육을 통해서 조직생활에 있어 오늘날 그 어떤 것보다 윤리적 행동이 요구되고 있다는 것을 전 임직원들에게 윤리의식을 고취하도록 해야 한다. 윤리교육을 통해 임직원들이 의사결정을 할 때 도덕적 가치와 사회적 책임을 고려하여 결정을 내릴 수 있도록 역량을 향상시켜주어야 한다.

제2절 각국의 기업윤리교육

1. 한국의 기업윤리교육

1990년대는 우리나라의 경영학 교육에 있어서 기업윤리 교육의 전환점이 이루어진 시대였다. 1990년대 이전에도 몇몇 대학에서 선도적으로 기업윤리 관련과목을 개설하여 교육이 이루어지고 있었는데, 많은 대학으로 확산되기 시작한 계기는 한국 경영학회가 1991년 '기업윤리와 경영교육'이라는 주제로 추계 학술대회를 개최한 것이 계기가 되었다. 추계 학술대회 직후인 1991년에는 40개 대학(10개 국립대, 30개 사립대)을 대상으로 조사된 자료에 의하면 8개 대학(전공과목 기준)이 기업윤리 관련과목(기업윤리, 기업과 사회 등)을 개설하고 있는 것으로 나타났다. 그리고 '기업윤리'로 개설한 대학은 1개 대학에 불과 했으며 6개 대학이 '기업과 사회'나 '경영과 사회'로 개설하고 있었고 모든 대학이 전공 선택으로 개설하고 있었다.

기업윤리 교육에 대한 조사가 처음으로 이루어진 3년 후인 1994년에 30개 대학(10개 국립대, 20개 사립대)을 대상으로 조사된 자료에 의하면 11개 대학(전공과목 기준)이 기업윤리 관련과목을 개설하고 있었다. '기업윤리'로 개설한 대학은 3개 대학으로 증가했으며 '기업과 사회'로 개설한 대학은 11개 대학이었다. 그리고 전공필수로 개설한 대학이 1개 대학이었으며 나머지 모든 대학이 전공 선택으로 개설하고 있었다. 3년 동안에 걸쳐 개설비율이 증가(20%→37%)하고 있었으며, 과목명도 '기업윤리'로 바뀌는 경향을 보이고 있고 전공필수과목으로 개설한 대학도 생겼다. 1994년 3월의 기업윤리교육의 조사연구 이후, 위에서 살펴본 바와 같이 사회적으로 큰 충격을 준 대형사건 및 사고가 빈발하였고, 이들 사건들이 기업윤리와 밀접한 관련을 가졌던 만큼 사회적으로 기업윤리에 대한 관심이 커졌을 것으로 생각된다. 그리고 이시기에 발생한 비윤리적 기업들의 대형 사건들은 경영학 교육에서도 경영학교수들의 기업윤리의 교육에 대한 관심과 기업윤리 관련 과목의 개설에 긍정적으로 영향을 미쳤다. 또한 1997년부터 시작된 학부제와 계열화, 그리고 복수 전공제도는 경영학 교과 과정에 큰 영향을 미쳤다. 학부제와 계열화는 전공필수를 줄이는 방향으로 가고 있고, 복수 전공제도는 전공과목을 축소하게 되는 계기가 되었다. 더군다나 경영학 학과장들은 학부제와 계열화가 시행되기 이전에 이미 기업윤리 관련과목 개설의 큰 장애요인으로서 '경영학 교과목에서 우선순위가 낮은' 것을 들고 있는바, 학부제와 계열화가 시행되고 있는 지금 기업윤리 관련과목의 개설은 더욱 어려움을 겪을 것으로 생각된다.

우리나라의 기업윤리에 대한 교육에 대한 체계적 연구는 1991년 10개 국립 대학교와 30개 사립 대학교를 대상으로 기업윤리 교육의 실태를 조사 연구한 '기업윤리의 교육에 관한 연구(Ⅰ)'이 있으며(한기수, 1992), 1994년에 주요 10개 국립대와 주요 20개 사립대를 대상으로 기업윤리 교육의 실태를 조사 연구한 '기업윤리의 교육에 관한 연구(Ⅱ)'가 있다(한기수, 1994). 그리고 기업윤리 교육의 효과를 연구한 '한국에서의 기업윤리 교육의 효과'(이종영, 1997)가 있다.

연세대학교 경영연구소는 1997년 5월 "기업윤리의 교육"에 대한 심포지움을 열고 그때 발표된 논문을 '연세경영연구' '기업윤리 특집호'로 발간하였다. 이 심포지움에서 발표된 기업윤리의 교육과 관련된 논문은 기업윤리 교육의 기본과제와 방향을 다룬 '한국 기업윤리의 과제와 방향'(신유근, 1997), 기업윤리의 교과과정, 교육내용 및 교육방법을 논하면서 학부의 기업윤리교육의 실태뿐만 아니라 일반대학원과 경영대학원의 기업윤리 교육의 실태도 다루고 있는 '기업윤리의 교과과정, 교육내용 및 교육방법에 관한 연구'(한기수, 1997), 연세대학교의 '기업윤리' 교육사례를 다룬 '경영학과에서의 기업윤리 교육사례'(주인기, 1997), 기업윤리의 교육과정과 교과과정을 다룬 '기업윤리의 교육과정'(양창삼, 1997), 기업윤리의 교육내용을 조직의 관점의 변화와 함께 다룬'기업윤리의 교육내용'(문형구,1997)이 있다. 그리고 기업윤리 교육의 방향과 관련해서는 기업윤리교육의 새로운 접근방법을 시도한 '기업윤리는 교육될 수 있는가? : 기업윤리 교육의 새로운 모델'(박헌준, 1998)이 있으며 1999년도 기업윤리학회하계 학술세미나에서 발표된 '한국 기업윤리 교육의 방향'(안길상, 1999)이 있다. 이처럼 많은 대학에서 기업윤리 교육에 관심을 가지고 전공과목으로 편입시켜서 교육하고 있다.

특히 오늘날 기업윤리교육은 기업현장에서도 전 임직원 및 고객, 거래처를 대상으로 현장교육, 사이버교육, 워크숍 등 다양한 방법으로 이루어진다. 윤리교육의 실행은 윤리교육 계획을 수립하고, 내용을 개발하며, 효과를 측정하고 개선활동을 하는 과정을 거치게 된다.

최근에는 기업체 임직원들을 대상으로 기업윤리교육을 시행하는 전문 교육업체들이 많이 생겨났다. 기업교육전문기관인 교육컨설팅 그룹 울림, 재미있는 교육컨설팅, 어울림 교육개발원 등에서 전문 강사들이 기업의 임직원을 대상으로 기업윤리교육을 하고 있다.

2. 미국의 기업윤리교육

1953년에 보웬(Bowen)은 "기업인의 사회적 책임(*Social Responsibility of the Businessman*)"이라는 책을 발간하였다. 그는 이 책에서 사회가 기업인들에게 기대하는 책임이란 무엇인가를 묻고 기업인의 사회적 책임에 대해 정의를 내렸다. 그는 사회적 책임이란 우리 사회의 목표와 가치에 부합되는 정책들과 의사결정에 따라야 하는 기업인의 의무라고 하였다.

이 책의 영향을 받아 1957년에 카네기 회사와 포드재단에서 미국의 경영학교육에 대해 각각 주요한 보고서를 발행하였다. 두 보고서는 당시의 경영학교육에 대해 대단히 비판적이었을 뿐만 아니라, 경영학과 학생들이 점점 복잡해지는 기업과 사회의 관계에 대해 민감하도록 함으로써, 바람직한 윤리적 가치와 기꺼이 사회적 책임을 감당하는 경영자를 양성할 것을 제안하였다

Baumhart(1961)는 "기업가는 얼마나 윤리적인가?"라는 논문을 발표했는데 이 논문은 1,700여 명의 경영자들로부터 직접 응답받아 윤리문제를 다룬 최초의 논문이었다. 1960년대에 철학교수들은 '기업윤리'를 응용윤리의 특정분야로 취급하였으나 경영학 교수들은 '기업과 사회'에서 기업을 둘러싼 환경을 다루는 경향을 보였다. 이 분야의 개척자는 UCLA의 George Steiner였으며, 그는 수년간 실험 후에 1962년에 윤리와 경영의사결정간의 상호관계를 강조하는 '기업과 사회'를 개설하였다.

미국의 대학원 중 56.3%가 기업윤리 관련과목을 개설하고 있으며, 58.2%가 대학원에 기업윤리 관련 과목을 필수과목으로 개설하고 있었다. 개설과목 이름은 '기업과 사회'가 가장 많았으며(25.5%), 그 다음은 '기업 환경론'(17.3%)이었고, '기업윤리(4.1%)' 등이 있다.

기업윤리 관련과목이 개설되어 있는 경우, 필수과목으로 개설된 대학원은 53.7%(사립대학 57.1%,공립대학 50.0%), 선택과목으로 개설된 대학원은46.3%(사립대학 42.9%, 공립대학 50.0%)이었다. 그리고 경영학부문에서 개설한 대학의 비율이 74%이며 철학 또는 종교부문에서 개설한 비율이 26%이었다.

Harvard 대학과 Wharton School은 1987년을 전후하여 기업윤리 교육을 단일과목에

서 모든 경영학 과목에 통합시키는 교과과정을 시작하였다. 기업윤리는 별도의 선택과목으로가 아니라 주요 MBA 교과과정에 통합되어야 하며 각 기능분야의 교수는 해당과목에서 기업윤리의 내용을 적극적으로 포함시켜 교육하고 있다.

제3절 기업윤리교육의 내용

1. 계층별 기업윤리교육

기업윤리 교육은 경영진을 포함한 종업원 전체를 대상으로 실시되어야 한다. 그러나 직무에 따라서 윤리교육의 내용이 다르게 진행되어야 한다. 직위에 따라 신입사원, 평사원, 중간관리자, 지사장, 임원진으로 나누어서 실시하는 것이 바람직하다.

신입사원과 평사원에게는 직장인으로서의 자세 등 기본소양을 갖추는 데 도움이 되는 방향으로 내용을 정해야 하며, 관리층에게는 업무와 직접적으로 관련이 있는 법률, 회계 분야 등 전문분야의 교육이 이루어져야 한다. 기업윤리교육의 내용은 조직구성원 모두에게 공통적으로 실시되어야 한다.

각 종업원의 직위에 따라서 주요 의사결정 내용이 달라지는데 직위에 따라서 윤리문제도 달라진다. 한국기업윤리학회(2000)가 표준으로 제시하고 있는 각 계층별 요구되

표 5-1 계층별 기업윤리교육 내용

계층 \ 내용	직장인의 자세	기업윤리	법률상식	경영 관련 법규
임원	–	▲ ▲ ▲	▲ ▲ ▲	▲ ▲ ▲
부장·지사장	–	▲ ▲ ▲	▲ ▲ ▲	▲ ▲ ▲
관리직사원	▲	▲ ▲ ▲	▲ ▲ ▲	▲ ▲
중간직사원	▲ ▲	▲ ▲ ▲	▲ ▲	–
신입사원	▲ ▲ ▲	▲ ▲ ▲	–	–

주: ▲▲▲(매우 중요) ▲▲(중요) ▲(보통) –(해당 없음)
자료: 한국기업윤리학회·전경연, 기업윤리 실천 매뉴얼, 2000, p.59.

는 기업윤리 교육내용을 정리해 보면 <표 5−2>와 같다.

표 5-2 계층별 기업윤리교육 내용

대상	교육 내용	교육이수 시간	교육 기간
경영관리층 ‣ 경영자 ‣ 관리자	• 부패와 기업윤리 • 국제환경과 윤리라운드 • 경영투명성과 Good Company • 21세기 경영관리자의 자격과 조건 • 사회적 책임과 기업성장의 좌표	2시간 4시간 4시간 4시간 2시간	연1회 (16시간)
기술자, 기술공 등 관련자 계층	• 국제경제환경과 윤리라운드 • 기업과 윤리 • 기술혁신과 경영투명성 • 21세기 기술인의 자세 • 기술개발과 국제경쟁력 • 21세기 신기술의 전망	4시간 4시간 2시간 2시간 2시간 2시간	연1회 (16시간)
종업원, 기능공 등 전직원	• 기업과 윤리 • 국제경제환경과 윤리라운드 • 21세기 신직업인의 조건 • 노사관계와 기업윤리 • 근로생활의 보람(QWL) • 21세기 기업윤리와 경쟁력 원천	4시간 4시간 2시간 4시간 2시간 4시간	연2회 (20시간)
신입사원	• 기업과 윤리 • 국제경제환경과 윤리라운드 • 21세기 직업윤리와 직장인의 자세 • 노사관계와 경쟁력의 원천 • 21세기 관리자의 자격과 조건 • 사회적 책임과 신인도 향상	4시간 4시간 2시간 4시간 4시간 2시간	입사 초기 (20시간)
계열사 관리자 계층	• 기업과 윤리 • 국제경제환경과 윤리라운드 • 경영투명성과 Good Company • 21세기 관리자의 자격과 조건 • 사회적 책임론	4시간 4시간 4시간 2시간 2시간	연1회 (16시간)

주: • 시간 수는 자유로이 조절 가능
• 기업윤리과목 영역 세분화 교육 가능

자료: 한국기업윤리학회·전경연, 기업윤리 실천 매뉴얼, 2000, p.73 재수정.

2. 영역별 기업윤리교육

조직 내 직무영역별로 요구되는 기업윤리의 내용은 다르다. 따라서 기업윤리교육 담당자는 직무영역별 기업윤리교육프로그램을 개발해야 한다. 한국기업윤리학회(2000)가 표준으로 제시하고 있는 직무내용에 따라 전문영역 과목 이수 내용을 보면 <표 5-3>과 같다.

표 5-3 직무영역별 기업윤리 교육내용

교육 내용	교육 대상자	교육 시간
생산관리윤리	생산관리자, 기술자, 기술공, 기능공 등	1회, 5시간
마케팅윤리	마케팅, 시장조사 및 광고 등 영업직 전직원	1회, 5시간
금융재무관리윤리	금융·재무·은행·보험관련 전직원	1회, 5시간
세무·회계윤리	세무·회계·재무관련 전직원	1회, 5시간
인사·조직윤리	인사·총무·노조근로자 전직원	1회, 5시간
국제경영윤리	무역·수출업 등 국제경영 담당자	1회, 5시간
경영정보관리윤리	컴퓨터·전산 및 정보통신 업무 관련 전직원	1회, 5시간
무역윤리	수입·수출업무 관련 전직원	1회, 5시간
환경친화윤리	산업공해(폐수, 진동, 분진, 매연 등) 관련 전직원	1회, 5시간
다국적기업윤리	외국투자, 외국파견, 현지법인, 수출입상사, 금융 등 관련 전직원	1회, 5시간

주: • 시간 수는 자유로이 조절 가능
• 기업윤리과목 영역 세분화 교육 가능.
자료: 한국기업윤리학회·전경연, 기업윤리 실천 매뉴얼, 2000, p.71 재수정.

3. 특수기업윤리교육

특수기업윤리교육은 기업 내부에서 윤리적 문제로 견책을 받았거나 탈세, 접대 및 뇌물, 지적소유권 침해, 환경파괴 등 윤리적 결격사항이 있는 임직원을 대상으로 하는 윤리교육프로그램이다. 이들 대상자들에게는 기업윤리를 준수하는 것이 개인적으로나

표 5-4 특수기업윤리교육 내용

교육 내용	교육 시간
• 기업과 윤리	3시간
• 직업윤리	3시간
• ER(Ethic Round)와 경쟁력	3시간
• 투명경영과 경영자 태도	3시간
• 정도경영과 윤리	3시간
• 경영혁신과 윤리	3시간
• 비윤리적 행위의 손실사례	3시간
• 우수기업의 윤리사례	3시간
• 경제정의 실현	3시간
• 21세기 경영관리자의 자격과 조건	3시간
	총 30시간

기업의 이익에도 유리하다는 것을 심어주는 교육의 내용이 되어야 한다. 구체적으로 주요 교육의 내용은 <표 5-4>와 같다.

4. 공기업 윤리교육

공기업은 일반 사기업과 달리 국가의 경제정책, 사회정책, 재정정책 등을 목적으로 국가 또는 지방자치단체가 출자해서 설립되었다. 따라서 공기업에 적합한 윤리교육프로그램을 개발하여 윤리교육이 이루어져야 한다. 특히 공기업은 사기업에 비해 필요 이상의 시설장비나 원자재 구입, 관료주의, 방만한 경영 등에 대한 도덕적 해이에서 오는 문제점들을 해결할 수 있는 기업윤리교육이 되도록 프로그램을 개발해야 한다.

표 5-5 공기업 기업윤리교육 내용

교육 내용	교육 시간
• 공기업의 사회적 책임론	3시간
• 정부규제의 투명화	3시간
• 공공부분의 노사관계 개혁	3시간
• 공기업의 국가기여도 분석	3시간
• 각국 공기업의 경영윤리 비교	3시간
• 공기업의 경영혁신 및 경영투명성	3시간
• 공기업의 부패척결 및 신인도 제고	3시간
• 21세기 공기업 윤리와 경쟁력	3시간
	총 24시간

5. 중소기업 윤리교육

중소기업은 대기업에 비해 사회적 책임이나 윤리에 대해서는 상대적으로 관심을 두지 않은 것이 사실이다. 그러나 오늘날 무한경쟁시대가 도래하면서 치열한 국내외 기술경쟁력의 심화, 날로 증가하고 있는 벤처기업은 국가경제에 차지하는 영향력이 갈수

표 5-6 중소기업 기업윤리교육 내용

교육 내용	교육 시간
• 기업과 윤리	3시간
• 금융환경의 변화 및 기술혁신	3시간
• 노사관계와 기업윤리	3시간
• 중소기업의 사회적 책임론	3시간
• 중견기업에의 재도전	3시간
• 산업재해 예방	3시간
• 중소기업의 부패 척결	3시간
• 21세기 중소기업 위상과 기업윤리	3시간
	총 24시간

록 커지고 있다. 실제로 중소기업은 대기업에 비해 경영환경과 의사결정에 있어서 직면하는 윤리적 문제는 많은 차이가 있다. 따라서 중소기업에 적합한 기업윤리교육이 될 수 있도록 교육프로그램이 개발되어야 한다.

6. 대기업의 기업윤리교육

우리나라 대기업이 국가경제에서 차지하는 비중은 막강하다. 산업화 초기 단계에서는 국가의 전폭적인 지원을 바탕으로 세계시장으로 진출하였다. 이 과정에서 많은 부분들이 비윤리적 행위 들이 일정 부분 덮혀지고 수면으로 드러나지 않는 가운데 기업은 성장을 할 수 있었다. 그러나 글로벌 경영환경은 더 이상 과거 방식으로는 국제사회에서 발붙일 수가 없게 되었다. 국내법과 국제법을 준수하고 공공의 이익을 창출해 나가면서 기업의 이윤을 창출할 수 있는 전략이 필요하게 되었다. 이에 걸 맞는 기업윤리교육의 프로그램을 개발하여 윤리교육이 이루어져야 한다. 대기업의 기업윤리교육 프로그램을 살펴보면 <표 5-7>과 같다.

표 5-7 대기업 기업윤리교육 내용

교육 내용	교육 시간
• 기업과 윤리	3시간
• 기업환경 변화와 윤리라운드	3시간
• 기업의 소유지배구조와 기업윤리문제	3시간
• 투명경영과 고객만족	3시간
• 근로자의 직업윤리와 노사관계	3시간
• 대기업의 사회적 책임론	3시간
• 우수기업의 경영윤리 사례	3시간
• 공정거래위원회의 정책 방향	3시간
• 대·중소기업 간의 협력	3시간
• 21세기 경영혁신과 기업윤리	3시간
	총 30시간

제4절 기업윤리교육의 방법

기업윤리교육의 방법은 다양하다. 문경옥(2006)은 기업윤리교육을 실시하기 위해서 다양한 교육매체를 활용함으로써 교육의 효과를 극대화할 수 있다고 주장했다.

1. 기업윤리교재

기업윤리교육의 방법으로 가장 간단하고 쉽게 할 수 있는 방법이 윤리교육교재를 활용하여 기업윤리에 관한 지식을 가르치는 것이다. 교재 이외에도 다양한 교육 도구들이 기업윤리 교육에 같이 활용될 수 있다. 교재는 학습자의 직위, 직무 등에 따라서 교과과정 및 교과수준이 다양하게 적용되어야 한다.

기업윤리교재는 특정 직업이나 기능분야에서 해당 전문기관이 제정한 각종 윤리 헌장이나 행위규정들을 담고 있어야 하며 그와 관련된 내용들이 교육의 시발점이 되어야 한다. 여기서 교육자는 학습자들이 윤리규정의 타당성을 내재화하고 대안들의 비판적인 분석능력을 가질 수 있도록 강의가 이루어져야 한다.

교재 각 장 말미에 실제 현장에서 부딪히는 여러 가지 윤리적 딜레마에 대한 예시를 제시하고 그와 관련한 질의와 토의는 비록 고정된 정답이 없다고 해도 여러 해결책들을 제안하는 과정을 통해 윤리적 사고를 촉진하고 윤리적 판단력을 각성시킨다. 즉 현실적인 기업 딜레마가 토의주제가 됨으로써 실제상황에 대한 주의집중과 흥미를 자극하게 되어 교육의 효과가 커지게 된다.

2. 시청각 매체

기업윤리 교육을 실시할 때 비디오·영화 등 시청각 매체를 사용함으로써 매우 교육의 효과를 극대화할 수 있다. 실제 기업가에 의해 해설되는 현실적 딜레마에 관한 많은 비디오들이 개발되어 있으며, 학습자들에게 장차 일상적 업무에서 일어날 수 있는 문제들을 사전에 볼 수 있어서 실제 그런 일이 부딪히게 되더라도 쉽게 헤쳐 나갈 수 있다.

교육으로 만들어진 비디오 등의 시청각 영상물들은 교육적이면서 학습자들에게 흥미를 유발시키고 관심을 집중시킬 수 있다. 기업윤리 문제를 다룬 TV 보도 내용들이 방송사에 의해 비디오테이프로 만들어져 기업윤리 강의에 활용되고 있다.

비디오를 기업윤리 교육에 활용하는 다른 방법은 학습자들을 그룹으로 묶어서 윤리적 주제의 과제물을 비디오 매체로 작성하여 제출하게 하는 방법이다. 이 방법은 학습자들의 윤리적 인식을 증가시키며 의사소통 기법을 개발하는 데도 도움이 된다.

3. 언론 기사의 인용

매일 매일 신문이나 인터넷의 기사 중에 기업윤리와 관련된 토의자료를 발견할 수 있으며, 그중에서 토의자료로 적합한 기사를 가지고 학습자들과 토론함으로써 실제적인 기업윤리의 중요성에 대해 실감할 수 있을 것이다. 특히 기업과 관련된 기사는 시사성도 있고 학습자들의 흥미를 끌 수 있다.

기사를 단순히 스크랩하여 강의시간에 토론용으로 사용하는 것도 좋지만 보도 내용들을 모아 사례로 만들어 사용할 수도 있다. 기사 사용의 장점은 경영 현장의 윤리적 주제를 다룸으로서 주제의 중요성과 적합성이 대단히 크고, 학습자들에게 발생한 사건의 모든 측면을 종합적으로 분석하는 기회를 주며, 간결하기 때문에 거의 한 문제에 집중하여 토의를 진행할 수 있다.

4. 사례연구

기업윤리교육은 단순한 이론을 전달하는 것이 아니라 윤리적 의사결정이 설정된 상황에서 교육이 이루어져야 효과가 높다. 사례연구 방법을 통한 교육 시 전체보다 소그룹으로 나뉘어 토론이 이루어질 때 효과가 높다. 전체로 해서 교육이 이루어질 때 어려운 과제에 답해야 할 책임을 서로 회피하려는 경향이 있지만, 소그룹의 경우에는 학습자들이 활발하게 서로의 생각을 교환하고 정리하게 됨으로써 높은 윤리교육의 효과를 거둘 수 있다.

사례연구 방법을 사용할 때 다음과 같은 여섯 단계를 밟는다.

① 사례에서 부각된 사실 요약

② 중요성의 순서로 영향 받는 모든 사람들 열거
③ 관련된 모든 사람들이 포함된 도덕적 문제들에 대한 명확한 진술 제시
④ 가능한 선택 안들과 그것들의 경영 및 윤리적인 결과를 열거
⑤ 문제해결에 경영방침을 수립하고 실행계획을 권고
⑥ 철학과 윤리학의 기술적 언어와 주장들을 사용한 실행계획에 대한 상세한 윤리적 정당화

제5절 기업윤리교육기법의 효과적 적용

1. 토론

토론에 의한 학습은 교사나 강의 담당자가 일방적으로 강의를 하거나 지식을 전수하는 식의 일방적인 학습내용의 전달이 아니다. 교수자와 학습자들 간의 일방적인 전달방식의 학습과는 대조가 되는 학습의 형태로서 적어도 교수자와 학습자 혹은 두 사람 이상의 학습자들이 문답과 대화 그리고 토의와 논쟁의 과정을 거치게 된다. 그러면서 새로운 지식이나 이론을 습득하거나 특정한 사상이나 논쟁점에 대한 의견 및 태도의 변화를 일으키고 좀 더 나아가서는 새로운 지식이나 이론을 바탕으로 한 보다 활동이라 할 수 있다.

토론 학습은 토론 참여자만이 아니라 토론을 듣는 학생들에게도 해당 주제의 의의에 대한 명료성을 심어주며 결국에는 학생 스스로 일정한 결론을 내리도록 유도하기 때문에 좀 더 생생하게 학습 효과를 불러일으킬 수 있다. 따라서 토론은 기업윤리 교육의 효과를 높이는 가장 좋은 방법이다. 토론을 통해 학습자들은 다양한 타인의 의견을 접할 수 있고 내면적으로 기업윤리의 중요성을 각인할 수 있다.

2. 그룹학습

그룹학습은 그룹토론, 그룹보고서 등과 같이 그룹이 더욱 강조되는 방식으로 운영될 수도 있고, 그룹 내 구성원들 간의 상호의존성을 인정하되 개인적 책임을 강조하는

방식으로 운영될 수도 있다. 그룹학습 방식은 함께 노력하는 팀의 협력 분위기를 만들 수 있고, 의사소통기법을 개발할 수 있으며, 그룹합의를 이끌어내는 경험을 갖게 할 수 있다. 그러나 이 방식은 구성원들의 성격이 충돌하고 조절될 수 없는 경우에 그룹학습 효과를 올리기 어렵고 최선을 다하고 공헌이 많은 구성원과 그렇지 않은 구성원 간에 평가의 차이를 두기 어려운 한계가 있다.

그룹학습은 윤리교육의 효과 이외에 그룹에 의한 의사결정 방식을 훈련받을 기회를 제공하는 부수적인 효과도 크다. 그룹학습은 토론, 사례, 비디오, 역할연기, 게임 등 다른 교육기법들과 결합하여 사용될 때 교육효과가 더욱 커질 수 있다.

3. 강의

강의는 지식이나 기능을 교사중심의 설명을 통해서 학습자에게 전달하고 이해시키는 교수법을 말한다. 따라서 교사중심의 학습법이기 때문에 학습자가 능동적으로 학습활동에 참여할 수 없고 또한 학습자로 하여금 주의집중 시키기 어렵다는 등의 비판을 듣고 있다. 하지만 강의법은 아직도 많은 사람들이 모일 수 있는 곳이면 어디에서든지 학습자를 가르칠 수 있는 효과적인 교수법으로 이용되고 있다. 특히 학교 현장에서 수업시간, 학생 수, 학습교재, 수업매체 등의 제약이 적고 더구나 교사가 많은 학생들을 지도할 수 있다는 장점 때문에 아직도 많이 사용하고 있다.

기업윤리 교육에 있어서 교재에 의한 강의는 이론을 소개하고 개념의 틀을 제시하는데 유용하다. 그런데 우리나라의 경우 최근에 4~5종의 기업윤리 교재가 출판되었지만 아직도 교재가 많이 부족한 실정이므로 우리나라의 문화와 상황을 토대로 한 기업윤리 교재가 더 많이 개발되어야 한다. 이를 위해 학교와 기업이 서로 협동하여 교재를 개발하거나, 통합적 교재의 개발이 될 수 있도록 관련기관의 협조가 필요하다.

4. 교화

교화(indoctrination)란 학습자들에게 어떤 신념체계에 타당성을 설득하기 위한 조직적인 시도이다. 그러나 현대사회가 도덕적으로 다양한 가치관을 가진 다원적인 사회이기 때문에 기업윤리 강의를 통해 어떤 특정한 가치를 주입하거나 다른 도덕적 전통이나 원칙을 부인하는 것은 도덕적 다원론을 위협하는 것으로 교화의 위험성을 보여준다.

기업윤리 교육의 목적은 윤리적 원칙과 자아의 인식에 대한 더 깊은 이해와 그 원칙들을 분석하기 위해 필요한 기법들을 개발하는 데 두어야 한다. 그러나 교화를 회피하기는 어려우며 가치중립적인 방법으로 가치를 논의하고 적용하는 것은 불가능하다. 다만 교화의 위험을 최소화하려면 위험이 어떤 경우에 생기는지를 알아야 한다.

교화에는 특정한 신념체계를 강요하는 엄한 교화와 비강제적 유도적인 방법으로 도덕적 가치관을 주입하는 부드러운 교화가 있다. 부드러운 교화의 위험을 최소화하는 방법은 교육자들이 학습자들에게 여러 방법이 상이한 도덕적 추론에 결과를 가져온다는 것을 알게 해야 하고, 가장 중요한 도덕적 주제가 무엇인지에 대해 다양한 견해를 접할 기회를 가지도록 하고, 특히 교육자 자신의 신념과 다른 신념을 접할 기회를 제공해야 한다. 따라서 교육자는 다양한 주제와 견해가 포함된 참고서적을 제시함으로써 학습자들이 서로 다른 관점을 접할 기회를 주어야하는 것이다.

5. 역할연기/경영게임

집합연구 기법 중 Role playing이라고 하는 역할연기는 실제상황이나 가상 상황을 연출하여 문제 해결 기술을 연습하고 습득수준과 활용 정도를 점검하는 훈련 기법이다.

역할연기란 어떤 역할에 대하여 자발적으로 자유롭게 실시하는 연습에 의한 체험 학습방법이다. 이 방법은 인간이 생활하는데 요구되는 여러 가지 사회적 행동을 이해하고 체득하여 좀 더 발전적으로 창조해 가는 과정이다.

기업윤리와 관련 사례를 몇 명의 학습자가 나머지 학습자들 앞에서 실제의 행동으로 연기하고 교수자가 학습자들에게 그 연기 내용을 비평 토론하도록 한 후 결론적인 설명을 하는 방법으로 교육이 이루어질 수 있다.

역할연기는 시간이 많이 걸리고 충분한 준비가 필요하지만 이해의 충돌에서 발생하는 윤리적 딜레마를 연기하게 함으로써 의식과 감정 및 행동의 변화에 영향을 줄 수 있다.

Brown은 역할연기가 학습자들의 의식을 깨우고 인식을 훈련시키는 수단으로서 유용할 뿐 아니라, 의사결정을 할 때 비판적인 생각을 자극하는 방법을 발견할 수 있게 한다고 주장한다. 사례가 역할연기의 배경으로 적용되는 경우가 많고, 또한 어떤 윤리

적 주제를 사용하여 서로 다른 입장을 바꾸어 갖게 하는 토론을 시키는 역할연기를 하는 방법도 있다.

경영게임은 교육생들이 모의 회사를 설립, 직접 시장변화에 따른 대응전략 모의경영활동 체험을 통해 자기역할과 사명, 주인의식, 소속감, 생산성 향상에 따른 팀워크와 일에 대한 자부심 등을 체득할 수 있다. 기업경영은 게임이 갖고 있는 많은 특징들을 가지기 때문에 게임 방법은 간접적으로 학습자들에게 경영 현장의 체험을 할 수 있게 한다. Wharton School은 필수과목 첫 시간에 직업윤리 게임을 통해 기업경영과 윤리를 인상적으로 연결시키고 있다.

6. 멘토링 제도

멘토(Mentor)라는 말의 기원은 그리스 신화에서 비롯된다. 고대 그리스의 이타이카 왕국의 왕인 오디세우스가 트로이 전쟁을 떠나면서 자신의 아들인 텔레마코스를 보살펴 달라고 한 친구에게 맡겼는데, 그 친구의 이름이 바로 멘토였다. 그는 오디세우스가 전쟁에서 돌아오기까지 텔레마코스의 친구, 선생님, 상담자, 때로는 아버지가 되어 그를 잘 돌보아 주었다. 그 후로 멘토라는 그의 이름은 지혜와 신뢰로 한 사람의 인생을 이끌어 주는 지도자라는 의미로 사용되었다고 한다. 이러한 의미의 멘토링은 현재 기업에서 활발히 사용되고 있는데, 멘토링은 현장 훈련을 통한 인재 육성 활동으로 정의할 수 있다. 즉, 회사나 업무에 대한 풍부한 경험과 전문 지식을 갖고 있는 사람이 1:1로 전담하여 구성원(멘티: Mentee)을 지도, 코치, 조언하면서 실력과 잠재력을 개발, 성장시키는 활동이라 할 수 있다. 최근에 많은 기업들이 도입하고 있는 후견인 제도가 바로 멘토링의 전형적인 사례이다. 이 제도 역시 신입사원들의 업무에 대한 신속한 적응을 유도하고 성장 잠재력을 개발시킨다는 면에서 볼 때, 그 기본 사상은 인재 육성에 있다 하겠다.

신입사원이 회사생활에서 윤리적 딜레마에 봉착할 경우 도움을 요청하고 조언을 구할 사람을 찾는 것이 쉬운 일은 아니다. 이런 경우에 멘토링 제도를 통해 경험 많은 선배의 조언을 통해 좀 더 윤리적인 결론을 내릴 수 있을 것이다. 어떻게 행동해야 기업윤리 헌장 및 임직원 행동준칙의 정신에 합치하는지, 행동준칙에 위반된다고 생각되는 일을 했을 경우에는 어떻게 처리해야 하는지, 주위에 행동준칙 위반으로 생각되는 일이 발생하였을 경우 어떻게 해야 하는지에 대해 조언 및 상담을 받을 수 있다. 따라서 멘토링 제도는 회사의 핵심 가치나 조직 문화를 강화·유지하는 데 기여할 수 있다. 멘토링은 공통의 문화적 가치나 회사가 기대하는 바를 구성원들의 마음속에 심어줌으로써, 공동체 의식과 회사에 대한 몰입을 강화시키는 효과가 있다. 한전의 경우 2004년 3월부터 입사 1년 이내의 신입사원을 대상으로 '신입사원 윤리 후견인 제도'를 시행하고 있다.

7. 사이버 교육

인터넷 기술발전에 따라 기업교육과 관련된 분야의 사이버 교육훈련에 대한 관심이 높아지고 있다. 사이버 교육훈련은 교육훈련 공간이 웹(web), 즉 인터넷, 인트라넷, 그룹웨어, 교육훈련 사이트 등 온라인을 통해 이루어지는 교육훈련을 말한다. 인터넷 발달로 구성원들의 교육훈련을 물리적, 지리적, 시간적 제약을 받지 않고 실시할 수 있게 되었다.

포춘지가 1,000대 기업에 대한 표본조사 결과 79%에 해당하는 기업들이 2001년까지 사이버 공간에 기반을 둔 교육훈련시스템을 갖출 것이라고 예측하고 있다. 21세기를 맞이하는 국내 기업교육의 새로운 변화의 한 가운데 사이버 교육이 있다는 점을 부인할 수는 없을 것이다. 사이버 교육은 비용의 절감차원에서 시작하여 향후 글로벌 기업으로의 변화과정에서 필수불가결한 기업연수의 한 가지 형태로 주목을 받고 있다.

따라서 기업윤리교육 역시 전사적인 사이버 교육의 도입이 필요할 것이다. 집합교육에는 시간적, 공간적 한계가 있기 때문에 지속적인 교육이 필요한 기업윤리교육의 경우는 사이버 교육을 적극 활용하여야 할 것이다.

현재 한전, 현대·기아자동차, 한화, 동부, 현대오일뱅크, 중소기업은행, 포스코 등의 기업이 사이버 윤리경영 과정을 개설하여 임직원들이 수료토록 조치하고 있다.

8. 봉사활동

지역사회 봉사프로그램은 리더십 책임을 양성하고 봉사습관을 개발하는 중요한 교육방법으로써 그 목적은 봉사를 통한 지역사회의 연결과 자신에 대한 재인식을 할 수 있는 좋은 기회가 된다. 대학은 학생들이 그들을 둘러싸고 있는 환경에 그들의 경험을 연결시키도록 가르침으로써 더 나은 교육을 시키며, 보다 큰 지역사회와 자신을 결합하게 된다.

경영학 과정에 지역봉사를 포함하는 것은 교육목적을 달성하면서 윤리적 심성을 개발하는 효과가 있다. 전 교과과정에 걸쳐 봉사－학습 기회를 제공하는 것은 전문지식을 봄과 마음으로 익히게 하는 중요한 내용이다.

동기부여와 봉사업적과 학문적 성과를 동시에 조장하는 기회를 찾고 개발하는 것은 큰 혜택과 동시에 도전이 된다. 봉사학습을 언제 어디서 수행하도록 인위적으로 경영교과과정에 통합하는가는 교실교육과 지역현장봉사의 간격을 연결하는 다리를 세우는 작업이다. 이러한 학습유형은 단순히 교과서 기술이나 교실 강의 또는 기업 사례나 컴퓨터 시뮬레이션 등등 보다 '실제 세계'에서 일어나는 비구조적이고 예측 불가능한 문제들과 봉착하게 되는 도전을 부여한다. 만약 어떤 교과가 지역사회의 요구에 부응하는 유용한 내용을 가지고 있다면 학생들은 이를 적용하면서 배운 지식을 실제로 몸에 익히면서 터득하게 된다. 그 교과로서는 회계, 마케팅, 사무, 재무, 경제학, 정보기술, 각종 방법 등등 어떤 분야에서라도 실무와 연결이 가능하다.

기업의 윤리교육에서도 봉사활동의 방법은 유효하다. 봉사활동을 통해 회사에 대한 자부심과 개인의 봉사의식을 높이는 계기를 마련할 수 있을 것이다. 대우 인터내셔널의 경우 자발적으로 조직된 봉사 동호회가 '서울시립 소년의 집' 방문 봉사활동 및 임직원이 기부한 생활용품으로 '아름다운 토요일' 행사를 개최하였고, 롯데쇼핑의 경우에는 1점 1산 가꾸기 캠페인을 전개하여 점별 1점 1산을 지정, 환경보호 활동을 전개하고, 자연보호활동을 통한 공익사회구현에 일익을 담당하고 있다. 풀무원의 경우에도 임원들로 구성된 봉사동아리를 운영하여 연 2회의 농촌 봉사활동을 전개하고 있으며, 향후 전체 직원들로 확대 시행할 예정이다.

제6절 윤리교육 프로그램의 개발

윤리경영 담당부서는 관련 부서와 협의하여 임직원 윤리교육에 대한 장단기 계획을 수립해야 한다. 모든 윤리교육은 윤리경영 추진전략에 따라 목적을 설정하여 효과적으로 달성할 수 있도록 계획해야 하며. 물론 기업의 규모나 업종, 상황에 맞는 설계하는 것이 중요하다.

1. 윤리적 의사결정을 위한 교육 프로그램

기업윤리 교육 프로그램 중에서 윤리적 의사결정을 위한 교육이 필요하다. 윤리적 의사 결정에 관한 교육은 윤리적 딜레마 상황하에서 윤리결정 모델을 이용하는 사고(思考)훈련으로 올바른 결정을 하는 데 도움이 된다.

표 5-8 윤리적 의사결정을 위한 교육 프로그램

주제	교육 내용
윤리경영이란?	윤리경영의 개념 및 필요성
윤리경영과 기업의 이익 및 효과성	기업의 내·외부적 효과
윤리경영사례	윤리경영 실패사례
	윤리경영을 통한 위기극복 사례
윤리경영의 실천	윤리강령/실천지침 해설
	윤리적 딜레마와 의사결정과정
윤리경영시스템	윤리경영시스템 소개
	윤리경영시스템 구축 사례
윤리경영 현황	윤리경영 현황 분석 및 추진전략
윤리경영 정착을 위하여	윤리경영 정착을 위한 제언

자료: 국민권익위원회, 기업윤리브리프스.

2. 업무부서별 교육 프로그램

기업윤리 교육 프로그램 중에서 업무부서별 윤리교육이 필요하다. 한 기업 내에서도 각자 맡고 있는 부서별로 요구되는 윤리경영의 내용이 각각 달라지므로 교육 프로그램도 그에 맞게 개발되어 교육이 이루어져야 한다.

표 5-9 업무부서별 교육 프로그램

업무부서	교육 내용
인사부서	채용, 승진 등의 인적관리 관련 윤리적 의사결정 함양 교육
재무부서	정당한 재무거래, 회계절차, 감사절차, 재무관리 관련 윤리 교육
연구개발부서/제조부서	제품품질의 윤리적 의사결정 능력 함양
구매부서	뇌물, 과다청구, 입찰, 담합 등 관련 윤리 교육
마케팅부서	광고, 홍보, 영업 관련 윤리 교육

자료: 국민권익위원회, 기업윤리브리프스.

3. 직급별 윤리경영 교육 프로그램

기업윤리 교육 프로그램 중에서 직급별 윤리교육이 필요하다. 최근에 기업들이 도입하여 실시하는 '생애주기별 교육'이 이에 해당된다. 임직원의 직급에 따라서 주요 의사결정내용과 직면하게 되는 윤리문제도 다르다. 임직원의 직급에 따라 달라지는 의사결정의 중요도에 맞춰 적합한 교육을 받음으로써 해당 직위에 맞는 역할을 수행하는 데 도움이 된다.

표 5-10 직급별 윤리경영 교육 프로그램

직급	교육 내용	공동
경영관리자	부패, 윤리경영과 ISO37001	청탁금지법 개인정보보호법 내부신고 및 공익신고제도 성희롱 등의 법적의무교육
	경영투명성과 관리자의 윤리적 자질조건	
	윤리경영과 지속가능 경영	
	사회적 책임과 ISO26000	
중간관리자	윤리경영 관리자의 자질과 조건	
	노사화합의 기업윤리	
	사회적 책임과 지속가능 경영	
신입직원	기업윤리와 직장인의 자세	
	근로생활의 보람과 GWP	
	사회적 책임과 지속가능경영	

자료: 국민권익위원회, 기업윤리브리프스.

4. 이해관계자를 위한 교육 프로그램

기업윤리 교육 프로그램 중에서 이해관계자를 위한 교육프로그램이 필요하다. 제3자 리스크가 부각됨에 따라 공급업자, 판매업자, 유통업자, 경영 파트너 등의 다양한 이해관계자를 위한 교육프로그램을 수립하여 윤리경영을 보급, 확산하는 것도 중요하다.

표 5-11 이해관계자를 위한 교육 프로그램

이해관계자	교육 내용
협력사, 공급업자, 유통업자 등	청탁금지법
	미국의 뇌물방지법, ISO37001
	지속가능경영과 윤리경영

자료: 국민권익위원회, 기업윤리브리프스.

[사례] 한미약품 "제약강국 혁신은 윤리경영서 시작"

한미약품은 4월 1일로 제정된 '자율준수의 날'을 맞아 CP(공정거래 자율준수프로그램) 준수 의지를 밝히고, 윤리 경영의 의지를 다짐했다. 혁신의 시작은 바로 CP 준수에 두고 '제약강국을 향한 새로운 도전'을 선포한 2020년은 임직원 모두가 힘을 합해 윤리경영의 탄탄한 토대를 쌓아가는 원년으로 삼고 있다.

2007년 CP를 도입한 한미약품은 독립기구인 CP관리위원회를 출범시켜 효과적 준법감시 프로그램 운영 및 적용을 위해 노력해왔다. 정기적인 CP 교육 및 클린경영소식지(CP레터) 발간, 자율 공시 등을 통해 국내 제약업계의 CP 문화 선도에 앞장서고 있다. 제약업계 최초로 반부패경영시스템 국제표준(ISO37001) 인증을 획득했으며 공정거래위원회의 CP 등급 평가에서 6년 연속 AA 등급을 유지하고 있다.

CP란 기업이 공정거래 관련 법규를 스스로 지키기 위해 운영하는 준법시스템이다. 우종수·권세창 공동대표는 "코로나19 사태는 제약기업으로서 혁신이 어떤 지점을 향해야 하는지 깨닫게 하는 이정표"라며 "한미의 혁신은 탄탄한 윤리경영의 토대 위에 쌓아진 정직과 신의, 의료진과 환자들로부터 받는 신뢰에서 시작돼야 한다"고 말하고 "한미의 CP 준수 의지는 사업장과 직무, 지위를 막론하고 누구나 솔선수범해 지켜야 하는 우리의 실질적 행동지침으로 확고히 자리매김해야 한다"고 말했다.

한미약품은 대표이사의 CP 준수 메시지 선포와 함께 그룹사 전 임직원이 참여하는 'CP 준수 실천' 온라인 서약을 진행했다. 서약을 통해 그룹사 전 임직원은 투명한 업무수행, 관련 법령과 CP 규정 준수, 윤리경영 기업문화 조성 동참 등을 다짐했다.

우종수 사장은 "한미약품은 윤리경영을 최우선 가치로 두고 CP 문화 정착과 확산을 위해 다각적인 노력을 기울이고 있다"며 "경영진에서부터 직원 모두에 이르기까지 CP에 대한 확고한 의지를 토대로 제약강국을 향한 도전을 지속해 나가겠다"고 말했다.

한미약품은 전임직원 모두가 윤리경영의 실천을 통한 기업의 경쟁력을 재고시키고 나아가 새로운 혁신에 대한 강한 의지를 다짐함으로써 어려운 기업환경을 슬기롭게 극복해 나가길 기대하고 있다.

제 3 부

기업의 사회적 책임

제6장 기업의 사회적 책임에 대한 이해

제6장

기업의 사회적 책임에 대한 이해

제1절 기업의 사회적 책임에 대한 개념
제2절 기업의 사회적 책임에 대한 인식 변화
제3절 기업의 사회적 책임의 필요성
제4절 기업의 사회적 책임의 내용
제5절 경영자의 사회적 책임
제6절 기업의 사회적 책임에 대한 논쟁
제7절 기업의 사회적 책임에 대한 국제적 논의

[사례] 남양유업, 협력이익공유제

대리점 갑질 사태로 사회적 파문을 일으켰던 남양유업이 국내 최초로 대리점과의 협력이익공유제를 실시한다.

대리점 계약을 변경할 때에는 대리점들로부터 사전 서면동의를 받고, 수수료율을 업계 평균 이상으로 보장하는 등의 상생방안도 추진한다.

공정거래위원회는 이와 같은 내용을 담은 남양유업의 거래상 지위남용 잠정동의 의결안의 의견수렴절차를 개시한다고 발표했다.

남양유업은 대리점들에 지급하는 수수료율을 충분한 협의 없이 인하해 공정위의 심사를 받고 있었으며, 이에 2019년 11월부터 동의의결(공정위의 제재를 받는 대신 자발적 개선안을 제시하는 것) 절차가 진행 중이다.

동의의결안 가운데 가장 눈길을 끄는 것은 대리점업계 최초의 협력이익공유제다. 남양유업은 농협 위탁납품 거래에서 발생하는 영업이익의 5%를 농협 위탁납품 대리점들과 공유하고, 업황이 악화돼 영업이익이 20억원에 미달하는 경우에도 최소 1억원(20억원의 5%)을 협력이익으로 보장한다.

2013년 남양유업은 대리점에서 주문하지 않은 제품을 본사가 강제 할당하는 '밀어내기' 사건이 알려지면서 회사 이미지가 추락하고 매출이 급감하는 등 위기를 겪었다. 공정위 관계자는 "대리점 업계 최초인 동시에 동의의결안에 협력이익공유제가 포함된 최초 사례다. 남양유업 측이 위기 이후 상생 방안 마련에 적극적으로 나선 모습"이라고 평가했다.

특히 문제의 발단이 된 수수료율 관련 조항도 포함됐다. 남양유업은 일방적으로 수수료율을 인하하지 않고, 향후 수수료율을 조정할 때 외부 시장조사기관·신용평가기관에 조사를 맡기며 업계 평균 이상의 수준을 지급할 것을 약속했다. 또한 대리점 계약의 중요 조건을 변경할 때 남양유업 대표이사와 대리점 협의회 대표가 참석하는 '상생위원회'와 사전협의를 의무적으로 거치도록 했다.

남양유업은 대리점주의 부상·질병 발생 시 긴급생계자금을 무이자 지원할 계획이다. 또한 자녀 대학 장학금 지급, 자녀 및 손주 육아용품 제공, 장기운영대리점 포상 제도도 준비 중이다.

2020년 창립 56주년을 맞은 남양유업이 3월 13일 창립기념일 행사를 대신해 우한 코로나바이러스 감염증(코로나19) 피해 지원 활동을 실시했다. 남양유업은 아산시 우한 교민 격리

시설에 음료와 두유, 커피 등 후원 물품을 보내 교민들과 봉사자들을 지원했다. 코로나19 최전선에서 사투를 벌이는 대구 지역 의료진과 자원봉사단에는 생수 2만개를 제공했고, 무료 급식소 등 지원 시설이 중단돼 어려움을 겪는 대구·경북 지역 취약 독거노인들을 위해 두유와 음료수 10만 개를 후원했다. 또한 임직원 210명은 긴급 헌혈을 했고, 임직원들이 조성한 성금 2,000만원을 취약 계층과 독거노인들을 위해 기탁했다.

이광범 남양유업 대표는 "코로나19로 많은 분들이 어려움을 겪고 있는데 하루 빨리 상황이 나아졌으면 한다"며 "기업의 사회적 책임을 다하고 동행의 가치를 실천해 나가겠다"고 말했다.

제1절 기업의 사회적 책임에 대한 개념

기업윤리의 실천을 위해 전 구성원들에게 기업윤리교육이 필요한데 교육의 내용으로 기업의 사회적 책임에 대한 이해가 필요하다. 기업의 사회적 책임에 대한 관심은 20세기 중반부터 폭발적으로 증가하였다. 기존에 제시되고 있는 기업의 사회적 책임에 대한 교육과 관련된 내용을 소개하고자 한다.

기업의 사회적 책임(CSR: Corporate Social Responsibility)이란 기업의 이해 당사자들이 기업에 기대하고 요구하는 사회적 의무들을 충족시키기 위해 수행하는 활동으로, 기업이 자발적으로 사업 영역에서 이해관계자들의 사회적 그리고 환경적 관심사들을 분석하고 수용하여 기업의 경영 활동에 적극적으로 적용하는 과정을 통해 이해 당사자들과 지속적인 상호작용을 이루는 것이라고 정의할 수 있다.

CSR은 기업이 지속적으로 존속하기 위한 이윤 추구 활동 이외에 법령과 윤리를 준수하고, 기업의 이해 관계자 요구에 적절히 대응함으로써 사회에 긍정적 영향을 미치는 책임 있는 활동을 말한다.

윌리엄 워서(William Werther)와 데이비드 챈들러(David Chandler)는 기업의 사회적 책임은 '과정'인 동시에 '목표'라고 정의했다. 그들의 정의에 따르면, 기업의 사회적 책임은 "기업 전략의 통합적인 요소"로 기업이 시장에 제품 또는 서비스를 전달하는 방식인 동시에 '과정'이라는 것이다. 나아가 기업의 사회적 책임은 기업이 기업과 관련된 이해 당사자들의 관심사를 중요하게 고려하고 다룸으로써 사회에서 기업 활동의 정당성을 유지하는 하나의 방식이며 기업 운영의 '목표'라고 정의하고 있다.

워서와 챈들러가 기업의 사회적 책임을 기업이 제품이나 서비스를 소비자들에게 전달하는 과정인 동시에 사회에서 기업 활동의 정당성을 유지하기 위한 방안이며 목표라고 정의한 것은 기업 활동 과정에서 수행하는 모든 활동에 사회적인 책임을 중요한 기준으로 삼는 것이 기업의 성패에 중요한 영향을 미치기 때문이다.

기업이 경영 활동에 사회적인 책임을 반영하는 것은 순수하게 기업의 재정적인 이익뿐만 아니라 관련 이해 당사자들과 이들이 생활하는 사회조직에 긍정적인 영향을 미치게 된다. 따라서 기업의 사회적 책임을 수행하기 위해 사회와 기업 이해 당사자들의 광범위한 고려 사항들을 인식하고, 경영 활동이 그것들과 연관될 때 기업은 사회적 선(善)과 공공의 이익에 가장 잘 공헌할 수 있게 되는 것이다.

한편, 유럽연합(EU) 집행위원회는 기업의 사회적 책임에 대해 다음과 같이 정의하고 있다. 기업의 사회적 책임은 기업들이 자발적으로 그들의 사업 영역에서 이해관계자들의 사회적 그리고 환경적 관심사들을 수용해 적용함으로써 이해 당사자들과 지속적인 상호작용을 이루는 것이라고 정의했다. 즉, 유럽연합 집행위원회는 기업의 사회적 책임은 기업의 사업 관련 활동과 기업 이해 당사자들이 가지고 있는 관심사가 결합된 형태라고 정의하고 있는 것이다.

이 두 정의에서 알 수 있듯이 기업의 사회적 책임은 기업 경영 활동에 매우 유익한 전략 중 하나로 기업의 비전과 목표 설정 과정에 포함시켜 적극적으로 활용할 필요가 있다. 그런데 기업의 사회적 책임에 대한 계획과 활동은 해당 기업이 가지고 있는 비전과 목적에 부합되게 운영해야 하기 때문에 기업의 비전과 목적을 세우는 과정에서부터 기업의 사회적 책임에 대한 계획을 반드시 함께 고려하고 포함시켜야 한다. 즉, 기업의 사회적 책임은 기업의 목적이나 비전과 경쟁 관계에 있는 것이 아니라, 기업의 임무 수행을 위한 상호 보완적 관계라는 것이다.

오늘날 기업의 성장과 발전은 사회나 국가경제 발전과 경제 사회의 구조를 규정할 수 있을 만큼 대규모화되고 있다. 따라서 기업의 활동은 사회적으로 큰 영향을 미치고 있으며 이로 인해 기업의 사회적 위치가 커지고 그만큼 기업에게 요구하는 사회적 책임도 함께 커지게 되었다.

CSR은 각국의 경제·사회 상황이 서로 상이하고 각 기업마다 사회적 책임에 대한 인식 차이가 존재해 국제적으로 통일된 정의는 없다. 일반적으로 다음과 같은 4단계로 구분된다.

제1단계는 경제적인 책임으로 이윤 극대화와 고용창출 등이다. 제2단계는 법적인 책임으로 회계의 투명성, 성실한 세금 납부, 소비자의 권익 보호 등이다. 제3단계는 윤리적인 책임으로 환경 윤리 경영, 제품 안전, 여성·현지인·소수인종에 대한 공정한 대우 등을 말한다. 제4단계는 자선적인 책임으로 사회 공헌 활동 또는 교육·문화·체육 활동 등에 대한 기업의 지원을 의미한다.

제2절 기업의 사회적 책임에 대한 인식 변화

1. 시대별 인식변화

기업의 사회적 책임에 대한 사회의 인식은 19세기 초부터 지금에 이르기까지 많은 변화가 있었다. 기업의 목표가 산업화 초기와 지금과 다르듯이 많이 변화되었다. Carroll(1999)은 기업의 사회적 책임에 관한 인식, 개념, 정의 등이 년대별로 변화과정을 설명하고 있다.

가. 1950년대 이전의 사회적 책임

1900년대 초에는 기업 활동에 있어서 사회적 책임은 인식단계에 머물러 있었다. 기업의 영향력이 산업전반에 미치지 못한 수준에 머물러 있었기 때문이다. 그리고 이 당시에는 이해관계자 집단의 접근이 인식되지 못하는 가운데 기업은 여타 사회기관보다 상당한 이윤을 창출하여 남을 도울 수 있을 정도의 자원이 풍부하여 도움이 필요한 곳에 자선적인 지원을 하고 있었다.

카네기(Andrew Carnegie)

이 시대에는 사회전반에 기업이 재화를 생산하여 판매하고 소비자들은 기업에서 생산품 제품을 구매하여 소비했지만 그 결과 기업은 엄청난 이익을 얻었다. 미국의 경우 1800년대 후반 철도와 철강 부분에서 거대기업이 생겨나고 독점에 의한 폭리가 나타나자 사회적으로 거대 독과점 기업에 대한 적대감이 나타나게 되었다.

록펠러(J. D. Rockefeller)

카네기(Andrew Carnegie), 록펠러(J. D. Rockefeller) 같은 거대기업가들에 대한 대중의 적대감이 나타나기 시작했다. 이런 분위기 속에서 기업들은 정부와 여론을 의식하게 되고 정부의 개입이 있을 가봐 우려하기 시작했다. 거대기업들은 정부가 통제하지 않더라도 기업이 자율적으로 선행을 펼쳐나감으로써 이관계자들을 설득할 수 있음을 보여주고자 했다. 그래서 카네기는 기업이 추구한 부를 지역사회의 복지를 위해 사용하였고, 자선적 기부가 기업이 공공복리를 위한 최고의 방안으로 여겨 전국에 2,500여 개의 도서관 건물을 짓고 도서 기금을 헌금했다.

이 당시 기업의 사회적 책임 수행은 기업이 자선적 행동을 실천함으로써 자비로운 기업이라는 이미지를 심어주어 이로 인해 중앙 정부나 지방 정부로부터 지원을 받게 되었다.

1920년대에 들어서는 기업의 사회적 책임의식이 완전히 인식되지는 않았지만 기업의 경영자들은 자신의 역할에 대해 심도 깊게 생각하게 되는 시기이다. 그 결과 시간과 돈을 투자해서 비정부 민간 지역사회의 복지 프로그램에 적극적으로 참여하게 되는데 대표적으로 '사회구제기금운동(Community Chest Movement)'으로 나타났다.

1930년대에는 세계 대공황을 거치면서 자유주의 경제에 정부가 적극 개입하는 혼합경제시대로 접어들게 되었다. 경제 대공황을 극복하기 위해서 정부가 적극적 역할을 수행하게 되는데 대표적으로 기업의 사회적 책임으로 종업원 연금, 보험, 안전에 대한 관심, 의료보호, 퇴직급여 등이 시행되게 된다.

이 시대에는 기업은 주로 내부 활동에 전념하였는데 이는 정부가 기업에 대해 다양한 조치를 요구한 결과이며, 사회적 책임 개념이 확대되었기 때문이다.

나. 1950년대 사회적 책임

기업의 사회적 책임에 대한 인식이 1950년대부터 사회전반에 널리 확산되고 그 영역도 점차 확대되었다. 1950년대 이후 미국의 기업들은 사회적 책임에 대한 인식이 높아지고 도덕적 관심도 증대되었다. 이 시기부터 오늘날 의미하는 사회적 책임이 기업활동에서 시작되었다. 이전에는 기업과 직접적인 이해관계자인 주주만을 위한 경영을 했지만 이시기부터 고객, 지역사회, 거래처 등에 대한 관심이 점차 갖기 시작했다. 대표적인 예로 제품의 안선에 대해 관심을 가지게 되면서 안전한 제품설계, 과장 광고를 하지 않는다거나 종업원의 권리 존중, 고용평등, 환경보호, 윤리적 행동 등이 이 시기부터 산업전반에 일상화되기 시작했다.

다. 1960년대 사회적 책임

1960년대에 들어서면서 기업의 사회적 책임에 대해서 좀 더 구체적으로 표출되고 공식화되어 가는 경향이 나타났다.

데이비스(K. Davis, 1960)는 사회적 책임을 경영적 관점에서 보아야 한다고 주장했다. 기업의 의사결정은 사회적 책임을 다하는 관점에서 이루어져야 하며 그 결과 장기적으로는 기업에 경제적 이익을 가져다준다는 것이다. 그는 기업의 사회에 미치는 영향력과 사회에 대한 책임이 균형을 이루어야 한다는 관점을 가지고 있었다. 즉, 기업의 사회에 대한 책임은 기업이 사회에 미치는 영향력에 상응하는 정도가 되어야 한다는 것이다.

프레데릭(W. C. Frederick, 1960)은 생산의 경제적 수단은 생산과 분배가 사회의 총사회적, 경제적 복지를 높이도록 운용되어야 한다고 주장했다. 즉, 사회적 책임이란 결국 경제적 자원과 인적 자원을 개인이나 기업의 이익을 위하는 협의관점이 아니라 광의의 사회적 목적을 위해서 사용되어져야 한다고 주장했다.

맥과이어(J. W. McGuire, 1963)는 기업윤리와 기업시민의 개념을 제시하면서 기업의 사회적 책임 범주를 더욱 구체화시켰다. 그는 사회적 책임이란 기업이 경제적·법적 책임뿐만 아니라 이를 초월한 범위에서 사회에 대한 책임을 지는 것을 의미하는 것이라고 주장했다. 그 이후 그는 경제적·법적 책임을 초월한 사회에 대한 책임을 강조하면서 정치, 지역사회의 복지, 교육, 종업원 행복 등 사회 전체에 기업이 관심을 가지고 올바른 시민처럼 정당하게 행동을 다해야 한다고 강조했다.

월튼(C. C. Walton, 1967)은 현대 사회에서의 기업과 기업인의 역할을 제시하면서 사회적 책임이란 기업과 관계집단이 각자의 목표를 추구하면서도도 서로 밀접한 관련성을 갖는다는 사실을 최고경영자가 인식하는 것이라고 주장했다.

라. 1970년대 사회적 책임

1970년대 들어오면서 사회적 책임에 대해 대표적인 인물이 존슨(H. Johson, 1971)이다. 그는 기업의 사회적 책임에 관점을 다음과 같이 접근했다.

첫째, 사회적 책임을 행하는 기업은 경영자가 복잡한 이해관계자 사이에서 균형을 취하고자 하는 관습적 지혜(conventional wisdom)를 가지고 있다는 것이다. 즉, 기업의 주주들의 이익만을 위하는 것이 아니라 종업원, 공급자, 판매자, 지역사회, 국가 등을 고려한다는 것이다.

둘째, 사회적 책임이란 결국 기업이 이윤창출을 얻기 위한 사회적 프로그램을 실행하는 것이라고 보았다. 따라서 기업의 사회적 책임을 수행하는 것이 기업의 장기적 이윤을 극대화하는 것이라는 것이다.

셋째, 기업의 사회적 책임은 이윤 극대화라는 단일 목표의 추가가 아니라 다수의 목표를 달성함으로써 효용을 극대화한다는 것이다.

넷째, 기업의 사회적 책임을 적극적으로 실행에 옮기는 기업은 강한 이윤동기를 가지고 있다는 것이다. 즉 이윤 목표를 달성하게 되면 그 다음에는 사회적 책임 행동을 기업의 주요 목표인 것처럼 행동한다는 것이다.

스테이너(Steiner, 1971)는 사회적 책임의 내용으로 내부적 책임과 외부적 책임으로 구분하였다. 내부적 책임은 종업원 및 자원의 이용과 관련된 것으로 종업원의 채용과 훈련 작업조건, 자원의 효율적 이용 등이 포함된다.

외부적 책임은 사회와 문화에 대한 책임으로 사회 소외계층에 대한 원조, 문화, 예술에의 공헌, 시민의 기본적 권리 보호, 인간존재의 인지와 존중 기여 등이 해당된다.

홈즈(S. Holmes, 1974)는 기업의 사회적 이슈의 관여가 기업에 미치는 결과를 제시했다는 점에서 기업의 사회적 책임에 대한 연구의 지평을 넓혔다. 연구 결과 경영자로부터 기업의 사회적 관여로 얻을 수 있는 긍정적 내용과 부정적 내용을 조사한 결과 긍정적인 내용에 대한 응답이 더 많았다. 또한 기업의 사회적 책임 활동은 기업평판과 호감도를 높이는 것으로 나타났고, 사회경제적 시스템이 튼튼해진다는 것이다. 연구 결과로 보면 고객유치, 이윤증대, 투자자 유인과 같은 직접적인 효과는 크게 나타나지 않는 것으로 나타났다.

캐롤(A. B. Carroll, 1979)은 '기업수행의 3차원 개념 모델'을 제시하였다. 이 모델에 따르면 기업의 사회적 책임은 주어진 특정 시점에서 사회가 기업에 대하여 가지고 있는 경제적 이윤창출, 법률준수, 윤리적 책임, 재량적 책임 등의 네 가지의 책임을 가지고 있다고 본다. 즉 이윤창출과 더불어 당연히 각종 법률을 준수해야 하고, 설령 법에 저촉되지는 않더라도 윤리적인 책임은 져야 하며, 나아가 스스로 정한 재량적인 책임까지 모두 져야 한다는 것이다.

마. 1980년대 사회적 책임

1980년대에는 지금까지 사회적 책임에 대한 개념이 정형화되면서 사회적 책임에 대한 수행의 결과에 대한 실증적 연구가 활발히 진행되었다. 그리고 기업의 사회적 책임 이외의 기업의 사회적 반응, 사회적 성과, 기업윤리 등의 개념이 등장하게 되었다. 이런 현상은 기업의 사회적 책임에 대한 관심이 줄어든 것이 아니라 사회적 책임의 개념과 다른 개념, 모형 등에 관심이 증대되었기 때문이다.

존스(Jones, 1980)는 기업의 사회적 책임에 대해 두 가지 관점으로 접근했다. 첫째, 기업의 사회적 책임의 개념이 법이나 계약에 정해져 있는 내용이 아니라 자발적인 것이어야 하며, 그 범위가 주주의 이익에 그치는 것이 아니라 다양한 이해관계자에 대한 책임까지 확대되어야 한다는 것이다.

둘째, 기업의 사회적 책임을 과정으로 보았다. 즉 어떤 행위가 기업의 사회적 책임을 이행하는 것이고, 구체적인 의사결정이 사회적 책임을 다하는 것인가 그렇지 않는가에 대한 판단이 어렵다. 이런 점에서 기업의 사회적 책임은 기업행위의 결과가 아니라 과정으로 이해해야 한다고 주장했다.

피터 드러커(P. Drucker, 1984)는 기업 이윤과 기업의 사회적 책임의 수행은 서로 양립할 수 있다고 주장했다. 그는 기업이 성장·발전하기 위해서는 사회적 책임을 사업기회로 전환해야 한다고 주장하면서 구체적으로 기업의 적절한 사회적 책임 수행을 통한 사회적 문제해결이 기업의 경제적 이익창출, 생산능력 향상, 인적자원의 능력 배양, 부의 축적으로 이어진다고 주장했다.

바. 1990년대 사회적 책임

미국의 경제학자인 캐롤(B. A. Carrol, 1991)은 1979년에 발표한 기업의 사회적 책임에 관한 자신의 모형을 수정하였다. 기존의 경제적·법적·윤리적·재량적 책임으로 구분한 것을 재량적 책임을 자선적적 책임으로 변경하고 이들을 경제적 책임을 바탕으로 한 피라미드 모양으로 구축하였다. 피라미드 모양으로 재구축된 사회적 책임이 아래에서 위로 순차적으로 사회적 책임을 이행하라는 것이 아니라 네 가지 구분의 사회적 책임을 언제나 이행해야 한다.

경제적 책임은 기업이 상행위를 통해 이윤을 창출하는 것을 의미한다. 고용과 임금지급을 통해 시장경제체제를 유지해 나가야 한다. 이윤창출을 통해 주주들에게 이익을 배분해 주어야 한다. 부실경영으로 이윤이 창출하지 못하면 주주에 대한 사회적 책임을 다하지 못한 것이다. 법적 책임은 법률상(상법)에 규정된 범위 내에서 경영활동을 해야 한다. 실제로 많은 기업들이 준수해야 할 법규를 지키지 않거나 의도적으로 위반하는 경우가 자주 일어나고 있다. 이는 법적 책임을 다하지 못한 것이다.

윤리적 책임은 사회가 건강하게 발전할 수 있는 제품을 생산하고 기업이 속한 사

그림 6-1 CSR 피라미드

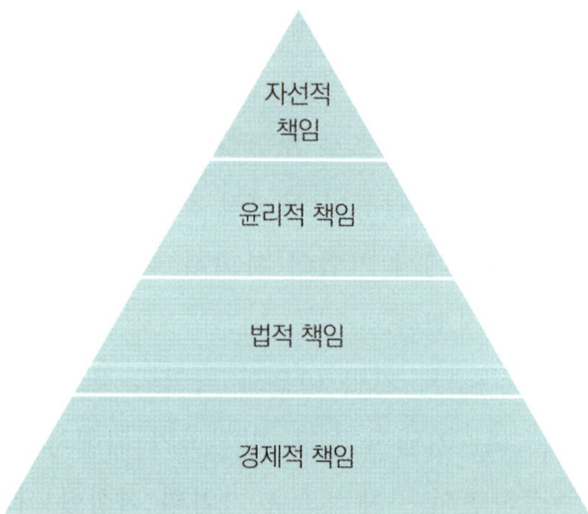

자료: A. B. Carroll, CSR Pyramid, 1991.

회와 문화권의 기대에 맞추어 기업을 운영하는 것이다. 임직원을 성별, 출신지역 등에 따라 차별하지 않고 적절한 근무여건을 제공해야 한다.

사회가 점점 고도화되어 감에 따라 법적인 책임이 아니었든 윤리적 영역이 노동법, 환경관련법 등 법적인 규제 영역으로 포함되어가고 있다. 최근에는 법적 책임과 윤리적 책임의 경계가 무너지고 있다.

자선적 책임은 기업의 자원과 이윤의 일정 부분을 사회 발전을 위해 무상으로 전달하는 행위로 기부, 임직원의 자원봉사활동, NGO지원활동 등 일반적으로 기업의 사회공헌 활동이라고 불리는 영역이다.

우드(D. J. Wood, 1991)는 기업의 사회적 성과 모형을 재조명하여 기업과 사회와의 관련성을 연구하는데 통합적 틀을 제시했다. 기업의 사회적 책임 수행과 사회적 반응이 기업에 미치는 영향을 분명히 했다.

사. 2000년대 이후의 사회적 책임

버클리 경영대학의 기업 윤리 분야의 교수인 보겔(D. Vogel, 2005)은 사회적 책임이라는 개념은 경영학뿐만 아니라 다양한 학문적 시각에서 접근되고 매우 광범위하게 쓰이고 있는데 아직 학자들 간에 일치된 정의가 내려진 것이 아니어서 혹자는 “움직이는 과녁 : moving target”이라고 주장했다. 이 말은 기업의 사회적 책임이라는 개념은 고정 불변하는 것이 아니라 시대나 특정한 사건을 거치면서 강조하는 내용이 달라진다는 의미이다.

최근 국제표준화기구에서는 기업의 사회적 책임에 대한 표준화 작업을 진행되고 있는데 이것이 바로 ISO26000의 주된 내용이기도 하다.

마이클 포터와 마크 크라이머(Michael E. Porter and Mark R. Kramer, 2011)는 공유가치창출(CSV)이 기업의 사회적 책임(CSR)과 유사해 보이지만 의미와 범위에 있어서 차이점이 존재한다고 주장했다.

CSR에 비해 CSV가 기업의 이익창출과 깊이 관련돼 있고 CSV 달성을 위해서는 사회공헌팀과 같은 한 부서가 아닌 기업전략 전반에서 다뤄져야 한다고 주장했다. CSV와 CSR의 차이점을 살펴보면 <표 6−1>과 같다.

표 6-1 공유가치 창출(CSV)과 기업의 사회적 책임(CSR) 비교

	CSR	CSV
추구가치	선행	비용과 관련한 경제적, 사회적 이익
관련 개념	시민권, 자선, 지속가능성	기업의 협력과 지역사회 가치 창출
시행 계기	임의 재량 또는 외부 압력 대응	경쟁에서 필수적
이익 창출과의 관계	이익 극대화와는 분리	이익 극대화와 불가결
아젠다 설정	외부 보고와 개인의 선호도에 의함	기업 내부에서 발생하는 구체적인 주제
예산 범위	기업의 행보와 CSR예산에 의해 제한적	전체 기업 예산에서 재편성
사례	공정 무역 구매	상품의 질과 수익을 향상시키기 위한 과정을 개선

출처 : Michael E. Porter and Mark R. Kramer, Creating Shared Value, *Harvard Business Review*, 2011.

그림 6-2 CSR 관련 개념의 변천

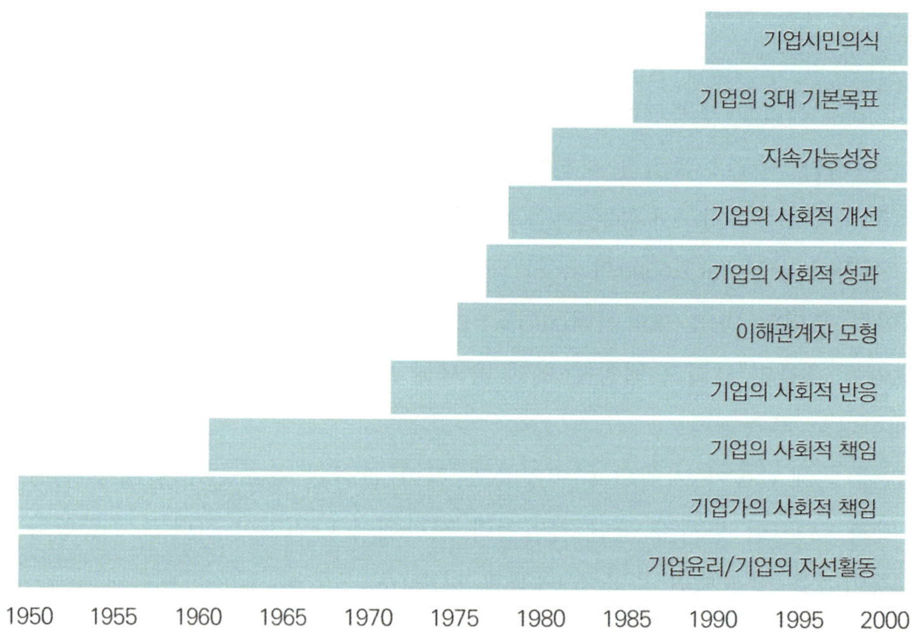

자료: 서인덕·배성현, 상게서, p.158; Mohan, 2003, p.74.

표 6-2 CSR 관련 학계 연구의 발전

연대	핵심내용	대표학자	사회적 배경
1950년대	사회적 책임에 대한 학계 논의 시작 (예: 기업 활동과 사회적 책임)	Bowen(1953), Eells(1956), Heald(1957), Theodore Levitt(1958), Selekman(1959)	• 기업행위에 대한 문제의식 형성
1960년대	CSR 학계연구의 발전 (예: CSR의 사회, 윤리, 법적 접근, 자발적 CSR)	Davis(1960, 1967), Frederick (1960), McGuire(1963), Walton (1967), Milton Friedman(1970)	• 미국 내 사회운동 활성화
1970년대	CSR 학계연구의 적용 (예: CSR의 정의, 이론화, 개념화, 모델링)	Johson(1971), Steiner(1971), Holmes(1976), Carroll(1979)	• 윤리 및 자선활동에 대한 사회인식과 분위기 고조
1980년대	CSR 관련 주제의 연구시작 (예: 사회반응연구, CSP, 공공정책, 기업윤리, 이해당사자 이론)	Jones(1980), Freeman(1984), P. Drucker(1984)	
1990년대	CSR 관련 주제의 연구 확산 (예: CSP, RBV, 이해당사자이론, 기업시민, CSR의 경제적측면)	Carroll(1991), Wood(1991), Griffin & Mahon(1997)	• 세계화 • 시장팽창과 경쟁심화
2000년대 이후	CSR과 지속가능발전의 연결 (예: 세계 기업시민, 지속가능성, 세계 책임, 연대 책임, 신흥국의 빈곤·사회문제 등)	Vogel(2005), O'Sullivan(2006), Porter & Kramer(2002, 2006, 2012), Moon et al.(2011, 2012)	• Enron, Wall Street 스캔들, 반기업주의 확산 • 평등과 공정에 대한 사회적 압박 심화

2. 관점에 따른 인식변화

서인덕·배성현(2011)은 사회적 책임에 대한 관점을 고전적 관점, 관리적 관점, 공중적 관점으로 구분하여 설명하고 있다.

기업의 사회적 책임과 관련된 인식의 관점은 기업 활동이 기업 내부의 이해관계자뿐만 아니라 기업 외부의 이해관계자로부터 정당성을 얻을 수 있는가에 대한 이론과 가이드라인을 제시하는 것이다. 사회적 책임에 대한 인식의 변화를 시대별로는 어떻게 변화되어 왔는지를 살펴보고자 한다.

가. 고전적 관점

사회적 책임에 대한 고전적 관점은 기업조직과 기업 활동을 다른 조직과 연관 짓지 않았다. 고전적 관점의 사회적 책임은 19세기에 주류를 이루고 있든 개념으로 기업조직이 다른 조직과 공동의 선의 목적을 추구해야 한다는 개념이 없었다. 이 시기에는 오직 기업의 입장에서 기업 활동을 전개하는 것이 당연시 되었다.

기업 활동을 통해 재화와 서비스를 생산하고 제공하여 경제적 이윤을 극대화하는 것이 최고의 미션이 되었다. 따라서 어떻게 하면 기업의 이윤을 극대화하느냐에 초점을 맞추고 이에 저해요인으로 동종업종 간에 경쟁이라고 여겼다. 그 결과 기업의 이윤증대를 위해 시장으로부터 선택을 받으려는 과정에서 결과적으로 사회 공중을 위한 일을 하게 된다는 주장이다.

고전적 관점에서의 기업조직의 사회적 책임은 전통적인 경제학 및 법학의 관점에서 사기업, 사유재산제하에서 경영자는 이윤을 극대화를 추구하여 소유자인 주주에게 의무를 다해야 한다는 것이다. 만약 경영자가 이윤 극대화 이외의 사회적 책임을 부담하게 될 경우 사회적 책임이라는 명분하에 점점 영향력이 커져 결국에는 자유기업체제에 위기를 초래할 수 있다는 것이다.

고전적 관점에서의 기업의 사회적 책임은 이해관계자의 범주를 가장 좁게 이해하고, 기업의 책임을 재화와 서비스를 가장 효율적으로 생산하는 경제적 기능을 수행하는 것에 국한하여 협의의 관점에서 사회적 책임을 이해하고 있다.

나. 관리적 관점

기업조직의 사회적 책임에 대한 관리적 관점의 시각은 Sutton(1956) 등에 의해 정리되었다. 특히 대기업의 현실을 잘 반영하고 있다.

관리적 관점에서의 기업조직의 사회적 책임은 대기업의 경영자는 주주의 이익만을 중시하는 것이 아니라 종업원, 고객, 납품업자, 지역사회 등과 같은 다양한 집단들의 권리와 요구를 잘 조화시키는 기능을 다하는 것이라고 주장했다. 주주뿐만 아니라 다양한 이해관계자들의 권리와 요구를 충족시켜줌으로써 궁극적으로는 공중의 이익을 추구하게 된다는 것이다.

관리적 관점에서의 사회적 책임론의 관점은 사회적 수요이론에서 찾을 수 있다. 경영자는 사회와 공중의 기대를 고려하여 사회적 수요에 대해 책임 있는 의사결정을 해야 한다는 이론이다. 즉 경영자의 경영의사결정에 따라서 영향을 받는 이해관계자뿐만 아니라 간접적인 영향을 받는 사회라고 하는 한층 더 광범위한 이해관계자에 대해서도 책임을 져야 한다는 것이다.

따라서 기업과 사회는 상호 연관되어 있어 경영자의 의사결정 그 자체가 기업과 사회의 상호작용 과정이기 때문에 기업은 사회의 기대에 부응하지 않으면 안 된다는 것이다. 고전적 관점의 사회적 책임은 주주에 한정된 범위였지만 관리적 관점에서의 사회적 책임은 그 범위 기업을 둘러싸고 있는 다양한 이해관계자들로 확대되었다.

다. 공중적 관점

기업의 사회적 책임에 대한 공중적 관점(public view)은 19세기 후반부터 인식되었고, 오늘날 기업의 영향력이 확대되고 사회 공중의 이익이 우선시 되는 경향에 의해서 자연스럽게 부각되었다.

기업 활동이 주주만의 이익을 추구하는 활동이 아니라 일반 공중의 이익을 추구하도록 해야 하며 이를 위해서 필요하다면 특정 산업의 소유권을 공기업화를 추진하거나 사기업에 대한 엄격한 법적 규제를 통해 기업의 이익만을 추구하는 것을 규제할 수 있다는 관점이다.

부루머(Brummer, 1991)는 기업의 사회적 책임에 대한 공중적 관점을 사회적 행동가 이론에서 접근했다. 사회적 행동가이론(social activist theory)은 사회적 책임을 도덕, 윤리라고 하는 규범적 가치관에 토대를 두는 입장이다. 즉, 다양한 이해관계자들과의 정의, 공정, 자유 등이 사회적 가치관을 실현하고자 하는 것이다.

따라서 경영자는 사회적·도덕적 목적을 추구하는 책임을 수행하기 때문에 경영 의사결정 과정에 구체적인 윤리기준을 설정하여 사회적 책임을 실현해야 한다.

위에 살펴본 사회적 책임론에 대한 세 가지 관점에 대해 정리해보면 고전적 관점에서의 사회적 책임에 대한 인식에서는 이해관계자의 대상을 가장 좁게 주주로 한정하고 있다. 즉, 회사와 명확한 계약관계를 가지고 직접적 영향을 미치고 있는 당사자에게 사회적 책임을 다해야 한다는 것이다.

관리적 관점에서의 사회적 책임에 대한 인식에서는 회사와 명확한 계약관계는 없지만 간접적 영향을 받는 일반 공중 및 사회에게 사회적 책임을 다한다는 것이다. 회사는 사회 및 공중을 의식하여 이에 반응을 보이는 행동을 하여야 한다는 것이다. 기업의 사회적 반응을 중시하고 있다.

공중적 관점에서의 사회적 책임에 대한 인식에서는 기업의 사회적 책임을 대상을 어디까지로 하는가의 문제보다는 기업은 사회적 가치와 규범을 실현하는 도덕적 주체가 되어야 한다는 중점을 두고 있다.

3. 수행 목적에 따른 인식의 변화

Andrew Ghillyer(2008)는 기업의 사회적 책임에 대한 인식을 윤리적 관점, 이타적 관점, 전략적 관점의 세 가지 관점에서 설명하고 있다.

가. 윤리적 사회적 책임

기업의 윤리적 관점에서의 사회적 책임은 가장 순수하고 기본적으로 해야 할 행동이다. 기업이 주주의 이익을 위해 재무적 책임을 다하고, 지역사회와 전체 사회에 대해 법적 책임을 다하고, 다양한 이해관계자들에게 올바른 일을 해야 할 윤리적 책임을 다해야 하는 기업의 사회적 양심을 추구하는 것이다.

윤리적 사회적 책임을 수행하는 기업은 그것이 바로 기업의 운영 철학으로 설정한다. 기업이 지역사회, 이해관계자들과의 사회적 계약을 지키고 존중하겠다는 것이다.

나. 이타적 사회적 책임

이타적 사회적 책임은 기업 활동을 통해서 지역사회, 국가, 세계의 특수 목적에 기업의 이익을 환원하는 것이다. 기업이 이타적 사회적 책임은 기업의 재량적 행위로서 이를 다하다보면 주주의 관점에서 반대할 수 있는 부분에 기업 자금이 지출될 수 있기 때문에 논쟁의 여지가 있다. 그러나 이타적 사회적 책임은 박애주의적 행동이기 때문에 기업의 이익과는 무관하게 사용될 수 있다는 점에서 정당성이 보장된다.

다. 전략적 사회적 책임

기업의 전략적 사회적 책임은 기업의 사회적 책임 활동이 일반 대중으로부터 긍정적 평가와 호감을 받아서 그 결과 기업의 매출 증대, 주주의 이익보호에 기여하게 되는 행동을 전략적 사회적 책임이라고 한다.

이타적 사회적 책임이 주주의 이익을 도외시하는 반면 전략적 사회적 책임은 주주의 이익도 보호하면서 이해관계자의 이익을 도모한다는 점에서 주주의 입장에서는 수용이 용이하다.

오늘날 기업 활동이 단기적 이익추구만을 쫓아가기보다는 기업의 박애주의적 사회공헌은 직접적으로 기업이익과 연관되지는 않지만 장기적으로 간접적으로 기업성과를 높이는데 큰 기여를 하고 있다. 기업의 적극적인 사회적 책임을 다하는 것이 기업의 이익을 증대시키는 결과를 가져온다는 관점이다.

기업의 사회적 책임은 기업의 목적이나 비전과 경쟁 관계에 있는 것이 아니라, 기업의 임무 수행을 위한 상호 보완적 관계라는 것을 인식할 필요가 있다.

이상에 살펴본 기업의 사회적 책임은 기업 경영 활동에 매우 유익한 전략 중의 하나로 기업의 비전과 목표 설정 과정에 포함시켜 적극적으로 활용할 필요가 있다.

제3절 기업의 사회적 책임의 필요성

1. CSR 활동 시 고려 사항

기업의 사회적 책임(CSR)에 대한 활동 계획을 수립하고 실행하는 데 가장 중점적으로 고려해야 할 사항들은 무엇일까? 기업들이 사회적 책임을 인식하고 수행하기 위해 고려해야 하는 중요한 세 가지 요소는 바로 '사람·환경·이윤에 대한 관심'이다.

기업이 사회적 책임을 인식하는 데 가장 먼저 고려해야 할 사항은 바로 '사람에 대한 관심'이다. 이것은 기업과 관련된 이해 당사자들이 기업에 어떤 사회적 책임을 요구하고 있는지에 대한 분석과 이해가 필요하다는 것이다.

둘째, 기업이 사회적 책임을 인식하는 데 고려해야 할 것은 '환경에 대한 관심'이다. 기업이 처해있는 사회 환경 속에서 기업이 사회 전체 이익에 기여할 수 있는 방안을 찾아 실행하는 것을 말한다.

셋째, 기업이 사회적 책임을 인식하는 데 고려해야 할 것은 '이윤에 대한 관심'이다. 기업은 이윤 추구를 목표로 하는 조직이다. 따라서 기업이 어떠한 기업의 사회적 책임 활동을 계획하고 수행할 것인가를 고민할 때 반드시 기업의 이윤 추구와 연관성을 고려해야 한다는 것이다.

이러한 기업의 사회적 책임에 대한 인식과 계획, 그리고 실행 과정에서 무엇보다 중요한 것은 기업의 사회적 책임에 대한 계획과 활동들이 자발적으로 이루어져야 한다는 것이다.

만약 어느 기업이 법률로 모든 기업에 의무적으로 실행하도록 요구된 활동을 한다면 그 활동은 기업의 사회적 책임 활동이라고 할 수 없다. 기업과 관련된 이해 당사자들은 국가가 기업에 법률로 강제해서 의무화한 활동들을 기업이 수행하는 것은 CSR 활동으로 보지 않고 기업이 당연히 해야 할 의무로 인식한다.

기업들은 국가가 의무화한 최소한의 법률적 요구 사항을 뛰어넘는 CSR 활동을 수행할 필요가 있다. 기업의 사회적 책임은 기업 조직의 임무와 일치하거나 적어도 위배되지 않는 가운데 기업 이해 당사자들의 욕구를 충족시키는 활동을 제공하기 위해 수행하는 기업의 활동을 말한다. 기업은 이해 당사자들에 대한 사회적 의무를 지고 있으며, 이 사회적 의무는 이해 당사자들의 기대를 이해하고 그것에 대응하는 것을 의미한다.

따라서 기업의 사회적 책임 활동은 이해 당사자들이 기업에 요구하는 사회적 의무를 기업이 수행하기 위해 이해 당사자들이 가지고 있는 사회적 기대를 정확히 이해하고, 그 기대에 적극적으로 부응하는 활동이라고 정의할 수 있다.

2. 자발적 CSR의 필요성

기업의 사회적 책임은 기업이 어떤 외부의 압력이나 요구에 의해 마지못해 실행하는 활동이 아니라, 기업이 자발적으로 기업과 관련된 이해관계자들이나 소비자들의 윤리적 기준과 사회적 기대에 적합하고 사회 공동의 이익 창출에 유익한 활동을 계획하고 실행하는 것이다.

기업은 전략적인 기업의 사회적 책임 활동을 수행하는 과정에서 반드시 법률적인 요건을 충족해야 하며, 사회 구성원들에게 유익한 공공의 선(公共의 善)의 달성을 목표로 두어야 한다. 예를 들어, 대부분의 나라에서 기업들이 사회 전체의 이익에 반하는 활동을 하지 못하도록 법률로 규제하고 있는데, 이러한 법률적 요건을 기업이 충실히 지키는 것이 기업의 사회적 책임을 수행하는 기본이 된다는 것이다.

그런데 기업의 사회적 책임은 이러한 기본적인 법률 요건을 충족하는 것을 넘어 추가로 자발적인 CSR 활동을 계획하고 실행하는 것을 말한다. 이러한 기업의 자발적인 CSR 계획과 활동들은 기업의 내적, 외적 이해관계자들(예컨대 소비자, 주주, 사원 등)에게 강력한 긍정적인 영향을 미친다. 예를 들어, 기업들이 기업의 이해 당사자들로부터 그들의 기대에 부응하도록 요구받을 경우, 기업들이 요구를 받아들이면 기업은 이해 당사자들(소비자)의 구매 활동을 통해 경제적인 보상을 받게 되지만, 만약 이해 당사자들의 요구를 받아들이지 않으면 기업은 이해 당사자들의 제품 불매 운동, 기업 평판을 해치는 부정적인 소문, 또는 부정적인 언론 보도 등을 통해 불이익을 당하게 된다.

따라서 기업들은 기업의 사회적 책임이 기업 이익에 직접적인 영향을 미친다는 사실을 인식하고, 전략적인 CSR 계획의 수립과 실행 방안 개발에 적극 나서야 할 것이다.

거대 다국적 글로벌 기업들이 세계시장을 점차 잠식해가고 있는 현대사회에서 기업의 사회적 책임에 대한 견해는 좀 더 거시적인 관점에서 정의되기도 한다. 거시적인 관점에서 기업의 사회적 책임은 사회 전체가 기업에 대해 하나의 이해 당사자 기능을 한다고 주장하고 있다. 그러나 이러한 주장과 관계없이 기업의 사회적 책임은 어떤 기업이 자기의 업무를 수행하는 과정에 직원들과 사회 공동체, 그리고 주주 등 기업의 이해 당사자들에 대해 스스로 인식한 의무들을 자발적으로 완수하기 위해 실행하는 행동들이라고 정의할 수 있을 것이다.

제4절 기업의 사회적 책임의 내용

오늘날 사회적 책임은 기업에서 최우선 과제로 신경을 쓸 정도로 매우 중요해졌다. Herbart A. Carrol(1997)은 '*Business and Society*'에서 기업의 사회적 책임을 네 가지 범주로 구분하여 설명하였다. 대표적인 사회적 책임에는 경제적 책임, 법적 책임, 윤리적 책임, 자선활동 책임이 있다.

1. 경제적 책임

기업의 경제적 책임은 국가에 필요한 재화와 서비스를 제공하고, 사회구성원의 고용을 늘리며 사업에서 얻은 이윤을 재투자함으로써 국가경제를 발전시키는 것입니다. 이를 위해 기업에서는 기술혁신, 경영전략, 인사정책, 마케팅, 이익의 적정화 등의 활동을 통해 기업의 이익을 추구한다. 경제적 책임은 주주와 이해관계자가 기업경영자에게 요구하는 대표적인 책임이다.

기업의 경영자는 기업이 계속기업(going concern)으로 남기 위해서는 지속적인 이윤이 창출되어야 한다. 이를 위해 경영자는 최선을 다해서 기업을 경영하고 변화시켜 나가야 한다. 특히 오늘날 기업을 둘러싸고 있는 환경은 과거와는 다른 주문을 하고 있다. 그것이 바로 혁신이다. 창의성과 혁신이 기업의 이윤추구는 물론이고 글로벌 사회에서 생존할 수 있는 최고의 방안이 되었다.

2. 법적 책임

기업의 경영자는 기업경영활동 중에서 법을 준수해야 한다는 것이다. 특히 거래관계에 있는 업체와의 뇌물, 동종업계와 가격담합, 무단 폐수방류 등이 대표적인 법적 책임에 해당된다. 법적 책임은 기업에게는 강제적 책임으로 공리론에 입각한 행위로써 사회적 가치관의 기준에서 보면 최저수준으로 마땅히 지키지 않으면 처벌을 받는 것이다. 그런데 이러한 최저수준의 지켜야 할 책임을 기업에서는 경제적 이익을 추구하기 위해 법적 책임을 어기는 경우가 많다.

3. 윤리적 책임

기업의 사회적 책임 중 윤리적 책임은 의무론의 관점에서 사회의 보편적인 가치관에 부합하는 행동과 역할을 해주길 기대하는 것으로 의무적으로 강제적인 것은 아니지만 지키지 않으면 기업의 명성이나 대외 활동에 있어서 이미지 추락으로 나타나 경제적으로도 큰 타격을 받을 수 있다.

윤리적 책임의 대표적 예로 기업이 앞장서서 자연환경을 보호하고, 인권존중 활동에 앞장 서며, 기업 활동에 있어서 투명한 거래 관행, 부당하게 가격을 올려 받지 않고 정직한 판매활동 등이 해당된다.

4. 자선활동 책임

기업의 사회적 책임 중에서 자선활동은 사회 정의론에 기반을 둔 것으로 사회의 약자를 도와주는 취지에서 다양한 활동을 전개할 수 있다. 대표적으로 청년가장에게 장학금 수여, 사회의 불우한 이웃들을 위한 성금전달, 자선바자회 활동의 수익금으로 기탁 등이 여기에 해당된다. 자선활동 책임은 기업이 반드시 실천해야 할 강제적인 책임은 아니지만 오늘날 수많은 기업에서 적극적으로 계획을 수립해서 시행하고 있다.

표 6-3 기업의 사회적 책임의 유형

수준 \ 유형	경제적 책임	법적 책임	윤리적 책임	자선활동 책임
사회적 기대	사회에서 요구	사회에서 의무화	사회가 기대	사회가 희망
윤리적 원칙	이익극대화, 적자생존 원칙	최대다수의 최대행복	보편적 의무 인권	사회적 약자의 최대 복지
윤리 학설	윤리적 이기주의 자유방임주의	공리론	의무론	정의론
사례	이익극대화, 매출증대, 기술혁신, 경영전략, 고용보장, 고배당 정책 등	공정거래, 뇌물금지, 담합금지, 상법·형법상 책임, 각종 규제, 행정지도 등	투명거래, 인권, 환경보호, 안전, 신뢰, 법정신 존중 등	기부, 자선사업, 자원봉사, 지역사회공헌활동, 장학금 지급 등

자료: 이종영, 기업윤리, 삼영사, 2006, p.127 수정

제5절 경영자의 사회적 책임

1. 경영자의 사회적 책임의 의미

사회적 책임이란 개인이나 조직이 자신의 이익뿐만 아니라 사회의 안녕과 복지를 보호 하고 증진할 수 있는 행동을 해야 하는 의무를 말한다.

경영자의 사회적 책임은 조직의 경영을 통하여 조직 자체의 발전은 물론 조직이 사회적 환경과의 관계에서 사회에 대하여 져야 할 의무를 대표하는 것을 의미한다. 경영자는 경제적으로나 윤리적으로도 단순한 영리추구만을 도모하지 않아야 하며 생산요소를 가장 최적으로 결합하여 적정한 가격과 양질의 제품을 생산하여 공급한다는 사회적·공적 관점에서 기업경영을 실천에 옮겨야 한다.

따라서 경영자의 사회적 책임은 직·간접적으로 기업의 존속발전에 영향을 주는 이해자 집단으로부터의 요청이기도 하지만 동시에 경영 자체로부터 요청되는 책임이기도 하다.

2. 경영자의 사회적 책임

경영자의 사회적 책임에는 두 가지로 구분해서 살펴보아야 한다. 우선 조직 자체와 관련되어 지게 되는 책임으로 이를 대내적 책임(본원적 책임)과 경영자의 소속 조직 외 여러 다른 구성체와 관련되어 발생하는 책임으로 이를 대외적 책임(파생적 책임)으로 나눌 수 있다.

사회적 책임은 개인이 가져야만 하는 의무, 개인과 개인으로 이루어진 집단이 가져야 하는 의무, 집단과 집단으로 구성된 조직이 가져야 하는 의무가 있다. 그러나 개인을 벗어난 집단과 조직이 구성되면 그 자체에 의한 또 다른 하나의 사회가 형성되므로 이것을 유지하고 조화를 이루며 발전시켜 나가야 방안을 모색하게 되는데 이것을 대내적 책임(본원적 책임)이라 한다.

가. 대내적 책임

본원적 책임은 조직의 경영자가 됨과 동시에 자연 발생적으로 부여되는 것이며, 대표적으로 세 가지 책임이 있다.

(1) 기업 유지·발전에 대한 책임

경영자의 최우선의 책임으로 경영자는 조직을 유지·발전시키는 것이 가장 중요한 책임이다. 조직은 사적인 존재로서의 집합체가 아닌 공적인 존재로서의 집합체로 전체 사회를 구성하는 하나의 구성원으로 존재하고 있다. 따라서 조직의 와해는 조직의 내부는 물론 조직구성원들의 소속이 상실된 경우 그들에 대한 사회적 구제의 책무가 조직이 속하였던 상위의 조직으로 이양되어 기존의 사회 가치적 경제적 질서에 혼란이 야기될 수 있다.

기업의 경우에는 재화 또는 서비스의 생산이라는 경제적 기능이 부정될 수 없는 본질적인 기업의 사회적 역할로서 생산 활동을 바탕으로 한 이익의 창출은 기업의 유지 발전에 있어서 기본 요건이 된다. 기업을 유지하기 위한 이윤의 창출에 있어서 그 이익이 단기적인 최대이윤을 목표로 하는 것이 아니라 장기적으로 기업의 사회성·공익성을 지킬 수 있으면서 기업유지와 발전에 필요한 이윤이 되어야 한다.

따라서 생산 활동을 통하여 기업의 수익성과 경제성을 확보하는 경영자의 능력은 사회적 책임의 완수에 대한 평가기준이 된다.

(2) 조직 구성원의 복리후생에 대한 책임

경영자가 능력을 발휘해서 조직의 목표를 달성하기 위해서는 구성원들의 협조가 반드시 필요하다. 사용자와 근로자 사이의 협력적 노사관계를 만들어 나갈 때 구성원들의 사기가 충만하고 자신의 분야에서 최고의 능력을 발휘하게 되며 그 결과 성과를 달성할 수 있다. 따라서 경영자는 구성원의 복리후생에 대한 관심과 책임을 다하는 것이 바로 조직의 목표를 달성하게 되는 것이다.

복리란 행복과 이익을 추구하는 것으로 행복을 가져오는 이익을 의미하고, 후생이란 인간의 생활을 건강하고 윤택하게 한다는 의미이다. 따라서 조직 구성원의 복리후생에 대한 책임은 경영자가 인적자원인 조직의 구성원들에게 여러 가지 이익을 부여하여 이들의 생활을 건강하고 윤택하게 하는 여러 가지 방안을 제고하여야 한다는 것이다. 또 조직 구성원의 경우에는 자신들에게 제공되는 복리후생의 정도는 조직에 대한 신뢰도를 가름하게 되므로 조직의 성과달성에 중요한 영향을 미치게 된다.

(3) 후계자 양성에 대한 책임

경영자의 사회적 책임이 기업과 관련된 대외적 책임과 대내적으로 경영에 참여하고 있는 모든 사람들로부터 협동을 확보하고 그들의 자발적 노력을 이끌어낼 수 도록 참여의 기회를 제공하는 등의 책임도 중요하지만 조직이 계속적으로 성장 발전하기 위해서는 후계자를 적극적으로 양성하여야 한다.

기업의 미래를 책임지고 이끌어갈 유능한 경영자의 양성 없이는 조직의 성장 발전을 기대할 수 없기 때문이다. 따라서 후계자의 양성에 대한 문제는 오늘날 경영자의 중요한 사회적 책임이 되는 것이다.

나. 대외적 책임

경영자는 자신이 경영하는 조직 그 자체만으로 존재하는 것이 아니라 사회와 더불어 성장하고 발전하는 실체라는 것을 인식하여야 한다. 경영자는 조직의 입장만을 고려하여 의사결정을 내리는 것이 아니라 사회와 사회를 구성하는 다른 조직의 이익과 입장을 함께 고려하여야 하는데 이것을 대외적 책임(파생적 책임)이라고 한다.

대외적 책임은 조직의 경영자로서 수행하여야할 책임이지만 반드시 책임질 사안이 발생하지 않을 경우도 있다.

(1) 이해집단의 이해관계에 대한 조정의 책임

오늘날 사회의 조직 구조는 오픈시스템으로서 내·외적인 이해집단과 끊임없는 상호작용에 의해서 유지되고 있다. 이해집단이란 조직에 영향을 미치는 직접적인 주요 환경요인을 의미하며, 기업의 경우 주주, 종업원등이 대표적인 내적 이해집단이며, 외적 이해집단으로는 정부, 지역사회, 금융기관 등이 있다.

경영자가 이러한 이해집단과의 협력과 때로는 그들의 요구에 대응해 나가는 것이 사회적 책임을 다하는 것이다. 그러나 이들 이해집단과의 이해관계는 서로 상반되는 경우가 많이 존재하며, 이들의 이해가 충동될 때에는 매우 복잡하고 혼란스런 문제가 발생하게 되므로 이들 이해집단과의 이해관계에 대한 조정문제가 경영자의 대외적 책임으로서 중요한 부문이 되는 것이다.

(2) 환경오염에 대한 책임

기업이 위치하고 있는 지역사회와 관련된 생활환경 보호의 책임 또한 경영자의 사회적 책임이다. 환경오염의 많은 부분이 기업의 생산 활동과 관련되어 발생하기 때문에 주변에 있는 자연적 생활환경의 오염을 방지하기 위한 공해방지시설 등에 대한 설비를 갖추어야 할 책임이 기업에게 있다. 환경오염을 유발하는 것으로는 대기를 오염시키는 매연, 먼지, 악취, 가스와 화학적·물리적·생물학적 원인에 의해 하천을 오염시키는 공업폐유, 사업장 폐수, 일반 하수, 소음, 진동으로 인한 보건위생상 미치는 일체의 위해를 말한다.

따라서 경영자는 생활환경을 공해로부터의 오염을 방지하고, 생태계를 잘 보존하여 인간의 질적 생활이 유지될 수 있도록 터전을 마련하여야 한다. 이를 위해 경영자는 충분한 사회비용의 투입을 통해 공해발새원천을 차단·예방하고 노후시설의 교체 및 증설 등의 노력을 기울여야 한다.

(3) 사회발전에 대한 책임

사회발전에 대한 책임은 경영자가 가져야 하는 책임으로 기업이 제반 경영활동을 통해서 달성한 경영성과, 즉 기업이익의 사회 환원이라는 차원에서 지역사회의 구성원들에게 유익한 사업을 시행하여 사회발전을 도모하여야 한다는 것이다.

오늘날 기업에서 가장 많이 담당하고 있는 것으로는 교육기관에 연구비나 장학금 지급, 병원이나 사회 복지시설 건설, 자선단체에 기부, 각종 문화 사업에 대한 지원 등이다. 이러한 책임은 반드시 시행해야 하는 책임이 아닌 간접적 책임으로 충분한 자금력과 조직력을 갖춘 대기업에서 가장 많이 시행하고 있다.

제6절 기업의 사회적 책임에 대한 논쟁

1. 기업의 사회적 책임 논의

기업의 사회적 책임(CSR)에 대한 논의는 다양하게 전개되어져 왔다. 특히 환경, 인권, 노동 등의 분야에서 많은 관심을 가져왔다. 기업의 사회적 책임에 대한 본질적 문제는 결국 기업의 영리성과 사회적 공공성이라는 측면의 갈등에서부터 논의되어져야 한다. 특히 재벌그룹에 의하여 주도되어진 우리나라의 경제체제에서 재벌의 이윤극대화 정책에 의해 결국에는 독점기업의 폐해가 나타나게 되고 사회적 반발이 곳곳에서 나타나기 시작했다. 그러나 기업 활동의 본질적 목표인 이윤추구에 대해 많은 학자들이 우호적이었으며 당연한 것으로 여겼기 때문에 이윤추구를 저해할 수도 있는 기업의 사회적 책임을 강조하는 문제는 쉽지 않은 결정이다.

시대적 변화에 따른 사회적 요구는 다양한 분야에서 기업의 사회적 책임을 거론하기 시작했다. 우리나라에서도 공정사회를 주창하는 정부의 이념과도 부합되기 때문에 사회적 책임과 관련된 논의가 활발하게 진행되었다.

그렇다면 이윤의 극대화를 추구하는 기업에 대하여 공공성과 사회성을 배경으로 하는 기업의 사회적 책임을 물을 수 있는 근거는 무엇인가? 다양한 관점이 존재하지만 '기업은 누구의 것인가'에 대한 물음에서 근거를 논할 수 있다. 즉, 주주이익극대화의 관점이냐 아니면 주주 이외의 노동자, 채권자, 소비자, 지역사회 등의 이해관계자(stakeholder)를 포함하는 관점에서 볼 것이냐에 따라 논의의 정당성이 달라진다.

특히 CSR의 개념 자체도 너무나 광범위하게 혼용되어 국제적인 개념의 정의가 확립되어 있지 못하다. 유사한 개념으로 언급되는 것만으로도 기업윤리, 기업지배, 기업준수/법적책임, 기업의 지속가능성, 사회적 기업가 정신, 사회적 책임투자, 사회적 기업 등의 표현으로 쓰이고 있다.

최근 재벌그룹이 주도하는 기업형 슈퍼마켓(SSM) 설치와 재래시장 상인 간의 갈등에서도 잘 알 수 있다. 기업의 사회적 책임에 대한 두 가지 상이한 주장이 있다.

첫째, 기업의 사회적 책임에 대해 적극적으로 실천에 옮기는 것이 당연하고 기업의 장기적 발전을 위해서도 긍정적인 효과를 가져다준다는 찬성론이 있다.

둘째, 반대로 기업 고유의 목적에 부합하는 행동만 하면 되는 것으로 보고 사회적 책임에 대해서는 소극적으로 대처해야 된다고 보는 반대론이 있다.

가. CSR의 찬성론

오늘날 기업은 오직 이윤추구를 위해서만 존재하는 것이 아니다. 조직의 이윤창출만을 위해 모든 경영의 초점을 맞추는 기업은 장수기업이 될 수 없다. 기업과 관련되어 있는 사회의 이해관계자들과 더불어 살아갈 있는 지혜를 발휘해야 한다. 왜 기업이 사회적 책임을 다하는 것이 21세기 경영환경하에서 바람직한지 살펴보고자 한다(김성수, 2000).

21세기 글로기업들은 방대한 권력을 가지게 되었고 그 권력을 이제는 사회공익을 위해 활용해야 한다는 것이다. 막강한 권력을 소유한 글로벌 기업은 그 권력에 상응하는 사회적 책임도 져야 한다는 책임주의 원리에 따라야 한다.

글로벌 기업은 충분히 사회적 책임을 수행할 수 있는 능력을 가지고 있다. 이제는 적극적으로 사회적 책임을 다하는 가운데 가지고 있는 권력을 남용하지 않고 선한 기업으로 나아가야 한다. 현재 가지고 있는 권력도 장기적으로는 사회공익에 알맞게 행사하지 않으면 그 권력을 잃어버리게 된다. 또한 막강한 권력을 기업의 이윤추구를 위해 남용하거나 부정적인 방법으로 사용하게 되면 정부가 개입하게 되어 결국에는 기업의 자율성을 제한받게 된다.

따라서 대기업의 경우 규모의 경제력과 사회적 영향력에서 정부와 대등한 위치를 가진 실체로 파악하기 때문에 기업의 사회적 책임을 긍정하고 있다.

사회적 책임 부과론은 기업을 사회의 구성원중 하나로서 주주들(share holders)만이 아닌 다양한 이해관계자들(stake holders)의 이해가 관련되는 조직으로 본다. 당위론적으로 기업은 주주만의 이익이 아닌 다양한 이해를 균형적으로 고려하여 광범위한 사회이익을 고려하는 것이 책임 있는 역할이라는 것이다.

실리론적 관점에서 기업이 사회의 요구를 외면이나 소홀히 할 경우, 결국 사회전체의 비용이 되어 기업도 그 비용을 부담하게 되는 등의 이유로 공익에의 기여가 기업의 기본적 목적인 장기적 존속 및 발전에도 기여할 수 있다는 것이다.

사회적 책임의 옹호론자들이 경제적 책임이 기업의 우선적 책임이라는 것을 부정하지는 않는다. 다만, 사회적 책임은 경제적 책임을 보완하면서 기업의 기능을 강화시킨다는 주장이다. 이 주장의 주요 근거는 다음과 같다.

첫째, 기업 입장에서 사회적 책임의 이행은 기업의 장기적 안정성을 높이는 순기능을 한다는 주장이다. 기업이 경제적 기능에만 치중할 경우, 공익의 침해 위험이 있기 때문에 정부 등 외부로부터의 공적 규제를 유발하여 기업 활동을 위축시킬 수 있다.

둘째, 기업 입장에서 사회적 책임을 이행하는 기업은 사회적 평판 제고, 이해관계자 집단의 만족도와 관계 개선, 투자 유치, 직원들의 사기 증대, 유능한 직원들의 채용 등의 장기적으로 다각적 효과를 거둘 수 있다는 주장이다.

셋째, 사회 입장에서 시장 실패의 보완 기능 발휘라는 논리이다. 자본주의 발달에 따라 기업의 대기업화 등에 따른 독과점 양상이 흔해지는데, 독과점 대기업들의 이윤 극대화 일변도는 공익을 침해할 수 있다.

넷째, 역시 사회 입장에서 기업이 사회적 기능을 포함하여 다원적 기능을 수행할 경우, 바람직한 다원적 사회의 구축에 순기능을 한다는 주장이다.

나. CSR에 대한 부정론

신자유주의를 신봉하는 자율규제주의자들은 기업의 사회적 책임은 지정학적 관점에서 볼 때 해외직접투자에 부정적인 영향을 미친다고 보았다. 왜냐하면 기업의 사회적 책임이행에 대한 요구가 행정, 고용, 임금 측면에서 생산비용을 증가시키므로 잠재적 투자가들을 위축시키기 때문이다.

프리드먼(M. Friedman)

신자유주의의 이론적 체계를 세운 프리드먼(M. Friedman)은 기업의 경영진은 주주의 이익을 위하여 최선의 노력을 기우리는 것이 당연한 것이므로 기업의 이윤을 사회적 이익으로 되돌리는 것은 회사의 목적범위를 벗어나는 것이며, 이러한 사회적 문제해결의 주체는 기업이 아니라 정부라는 입장에서 기업의 사회적 책임을 부정하고 있다. 기업의 사회적 책임을 반대하는 주장의 주요 근거는 다음과 같다.

첫째, 기업이 경제적 기능 외에 사회적 기능까지 담당하는 것은 이윤 극대화라는 기업 본연의 경제적 목적 달성에 피해를 준다는 주장이다. 이 주장의 배경에는 기업이 자본 제공자의 소유물이라는 점에서 사회적 책임의 이행은 자본가의 이윤을 감소시킨다는 부정적 시각이 있다.

둘째, 사회구조의 분업적 시각에서 보면 기업의 사회적 기능 수행은 사회구조의 분업적 효율성을 저하시키며 기업 본연의 경제적 기능 자체도 약화시킨다는 주장이다. 즉, 사회의 구성부분들은 각각 고유의 기능에 전문화되어 있으며 기업의 전문 기능은 경제적 기능이어서 다른 기능의 수행은 사회 전체의 운영 효율성을 약화시키며 기존의 전문 기능에도 장애를 줄 수 있다는 의미이다.

다. CSR에 대한 절충론

기업의 경제적 기능과 사회적 책임을 대립적으로 파악하지 않고 양자를 조화시키는 제3의 길을 지향하는 절충론이 대두되었다. 이는 주주들의 이익을 극대화하는 동시에 다양한 이해관계자들의 이해에도 부응할 수 있는 새로운 의미의 기업의 책임을 찾아보는 것이다.

절충론은 기업의 기본 가치를 장기적 존속으로 간주하여 장기적으로는 주주들의 이익과 다른 이해관계자들의 이익이 수렴될 것으로 본다.

사회적 책임에 대한 절충론은 기업의 이익 추구라는 전통적 목적도 단기적 관점이 아니라 장기적 관점에서 파악할 것을 주장한다. 즉, 장기적으로는 사회적으로 책임 있는 역할을 하는 기업이 주주에게도 이익을 극대화시켜준다는 것이다.

2. 기업의 사회적 책임 이행의 바람직한 길

오늘날 기업의 사회적 책임은 선택이 아니라 필수가 되었다. 기업의 사회적 책임을 어떻게 하면 이행할 수 있는지에 대한 관심이 커지고 있다. 그렇다고 모든 기업이 자발적으로 사회적 책임을 다하겠다는 자세나 철학이 실제로 있는 것은 아니다. 그러므로 기업의 사회적 책임을 이행하기 위해서는 자율적 실행과 법적 규제의 방법이 있다.

가. 자율적 실행과 법적 규제와의 갈등

기업의 사회적 책임과 관련하여 논의되는 핵심은 기업의 본질이 무엇인가에 대한 것이 아니라 실질적으로 기업의 사회적 책임이 어떻게 이행되고 있는가에 대한 문제이다. 왜냐하면 기업의 본질, 즉 소유자적 관점이나, 계약사적 관점이냐, 이해관계자적 관점이냐를 불문하고 장기적인 관점에서 회사의 평판위험(reputation risk)을 초래하는 경우 필연적으로 회사의 이익침해를 가져오기 때문이다. 따라서 기업의 입장에서는 이윤추구라는 궁극적 목적의 하나로서도 자발적인 사회적 책임을 도외시할 수 없다.

CSR의 논의나 정책은 대부분 자발성에 기초하고 있었다. 그러나 이러한 자발성에 대한 비판이 적지 않다. 기업의 CSR 정책의 배경에는 선제적 자발성보다는 시민과 시민단체, 여론단체, 이해관계단체의 압력이나, 항의성 여론조성에 더 큰 영향을 받았다.

석유재벌기업인 Shell이 모범기업으로 선정된 것은 환경오염에 대한 국제사면기구와 시민단체의 항의가 계기가 되었다. CSR의 모범정책의 시행으로 평가받는 Nike의 경우도 하청업체의 열악한 아동노동에 대한 시민단체의 항의와 공격에 대한 적극적인 대처의 결과이다. 이러한 경우를 생각해 볼 때 과연 기업의 사회적 책임이행이라는 것이 자율적인가하는 것에 의문을 가질 수 있다. 결국 기업이 자발적으로 사회적 책임정책을 시행 한다기보다는 시민사회, 여론, 그리고 정부차원의 제도적 압박 등을 통하여 CSR 정책을 채택할 수밖에 없다고 보는 것이다. 인터넷 및 실시간 정보공유 시스템의 발달은 평판위험에 대한 민감성이 높아질 수밖에 없으며, 한편으로는 좋은 기업 이미지로서의 기업홍보 차원에서도 CSR의 중요성은 커질 수밖에 없다. 결국 CSR정책은 이윤추구의 한 방편으로 사용되어질 수밖에 없겠지만 기업의 자발성과 사회적 압력과의 타협이 불가피한 것이다. 그러나 이윤추구라는 기업의 속성상 자율규제는 그 한계를 가질 수밖에 없다. 위험평판에 대한 기업의 부담도 있지만 강제성이 결여된 자율성이라는 것은 결국 CSR이 기업홍보의 수단으로 전락될 수도 있다는 것을 의미한다. 실제로 실천이 없는 CSR의 홍보가 빈번하게 목격된다. 시민단체와 시장 환경의 압력에 따른 CSR의 이행이 기업의 측면에서 무시할 수 없는 결과를 초래할 수 있지만 이는 기업전체의 행태와 의지를 변화시키기에는 역부족이다.

따라서 CSR의 자율규제와 함께 행정적·법적 규제가 보완적으로 요구되는 것이다. 문제는 기업의 이윤추구가 정부의 규제 개입을 통하여 얼마만큼 조화롭게 상생할 수 있겠는가 하는 것이다. 법적 규제의 강제성은 CSR에 대한 일부 경영진의 인식부족으로 오히려 탈세와 회계부정의 법 회피에 의해 효율성을 잃을 수 있다.

나. 법적 규제의 정책적 함의

기업의 자발성에 근거한 CSR은 동기 자체가 순수하지 못하다는 비판적 시각이 있다. 기업의 사회적 책임을 '자발성'에 근거하고 있지만 그 내면에는 비즈니스의 관점에서 근거하고 있다고 보는 것이다.

기업의 사회적 책임에 대한 실천이 비즈니스의 차원에서 곧 윤리적 기업이라는 좋은 인식을 소비자들에게 심어주고 이는 기업에게 좋은 이미지와 경쟁력을 제고시켜 마케팅을 증진시켜 기업의 목표를 달성한다는 것이다.

한편 기업의 사회적 책임이 실천될 수 있도록 강제 규제 또는 이행 입법이 필요하다. 특히 공동체적 성격이 강한 분야에서의 기업 활동이란 것은 자발적이든 규제를 통해서든 여러 측면에서 강제되고 있는 것이 사실이다.

광고를 통한 약속이나 윤리경영을 표방한 경우라면 그것이 자발적인 것이라도 약속된 의무를 이행하지 않으면 안 된다. 특히 사업장의 보건, 안전, 환경, 복지 등과 관련된 경우에는 법령상의 요건을 충족시켜야 한다. 만약 이를 위반하거나 주의 의무를 다하지 않는다면 법적 규제의 대상이 된다.

자율 규제와 법적 규제의 관계란 상호 밀접한 관련성을 가지고 있다. 상대적 보완관계에 있다고 할 수 있다. 순수한 기업의 자율 규제에 의한 것이나, 전경련과 같은 기업 단체에 의한 윤리경영 또는 행위준칙(code of conduct)에 따른 집단적 형태의 자율 규제이던 간에 법직 규제와의 관련성을 완선히 배제할 수는 없다. 기업의 자율규제라 할지라도 법적 감독 하에 실행되는 경우가 허다하며, 집단적 자율 규제의 상습적인 위반행위에 대하여서도 법적 제재가 필요한 경우가 있기 때문이다.

또한 순수한 자율 규제는 이윤극대화를 추구하는 기업의 본질상 한계를 가질 수밖에 없다. 그렇다고 모든 것을 법적 강제성에 의존할 수는 없다. 결국 CSR의 이행 촉진은 자율 규제와 법적 규제의 균형 속에서 정비되어야 한다. CSR의 규범 영역에 대한 중첩적·실질적으로 세계 각국에서 자율 규제의 일환으로 다양한 방식이 시행되고 있다.

2001년 영국증권거래소 100대기업의 73%가 윤리경영이나 윤리원칙성명서를 채택하였고, 2004년에는 그 비율이 91%에 달했다. 미국의 Fortune 기업 500개 전부가 윤리헌장을 채택하였고, 영국증권거래소 100대 기업 중 83개가 CSR 보고서를 발간하였다.

유럽의 최상위 기업의 90%도 CSR 보고서 발간에 참여하고 있으며, 특히 석유 및 의류회사, 금융회사에 까지 광범위하게 CSR의 도입이 일반화되고 있는 추세이다. 우리나라의 경우에도 2007년 대상기업 350개 중에서 93.5%가 윤리헌장을 보유하고 있다.

이러한 중첩 영역에 대한 개념도는 슈워츠-캐롤 모형이라 불리며, 경제적, 법적, 윤리적 영역이라는 3개의 기본영역과 4개의 중첩영역 그리고 7개의 상호배타적인 영역으로 구성된다. 여기서 CSR의 적용을 위한 규범적 범위는 글로벌, 지역적, 국내적 의미에 따라 달라질 수 있다. 준수의 영역을 의미하는 규범영역이 법률적, 윤리적, 경제적 영역에 해당한다. 이처럼 규범범위와 규범영역에 따라서 CSR의 적용기준이나 강도도 달라질 수 있다.

그러나 실질적인 윤리헌장의 충실한 이행 정도는 40% 정도밖에 되지 않는다고 한다. 다양한 형태의 CSR의 자율 규제가 각국의 입장에 따라 시행되고 있지만 자율 규제의 진정성에 관한 한계를 인정하지 않을 수 없다. 그렇다면 법적 규제의 이행으로 문제가 해결될 것인가? 이에 대한 대답 역시 긍정적이지 만은 않다. CSR의 본질 자체가 법적 규제의 대상으로 한계 지을 수 없고, 잘못하면 자유주의에 입각한 자본주의 경제 질서의 근간을 흔들 수 있기 때문이다.

다양한 기업 활동에 대한 법적 규제의 불완전성뿐만 아니라 규제 독점의 폐해에 대해서도 무시할 수 없다. 따라서 CSR에 대한 법적 규제는 기업의 인식, 사회적 성숙도, 시민단체의 자유로운 활동, 정치적 여건 등을 함께 고려하여 법·제도적 차원에서의 정비가 필요하다. 즉 CSR의 인식 제고를 위한 국가적 차원의 홍보와 기업가들의 윤리정신 제고, 그리고 방편으로서 SRI와 같은 투자환경의 개선, 끝으로 법 준수에 대한 기업의 적극적인 참여가 필요하다.

다. 자율 규제와 법적 규제의 타협: 제3의 길

사회적 책임에 대한 이행에 있어서 자율 규제와 법적 규제 모두 완전한 시스템을 제공하지 못하고 있다. 일반적으로 시민단체와 노동기구들은 좀 더 엄격한 법적 제제를 요구하고 있지만 기업의 입장에서는 자율 규제를 선호한다. 양 측의 입장을 반영한 합리적 방안에 대해 세필드 대학의 맥레드(S. MacLeod) 교수는 세 가지 가능성을 제시했다.

첫째, 자율 규제와 법적 규제의 양 요소를 적절히 조화시킨 '혼합과 조정(mix and match)'구조를 만드는 것이다. 즉 입법적 조치에 비구속적 조치를 포함시키는 것이다. 법적 규제의 의무사항에 기업의 자율적 행위준칙에 따르도록 하는 내용을 포함시키는 것이다. 그리고 행위준칙의 내용은 기업 스스로가 결정하게 하고 그 내용을 준수하는 것을 강제하게 하는 것이다.

둘째, CSR 이행 증진을 위해 투명성을 요구하는 것이다. 즉 기업들에게 표준 CSR의 이행에 대하여 공개적인 보고서 작성을 의무화시킨다. 표준 CSR은 기업 스스로, 또는 외부용역, 비구속적 입법이나 다른 조정수단 등, 다른 모든 이해관계인(stake holders)들이 참여하여 만들게 한다. 이 보고서는 국제기구, 지역 또는 국내 조정기구에 의해 검토되어 그 이행실적에 따라 '거명하여 창피주기(naming and shaming)' 식으로 선한 기업의 이미지를 만들도록 유도하는 것이다.

셋째, CSR 시스템을 참여모델로 만드는 것이다. 참여모델에는 기업과 입법당국, 그리고 시민단체가 모두 포함된다. 어느 누구도 CSR 표준내용을 넘어서는 통제를 독단적으로 할 수 없다. 모든 이해관계자들이 서로 논의를 통하여 SCR 표준내용을 개선시키며, CSR의 실적을 공유한다. 이해관계인들은 비구속적 규칙을 지킬 수 있도록, 동료평가(peer review), 거명하여 창피주기(naming and shaming)' 연합토론으로 기준을 제시하는 등의 방법을 통해 감시한다. 이런 시스템은 협상테이블에서 논의할 수 있도록 의무화시키는 입법적 수단이 배경이 되어야만 한다. 그리고 CSR 의무태만에 대한 강제성에 의해 이러한 접근이 지지되어야 하며, 모든 이해관계인의 참여가 담보되어져야만 한다.

MacLeod 교수가 제시하는 자율 규제와 법적 규제를 보완적으로 병행시키는 제3의 방법이 완벽하진 않다고 하더라도 기업의 이윤추구라는 속성과 사회적 책임이라는 이율배반적 속성을 감안한다면 이러한 방법이 나름대로 의미는 있다. 세 가지 시스템을 자율규제와 법적 규제에 조화롭게 적용시켜나가는 것이 중요하다.

제7절 기업의 사회적 책임에 대한 국제적 논의

CSR의 국제적 논의는 UN의 Global Compact 운동을 중심으로 관련 NGO, 다국적기업, 각국 정부 차원에서 최근 활발하게 전개되어 CSR의 국제표준화와 규범화 단계에까지 이르렀다.

사회적 책임에 대한 국제적 논의는 세 가지 형태로 구분할 수 있는데, ① 사회적 책임투자의 활성화, ② 사회적 책임 활동에 대한 보고서를 통한 정보공개, ③ 국제기구를 중심으로 한 사회적 책임활동의 기준에 대한 국제표준화 작업 등이 있다.

특히 OECD 주도로 ILO, NGO 등의 협조를 얻어 CSR 국제표준화 작업이 ISO 26000의 이름으로 완성되었지만 이에 대한 각국의 평가는 다양하다. CSR 기준의 국제표준화가 비관세장벽으로 남용될 우려에 대한 것이다.

1. UN차원의 협약: UN Global Compact

20세기 말 미국과 유럽의 금융위기는 국제경제체제에 대한 불신으로 이어졌다. 세계경제를 주도해온 자유주의 시장경제논리는 부(富)의 양극화만 초래했다는 비판을 받았다. 이로 인한 반대급부로 새로운 경제체제를 요구받고 있다. 자본주의의 꽃인 기업이 오직 이윤극대화만을 추구한다면 결국에는 시민들로부터 외면 받게 될 것이다.

따라서 기업들이 CSR에 대하여 관심을 가질 수밖에 없다. 특히 인권, 환경, 노동복지 차원에서의 기업의 사회적 책임요구는 거스를 수 없는 글로벌 시대의 사명이 되었다.

코피아난 UN사무총장의 주도로 2000년 UN Global Compact가 창설되었다. 즉, 국제경영환경이 좋은 기업, 선한경영 등을 표방하면서 기업이 스스로 법적·윤리적·인도적 차원의 책임을 다하는 기업을 소비자들이 선호하게 되었던 것이다. 특히 사회적 책임을 다하는 기업에 투자하는 사회적 책임투자(SRI)라는 개념의 등장은 기업들로 하여금 투명성과 책임성을 강요하였다.

1990년대 말 UN의 역할에 대한 회원국들의 불신이 깊어졌다. 개혁과 투명성을 요구받게 된 UN은 그 돌파구로서 기업의 사회적 책임에 대한 국제적 공조의 선봉에 서게 되었고, 1999년 1월 다보스포럼에서의 창설을 제안 이후, 2000년 7월 뉴욕에서의 창립총회를 기점으로 2010년 전 세계 135개국 9,000여 회원이 참가한 가운데, 6,230개의 기업이 참여하는 세계최대의 사회책임 이행조직이 되었다.

UN 글로벌 컴팩트는 인권, 노동, 환경, 반부패의 10대 원칙을 기초로 하여 각종 국제개발 사업에 기업들의 참여를 독려하고 있다. 철저히 자발적인 참여를 지향하며, 참가기업들은 10대원칙의 이행보고서(Communication on Progress: COP)를 매년 작성하고, 이를 공개하고 있다. 기업의 측면에선 이 보고서를 통하여 기업의 사회적 책임에 대한 사전 경영진단 및 개선을 하게 되고, 그 결과 기업의 지속가능한 성장을 주도하게 되는 것이다.

UN Global Compact, The Ten Principle index는 다음과 같다.

- 인권

① 기업은 그들의 영향이 미치는 인권에 관하여 국제법적으로 보호하고 지지하여야 한다.

② 기업은 인권침해에 연루되지 않도록 적극적으로 조심해야 한다.

- 노동

③ 기업은 결사의 자유와 단체교섭의 권리를 보호해야 한다.

④ 기업은 모든 형태의 강제노동을 배제하여야 한다.

⑤ 기업은 아동노동을 효과적으로 폐지하여야 한다.

⑥ 기업은 고용 및 업무에서 차별을 철폐하여야 한다.

- 환경

⑦ 기업은 환경문제에 대한 예방적 접근방식을 지지하여야 한다.

⑧ 기업은 환경에 대한 책임강화에 적극적이어야 한다.

⑨ 기업은 환경 친화적 기술개발과 보급을 지원하여야 한다.

- 반부패

⑩ 기업은 부당가격의 청구 및 뇌물 등의 부패를 방지하여야 한다.

글로벌 컴팩트 운동은 반기문 총장이 더욱 발전시켜 기후배려 이니셔티브, 수자원 관리 책무 이니셔티브 등을 출범시켰다. UN PRI(Principle for Responsible Investment)는 800여 개 투자기관이 22조 규모의 기금으로 여섯 가지 원칙을 기초로 활동하고 있다. 탐욕적 자본주의를 경계하고, 창조적, 포용적, 의식 있는 자본주의를 주창하면서 윤리경영, 사회책임투자 등을 주도하고 있다.

UN PRI 6대 원칙은 다음과 같다.

① 우리는 ESG 이슈들을 투자분석 및 의사결정 시 적극적으로 반영한다.

② 우리는 투자 철학 및 운용원칙에 ESG 이슈를 통합하는 적극적인 투자가가 된다.

③ 우리는 우리의 투자대상에게 ESG 이슈들의 정보공개를 요구한다.

④ 우리는 금융 산업의 책임투자원칙 준수와 이행을 위해 노력한다.

⑤ 우리는 책임투자원칙의 이행에 있어서 그 효과를 증진시킬 수 있도록 상호 협력한다.

⑥ 우리는 책임투자원칙의 이행에 대한 세부 활동과 진행사항을 보고한다.

서울과 칸쿤에서 '기업과 환경회의'를 주도하고 2010년 서울 G20회의에서 기업인 정상회의를 주재하여 국제사회의 건전한 기업경영원칙을 전파하였다. 이러한 활동은 향후 국제사회의 책임경영을 강조하면서, 환경과 반부패, 지속가능한 성장 등의 측면에서 핵심적인 역할을 하고 있다.

2. 유럽연합(EU)

기업의 사회적 책임에 관한 EU의 입장은 유럽의 기업가들은 기업현장에 윤리경영의 실천에 있어서 아직 미흡한 것으로 판단하였다. 그러나 사회적 연대성을 중요시하는 정책으로 유럽고용전략, EU친환경라벨, 친환경경영 및 감사제도 등의 분야에서 자발적인 책임경영이 쉽게 확산되었다.

유럽에서는 CSR에 대해 2000년대까지는 대체로 소극적인 태도를 보였지만 EU가 2005년 2월 리스본 아젠다를 통해 지속적인 성장과 고용의 양적·질적 개선을 강조하면서부터 본격적인 논의가 시작되었고, 2005년 10월 Hampton Court에서의 비공식적 회합을 통해 유럽식 가치(European values)를 보존하면서 경쟁으로부터의 도전에 대처하기 위한 혁신적 방안을 강구하면서 활성화 되었다.

기업과 이해관계자들의 관심은 지속가능한 발전과 효율적인 경영방식에 관한 것이었다. 이사회에서는 EU차원의 고용과 성장을 위한 회원국들의 기업들에게 사회적 책임을 권고하였고, 유럽의회는 2002년과 2003년에 기업의 사회적 책임에 대한 논의를 시작하였다. 여기서 논의된 CSR 운동은 유럽연합기구의 주도로 EU의 국제개발정책과 개발도상국가에서의 민주주의와 인권보호의 설계를 위한 사전활동과정에서 채택되었다.

EU차원의 CSR 이행이란 이해관계인들 간의 대화, 공사간의 파트너십, CSR의 실행과 수단에 대한 투명성과 신뢰성의 제고 등과 관련해서 지속가능한 발전목적과 공공정책간의 연계를 고려하여 수행되었다. EU 집행위원회는 CSR이 다양한 공공정책적 목표 달성에 기여할 수는 있다고 보았다. 이러한 관점에서 CSR의 확산을 위하여 모범사례를 발굴하여 공유 및 인식제고, 다양한 이해관계자들의 참여, 회원국들 간의 협력, 소비자들을 위한 정보공개와 투명성, SCR을 위한 학제 간 연구 및 교육, 중소기업에 대한 CSR 참여 확산, 국제적 차원의 CSR 증진, 특히 UN 주도의 글로벌 컴팩트와 국제노동조건과 연계된 CSR의 증진에 대한 제안을 하고 있다.

이러한 EU의 제안은 자발성을 근간으로 하고 있다. 따라서 자발적 규제는 그 자체로서 한계를 내포하고 있다. 그리고 이윤추구를 목표로 하는 기업의 본질상 자발성의 진정성이 부족할 경우 결국 시장의 압력과 여론의 압박에 의한 CSR의 이행은 CSR의 존재를 폄하시킬 수가 있다. 즉, 경영차원에서의 위험관리는 오히려 법적 책임을 어떻게 회피 또는 예방할 것인가라는 측면에서 CSR을 이용할 수도 있다. 따라서 법적 규제와의 보완적 관계가 요구되는 것으로 CSR의 입법론적 접근이 필요한 이유가 바로 여기에 있는 것이다. 그러나 자율적인 규제냐 법적인 규제냐 보다 근본적으로 중요한 것은 CSR에 대한 필요성에 대한 논의가 아니라 기업이 CSR를 어떻게 받아들여 선한경영(good practices)을 구현하는가에 초점을 맞추어야 한다.

3. OECD와 국제책임표준 ISO 26000

가. OECD의 사회적 책임 논의

OECD 차원에서는 1976년 다국적기업에 대한 OECD 가이드라인(OECD Guideline for Multinational Enterprises)을 통하여 기업의 사회적, 환경적 책임에 대한 행동원칙을 처음으로 논의하였다.

2000년에는 국제투자에 대한 OECD 선언과 다국적기업이라는 부분에서 인권과 노동기준 그리고 환경과 관련하여 '선한 경영의 원칙과 표준(principles and standards of good practices)'의 제공에 의해 외국투자를 용이하게 하는 내용을 채택하였다. 이러한 가이드라인은 비록 자발성에 근거하고 있음을 명시하고 있지만 실질적으로 OECD 결정이사회(Council Decision)에서 가이드라인의 활성화를 위해 국내연락사무소(National Contact Points: NCPs) 제도를 통하여 우회적으로 규제의 효율성을 강화시키고 있다.

NCPs는 단일정부기관(영국), 복수의 협력기관(헝가리, 슬로바키아공화국), 기업과 무역협회, 노조 등이 포함된 더 많은 협력기관(스웨덴) 등의 삼자형태가 있다. 핀란드의 경우는 기업, 무역협회뿐만 아니라 시민단체(NGO)가 포함된 사자형태(quadripartite)로 되어 있다.

NCPs는 적절한 방법으로 OECD 가이드라인을 홍보하고, 적용시키며, 분쟁발생시 조정역할을 담당한다. 또한 연례보고서를 작성한다. 대부분의 연례보고서에 NCPs의 활동내용이 포함되어 있고, 시민단체들도 정형적이든 비정형적이든 이 내용을 참고 한다. OECD는 CSR에 대하여 NCPs의 설치와 활동에 대한 근거규정을 두어 장려하고 있다. 국내적 차원에서 가장 훌륭한 케이스로 핀란드를 지목하는데, 핀란드의 모든 이해관계인들은 NCPs를 통한 활동 속에 CSR의 이행 정도를 정형적으로 판단한다. 국제적 차원에서도 이해관계인들은 적어도 NCPs의 활동을 비정형적으로 받아들이고 있다.

또한 NCPs의 활동여하의 따라 보고서의 내용이 풍부해지고 이는 간접적으로 CSR에 대한 준수의지가 높다는 것으로 평가하는 것이다. 이러한 점에서 OECD 가이드라인은 앞서 언급한 제3의 방법으로서 혼합과 조정에 해당한다고 볼 수 있다. 이는 OECD 차원의 CSR 정책도 EU와 마찬가지로 자율차원에서 규제의 방향으로 가고 있다는 것을 의미한다. 특히 국제적 차원에서 OECD의 주도로 채택된 국제책임표준 ISO 26000의 경우는 이러한 OECD의 고민에서 나온 것이다.

나. 사회적 책임과 국제책임표준 ISO 26000

국제사회에서 기업의 사회적 책임에 대한 논의가 시작되면서 어떻게 기준을 정할 것인가 중요한 과제였다. UN과 OECD에서 다양한 원칙과 기본원리를 만들었지만 CSR을 보다 활성화하기 위해서는 실질적인 국제표준안이 필요했다. 이러한 사회적 요구에 따라 GRI(Global Reporting Initiative)가 주도한 기업들의 CSR 보고서 발행과 OECD 투자위원회에서 주도한 사회책임투자 운동이 그 대표적인 것이다. 그리고 UN에서는 Global Compact를 주창한 것이다.

한편 기업의 사회적 책임에 대한 국제표준은 소비자단체에서 소비자의 선택적 구매력을 용이하게 하기 위해 ISO 소비자정책위원회에서 사회적 책임규격제정을 요구하였고, 2004년 ISO를 통해 '보건과 사회복지를 포함하는 지속가능한 개발'이라는 ISO 사회책임표준을 만들기로 하면서 시작되었다. 결국 2010년 UN과 OECD, ILO와 협력을 통해 사회적 책임에 대한 국제표준인 ISO 26000(ISO 26000 Guidance on Social Responsibility)을 만들었다.

사회적 책임에 대한 지침으로 개발된 ISO 26000은 기업 또는 조직이 사회적 책임을 이행하는데 필요한 행동지침서로 활용되고 있다. 그 내용으로서 일곱 가지 원칙, 일곱 가지 핵심주제를 선정하였다.

일곱 가지 원칙으로는 ① 조직자체의 감시체제 및 부정행위 발생 시 대응조치의 책임, ② 조직의 의사결정과 활동의 투명성, ③ 인간, 환경, 동물 및 이해관계자의 이익을 위한 윤리적 행동, ④ 조직의 이익보다 타 이해관계자의 이익존중, ⑤ 공개되고, 공정하게 시행되는 법률준수, ⑥ 국제행동규범의 존중, ⑦ 인권존중 등을 말한다.

일곱 가지 핵심주제란 사회적 책임범위를 한정하고, 관련쟁점 사항들을 구별하고 우선순위를 정하기 위한 것이다. ① 지배구조 개선과 관련하여 의사결정시스템의 마련, 투명성과 윤리성 보장, ② 인권차원에서 비차별과 취약계층의 보호 및 직장에서의 정치, 경제, 사회 문화적 기본권 보호, ③ 노동 분야에서의 고용 및 사회적 보호, 단체교섭권 보장, 직장보건 및 불법노동 금지 등, ④ 환경 분야의 오염방지 및 지속가능한 자원사용, 환경보호 및 멸종 위기 종 보호 등, ⑤ 공정운영과 관련하여 부패방지, 공정경쟁, 내부고발 감시제도 마련 등, ⑥ 소비자보호와 관련하여 공정한 마케팅, 계약, 소비자보건 및 안전, 소비자 정보제공 및 서비스개선 등, ⑦ 공동체의 사회 경제 발전분야에서 지역공동체 참여, 고용창출 및 기술개발, 책임 있는 투자, 교육, 보건, 조세의무준수 등의 내용을 담고 있다.

다. ISO 26000의 국제적 평가와 전망

2010년 10월 채택되고 11월에 발효된 ISO 26000에 대한 국제사회의 평가는 달라도 이로부터의 직접적인 영향에서 벗어날 수는 없다. 국제사회의 다양한 사회책임투자 그룹과 UN Global Compact, OECD, ILO, 소비자단체, 인권, 환경단체 그리고 각종 시민단체(NGO)에서 ISO 26000을 수용할 것을 요구하고 있다. 이러한 시민사회 및 이해관계그룹들의 압력으로 Fortune Global 500기업은 이미 ISO 26000을 지지하고 준수함으로써 지속가능한 개발에 공헌하겠다고 천명하였다. 각국 정부 또한 ISO 26000의 준수에 동참하기로 하였다. 이러한 상황은 다국적기업의 협력업체 및 하청기업에까지도 ISO 26000의 준수를 권고하게 하였다. 그러나 현실적으로 다국적기업의 하청업체들 가운데 ISO 26000을 준수하지 못할 경우 자연스럽게 도태될 것으로 보고 있다.

따라서 개발도상국의 입장에서는 엄격한 ISO 26000의 준수요구가 부담스러울 수

밖에 없다. 이는 새로운 형태의 무역장벽으로서 작용할 것이라는 우려가 있다. ISO 26000의 요구를 수용하지 못하면 이윤만 추구하는 무책임한 기업으로 낙인 찍혀 국제사회의 바이어들로부터 외면 받을 가능성이 크기 때문이다. 저개발국가들의 기업들이 ISO 26000 서문에서 "무역에서 비관세장벽을 형성하는 것을 의도하지 않는다"라는 문구가 있음에도 불구하고 비관세장벽으로 활용될 것을 우려하고 있다.

예를 들어 우리나라의 노동시장에는 정규직에 비해 비정규직 근로자들이 많은 편이다. 이는 OECD평균 2배 정도로 많다고 한다. 그런데 우리나라의 노동시장의 여건이나 특수성을 감안하지 않고, ISO 26000의 사회적 책임표준에 따른다면 국제거래의 기피대상이 될 수 있는 것이다. 기업세습이나 회사자금횡령, 분식회계 등의 기업도 거래기피대상의 될 수 있다. 우리나라의 재벌기업들의 기업세습 관행, 환경오염발생제품, 불법아동노동을 통하여 생산된 제품 등은 ISO 26000이 부담이 될 수도 있다.

따라서 ISO 26000에 대한 우리 기업의 인식제고와 대처 방안에 대해서는 적극적이어야 한다. 대기업이든 중소기업이든 기업 스스로 노동조건을 개선하고 친환경적이고, 지역사회에 기여하는 기업으로 거듭나기 위한 피나는 노력을 해야 한다. 특히 공기업의 경우 하청 및 공급 협력업체에 까지도 ISO 26000의 준수를 권고하고 개선시킬 필요가 있다. ISO 26000은 선택사항이 아닌 국제사회의 표준으로 자리 잡고 있어 이의 준수는 기업이미지 개선 및 홍보를 넘어 기업의 생존과 직결되는 매우 중요한 문제가 되었다.

[사례] SH공사, UN글로벌콤팩트 가입 "사회적 책임 강화"

서울주택도시공사(SH공사)가 글로벌 기준에 입각한 사회적 책임·윤리경영 강화를 목적으로 유엔글로벌콤팩트(UNGC)에 가입했다. SH공사는 2020년 2월 18일 강남구 개포동 본사에서 UNGC 한국협회로부터 가입증서 전달식을 가졌다.

유엔글로벌콤팩트는 국제사회윤리와 국제환경을 개선하고자 발의한 유엔 산하 전문기구다. 전 세계 160개국 1만 4,000여 개 회원이 참여하고 있다. 가입 기업은 유엔글로벌콤팩트의 핵심 가치인 인권, 노동, 환경, 반부패 분야 10대 원칙을 경영전략에 내재화하여 기업의 사회적 책임을 다하고 전 지구적 지속가능성에 기여하기 위해 노력해야 한다.

김세용 SH공사 사장은 "SH공사는 지난 30년 동안 30만 호가 넘는 주택을 공급하는 등 서울시민의 주거복지를 향상함으로써 UN의 지속가능발전목표(SDGs)에 기여하고 있다"며 "이번 가입을 계기로 기업의 경영전략에 인권, 노동, 환경, 반부패 분야 10대 원칙을 보다 적극적으로 반영하고 내재화하여 사회적 가치·윤리경영 선도 기업으로 발돋움 하겠다"고 강조했다.

박석범 유엔글로벌콤팩트 한국협회 사무총장은 "UN의 11번째 지속가능발전목표(SDGs)는 도시와 주거지를 포용적이며 안전하고 복원력 있고 지속가능하게 보장하는 것인데, 이는 SH

공사의 목적과 일맥상통한다"며 "UNGC 가입이 공사의 지속가능성 향상에 촉매제가 되기를 기대한다"고 말했다.

SH공사는 2019년 말 개최한 사회적 가치 비전 선포식에서 '포용, 돌봄, 안전, 참여, 공정, 공생'을 6대 핵심가치로 선포하고, 2018년 한 해 동안 창출한 사회적 가치를 1조 4,141억원으로 측정해 발표한 바 있다. 2020년 4월에는 인권문제를 다루는 전문독립기구 인권센터를 개소하고 기업 활동 전반에 인권존중의 문화를 확산시키고자 노력하고 있다.

제 4 부

관리기능과 기업윤리

제 7 장 인적자원관리와 기업윤리
제 8 장 마케팅과 기업윤리
제 9 장 재무관리와 기업윤리
제10장 생산관리와 기업윤리
제11장 정보관리와 기업윤리
제12장 회계와 기업윤리
제13장 금융·보험과 기업윤리
제14장 환경경영과 기업윤리

제7장

인적자원관리와 기업윤리

제1절 인적자원관리의 환경변화
제2절 인적자원관리에 대한 윤리적 이슈
제3절 내부고발과 윤리적 이슈
제4절 세계의 각국별 내부 고발자 보호
제5절 윤리경영 상담센터 설치

제1절 인적자원관리의 환경변화

1. 노동에 대한 인식

노동이란 생산을 목적으로 하는 인간의 육체적 또는 정신적 활동으로 생산요소로서의 노동은 인간이 제공하는 활동, 즉 노동력을 말한다. 기업이 노동력을 생산에 활용하기 위해서는 노동자를 일정 시간 동안 생산 현장에 투입하는데 이를 고용이라 한다. 노동이 생산에 활용되지 못하는 상태를 실업이라고 한다.

생산요소로서의 노동은 인간의 힘과 노력, 그리고 인격이 결부된 생산 요소이다. 노동은 자본과 같은 다른 생산 요소들과 결합할 수 있으며, 교육과 훈련을 통해 질적으로 향상될 수 있다.

노동의 사회적 성격과 중요성의 관점에서 살펴보면 노동은 개인의 경제적 삶의 원천임과 동시에 사회적 차원에서 사회 구성원들이 좀 더 나은 삶을 누릴 수 있게 하는 수단이 된다. 사회 전체의 생산성 향상을 가져올 수 있는 교육이나 직업 훈련 등은 사회적 차원에서 중요시 된다. 사회 구성원으로서 개인들은 노동을 통하여 자신의 능력을 발휘하고 삶의 보람을 느끼는 가운데 자아실현을 한다.

UN은 1948년 12월 10일 파리에서 열린 제3회 국제 연합 총회에서 세계인권선언을 채택했다. 시민적·정치적 권리가 중심이지만 노동자의 단결권, 교육에 관한 권리, 예술을 향유할 권리 등 경제적·사회적·문화적 권리에 대하여서도 규정하고 있다. 이를 계기로 각국 정부와 국제기관에서 선언의 내용을 인권규범으로 활용함으로써 오늘날 인권문제에 대한 규범적 성격을 가지게 되었다.

세계인권선언문 제1조를 보면 "모든 인간은 태어나면서부터 자유롭고 존엄성과 권리에 있어서 평등하다. 인간은 이성과 양심을 부여받았으므로 서로에게 형제자매의 정신으로 행해야 한다"고 되어 있다.

제23조에 노동의 권리에 대해 규정하고 있는데 다음과 같다.

① 모든 인간은 일, 자유로운 직업선택, 공정하고 유리한 노동조건, 실업에 대해 보호 등의 권리를 갖는다.

② 모든 인간은 어떤 차별도 받지 않고 동등한 노동에 대해서 동등한 보수를 받을 권리를 갖는다.

③ 모든 근로자는 본인 및 가족에 대해 인간의 존엄에 상응하는 생활을 보장받고 공정하며 유리한 보수를 받으며, 필요한 경우 다른 사회적 보호수단에 의해 도움을 받을 수 있다.

④ 모든 인간은 자신의 이익을 보호하기 받기 위하여 노동조합을 조직하여 이에 참가할 권리를 가진다.

이상에서 살펴본 세계인권선언에서 규정하고 있는 노동의 권리는 현재 적용되고 있는 보편적 원리로서 모든 국가, 사회, 조직에서 반드시 준수되어야 할 규범으로서 역할을 하고 있다.

마르크스는 노동에 대해 다음과 같이 말했다. "노동은 무엇보다 먼저 인간과 자연 사이의 한 과정으로써 인간이 자연과의 물질대사를 그 자신의 행위에 의하여 매개하고, 규제하고, 통제하는 과정이다"라고 했다. 인간은 외적 자연에 작용을 가하면서 이 자연과 자기 자신을 동시에 변화시킨다.

자연을 변화시켜 인간은 자신의 의식적 목적을 실현하고, 그것을 자신의 욕구에 적응시킨다. 동시에 인간 자신이 가지고 있는 능력을 향상시키고 생활수준을 개선하여 인간 자신이 스스로를 변화시켜 나간다.

노동의 과정에는 세 가지 측면에서 이루어진다.

첫째, 목적을 가진 인간의 활동으로 노동 그 자체가 해당된다.

둘째, 노동에 있어서의 대상이 있어야 한다.

셋째, 인간이 대상에 작용을 가할 때 사용하는 생산도구가 필요하다.

노동은 인간의 생존에 있어서 주요한 조건으로 그 생존에 필요한 물질을 인간에게 제공할 뿐만 아니라 인간 자신을 새롭게 만들어 간다. 노동은 동물과 인간을 구별 지어 고양시키는 것으로 동물과 인간의 본질적 차이 가운데 근본적인 것은 동물은 주어진 자연 그대로를 이용하여 살아가지만 인간은 자연을 노동에 의하여 자신의 목적에 따라서 변화시키고 자신의 필요에 적응시킨다는 점이 다르다.

경제적 사회구성체에 따라서 노동은 각각 다른 형태로 나타나게 된다. 그 형태는 사회관계의 발전 수준을 가리키는 것이기도 하다. 원시 공동체에서 노동은 공동으로 발생하고 집단적이며 노동의 성과물은 공동으로 분배되고 착취라는 것은 없었다. 생산수단의 공유가 그 특징인 것이다. 그 이후의 계급 대립적인 경제적 사회구성체에서는 항상 인간의 노동은 착취의 대상이었다. 노예·농노·근대 노동자의 노동은 착취의 대상이 되었다.

기업 측에서 노동을 단순히 비용적 요소로 본다면 가급적 법률이 허용하는 범위 내에서 줄이려고만 할 것이다. 반면 인적자원인 노동자의 노동의 질은 교육훈련과 능력 개발에 따라서 얼마든지 질을 높일 수 있고 그 결과 직무수행에 자신감이나 동기부여로 인하여 높은 생산성을 이끌어낼 수 있다.

따라서 노동에 따른 비용을 단순히 비용적 요소만으로 인식할 것이 아니라 기업의 자산으로 인식의 전환이 필요하다. 그 결과 기업 측에서는 생산성의 향상을 기대할 수 있고, 종업업의 입장에서는 임금 및 근로조건 등의 개선을 요구할 수 있다.

노동과 관련하여 기업의 사회적 책임은 근로자의 인권을 존중하고 사회의 일원으로서 기업경영 활동에 사회적 공정성을 보장받으며 사람중심의 의사결정을 실현하는 것이다. 따라서 사회적 책임의 관점에서 인간존중의 인적자원관리를 실현하는 것이 윤리경영의 실천이 될 것이다.

2. 직업에 대한 인식

가. 직업의 의미

직업이란 생계를 유지하기 위하여 자신의 적성과 능력에 따라서 일정한 기간 동안 한 직장에서 일을 하는 것을 말한다. 사회생활을 하는 사람들은 자신의 재능과 능력에 따라 업(業)에 종사하며, 정신적·육체적 에너지의 소모에 따른 대가로서 경제적 급부를 받아 생활을 지속해 나가는 활동 양식을 말한다.

우리 인간은 누구나 직업을 갖고 삶을 살아간다. 개인마다 각자 직업이 다르고 하는 일에 대해 만족감도 다르다. 직업을 가지게 되면 직장으로부터 주어진 일을 하게 되는데 그 일에 대한 의미와 가치에 따라서 육체적·정신적으로 영향을 미치며 특히 스스로의 자존감에 영향을 준다.

부모로부터 독립을 한다는 의미는 각자가 스스로 직업을 갖고 돈을 벌게 되었을 때를 말한다. 직업을 갖게 됨으로써 돈을 벌게 되고 일을 통해 사회적 관계를 형성하고, 일을 통해 성취감을 얻게 된다.

로버트 벨라(Robert N. Bellah)

사회학자 로버트 벨라(Robert N. Bellah)는 직업의 의미에 대해서 직업, 경력, 소명으로 구분하여 설명하고 있다. 그리고 세 가지 개념에 따라서 개인의 역할에 대한 정체성이 구분되게 된다.

그는 직업이 무엇이냐에 따라 각자의 정체성이 결정된다는 것이다. 우리는 사람을 첫 대면할 때 먼저 묻는 말이 '현재 어떤 일(직업)을 하고 있습니까?'라는 질문에서 사람들은 직업을 통해 자신과 다른 사람을 구분하게 된다. 질문에 대한 답으로 '저는 자영업을 합니다.', '저는 저축은행에 근무합니다.', '저는 대학원생입니다.', '저는 대기업에 다닙니다.' 등의 직업을 밝힘으로써 자신이 어떤 사람인지 알려준다. 상대방의 직업을 통해 그 사람이 어떤 사람인지를 안다고 생각하게 된다.

직업은 개인에게 있어서 중요한 의미를 가지게 된다. 직업을 통해서 자신에 대해 생각하고 자신의 이미지와 능력을 발전시킨다. 누군가가 글로벌 기업의 해외영업부에 이사라면 그 사람이 그 직위에 오르기까지 얼마나 부단한 노력과 철저한 자기관리, 능통한 외국어 구사 능력, 효과적인 경력관리로 지금의 자리에 오르게 되었을 것이라는 긍정적 이미지를 떠올리게 된다.

직업의 도구적 가치로 보면 개인이 직업을 갖는 것은 단지 돈을 벌기 위한 수단으로 생각한다면 직업은 돈을 벌기 위한 도구적 수단 그 이상의 가치를 가질 수 없다. 따라서 직업에 대한 긍지나 자부심, 애착심 등을 기대할 수 없다. 단지 직업은 돈벌이를 하는 수단으로서의 도구적 가치만 갖는 것이다. 그렇다면 직업이 돈을 벌기 위한 수단에 불과한 것인가? 꼭 그렇지만은 않다.

경력(career)은 자신이 지금껏 살아오면서 어떤 분야에서 직업과 관련된 활동을 하면서 쌓아온 발전을 의미한다. 따라서 경력은 직업과 관련된 활동에서의 사회적 인정이며 자신의 발전되어온 모습이다. 한 직업에서 경력을 쌓아가면서 단계를 올라가며 발전한다. 발전한다는 의미는 경력이 바로 개인의 사회적 지위, 자존감을 가져다준다는 의미이다. 경력사다리를 밟고 올라가면서 자신의 최종 경력목표에 이르게 된다.

소명은 한 사람의 정체성과 직업적 활동이 도덕적으로 분리될 수 없는 단계를 의미한다. 소명은 단순한 직업을 의미하는 것이 아니라 하늘이 그 사람에게 맡긴 신성한 일이라는 의미를 가지고 있다. 하늘이 특별히 그 사람에게 재능을 부여하고 그 일을 하도록 명령했다는 의미이다.

직업에 대한 소명의식이 시대의 흐름에 따라 많이 바뀌었다. 과거에는 대부분의 사람들이 직업에 대해 소명의식을 가지고 있었지만 오늘날에는 직업에 대한 소명의식이 미약해지고 있다.

우리 인간은 일을 하기 위해 이 세상에 태어난 것인지도 모른다. 모두가 자신이 원하는 일을 하고 싶어한다. 일을 하기 위해서는 직장에 나가고 직장에서는 개인에게 일을 맡긴다. 직업에 따라서 하는 일이 다르기 때문에 어떤 직업을 가졌느냐에 따라서 사람이 평가받는다. 그러나 어떤 일을 하든지 그 가치는 각각 모두 소중한 것이기 때문에 가치를 따질 수는 없다.

일의 의미와 가치는 타인이 평가하는 것이 아니라 바로 자신이 하는 일에 최고의 가치를 부여하고 최선을 다했을 때 최고의 가치를 갖게 되는 것이다. 그러나 아직도 사회에서는 직업에 따라서 가치를 평가하는 것이 현실이다. 좋은 직업, 나쁜 직업은 스스로의 직업에 대한 가치의 부여 여부에 따라서 다르다.

직업 가치(work values)는 직업과 진로에 대한 가치로서 직업을 선택하고 일을 하면서 바람직하다고 생각하는 신념체계를 말한다. 직업 가치는 개인의 삶과 진로 발달에 중요한 영향을 미치게 된다. 개인은 자신의 직업 가치를 인식함으로써 일과 관련된 스스로의 행동과 활동을 이해하고 평가하게 된다.

직업 가치의 유형이 조직몰입에 미치는 영향에 관한 연구에서 국내 직장인 500명을 대상으로 '일'의 의미에 대해 조사한 결과에 따르면 '보수를 받기 위해 일한다'는 응답이 전체의 74%, '일 자체가 좋아서 일한다'는 응답은 18%에 불과했다. 그러나 일을 단지 돈을 벌기 위한 수단으로 인식하고 연봉, 사회적 지위, 안정성과 같은 외재적 가치만 추구할 경우 일에 대한 불만족은 증가하고 심리적 안녕감은 감소하는 등의 부정적 결과로 이어질 수 있다.

직업 가치와 관련된 선행 연구에서 내재적 직업가치는 직무만족, 조직몰입, 주관적 안녕감 등의 영역에 긍정적인 영향을 주지만, 외재적 직업가치는 직무만족, 삶 만족에 부정적인 영향을 주며, 일-가정 갈등, 정서적 소진을 증가시키는 것으로 나타났다. 이러한 결과는 직업가치 유형에 따라서 개인의 삶과 직업생활에 차별적인 영향을 미칠 수 있음을 시사한다.

직업 가치는 조직 구성원의 태도, 행동 및 성과를 예측하는 데 중요한 요인으로 주목 받았다. 예를 들어, 직업 가치는 의사결정, 직무만족, 조직몰입 등과 같이 일과 관련된 다양한 인지 및 정서적 결과에 영향을 미치게 되며 지각, 결근, 이직의도와 같은 업무행동에도 영향을 주는 것으로 나타났다.

나. 직업 가치

직업가치는 업무 환경에서 나타나는 일반적인 가치로 조직구성원이 일을 하면서 추구하는 목적이나 보상을 의미하는 것으로 한 개인 또는 사회가 일이나 지위에 대하여 지니고 있는 생각이나 태도를 말한다.

Pennings(1970)는 가치 체계를 개인의 준거의 틀을 구성하는 중요한 요소라고 규정하고, 직업 가치 체계를 개인의 직무 및 업무환경과 관련된 사고와 태도의 집합이라고 정의하였다. Smith(1971)는 직업 가치가 특정 직무에 대한 태도라기보다는 한 개인이 일에 대해 가지고 있는 일반적인 태도라고 설명하고 있다. 즉, 직업 가치는 개인이 일에 대해 가지고 있는 태도로써 일과 관련하여 중요하게 인식하는 가치라고 할 수 있다.

직업 가치의 유형은 일반적으로 내재적 직업 가치와 외재적 직업 가치로 구분할 수 있다. 내재적 직업 가치는 자기실현, 성취, 창의성 등과 같이 직업 내적인 가치를 중요하게 생각하는 반면, 외재적 직업 가치는 경제적 보수, 명예, 안전성 등과 같이 직업 외적인 가치를 중요하게 고려하게 된다.

다. 직업에 대한 인식

(1) 전통적 인식

우리 인간은 태어나서 살아가기 위해서는 어떤 일이든 해야만 한다. 일을 하기 위해서는 직업을 선택하게 되고 그곳에서 주어진 일은 항상 힘들고 참아야 하며 살아가기 위해 어쩔 수 없이 해야 하는 것으로 인식되어 왔다. 따라서 직업에 대한 전통적 인식은 대부분 부정적 이미지를 가지고 있다.

강보현(2015)은 직업에 대한 전통적 관점에서 두 가지 관점에서 설명하고 있다. 첫째, 고대 그리스 사람들의 관점으로 일보다 더 의미가 있는 인간의 활동에 초점을 맞추는 것이다. 인간이 일하는 것을 싫어하는 것은 보다 더 가치 있고 고상한 것을 추구하기 때문이다. 인간의 좋은 삶이란 반성하고 심사숙고하며 문화, 예술과 같은 고상한 즐거움을 즐길 수 있는 삶이다. 따라서 인간은 자신의 삶에서 충분한 부(富)를 얻게 되면 보다 가치 있고 고상한 것들을 추구하기 위해 가급적 일하는 시간을 줄이게 된다.

일에 대한 전통적 관점은 인간이 지적인 존재이고, 일은 물질적인 것으로 생각한다. 인간은 자유로운 존재이지만 일은 반드시 필요한 것이다. 그러나 일은 인간의 본질과 잠재력을 감소시킨다. 고대에서는 일이 노예들의 전유물이었다. 교양이 있고 문명화된 사람들은 일하는 것을 품위 없다고 생각하고 피했다.

둘째, 쾌락주의 관점으로 직업을 삶의 즐거움을 얻기 위한 필요한 수단으로 보았다. 사람들은 자신을 행복하게 해 줄 재화를 얻기 위해 필요한 수단으로 일을 한다는 것이다. 따라서 직업은 인간이 삶을 살기 위해 필요한 것들과 삶을 더 즐길 수 있게 해주는 것들을 얻기 위해 지불해야 할 희생으로 인식하고 있다.

쾌락주의 관점은 인간은 원하는 어떤 것도 목적으로 선택할 수 있다는 것이다. 그런데 이런 관점은 많은 비판을 받았다. 따라서 인간이 행복을 얻기 위해 비록 비윤리적이고 옳지 않은 것이라도 크게 문제가 되지 않는다.

전통적 관점과 쾌락주의적 관점은 일은 힘들고 고달프기 때문에 사람들이 행복한 삶을 살아가는데 방해가 된다고 인식한다. 따라서 구조화되고 조직된 직장에서 직원들이 월급을 받기 위해서 일을 하고, 사용자는 직원들을 생산성과 같은 목적의 수단으로 대하기 때문에 직원들의 불만이 많다. 그러므로 일은 그 자체로는 아무 가치를 느낄 수가 없는 것이다. 일은 단지 목적들을 달성하기 위해서 참고 견뎌야 하는 필요악으로 인식하게 된다.

(2) 현대적 인식

오늘날 직업에 대한 인식은 자신이 몸담고 있는 직장에서 주어진 일을 수행하는 가운데 일의 성취감을 느끼면서 자아실현의 욕구를 충족하는 가운데 행복을 얻을 수 있는 곳이라고 생각한다. 직업을 통해 인간은 다양한 선택을 하고 삶의 방향을 결정함으로써 인간의 자유와 자율성을 발휘한다.

직업은 소속되어 있는 직원들에게는 자존감을 갖게 하고, 정신적·육체적 건강을 위한 기회를 제공할 뿐만 아니라 자신에게 주어진 일을 수행한 후 성취감과 같은 자아

실현의 욕구를 충족시켜 준다.

직업을 통해서 자아실현의 욕구를 충족하는 심리적·사회적 혜택들이 단순히 주관적이고 개인적인 선호 이상을 의미한다. 이러한 혜택들은 개인이 선택하는 것이 아니라 직업을 통해 발달된 특성들과 성취한 목표는 인간으로 하여금 의미 있는 삶을 살도록 도와준다.

우리 인간에게 있어서 중요한 활동은 자신이 직장에서 맡은 일을 수행하는 것이다. 자신의 주어진 직무수행을 통해 잠재력을 개발·발전시켜나가는 것으로 인식하고 있다. 이러한 관점은 일을 바라보는 전통적 관점과는 정반대의 인식이다. 즉, 전통적 관점에서 일은 인간의 잠재력을 발전시키는 것에는 관심이 없는 데 반해 현대적 관점은 일이란 자아실현의 관점에서 인간의 잠재력을 발전시키는 중요한 수단으로 보고 있다.

현대적 관점에서 일은 자아실현의 관점으로 보고 인간은 태어나면서부터 본질적으로 자연스럽게 훌륭한 삶을 발전시켜나가는 것을 목표로 한다는 것이다. 인간은 누구나 잠재력을 가지고 있고, 그 잠재력이 아직 발휘되지 못했거나 실현되지 못했을 뿐 언젠가는 발휘되어 실현될 가능성이 존재하고 있다는 것을 의미하는 것이다.

사람들은 모두가 잠재력을 가지고 있다. 그런데 어떤 사람은 이미 자신의 잠재력이 어떤 것인지 발견했거나, 어떤 사람은 아직 자신의 잠재력이 무엇인지 모르는 사람도 있다. 그러므로 우리 인간은 잠재력을 가지고 있다는 사실을 믿고 잠재력을 개발하기 위해 부단히 노력한다면 자신이 원하는 삶을 살 수 있다는 믿음을 가져야 한다. 훌륭한 삶은 바로 자신의 잠재력을 실현해 나가는 것으로 그 대표적인 하나가 바로 일을 통해 자아실현의 욕구를 충족시키는 것이 바로 자신의 잠재력을 발전시켜나가는 것이다.

현대인은 직업을 통해 다양한 선택을 하고 삶의 방향을 결정함으로써 인간의 자유와 자율성을 발휘하게 된다. 뿐만 아니라 직업은 인간의 재능을 발전시키고 인간의 창조성을 발휘할 기회를 제공한다. 직업을 통해 사회적 존재로서 타인과의 교류를 통해 자신의 주체성을 나타내게 된다.

직업은 인간의 재능을 발전시키고 인간의 창조성을 발휘할 기회를 제공한다. 직업을 통해 인간은 사회와 문화를 창조하고 자신의 정체성을 창조하고, 사회 존재로서의 본질을 표현할 수 있다.

따라서 어떤 일을 하고 어떤 직업을 가질지 선택할 때 매우 신중하게 결정해야 한다. 자신이 선택한 직업이 어떤 사람이 되고자 하는지를 결정하기 때문이다.

3. 종업원

조직에는 사용자와 그 영향력 하에 있는 근로자가 있다. 종업원은 조직의 중요한 구성원으로서 권리와 의무가 있다. 종업원의 권리와 의무가 있다. 종업원의 권리에 대해 이종영(2005)은 다음과 같이 설명하고 있다.

가. 종업원의 권리

(1) 일할 권리

종업원은 고용계약에 의해서 일할 권리가 있다. 이것은 부당하게 해고를 당하지 않으며, 부당하게 승진을 거부당하지 않는다는 것을 의미한다. 근로자는 사용자와 대등한 관계에서 근로계약을 체결하고 자신의 직무를 수행하기 위해 권리를 인정받아야 하며 인정받지 못한 종업원의 권리를 찾아주는 노력이 필요하다.

종업원은 회사의 경제적 이유로는 불황, 감원, 기구축소, 폐업 등으로 해고당하기도 하고, 비리에 연루되어 해고당하기도 하며, 비능률과 무능으로 인해 해고당하기도 한다. 그러나 부당 해고를 당할 때가 있다. 특히 비능률 또는 무능을 이유로 한 해고의 경우에는 '부당해고'가 아니라는 것을 종업원이 납득하기가 어렵다.

부당 해고는 종업원과의 복잡한 법적 문제가 발생하는 경우가 많다. 기존 직원들의 사기저하, 생산성 및 회사에 대한 충성심에 나쁜 영향을 주게 된다. 회사 내 부당해고가 발생하게 되면 노사분규로 이어질 가능성이 있다. 또한 종업원이 납득할 수 없는 해고가 사회에 알려지게 되면 기업의 사회적 평판에도 나쁘게 영향을 미치게 된다. 따라서 해고통보를 받은 종업원이 해고 사유를 납득할 수 없는 경우에는 적절한 절차에 따라서 자기의 견해를 말하고 재고를 요구할 수 있는 기회가 있다는 것을 해고 통보와 동시에 알려주고 당사자가 원할 경우 재고 청구를 받아서 인사위원회를 소집하여 다시 검토해야 한다.

회사의 이런 인사정책이 갖추어져 있을 때 해고당하는 본인만을 위해서가 아니고, 재직하고 있는 종업원에게 회사의 윤리적인 인사정책을 보여줌으로써 직장에서의 고용 안정성을 느끼게 되어 자신에게 주어진 직무에 최선을 다하게 될 것이다.

(2) 정당한 노동의 대가를 받을 권리

누구든지 노동을 사측에 제공했으면 정당한 노동의 대가인 임금을 받을 권리가 있다. 대개 근로기준법에 동일노동 동일임금이 지급되어야 한다고 되어 있다. 여기서 말하는 것은 절대적 평등을 의미하는 것이 아니라 위험감수와 능력에 의한 평등이라야 한다는 의미로서 두 가지 문제점을 지적할 수 있다.

첫째, 사용자와 종업원간의 노사관계이다. 종업원이 받는 것은 임금 또는 봉급이다. 이는 근로계약에 의해 정해진 일정한 금액으로 기업의 경영성과와는 상관없이 지급되어야 한다. 회사의 실적이 나쁘게 나오더라도 지급하기로 된 금액은 지급해야 한다. 그런데 사용자는 경영성과가 떨어지면 수입이 줄게 되고 지급해야 할 금액은 일정하기 때문에 문제가 될 수 있다. 따라서 노사 공동의 목적인 기업의 수익 극대화를 위하여 경영성과를 개선하기 위해 서로 협력해야 한다.

둘째, 종업원들의 급여 차이가 문제가 된다. 임금은 전통적으로 성별, 교육수준, 근속년수, 업무상 책임의 정도 등에 따라서 차등하여 지급되는데 각자 불만이 있을 수 있다.

최근 대기업을 중심으로 개인의 능력에 따라 지급하는 연봉제가 도입 시행됨으로써 기존의 임금형태와 다르게 개인차는 더욱더 크게 벌어지고 있다.

임금격차는 정당한 노동의 대가를 받을 권리와는 상반되지만 능력에 의한 임금의 지급형태는 현장에서 더욱더 늘어나게 될 것이다. 그러나 지나친 임금의 격차는 구성원간의 위화감을 조성하고 조직의 결속을 저해하는 요인이 될 수 있기 때문에 합리적으로 임금체계를 설계하여야 한다.

(3) 사생활 보호를 받을 권리

사용자와 종업원은 근로계약에 의해서 사용자는 종업원에게 직무를 부과하고, 종업원은 자신에게 부여된 일을 근로계약에 따른 근로시간 내에서 수행하게 된다. 종업원의 사생활을 보호받을 권리는 자본주의 시장 경제사회에서 가장 중요하게 보호받을 권리로 등장하게 되었다. 프라이버시(privacy: 사생활)는 근무시간 내와 근무시간 이후의 두 가지로 나누어 생각할 수 있다.

종업원은 근무시간 중에도 프라이버시를 보호받을 권리를 가진다. 자신에게 부여된 직무와 관련이 없는 개인적인 신상에 관한 질문에 대답하지 않을 권리가 있고, 정당한 이유 없이 개인 사물함을 수색당하지 않을 권리가 있고, 업무와 관련이 없는 정보를 인사기록카드에 기재되는 것을 거부할 수 있는 권리가 있고, 인사자료를 정당한 이유 없이 외부에 누출하는 것을 거부할 권리가 있다. 몸수색은 그 성질상 인권침해의 위험성을 수반하는 것으로 위법의 가능성이 높다. 다만, 합리적이고 타당한 방법과 정도로 취업규칙 등에 제도화되어 있다면 그 방법이나 정도가 타당성이 부족하다는 등의 특단의 사유가 없는 한 이를 거절한 종업원에 대한 해고가 가능하다. 그러나 방법이나 정도가 사회통념상 합리성이 없거나 취업규칙 등에 규정이 없으면 이를 행할 수 없다.

종업원의 개인적인 프라이버시 침해활동은 원칙적으로 없어져야 하지만 기업 활동 성격상 꼭 실시의 필요성이 제기될 경우 반드시 노사 간의 협의하에 이루어져야 한다. 대표적인 협의사항은 다음과 같다.

① 영업활동과 직접적인 관계가 있는 부분이어야 한다.

② 사전에 종업원의 양해를 구해야 한다.

③ 종업원의 자발적인 협력 하에 시행되어야 한다.

④ 각종 테스트결과에 대해서는 인사비밀로서 반드시 비공개를 원칙으로 해야 한다.

최근 세계적으로 미투운동(#MeToo)이 전개되고 있다. 이는 성폭력 생존자들이 SNS를 통해 자신의 피해 경험을 연달아 고발한 현상이다. 사회에 만연한 성폭력의 심각성을 알리고 생존자 간 공감을 통해 연대하는 것을 목적으로 한다.

미투운동은 2006년 미국의 사회운동가 타라나 버크가 성범죄에 취약한 유색 인종 여성 청소년을 위해 시작한 캠페인으로, 2017년 10월 배우 알리사 밀라노가 트위터를 통해 제안하면서 빠르게 확산했다. 제안 직후부터 많은 사람들이 SNS에 자신이 겪은 성폭력을 고발하고 '미투(#MeToo)' 해시태그를 붙여 연대 의지를 밝혔다. 이후에도 전 세계 80개 이상 국가에서 미투 해시태그를 통한 성폭력 고발이 이어졌고 특히 사회 각 분야에서 빈번하게 발생하는 권력형 성폭력의 심각성에 주목하는 계기가 되었다. 특히 조직 내 성희롱(Sexual harassment)은 프라이버시 침해행위로 고용노동부의 "남녀고용평등과 일·가정 양립 지원에 관한 법률(약칭 남녀고용평등법)" 제2조 제2항에 "직장 내 성희롱"이란 사업주·상급자 또는 근로자가 직장 내의 지위를 이용하거나 업무와 관련하여 다른 근로자에게 성적 언동 등으로 성적 굴욕감 또는 혐오감을 느끼게 하거나 성적 언동 또는 그 밖의 요구 등에 따르지 아니하였다는 이유로 근로조건 및 고용에서 불이익을 주는 것을 말한다. 조직 내 성희롱 예방지침에 따라 프라이버시 권리로 인정하고 있다.

성희롱의 법적 요건을 보면 행위성 요건으로 다음과 같다.

첫째, 육체적 행위로는 다음과 같다.

① 입맞춤이나 포옹, 뒤에서 껴안기 등의 신체적 접촉

② 가슴, 엉덩이, 등 특정 신체 부위를 만지는 행위

③ 안마나 애무를 강요하는 행위 등

둘째, 언어적 행위로는 다음과 같다.

① 음란한 농담이나 음담패설 등

② 외모에 대한 성적인 비유나 평가

③ 성적 사실 관계를 묻거나 성적인 내용의 정보를 의도적으로 유포하는 행위

④ 성적인 관계를 강요하거나 회유하는 행위

⑤ 음란한 내용의 전화통화

⑥ 회식 등에서 무리하게 옆에 앉혀 술을 따르도록 강요하는 행위 등

셋째, 시각적 행위로는 다음과 같다.

① 외설적인 사진, 그림, 낙서, 음란 출판물 등을 게시하거나 보여주는 행위

② 직접 또는 FAX나 컴퓨터 등을 통해 음란한 편지, 사진, 그림을 보내는 행위

③ 性과 관련된 자신의 특정 신체 부위를 고의적으로 노출하거나 만지는 행위 등으로 예시하고 있으며 사업주는 반드시 교육과 홍보 및 제도적 장치를 마련하여야 한다.

성희롱 위반 시 직장 내 성희롱은 직장 내 지위를 이용하거나 업무 관련해 발생한 경우 성립될 수 있고, 직장 내는 물론 직장 밖, 출장 중이거나 업무관련 행사에서도 성립될 수 있다. 성적 굴욕감 또는 혐오감은 행위자의 의도가 아닌 피해자의 주관적인 사정을 고려하되, 사회통념상 합리적인 피해자 관점을 함께 고려한다.

직장 내 성희롱에 관해서는 남녀고용평등법과 국가인권위원회법에서 규정하고 있는 구체적으로는 남녀고용평등법 제14조[직장 내 성희롱 발생 시 조치]는 다음과 같다.

① 누구든지 직장 내 성희롱 발생 사실을 알게 된 경우 그 사실을 해당 사업주에게 신고할 수 있다.

② 사업주는 제1항에 따른 신고를 받거나 직장 내 성희롱 발생 사실을 알게 된 경우에는 지체 없이 그 사실 확인을 위한 조사를 하여야 한다. 이 경우 사업주는 직장 내 성희롱과 관련하여 피해를 입은 근로자 또는 피해를 입었다고 주장하는 근로자(이하 "피해근로자등"이라 한다)가 조사 과정에서 성적 수치심 등을 느끼지 아니하도록 하여야 한다.

③ 사업주는 제2항에 따른 조사 기간 동안 피해근로자등을 보호하기 위하여 필요한 경우 해당 피해근로자 등에 대하여 근무 장소의 변경, 유급휴가 명령 등 적절한 조치를 하여야 한다. 이 경우 사업주는 피해근로자 등의 의사에 반하는 조치를 하여서는 아니 된다.

④ 사업주는 제2항에 따른 조사 결과 직장 내 성희롱 발생 사실이 확인된 때에는 피해근로자가 요청하면 근무 장소의 변경, 배치전환, 유급휴가 명령 등 적절한 조치를 하여야 한다.

⑤ 사업주는 제2항에 따른 조사 결과 직장 내 성희롱 발생 사실이 확인된 때에는 지체 없이 직장 내 성희롱 행위를 한 사람에 대하여 징계, 근무 장소의 변경 등 필요한 조치를 하여야 한다. 이 경우 사업주는 징계 등의 조치를 하기 전에 그 조치에 대하여 직장 내 성희롱 피해를 입은 근로자의 의견을 들어야 한다.

⑥ 사업주는 성희롱 발생 사실을 신고한 근로자 및 피해근로자 등에게 다음 각 호의 어느 하나에 해당하는 불리한 처우를 하여서는 아니 된다.

1. 파면, 해임, 해고, 그 밖에 신분상실에 해당하는 불이익 조치
2. 징계, 정직, 감봉, 강등, 승진 제한 등 부당한 인사조치
3. 직무 미부여, 직무 재배치, 그 밖에 본인의 의사에 반하는 인사조치
4. 성과평가 또는 동료평가 등에서 차별이나 그에 따른 임금 또는 상여금 등의 차별 지급
5. 직업능력 개발 및 향상을 위한 교육훈련 기회의 제한
6. 집단 따돌림, 폭행 또는 폭언 등 정신적·신체적 손상을 가져오는 행위를 하거나 그 행위의 발생을 방치하는 행위
7. 그 밖에 신고를 한 근로자 및 피해근로자등의 의사에 반하는 불리한 처우

⑦ 제2항에 따라 직장 내 성희롱 발생 사실을 조사한 사람, 조사 내용을 보고 받은

사람 또는 그 밖에 조사 과정에 참여한 사람은 해당 조사 과정에서 알게 된 비밀을 피해근로자 등의 의사에 반하여 다른 사람에게 누설하여서는 아니 된다. 다만, 조사와 관련된 내용을 사업주에게 보고하거나 관계 기관의 요청에 따라 필요한 정보를 제공하는 경우는 제외한다.

취업규칙이나 단체협약에서 직장 내 성희롱에 관련한 징계 절차를 규정한 바가 있다면 이에 따라 진행하고 징계위원회, 대책위원회를 열어 성희롱 사건을 심의하고 해결하기도 한다. 노조가 있는 경우에 여성부장 등이 중심이 되어 노조에서 피해자를 지원할 수 있다. 피해자의 입장에서 전체적인 과정을 밟되, 피해자와 가해자, 참고인(증인)의 진술을 들어보고 사건을 파악한 후 피해자가 이 사건에 대해 원하는 바를 들어보고 이를 가해자에게 전달한다. 가해자가 사과, 징계를 포함한 요구사항을 받아들일 것인지 확인하고 사업장 내에서 재발방지를 위해 사건을 공론화하거나 가해자의 사과문을 공개하기도 한다.

가해자가 명예훼손으로 법적인 대응을 할 수 있는 경우는 사건의 공론화 과정에 앞서, 사건 관계자 혹은 피해자가 실명을 거론하여 공개적으로 글을 올리거나 소문을 퍼뜨린 경우에 빌미가 될 수 있다. 그러나 명예훼손에 대해 규정한 형법의 내용에서는 일종의 정당방위로서 예외규정을 두고 있는데 "진실한 사실로서 온전히 공공의 이익을 위해서 그러한 행위를 한 경우"에는 실질적으로 명예훼손이 아니다. 직장 내 성희롱 사건해결과정에서 발생한 일, 성희롱 피해 사실을 상관에서 알린 정도는 명예훼손으로 보기 어렵다.

국가인권위원회법에서도 평등권 침해의 차별행위로 성희롱 행위를 규정하고 있다. 그러나 국가인권위원회에서는 가해자에 대해 처벌을 하기보다는 인권교육 수강, 사업주에게 가해자에 대한 전직 등 권고조치를 한다.

가해자에 대한 직접적인 처벌 규정을 둔 것은 성폭력 범죄의 처벌 및 피해자 보호 등에 관한 법률에서 "업무·고용 기타관계로 인하여 자기의 보호 또는 감독을 받는 사람에 대하여 위계 또는 위력으로써 추행한 자는 2년 이하의 징역 또는 500만원 이하의 벌금에 처한다"고 규정하고 있다. 여기서 말하는 행위는 수위가 추행에 이를 정도여야 한다.

(4) 직장에서의 안전의 권리

종업원의 직장 내에서 안전을 보장 받을 권리가 있다. 종업원은 안전한 작업장을 사용자에게 요구할 권리가 있고, 사용자는 종업원이 건강에 해를 끼치지 않는 작업환경을 제공해야 한다. 작업장의 안전에 관한 법규가 정해져 있어 기업은 관련 규정을 준수해야 한다. 이종영(2005)은 작업장의 안전에 관해 세 가지 중요한 사항을 지적하고 있다.

첫째, 작업환경이 건강에 미치는 위험의 정도에 관한 정확한 정보를 종업원에게 알려서 거기에 따라서 종업원이 미리 대비를 할 수 있도록 해야 한다.

둘째, 작업의 위험정도에 따라서 급여의 수준이 다르게 차등 지급되어야 한다. '위험수당'이라는 항목으로 지급되고 있다.

셋째, 작업환경이 위험하지만 이를 줄일 만한 대안이 없는 경우에도 종업원들이 위험수당도 받지 못하고 일을 하게 되는 경우가 많은데 이것은 윤리적으로 문제가 되지만, 작업능률과 생산성 측면에서 회사에도 결코 이롭지 못하다.

한편 종업원은 사용자로부터 안전한 작업장을 보장 받을 권리도 있지만 종업원 스스로 작업장에서의 안전수칙을 준수하여야 한다. 작업장 안전수칙에는 다음과 같다.

① 일은 질서 있게 하는 습관을 가진다.
② 장난하지 말고 남을 조롱하지 않는다.
③ 바닥에 유독물질을 방치하지 않는다.
④ 공구 자재 등 물품을 던지지 않는다.
⑤ 위에서 작업 시는 그 밑의 통행을 금지시키고 공구 기타 물건을 떨어뜨리지 않는다.
⑥ 모든 안전수칙과 표시를 준수한다.
⑦ 작업 중에는 작업에만 전념하고 경거망동 하지 않는다.
⑧ 공동 작업은 서로 긴밀한 협조를 한다.
⑨ 무리한 작업은 선임자에게 보고하고 적절한 조치를 취한다.
⑩ 교대 시에는 작업에 대한 내용을 확실하게 인수인계한다.

(5) 근로생활의 질을 보장 받을 권리

근로생활의 질은 노동의 인간화라고도 하는 것으로 산업적 생산의 개시나 거기에서의 합리화의 추진과 더불어 이른바 인간성 소외(human alienation)의 문제가 발생하며 심각화 하는데 한편에 있어서는 합리화의 한층 더 추진이 행해지며 다른 편에서는 근로자의 인간화라는 목표도 추구되게 되며 또 복지운동이 전개된다.

종업원은 공정한 보상과 작업환경의 개선을 통하여 직업과 인간생활의 조화를 꾀하며, 일에 대한 인간의 존엄성을 회복하고, 조직의 참여적인 경영활동을 통해 조직의 유효성을 증대시키려는 조직의 적극적인 지원과 종업원들의 자발적인 참여가 이루지게 된다.

오늘날 급변하는 노동환경 속에서 인간성 소외 극복, 고용관계의 변화, 생산성, 기술과 인간의 조화 등의 이유로 근로생활의 질(QWL: Quality of Working Life)에 대한 중요성이 증대되고 있다. QWL을 향상시키는 것은 종업원들의 인간성 회복과 경영에 지속적인 참여를 유발시켜 조직의 생존과 성장을 유지하는 데 그 목적이 있다. 뿐만 아니라 종업원이 자기의 작업방식결정에 영향을 미쳐서 자기가 원하는 작업이 되게 함으로써 직장생활에 보람과 긍지를 갖게 되어 최대한의 만족을 얻게 된다.

근로계약이 사용자측에서 정한 것을 종업원이 받아들이는 계약이지만 반대로 QWL은 종업원이 원하는 것을 사용자 측이 받아들이는 것으로써 종업원의 위주의 사고방식에서 출발하게 되어 근로생활의 질의 보장은 반드시 필요하다.

(6) 국제표준의 노무관리

국제표준노동의 윤리수준에 대해 ILO(국제노동기구), UN아동권리헌장, UN인권선언, ISO 9000(제품품질관리기준), ISO 14000(환경관리기준), SA 8000(노동환경과 노동조건)에 잘 나타나 있다. 구체적으로 살펴보면 다음과 같다.

① 15세 이하의 아동노동금지

② 강제노동금지

③ 작업환경의 안전성

④ 노동조합의 결성과 단체교섭권리 등 결사의 자유

⑤ 차별금지(성차별, 종교, 출생지, 신체장애, 조합원, 정치적 소속 등)

⑥ 체벌·징계금지

⑦ 근로시간 준수

⑧ 정당한 보수

⑨ 각종 노동윤리규정 준수(노동3권 등) 등이 있다.

기업에서의 국제표준의 노동을 준수하는 것은 이제는 당연한 것이며 이를 어긴 기업은 비윤리적 기업으로 국제사회로부터 강력한 비판과 함께 강력한 규제를 받게 되고 국제거래에서 제외되는 불이익을 당하게 될 것이다.

(7) 단체행동의 권리

국제노동기구(ILO)에서는 근로자의 권익보호를 위해 노동 3권을 보장하고 있다. 근로자의 권익을 보호하기 위해 사용자와의 단결권, 교섭권, 행동권의 권리를 인정하고 있다. 글로벌시대에 기업에서 근로자들에게 노동의 기본권을 인정하고 준수하지 않으면 법적 책임을 지게 되며 국제시장 진출에도 많은 제약을 받게 된다.

사용자는 기업경영을 민주적 방식으로 운영하고, 경영성과에 대해 투명하게 공개하고, 회사의 장래비전을 제시하고, 기업의 중요 정책에 대해서는 종업원의 의사가 반영될 수 있는 시스템을 만들어서 모두가 인정하고 합리적인 의사결정에 의한 민주적 방식의 운영을 기대하고 있다.

(8) 외부활동의 권리

종업원은 정규 근무시간 외에 시간은 자유롭게 회사의 간섭을 받지 않고 이용할 권리가 있다. 외부활동도 회사에서 적극 금지해야 할 일, 가급적 자제시켜야 할 일, 권장해야 할 일, 적극 지원해야 할 일로 구분할 수 있다.

첫째, 금지해야 할 일로는 밀수 도박과 같은 불법적인 행위나 파괴적인 행등이 있는데 이는 형사적인 문제까지도 발생하고 이러한 사실이 외부에 알려지면 회사의 명성에도 악영향을 미치게 됨으로 이런 행동은 하지 않도록 회사에서 금지시켜야 한다.

둘째, 가급적으로 자제시켜야 할 일로는 타 회사에 근무하든지, 별도의 수익사업 활동 등으로 이러한 행위는 종업원의 피로와 스트레스를 가중시켜서 회사의 이익에 상치될 수 있기 때문에 자제되어야 한다. 이를 위해 근무계약, 윤리강령 등의 규정에 명확히 해두어야 한다.

제2절 인적자원관리에 대한 윤리적 이슈

1. 고용 및 승진

가. 고용

한 사람을 고용(employment)하는 것은 기업이 급료를 지불하고 근로자를 취업시키는 일을 말한다. 기업에서 필요로 하는 노동력을 적재적소에 경제적 재화 또는 서비스의 생산 활동에 투입하는 것이다. 기업의 경영활동 중에서 생산 요소는 양적 증대를 하는데 한계가 있고, 기술 향상은 단기간에 이룰 수 없지만 고용은 단기간에 국민총생산의 공급을 결정하고 생산을 늘릴 수 있는 중요한 요소가 된다.

따라서 고용은 국가의 생산수준을 파악하는 주요 지표가 된다. 고용이 확대되면 국민총생산이 증가하고, 국민총생산의 증대로 고용이 증대되는 선 순환적 긍정적 상호작용이 일어나 사회에 긍정적 영향을 미치게 된다.

우리나라의 고용은 1960년대 초까지는 전형적인 농경사회 구조였지만, 그 이후 경제개발 5개년 계획의 실시로 인해 경제가 고도성장을 하면서 점차 근대적인 구조로 양적·질적 변화를 겪었다. 고용의 양적인 확대되면서 그 결과 급속하게 농촌으로부터 도시로의 인구 이동과 제조업의 수출부문을 비롯한 여러 산업에서의 왕성한 노동력 수요, 정규 및 직업훈련을 통한 기능 및 기술 인력의 공급 등이 이러한 고용의 양적인 증대를 가능하게 했다.

1975년을 전후로 저렴한 인건비의 노동력이 풍부하던 노동시장 사정은 큰 변화가 생기게 되었고, 높은 임금상승을 동반하지 않고서는 과거와 같이 노동력이 원활하게 공급되지 않았나. 그러나 그 이후에도 고용은 계속해서 확대되었으며 점차 고용구조도 고도화되었다.

1980년대 후반부터는 고도 경제성장에 따른 실질소득 증대로 과거보다 상급학교 진학률이 더욱 높아져 저연령·저학력의 노동력 공급이 급속하게 감소했으며, 사무직이나 서비스업종을 선호하고 제조업·광업 등의 생산직은 기피하는 현상이 더욱더 심해졌다. 또한 노동운동의 활성화에 따른 노사 간의 마찰 등은 정규직 고용을 줄이고 임시직 또는 파견 근로자를 선호하게 되었다.

오늘날 산업 현장에서는 노동력 문제, 특히 기능·기술 인력 부족을 해소하는 것이 우선 과제이며, 기업은 인건비 상승 등으로 인력절감·공장자동화·사무자동화 등으로 전환을 꽤하고 있다.

최근 들어 고용관리에서 윤리적인 문제는 기회균등의 관점에서 사회적 이슈로 등장하게 되었다. 고용상의 기회균등의 문제는 인권과 연계되어 1970년대부터 세계적으로 이슈화되고 특히 국가차원에서 인종, 성별, 연령별, 신체장애 등에 있어서 고용차별을 배제하기 위한 노력이 이루어져 많은 성과를 거두고 있다.

최근 고위직의 인사 청탁 비리는 취업을 위해 열심히 준비하고 있는 수많은 수험생들을 실망시키고 있다. 대표적으로 강원랜드, 금융기관, 공기업 등 많은 곳에서 채용청탁이 있었고 실제로 청탁으로 입사가 뒤바뀌는 결과가 나타났다. 또한 금융기관에서는 여성 지원자를 탈락시키기 위해 남성 지원자에게 비해 불이익을 주었고, 출신 대학에 따라서 보이지 않는 차별이 공공연히 만연해 있어 윤리적 비난을 받고 있다.

나. 승진

승진은 현재 담당하고 있는 직무보다 책임과 권한이 한층 무거운 상위의 직위로 이동하는 일이다. 고용 이후 승진은 누구에게나 균등한 기회가 주어져야 한다. 이는 직무배치, 교육훈련 등 인적자원관리상의 각종 인선과정에 모두 적용되어야 한다. 또한 승진 시 인사상의 불이익이 있어서는 안 된다. 특히 성별, 학력, 출신 등의 이유로 승진에 있어 불이익을 당해서는 안 된다. 승진의 기준에 따라 공정한 심사를 통해 이루어져야 한다.

승진이 되었다는 것은 조직에서 직무 또는 자격의 상승하거나 지금보다는 더 많은 임금을 받는다는 것을 의미하고, 사원에게는 자아발전의 욕구를 충족시키고 조직의 입장에서는 효율적인 인력개발의 기초가 된다.

따라서 승진에 대한 관리는 조직 내 인적자원관리의 핵심적 영역이기 때문에 승진에 관해서 명확한 방침 아래 객관적이며, 공정하게 이루어져야 한다. 또한 보다 합리적인 승진정책이 추진되어야 한다.

2. 보상 및 처우

승진 등의 기회균등과 함께 보상, 복지혜택 등의 대우에 있어서 균등과 공정을 기해야 한다. 특히 보상에 있어서 남녀 간, 학력별 차등 대우는 공공연히 이루어지고 있다. 남녀 간의 임금차별은 능력보다는 사회문화적, 경제적 요소 등의 의해서 작용하고 있고, 윤리적으로도 문제가 되고 있다.

「근로기준법」 제6조에 사용자는 근로자에 대하여 남녀의 성(性)을 이유로 차별적 처우를 하지 못한다. 따라서 여성임을 이유로 임금에 차별을 두어서는 안 된다. 또한 동일한 사업 내의 동일가치 노동에 대해서는 동일한 임금을 지급하여야 한다. 이 때 동일한 가치의 노동에 내한 판난기준으로는 직무수행에서 요구되는 기술, 노력, 책임 및 작업조건 등이 고려된다. 이 원칙은 강행규정의 성격을 지니고 있으므로 이에 반하는 행위는 무효이다. 예를 들면 동일 직무, 동일 고용형태, 동일 자격, 동일 학력 등이 같은 경우에 기타 특별한 차이가 없다면 초임금 등에 남녀별로 차이를 두는 것은 위법한 것이다. 직능자격제도와 결부되어 있는 차별도 자격의 부여가 임금액의 증가에 연동되는 경우라면 임금 차별에 해당된다.

여성이라는 것을 이유로 차별적 처우를 하는 것은 금지되지만 성별 이외의 직종, 직무내용, 직무능력, 고용형태, 책임과 권한, 고용코스, 기능, 능률, 연령, 근속연수, 근무실태 등에 차이가 있는 경우에 임금에 차등을 두는 것은 금지되는 것이 아니다.

남녀의 차별적 처우라고 것은 불리하게 취급한 경우만이 아니라 유리하게 취급한 경우를 포함하고 있다. 여성인 것을 이유로 남성에 비해 차별을 당하여 이를 구제받기 위한 소송사건이 크게 증가하고 있다. 남녀 간의 임금격차가 「근로기준법」 제6조 위반을 구성하고 있는가의 판단기준은 이러한 임금격차가 성별을 이유로 한 것인가 그 이외의 이유에 의한 것인가가 주요 판단 기준이 된다. 다만 직종, 직무 등의 명칭은 다를지라도 그것이 남녀 간에 차등을 두기 위한 형식적인 구별에 지나지 않고, 실질적으로는 남녀가 동일 내용의 노동에 종사하고 있는 경우에는 남녀차별 금지에 위반된다.

3. 조직설계와 직무설계

조직설계(Organizational Design)는 조직의 구조와 체계를 설계하는 것이다. 이는 조직의 변화를 목표로 새로운 구조 또는 체계를 바꾸는 것을 의미한다. 이러한 조직설계를 통해서 조직은 더 높은 성과를 수행하는 구조로 전환하게 된다. 기업에서는 조직설계를 통하여 구성원의 성장을 장려하기도 하지만 한편으로는 억제하는 역할을 할 수도 있다.

따라서 조직설계 시에 구성원의 성장과 발전에 대한 책임, 관리자를 전문경영인으로 육성하여 후계자를 양성해야 하는 책임에 대해서 잘 인식하여야 한다. 따라서 조직설계 시 윤리적 사회적 책임을 인식하고 설계가 이루어져야 한다.

직무설계는 구성원의 욕구충족과 관련하여 직무환경을 개선하고 노동의 인간화를 실현시키며, 자율성을 부여하는 등 구성원과 직무간의 통합을 통해 근로의욕 증진을 시키면서 발전해 왔다. 기업이 기존의 직무를 변화시키는 것은 구성원들의 욕구충족이나 인간적인 발전, 사회적 책임 등에 의해서 이루어지기보다는 주로 기업의 성과를 높이기 위한 목적에서 이루어지고 있다.

직무설계는 기업이 추구하는 성과를 올리는 것도 중요하지만 구성원의 직무수행에 만족을 가져다 줄 수 있는 직무충실화의 방향으로 이루어 져야 한다. 구성원들이 조직을 위해 열심히 헌신하지만 정작 조직에서 구성원 개개인의 목표를 실현해 주기 위한 노력이 뒷받침 되지 않는다면 지속적인 조직의 성장을 기대할 수 없다. 따라서 직무설계 시 직업윤리를 제고하는 방향으로 이루어질 때 구성원들의 직무만족과 성취감 등으로 이어져 직무설계의 효과가 나타나게 된다.

4. 조직개발

조직개발(organization development)은 조직이 직면하고 있는 문제를 해결하고, 조직의 재생능력을 증진시키기 위한 기업의 장기적인 노력을 의미한다. 특히 변화관리자나 변화주도자의 도움과 응용 행동과학의 이론 및 기술을 이용하여 보다 효율적이고 협력적인 조직문화를 형성해 나가는 것을 의미한다.

기업이 생존과 성장을 지속하기 위해서는 새롭게 조직을 개발하는 것이 불가피하다. 21세기는 기업 환경이 급변하고 있어 다양한 분야의 환경 동향과 추세를 신속하게 파악하고 대응할 수 있는 조직만이 경쟁에서 생존할 수 있다. 이러한 상황에서 변화를 수용하고 관리할 수 있는 조직역량을 개발해야 한다.

조직개발은 조직의 구조·문화·프로세스·전략 등과 인적자원 관련 영역과의 연계성을 증진시키고 수행문제에 대한 조직차원의 새롭고 창의적인 해결책을 제시하고 실행하도록 해야 한다.

조직개발의 궁극적인 목적은 조직역량을 개발하고 조직의 문제점과 약점을 파악하여 해결하는데 조직의 관련 자원을 활용하는 능력을 개발함으로써 달성이 가능하다. 기업은 조직개발을 통해 환경변화에 따른 지속적인 도전 과제를 스스로 해결할 수 있는 자기 친화적 기능을 발휘하게 된다. 조직개발로 조직의 효과성과 조직 구성원의 복지를 증진시키고자 조직의 전략, 구조, 절차 등을 계획적으로 개발하고 개선하며 강화하기 위해서는 행동과학의 지식을 체계적으로 활용하는 장기적인 혁신활동이다.

조직개발을 위한 방안으로 첫째, 사람 간, 집단 내, 집단 간 관계를 개선하는 팀 빌딩 활동이 있다. 팀 빌딩 활동은 작업 집단의 문제해결 능력을 강화해 집단의 효과성을 증진시키는데 있다.

둘째, 업무의 내용·방법·과정을 개선하고 비효율적인 재료, 방법, 장비를 대체하며, 고비용의 노동력을 저비용의 테크놀로지로 대체해 비용을 절감하기 위해 기술구조 개입을 사용할 수 있다. 이를 위한 방법으로 직무확대(job enlargement), 직무충실화(job enrichment), 대안적 작업계획(alternative work schedules) 등이 있다.

직무확대는 특정 직무활동에서 수행되는 과업의 수를 증가시키는 것을 말한다. 직무충실화는 구성원의 직무수행에 있어서 동기강화를 위해 직무활동을 다양화하는 것이다. 대안적 작업계획은 구성원이 스스로 작업일정을 변경해 개인적인 성장과 학습 욕구를 충족시키도록 하는 조직개발 개입활동이다.

셋째, 사회기술체계 개입(socio-technical systems intervention) 활동으로 조직의 구조적 요구(일 흐름, 과업성취, 성과)와 사회적 요구(인간관계)를 동시에 고려한다.

대표적인 방법으로 품질관리분임조, 총체적 품질관리, 자율경영 팀 등이 있다. 이 방법은 앞의 두 방법보다 조직의 생산성에 더 큰 영향을 미치게 된다. 품질관리분임조(QC)는 개별적인 직무관련 문제뿐만 아니라 전반적인 일 관련 의사결정에 조직 구성원들을 참여시키는 과정이다. 전사적 품질경영(TQM)은 모든 조직구성원들이 고객 입장에서 지속적인 개선활동에 전력하는 것이다. 자율경영 팀(self management teams)은 구성원들 전체가 팀의 활동을 통제하는 권한을 서로 공유하는 팀이다.

넷째, 조직혁신이다. 조직혁신은 조직의 비전을 재설정하고, 조직의 문화, 전략을 재구축할 목적으로 실시되는 활동이다. 조직혁신은 비전, 문화, 전략 등을 재조정함으로써 조직 전체의 구성과 방향을 변화를 꾀하는 것이다.

이러한 조직개발과정에서 구성원의 가치관과 상충되는 가치의식의 주입은 윤리적 관점에서 신중하게 실시되어야 한다.

5. 교육훈련

교육훈련은 기업에서 경영 및 생산 활동을 하는 데 있어서 필요한 인재를 육성하기 위해서 사내 근로자를 대상으로 실시하는 교육이다.

교육훈련의 목적은 기업인재 육성, 직무역량 강화, 조직 구성원들 간의 화합과 협력 증진, 자기개발의 의의를 두고 실시된다.

오늘날 급변하는 경영환경에 적절하게 대응하기 위해서는 기업차원에서의 새로운 지식·정보·기술 등을 습득할 필요가 있고 내부 조직구성원들이 업무를 효율적으로 수행할 수 있는 환경을 만들어주어야 한다. 이때 각자의 직무 또는 상황에 필요한 지식·정보를 제공하고, 구성원 간의 원활한 커뮤니케이션 및 구성원 개개인의 능력 개발 등의 다양한 측면의 교육이 이루어져야 한다.

교육훈련에는 법정의무교육으로 개인정보교육, 산업안전보건교육, 직장 내 성희롱 예방교육 등이 있으며, 신입사원교육, 직무교육, 리더십교육, 자기개발교육 등이 이루어지게 된다. 특히 교육훈련 과정에서 윤리적 문제가 기업의 당면한 개혁과 혁신의 당위성에 가려져 크게 부각되지 못했다. 교육훈련과정에서 구성원의 가치관과 상충되는 일방적인 가치의식의 주입은 윤리적 관점에서 바람직하지 않다.

6. 안전·보건관리

안전관리(safety management)는 산업재해를 방지하기 위해 사업주가 실시하는 조직적인 일련의 조치를 말한다. 산업재해를 방지하기 위해서는 기계설비 등의 불안전한 상태와 작업자의 불안전한 상태를 제거하는 것이 필요하다.

경영자가 직장의 안전에 대해서 관심을 가지고 조직적으로 실천하는 체제를 만드는 것이 필요하다. 이 때문에 산업안전보건법에는 사업장의 규모 등에 따라서 사업장의 안전보건을 확보하기 위한 업무를 총괄적으로 관리하는 안전보건관리책임자, 사업장의 안전 확보를 위한 기술적 사항을 관리하는 안전 관리자, 특정한 작업에 종사하는 근로자의 지휘 등을 하는 안전담당자 등의 지정이 의무화되어 있다. 또한 일정한 업종 및 규모의 사업장마다 근로자의 위험방지를 위한 기본사항, 산업재해의 원인 및 재발방지 대책 등의 중요 사항에 대해서 조사 심의하고, 사업주와 의견을 교환하는 안전보건위원회의 설치가 의무화되어 있다.

따라서 사용자는 근로자들의 안전한 근로환경에 관심을 가지고 그들의 요구를 적극적으로 수용함으로서 근로생활의 질(QWL)을 향상시킬 수 있는 환경을 마련하게 된다.

보건관리(health management)란 기업이 종업원의 심신의 건강을 보호하고 증진하기 위하여 대책을 강구하는 일련의 활동이다. 특히 근로자의 건강에 영향을 미치는 각종 조건을 적정하게 조정하여 노동력을 확보하는 것을 말한다. 따라서 사업주는 근로환경을 쾌적하게 개선하고 근로자의 건강상태와 그 추이에 대하여 조사연구를 실시하여 근로자가 건강한 상태에서 작업을 할 수 있게 하는 것이 보건관리이다.

산업의 고도화로 인한 작업환경의 유해화(有害化)는 직장에서의 스트레스를 심화시키고 근로자의 건강에 많은 문제를 가져옴에 따라 보건관리의 중요성이 증대되고 있다.

기업의 보건관리는 생산시스템과 상호 밀접한 관계가 있으므로 의료담당자의 임명에서부터 사업장의 보건관리에 대한 책임의 명백화, 의료시설 등 근본적인 요건과 더불어 의료보험과 재해보험을 통한 질병의 치료와 의료비지급 등 종합적인 관리를 말한다.

사후 보건관리보다는 예방적 보건관리가 더 중요하다. 작업으로 인한 구성원의 각종 질병과 정신적 스트레스를 사전에 방지함으로써 인적자원의 유지보존 및 성과를 높이는 것을 목적으로 한다. 예방적 보건관리를 위해서는 다음과 같은 조치가 필요하다.

첫째, 생산시설을 점검하여 유해환경에 노출되는 것을 억제하도록 해야 한다.

둘째, 작업규칙을 상세하게 규정하는 등 작업관리를 철저히 하며, 능력에 따라 적정배치를 하여야 한다.

셋째, 주기적으로 건강진단을 실시하고, 보건교육과 건강 프로그램을 제공하여 구성원 자신이 건강에 관심을 갖도록 하여야 한다.

따라서 기업은 각기 특성에 맞는 보건관리의 기본방침 설정과 안전보건관리 규정을 제정하여 보건관리 활동의 기본 틀을 마련여야 한다. 또한 보건관리의 제반사항에 보건관리 대상자인 근로자를 참여시켜 의견을 반영하도록 하여 효율적인 보건관리 활동이 되도록 하여야 한다.

보건관리는 인적자원부서의 보건담당자뿐만 아니라 상담과 교육훈련 그리고 일반관리 등 인적자원관리 전반에 직·간접으로 관련되어 있으므로 조직구성원의 능력향상과 심리적 안정을 위한 모든 인력개발과 인력관리가 잘 통합되어야 효과적으로 실현될 수 있다.

7. 노사관계

노사관계는 노동시장에서 노동력을 제공하여 임금을 지급받는 노동자와 노동력 수요자로서의 사용자가 형성하는 관계를 말한다. 단위 사업장에서 노동시장을 매개로 하여 개별 노동자와 사용자가 형성하는 관계를 개별적 노사관계라고 한다.

노동자 집단과 개별적 사용자 혹은 노동자 집단과 사용자 집단 간의 관계를 집단적 노사관계라고 하는데 노사관계란 일반적으로 집단적 노사관계를 의미한다.

우리나라는 급속한 산업화 과정에서 노사 간에 많은 노동문제가 발생하였고, 이러한 문제에 대하여 노동자들이 저항하는 과정에서 노동조합을 조직하게 되었다. 집단적 노사관계는 근대적 계약관계와 전근대적 신분관계가 교차하는 시점에서 노동자들이 자신의 권익을 확보하려는 투쟁을 하는 가운데에 성립한 것이다.

노사관계는 구성원들이 사용자와의 관계에서 집단적으로 권리를 인정받고 실현시키는 과정으로 그 과정에서 많은 윤리적 문제가 제기될 수 있다. 근로자들은 노조원으로서 각종 노사관계법에 의해서 권리가 보장되지만 법적 권리가 실제로 보장되기 위해서는 기업이 관련 법을 준수해야 한다. 특히 사용자측에서는 노동조합의 결성을 좋게 받아들이지 않는 측면과 노동조합의 결성과정이 불법적이거나 비도덕적인 방법에 의해 탄생하게 되면 양 당사자 간의 단체교섭은 쉽게 타협이 이루어지지 않는다.

사용자는 근로자들의 도덕적 권리와 정당한 요구를 가급적 수용하는 자세로 협상에 나아가야 하며, 노동자 측에서도 합법적으로 법에서 허용하는 범위 내에서 정당한 방법으로 권리나 요구사항을 정해서 교섭하려는 자세가 필요하다.

제3절 내부고발과 윤리적 이슈

1. 내부고발의 개념

내부고발(whistle blowing)은 조직 내부 혹은 외부의 부정 거래나 불법 행위 등에 대한 정보를 신고하고 공개하는 행위이다. 보통 불법에 관한 내용이거나 사기, 보건/안전 규정 위반, 부패 등의 규정 위반이나 공익에 대한 직접적 침해에 대한 내용을 담은 알려지지 않은 정보들이 내부 고발자를 통해 공개 된다.

그런데 대부분의 경우 내부 고발자는 조직의 문제점에 대해 내부 고발 이후 내부 고발의 대상인 단체나 관련 단체, 또는 법적인 반발에 직면하는 경우가 많다.

사회를 병들게 하는 각종 비리 등의 부정부패를 효과적으로 제거하기 위해 내부고발, 즉 공익정보의 제공을 안전하게 할 수 있는 시스템이 마련되어야 한다. 내부고발이 중요한 이유는 부정부패와 관련된 불법행위가 검찰이나 경찰 등의 사법기관의 눈에 띄지 않는 수준에서 암암리에 행해지기 때문이다. 불법행위를 드러내는 행위인 내부고발, 즉 공익정보의 제공은 숨겨진 부정부패문제를 해결하는 데 매우 유용하다.

내부고발 행위는 사회적인 인습에 얽매인 인식으로 말미암아 조직에 대한 배신행위 또는 고자질행위로 지탄의 대상이 되는 것이 보통이었다. 내부 고발자 자신의 이익을 챙기기 위해서 또는 타인을 중상하기 위해서 동료 간의 신의를 저버리고 행하는 행위로 아직까지도 색안경을 끼고 바라보고 있는 것이 일반적이다.

내부고발 행위의 중요성은 그것이 공공의 이익을 유지하고 증진시키기 위해서 일반인이 접근할 수 없는 정보를 제공한다는 데 있다. 내부고발 정보의 내용이 조직 내부에서 행해지는 부정부패에 대한 것일 수도 있고, 일반인들이 인식하지 못하지만 사회의 안전에 막대한 영향을 미칠 수 있는 위험에 관한 것일 수도 있다. 이러한 정보를 지닌 자들이 그 정보를 지니고 있음에도 불구하고 이를 공익을 위하여 제공하지 않는 경우에 그 결과라는 것은 단순한 사건의 발생에 그치지 않을 것이다.

2. 내부고발의 성격

내부고발은 다음 여섯 가지 성격을 띠고 있다. 구체적으로 살펴보면 다음과 같다.

첫째, 내부인에 의한 행위이다. 조직의 비리를 제보하는 개인은 현재 해당 조직의 구성원이거나 또는 과거 어느 시점에 있어서 조직의 일원이었던 사람이다. 내부 공익 신고의 행위는 상대적으로 이렇다 할 권력을 가지고 있지 않은 조직 내부자에 의해 이루어진다. 따라서 조직 비리의 언론에 의한 폭로나 일반 사회의 제3자 또는 당사자에 의하여 행하여지는 개인적인 문제에 관한 고소 및 고발 행위와는 구별된다.

둘째, 공익적 행위이다. 내부 공익 신고는 조직이 불법, 사기나 사회에 유해한 비도덕적 활동에 관여함으로써 공공의 불이익이 자신의 조직 이익을 크게 상회하고 있다고 믿는 사람이 공개적으로 이를 밝히는 이타적 행위이다.

셋째, 윤리적 행위이다. 내부 공익 신고는 개인의 양심적 판단, 전문 직업적 윤리, 사회일반에 대한 책임 등에 토대를 둔 윤리적 행위이다. 내부자에 의한 조직 비리의 공개 행위가 악한 저의 또는 악의적 보복에 의한 경우일 경우에는 정당화되지 못한다.

넷째, 외부적 행위이다. 내부 공익 신고는 조직 내부 비리의 대외적 폭로이다. 그러나 조직 구성원이 자기의 감독자에게 알리지 않고 그 상위 수준의 관리자들이나 감사부서와 같은 조직 내부의 부서에 비리를 직접 알리는 내부형의 경우에도 내부 공익 신고로 본다.

다섯째, 행위의 파격성이다. 대체로 내부 공익신고는 이례적인 성격을 띠며, 그 때문에 조직과 사회에 미치는 영향이 매우 크게 영향을 미치게 된다.

여섯째, 공동체 보호적 의미를 갖는다. 내부 공익 신고는 조직 내부에서는 항명, 불복으로 간주되는 조직 규범의 일탈 행위지만, 사회 전체적인 입장에서는 조직의 부패, 불법, 사기 또는 유해한 활동에 항거함으로써 일반 시민의 안위를 도모하는 옳은 행위로 조직을 배신하거나 동료들에게 해를 끼치기 위한 것이 아니기 때문에 오히려 조직의 부정부패라는 병리 현상이 치유되기를 원하는 건전한 행위로 간주된다.

3. 내부고발의 요건

가. 내부고발의 일반적 요건

내부고발의 일반적 요건에 대해 최만기·김영복(2011)은 긴급성, 근접성, 가망성, 최후성의 네 가지 요건이 구비되어야 한다고 했다.

첫째, 긴급성이다. 고발하고자 하는 내용이 신고를 할 만한 가치를 가진 것이어야 한다. 긴급하고 중요한 일이 되어야 하며 고발에 의해서 피할 수 없는 명백하고, 심각한 손실이 예상이 될 때이다.

둘째, 근접성이다. 가장 가까이서 가장 잘 알고 있는 것이 고발의 내용이 된다. 고발자는 문제를 신고할 분명한 입장에 서 있어야 한다. 고발 내용으로서 소문은 부적절하며, 신고자가 해당 분에서 실제적 평가를 하는데 충분한 전문적 지식을 가진 직접 얻은 정보가 비행에 관한 가장 중요한 요소이다.

셋째, 가망성이다. 신고자는 비행을 중지시키는 데 성공할 수 있어야 한다. 만일 사건 전체를 꿰뚫어 볼 수 없다든지, 상황 해결을 위한 적절한 방침이 없는 경우에 모험을 걸고 실행에 옮긴다는 것은 옳지 않다.

넷째, 최후성이다. 신고 이외에는 다른 방법이 없을 때 최후로 호소한다는 것이다. 신고자 이외에는 아무도 고발할 만한 사람이 없고 고발 이외의 다른 방법이 모두 차단되어 있다고 확신할 경우에만 시도되어야 한다.

나. 윤리적·법적 요건

내부고발의 신고에 대한 윤리적·법적 요건은 다음과 같다.

첫째, 내부신고 자체가 조직적 해결수단을 동원하고 최후의 선택이 되어야 한다. 내부 신고를 하는 이유는 조직의 발전을 위하는 행동이기 때문에 조직의 위계와 적법한 절차를 통한 의연한 문제해결을 위한 노력이어야 한다.

둘째, 합법적인 범위 내에서 내용을 제보하고 행동해야 한다. 내부 신고내용이 조직의 비밀에 해당하거나 공표했을 경우 내부 신고로 기대되는 사회적 이익보다 조직의 손실이 큰 경우에는 내용은 구체적으로 명시하지 않는 것이 좋다.

셋째, 사전 예방차원에서 이루어져야 한다. 내부 신고가 특정인이나 조직을 매도하는 것이 아니라 조직의 이익과 사회공익을 위한 것이라면 문제가 외부로 알려지기 전에 조직 내부통제시스템을 통해 해결하도록 노력해야 한다.

넷째, 사적인 이익추구가 아니라 공익적인 목적에서 객관적 사실만을 제보해야 한다. 내부 신고자가 자신의 이익이안 감정에 얽매여 객관적 사실보다 주관적인 정황이나 감정을 토로하게 될 경우 내부에만 관심을 갖고, 신고 자체의 정당성이 의심 받게 된다.

다섯째, 신고자가 연루된 문제에 내부 신고의 대상이 되어서는 안 된다. 상사나 조직에서 부당한 지시나 규정을 어겨가면서 까지 불법적 행위를 할 경우 내부 신고자는 연관되지 않아야 한다.

4. 내부고발 시 고려사항

내부자의 조직 내 부정에 대한 신고 시 조직 내 구성원으로써 회사에 대한 애사심과 정의를 위해 하지만 현실적으로는 신고자에게 많은 일들이 벌어질 수 있다. 특히 신고자는 회사의 명예와 장기발전을 위해 행한 행동이지만 그로 인한 회사의 명예실추, 회사의 매출감소 등 불이익이 발생할 수 있기 때문에 보복을 당할 수도 있다.

캔사스대학의 기업윤리학자인 드조지(Ricahrd T. De George) 교수는 신고하는 종업원에 대한 보복행위와 고발대상 행위의 중대성을 기준으로 신고수준을 결정할 수 있다고 하였다. 내부자신고의 정당화의 요건과 신고 수준을 <표 7-1>과 같이 설명하고 있다.

드조지 교수는 종업원의 내부자신고가 정당화될 수 있으려면 신고동기가 중요한 역할을 하는데 세 가지 주요 요건을 구비해야 한다고 한다.

첫째, 해독으로 인한 중대성이다. 신고로 인하여 회사가 기업활동에 '중대한 해'가 될 것으로 추정되거나, 그렇게 될 것이라는 증거가 있거나, 현재 실제로 해를 끼치고 있는 증거가 있어야 한다. 이러한 해독의 중대성의 정도에 따라서 신고수준이 달라져야 한다.

<표 7-1 >에서 보는 바와 같이 중대할 경우에는 의무적으로 신고해야 하며, 사회적 해독으로 나타날 경우에는 선택적 신고, 경미할 경우에는 신고를 하지 않는다.

표 7-1 내부자신고 정당화의 요건과 신고 수준

의무적 신고		선택적 신고		신고 불가
중대하다	←	사회적 해독	→	경미하다
사회정의	←	신고자 동기	→	개인이익
수정거부	←	기업 태도	→	수정동의

둘째, 신고동기이다. 신고자의 신고동기가 누가 보더라도 사회의 공익을 위한 것이어야 한다. 신고동기가 개인적으로 회사로부터 입은 피해에 대한 보복이나 경영진에 대한 사적인 감정에 의해서 신고한 것이라면 정당화될 수 없다. <표 7-1>에서 보는 바와 같이 사회정의를 위해서는 의무적으로 신고해야 하며 신고자 동기에 의한 경우에는 선택적 신고, 개인적인 이익을 누리고자 할 경우에는 신고할 수 없다.

셋째, 회사의 시정의사이다. 회사의 행위가 사회적으로 해를 끼치게 될 것이고 경영자도 그 사실을 알지만 회사의 단기적인 이익을 위해 이를 시정할 의사를 보이지 않을 경우에는 대외적으로 신고할 수 있다. 회사가 잘못을 인정하고 시정할 의사가 있다는 것이 확인되면 대외적으로 신고는 정당화될 수 없다.

<표 7-1>에서 보는 바와 같이 회사가 수정을 거부하면 의무적 신고가 가능하고, 기업의 태도를 보고 선택적 신고가 가능하며, 회사에서 수정에 동의하면 신고가 불가능하다.

5. 내부신고 시 유의사항

조직 내 내부자가 회사의 비윤리적 행위나 정책에 대해 신고를 하면 기업의 입장에서는 내부 신고자를 배신자로 몰수 있다. 그로 인해 내부고발자는 회사로부터 보복이나 불이익을 당할 수 있기 때문에 내부자 신고를 하기 전에 반드시 사전에 검토해야할 유의사항에 대해 최만기·김영복(2011)은 다음과 같이 제시하고 있다.

가. 스스로 증거자료 준비

신고자는 스스로 시간을 내어 내부 신고를 위한 증거자료를 수집해야 하며 신고할 증거가 충분하지 못하면 신고가 실패로 끝나게 되어 오히려 신고자가 역공이나 보복을 당할 수 있다. 만약 공공기관에 근무하는 자가 자료를 수집하기 위해서 근무지를 이탈하게 되면 법적인 처벌을 받을 수 있다. 따라서 근무시간에 근무지를 이탈하지 않고 가급적 회사의 복사용지나 회사 비용으로 구입한 컴퓨터, USB메모리에 저장하여 반출하지 않도록 해야 한다.

나. 사전 주변정리

신고자의 e메일, 다이어리 및 문서철 등 소장품들이 신고자를 공격하는 증거로 사용되는 것을 차단해야 한다. 내부 신고가 진행되면 신고자를 동조하지 않는 상사나 동료는 본질을 왜곡하거나 관심의 초점을 흐리기 위해 사건과 관계없는 신고자의 사생활이나 개인적인 문제를 부각시켜서 오히려 신고자를 불성실한 사람으로 소문을 퍼뜨리는 등의 역공을 할 수 있기 때문이다.

다. 조력자 확보

조직 내, 외부에서 신고자를 도와줄 수 있는 사람을 확보해야 한다. 신고자와 동일하게 문제를 인식하고 묵시적인 반발을 하는 동료가 있어야 한다. 조직의 경리, 인사 및 기획부서 직원들은 내부 비밀정보에 쉽게 접근할 수 있으므로 효과적이다. 이러한 동료들과 평소 대화를 통해 옳은 일을 했을 때 사내에서 지지받을 수 있는지를 확인한다.

조직 외부의 조력자는 친구들보다 시민단체, 변호사, 언론인 등 신고자가 정신력, 물질적 피해를 입을 경우에 실질적인 도움을 줄 수 있는 사람이어야 한다. 특히 시민단체는 내부자 신고로 사회가 얻게 되는 공익성을 최대한 부각시킬 수 있다는 점에서 효과적이다.

6. 내부 고발자의 보호

조직 내의 비리를 고발한 사람이 피해를 입지 않도록 보호하는 법이다. 내부 고발자(whistle blower) 보호법은 영미법계에서 발달돼 있는데 공직사회의 기강 확립은 물론 범죄조직 수사와 환경문제를 조사할 때 주로 적용된다. 미국은 범죄 수사에 협력한 내부 고발자에 대해서는 그 죄를 경감해주고 동료 범죄자들로부터 보호하기 위해 다른 주로 이주시키는 등 법적인 보호가 철저하다.

우리나라에서 2001년 제정된 부패방지법에 따르면 부패행위 제보자의 범죄가 드러난 경우, 그의 형을 감경 또는 면제할 수 있으며 이 규정을 공공기관의 징계처분에 준용한다고 명문화하는 등 공공기관의 내부 고발자 보호에 대한 내용을 담고 있다. 그러나 위계질서가 철저한 한국 사회에서 행해질 인사상의 불이익 등을 어디까지 보호할 것인지 그 법적 한도가 불분명하다는 점에서 법적 실효성에 대해 의문이 제기되고 있다.

제4절 세계의 각국별 내부 고발자 보호

세계 각국별 내부자 고발에 대한 법적 보호에 대해 장화익(2007)은 근로자의 내부 고발보호제도에 대해 미국·영국·일본을 비교 하여 설명하고 있다.

1. 미국의 내부자 고발 법적 보호

미국은 내부고발자의 보호와 관련하여 법제가 잘 되어 있다. 미국의 내부자 고발에 대한 법적보호는 크게 세 가지 유형으로 나뉜다.

장화익(2007)의 근로자 내부고발보호제도 국제 비교의 연구를 기초로 하여 미국의 내부고발제도에 대하여 노동법적 관점에서 살펴보고자 한다. 먼저 미국의 내부자 고발 보호 실태를 살펴보면 다음과 같다.

가. 노동법상 내부고발 근로자 보호

우선 노동법 위반을 제기하였다는 이유로 하여 근로자의 해고나 기타 불이익취급은 금지된다. 1935년 제정된 전국노동관계법(와그너법)에서는 부당노동행위에 대한 제기 등을 이유로 하는 불이익취급의 금지규정이다. 고용차별에 관한 1964년 공민권법 제7편세704조(a), 나른 노동법규에서도 이러한 규정이 있다. 이러한 법 규정은 부당노동행위나 고용차별금지 등 근로자 보호에 특화되어 있다는 점에서 내부 고발자 보호와는 차이가 있다.

나. 공익 실현의 관점에서 내부고발자 보호제도

근로자의 보호와 별개의 관점에서 공익의 실현과 고발자의 보호가 연결되는 유형이 있는바, 공적정책위반의 해고와 내부고발보호법(whistle blower protection statues) 등이다. 공적정책위반의 해고에서는 판례법에 의해 내부고발을 이유로 하는 근로자의 해고가 공적 정책(public policy)에 위반하여 위법으로 보는 것이다.

미국의 많은 주(州)에서 판례 법리에 의해 해고가 공적 정책의 실현을 저해하는 경우에는 위법으로 되는 법리가 발전하여 왔다. 내부고발을 이유로 하는 해고, 위법행위를 명하는 업무명령 거부를 이유로 하는 해고, 법률상의 권리행사를 이유로 하는 해고와 같이 공적 정책위반의 해고의 전형적인 예이다.

이상과는 별도로 위법행위 등을 고발한 근로자의 보호 자체로서 규정하는 제정법이 있다. 이런 종류의 법률은 연방법에는 주차원에서는 증가하였다. 연방법의 경우 원자력 안전 규제를 목적으로 하는 에너지 재편법(Energy Reorganization Act)이 있는데 이 법은 원자력산업사용자가 동법 등의 위법행위의 시정 절차를 고발하거나 고발하려 하였다는 이유로 피용자 등을 해고하거나 고용조건에서 차별하는 것을 금지하고 있다. 주법으로는 캘리포니아 주 노동법전이 법령 위반이 있다고 피용자가 합리적 이유를 가지고 믿은 사실을 정부 등에 고발한 이유로 사용자가 피용자에게 보복조치를 하지 못하도록 규정하고 있다.

다. 공익촉진을 위한 내부고발자 보호제도

위법행위의 통보에 대한 장려에 중점을 두는 유형의 법규로서 대표적인 것은 연방법인 부정 청구법(False Claims Act)이 있다. 연방정부와의 계약을 맺은 사업자 등에 의한 사기적 청구를 억제하기 위한 목적이며, 고발을 행한 종업원에 대한 보복금지를 규정하고 있다.

법원에서 승소하게 되면 일정 요건하에 용인액의 10~20%를 보상금으로 받을 수 있다. 기업 내부에서의 위법행위 시정에의 인센티브를 부여하는 제도로서 연방형사 절차에서 양형(量刑) 가이드라인이 있다.

미국에서는 개별 법상 내부 고발자를 보호하고 있다. 미국의 연방 및 대부분의 주에서 내부고발보호법(규정)이 존재한다. 우선 연방법에는 민간부문의 근로자 일반을 대상으로 하는 포괄적인 제정법은 없고, 에너지 재편법과 같이 개별 규제법규 속에 내부고발자 보호규정이 들어 있는 데 그친다. 주정부 차원에서는 이런 종류의 내부고발 규정을 가진 제정법도 다수 있고, 개별 법규 속에 들어 있는 것을 포함하면 상당히 많이 존재하고 있다.

엔론 사태를 배경으로 기업 개혁법에 의해 증권거래규제법규도 들어 있다. 연방공무원에 대하여는 내부고발에 대한 범위가 넓다. 연방공무원법상에는 법률이나 규칙 위반에 대하여, 또는 관리의 부정, 재산의 대량낭비, 권한의 남용, 공중의 안전과 건강에 대한 실질적이고 특정한 위험에 대하여 그 증거가 된다고 믿는 데 합리적인 이유가 있다고 인정되는 정보를 적법하게 개시한 이유로 하는 보복조치로부터 보호되어야 한다고 규정하고 있다.

주법의 경우에도 연방법과 마찬가지로 개별 보호법규에 의해 보호되는 경우가 많다. 규제 영역으로는 환경보호나 근로자보호, 기타 사회복지 관계가 두드러진다. 주법에서 비록 다수는 아니지만 민간기업 근로자에 대하여도 일반적인 내부 고발자 보호규정을 둔 주도 있다.

영업비밀의 보호도 공공의 이익의 관점에서 제약될 수 있고, 직업상의 비밀유지 의무도 같이 제약될 수 있다. 또한 단순한 규칙이나 계약의무 위반은 대상에 포함되지 않는 것이 일반적이나 공공부문에 있어 연방공무원에게는 관리의 부정이나 재원의 대량낭비 등도 보호되기도 한다.

통보 주체는 제정법상 '고용인(employee)'로 규정되어 있는 경우가 많다. 통보기관으로는 어떤 상대에게 통보하면 보호되는가는 법률에 따라 취급이 다르다. 연방 개별법규에는 당해 법규를 관장하는 정부기관이 통보기관으로 되는 경우가 많다(노동법의 경우에는 위반에 대한 구제기관이 되는 경우가 통례이다). 주법에서도 정부기관에 대하여 통보하는 것을 보호 요건으로 하는 경우가 많다.

절차적 요건으로서 당해 근로자가 소속한 기관의 상사나 담당부서에의 보고 등 위법행위 등의 시정 노력을 행하는 것을 요건으로 부과하는지 여부가 문제가 된다. 이러한 요건을 부과하는 제정법은 다수는 아니나, 최근에는 여러 주에서 늘어나고 있다. 예를 들어 뉴욕 주법은 우선 피용자에게 법령 위반행위에 대한 상사의 주의를 환기시켜, 사용자에 대하여 시정을 할 합리적 기회를 부여하는 것을 보복 조치 시 보호의 요건으로 하고 있다. 그러나 이와 같은 내부 통보 의무화에 의해 위법 조치의 시정이 늦어지거나 통보자가 불이익을 입을 수도 있으므로 예외를 인정하는 것이 통례이다.

내부고발 보호대상이 되는 위법행위 등이 현실적으로 존재한 것을 보호요건으로 하는 경우는 많지 않다. 오히려 그와 같은 행위가 존재한다고 근로자가 성실히 믿는 경우 통보행위는 보호대상이 된다는 것이 통례이다.

금지되는 처분으로는 요건을 충족한 통보를 행한 것을 이유로 근로자에 대한 해고 기타 불이익조치를 금지하는 것이 전형적인 것이다. 다만, 현실적으로 통보가 있기 전에 방해를 위한 불이익조치도 행해질 수 있으므로 사전방해 행위를 금지하는 등, 금지대상 규정방법을 강구한 경우도 있다. 예를 들어 미시간 주에서는 위법행위를 통보하려는 것을 이유로 하는 사용자의 해고, 협박 또는 차별적 조치를 금지대상으로 하고 있다. 또한 캘리포니아 주도 사업주가 근로자가 위법행위를 통보하는 것을 규칙 또는 방침을 제정하거나 실시하여서는 안 된다고 규정하고, 사후적인 보복금지에 더하여 일반적인 통보 방해를 금지하고 있다.

내부 고발자에 대한 보호가 단순히 보복조치 등에 대한 금지에 그치지 않는 경우가 있다. 즉 구체적인 구제조치로 먼저 연방법에서는 행정구제절차가 설정되어 있는 경우가 많다. 예를 들어 에너지재편법의 경우 내부고발로 차별적 조치를 받은 근로자가 고용노동부 장관에 구제신청이 가능하고, 조사 결과에 따라 위법행위가 있는 경우에는 Back Pay가 붙은 원직 복직명령과 함께 기타 적극적 시정명령을 발할 수 있다. 주법에 의한 근로자보호 시스템은 매우 다양하다. 행정구제 제도를 두고 있는 경우가 있으나, 근로자에 대한 사법상의 청구권을 인정하는 주가 많다.

미국법에는 고발자에 대한 보호 외에 고발을 통해 위법행위 등의 시정촉진이라는 측면도 존재한다. 이러한 관점에서 위법행위 등의 시정촉진방안으로는 먼저 이를 담당할 정부기관이 존재하는 것이 통상이다. 예를 들어 에너지재편법의 경우에는 원자력산업 규제를 담당하는 행정기관인 원자력규제위원회가 사업주에 대한 시정을 담당한다. 또한 공무원의 경우에는 특별고문실(Office of Special Counsel)이라는 행정조직이 있어 통보에 대한 대응을 담당하고, 동 고문실에서 통보 내용이 진실이라고 인정한 경우에는 소관부국의 장에게 이 문제를 통지하게 된다.

공무원이든 민간부문 피용자든 이러한 일련의 과정에 있어서 통보자에 대한 익명성은 보장되고 있다. 또한 통보자에 대하여 처리상황에 대하여 피드백을 하는 점도 공통적이다.

2. 영국의 공익정보 개시법

영국에서는 1998년 7월 2일 내부 고발자를 보호하는 법률인 공익정보 개시법(The Public Interest Disclosure Act 1998)이 1996년 고용권법(Employment Right Act 1996)에 삽입되는 형태로 제정되었다.

이 법은 내부 고발자에 대한 사용자의 해고권을 제한하고, 내부고발자의 보호를 통하여 공익을 도모하고자 제정되어 사기업에 대한 근로자를 대상으로 하는 법률로서 세계에서 가장 앞선 법률로도 평가되고 있다. 영국에서 동법의 입법화가 이루어진 이유에 대해 살펴보면 다음과 같다.

첫째, 근로자의 내부고발에 의해 사전에 회피 가능하였다고 생각되는 사고가 다수 발생하였기 때문이다. 그 예로 1988년 크람함 열차 정면 충돌사고의 주된 원인이 근로자가 사고원인을 인지하였음에도 불구하고 불이익을 우려하여 보고를 기피하여 사고 발생하였고, 1991년 BCCI은행사건, 1993년 버밍검 왕립병원 암 오진사건, 1994년 라임만 가스사고 등 모두 근로자의 내부고발이 원천적으로 봉쇄된 것으로 판명되었다.

둘째, 내부 고발자에 대한 문화적 편견이 심하다는 사실이다. 사용자는 내부고발을 이유로 징계나 해고하는 경향이 있고, 동료는 내부 고발자를 문제아로 보고 배제하는 경향이 있기 때문이다.

셋째, 동법 제정 이전의 법률들이 불충분했다는 것이다. 예를 들어, 고용보호법(Employment Protection Act, 1978)은 직장에서의 건강·안전 정보개시를 이유로 하는 불이익 취급을 허용하지 않는다고 규정하고 있다. 그러나 그 보호대상은 노동환경에서의 건강·안전에 정보개시에 한정되고 또한 근로자가 기업 외부에 정보를 개시하는 경우에는 적용되지 않는다. 또한 국가 비밀법(Official Secrets Act, 1989)은 공무원의 범죄 및 부정행위에 한하여만 정보개시를 허용하였다.

넷째, Common Law상 법리가 불명확한 점을 들 수 있다. 근로자에 의한 정보개시는 Common Law상 처리에 맡겨져 주로 근로자의 비밀유지 의무위반 여부가 다투어져 왔다. 공익상 필요한 개시에 해당되면 해고 등 불이익에서 보호되나 공익의 개념 해석이 명쾌하지 않고 복수의 사정을 고려하여 판단하므로 어떤 경우에 정보개시가 허용되는지는 반드시 분명하지 않았다.

이상과 같은 상황하에서 제정된 법의 목적으로 정보 개시자에게 용기를 주고 보호하여 기업의 부정행위 시정을 촉진하고, 공공의 이익을 도모하는 것이다. 근로자의 의견을 받아들여 적절한 대처를 하는 기업 내부 문제해결기구의 창설을 권장하고 기업 내부에서 정보 개시자에 대한 편견을 가져오는 기업문화의 변혁이 이루어져야 한다.

공익정보개시법의 주요 내용을 살펴보면 다음과 같다. 동법은 부정행위에 조우할 수 있다고 생각되는 다양한 근로자를 적용 대상으로 하고 있다. 동법 상 근로자는 고용권법 제230조 제3항에 정의된 '근로자'뿐만 아니라, 파견근로자, 도급근로자, 국민보건서비스에서 종사하는 의료관계자, 직업 훈련자를 포함한 포괄적인 개념이다. 나아가 공무 종사자도 적용대상이나 국가안전보장 관계자, 경찰관계 종사자는 적용에서 제외된다. 이와 같이 동법의 적용대상자는 통상의 근로자보다 넓게 정의되고 있다.

동법의 최대 문제였던 공익과 사익을 어떻게 조화시킬 것인가에 대해 동법은 독자의 개념을 가진 새로운 법리를 발전시켰다. 즉 '보호되는 정보개시(protected disclosure)' 라는 개념과 이 요건을 규정하였다. 보호되는 정보개시의 요건은 개시 내용이 '적격성 있는 정보개시(qualifying disclosure)'일 것, 정보 개시자가 정보 개시의 상대방에 관한 규정에 따라 정보를 개시하는 것이다. 적격성 있는 정보 개시가 되기 위한 요건은 다음과 같다.

첫째, 정보개시 내용이 '적격성 있는 대상'이어야 한다. 적격성 있는 대상은 광범위한바, 범죄행위(criminal offence), 법적 의무위반 행위, 오심(miscarriage of justice)을 발생시킬 가능성이 있는 행위, 안전위생에 있어서의 위험, 환경파괴행위, 위의 사항에 관한 정보가 은폐될 우려 등이다. 그리고 언제 발생하였는지 묻지 않고, 과거에 일어난 행위, 현재 진행 중인 행위, 장래 일어날 행위도 동법의 대상 행위이다.

근로자가 제시한 항목의 하나 이상에 해당하는 부정행위가 발생하고 있다고 합리적으로 믿으면 충분하고, 그 정보가 진실인지는 묻지 않는다. '적격성 있는 정보개시'의 요건에서는 정보의 비밀성, 수비의무를 면하려는 정당한 사유의 유무, 개시행위의 합리성, 근로자의 행위 양태는 묻지 않는다. 또한 근로자가 정보개시의 상대방이 이미 알고 있는 정보를 개시하여도 무방하다.

둘째, 정보 개시자가 정보개시의 상대방에 관한 규정에 따른 정보개시이어야 한다. 기술의 편의상 사용자 및 지정기관에 대한 정보개시(제1단계의 정보개시), 기업 외부자에 대한 정보개시(제2단계의 정보개시)로 나누어 설명한다. 제1단계 정보개시로는 사용자, 법률 조언자, 주무장관, 지정기관(regulator)에 대한 정보개시가 해당된다.

① 사용자 등에 대한 정보개시는 정보 개시자는 성실성에 적격성이 있는 정보개시를 하면 보호된다. 부주의하게 정보개시를 하여도 위 요건을 충족하면 보호될 수 있지만 동료에 대한 보복이나 사용자에 대한 불만 등 부당한 목적이면 보호되지 않는다.

② 변호사 등 법률 조언자에 조언을 구하는 과정에서의 적격성 있는 정보개시는 보호된다.

③ 법률에 의하여 사용자가 장관에 의해 임명된 단체이거나 사용자의 구성원이 장관에 의해 임명된 경우 장관에게 적격성 있는 정보를 개시하면 보호된다.

④ '국무장관에 의해 지정된 자'에 대하여 정보개시를 하는 경우 성실하게 정보를 개시하는 것 이외에도 추가적인 요건이 필요하다.

제2단계 정보개시로는 기업 외부자(보도기관, 경찰, 지정외의 기관 등)에 정보개시이다. 제2단계의 정보개시가 보호되기 위해서는 정보개시자의 내심, 정보개시의 상황, 정보개시의 합리성에 따른 적격성 있는 정보개시이어야 한다.

적격성 있는 정보 개시가 되기 위한 요건으로 정보 개시자의 성실한 정보개시 여부, 정보나 주장이 실질적으로 진실하다고 합리적으로 믿고 있는지 여부, 사적 이익을 도모할 목적인지 여부로 판단하게 된다.

정보개시의 상황에서는 사용자나 지정기관에 대해 먼저 정보개시를 하였는지, 혹은 그렇게 하지 않은 합리적인 이유가 있었는지를 판단한다. 다만 부정행위가 중대한 경우(예를 들면 아동의 성적 학대)에는 예외적으로 그 사유는 판단하지 않는다.

정보개시의 합리성은 위의 사정을 감안하여 정보개시의 합리성을 판단한다. 특히 다음 항목이 판단 사유가 된다. 정보개시의 상대방, 부정행위의 중대성, 부정행위의 계속 여부나 장래 발생 가능성, 사용자가 제3자에게 지는 수비의무위반의 형태로 정보개시가 되었는지, 이미 제1단계의 정보개시가 이루어진 경우, 해당 기관의 조치 여부나 조치의 합리적 기대 여부, 사용자에 대하여 정보개시를 한 경우 근로자가 사용자가 정한 절차 준수 여부 등이다.

동법의 특징은 정보개시 내용이나 대상 기관이 광범위한 만큼, 사용자나 지정기관에 대한 정보개시를 외부기관 정보개시에 우선하고, 그렇지 못한 경우 이에 대한 합리적인 이유를 요구하는 것이다. 이렇게 사용자 등에 대한 정보개시가 우선되는 이유는 기업 외부자에 대한 정보개시에 의해 신용저하 등의 사용자 불이익을 억제하고, 기업 내부에서 문제를 해결하는 것이 바람직하다는 가치판단이 있다.

불이익처분에 대한 구제로는 동법의 제정에 의해, 보호되는 정보개시를 이유로 불이익을 받지 않을 권리, 보호되는 정보개시를 이유로 한 해고가 당연히 불공정한 해고로 간주되는 점, 중간(잠정) 구제제도가 이용가능한 점, 정보개시를 하지 않는다는 취지의 합의는 무효라는 점 등이 명확히 규정되었다.

불이익을 받지 않을 권리근로자가 보호되는 정보개시를 한 것을 이유로 사용자에게서 어떠한 불이익도 받지 않을 권리를 규정하고 있다. 불이익의 예로는 승격차별이나 임금차별, 징계처분, 배치전환 차별, 또는 하청근로자 등에 대한 계약해제 등을 들 수 있다. 나아가 사용자의 부작위에 의한 불이익도 포함되나 채용차별은 불이익에 해당되지 않는다. 불이익처분을 받은 근로자는 고용 심판소(Employment Tribunal)에 제소할 수 있다. 제소는 불이익이 있은 날(계속적인 불이익의 경우 최후일)로부터 3개월 이내에 제소하여야 하나, 3개월 내의 제소가 곤란한 경우, 고용심판소가 합리적이라고 생각하는 기간 내의 제소가 허용된다. 고용심판소가 불이익취급 제소에 정당한 이유가 있다고 인정하는 때에는, 구제명령 또는 보상금 지불을 명할 수 있다. 보상금은 사용자의 침해행위와 발생한 손해, 모든 사정을 감안하여 합리적인 액수를 산정한다. 불이익처분에 대한 입증책임은 사용자에게 있다. 근로자가 보호되는 정보개시를 이유로 해고된 경우, 당해 해고는 당연히 불공정해고로 간주되므로, 이 경우 고용 심판소는 해고의 합리성에 대하여 판단하지 않는다. 해고사유가 복수인 경우, 보호되는 정보개시가 해고의 진짜 이유이면 당연히 불공정해고로 된다. 또한 정리해고에서 정보개시 여부를 기준으로 근로자를 선택하면 불공정해고가 된다.

보호되는 정보개시를 이유로 해고된 근로자는 고용 심판소에 중간 구제를 신청할 수 있고(제128조), 고용 종료일로부터 7일 이내에 하여야 한다. 고용 심판소는 제128조 (1)에서 규정한 이유로 해고되었다고 강하게 전망되는 경우에는 재고용, 복직 혹은 고용계속명령을 발할 수 있다(제129조).

3. 일본의 공익통보자 보호제도

일본에서는 내부고발에 대한 통일적인 보호법규는 없지만 개별법령에 의해 보호되어 왔다. 법위반의 신고에 대하여 해고나 기타 불이익처분이 금지된 경우가 있다. 그리고 이와 같은 내부고발 등이 해고나 징계처분의 대상이 되고 있어 이의 적법성이 법원에서도 다투어져 왔다.

불이익취급 금지규정의 대상이 되지 않는 내부고발의 경우에는 근로자의 표현의 자유, 조합 활동으로 행해진 경우의 조합 활동의 보장의 관점, 당해 행위에 의해 사용자에게 가져올 명예나 신용훼손의 쌍방을 감안하여 이를 성실의무 위반, 복무규율 위반, 기업질서 위반 등으로 문책할 수 있는지 여부가 해고권 남용법리(노동기준법 제18조의 2)이나 징계권남용법리)에 의해 판단된다. 이때의 판단 기준은 당해 고발의 내용(진실인지 진실이라고 믿는데 상당한 이유가 있는지), 고발의 목적(공익·사익의 어느 쪽을 목적으로 하는지), 수단·방법(통보기관이나 내부적 시정노력의 유무도 고려) 등을 종합적으로 고려하게 된다.

근로자의 기업에 대한 표현의 자유는 근로자 양심에 의한 것과 노조활동 또는 쟁의행위와 관련된 것이 있다. 후자의 노조활동으로 행한 기업(사업주, 경영담당자 등을 포함)에 대한 비난과 고발은 근로조건 향상과 노조의 단결권 침해에 대한 방어라는 범위 내에서는 정당한 노조활동에 속한다. 이러한 단결활동과 관련한 고발을 이유로 차별과 정당한 이유 없는 부서배치 등 부당한 처우(직장 내 따돌림)는 부당노동행위에 해당되며, 부당노동행위 법리로 해결하여야 한다.

일본에는 대표적으로 공익통보자보호법이 있다. 본법의 제정의 배경을 보면 기업의 부정행위가 환경오염문제, 1990년대의 버블 붕괴 위기에서 금융기관의 국채거래부정사건 등 다수의 금융부정사고 등 계속 이어지고 있다. 2000년대 이후 이러한 불상사는 모두 기업 내부에서의 고발이 계기가 되어 밝혀진 것이다. 이에 따라 공익 통보자 보호제도를 확립하여 법령준수를 확보하고 소비자 보호이익을 보호할 필요성이 있다는 인식이 높아졌다. 이러한 배경 하에 중요 입법 제정으로는 이례적으로 빨리 입법 작업이 추진되어 2004년 6월 14일에 성립하여 2006년 4월 1일부터 시행되고 있다.

이 법은 공익통보자의 보호 및 사업자에 의한 국민의 생명, 신체, 재산 기타이익에 관련된 법령 규정 준수를 목적으로 하고, 공익통보를 이유로 하는 근로자 해고무효 등을 정한 민사 룰 부분과 공익통보에 관한 사업자 및 행정기관이해야 할 조치를 정한 부분 등이 있다.

공익통보는 노동자가 부정한 목적이 아니고 노무제공선(근로자가 직접 노무를 제공하는 사업주를 말함) 내부에 있어, 통보대상 사실이 발생하였거나 막 생기려는 경우 요지를 일정의 통보기관에 통보하는 것이다.

여기에서 노동자는 노동기준법 제9조의 노동자(직업의 종류를 불문하고, 사업 또는 사업소에 사용되는 자로, 임금을 지불받는 자)이다. 여기에는 정규직 외에 파트타이머나 아르바이트, 계약사원, 파견노동자 등 비정규직 노동자나 공무원도 포함된다. 부정한 목적이란 부정하게 자기 이익을 도모하고 타인에게 손해를 가하는 것과 같이 사회통념상 위법성이 높은 목적이다. 여기에서는 공익통보에 해당하지 않는다고 주장하는 측이 부정목적을 입증해야 한다.

노무제공기관이란 공익통보의 대상이 되는 법령위반행위 주체에 관한 사항으로, 행정기관도 포함된다. 또한 노동자를 직접 고용한 사업자뿐만 아니라, 파견노동자의 경우 사용사업주와 노동자가 타사업자와의 계약에 근거하여 반복 계속적으로 노무를 제공하는 경우 노무를 제공받는 거래사업자도 포함된다.

통보대상 사실은 국민의 생명, 신체, 재산 기타 이익에 관련된 법률로서 공익통보자보호법의 별표 및 정령(우리나라의 시행령에 해당)에 열거된 법률(형법, 식품위생법 등)에 규정하는 범죄행위 및 최종적으로 형법에 의해 실효성이 담보되는 법령위반행위이다. 또한, 지역에 따라 보호되는 통보 범위에 차이가 생기는 것이 적당치 않으므로, 조례에 위반하는 행위는 통보대상 사실에 포함되지 않는다. 또한 사업자와는 전혀 관계없는 생활상의 법령위반행위는 대상 외이다.

통보기관은 ① 노무제공기관 등, ② 처분 등의 권한을 가진 행정기관, ③ 기타 사업자 외부의 세 종류로 나누고, 이들 통보기관별로 보호요건을 정하고 있다. 노무제공기관 등에는 노무제공기관 혹은 노무제공기관이 미리 정해진 자이다.

전자로는 직접의 사용자, 파견노동자나 도급 등의 경우 사용사업주 등이고, 후자의 경우로는 그룹기업 공통의 지원(Help)라인, 사외변호사, 노동조합 등을 통보기관으로 정할 수 있으리라 생각된다.

처분 등의 권한을 가진 행정기관이란 통보대상 사실에 대해 개별 법률에 근거하여 조사권한이나 시정권한을 가진 행정기관이다. 또한, 공익 통보자가 실수로 권한이 없는 기관에 통보한 경우에는 접수받은 기관에서 공익통보기관이 되는 행정기관을 안내하도록 되어 있다.

기타 사업자 외부란 피해확대 방지 등을 위해 필요하다고 인정되는 자로, 보도기관이나 소비자단체 등 통보대상 사실에 따라 폭넓은 주체가대상이 될 수 있다. 또한 공해피해를 받을 우려가 있는 주변주민 등, 법령위반행위로 피해 우려가 있는 자도 포함한다. 한편, 폭력단이나 경쟁회사 등과 같이 통보함으로써 노무제공선의 정당한 이익이 훼손될 우려가 있는 자는 제외된다.

익명의 통보에 대하여는 통상 통보자가 특정되지 않아 불이익취급이 없으므로 법의 대상 밖이다. 단, 통보 후에 통보자가 특정되는 경우에는 본법의 대상이 된다.

해고 능의 무효, 불이익취급 금지법에서는 공익 통보자 보호에 의해 공익 실현과 사업자 등 정당한 이익 보호와의 균형 도모의 관점에서 통보기관별로 다른 보호요건을 정하고 있다. 공익 통보자가 통보 기관별로 정해진 요건을 만족한 경우에는 공익 통보를 이유로 사업자가 행한 해고 및 노동자 파견계약 해제는 무효가 되고 불이익취급은 금지된다. 불이익 취급으로는 징계처분에 해당하지 않는 훈계나 엄중주의, 인사나 급여 상 차별적 취급에 오로지 잡무만 시키는 사실상 불이익취급도 포함된다. 불이익취급의 위반에 해당되는 경우에는 당해 취급은 위법으로 판단되어 손해배상청구의 대상이 된다.

노무제공기관 등에의 공익 통보에 대하여는 통보대상 사실이 생기거나 생긴다고 생각하고 통보한 경우에는 해고 등의 불이익취급이 금지된다. 사업자 내부에의 공익 통보의 경우 통보 내용이 외부에 유포되지 않았지만 실제로는 진실이 아닌 경우에도 사업자의 정당한 이익이 부당하게 손상될 우려가 적으므로 다른 통보기관과는 달리 믿기에 충분한 상당 이유까지 요구하지는 않는다.

처분 등의 권한을 가진 행정기관에 대한 공이 통보에 있어서는 통보대상 시실이 생기거나, 생긴다고 믿기에 충분한 상당한 이유가 필요로 한다. 여기에서는 법령위반행위의 발생 또는 그 개연성을 뒷받침할 내부자료 등의 근거를 필요로 한다. 행정기관도 사업자 외부의 주체이므로 진실 아닌 통보에 의해 사업자의 정당한 이익이 손상될 우려가 있다. 한편, 행정기관의 직원에는 수비의무가 있으므로 기타 사업자 외부보다 요건이 완화된다.

기타 사업자 외부에 대해서는 위의 요건 외에 다음 어느 하나에는 해당할 필요가 있다.

첫째, 내부나 행정에 통보하면 불이익취급의 우려가 있는 경우(동료가 공익통보 후에 좌천된 사례가 있는 경우 등)

둘째, 내부통보로는 증거인멸 등의 우려가 있는 경우(통보대상 사실이 사업자 전체로 행해지는 경우 등)

셋째, 사업에게서 정당한 이유 없이 내부나 행정에 통보하지 않도록 요구된 경우(상사에게서 사업자 내부의 지원 라인이나 행정기관에의 통보를 함구토록 한 경우 등)

넷째, 서면으로 내부통보 후 20일 이내에 조사개시 통지가 없는 경우 또는 사업자가 정당한 이유 없이 조사하지 않는 경우

다섯째, 사람의 생명 혹은 신체의 위해가 발생하는 급박한 위험이 있는 경우에는 노무제공기관에의 통보를 거칠 필요 없이 직접 행정기관 또는 기타 사업자 외부에 통보도 가능하다. 그러나 기관 간 통보의 우선순위는 없다. 이 법이 정한 요건에 해당하지 않는 통보에 대해서는 종래와 같이 노동기준법 제18조의2 등의 일반 법리에 의해 사안별로 통보자 보호가 도모된다. 공무원은 신분보장이나 징계사유가 법정화되어 있어서 공익보호법의 취지에 따라 공무원 법제를 적용한다.

통보자, 사업자 및 행정기관의 의무를 보면 통보자의 노력의무에는 공익 통보를 하는 노동자는 타인의 정당한 이익 또는 공익을 해하지 않도록 노력해야 한다. 그리고 공익 통보에 의해 제3자의 개인정보를 흘리는 등 타인의 정당한 이익을 해한 경우에는 민사 또는 형사책임을 지는 경우도 있다.

사업자의 노력의무로는 서면으로 공익 통보를 받은 사업자는 시정조치 등을 지체 없이 통보자에게 통지하도록 노력해야 한다.

행정기관의 의무로는 공익 통보를 받아 처분 등의 권한을 가진 행정기관은 그 권한에 근거하여 필요한 조사나 조치를 취하는 것으로 되어 있다. 이에 의해 행정기관에 의한 감시, 시정기능이 한층 발휘될 수 있다. 조사가 필요한지 여부나 조치의 적당여부는 당해 조사, 조치권한을 가진 행정기관의 재량이 인정된다. 통보대상 사실이 범죄행위를 내용으로 하는 경우에는 수사기관이 통보기관에 포함되며, 형사소송법에 독자의 절차가 있으므로 이에 따른다.

제5절 윤리경영 상담센터 설치

윤리경영을 실천하고 그 과정에서 발생할 수 있는 문제를 해결하기 위해서는 윤리상담센터를 설치해야 한다. 윤리상담센터는 임직원의 불공정한 업무수행 및 부당한 요구, 금품 및 접대·편의의 수수, 회계 관련 불만, 기타 부정 및 비리 행위 등에 대해 상담과 신고를 받는다. 신고 시 상담자의 신분과 상담 내용은 철저히 비밀이 보장되어야 하며, 사실에 근거하지 않는 비방이나 회사에 대한 품위유지와 관련 없는 사생활에 대해서는 처리하지 않는 것이 원칙이다.

상담 및 신고 채널로는 웹, 전화, 팩스, 대면상담 및 서신 등 다양한 경로를 운영된다. 윤리상담센터의 운영으로 기업이 처해있는 윤리적 딜레마 상황에서의 갈등을 해소시켜줄 뿐만 아니라 직무윤리의 실천이 회사의 조직문화로 자연스럽게 정착하는 데 기여하게 된다.

윤리경영 상담센터의 운영으로 사전에 법규나 회사 정책에 대한 위반행위 등을 관리할 수 있고, 회사의 명성의 실추, 기업경쟁력 감소 등과 같은 손실을 예방할 수 있다. 특히 기업 구성원들의 윤리경영 법규준수에 큰 효과를 주고, 제도를 통해 접수된 다양한 의견들은 실제적인 윤리적 이슈와 문제들로써 사내 대화문화를 형성하는데 기여하게 된다(정운용, 2011).

네이버(주)는 기업윤리상담센터를 설치하여 운영하고 있다. 네이버 및 계열사 임직원의 불공정한 업무처리, 지위를 이용한 부당한 요구, 금품·접대·편의 수수, 협력업체에 대한 경영간섭, 대금지급 관련 불만, 비공개 정보의 유출, 기타 부정 및 비리 행위 등에 대하여 상담과 신고를 할 수 있는 곳이다. 어떠한 경우라도 비공개 방식으로 운영하고 상담자의 신분과 상담/신고 내용은 철저하게 보호하며, 접수된 사항은 최대한 빠른 시일 내에 처리하여 원하시는 경우 전화나 e-mail로 회신해 준다. 기업윤리상담센터에 상담 및 신고방법은 웹사이트를 통해 신고, 이메일(ethicsline@navercorp.com) 신고, 우편(경기도 성남시 분당구 불정로 6 NAVER 그린팩토리 감사실장 앞) 신고 등의 방법이 있다.

롯데백화점도 윤리상담센터를 운영하고 있는데 롯데백화점의 정도경영 발전을 위한 아이디어 제안 및 업무상 윤리적 딜레마 상황을 상담해 주고 있다. 또한 clean센터도 운영하고 있는데 임직원이 이해관계자로부터 부득이하게 선물을 받았을 경우 반송 및 기부하는 제도로 수수한 선물에 대해서 반송이 원칙이나, 반송이 불가능할 경우 연계 복지단체에 기부하고 있다. 윤리 Hot-Line을 설치하여 운영하고 있는데 제보내용으로는 직원의 비리, 부당행위, 금품 및 향응 접대 수수 등 사회적 통념상 용인될 수 없는 행위, 직장 내 성희롱 및 직원상호간의 품위손상 행위, 당사와 거래상 비윤리 행위로 제반의 불이익을 당한 사항, 비효율 요소 및 윤리경영 활동을 위한 제도 개선 사항, 기타 롯데백화점 윤리실천 10계명에 위반되는 사항 등이 대표적인 사례가 된다.

제8장

마케팅과 기업윤리

제1절 마케팅 윤리의 본질
제2절 마케팅 윤리에 대한 이해
제3절 광고 윤리
제4절 소비자보호 운동

[사례] 셀리턴의 공익연계마케팅 — '핑크리본 캠페인'

LED 마스크 브랜드 셀리턴이 기부문화 장려 캠페인인 '핑크리본 캠페인'을 진행하고 있다.

셀리턴이 진행하는 '2019 셀리턴 핑크리본 캠페인'은 유방암에 대한 인식개선 및 환우들의 의료비 지원을 위해 진행되었다.

셀리턴 디바이스 구매 시 1만원을 자동으로 기부하게 된다. 핑크리본 캠페인을 통해 모금된 금액은 모두 유방암 환우들을 위해 쓰이게 된다.

셀리턴은 핑크리본 캠페인뿐만 아니라 다양한 사회공헌 활동을 해온 것으로 유명하다. 셀리턴은 고객으로부터 받은 사랑에 대한 감사의 마음을 고객과 지역사회에 전하며, 사회에 적극적으로 참여하는 기업 시민의 개념으로 나눔의 참된 의미를 실천하고자 한다.

셀리턴은 그간 화상환자 인식개선을 위한 후원은 물론 경남 산청 새터마을 봉사, 오페라 유망주 후원, 스포츠 영재 육성 지원, 뷰티 전문 인력 양성을 위한 산학협력 및 장학금 기탁 등 다양한 사회공헌 활동을 펼친 바 있다.

셀리턴 관계자는 "다양한 사회공헌 활동을 해온 셀리턴은 유방암에 대한 인식개선 및 의료비 지원을 위한 핑크리본 캠페인을 진행하게 됐다"며 "세상의 아름다운 변화를 위해 따뜻한 마음과 정성을 모으는 일을 함께하겠다"고 밝혔다.

이처럼 기업에서는 유방암으로 고생하고 있는 환자들에게 희망을 주고, 자사의 제품을 구매한 고객은 자신도 사회에 공헌하는 좋은 일을 하고 있다는 자부심을 갖게 만들고, 기업도 이러한 취지로 인하여 제품의 매출이 증대되어 모두가 윈윈하는 결과를 가져오게 되는 것이다.

셀리턴은 '코로나19' 확산에 따른 위기 극복을 위해 대구 사회복지공동모금회와 전국재해구조협회에 각각 5,000만원씩 총 1억원의 성금을 기탁했다.

셀리턴은 이번 '코로나19' 극복을 위해 적극 동참하기 위해 성금 1억원 기탁했다. 이번 성금은 김일수 대표이사가 전액 사재를 출연해 마련하여 대구 사회복지공동모금회에 기탁한 5,000만원은 대구 시민과 노인, 장애인 등 사회적 취약계층의 긴급생계지원과 방역 지원 등을 위해 사용된다. 전국재해구호협회에 기탁한 5,000만원 역시 '코로나19'로 피해를 입은 취약계층과 방호 물품, 진단키트 등 의료물품 부족 상황에 직면한 전국 의료진과 방역관계자들의 의료·복지시설 방역 지원에 사용된다.

셀리턴 김일수 대표이사는 "코로나19 사태로 모든 국민이 힘든 상황을 보내고 있는데, 특히 더욱 힘든 시간을 보내고 있을 사회적 취약계층과 방역 최전선에서 땀 흘리고 있는 의료진, 방역관계자들이 힘을 내어 주시길 바란다"고 말했다. 셀리턴은 LED마스크를 중심으로 뷰티&헬스케어 사업 영역을 확장해가고 있는 중소기업이다.

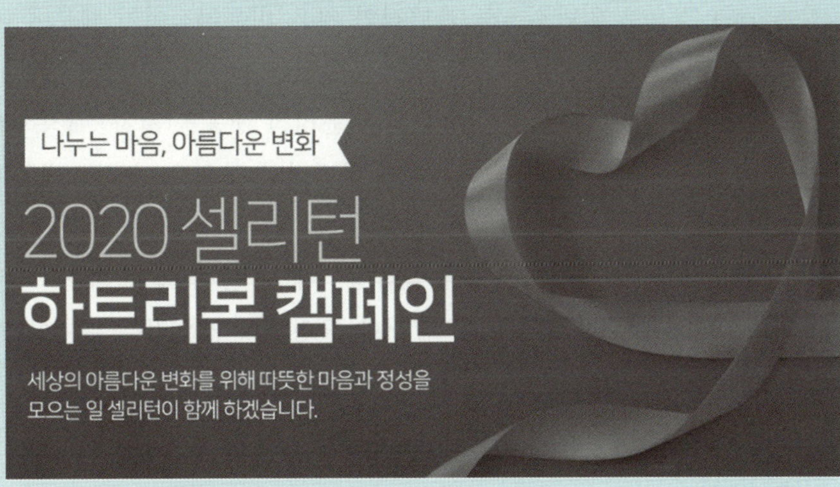

제1절 마케팅 윤리의 본질

1. 마케팅 윤리의 개념

미국 마케팅협회(AMA: American Marketing Association)는 '마케팅이란 생산자로부터 소비자에게까지 상품이나 서비스의 흐름을 관리하는 기업경영 과정의 제 활동을 포함하는 것'이다.

마케팅은 고객의 필요나 욕구를 충족시켜주면서 고객에게 투입한 기업의 자원, 정책, 분석, 계획, 조직화, 통제 등을 망라한 활동을 말한다. 마케팅은 개인과 조직의 목적을 충족시키는 교환을 창조하기 위하여 아이디어, 상품 및 서비스의 개발, 가격결정, 판매촉진, 유통경로를 계획하고 실행하는 과정이다. 고객을 위한 가치를 창출하고 이를 커뮤니케이션 하고 전달하기 위해 조직과 이해관계자들에게 혜택을 제공하기 위해 고객관계를 관리하는데 요구되는 조직의 기능과 일련의 과정들을 말한다.

마케팅 윤리(Marketing Ethics)란 '기업이 상품, 서비스, 아이디어 등을 통하여 고객의 가치를 창출하고 커뮤니케이션함으로써 욕구를 충족시킬 수 있도록 제품, 가격, 판매경로, 촉진, 물적 유통 등을 윤리적으로 수행하는 활동'을 말한다.

마케팅 윤리는 마케팅 의사결정에 윤리적인 결정을 하는데 도움을 줄 수 있는 지침이나 규칙에 관한 것으로 일반적으로 불법적인 것은 비윤리적이기 때문에 마케팅 윤리에는 마케터가 지켜야 하는 법률적 요건들도 포함된다. 법률을 어기는 것은 비윤리적 행동으로 여기기도 하지만 중요한 것은 법률은 비윤리적 행동을 저지·배척하는 작용을 하기 때문이다. 그런데 마케터는 자신의 행동이 합법적일 것으로 여기고 행동하지만 결과적으로 비윤리적인 행동을 하는 입장에 놓일 수도 있다. 왜냐하면 아직 법률에 의해 커버되지 않고 있는 또는 의사결정분야의 복잡성이나 '옳은 행동'에 대한 불확실성 때문에 법률적으로 '옳은 행동'을 규정할 수 없거나 규정하지 않으려는 부분이 있기 때문이다(반병길, 1999).

2. 마케팅 윤리의 체계

마케팅 윤리의 체계는 미시적 영역과 거시적 영역으로 범주화해서 설명할 수 있다. 미시적 영역은 과대광고, 이중 가격, 클레임 처리 등의 불만, 불신, 불안이 생기지 않도록 해야 하는 일 등 고객과의 직접적인 거래에 관련된 윤리적 활동이다.

반면 거시적 영역은 인간성 존중, 지역사회와의 관계, 환경지향적 활동과 관련된 윤리적 활동을 말한다.

마케팅 윤리의 실천방향은 기업의 마케팅 활동으로 인해 야기된 부정적 측면을 감소시키는 방안과 적극적으로 고객의 만족을 증대시켜나가는 긍정적 측면의 강화가 있다. 부정적 측면의 감소는 법령과 규제를 위반하지 않는 것을 의미하는 것이며, 긍정적 측면의 강화는 환경, 생태보존, 지역사회 공헌 등 기업의 자율적 규제 하에 사회적 책임과 적극적인 사회공헌을 다하는 박애주의적 수준의 행동을 수행하는 것을 말한다.

표 8-1 마케팅 윤리의 매트릭스 체계

	부정적 측면의 감소	긍정적 측면의 강화
거시적 영역	외부 비경제의 감소 • 대기오염 • 수질오염 • 산업폐기물 불법폐기 • 가스배출 Ⅱ	박애주의적 공헌 • 사회공헌 • 메세나 지원 • 인도적 지원 • 지역환경 보호 Ⅰ
미시적 영역	Ⅲ 불공정한 관행 • 과대광고 • 이중가격 • 우월적 지위 남용 • 담합	Ⅳ 고객만족 • 적절한 상품, 가격, 시기, 장소 • 개인판매 • 결점표시 • 소비자 교육 • 고객만족 보증

자료: 서인덕·배성현, 기업윤리, 경문사, 2011, p.387.

3. 마케팅 윤리의 특징

기업은 고객에게 제공하는 제화와 서비스를 통해 고객의 가치를 높여주어야 한다. 특히 윤리적 마케팅은 제품에 대한 긍정적 이미지를 창출함으로서 달성 할 수 있다. 마케팅 책임자는 제품의 안전을 보장하고 소비자의 불만을 해결하며, 회사는 환경오염을 방지해야 한다. 기업은 윤리경영과 사회적 책임의식의 확산으로 소비자와 지역사회에 대한 책임을 민감하게 받아들이고 있다.

최근 단순히 품질과 디자인의 우수성을 내세우는 마케팅전략보다는 사회봉사와 사회 환원으로서 기업의 사회적 책임을 다하고자 고민하는 공익연계 마케팅(CRM: Cause Related Marketing)이 주목받고 있다(최만기·김영복, 2011).

공익연계 마케팅은 기업의 사회적 책임 활동의 하나로 소비자의 구매를 통해 얻은 수익 일부를 자선 활동이나 공익에 기부하는 마케팅으로 기업의 이윤과 이미지를 높이고 소비자를 기업 활동에 참여하도록 한다. 소비자의 구매를 전제로 하는 기업과 소비자, 비영리 단체 모두에게 윈－윈 전략의 일환이다.

오늘날 마케팅 윤리는 다방면에서 실천되고 있다. 품질과 가격이 같고 디자인이 비슷한 상품을 판매하는 경쟁기업이 많이 있다. 만약 A사는 판매수익의 5%를 Unicef에 기부하고 있다면 고객은 어느 회사제품을 구매하게 될까? 대부분의 구매자는 A사의 제품을 구매하게 될 것이다. 간접적으로 고객 자신도 사회공헌활동에 일조를 하고 있다는 마음이 들기 때문이다. 이처럼 기업은 이익추구와 사회공헌과의 사이에서 어떤 것을 우선해야 될 것인지를 갈등할 수 있다. 그러나 오늘날 사회분위기는 기업의 사회적 책임을 강조하는 공익연계 마케팅을 요구하고 있다. 그 결과 기업은 이미지 개선과 고객과의 신뢰관계 개선으로 이어져 궁극적으로는 기업의 매출증대로 이어지기 때문이다.

제2절 마케팅 윤리에 대한 이해

1. 제품과 윤리적 이슈

제품의 윤리는 사회적 관심 때문에 제품관리의 비윤리적 문제는 우선 법적 규제를 받는다. 이것은 소비자의 안전과 건전한 거래질서의 유지를 위하여 법으로 규제하는데, ① 제품안전문제, ② 제조물책임문제, ③ 제품모조문제 등으로 구분할 수 있다.

기업의 마케팅활동은 여러 가지로 구분할 수 있으나 가장 보편적인 분류 방식은 메카시(E. J. McCarthy)의 마케팅 믹스(4pcs)의 4가지 요소가 대표적이다. 마케팅 믹스(marketing mix)의 여러 요소는 ① 제품(product), ② 가격(price), ③ 촉진(Promotion), ④ 경로(place channel) 등으로 이는 표적시장으로서의 고객이 모든 마케팅활동의 역점이 되고 있다. 마케팅윤리에서도 이러한 분류로 구분하여 논의하는 것이 바람직하다.

마케팅 경쟁력 강화를 위해 마케팅윤리수준을 높이기 위한 방안으로 윤리적 문제들을 다음과 같이 제시하고 있다(반병길, 1999).

가. 제품디자인과 포지셔닝

(1) 제품 안정성

제품정책의 일부인 제품의 디자인은 그 제품이 제대로 기능하는지 그리고 안전한

지를 판가름하는 데 결정적인 영향을 미치는 경우가 많다. 그래서 기업과 그 마케터는 제품을 디자인할 때 안정성을 책임지고 고려해야 한다. 그런 상황 하에서 마케터가 당면하는 제품디자인 관련 윤리적 이슈들을 살펴보면 다음과 같다.

첫째, 소비자는 제품의 안전성에 높은 관심을 갖고 있지만 반면 높은 가격을 지불하려는 의사가 별로 없는데도 기업은 어느 정도까지 제품에 안전성을 디자인해 넣을 책임이 있는가?

둘째, 대부분의 기업에서 제품안정성에 대한 책임은 엔지니어링이나 제조부문에 귀속되어 있고, 마케터는 적은 역할만을 하는 상황하에서 제품 안전성에 대한 책임은 조직 내 어디에 현재 귀속되어 있고 어디에 귀속되어야 하는가?

셋째, 비록 고객이 원하지는 않지만 기업은 고객을 위하여 제품에 안전장치를 어느 정도까지 디자인해 넣을 책임이 있는가? 등이다.

(2) 제품포지셔닝

마케터는 제품의 시장포지셔닝과 타깃마케팅이 비윤리적인 것으로 비칠 수 있는 조건들을 규명하고 사전 방지해야 한다. 예컨대 성인용 제품을 성인들에게 시장포지셔닝을 할 경우 차별화 및 매출액 증대에는 많은 도움이 되겠지만 청소년을 대상으로 포지셔닝할 경우에는 소비자의 제품사용 및 그에 따른 부정적인 행위 등으로 바람직하지 않은 파급효과를 가져올 수 있다.

나. 제품 패키징과 레이블링

커뮤니케이션 및 촉진적 매개체로서의 패키징의 역할이 증대되고 있다. 그런데 최근 패키징과 그 통합된 일부인 레이블링(Labeling)과 관련하여 소비자를 오도하는 레이블링상의 정보, 경고성 정보를 과다하게 또는 불충분하게 포함시킨 레이블, 과대하고 낭비적인 패키징 등의 윤리적 문제들이 증가하고 있는 경향을 보이고 있다.

다. 제품 리콜

결함제품이 일단 유통된 상황 하에서 마케터는 반드시 경제적 시사점과 법률적 필수요건을 고려하여 제품리콜프로그램의 착수 여부, 착수한다면 어떤 프로그램을 채택할 것인지 등을 결정해야 한다. 즉, 결함제품 문제를 인정하지도 책임지지도 않을 것인가? 또는 소비자에게 알릴 것인지 여부, 제품을 수선 또는 개량해 줄 것인가 여부, 또는 리콜을 하여 제품을 시장에서 철수시킬 것인가 여부 등을 결정해야 한다. 이런 결정들은 결정 결과에 따라서 서로 다른 중대한 윤리적 이슈들을 제기될 수 있다.

라. 제품과 생태적 환경

소비자뿐만 아니라 사회 각계 구성원의 대부분은 제품과 그 패키징이 생태적 환경을 실제로 그리고 잠재적으로 파괴하는 것에 대해 많이 우려하고 있다. 그리고 소비자의 태도 역시 환경보호를 점점 더 중시하는 방향으로 바뀌고 있다. 그렇지만 얼마나 많은 소비자가 구매 관습을 바꾸고, 높은 가격을 지불하면서까지 환경보호 신념을 지지하는지는 명확하지 않다. 그런 상황하에서 그린마케팅 운동에 순응하기 위해 기업은 제품을 어느 정도까지 그린화 할 것인지를 결정해야 한다. 결정의 결과에 따라서 서로 다른 윤리적 이슈들이 제기될 수 있다.

2. 가격과 윤리적 이슈

마케팅 윤리에서 가격정책과 관련 윤리적 이슈들을 살펴보면 다음과 같다.

가. 반경쟁적 가격책정

(1) 가격공모

제품에 대한 가격책정에서 가격공모는 경쟁업체들이 가격을 단합하는 데 목적을 두고 명시적·암묵적인 합의를 하는 것이므로 그 자체가 명백히 반경쟁적 가격책정이기 때문에 불법적·비윤리적 행위이다.

(2) 가격정보교환

경쟁업체 간에 가격정보를 교환하는 행위인 가격정보교환은 가격을 담합하겠다는 암묵적 합의가 있었음이 증명될 경우만 반경쟁적 행위로써 불법적·비윤리적 행위이다.

(3) 평행가격책정

과점적 경쟁업체들이 가격책정에서 일률성을 유지하는 행위인 평행가격책정은 가격책정의 일률성이 시장조건의 결과가 아닌 암묵적 합의의 결과임이 증명될 경우에만 법률적·윤리적으로 문제가 된다.

(4) 가격리더십

크고 작은 경쟁업체들로 구성된 특정 산업에서 흔한 평행가격 책정의 한 예인 가격리더십은 가격을 고정시키려는 명시적 합의와 위압이 있다는 증거가 있을 경우에만 법률적·윤리적으로 문제가 된다.

(5) 재판매가격유지

제조업체가 계약 내지 위압을 통하여 도매상이나 소매상이 부고하는 가격의 하한선과 상한선을 구체적으로 명시하여 자유경쟁을 억제하는 행위이므로 법률적으로 금지됨에 따라서 비윤리적 행위이다.

(6) 약탈적 가격책정

경쟁에 당면한 강대 기업인 약탈자 기업이 경쟁자들을 시장에서 몰아내기 위해서 가격을 적정하지 못한 낮은 수준이거나 아니면 이익이 전혀 나지 않는 수준까지 깍아내리는 약탈적 가격책정은 일반적으로 불법적·비윤리적 행위이다.

(7) 차별적 가격책정

유사등급과 품질의 상품을 구매하거나 판매할 때에 특정 기업체가 가격측면에서 판매자들이나 구매자들을 차별대우하는 차별적 가격책정은 가격차이가 제조·판매·물류 등 코스트 차이를 정당하게 반영하는 경우, 그리고 경쟁자 가격에 대응하는 정당한 노력에서 결과된 것일 경우 등을 제외하고는 불법적이고 비윤리적이다.

나. 소비자 가격책정

마케터는 소비자 가격책정에서 공정성을 유지해야 하는 법적·윤리적 책무가 있다. 그런데 세일즈(특매)가격, 최저가격과 같은 가격비교의 사용, 제조업체가 제시하는 희망소매가격, 소비자를 오도·기만하는 오도적·기만적 가격책정이 여전히 성행하고 있기 때문에 법률적·윤리적으로 문제가 되고 있다.

3. 유통경로와 윤리적 이슈

상품은 상거래활동에 매개되어 유통이 이루어지므로 유통경로는 기본적으로 수요와 공급의 성격에 따라 달라진다. 상품의 유통경로는 다음과 같이 ① 소규모 생산·소규모 소비형, ② 소규모 생산·대규모 소비형, ③ 대규모 생산·소규모 소비형, ④ 대규모 생산·대규모 소비형으로 나눌 수 있다.

유통경로를 규정하는 요인으로는 상품의 종류, 생산지와 소비지의 거리, 경제와 상업의 발전 정도, 상거래 관습, 국내 상업 또는 국제무역 여부 등이 있다.

예를 들면 농림수산품은 그대로 소비되는 것(생선식료품 등)과 가공되어 소비되는 것으로 크게 나누어진다. 전자는 도시 근처의 농가가 생산하여 직접 소비자에게 판매하기도 하며, 산지에서 수집상이나 농협과 같은 수집 도매상·도매시장 및 소매상을 경유하는 것 등 여러 유통경로가 있는데, 어떤 경로를 취하는가 하는 것을 결정짓는 주요 요인은 생산지와 소비지의 거리에 따라서 주로 결정된다. 후자는 가공된 다음에는 광공업제품과 동일한 경로를 거쳐 유통된다.

유통경로상에서 여러 가지 윤리적 이슈가 발생할 수 있다. 과거에는 주로 유통과정에서 생산자가 더 큰 영향력을 가지고 있었지만 오늘날에는 소비자가 다양한 시장정보를 바탕으로 제품의 주문, 주문량을 직접 결정할 수 있는 등 유통 과정에서 더 많은 영향력을 발휘하고 있다.

제조사가 자사에서 직접 생산한 제품을 소비자에게 판매하는 것은 현실적으로 쉽지 않다. 생산기업은 제품을 생산하여 도매상에게 판매하고, 도매상은 다시 소매상에게 판매하게 된다. 소매상은 최종 소비자에게 판매하는 경로를 거치게 되는데 이를 유통경로라고 한다. 유통정책과 관련된 윤리적 이슈들을 살펴보면 다음과 같다.

가. 직접마케팅

직접마케팅은 예상되는 고객에 대한 개별적인 촉진활동을 통한 판매를 말한다. 직접 마케팅은 응답의 견지에서 촉진 활동의 결과가 측정가능하다는 점에서 일반적인 마케팅과 다르다. 또한 직접 마케팅은 주로 고객 파일이나 목록을 이용한다. 종종 우편을 통한 주문과 관련되며 직접 마케팅은 방문 판매, 비디오텍스 서비스, 신문지 끼움 광고와 같은 다양한 종류의 촉진매체를 포함한다. 직접 마케팅은 광고보다 더 개인적인 형태의 촉진이다. 직접 마케팅 담당자는 촉진의 대상이 되는 개인을 선정하며 응답에 대해 직접적인 접수를 한다. 응답은 직접 개인에게 추적될 수 있는 구매, 문의, 조회 등이 된다.

유통정책과 관련된 윤리적 문제로 가장 많이 발생하는 것은 직접우편, 텔레마케팅, 전자마케팅 등이 급증하고 있는 직접마케팅 분야이다. 이 분야의 윤리성에 대해 관심을 가져야 하는 이유는 마케팅에 투입되는 관심·인재·돈 중에서 직접마케팅이 차지하는 비중이 빠르게 커지고 있고, 직접마케팅 경로의 하부구조를 형성하는 정보기술과 소비자의 데이터베이스 등이 증가로 인한 파워와 낮아지는 비용 때문이다.

최근 직접마케팅의 활용이 급증함에 따라서 직접마케팅 경로에 대해 제기되고 있는 윤리적 이슈들은 주로 소비자들의 프라이버시, 기밀성, 불법침범과 관련된 것이다. 마케터가 미시적 마케팅이나 다른 형태의 개인 전용화된 타깃마케팅을 강조함에 따라 윤리적 문제들은 점차 더욱 심각해질 전망이다. 대표적인 직접마케팅의 유형을 살펴보면 다음과 같다.

(1) 직접우편

직접마케팅의 가장 일반적인 형태가 직접우편을 보내는 것이다. 상품광고를 위해 특정 지역이나 리스트에 있는 모든 고객에게 전면적으로 우편으로 송부한다. 이는 저예산 미디어로 고객에게 통신문을 고객에게 보낼 수 있다. 우편 서비스 형태가 가장 많다. 광고 회람, 카탈로그, 무료체험용 CD, 기타 우편으로 원하지 않는 상업 안내장을 고객의 우편함이나 가정, 직장으로 배달하는 것을 말한다. 벌크 메일은 금융, 컴퓨터, 여행 산업 등에서 업무 촉진활동으로 많이 사용하고 있다.

(2) 텔레마케팅

전화 등의 매체를 이용하여 소비자마다의 구매이력 데이터베이스에 근거하여 세심한 세일즈를 행하는 직접마케팅방법이다. 소비자의 입장에서는 전화를 받으면 귀찮고 신경이 거슬릴 수도 있다. 전화를 받은 상당수의 사람들이 낯선 전화번호로 걸려온 전화를 받지 않는 경우가 많다.

전화나 종합 유선 방송(CATV)에 의한 통신 판매 방식. 전화번호부, 졸업 앨범, 기타 수단을 통해 획득한 고객 DB를 가지고 전화로 영업을 하거나 가수·배우·탤런트 등을 출연시켜 전화를 통해 판매하는 방식이다. 그러나 개인 정보 유출 등 문제점이 있어 관련법 개정 요구가 대두되었고, 개정된 개인 정보 보호법에 의하면 텔레마케팅의 경우 전화를 통해 이용자가 서비스 가입을 하고자 하는 경우 상담원 또는 ARS 등을 통해 동의를 받아야 할 사항을 알리고 동의를 받거나 동의 내용을 확인할 수 있는 웹 사이트 등을 알려 주고 이후 다시 전화를 걸어 동의를 얻어야만 한다.

미국에서는 2003년 10월 1일부터 전국적 '전화금지 리스트(do-not-call list)'법이 발효되고 있어 리스트에 스스로 등록한 사람에게 텔레마케터가 전화를 걸면 불법이 된다.

(3) 이메일 마케팅

최근 이메일을 통한 텔레마케팅이 가장 많이 이루어지고 있는 추세이다. 그러나 스팸메일로 수신자에게 부담을 주고, 대량 스팸메일로 이메일 서비스 제공자는 효율적인 이메일 필터링 프로그램을 통해 스팸메일을 차단하고 있다. 그러나 필터링 프로그램에 일부 오류로 합법적인 이메일 마케팅도 스팸으로 처리하는 경우가 있어 보완이 필요한 실정이다.

(4) 전단지 배포 마케팅

전단지 배포 서비스는 해당 지역에 한정하여 그 지역에 거주하는 고객들에게 사업을 홍보하는 활동으로서 특히 패스트푸드산업에서 사용하고 있다. 마케터에게는 비용이 저렴하여 선호하지만 소비자에게는 원치 않는 전단지를 받게 되어 기분을 상하게 할 수도 있다.

나. 유통기구 촉진

유통기구 촉진에서도 윤리적 이슈들이 발생하는데 그중에서도 제조업체가 제품을 위한 창고공간이나 진열대 공간을 배분받기 위해 특히 대형소매상점에게 지급하는 각종 명칭의 돈 내지 피이(Fees)이다.

그런 피이(Fees)가 윤리적 이슈가 되고 있는 것은 소매점의 관점에서는 정통성 있는 인센티브일 수도 있지만 제조업체의 관점에서는 일종의 몸값이 될 수 있다. 더군다나 그런 피이는 인하된 가격의 형태로 소비자에게 이전되지 않으며, 신제품일수록 그리고 소규모 공급업체일수록 경쟁과 소비자선택권을 억제할 수 있고, 유통 효율, 가격, 소비자 복지 등에 나쁜 파급효과를 미치기 때문이다.

다. 난매시장 운영

많은 제조업체와 정규 유통기구는 난매시장 운영이 윤리적으로 문제가 된다. 왜냐하면 난매시장은 정규 유통경로상의 가격질서를 무너뜨리고 정규 유통기구와의 갈등을 일으키며 또한 정규 유통기구의 매출액을 잠식하기 때문이다. 이로 인해 제조업체가 정규 유통기구지원 서비스 및 판매시점서비스를 유지하기 어렵게 만들고, 고객 불만을 심화시킬 수 있기 때문이다.

라. 경로파워와 경로관계

경로멤버간의 경로관계는 각 멤버가 보유한 상대적 파워에 의해서도 영향을 받는다. 그런 상황에서 경로파워를 주로 제조업체가 보유했던 시절에는 제조업체가 보유파워를 동원하여 유통업체의 행동에 부당한 영향을 미쳤던 것이 윤리적으로 문제시 되었다.

최근에는 경로파워의 변화가 일어나 경로관계가 대형유통업체 중심으로 기울기 시작했다. 최근에는 제조업체 전반, 그리고 특히 중소제조업체의 행동에 대한 대형유통업체의 부당한 영향력 행사가 윤리적 문제로 대두되고 있다.

4. 판매촉진과 윤리적 이슈

판매촉진(promotion)은 자사의 제품이 경쟁사보다 가치가 있다는 정보를 고객에게 제공하고 구매를 설득하는 활동이다. 대표적으로 광고, 홍보, PR, 인적판매, 판매촉진 등의 활동이 있다.

최근 대부분의 기업들이 자사 제품의 판매를 널리기 위해서 다양한 촉진활동을 전개하고 있다. 촉진활동을 시행함에 있어서 정직하고 윤리적으로 이루어져야 한다. 촉진활동 과정에서 과장, 기만, 거짓 등이 난무하는 촉진활동이 전개된다면 비윤리적인 행위가 된다.

제3절 광고 윤리

광고는 그 목적 자체가 '善'이 되어야 한다. 광고는 시청자(소비자)를 수단으로 이용하여 기업의 경제적 목적을 달성하려고 해서는 안 되고, 시청자의 이익향상 그 자체가 목적이라야 한다고 보는 것이 윤리성의 판단기준이다(이종영, 2002). 광고에서 전달하는 정보가 소비자의 선택, 문제 해결에 도움이 된다면 윤리적이라는 것이다.

1. 광고대행사의 윤리

광고대행사는 광고주를 위해서 광고를 기획하고 제작하여 매체에 실어서 시청자에게 전달이 되도록 하는 기관이다. 그러므로 광고의 윤리문제가 나오면 광고대행사가 가장 먼저 논란이 된다. 이때 윤리문제로 주로 대두는 되는 것은 광고대행사가 주장하는 내용과 대 고객과의 관계에 두 가지 분야가 있다.

가. 주장(=옹호, 설득)

가장 문제되는 것은 광고대행사가 주장하는 내용이다. 광고란 시청자를 설득하는 것이 목적이기 때문에 그것을 위하여 시청자가 주목하고, 흥미를 가지고, 확신을 얻어서, 광고가 바라는 행동을 하도록 하기 위하여 연극, 말, 상징, 음악, 그림 등 각종 기술과 수단을 동원을 하게 된다. 그런데 광고하고자 하는 내용이 비윤리적이거나(허위, 불법, 인권침해, 위해상품의 구매 권유), 광고주가 비윤리적인 경우(인권침해 단체, 범죄 단체, 사기회사)에도 광고주의 생각을 주장하고 옹호해야 하느냐 하는 것이 문제가 된다.

광고대행사가 윤리성을 유지하려면 광고대행사의 역할과 윤리성 평가기준이란 두 가지를 생각해야 한다. 광고대행사가 자기의 역할을 '기술자 역할'에 한정시키면 광고주가 전하고 싶은 메시지를 가장 효과적으로 전달하도록 기술적인 지원만 하면 되고, 광고의 내용에 대해서는 책임이 없다. 그러나 '자문 역할'이 포함되어 있다면 광고대행사는 광고주에게 시청자의 이해관계를 우선적으로 생각하면서 광고주가 메시지를 효과적으로 전하는 방법을 자문한다. 시청자에게 해로운 '비윤리적인' 내용의 메시지일 경우에는 그 내용을 바꾸도록 권하는 것도 '자문기능'에 속한다.

나. 대 고객 관계

광고대행사는 경쟁업체의 광고를 동시에 취급해서는 안 된다. 광고대행사의 고객 중에는 상호경쟁회사가 있을 수 있고, 경쟁관계가 아니던 회사가 기업 합병에 의하여 다른 회사에 흡수되거나 합병되어 새롭게 경쟁회사관계가 될 수도 있다. 특히 광고대행사 자체가 다른 회사에 흡수되면 흡수회사와 경쟁관계에 있는 모든 고객회사는 경쟁관계가 된다. 광고대행사는 고객을 놓치지 않기 위해서 경쟁회사이지만 그대로 고객으로써 유지하고 싶어 한다. 이때 윤리적 문제에 직면하게 된다. 이런 문제에 대한 해결방법으로서는 고객회사에게 사정을 솔직히 알리고 양해를 구하는 것이 가장 좋은 방법이다. 그런 경우에 때에 따라서는 '선의의 경쟁'의 입장에서 인정을 받을 수도 있다. 그러나 대부분의 경우에 경쟁자 중에 한쪽은 더 이상의 관계를 유지하지 않고 끊어 버리는 것이 일반적이다.

2. 광고주의 윤리

일반 국민들은 광고를 보고 합리적으로 판단할 능력이 있다. 그러나 어린이, 노년층을 목표로 하는 광고는 그 윤리성에 대한 문제가 대두될 수 있다.

가. 어린이 대상 광고

합리적인 판단능력을 갖추고 있지 못한 어린이들을 대상으로 하는 광고는 그 윤리성에 문제를 제기할 수 있다. TV광고나 어린이용 출판물에 껌, 과자, 문방구, 장난감, 컴퓨터 게임 등을 광고하든지, 대학생을 상대로 술, 사냥총, 오토바이 광고 등은 문제가 된다. 산업계에서는 광고자체는 해로운 것이 아니고, 어린이용 광고라도 어린이가 보지 않으면 그만이라는 주장을 하고 있지만 사회적 지지를 받지 못한다.

이런 광고의 형태에 대한 문제를 업계 스스로 조정하지 못하게 되면 정부로부터 간섭을 받게 된다. 예를 들면 어린이가 광고모델로 나오는 모든 의약품은 어린이 잡지나 어린이용 TV프로시간대에 광고를 내보지 못하도록 규정하고 있다.

나. 노인층 대상 광고

세계적으로 인구 고령화로 인하여 노년층 인구가 증가하고 그들의 경제수준이 향상됨에 따라서 노년층을 시청자로 하는 광고가 문제가 되고 있다. 특히 이들은 TV를 보는 시간이 많기 때문에 TV광고에는 취약한 상태에 놓여 있다.

노인층을 상대로 한 광고품목은 건강식품, 관광여행, 실버타운, 금전신탁 등이 그 주종을 이루고 있다. 노인층의 관심을 받는 상품에 과장, 허위가 생기기 쉽다. 우리나라 광고위반 건수의 약 50%는 건강식 제품에 관련이 있는 것으로 나타났다.

새로운 세대로 등장한 실버 노인층은 대단히 유망한 시장 집단으로 등장하고 있으나 이들을 상대로 한 광고가 정보, 가격, 제품 등에 관해서 윤리성을 유지하지 못한다면 정부가 적극적으로 개입하게 된다.

광고에 의한 생약 제제 및 순환기계통 약품에 대한 오용·남용의 우려가 높아짐에 따라서 자가진단 및 자가치료를 유도하거나 불안감, 공포감을 주는 문구의 구절을 광고에 포함해서 안 된다.

3. 광고매체의 윤리

광고주의 광고 메시지를 시청자에게 전달하는 것이 광고매체인데 최근 그 수량이 폭발적으로 증가하고 독자에 대한 영향력이 커짐에 따라 광고의 윤리문제가 생기게 되었다. 우리나라는 총광고비 중에서 TV, 신문 광고가 절대적으로 많은 비중을 차지하고 있다. 광고매체의 윤리문제에는 세 가지 부문으로 살펴볼 수 있다.

가. 광고주

광고주가 사회적으로 비난을 받거나 국제사회에서 문제시되고 있는 단체나 개인이 광고게재를 희망할 때에 이것을 받아 줄 것이냐 하는 문제가 생기게 된다. 예를 들면 사이비 종교단체, 범죄 단체, 무허가 직업소개소, 무허가 결혼소개소, 국제적으로 비난을 받는 인권유린을 자행하는 정부 등의 광고게재 시 광고를 해야 되는지 하지 말아야 되는지의 문제가 생기게 된다.

나. 광고 방법

미풍양속에 위반되는 야비한 표현을 쓰거나, 허위 내용을 전하고자 하는 광고를 게재할 것인가 하는 것이 문제가 된다. 특히 문제가 되는 것은 광고하면서 신문 기사처럼 (예: 런던 발, 세계통신) 보이게 하는 광고 방법은 그로 인해 발생하는 책임이 면해지는 것은 아니다.

다. 광고 내용

허위내용, 남을 노골적으로 비방하는 내용, 약효가 정식으로 증명이 안 된 것을 증명된 것처럼 표시하는 것 등 광고 내용이 비윤리적인 경우가 많은데 이런 광고를 매체가 받아 주어야 하는가가 문제가 된다.

매체의 광고 윤리문제는 매체의 품위와 신용도에 영향을 미치게 되며 그것은 장기적으로 매체의 광고스페이스판매에 영향을 미치게 되므로 매체 스스로가 규제를 하려고 노력해야 한다. 그러나 현실은 매체의 단기적 수입을 위해서 이러한 준칙이 제대로 지켜지지 않는 것이 문제가 된다.

[사례] '라돈 침대' '음이온 효과'는 과장광고?

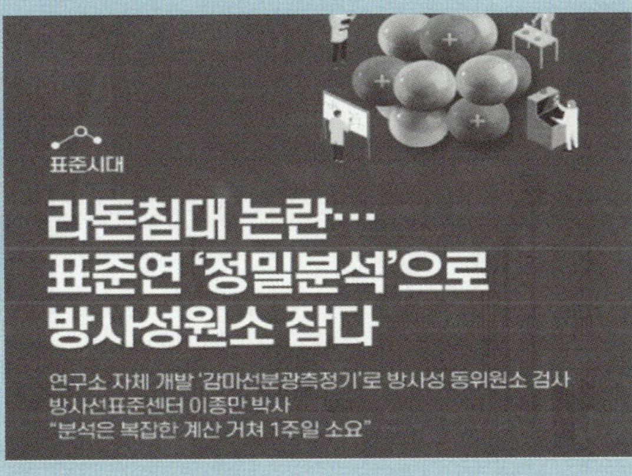

2018년 발생한 대한민국의 상반기에 핫 뉴스가 바로 '라돈 침대' 사건이다. 라돈 침대가 음이온이 방출되어 건강과 수면에 도움이 된다고 믿었던 수많은 국민들이 놀람과 배신감에 울분을 감추지 못했다.

정부는 관계부처 협의를 통해 가정에서 사용하고 있는 라돈 침대 매트리스를 신속히 수거에 나섰다. 우정사업본부는 우체국 직원 3만여 명과 차량 3,200여 대를 동원해 전국에서 대진침대 매트리스 2만 400여 개를 수거해 당진항 야적장으로 옮길 계획이었지만 인근 주민들이 차량 출입을 막으며 반발했다. 이에 원안위는 "비닐로 밀봉한 수거 매트리스는 문제가 된 방서선 기체가 나오지 못해 작업자나 인근 주민에게 전혀 피해가 가지 않는다"고 밝혔다.

방사능이 나오는 대진침대의 매트리스 총 4만 8,000개를 쌓아둘 곳이 마땅치 않은 것도 문제지만, 폐기는 더 큰 문제다. 원안위는 국제원자력기구(IAEA) 등 국제기준과 해외사례를 참고해 안전하게 폐기할 방침이다. 즉 매트리스를 속 커버, 금속 스프링, 기타 소재 등을 분리한 후 방사성 물질(모나자이트)을 사용한 부분(속 커버 등)을 밀봉해 대진침대 본사 창고에 보관하거나 땅에 묻을 가능성이 크다. 금속 스프링과 기타 소재는 일반폐기물로 처리할 계획이다.

그러나 전문가들은 "라돈 침대는 방사성 폐기물로 규정해 처리해야 한다고 주장하면서 침대 모델별 피폭선량을 정확하게 측정하는 것이 선행돼야 한다"고 말한다. 또한 침대 사용자의 성별과 나이, 수면습관 등에 따른 데이터베이스를 구축하고 상세한 피폭 평가가 이뤄져야 한다. 침대 사용자 가운데 고선량 피폭이 우려되는 사람은 심리 상담을 받게 하고, 폐암에 대한 장기 역학조사에도 착수해야 한다고 주장한다.

방사성 붕괴란 원자핵 속의 중성자와 양성자는 에너지 균형을 이루고 있지만, 어떤 원자핵은 에너지가 불안정한 상태로 만들어지거나 특정한 힘을 가하면 불안정 해진다. 이때 원자는 불안정한 상태에서 벗어나 안정된 상태로 가기 위해 스스로 엄청난 에너지를 방출하면서 전자나 양성자, 중성자를 제거하는 과정을 말한다. 이때 뿜어져 나오는 에너지를 방사선(radiation)이라고 한다. 방사선을 내뿜는 물질을 방사성 물질, 방출되는 방사선의 세기를 방사능이라고 한다. 우라늄(U), 토륨(Th), 라듐(Ra) 등이 바로 불안정한 핵이 붕괴하면서 방사선을 방출하는 방사성물질이다.

피폭(被曝, exposure)이란 인체가 방사능에 노출되는 것을 말한다. 외부피폭이란 방사능이 인체의 외부에 미치는 피폭량을 말하여, 내부피폭은 방사능이 몸속 장기 등 인체의 내부에 미치는 피폭량을 말한다.

라돈은 인체에 들어와도 대부분 바깥으로 배출된다. 그러나 가스 형태의 라돈이 코나 입을 통해 체내로 들어갈 경우에는 몸 안에서 또다시 방사선을 방출할 수 있다. 이로 인하여 폐 세포가 손상되고 심하면 폐암까지 일으킨다.

국민들이 생활주변 방사선으로부터 스스로를 보호할 수 있도록 가공제품에 포함된 방사선 농도를 표시하고 가공제품에 대한 외부 피폭뿐만 아니라 호흡 등에 대한 내부 피폭 기준을 제시하도록 하여야 한다. 현재 라돈 등 생활주변 방사선 관리가 여러 부처에 나눠져 있으므로 이를 통합 관리하는 것이 바람직하다.

국제방사선보호위원회(ICRP)가 1977년 방사선 방호의 최적화 원칙을 확립한 개념인 '알라라(ALARA) 원칙'을 준수해야 한다. 즉, "피폭량을 가능한 수준까지 최대한 줄이라"(As Low As Reasonably Achievable)는 것이다. 알라라 원칙의 R(Reasonably)은 '합리적인' 수준까지 방사선을 줄이라는 것이다.

4. 광고윤리의 관리

광고의 가장 큰 문제는 그 진실성에 있다. 광고가 진실하지 않으면 광고가 생활정보로서 제구실을 할 수 없기 때문이다. 갈수록 증가하는 광고량은 광고의 윤리성이 강조되고 있다. 따라서 광고단체·광고 매체사들도 법 규제 이전에 스스로 광고의 윤리성을 지키기 위해 윤리규정을 제정하게 되었다.

우리나라는 광고 윤리요강을 만들어 발표한 것은 1959년 6월 9일 『한국일보』가 처음이었다. 그 뒤 방송광고가 많아지면서 방송광고에 대한 윤리규정이 생겼고, 71년에 창설된 범 광고기구인 한국광고단체연합회도 광고윤리강령을 채택하였다.

세계적으로는 미국이 윤리강령을 처음 제정하였다. 당시의 광고전문지(誌) 『프린터스 잉크: Printers' Ink』가 1911년에 윤리규범을 만든 것을 정부가 채택한데서 비롯되었다. 선진국의 경우 법에 의한 규제보다 자율을 바라는 움직임이다.

세계 유일의 국제적 광고기구인 국제광고협회(IAA)는 1980년에 세계 각국의 광고 자율규제 상황을 조사하여 『광고자율규제: Advertising Self-regulation』라는 연구서를 발간하였다. 이처럼 광고윤리 향상을 위해서는 업계의 자율적 노력과 이것을 뒷받침할 제도가 필요하다.

가. 자율 규제

광고업계의 장래를 위하여 업계 스스로 자율 구제노력을 하고 있다. 한국 광고자율심의기구가 1994년에 설립되어 광고의 자율적 정화를 목표로 일을 하고 있다. 광고업계가 자율적으로 규제하도록 정부에서도 지원하고 있다. 이러한 취지에 따라서 방송매체 광고는 방송위원회와 종합유선방송위원회의 사전 심의를 거쳐 방송하도록 규정되어 있다.

인쇄매체광고는 한국신문윤리위원회와 한국간행물윤리위원회에 의해서 사후에 자율심의를 하도록 되어 있고, 업종별로는 대한화장품협회, 한국제약협회가 사전심의를 하도록 되어 있다.

나. 광고윤리강령

광고에 관한 업계단체의 구체적인 강령이 마련되어야 하고, 이것을 회원사가 지키도록 확인을 해야 하며, 광고환경의 변화에 따라서 내용을 수정해 나가야 한다. 이러한 업계단체의 광고윤리강령은 그대로 회원사의 광고윤리 실천준칙을 위한 기초가 되고 있다.

우리나라에서는 한국광고협의회의 광고윤리강령과 한국광고주협회의 광고주윤리강령이 있는데 원칙만 정해져 있고 구체적인 활동기준은 국제상업회의소(International

표 8-2 한국 신문광고 윤리강령

내용	실천요강(게재금지 내용)
강령 1. 신문광고는 독자에게 이익을 주고 신뢰받을 수 있어야 한다.	(1) 비과학적 또는 미신적인 것 (2) 투기, 사행심을 선동하는 내용(단, 당국의 허가를 받은 것은 예외로 한다) (3) 공인 유권기관이 인정하고 있지 않는 것
강령 2. 신문광고는 공공질서와 미풍양속을 해치거나 신문의 품위를 손상해서는 안 된다.	(1) 국가변란의 위험이 있거나 군사, 외교의 기밀에 관한 것 (2) 혐오감이나 어떤 욕정을 불러일으키는 음란, 추악, 또는 잔인한 내용 (3) 어린이 및 청소년을 대상으로 하는 광고에 그들을 육체적 혹은 도덕적으로 그르치게 할 표현 (4) 협박, 폭력 등의 범죄행위를 미화하거나 유발시킬 우려가 있는 내용 (5) 미풍양속을 해치거나 공중에게 폐해를 끼칠 우려가 있는 무허가 소개업소(직업, 통신)의 광고 또는 구인, 구혼광고 (6) 국기, 애국가 등 국가의 존엄성을 유지해야 할 상징 또는 인물(성현, 위인, 선열 등)을 모독하는 표현
강령 3. 신문광고는 관계법규에 어긋나는 것이어서는 안 된다.	(1) 공익을 위함이 아니면서 타인 또는 단체나 기관을 비방, 중상하여 그 명예나 신용을 훼손시키거나 업무를 방해하는 내용 (2) 프라이버시 침해의 우려가 있는 타인의 성명, 초상을 무단히 사용하는 것 (3) 법원에 계류 중이거나 형사사건 용의자의 포폄에 관한 내용 (4) 표절, 모방 또는 기타 방법으로 타인의 권리를 침해하는 것
강령 4. 신문광고는 그 내용이 진실하여야 하며 과대한 표현으로 독자를 현혹시켜서는 안 된다.	(1) 허위 또는 불확실한 표현으로 대중을 기만, 오도하는 내용 (2) 광고주의 명칭, 주소 및 책임소재가 불명한 것 (3) 광고임이 명확하지 않고 기사와 혼동되기 쉬운 편집체제 및 표현 (4) 대중의 상품에 대한 지식의 부족이나 어떠한 허점을 악 이용한 것 (5) 사회적으로 공인되지 않은 인허가, 보증, 추천, 상장, 자격증 등을 사용한 것

자료: 한국신문윤리위원회, '신문윤리강령', 1996. 4.

Chamber of Commerce: ICC)의 광고활동기준강령에 준하도록 하고 있다.

국제화시대에 우리나라의 광고도 광고대행사, 광고주, 광고매체 모두 국제기준을 따르지 않을 수 없다. 매체, 광고주, 광고대행사가 모두 국제적 수준에 맞추기 위하여 많은 노력이 필요하다.

표 8-3 국제상공회의소 광고실천 강령

조항 및 주제	내용 요약
1. 기본원칙	합법적이고, 예의 있고, 정직하고, 신뢰성이 있어야 함
2. 예의	사회의 예의수준에 반하는 내용은 금함
3. 정직	소비자의 신뢰와 무지를 악용해서는 안 됨
4. 사회적 책임	차별, 공포, 폭력, 불법행위, 미신을 조장해서는 안 됨
5. 성실한 표현	효능, 재산권, 수량, 가격, 수리보장, 증명 등을 허위/과장해서는 안 됨
6. 비교	비교는 사실에 근거하고, 공정하게 표현해야 함
7. 명예훼손	타 회사, 활동, 직업, 제품을 폄하하는 표현은 안 됨
8. 증언	증언은 사실, 증명가능, 직접 경험한 것이라야 함
9. 초상권	초상 무단 사용 또는 같은 표현은 안 됨
10. 신용의 악용	무단으로 남의 이름, 상표, 광고성과 등 사용 금지
11. 모방	구성, 내용, 슬로건, 그림, 광고방법 등 모방 금지
12. 광고 표식	기사가 아니고 광고라는 것이 알 수 있도록 해야 함
13. 안전, 건강	안전과 건강을 해치는 위험한 내용을 표현해서는 안 됨
14. 아동, 청소년	청소년의 무지, 신뢰를 악용한 유해, 반사회적 내용 금지
15. 보증	'보증'은 법의 규정대로 지킬 수 있어야 함
16. 강매	원하지 않는 상품을 억지로 떼 맡기는 광고는 안 됨
17. 환경보호	환경보호에 위배되는 내용은 안 됨
18. 책임	광고내용, 광고주, 매체에 대한 책임을 져야 함
19. 광고전체책임	광고내용의 부분부분이 아니고 전체에 대하여 책임 질 것
20. 교정의 효과	광고 잘못을 사과해도 잘못이 면죄는 되는 것은 아님
21. 입증	광고내용은 입증할 수 있어야 함
22. 자율규제	자율규제를 위반한 광고를 지원해서 안 됨
23. 집행	나라별 광고자율규제단체에서 집행해야 함

자료: ICC, *International Code of Advertising Practice*, 1997.
이종영, 광고의 윤리, 전게서, p.39.

제4절 소비자보호 운동

1. 소비자보호 운동의 의미

소비자가 상거래에서 발생되는 여러 문제를 주체적으로 해결하려는 사회운동을 소비자운동이라고 한다. 이 운동을 목적으로 설립된 단체 자체나 기업·정부에 대한 주체성이 애매한 단체까지도 '소비자운동'이라고 하는데 경제학적 관점에서 보면 소비자운동으로 볼 수 없다.

역사적으로 소비자운동은 1844년 영국을 중심으로 발전한 '생활협동조합'의 활동이 시초이다. 소비자운동이 본격적으로 활동이 벌어진 것은 미국이다. 1891년 뉴욕에 소비자연맹이 결성된 것을 시작으로, 1898년 전국소비자연맹(The National Consumers' League)이 발족하여 주로 식품의 품질향상을 요구하는 운동을 벌였다. 1929년 소비자연구소(The Consumers' Research: CR)가 성립되어 상품검사 결과를 제공하는 활동을 벌였다. 1936년 CR에서 분리, 발족된 소비자동맹(Consumers' Union: CU)은 상품검사지(誌) 『컨슈머 리포트: *Consumer Report*』를 발행하였다. 1964년 미국의 R. 네이더가 시작한 자동차 안정성과 관련한 '기업고발운동'은 새로운 형태의 소비자운동을 창출하는 데 기여하였다. 이를 네이더리즘(Naderism)이라고 한다.

1960년 각국의 소비자단체의 연합조직인 국제소비자연맹(International Organization of Consumers' Union: IOCU)이 결성되어 국제연합과 함께 전 세계적인 소비자운동에 공헌하였다.

우리나라에서도 한국소비자보호원·한국소비자연맹 및 소비자시민모임, YWCA·YMCA에 설치된 소비자보호 관련단체 등이 소비자보호운동에 앞장서고 있다. 1980년 소비자보호법을 제정, 소비생활의 향상과 합리화에 힘쓰고 있으며, 1996년 리콜제가 자동차 부문을 시작으로 단계적으로 도입되는 추세이다.

오늘날 자본주의 시장경제사회에서는 수많은 소비재·서비스가 소비자에게 판매되고 있다. 이 같은 거래에서 일반적으로 피할 수 없는 사실은 사업자(판매자)와 소비자(구매자)의 거래 당사자 간에 존재하는 역량의 차이이다. 즉, 소비자는 사업자 측의 권유, 경품에 의한 유혹, 광고·선전에 의한 부적정한 표시, 저질·위해한 품질, 부당한 가격 등과 관련하여 강한 불만을 개인적으로 갖게 된다. 이런 문제는 자본주의 경제에 필연적으로 내재하는 것이라 밀(J. S. Mill 등)에 의해 지적되었다.

동시에 자본주의 시장경제사회에서는 소비자의 주체적 사회운동인 소비자운동을 통해 상거래에서 발행하는 폐단을 예방하고, 이익회복을 가능하게 할 수 있는 체제이다. 소비자는 정보·지식이나 공동구입을 통해 스스로의 역량을 강화하고, 입법·행정상의 조치를 통해 청원·진정 등의 집단행동으로 정책적 요구를 행하고, 직접 기업을 상대로 한 집단적 불매운동을 벌임으로써 부당한 소비를 줄여 나갈 수 있다.

상거래가 존재하는 한 구매자는 구매과정에서 자신이 속지 않고 정당한 조건으로 거래가 이루지기를 원한다. 그러나 복잡한 유통구조 등의 이유로 소비자의 기대와는 다르게 전개되는 경우가 많다. 이에 따라 소비자를 보호하기 위해 조직적이고 집단적인 노력이 일어나게 되었다. 소비자운동은 판매자에 대한 구매자의 권리와 힘을 신장시키고자 하는 사회운동이다. 거대 자본기업의 힘으로부터 소비자권익을 보호하고 시장에서의 소비자 복지를 극대화하려는 사회운동의 일환이다.

소비자운동은 날이 갈수록 다양한 방면으로 이루어져 왔고 다방면에 공공정책에 영향을 미치고 있다. 초기 소비자운동은 정부와 기업을 상대로 소비자보호를 위한 입법, 규제 제정에 노력했지만 최근에는 소비자를 대상으로 한 소비자 교육 및 소비자보호 프로그램의 개발에 관심을 갖고 적극적으로 전개되고 있다.

2. 소비자보호 운동의 발생원인

오늘날 소비자보호 운동이 일어나게 되는 것은 지금까지 소비자들이 시장에서 많이 속임을 당했기 때문이다. 속임의 내용에는 다양하지만 그중에서도 부당하게 높은 가격의 지불, 불량제품, 서비스품질의 과대광고, 안전하지 못한 제품, 판매담당자 및 유통기관의 불친절한 판촉행위 등이다. 이러한 원인으로 소비자가 피해를 입었을 때에는 자체적으로든 업체와 접촉을 통해 구제를 받든지, 당사자 간 해결이 어렵게 되면 관계기관의 도움을 받아서 피해에 대한 보호를 받아야 한다.

Post et al.(2002)는 소비자보호 운동이 일어나게 된 원인을 분석하여 설명하고 있는데 자세히 살펴보면 다음과 같다.

첫째, 소비자들이 물건을 구입할 때 제품이 너무 복잡하게 만들어져서 소비자의 선택을 매우 어렵게 하고 있다는 것이다. 소비자는 제품에 대해서 잘 모르기 때문에 제조사에게 의존할 수밖에 없다. 대부분의 경우 구매결정을 할 때 사전에 제품에 관한 정보를 수집해서 검토해보고 구매하는 일은 거의 없다. 구매시점에서 선택하는 경우가 대부분이다. 그리고 제품에 대한 사전 지식이 어느 정도 있다하더라도 부품들이 제품 속에 있기 때문에 분해해 보지 않으면 알 수 없다. 따라서 구매자는 제품의 품질에 관해 전적으로 기업의 판촉행위에 의존하게 되고 소비자는 이용당하게 된다.

둘째, 제품과 서비스가 너무 전문화되어 있어서 소비자들이 판단하기 어렵다. 그래서 소비자는 기업이나 판매자의 판촉활동에 의해서 구매를 결정할 수밖에 없다.

셋째, 기업이 제품과 서비스를 광고할 때 광고의 내용이 실제의 품질보다 훨씬 더 부풀려 있는 경우가 많다. 특히 소비자의 감성에 호소하거나, 과대광고 등으로 피해를 볼 수 있다.

넷째, 제품의 안전성이 소홀히 다룰 수 있다. 건강에 대한 관심이 높아지면서 각종 건강식품이 출시되고 있는데 이들 제품의 기능성에만 초점을 맞추고 홍보하면서 제품의 부작용, 각종 첨가재료, 유전자 변형식품 등 잠재적 위험에 대해서는 소홀히 다루는 경우가 많다.

오늘날 소비자보호의식이 확산되어 일반 소비자들이 자신의 권익을 보호하려는 소비자보호운동은 점점 더 활발히 진행될 것으로 기대되고 있다.

3. 소비자보호 운동

소비자보호 운동은 소비자의 이해에 입각하여 제조업자·판매업자·광고업자들의 제품·서비스·생산방식·표준규격 등을 규제하는 운동 또는 정책을 말한다. 이처럼 소비자를 보호하기 위한 제반 규제조치들은 제도적·법적 차원이나 특정 산업에서 수용된 자체 규약을 통해 시행될 수 있으며, 보다 간접적으로는 소비자단체의 영향력에 의해 이루어질 수 있다.

오늘날 선진국으로부터 제3세계에 이르기까지 전 세계적으로 다양한 형태의 소비자보호단체가 활동하고 있다. 각국 정부도 공식 관리 기구를 두어 소비자를 보호하고 있다. 1914년에 설립된 미국의 연방거래위원회(FTC)는 기만적인 상거래 행위를 방지하고, 소비재에 대한 제품표시를 규격화할 수 있는 권한을 부여받았다.

식품·의약품·살충제 관리를 위해 농무부에 설치된 식품의약국(FDA)은 소비자 보호 차원에서 식품·화장품 및 기타 물품들을 감독하며, 1970년에 설립된 전국도로교통국은 자동차의 안전과 관련된 모든 사항을 관장한다.

미국의 50개 주에는 각 주마다 최소한 한 군데 이상 소비자 문제를 다루는 정부기관이 설치되어 있다. 민간부문의 가장 선구적인 소비자운동가로는 랠프 네이더이다. 그는 "어떠한 속력으로 달려도 안전하지 못하다*(Unsafe at Any Speed)*(1965)"라는 책을 통해 미국 자동차의 안전공학을 비판했다.

국제소비자기구(IOCU)는 전 세계에 걸쳐 회원을 확보하고 있다. 그들 가운데에는 특히 아시아의 기구들처럼 특정 도시 내에서만 활동하는 단체들이 있는가 하면, 캐나다 소비자연합처럼 전국적인 조직망을 갖춘 단체도 있다. 입법 과정에서 소비자 보호조항을 채택하기 시작한 것은 이미 오래전 일이다. 이들 보호 조항 가운데는 특히 1893년 영국의 상품판매법처럼 구매자가 어떤 특정 상품을 필요로 하는 목적을 그 판매자에게 명시적·암묵적으로 알리고 나서 판매자의 지식이나 판단에 의존할 경우, 이미 판매되는 상품은 그 소비자의 목적에 적합한 것이어야 한다는 조건이 전제된 것으로 간주한다는 내용도 있었다.

초기의 법률들은 주로 식료품과 의약품들을 다루었는데, 그 예는 1872년 영국에서 제정된 식품 및 의약품에 관한 법이나 1848년, 1890년, 1906년에 미국에서 내려진 조치들에서 찾아볼 수 있다.

이들 법령의 영역은 점차 확대되어 일정한 표준규격이 충족되지 않으면 소비자의 안전을 위협할 수도 있는 전자제품이나 자동차 등의 상품에까지 적용되었다. 이들 조항은 매우 복잡할 수밖에 없었고 나라마다 각기 달랐을 뿐만 아니라 한 나라 안에서도 지역마다 차이를 보였다. 국립표준기관에서 설정하는 표준규격처럼, 다양한 비법률적 규세 역시 법률적 규제와 상호관련이 있다.

최근 정보화 및 세계화 등으로 우리 사회의 큰 특징의 하나로 법적으로 호보해야 할 권리나 이익이 특정한 개인에게만 머물지 않고 다수인이나 이를 넘어 사회 전체로 널리 확산되고 있는 상황이 여러 분야에서 발생하고 있다. 이런 경우 전통적인 개별 소송으로는 충분히 대응하기가 어렵다. 따라서 이러한 권리나 이익을 적절하고 효과적으로 보호하기 위한 소송제도를 어떻게 구축할 것인지의 문제가 세계적으로 중요한 과제가 되고 있다.

우리나라의 소비자 권리구제제도를 보면 물품·서비스의 거래나 사용 과정에서 피해를 입는 경우 소비자는 사업자와의 협상을 통해 해결하는 것이 일반적이다. 그리고 협상을 통해 해결되지 않으면 소송을 통해 해결하는 것이 원칙이다. 그러나 소송을 통한 해결에는 많은 시간과 돈이 필요하기 때문에 소비자들은 피해가 소액인 경우에는 소송보다는 조정 등 재판 외 분쟁해결제도(Alternavtive Dispute Resolution: ADR)를 통해 피해를 구제받는 경우가 많다. 결국 소비자 피해가 발생한 경우 소비자의 권리는 일반적으로 당사자 자율해결→재판 외 분쟁해결→소송의 단계를 거치면서 구제된다.

4. 소비자보호를 위한 제품 제조 및 설계 규제

소비자보호를 위한 가장 대표적인 법적 규제대상이 되는 산업부문은 식품과 의약품이다. 다른 상품들은 대부분 표준규격제도의 규제를 받고 있다. 표준규격제도는 다양한 종류의 상품에 대해 기본적인 최소한의 표준을 규정하고 있다. 그러나 식품 및 의약품 제조업자에게 적용되는 법적 규제는 건강에 해로운 내용물을 제품에 첨가하지 못하도록 금지하는 것과 유해한 물질을 제거하도록 하는 두 가지 방식으로 행해진다. 이러한 조치는 소비자를 보호하기 위한 것처럼 보일 수 있지만 현실에서는 실제로 수년간 시클라메이트(cyclamate)가 인공감미료로 사용되었는데, 시클라메이트는 국내 혹은 미국에서 사용이 허가되지 않은 성분 물질이다. 그러나 그 외 다른 나라에서는 공식적으로 허가받아 사용되고 있으며 1960년대 발암 물질이자 남성불임 유발 가능성 등에 대해 안전성 논란이 있다.

1937년 미국 일리노이대의 대학원생 마이클 스베더는 사이클로헥실설파민산 나트륨이 단맛을 내는 것을 발견했다. 이후 상품명 사이클라메이트로 불리면서 1950년대 초부터 사용됐다. 설탕의 단맛보다 40~50배 강해 1960년대 세계 감미료 시장을 석권했다. 그러나 1969년부터 발암 논란이 일면서 우리나라에서는 1970년 이래 사용이 전면 금지됐다. 제조업자들은 많은 시간이 흐른 뒤에야 그 재료가 몸에 해로운 성분이라는 것을 채 의식하지 못한 상태에서 첨가할 수도 있다.

이러한 일의 발생빈도는 공적인 검사기관의 기준이 얼마나 엄격한가, 그 기준이 얼마나 철저하게 적용되는가에 달려 있다. 식품 이외의 제품에 대해서는 법률을 제정하기가 쉽지 않다. 또한 이를 집행하는 일은 더욱 어렵다. 그럼에도 불구하고 대부분의 나라들이 최소한의 적용기준들을 발전시켜왔다. 실제로 현존하는 국가표준기관들은 대부분 국내 소비자들의 보호라는 목적보다는 제조업자의 이익을 보장하기 위해 설립되었다.

더욱이 정부기관은 정부의 구매물품을 보다 잘 감독하는 데 목표를 두어왔다. 1950년대에 이르러 표준기관들은 과거에 비해 일반 소비자들의 요구를 보다 잘 인식하게 되었지만, 그들의 법적 지위는 거의 변함이 없었다. 대부분 권장 규격은 업계·정부부처·소비자의 협력하에 만들어지며, 그 표준 자체도 대부분 법적 강제력을 갖지 못한 채 단지 자발적인 권장사항으로 남아 있을 뿐이다. 그들 대부분은 상품의 질을 총체적으로 반영하지 못하고 단지 부분적인 측면만을 다루고 있다.

실제로 표준규격제도가 소비재의 품질 향상에 도움이 되지만, 이 제도의 통제력은 매우 취약하다. 대부분의 표준은 보통 제조업자가 최종결정권을 지니는 위원회에서 결정된다. 따라서 그들이 권장하는 규격은 소비자의 만족을 반영하기 보다는 해당 산업의 양심을 반영하게 된다. 제조업자가 설정하는 품질표준규격은 일반적으로 그 수준이 매우 낮기 때문에 소비자가 혜택을 입는다 할지라도 그 혜택은 미미한 수준이다. 더욱이 대부분의 규격은 제품의 안전성에 관련된 것이지 효율성을 고려하는 것은 아니다. 뿐만 아니라 몇몇 예외적인 경우를 제외하면 표준기관이 제시하는 규격은 권장사항일 뿐이다.

따라서 규격을 채택할 것인가의 여부를 결정하는 것은 그 제품을 판매하는 회사에 달려 있으며, 결정 내용은 당연히 예상 비용 및 예상 수익의 기대치에 영향을 받는다. 규격표시를 통해 얻는 판매력은 판매촉진활동이 발휘하는 판매력에 비해 값어치가 없는 것으로 나타난다. 제조업자들이 규격표시를 선전에 잘 이용하지 않기 때문에 소비자들은 그 존재와 의미를 충분하게 인식하지 못한다.

표준규격의 설정은 별도로 하더라도 다양한 기관에 의한 검사는 특정제품을 재설계하도록 만들기도 한다. 이런 사례는 제조업자들이 설계를 변경·개선하기 위해 제품을 자주 소환해야 하는 자동차산업에서 가장 빈번하게 일어나고 있다.

5. 소비자보호를 위한 광고 규제

우리는 살아가면서 수많은 종류의 광고홍보물 속에 뒤섞여 지내고 있다. 제조업자들은 판매를 위한 전략으로 끊임없이 광고를 할 수밖에 없다. 그런데 이러한 광고에 대해 소비자들은 제조업자들에게 비판을 가하고 있다. 이처럼 광고가 소비자들로부터 공격의 표적이 되는 것은 당연하다. 광고는 모든 사람이 체험하게 되고 그 효과가 오랜 시간 지속되며 구체적인 목적을 가지고 있기 때문이다.

기업광고의 주된 목적이 대중들로 하여금 특정 제품을 구매하도록 유인하는 극히 단순한 동기에 있다고 할지라도 그 과정에서 사용되는 방법들은 매우 복잡해지고 있다. 기업의 경쟁이 보다 치열해짐에 따라서 제품 판매광고 역시 복잡해져 가고 있다. 이처럼 경쟁이 치열하게 되는 것은 보다 강력한 매체의 발전에 힘입은 것으로 특히 TV가 가장 큰 역할을 하고 있다.

소비자의 관점에서 광고를 비판할 때 가장 기본이 되는 두 가지 내용으로는 광고가 구매할 의사도 없었던 상품을 사도록 만든다는 것이다.

첫째, 소비자에게 허위·과장 광고를 하거나, 둘째, 광고를 보지 않았다면 생기지 않았을 바람·필요·욕망 등을 불러일으킨다는 것이다. 두 경우를 보면 소비자들이 모두 광고에 의해 상품을 구매했다하더라도, 첫 번째 경우의 소비자는 비록 다른 제품으로도 충족될 수 있는 것이긴 하지만 자유의사에 의한 욕구를 가지고 있었지만 두 번째 경우는 전혀 없었던 욕구가 전적으로 광고매체의 자극에 의해 인위적으로 형성된 것이라는 점에서 차이가 있다.

경제적 관점에서 광고를 비판할 때 가장 기본이 되는 내용은 첫째, 엄청난 액수의 광고 비용에 관한 지적이다. 광고비는 결국 소비자가 부담해야 하지만 그것이 소비자에게 경제적 이익을 주는 것은 아니라는 것이다.

둘째, 많은 비용이 드는 전국적 규모의 광고는 대기업만이 이용할 수 있는데, 그럴 경우 결국 광고가 경쟁을 제한하는 결과가 되고, 나아가 신규 기업이 기존의 시장에 진입할 수 있는 기회가 현실적으로 제한된다는 비판이다. 이러한 문제에 대해 명확한 해답을 구하는 것은 불가능하다. 만일 광고의 도움이 없었다면 경제성장과 부의 창조가 빨리 진행되지 못했을 것이다. 실제로 광고가 없었다면 지역의 상표보다는 전국적인 상표의 발전과 그 발전에 내포되어 있는 규모의 경제는 훨씬 지체되었을 것이다.

광고는 소비자에게 많은 결점에도 불구하고 정보를 제공하며, 소비자가 제품은 물론 그 제품을 구입할 상점까지 선택할 수 있게 해준다. 또한 제조업자의 입장에서는 광고가 적어도 어느 정도까지는 신속한 판매의 신장을 보장해준다고 기대할 수 있으며,

이러한 점이 곧 광고를 위한 막대한 자본과 인력의 투자를 정당화시켜준다.

광고 산업은 다양한 비판을 인식하게 되었고, 많은 나라에 존재하는 법적인 규제조항에 덧붙여 광고방법에 대한 몇 가지 규제의 필요성을 받아들이고 있다. 가장 엄격한 광고표준을 지닌 나라는 영국이다. 영국에서는 민영 라디오와 텔레비전을 통한 광고는 모두 상업방송을 맡고 있는 독립방송공사(IBA)에 의해 규제된다.

영국방송협회(BBC)에 대응되는 기구인 IBA는 광고에 일정한 제한을 가하고 있는데, 청취자나 시청자가 의식하지 못한 채 영향을 받게 되는 잠재의식적인 광고나 공포·미신 등을 이용한 광고는 금지하고 있다.

IBA는 광고 금지 대상에 속하는 재화·용역에 대해 상세한 목록을 가지고 있다. 예를 들어 담배나 도박에 관한 광고는 허용되지 않으며, 정치나 종교에 관한 광고도 금지되어 있다. 이외에도 재생방법, 보증서의 표현과 광고, 가격을 비롯한 여러 가지 제안을 공표하는 것 등에는 각각 규제가 적용된다. 어린이를 시청·청취 대상으로 하는 경우, 어린이를 직접 광고에 이용하는 경우, 의약품이나 금융 서비스와 같이 특정한 제품을 광고하는 경우 등에는 특수한 조건들이 추가로 요구된다.

광고시간은 IBA가 지정하는 제작회사에서 판매하며, 광고주가 프로그램을 제공할 수는 없다. 일반적으로 광고에 대한 공적·사적 규제의 성격은 상당히 느슨하다고 할 수 있다. 이러한 현상은 보다 엄격한 규제조항을 도입하기보다는, 광고의 진실성을 중요시하는 소비자 이익집단들이 현존하는 법규의 테두리 내에서 특정한 광고주들에게 이의를 제기하는 방식을 통해 점진적으로 변화시켜 나갈 수 있을 것이다.

[사례] 랠프 네이더

랠프 네이더(Ralph Nader)는 1960년대부터 소비자 보호운동에 앞장섰다. 그는 레바논 이주민의 아들로 태어나 1955년 프린스턴대학교를 졸업하고 1958년 하버드대학교에서 법학 석사학위를 받았다. 그 후 높은 자동차 사상률을 가져오는 불안전한 자동차 디자인에 높은 관심을 가지게 되었다.

1964년 미국 고용고용노동부의 고문이 되었고, 1965년 거대기업 GE와 자동차의 안전성문제를 두고 단신으로 싸워 승리를 쟁취했던 31세의 청년변호사였고, 그 이후 수만 명의 대졸 자원봉사자들로 구성된 '네이더 특공대'를 이끌며 소비자운동에 헌신하여 시민영웅으로 추앙 받았다. 1965년 〈*Unsafe at Any Speed*〉를 출간하여 미국 자동차 회사들이 안전도가 떨어지는 차를 생산하는 것을 비난했으며, 특히 제너럴모터스사의 자동차인 코르베어(Corvair)를 공격했다.

이 책은 베스트셀러가 되어 1966년 전국 교통 및 차량안전법(National Traffic and Motor Vehicle Safety Act)을 통과시키기에 이르렀다. 이 법으로 정부는 국내에서 판매되는 모든 자동차에 대해 안전기준을 제정할 수 있는 권한을 갖게 되었다. 그 후 네이더는 다른 소비자 문제들에도 관심을 보여 정부는 여러 산업과 사업 분야에서 새로이 또는 전보다 더 엄격하게 관련회사들을 규제해야 한다고 주장했다.

'네이더 특공대'(Nader's Raiders)로 알려진 그의 동료들은 도관로(道管路) 안전, 아기 음식, 살충제, 수은중독, 연금개혁, 토지이용, 은행경영 등 여러 가지 폭넓은 주제들을 가지고 많은 연구결과를 발표했다.

네이더는 육류 및 닭 가공공장이나 석탄광산의 안전과 건강, 그리고 텔레비전에서 내뿜는 전자파에 대한 보다 엄격한 규제를 요구하는 새로운 법률을 제정하는 데 크게 기여했다.

미국 소비운동가인 네이더는 두 차례 추락사고로 중단된 보잉 737 맥스 기종에 대해 "엔

진 대형화가 설계상 문제점을 안고 있다"며 이 기종을 영구적으로 운항정지할 것을 요구했다. 그는 워싱턴에서 개최된 항공 안전 관련 행사에서 보잉 737 맥스 기종 재운항 반대 입장을 내놓았다. 그는 이 기종이 조종특성향상시스템(MCAS) 소프트웨어 문제가 아닌 구조상 설계 미비일 가능성이 크다고 주장했다.

제9장

재무관리와 기업윤리

제1절 재무관리의 윤리에 대한 이해

제2절 기업공개와 윤리

제3절 기업 공시제도와 윤리

제4절 내부자 거래와 윤리

제5절 기업지배구조와 윤리

제6절 증권집단소송제도와 윤리

[사례] 라임 사태 파장 — 희대의 금융사기인가?

라임자산운용의 펀드 환매 중단 사태로 피해규모가 눈덩이처럼 불어났다. 펀드 운용 과정에서 있을 수 있는 단순한 실수가 아니라 회사 측의 방만한 운용과 의도적인 수익률 부풀리기, 투자자 기만 등 의혹이 짙어지면서 '희대의 금융사기'라는 얘기까지 나온다.

또한 펀드 판매 과정의 불완전판매라는 주장이 제기되었다. 한편, 이번 사태를 막지 못한 금융당국의 책임론도 부각되면서 금융권 전반의 신뢰도에 큰 타격을 받았다.

라임자산운용(이하 라임)은 최근 수년간 덩치를 키우며 한국형 헤지펀드 1위 운용사로 성장했다. 금융투자업계에 따르면 2015년 12월 금융위원회에 등록해 영업을 시작한 라임은 국내 다른 펀드들보다 높은 수익률을 내세워 수탁고를 늘리며 급속히 성장했다. 자기자본금 338억원으로 시작한 이 회사의 전체 사모펀드 설정액은 2019년 7월 말 5조 9,000억원까지 불었다. 그러나 2019년 10월 9일 라임이 처음으로 6,200억원 규모의 펀드 자금을 환매 중단하기로 했다고 발표하면서 파문이 일기 시작했다. 처음 문제가 된 펀드는 사모채권이 주로 편입된 '플루토 FI D-1호'에 재 간접 투자된 펀드, 전환사채(CB)와 신주인수권부 사채(BW)와 같은 메자닌이 주로 편입된 '테티스 2호'에 재 간접 투자된 펀드들이다.

라임은 2019년 10월 14일 기자간담회에서는 2,436억원 규모의 무역금융펀드 환매도 추가로 중단했으며, 총 환매 중단 금액이 1조 3,363억원에 이를 수 있다고 발표했다. 그러나 며칠 뒤 금융감독원이 제출한 자료에서는 라임의 환매중단 규모 추정치가 1조 5,587억원으로 더 커졌다. 다만, 당시만 해도 라임 사태는 주로 코스닥시장의 침체에 따라 CB와 BW 등의 가치가 급락해 발생한 유동성 문제로 파악이 되었다. CB나 BW는 주식으로 전환할 수 있는 채권으로 주가가 오르면 주식으로 전환해 초과 수익을 낼 수 있지만 주가가 떨어지면 제값을 받기 위해 만기까지 기다려야 하기 때문이다.

금융감독원장은 2019년 10월 국회의 금감원 국정감사에서 라임 사태에 관해 "유동성 리스크와 관련된 부분에서 라임자산운용이 실수했다고 파악하고 있다"고 말했다. 이에 따라 투자자들 역시 "일단 기다려보자"는 관망세가 컸다. 그러나 2019년 11월 15일 코스닥 상장사 리드[197210]에서 벌어진 800억원대 횡령 사건에 연루돼 검찰 수사를 받던 라임 부사장이 구속 전 피의자 심문(영장실질심사)에 불응한 채 잠적하면서 라임을 둘러싼 의혹이 커지기 시작했다. 또한 2019년도 연말에는 라임자산운용 무역금융펀드의 투자처인 미국 헤지펀드의 운용사 인터내셔널 인베스트먼트그룹(IIG)이 헤지펀드 손실을 숨기고 최소 6,000만 달러 규모의 가짜 대출채권을 판매하는 등 증권사기 혐의로 자산 동결 등의 제재를 받은 사실이 확인됐다. 라임은 6,000억원대 무역금융펀드의 40%가량을 IIG의 헤지펀드에 투자한 것으로 알려졌으며, 금감원은 라임이 IIG의 문제를 투자자들에게 제대로 알리지 않고 투자한 것으로 보고 있다.

한편 삼일회계법인의 펀드 회계 실사 초안에서는 채권 등 상당수 자산이 낮은 등급으로 분류돼 손실 규모가 40~70%에 이를 수 있다는 분석이 나왔으며, 최근 라임이 '크레디트인슈어런스 무역금융펀드'에 대해서도 판매사들에 환매 중단을 통보했다는 사실이 알려지면서 피해 규모가 2조원대에 달할 수 있다는 전망된다.

라임자산운용사의 가장 큰 문제점으로는 단기적으로 수익률을 높이기 위해 코스닥 좀비 기업의 메자닌 등 부실 자산을 대량 매입한 것이 첫째로 꼽혔다. 이 과정에서 채권의 보유한도 규정 등을 피하기 위해 다른 회사 명의로 매입하는 '파킹 거래'를 일삼거나 한 펀드에 손실이 날 경우 다른 펀드 자금으로 메우는 식의 '돌려막기'로 수익률을 조작해 여러 펀드를 운용해왔다는 의심도 받고 있다.

특히 무역금융펀드처럼 투자 손실이 확정적인 상황에서 판매사나 투자자들에게 이런 사실을 숨기고 펀드를 팔았다면 명백한 사기에 해당된다. 라임의 펀드 운용 방식이 매우 불투명한데도 주요 은행과 증권사의 넓은 판매망을 확보할 수 있었던 배경에도 의심의 눈길이 쏠린다. 여러 의혹들의 중심에는 최고운영책임자(CIO)로 펀드 운용을 주도한 부사장이 있지만, 그가 도주하면서 사건의 전모가 전혀 밝혀지지 않고 있다. 금감원은 라임의 펀드 수익률 돌려막기·CB 편법거래 등 의혹이 제기되자 작년 8월에서 10월 첫 검사를 벌였지만, 검사 결과는 공개하지 않았다.

이번 사태는 펀드 운용사 라임의 문제에서 끝나지 않고 펀드를 판매한 은행, 증권사와 금융당국 등으로 일파만파 확산되었다. 특히 라임 펀드는 코스닥시장 CB 등 유동성이 낮은 장기 자산에 투자하면서도 환매가 가능한 개방형이나 만기가 짧은 단기 폐쇄형 펀드로 개인들에게 집중적으로 팔았다는 점이 문제를 키운 요인으로 꼽힌다.

형식은 사모펀드지만, 실질적으로는 공모펀드처럼 금융지식이 적은 개인 투자자들에게 상당수를 팔아 피해 범위가 커진 것이다. 특히 라임의 전체 펀드 판매 잔액은 2019년 7월 말 기준 우리은행이 1조 648억원을 차지하는 등 은행권에 34.5%가 집중됐다.

투자자들 가운데는 은행에서 해당 펀드가 손실 위험이 전혀 없는 안정적인 상품이라는 말에 속아 가입했다거나, 펀드 상품이라는 것조차 안내받지 않은 채 은행 예·적금 상품인 줄 알고 돈을 맡겼다는 식으로 불완전판매를 주장하는 이들이 많다.

우리은행을 주축으로 라임 펀드를 판매한 16개 은행·증권사는 공동 대응단을 꾸려 라임을 상대로 법적 대응을 준비 중이지만, 이들을 바라보는 투자자들의 눈길은 싸늘하다. 투자자들을 직접 대면해 현혹한 판매사들의 책임이 크다는 목소리가 높다.

금융당국의 책임론도 제기된다. 특히 사모펀드 관련 규제를 완화해주면서 불법 행위 시 처벌을 대폭 강화하는 등의 대비책을 마련해 놓지 않았다는 점이 큰 문제로 꼽힌다. 또 이런 사태가 나기까지 운용사, 판매사에 대한 관리·감독을 소홀히 했다는 점도 지적된다.

투자자들 사이에서는 사태 발생 이후에도 당국이 '강 건너 불구경하듯' 바라만 볼 뿐 이렇다 할 대응이 없다는 원성도 아주 크다. 실제로 금감원은 2019년 10월 라임 사태가 터진 이후 투자자들의 이해를 돕기 위해 사태의 원인이나 배경, 대책에 대해 공식적으로 발표한 적이 없다. 당국의 이런 태도에 투자자들은 답답하다는 반응이다. 피해자 모임 인터넷 카페에는 "금융당국은 사태가 벌어진 이후 수개월째 팔짱만 끼고 있다", "언제까지 기다려야 하는지 피가 거꾸로 솟는다", "금융당국은 무책임 그 자체이다"라는 등의 글이 수십 건 올라와 있다.

제1절 재무관리와 윤리에 대한 이해

1. 재무관리와 윤리

재무관리는 경영활동을 개별 자본의 운동으로 보면 자본조달 → 고용·구매 → 제조 → 판매로 이어지는 반복 순환활동이 되어 재무활동은 자본조달에 한정된다. 그러나 자본조달은 조달된 자본의 운용을 전제로 하며, 조달된 자본이 설비·원재료·기계·노동력 등에 가치를 화체(transubstantiation)하면서 변형되어 생산에 공헌하는 것이다. 특히 기업경영에서 재무관리는 필요한 자금을 합리적으로 조달하고 효과적으로 투자 운용하는 기능을 가진다.

경영활동을 자본의 전환과정으로 본다면 재무관리는 자본조달이라는 고유영역뿐만 아니라 전체 활동의 눈에 띄지 않는 부분을 자본운용으로서 간접적으로 관리하는 데까지 이르지 않으면 안 된다.

협의 재무관리는 필요 자본량의 산정, 주식·사채 등의 자본조달방법의 선택, 현금수지나 보관 등에 관한 집행적 재무활동을 대상으로 하는 것으로, 기업금융론·경영재무론 등의 이름으로 전통적 연구의 주 내용이 되어왔다.

재무관리에 있어서 윤리는 재무관리자의 자금조달 및 투자의사결정과 관련되어 있다. 최근 기업 경영에서 재무관리 활동의 비중이 점차 증대되고 그 중요성이 강조되고 있다. 특히 자금의 흐름과정에서 이해관계자들 사이에서 발생하는 이해상충과 도덕적 해이가 핵심과제로 대두되고 있다.

2. 재무관리에서의 윤리 영역

기업은 자사가 활동하고 있는 시장에서 지속적인 성장과 발전을 위해서는 사업계획과 경기전망, 그리고 매출계획의 수립 등을 통해 장래 일정 기간 동안의 소요자금을 예측하고 이에 따라서 주식시장, 금융기관을 통해서 필요한 소요자금을 조달하게 된다. 이때 조달된 자금은 경제적 가치 생산을 위한 생산시설이나 건물, 원자재, 노동 등의 구입을 위해 투자하고 영업 및 판매, 마케팅 활동을 통해 생산된 가치를 판매하여 수익을 얻게 된다. 경영 활동을 통해 얻게 된 수익은 필요에 따라서 기업의 활동을 위해 재투자되고 일부는 주주나 이해관계자 집단에게 배당금이나 원리금의 지급 방식을 통해 제공된다. 이러한 일련의 과정은 지속적인 성장과 발전을 위해 순환되게 되며, 재무관리는 이러한 기업 활동의 순환과정에서 효율적인 자금을 흐름을 담당하게 된다.

재무관리에서의 윤리 영역은 두 가지 영역으로 구분된다(최만기·김영복, 2011). 첫째, 기업의 자금조달에 관한 윤리문제이다. 기업은 자금을 조달하기 위해 여러 가지 금융자산을 발행한다. 여기서 금융자산은 보통주, 회사채, 차입금, 리스채무, 외상매입금, 지급어음 등 기업이 보유하는 여러 가지 실물자산의 운영으로부터 얻어지는 미래의 이득에 대한 청구권을 표시한다. 자금조달과 관련한 윤리문제는 주로 증권시장에서 자금조달 수단으로 주식을 발행하는데 이때 주가형성과 관련된 것이다.

둘째, 기업의 소유구조에 관한 윤리문제이다. 이는 지배주주, 상장기업의 상호보증, 경영권보호 등의 윤리문제가 발생한다. 그리고 신탁과정에서 발생하는 재무기관의 윤리문제도 발생하기도 한다.

제2절 기업공개와 윤리

1. 기업공개

기업공개(IPO: Initial Public Offering)는 일정 규모의 기업이 상장절차 등을 밟기 위해 행하는 외부 투자자들에 대한 첫 주식공매를 말한다. 기업의 원활한 자금조달과 재무구조 개선을 도모하고 국민의 기업참여를 장려하여, 국민경제의 건전한 발전에 기여함을 목적으로 한다. 이에 따라 기업공개를 통해 ① 주주의 분산투자 촉진 및 소유분산, ② 자금조달능력의 증가, ③ 주식가치의 공정한 결정, ④ 세제상의 혜택 등을 볼 수 있다.

기업주식의 일반 공모 및 대중 분산을 통하여 기업자금을 일반 투자가로부터 조달함과 동시에 기업경영이 공개된 가운데 전문경영인에 의한 경영현대화가 이루어짐으로써 주식회사 본연의 사회적 책임과 기능적 체제를 확립하게 된다.

법률적인 의미로 기업공개란 상장을 목적으로 50인 이상의 사람들을 대상으로 주식을 파는 행위를 말한다. 대주주, 개인이나 가족들이 가지고 있던 주식을 일반인들에게 널리 팔아 분산을 시키고 기업경영을 공개하는 것이다. 즉, 증권거래법과 기타 법규에 의거하여 주식회사가 발행한 주식을 일반투자자에게 균일한 조건으로 공모하거나, 이미 발행되어 대주주가 소유하고 있는 주식의 일부를 매출하여 주식을 분산시키고 재무내용을 공시함으로써 주식회사의 체제를 갖추는 것을 말한다.

2. 기업공개와 상장·등록

공모한 주식에는 시장성과 유통성이 확보되어야만 일반투자자들의 참여를 이끌어 낼 수 있다. 주식의 환금성을 보장하기 위해 주로 매매 거래가 활발한 증권거래소에 상장하게 된다. 즉, 원칙적으로 기업공개와 상장은 다른 개념이다. 기업의 공개를 원활히 하기 위해서 상장이라는 수단을 사용하게 되는 것이다. 상장의 방법으로는 코스닥시장에서의 직상장, 금융감독위원회의 직권상장 등 여러 가지 다른 방법들이 있다.

한국에서 기업공개와 상장은 1999년 8월 이전까지는 사실상 동일한 의미로 사용되어 왔기 때문에 상장요건이 상당히 까다로웠고 코스닥 등록 또는 거래소 상장요건을 갖춘 기업에게만 기업공개(신주공모)를 허락했다. 그러나 1999년 8월에 법령 개정으로 기업공개와 상장이 전격적으로 분리되게 되었다.

공개와 상장의 분리란 기업공개에 대한 심사업무는 금융감독원에서 담당하고, 거래소상장이나 코스닥 등록의 심사는 증권업협회에서 담당하는 이원 체제를 말한다. 상장·등록요건을 갖추지 못한 기업이라도 기업공개를 통해 쉽게 필요한 자금을 조달할 수 있게 되었다. 이처럼 기업공개와 상장을 분리해 심사하는 제도를 실질상장심사제도라고 한다.

3. 각국별 기업공개

미국의 기업공개는 기업이 주식을 최초로 공모하는 것을 의미하며, 발행기업과 주간사 금융기관은 시장의 소화 능력 등을 감안하여 공모가를 책정한다. 기업공개 후 대부분 NASDAQ(미국 장외시장)에서 상장되어 거래되고 있고, NYSE(뉴욕증권거래소) 등의 증권거래소에 상장하기 위해서는 별도의 상장절차를 거쳐야 한다.

일본의 경우는 기업공개란 증권거래소에 상장하거나 증권업협회에 등록함을 의미하며 상장 또는 등록요건을 충족하기 위해서는 공모를 실시하는 것이 일반적이다.

우리나라는 기업공개의 근거가 되는 법률은 기업공개촉진법·자본시장육성에 관한 법률·증권거래법·법인세법 등이 있다. 1968년 11월 자본시장육성에 관한 법률이 제정되고 기업공개에 따른 여러 가지 혜택이 주어졌으나 공개실적은 극히 부진하였다. 이에 1972년에 기업공개촉진법을 제정하여 정부 차원에서 기업공개를 적극 권장하게 되었다. 그에 따라 공개 기업의 수가 크게 늘자, 1982년 자본시장의 기능 확충방안을 채택하여 공개 및 상장요건을 크게 완화하는 한편 공개기업에 대한 세제상의 혜택은 축소·조정하였다.

우리나라에서의 기업공개는 주식상장을 전제로 하고 있기 때문에 '유가증권 상장규정'상의 요건을 갖추어야 하며, 증권관리위원회에 유가증권신고서를 제출하는 경우 '유가증권신고 등에 관한 규정'상의 요건을 충족시켜야 한다. 또한 주간사회사를 비롯한 간사단이 당해기업의 공모주선 및 인수가능조건을 분석할 경우 '유가증권인수업무에 관한 규정'상의 요건을 구비해야 한다.

① 설립 후 경과 연수

② 자본금 및 주식 수

③ 자산 가치와 주식가치

④ 모집 또는 매출실적

⑤ 이익실적

⑥ 부채비율

⑦ 잉여금의 자본전입

⑧ 재평가적립금의 자본전입

⑨ 유상증자내용 등에서 각 요건이 충족돼야 한다.

공개방법으로는 증자신주(增資新株)에 의한 방법, 신발행주식의 매출에 의한 방법, 상장(上場) 후 분산매각에 의한 방법 등이 있다.

4. 기업공개의 윤리와 개선방안

가. 기업공개의 윤리

기업공개에 따른 윤리문제가 발생할 수 있는데 다음과 같다. 첫째, 기업공개 전에 과도한 유·무상증자를 남발하는 행위이다. 기업공개 전 유·무상증자로 주식수를 늘림으로써 발행가를 거래가 원활하게 될 수 있는 수준으로 조정하게 되며, 각종 사업의 인·허가가 주식발행에 근거한 자본금을 기준으로 이루어지고 있기 때문에 기업의 사업기회를 얻는데 유리하게 작용할 수 있다. 그러나 공개 전 무상증자와 함께 발행가격이 비례해서 주가가 낮아져야 됨에도 불구하고 적정가격보다 공모가 높게 책정하여 공모하고 이를 매각함으로써 상당한 시세차익을 얻기도 한다. 유상증자 시에는 의도적으로 권리만을 유발시킴으로써 제3자 배정을 가능하게 하여 증여세, 상속세를 회피하기도 한다. 그 결과 기업공개 전에 유·무상증자가 투자자에게 큰 손실을 가져다주는 경우가 발생하기도 한다. 이러한 기업공개 시의 윤리문제는 기업공개시장의 발전에 부작용으로 나타나고 있다.

둘째, 기업공개 시 발행가를 과대 산정하는 경우이다. 기업공개 시 적정한 공모가격 산정은 기업공개시장의 존속 및 발전에 매우 중요하다. 공모가가 적정가격에 비해 낮게 책정될 경우 기존의 주주 또는 발행 기업이 손해를 입게 된다. 반대로 고가로 공모가가 책정되면 공개실패가 될 수 있다. 이러한 발생가의 과대 산정문제는 청약자에게는 손실을 가져다주며, 주간사에게는 재무적 손실과 신뢰성의 심각한 오점을 남기게 된다.

금융감독원에서는 기업공개에 있어서 문제점으로 공모가 저가책정 현상이 많고, 수요예측을 형식적으로 운영하여 왔으며, 인수시장의 경쟁이 너무 치열하고, 주간사의 자율결정권이 낮고 아울러 책임도 지지 않는 단순한 모집주선(best efforts) 정도의 노력만 하는 것이라고 지적했다.

나. 기업공개의 개선방안

기업공개에 있어서 개선방안으로는 인수업무가 제대로 이루어지도록 관련 제도와 관행을 글로벌스탠다드에 맞추어야 한다. 주간 증권회사가 창의적이고 자율적으로 권한을 갖고 인수업무를 수행하도록 하되 사후 책임 부분에 대해서는 반드시 묻도록 해야 한다.

(1) 주간사의 공모가격 및 물량배정 자율결정권 강화

공모가격 및 물량배정이 전면 자율화되었음에도 주간사의 풋백옵션 부담, 공모가 결정시 보수적 성향, 절차·방법 등의 상세한 공시요구 등으로 인해 공모가의 저가책정이 관행화되고 있다는 지적이 많다. 주문 수량 중 최상위와 최하위의 가격 분 각각 10%를 제외한 중간가격대 기준으로 가중평균가격을 구한 후 이를 감안하여 공모가격 결정, 참여기관의 성격·능력 등을 감안하지 않고 펀드 당 주문한도를 일률적으로 설정·운영(예: 10만 주), 참여기관에 안분배정, 주간사가 공모가격과 물량배정을 자율적으로 결정할 수 있도록 수요예측 방식의 선진화를 추진해야 한다.

① 공모가격 결정시 최상위가격 제시분의 자율적 감안 책정
② 안분배정 대신 투자자의 질적 요소 등을 종합 감안한 자율 배정
③ 수요예측 참여 한도물량 폐지
④ 가격을 지정하지 않고 물량만 제시하는 주문방법 인정
⑤ 기업설명회 기간과 수요예측 접수 일을 병행 실시
⑥ 수요예측 접수정보의 실시간 모니터링 및 대응 허용

(2) 개인투자자 및 해외투자자의 수요예측 참여허용 및 청약관행 개선

현재 개인투자자는 공모가격 결정 후에만 청약할 수 있으나, 주간·인수회사의 책임 하에 장기간 거래한 우량개인투자자에 한해 수요예측 단계에서부터 물량제시방식으

로 참여할 수 있도록 허용해야 한다. 청약접수도 일반·기관투자자 구분 없이 같은 날 실시하도록 변경하고, 해외기관투자자들의 수요예측 참여 배제관행을 시정하고, 해외 연기금 등 외국기관도 해외기관투자자 범위에 추가하여 수요예측에 참여할 수 있도록 해야 한다.

(3) 풋백옵션 폐지 및 초과배정옵션 개선

현행 일반청약자 20%, 우리사주조합 20%, 기관투자자 60% 배정원칙은 유지하되, 일반투자자의 풋백옵션(주가하락 시 공모가의 90%로 매도할 수 있는 권리)은 폐지하여 주간사의 부담을 줄임으로써 공모가의 적정 책정을 유도해야 한다. 초과 배정옵션의 차입주식은 현재 「공모가의 90% 이상」으로 매입·상환하도록 하고 있으나, 이를 「공모가」로 매수·상환하도록 하는 한편 초과배정 시 안분배정 대신 주간사에게 자율 배정권 부여하여야 한다.

(4) 주간사의 주식보유 제한 완화

발행회사의 지분을 1% 이상 보유하면 주관업무를 제한하던 것을 5%로 상향조정하고, 사모펀드(PEF) 등 이해관계자를 포함하여 5% 이상 보유 시 제한되는 경우도 이를 10%로 상향하되 공동주관회사 방식만 허용하고, 보유분은 상장 후 1개월 이상 자율적으로 보호예수 하도록 해야 한다.

(5) 청약증거금 제도 개선

투자자에 대한 청약증거금을 폐지함으로써 주간사가 자기책임하에 인수책임(시장변동 리스크)을 부담하도록 해야 한다. 개인에 대한 청약증거금은 자율적으로 결정토록 하되, 주관·인수증권회사의 당해 공모주에 대한 청약자금 대출을 금지함으로써 기업공개(IPO: Initial Public Offering)시 과도한 가수요 및 단기자금시장 왜곡 초래 현상을 방지해야 한다.

(6) 주간사의 인수업무조서 작성의무 부과

증권업협회에서 인수업무처리에 관한 원칙을 설정하고, 증권회사는 동 원칙에 의거 자체기준을 마련·시행토록 함으로써 주관회사의 자율성 확대에 상응한 책임을 강화토록 한다. 주관회사는 인수업무 수행 시 「인수업무조서」를 작성·보관토록 한다.

IPO 시장에서 주관회사 평판의 객관화를 도모하기 위해 증권업협회가주관회사별 주요 인수업무실적 지표를 통합하여 주기적으로 공개하도록 한다.

(7) 기타 상장·인수제도 개선

경우 대주주의 상장차익 등에 대한 부정적 정서로 인해 관행적으로 모집과 매출을 병행하도록 하였으나 100% 구주매출방식의 상장도 허용(코스닥시장은 현행대로 신주모집방식만 허용 지속)할 필요가 있다.

후부터 상장·매매 시까지 소요되는 기간을 현행 2주에서 최대한 1주로 단축함으로써 시장 변동 리스크 최소화 및 해외투자자의 적극 참여 유도해야 한다.

제3절 기업 공시제도와 윤리

1. 기업 공시제도의 의미

공시는 기업의 사업 내용이나 재무상황, 영업실적 등 기업의 내용을 투자자 등 이해관계자에게 알리는 제도이다. 주식시장에서 가격과 거래에 영향을 줄 수 있는 중요사항에 관한 정보를 알림으로써 공정한 가격 형성을 목적으로 하는 제도이다. 그러나 기업이 자사와 이해관계가 큰 특정 집단에 대하여 선별적으로 정보 제공을 할 경우 현행법상 규제수단이 없어 이에 대한 대책으로 공정 공시제도가 도입되어 일반 투자자에게도 공시하도록 함으로써 시장참가자 간에 정보의 불균형을 완화하여 불공정거래를 방지하고자 하는 것이다.

일반투자자는 기관, 외국인 투자자보다 상대적으로 정보가 부족해 피해를 볼 수 있기 때문에 공시를 법제화하도록 하여 공정한 거래가 이루어지도록 하는 데 목적을 두고 있습니다.

공시 의무를 위반하여 불성실공시 법인으로 지정될 경우 벌점 및 1억원 이내의 공시 위반 제재금이 부가되며, 1일간 주식의 매매거래가 정지되고, 누계 벌점이 최근 1년간 15점 이상인 경우 관리종목으로 지정된다. 관리종목으로 지정된 후 불성실공시 법인으로 지정된 내용이 고의 또는 중과실로 인정되는 경우 상장폐지 대상이 된다.

2. 주식 등의 대량보유 등의 보고(자본시장법)

자본시장과 금융투자업에 관한 법률 제147조(주식등의 대량보유 등의 보고) ① 주권상장법인의 주식 등을 대량보유(본인과 그 특별관계자가 보유하게 되는 주식 등의 수의 합계가 그 주식 등의 총수의 100분의 5 이상인 경우를 말한다)하게 된 자는 그 날부터 5일 이내에 그 보유상황, 보유 목적, 그 보유 주식 등에 관한 주요계약 내용, 그 밖에 대통령령으로 정하는 사항을 대통령령으로 정하는 방법에 따라 금융위원회와 거래소에 보고하여야 하며, 그 보유 주식 등의 수의 합계가 그 주식 등의 총수의 100분의 1 이상 변동된 경우에는 그 변동된 날부터 5일 이내에 그 변동내용을 대통령령으로 정하는 방법에 따라 금융위원회와 거래소에 보고하여야 한다. 이 경우 그 보유 목적이 발행인의 경영권에 영향을 주기 위한 것이 아닌 경우와 전문투자자 중 대통령령으로 정하는 자의 경우에는 그 보고내용 및 보고시기 등을 대통령령으로 달리 정할 수 있다.

② 제1항에 따른 주식 등의 수 및 주식 등의 총수는 총리령으로 정하는 방법에 따라 산정한 수로 한다.

③ 제1항에 따라 주식 등의 대량보유상황·보유 목적 또는 그 변동내용을 보고하는 날 전일까지 새로 변동내용을 보고하여야 할 사유가 발생한 경우 새로 보고하여야 하는 변동내용은 당초의 대량보유상황, 보유 목적 또는 그 변동내용을 보고할 때 이를 함께 보고하여야 한다.

④ 제1항에 따라 보고한 자는 그 보유 목적이나 그 보유 주식 등에 관한 주요 계약내용 등 대통령령으로 정하는 중요한 사항의 변경이 있는 경우에는 5일 이내에 금융위원회와 거래소에 보고하여야 한다.

3. 임원·주요주주의 특정증권 등 소유상황보고

임원·주요주주의 특정증권 등 소유상황보고와 관련 근거법규로는 자본시장법 제173조에 해당되며, 보고 목적은 내부자거래 방지, 보고 의무자는 임원(사실상 임원 포함) 주요 주주(10% 이상 주주, 사실상 지배주주)가 된다.

보고 유가증권으로는 누구의 명의로 하든지 자기의 계산으로 소유하고 있는 특정증권 등으로 보통주 및 CB, BW, PB, EB, DR 등이 해당되며, 특별관계자 주식은 제외된다.

보고 방법으로는 개별 보고를 한다. 보고 사유로는 신규 보고 시에는 임원·주요주주가 된 경우이며, 변동 보고 시에는 소유 특정증권 중 1단위(예: 1주)라도 변동이 있는 경우, 특정증권 등의 종류가 변경되는 경우로 변동수량이 1,000주 미만이고 변동금액 1천만원 미만은 보고 면제, 5% 보고한 경우에도 별도 보고해야 한다.

보고 기한은 5일 이내(결제일 기준, 초일, 토요일, 공휴일 제외)해야 한다. 위반 시 제재조치로는 벌칙(법 제445~446조)에서 3년 이하의 징역 또는 1억원 이하의 벌금(증권선물위원회의 조사요구 불응자), 1년 이하의 징역 또는 3천만원 이하의 벌금(보고 의무 위반자 또는 거짓보고자), 증권선물위원회 조치(시정명령, 주의, 경고, 고발, 수사기관 통보 등)가 있다.

4. 최대주주 등의 소유주식변동신고

최대주주 등의 소유주식변동신고와 관련된 근거 법규로는 유가증권시장 상장규정 제60조에 해당되며, 보고 목적은 지배구조 투명성 확보 및 투자판단 자료제공 등, 보고 의무자는 발행회사(당해 상장법인), 보고대상 유가증권으로는 최대주주(본인 및 특수 관계인) 소유주식이며, 보통주, 종류주식, DR 자기주식은 제외된다.

보고 방법은 상장법인이 보고한다. 보고 사유로는 소유 주식수가 1주라도 변동된 경우, 2일 이내 대량보유 상황보고 또는 임원·주요주주 소유상황보고가 이행된 경우 면제, 특수관계인 간의 거래를 포함하여 보고해야 한다. 보고 기한은 지체 없이 보고해야 한다.

제4절 내부자 거래와 윤리

내부자 거래(insider trading)는 상장기업의 주요 주주나 임직원이 자신의 지위를 통하여 취득한 미공개의 중대한 정보(내부 정보)를 이용하여 자기 회사의 주식을 매매하는 등 부당하게 이득을 취하는 것을 말한다. 내부자거래는 공정한 증권시장의 발전을 저해하는 요소로 각국에서 규제하고 있으며 대표적인 제도적 장치는 기업공시제다.

증권거래법은 '회사 내부자가 직무와 관련해 알게 된 미공개 중요 정보를 이용해 유가증권을 매매하거나 다른 사람에게 정보를 제공하는 하는 행위'를 내부자거래로 규정하고 있다. 여기서 회사 내부자란 임원, 직원 대리인(법정대리인 또는 임의대리인), 주요 주주, 이러한 회사 내부자에 해당되지 아니한 날로부터 1년이 경과되지 않은 자를 말한다.

회사 내부자는 아니지만 직무나 지위에 의해 내부 정보에 접근할 수 있는 공무원, 감독기관 임직원, 기자, 공인회계사, 주거래은행 임직원, 유가증권 인수회사 직원 등도 '준 내부자'로 분류되어 단속 대상이 된다. 또한 이들로부터 1차로 정보를 받아 주식투자를 한 사람도 내부자거래를 한 것으로 간주된다. 정보의 노출 시기도 단속의 대상이 된다. 내부자나 준 내부자는 신문보도 24시간, 방송은 12시간이 지난 이후가 되어서 주식매매를 할 수 있다. 증권사 객장 등에 비치해 놓은 공시 내용도 하루가 지나야 하고, 거래소 시황방송으로 24시간이 흘러야 거래를 할 수 있도록 규정되어 있다.

내부 정보는 주가에 중요한 영향을 미치는 미공개된 정보이다. 획기적인 신제품의 개발이라든가 업적 전망의 현저한 악화 등은 기업 내용에 관한 내부정보다(증권거래법 166조). 대량의 주식매입이라든가 공개 매입이 이루어진다는 시장정보도 미 공개된 중요한 내부정보다(동 167조). 특히 공개 매입은 그것을 일시에 성공시키기 위해 시가보다 상당히 높은 매입가격을 제시하여 실행하는 것이 통상이며, 공개하자마자 주가는 그 수준까지 폭등한다. 공개 매입자의 임원, 컨설턴트인 증권회사의 담당자, 이들과 결탁한 상거래업자 등이 공개 매입의 준비단계에서 대상회사의 주식을 싸게 매입하여 공개 직후에 고가로 판매한 사례가 빈번히 발생하고 있다.

특히 1980년대 중반 월스트리트의 내부자 거래 비리들이 계속 발생되자 하바드 비즈니스 스쿨을 중심으로 기업윤리에 대한 연구가 본격적으로 진행되었다. 당시 대통령이었던 레이건은 HP사의 파커드 회장에게 윤리경영의 방안을 강구하도록 의뢰하기도 하였다.

미국은 많은 국가에 내부자 거래의 규제법을 제정시켜 그들 국가의 규제 당국과 업계단체 간에 정보교환에 관한 각서(MOU: Memorandum of Understanding)를 교환함과 동시에 자국을 포함한 일부 나라의 제정법에 규제 당국 간의 정보교환을 마련하여 대처해 왔다.

현행 증권거래법상 내부자 거래를 위반할 경우에는 2년 이상의 징역에 처해지며, 그 위반행위로 얻은 이익 또는 회피한 손실액이 5억원 이상인 때에는 가중처벌한다(50억원 이상인 때 무기 또는 5년 이상의 징역, 5억원 이상 50억원 미만인 때는 3년 이상의 징역). 또한 미공개정보를 이용하여 매매거래를 한 자는 그와 관련하여 입은 손해에 대하여 배상책임이 있다.

제5절 기업지배구조와 윤리

기업지배구조란 기업 경영의 통제에 관한 시스템으로 기업 경영에 직접·간접적으로 참여하는 주주·경영진·근로자 등의 이해관계를 조정하고 규율하는 제도적 장치와 운영기구를 말한다. 선진국에서는 우수한 기업지배구조가 기업경쟁력의 원천이 되고 있다.

기업지배구조는 경영진(대주주 포함)－소액주주－채권자－종업원 등 기업 이해당사자들의 역학관계를 총칭하는 말로, 즉 기업을 다스리는 구조가 어떻게 되어 있느냐는 것이다.

기업지배구조를 광의의 개념으로 보면 기업경영과 관련된 의사결정에 영향을 미치는 요소로 이해할 수 있다. 기업경영의 환경에는 기업 내부의 의사결정시스템, 시장에 대한 규제, 금융 감독체계, 관행 및 의식 등이 망라된다.

기업지배구조를 협의의 개념으로 보면 기업경영자가 이해관계자, 특히 주주의 이익을 위해 역할을 다할 수 있도록 감시 통제하는 체계를 의미한다.

기업지배구조를 갖춘 기업은 장기적인 경제성장의 기본요건을 갖춘 것으로 인식이 되고 있으며 경제와 자본시장의 국제화가 가속화되면서 건전한 기업지배구조에 대한 국제규범의 필요성이 제기되었다.

최근 OECD는 '기업지배구조의 기본원칙'을 마련하였다. 영·미식 기업지배모형인 주주자본주의를 중심으로 주주 이익 중시·이사회 활성화·자본시장의 역할 제고 등을 주요 원칙으로 하고 있다.

우리나라는 주주의 권리 강화·이사회 활성화·감사기구 활성화·이해관계자 권리 보호·시장에 의한 경영 감시 등을 기본 골격으로 개선작업이 진행되고 있다.

우리나라의 기업지배구조 개선 작업은 소유와 경영의 분리, 사외이사제도 도입, 감사의 독립성 제고, 회계제도의 선진화, 주주 권리의 강화, 금융 감독 체계 강화 등을 기본 골격으로 진행되고 있다.

미국을 중심으로 하는 선진국에서는 우수한 기업지배구조가 기업경쟁력의 원천이며 각국 경제의 장기적 안정성장의 기본요건이라는 인식이 확산되었다. 이러한 인식은 경제와 자본시장의 국제화가 가속화되면서 건전한 기업지배구조에 대한 국제규범을 만들어야 한다는 견해로 발전되었다.

그 예로 OECD는 1996년 기업지배구조 개선방안을 강구하기로 합의한 이후 국제사회에서 논의가 활발하게 이루어져 1999년에 '기업지배구조의 기본원칙'을 마련했다. 이 원칙의 핵심은 각국의 여건에 맞는 유연성을 가진 기업지배구조를 세우되 기업 경영의 투명성과 책임성, 주주에 대한 공정성을 충족해야 한다는 것으로, 이는 주주자본주의에 바탕을 둔 영·미식 기업지배모형이 중심이 된다.

우리나라는 1997년 외환위기 때 IMF로부터 구제 금융을 받으면서 그 양해각서에 기업지배구조의 개선을 할 것을 명시하고, 세계은행(IBRD)은 97년 외환위기 직후 한국정부에 금융과 기업구조조정을 위한 기술차관 명목으로 4,800만 달러 차관을 제공했다. 이 가운데 45만 달러는 기업지배구조 개선용으로 지정됐다. 이후 정부는 기업지배구조 개선안 마련, 사외이사제도 강화, 감사위원회 설치, 집단소송제, 대표소송제 등을 꾸준히 추진해오고 있다.

제6절 증권집단소송제도와 윤리

기업의 부정행위로 피해를 입은 소액주주가 소송에 승소하게 되면 동일한 피해를 입은 투자자도 함께 보상받을 수 있도록 도입된 증권 관련 집단소송제이다. 소액주주들이 주가조작·분식회계·허위공시 등으로 인해 피해를 볼 경우 한 사람이 소송을 제기해서 이기게 되면 같은 피해를 본 주주들도 똑같은 보상을 받을 수 있는 제도이다.

증권집단소송제도는 미국과 캐나다에서 시행되고 있는 제도로 우리나라에서는 2000년부터 금융 부실과 관련된 기업의 책임 문제와 관련해 도입에 대한 논의가 시작되었고, 2002년 3월부터 도입하기로 했지만 대기업의 반대로 인해 늦춰지다가 2003년 12월 22일 국회 본회의에서 관련법이 통과되었다.

소송 대상은 상장기업·등록기업에 한하며, 당시 시행 시기는 자산 규모 2조원 이상 기업은 2005년 1월, 2조원 미만은 2007년 1월부터였다. 소송을 하기 위해서는 주주 50명 이상이 해당 기업이 발행한 유가증권 총수의 1만분의 1 이상을 보유해야 한다.

증권집단소송제도는 내부거래·분식회계·주가조작·허위공시 등 대주주의 횡포를 줄이고 소액주주의 권익을 보호하며, 소액주주의 견제로 인해 기업경영의 투명성이 확보될 수 있다는 점 등이 긍정적인 효과로 꼽힌다. 반면 소송 제기 시 비용부담이 크고, 시행될 경우 관련 소송이 일시에 제기됨으로써 기업경영이 위축될 수 있다는 점 등을 들어 기업 측에서는 반대 입장을 취하고 있다.

증권관련 집단소송은 유가증권 신고서 및 사업설명서의 허위기재, 사업보고서와 반기보고서·분기보고서의 허위기재, 미공개정보의 이용, 시세 조작, 감사인의 부실감사가 원인인 손해배상청구에 한해 적용한다. 증권관련 집단소송의 원고와 피고는 변호사를 소송대리인으로 선임해야 한다. 법원은 소장과 소송허가신청서를 접수한 날로부터 10일 안에 이를 공고하고 구성원 중에서 대표당사자를 선임한다.

최근 3년간 3건 이상의 증권관련 집단소송의 대표당사자 또는 소송대리인으로 관여했던 자는 대표당사자 또는 원고 측 소송대리인이 될 수 없다. 법원은 대표당사자가 총원의 이익을 적절하게 대표하지 못하는 등의 사유가 있는 때에는 직권 또는 신청에 의해 소송수행을 금지할 수 있다. 법원은 소송의 허가결정, 총원 범위의 변경, 소 취하·화해 또는 청구, 상소 취하·상소권 포기, 판결이 있으면 이를 구성원 모두에게 주지시킬 수 있는 적당한 방법으로 고지한 뒤 전국에 보급되는 일간신문에 게재해야 한다. 제외신고를 한 자는 개별적으로 소를 제기할 수 있다. 제외신고를 하지 않은 구성원에 대해 확정판결의 기판력*이 미친다. 법원은 직권 또는 대표당사자의 신청에 따라 분배관리인을 선임해야 한다. 구성원은 권리 신고기간 안에 분배관리인에게 권리를 신고해야 한다.

※ 기판력

실질적 확정력이라고도 한다. 하나의 분쟁을 한 번의 재판으로 끝내도록 소송 당사자들을 제한할 필요성에 따라 기판력의 적용범위와 효력이 확장되어왔다. 기판력은 확정된 판결에 반하는 주장으로 판단을 다툴 수 없게 하고, 법원도 이에 모순·저촉되는 판단을 할 수 없게 한다. 최근 당사자에게 소송 중 절차를 보장했기 때문에 그에 대한 자기책임 또는 신의성실의 원칙에서 기판력의 본질을 이해하는 정당화 근거설이 제기되어 소송자료를 제출할 수 있는 기회가 보장되었음에도 불구하고, 이를 다하지 못한 당사자의 행위책임에서 찾게 되었다. 기판력의 구속력은 판결주문에 포함된 것, 판단된 선결적 법률관계 등에 대하여는 생기지 않는다. 기판력은 소송에서 스스로 권리를 주장하고 방어할 기회가 주어졌기 때문에 원칙적으로 청구의 대립 당사자 간에만 영향을 미친다.

[사례] DLS사태, 금융윤리와 윤리교육의 부재

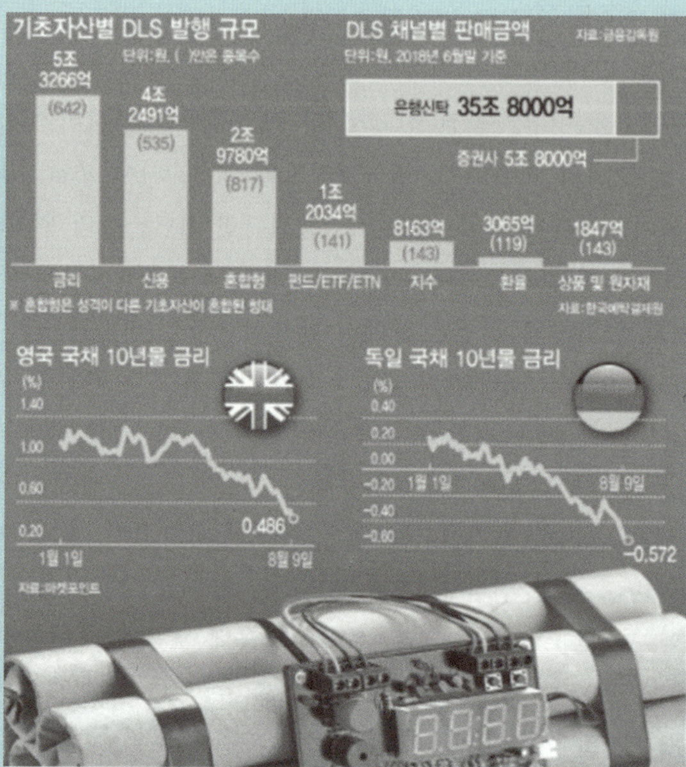

DLS, DLF 사태가 2019년도 우리 사회에 큰 충격으로 몰아넣었다. 독일 금리와 연계된 파생결합증권이 독일 금리 하락으로 손실 구간에 진입하면서 투자자들의 투자금이 허공으로 증발했다. 투자자들은 은행을 상대로 소송을 걸고 있는 와중에 금강원은 은행뿐만 아니라 이것을 발행한 증권사들의 상품설계까지 들여다보고 있다.

이번 사태의 근본 원인이 상품 자체의 결함이 있다고 보고 있는데 독일 금리 DLS 상품의 유통구조를 살펴보면

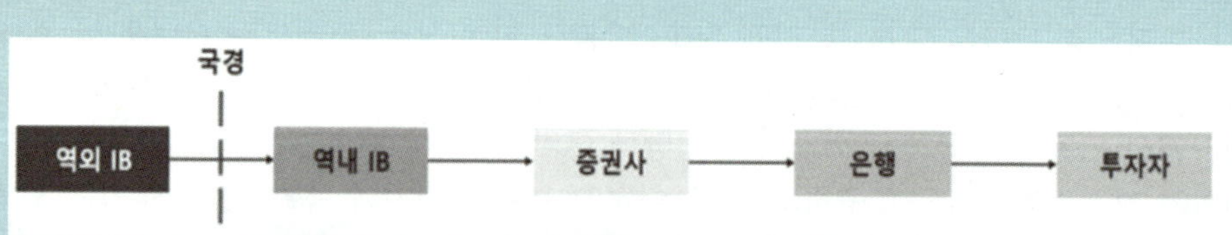

이는 복잡한 파생결합상품, 특히 한국시장에서 거의 다루지 않는 자산들을 기초자산으로 하는 상품들의 경우 대부분 위의 유통구조를 따른다. 결국 상품 설계에 대해 따질 거라면

런던, 미국이나 싱가포르, 홍콩에 가서 그곳에 있는 글로벌 IB 사무실 앞에서 피켓을 들어야 한다.

그런데 이전까지 계속 수익을 내서 투자자들이 줄을 서서 번호표 뽑아 놓고 투자를 하던 상품이 갑자기 대규모 손실을 보았다고 클레임을 건다? 계약이라는 것이 절대 중요하고 그에 따라 계약의 내용을 철저하게 이행하는 외국인 그리고 외사의 입장에서는 당연히 어이가 없을 것이다. 계약서에 손실을 볼 수 있는 가능성이 명백히 쓰여 있지 않았느냐? 계약서를 제대로 읽어보지도 않고 그렇게 싸인을 하면 누구의 잘못이냐?

만약 투자자들의 주장대로 원금손실에 대한 충분한 설명을 듣지 못했다면 결국 이 사태의 원인은 은행의 불완전판매이다. 고객의 투자성향에 맞는 적절한 상품 제안 및 충실한 설명이 뒷받침되어야 하지만 해당 상품이 고마진 수익을 창출한다는 이유로 은행원의 개인적인 인센티브에 의해서든 윗선으로부터 영업 압박이든 결과적으로 불완전 판매를 한 것은 잘못된 일이다.

그런데 그렇다고 투자자들의 잘못은 과연 없는 것일까? 해당 상품에 대해 투자를 하면서 상품에 대한 설명이나 계약서를 꼼꼼히 읽어 본 투자자가 과연 몇 명이나 될까? 파생결합상품 당연히 복잡하고 어렵다. 만약을 투자를 하고 싶다면 해당 상품이 어떤 구조를 가지고 있는지 어느 정도 리스크가 있는지, 혹은 최소한 글로벌 경제가 현재 어떤 상황인지 기사를 찾아보고 투자를 해야 한다. 그러면 왜 이런 귀찮은 일을 해야 할까? 결국 투자라는 것은 자신이 피땀흘려 모은 돈이 투입되는 중요한 사안이며 '자기책임의 원칙'이 중요하다.

DLS 사태는 금융윤리와 금융교육의 부재가 공명을 일으켜 발생하였다. 따라서 금융권은 특히 리테일 고객들과의 접촉이 빈번한 은행권에서는 앞으로 지속적인 금융윤리, 컴플라이언스, 금융소비자보호에 대한 교육을 보다 철저히 시행해야 한다. 결국 금융투자업자로써 금융윤리를 지키는 것이 단기적으로 보았을 때는 손해인 듯 보이지만 장기적으로는 이득이 된다. 선진국 금융은 이런 단순한 진리를 옛날부터 잘 알고 있었고 바로 윤리가 수익을 창출한다는 것을 믿었기 때문이다.

따라서 투자자들은 이제 금융, 투자에 대한 공부를 게을리 해서는 안 된다. 피 같은 내 돈을 자신이 지켜야 한다. 그런데 정작 선진국과 같은 금융지식이 모든 세대에 있어서 부족할 뿐만 아니라 많은 사람들이 금융교육에 대한 중요성과 절실함을 느끼지 못하고 있다는 사실이다. 자본주의 사회에서는 돈에 대한 공부가 생존과 직결되는 가장 중요한 것이라는 것을 명심하고 부단히 연구하고 자세를 가지고 노력해 한다.

제10장

생산관리와 기업윤리

제1절 생산관리 윤리의 개념
제2절 생산관리 윤리의 내용
제3절 생산관리와 윤리목표
제4절 생산관리 단계별 윤리문제
제5절 제조물책임

[사례] 『립컬』과 비교되는 나이키·아디다스

호주의 의류업체 립컬(Rip Curl)은 북한 노동자들에 의해 생산된 의류제품을 중국산으로 속여 들여와 논란이 되었다. 호주 일간지 '시드니 모닝헤럴드'는 의류 브랜드 립컬(Rip Curl)이 평양 근교에서 생산된 스노보드용 파카 등 겨울의류를 중국산으로 속여 판매했다고 보도했다.

립컬은 2015년 겨울 북한에서 만든 겨울용 의류 수백만 달러 어치를 판매한 것으로 전해졌다. 1969년 설립된 립컬은 서핑 관련 세계 최대 브랜드 중 하나이다. 2015년 7월에 북한을 방문한 호주 기업인 닉 할릭이 북한의 공장을 방문해 립컬 제품들이 중국산으로 둔갑해 있는 모습을 몰래 촬영했다.

립컬 측은 "소매업체에 물품을 전달하고서야 알게 됐다"며 "(중국의)물품 공급업체가 우리도 모르게 미승인 하도급 업체에 주문 일부를 맡기면서 일어난 일"이라고 해명했다.

호주 노동조합 단체 관계자는 "이번 사례가 끝없이 값싼 노동력을 찾으면서 일어난 일이라며, 립컬의 중국 납품업체가 북한 업체와 계약한 것은 북한 임금이 중국에 비해 낮기 때문"에 벌어진 사건이라고 말했다. 현재 호주에서 판매되는 의류의 90% 이상은 아시아에서 생산·공급되고 있다.

비정부기구(NGO)들은 호주의 다른 대형 의류업체도 북한에서 만들어진 제품을 중국산으로 판매하는 것으로 추정하며, 이는 북한 노동자의 인권 문제에 눈을 감은 것이라고 비판했다. 이들 단체는 탈북자 증언을 인용해 "북한 노동자들이 때로는 대가조차 없이 장시간의 노동을 강요받고 있으며 지시를 따르지 않을 경우 노동 교화소에 갇힐 정도로 착취를 당하고 있다"고 밝혔다.

언론들은 북한 노동자들이 장시간 노동과 최소한의 임금도 보장받지 못한 채 노예처럼 착취당하는 현실을 지적하며 립컬이 소비자를 속였다고 비난했습니다. 논란이 일자 립컬 측은 발 빠르게 움직였다. 보도 직후 사과 성명을 발표한 데 이어, 10여 일 뒤에는 하청업체와 관계를 청산하고 북한산 제품의 판매 수익을 전액 자선단체에 기부하겠다고 약속하는 등 6대 후속 조치를 내놨다.

마찬가지로 북한 노동자들이 4년 넘게 자사 의류 제품을 생산한 사실이 확인된 나이키와

아디다스는 립컬과 달리 침묵으로 일관하고 있다.

렘코 브루커 네딜란드 레이던대학교 한국학과 교수는 "이미 모두가 아는 사실을 눈감고 모른 척 할 수 없습니다. 나이키와 아디다스의 제품생산 라인은 숨김없이 공개돼야 합니다"라고 했지만 나이키와 아디다스 측은 아무런 반응이 없었다. 오늘날 기업 경영에서는 이윤 추구 못지않게 사회적 책임이 중요하다. 그래서 나이키와 아디다스의 침묵은 전 세계인들을 더욱더 실망시키고 있다.

제1절 생산관리 윤리의 개념

생산관리는 경영의 기본적·핵심적 기능을 담당하며 기본적으로 생산에 관한 활동을 관리하는 학문으로 구체적으로는 기업의 목표를 효과적으로 달성하기 위해 인적자원, 물적 자원 등을 효율적으로 활용하는 것이다. 특히 생산과 관련된 계획의 수립과 집행, 통솔 및 통제와 같은 일련의 활동을 수행하는 것을 의미한다.

기업 활동은 생산 활동이 없이는 존재할 수 없으며 생산이 있기 때문에 기업의 가치가 존재하는 것이다. 생산은 자원의 물리적, 시간적, 공간적, 혹은 지리적 변형을 통해 가치를 창출하는 행위이다.

현대 경영학 이론에 의하면 기업이 지속적으로 성장하고 경쟁력을 유지하기 위해서는 기업의 역량과 환경이 일치되어야 한다. 또한 기업의 역량은 경쟁사가 쉽게 모방할 수 없어야 한다. 창의적이고 획기적인 아이디어를 낸다고 해도 경쟁사가 곧 모방할 수 있다면 기업의 지속성장을 가능하게 하는 핵심 경쟁력이 되지 않는다.

따라서 기업의 생산관리 방식이 남들이 단시간에 쉽게 모방할 수 없을 때 기업자산이 되는 것이며 여기에서 생산관리의 중요성을 찾을 수 있다.

생산을 위한 인간의 노력은 인류의 역사와 함께 해왔다. 최초 인간의 생산 활동은 인간의 근본적인 욕구라 할 수 있는 의·식·주의 충족을 위한 수단을 발견하는 데 있었지만, 오늘날에는 생산 활동을 통하여 윤택한 생활을 누리고 삶의 질을 높이기 위한 생산관리의 노력은 계속되어 왔다.

생산관리는 유형의 재화 생산이나 무형의 재화인 서비스의 공급을 담당하는 생산시스템의 관리를 의미한다. 생산시스템이란 투입물을 원하는 산출물로 변환시키는 생산 활동을 하는 조직으로 볼 수 있다. 생산시스템에서 투입은 사람, 자재, 자금, 기계, 방법 즉 기술, 시장 등으로 구성되고, 변환은 투입물을 효과적이며 능률적으로 결합하여 효용성이 증가된 부가가치와 제품, 서비스 등의 작은 산출물을 낳는 기능을 하는 것이다. 그리고 산출은 유형 또는 무형의 재화나 서비스, 정보 등으로서 소비자의 욕구를 충족시켜줄 수 있는 효용이 있어야 하고 부가가치의 증대를 가져와야 한다.

생산관리는 경영적 생산 활동을 대상으로 생산시스템에 알맞은 관리시스템의 설계와 운영·통제에 관한 체계적 연구를 목적으로 한다. 경영적 생산 활동은 경영적 급부(給付)의 생산을 목적으로 하는 경영활동의 한 기능으로서 기술적·경제적·사회적 조건의 제약 하에 목표를 합리화하기 위한 경영적 의사결정에 의존한다.

생산관리의 과제는 경영 내적으로는 생산에 필요한 여러 자원의 결합에 있어 생산의 능률성과 효율성을 높이는 것이며, 생산 외적으로는 생산경영에 부과된 과제를 효과적으로 수행하는 것이다.

오늘날 대부분의 기업들의 목표 중 하나는 경쟁우위를 차지하는 것이다. 경영학에서 생산전략의 목표도 제품과 서비스 측면에서 경쟁우위를 달성하는 것이다. 이러한 목표를 달성하기 위해서 생산전략을 구체적으로 실현할 수 있는 생산 공정의 선택과 생산인프라 구축으로 연결되는 의사결정을 하여야 한다. 따라서 생산관리의 목표는 효용의 창출, 고객욕구의 충족, 경제적 생산에 의한 부가가치를 창출하는 것이다. 구체적으로는 생산성 향상, 품질 향상, 원가절감, 공급 및 납품 능력 향상, 그리고 융통성 및 유연성을 확보하는 것이다. 현대의 생산관리 특징은 다음과 같다.

첫째, 생산관리의 계량적 접근이 이루어졌다. 이는 산업의 팽창과 발전, 기업의 규모가 확대됨에 따라 관리자들이 통계 이론이나 수리적 분석을 통해 의사결정을 하며 문제 해결을 시도한 것을 말한다.

둘째, 생산관리에 자동화가 도입되었다. 이는 생산시스템의 효율을 향상시키기 위하여 생산 공정 전반에 걸쳐 인간, 기계, 자재 및 정보를 가장 조화롭게 통합시킴으로써 작업과정이 자동적, 연속적으로 운영되도록 조직화한 것을 말한다.

셋째, 기업의 생산방식으로 아웃소싱과 전자 제조 서비스가 이루어졌다. 특히 기업들은 연구개발과 마케팅 등의 핵심 역량 강화에 치중하며, 제조부문의 아웃소싱은 제조업체의 생존전략으로 자리 잡았다. 그리고 전자 업체의 생산 아웃소싱의 수요 증가는 전자 제조 서비스의 발전으로 이어져서 신제품 개발은 하지 않고 오로지 주문대로 생산만 하는 글로벌 공장기업을 등장하게 하였다.

따라서 생산관리의 윤리는 생산관리 활동을 통해 생산력을 최대한 높이기 위한 계획적이고 체계적 윤리 관리 활동을 말한다. 생산관리 윤리에는 공정, 자재, 품질, 재고, 원가관리윤리 등이 있다.

제2절 생산관리 윤리의 내용

1. 공정관리의 윤리

공정관리는 생산 공장에서 일정한 품질·수량·가격의 제품을 일정한 시간 안에 가장 효율적으로 생산하기 위해 공장의 모든 활동을 총괄적으로 관리하는 활동을 말한다. 원자재가 제품이 되기까지에는 여러 가지 작업이 필요한데, 그러한 작업에는 일정한 순서와 계열이 있으며, 부분적인 공정의 결합을 이루고 있다. 그와 같은 작업의 계열을 생산 공정이라고 한다.

대기업의 생산 공정은 매우 복잡한 콤비네이션에 의해 이루어져 있어 공정의 일부에 잘못이 생기면 생산 공정 전체가 영향을 받게 되어 제품 제조에 심각한 지장을 가져온다. 그러므로 각 부분공정과 작업을 생산물에 주목하면서 일정한 시간 계획 하에서 규제·통제함으로써 모든 생산 공정의 흐름을 원활하게 하려는 것이 공정관리이다. 이 점에서 공정관리는 작업관리·품질관리·비용관리 등과 구별된다.

공정관리에는 다음과 같은 방법이 있다. 즉, 우선 생산계획에 따라서 각 제품의 제조에 필요한 공정과 작업순서를 결정하고 각 공정에 필요한 시간과 장소를 결정한다. 이 단계를 절차계획이라 하고 한다. 다음으로 예정표에서 산출된 소요시간과 제품의 납기 등에 따라 필요한 일수(日數)를 일상생활에서 쓰는 연월일에 할당하여 일정(日程) 계획을 작성한다. 또한 각 작업에 일정을 매겨서 작업일정을 결정한다. 일정계획에 따라서 각 작업의 진행 상황을 정확히 파악하고, 공정의 진행을 계획대로 진행하도록 조정한다. 이와 같은 절차계획·일정계획·공정통제의 전 과정을 공정관리라고 한다.

공정관리의 윤리란 일련의 작업이 계획대로 진행되도록 통제하는 윤리적 관리활동으로 공정통제라고도 한다. 공정은 시장의 요구에 부합하는 품질을 만들고 적정한 시기에 적정한 수량을 생산하여 시장이 요구하는 가격 또는 서비스로 생산하는 활동이 이루어져야 한다. 공정관리의 윤리에 기계설비, 원재료, 자재, 부품, 노동력 등의 생산요소의 배치 및 관리는 생산품의 품질 및 수량, 원가 등에 영향을 미치게 된다.

공정관리의 윤리의 역할은 적절한 생산계획 하에 공정의 생산능력을 향상시키고, 공정의 가동률을 높여 납기를 맞추게 하며 시장이나 고객이 요구하는 수량을 적시에 공급하며 공정의 생산성을 높이기 위해 공정상의 여러 가지 개선을 하는 데 있다.

2. 자재관리의 윤리

자재관리란 생산 활동에 필요한 자재의 입출유통(入出流通)을 통제하고 관리하는 일을 말한다. 생산에 필요한 자재를 적정한 가격으로 이를 필요로 하는 부문에 필요한 시점에 공급할 수 있도록 계획을 세워서 구매·보관하는 일을 말한다. 따라서 자재관리의 기능에는 계획·구매·보관이라는 세 가지의 기본적 기능이 있다.

가. 계획기능

도면 또는 시방서(示方書)에 의해 제품 1단위당의 소요자재 기준을 작성하고 생산계획에 따라서 제품별로 소요시간과 소요량을 산출한 다음 이를 재료별로 집계하여 현재의 재고량과 발주 잔량을 고려해서 발주한다.

나. 구매기능

자재사용계획에 근거하여 필요한 원자재의 구매활동을 한다. 견적 교섭, 지명·공개입찰 등 구매방법의 결정, 구매처 선정, 납기·가격·지불조건·구매수량 등의 결정은 중요한 구매기능에 해당된다.

다. 보관기능

재고품의 입출고 사무, 재고량의 통제, 재고조사 사무는 보관업무의 중요한 기능이다. 보관 업무는 필요한 자재를 필요한 때 즉시 꺼낼 수 있도록 자재의 분류 코드, 보관 장소의 위치를 명확히 하여 두는 것이 중요하다. 넓게는 외주관리·운반관리·창고관리도 포함된다.

자재관리의 윤리는 자재의 관리 활동을 윤리적으로 계획하고 통제하는 것으로 윤리적인 자재관리를 통해 일정한 자재를 생산계획에 맞게 구입하고 자재의 생산성을 높일 수 있다. 자재관리의 윤리가 실천되기 위해서는 자재 구입의 검사기준, 표준의 설정, 공정속도의 유지향상, 불량품의 감소, 공동부품, 표준품의 활용, 규격품 사용, 자재보관의 적정화, 감모, 파손 방지, 생산·출하·판매와 관련된 적정재고관리가 필요하다.

3. 품질관리의 윤리

품질관리란 기업 경영상에서 제일 유리하다고 생각되는 품질을 보장하고, 이것을 가장 경제적으로 제품을 생산하는 방법으로 QC(Quality control)라고 한다. 품질 관리 활동을 [그림 10－1]과 같이 원으로 표시하여 설명할 수 있다.

① 소비자 수요에 적합한 품질의 제품을 경제성 있는 수준으로 설계(plan)
② 이것에 준해 작업 표준을 정해서 제조를 실시(do)
③ 이 제품이 정해진 수준인가 아닌가를 검사하고 판매하는 단계(check)
④ 제품이 시장에서 소비자를 만족시키고 있는가? 새로운 요구가 있는가? 등을 조사하여 소비자에 서비스를 행하는 단계(action)

이 원은 품질 의식을 개선하기 위한 일련의 활동을 표시한다.

그림 10-1 품질관리 활동

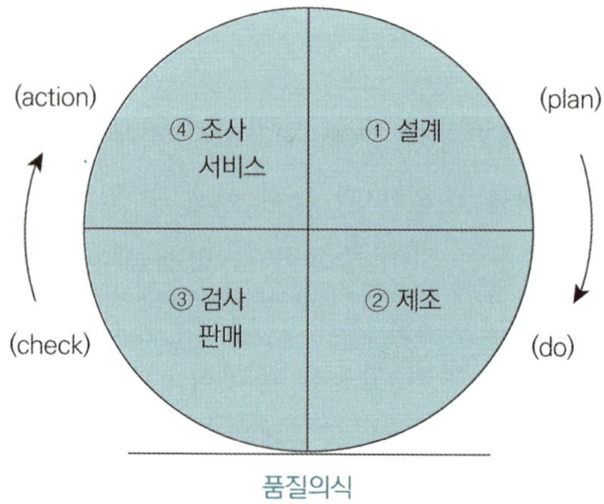

자료: 도해 기계용어사전, 1990. 4. 1.

윤리적 품질관리(EQC: Ethics quality control)는 소비자를 만족시킬 수 있는 제품을 경제적으로 생산하기 위해 수행되는 모든 윤리적 활동의 전체 시스템에서 윤리적 품질검사를 하는 것을 말한다. 즉, 품질표준 설정, 제품 검사, 품질 유지 및 향상 등과 관련된 활동에서 기업으로 하여금 품질향상 의식을 고취시켜 제품개발, 품질보증과 불량품 제조방지, 품질 개선, 품질의 고급화, 원가절감에 대한 노력을 이끌어내는 역할을 한다.

제3절 생산관리와 윤리목표

생산관리의 목표는 생산성과 경제성의 향상에 있다. 생산시스템은 투입－산출시스템이다. 생산관리는 이러한 시스템을 효율적으로 관리함으로써 투입에 대한 산출의 비율을 극대화하는 데 있다. 보다 적은 생산요소의 투입으로 보다 많은 제품이나 서비스를 산출하려는 생산성의 향상이 기본 목표이다. 양적인 면에서 보면 생산성이 되지만 가치액으로 표현하면 경제성의 향상이 된다. 이러한 생산성 내지 경제성의 향상은 보다 적은 희생으로 보다 큰 효과를 가져오려는 경제원칙의 개념과 같다.

1. 고품질

고품질이란 경쟁업체의 품질보다 월등히 높고 비싼 가격에도 불구하고 팔릴 수 있을 만큼 충분히 좋은 품질을 말한다. 생산관리에서의 품질의 목표는 보통 고객만족도나 폐기물 및 재작업의 비율, 불량 등으로 표시된다. 높은 품질목표는 제품설계에서의 많은 관심, 검사자, 강도 높은 작업자 훈련 등으로 생산 활동에 반영된다.

2. 저원가

생산원가에는 재료비, 노무비 및 간접시가 포함된다. 제조입에서 이는 매출원가를 의미한다. 생산관리의 목표가 원가 또는 비용최소화라면 신제품을 신속히 도입할 수 있는 유연성을 희생하고서라도 고도의 자본집약적인 대량생산이 이루어진다. 설비는 가능한 오래 사용되어야 하며, 낮은 비용으로 유지되어야 한다. 생산효율화를 위해 완제품과 원자재의 재고는 최소한으로 유지되며, 이 때문에 고객서비스가 떨어질 수도 있다. 품질관리에서는 재작업과 폐기물 비용의 감소가 강조된다. 특히 할인점, 패스트푸드점, 잡화 제조업에서는 저렴한 원가에 대한 관심이 높다.

3. 시간(납기)

고객이 원하는 시간과 장소에 제품이나 서비스를 인도할 수 있는 생산의 능력을 납품이라고 한다. 납품의 좋고 나쁨은 다양한 방법으로 측정될 수 있다. 계획생산의 경우 납품은 재고로부터 바로 충족되는 요소의 비율, 즉 서비스 수준 또는 재고를 보충하는 데 걸리는 시간으로 측정된다. 주문생산의 경우에는 주문을 받은 후 실제 제품을 인도할 때까지 걸리는 시간과 약속한 납기에 인도된 주문의 비율로 측정된다.

4. 유연성

수요의 변동에 따라 생산수량을 신속히 조절할 수 있고, 소비자의 요구나 취향에 맞추어 신속하게 제품을 개발하거나 제품 디자인을 다양하게 변경할 수 있는 능력을 말한다. 이러한 유연성은 상당한 비용증가를 수반하는 것으로 인식되고 있다.

제4절 생산관리 단계별 윤리문제

1. 산업재해관리

가. 산업재해

산업재해란 노동과정에서 작업환경 또는 작업행동 등 업무상의 사유로 발생하는 노동자의 신체적·정신적 피해가 발생하는 것으로써 노동재해라고도 한다. 여기에는 부상, 그로 인한 질병·사망, 작업환경의 부실로 인한 직업병 등이 포함된다.

산업재해는 제조업의 노동과정에서뿐만 아니라 광업·토목·운수업 등 모든 분야에서 발생할 가능성이 있다. 산업혁명 이후 기계제 공업화의 진전이 가속화되면서 주로 제조업 중심으로 산업재해가 급속도로 증가하였다. 광부의 직업에 의한 폐계통의 질병은 고대에도 알려져 있었으나, 산업재해가 의학의 한 분야로 정착되기 시작한 것은 19세기 유럽에서이다.

산업화 초기에 대표적인 산업재해로는 굴뚝청소부의 폐암, 모자 만드는 사람들의 수은중독, 그릇 만드는 사람들의 규폐증(硅肺症: 규토가루를 마셔서 걸리는 폐의 질환)과 납중독 등이 당시에 밝혀진 산업재해로 밝혀졌다. 그 이후로 많은 질병의 원인이 노동이나 작업환경에서 발견되었으며, 새로운 산업이 발생하면서 산업재해의 종류도 증가하였다.

우리나라도 공업화의 진전과 더불어 산업재해가 격증하는 추세를 나타내고 있다. 이 같은 경향은 취업인구의 증가와 제조업 중심으로 업종이 다원화되는 한편, 각종 산업공해의 급격한 증가에 따른 작업환경의 악화에서 오는 재해의 증가 등이 주요 원인이다.

고용노동부 근로기준국의 보고에 의하면 직업에 의한 질병의 발생은 1970년에 비해 1985년에 9배 정도 늘었으며, 그 발생률은 0.13%에서 0.27%로 증가하였다. 산업재해의 발생은 대기업보다 중소기업이 심각하여, 소규모사업장의 노동자 중 질병보유자는

13%, 중규모의 경우 9%, 대기업은 8%이다. 국가는 산업재해에 대비하여 산업재해 보험제도를 실시하고 있으며, 국립노동과학연구소를 설립하여 노동의 안전과 보건에 관한 조사·연구 및 교육을 하고 있다.

나. 산업재해의 윤리적 의미

산업재해는 근대기술의 자본주의적 도입에서 발생되었다. 산업혁명으로 인한 생산방법의 기계화와 자동화로 인하여 근로자의 사고와 질병이 증가하였고, 작업환경 및 안전에 관한 규제가 시작되었다. 산업화가 급격히 진행되면서 산업재해도 증가하게 되었고, 산업재해 예방에 관한 독립법률이 각국에서 제정되었다.

우리나라는 1953년에 제정된 <근로기준법> 제6장에서 안전과 보건에 관한 조항을 규정한 것이 처음이며, 이후 1963년 <산업재해보상보험>이 제정되기도 하였다. 그러나 산업안전보건에 대한 예방대책은 1981년 산업안전보건법이 제정, 공포됨으로써 본격적으로 추진되었다.

재해발생의 직접적인 요인은 주로 사용자측에 해당되는 물적 조건과 근로자 측에 해당되는 인적 조건으로 나눌 수 있다.

사용자측에서 보면 주로 산업재해에 대한 안전대책이나 예방대책의 미비·부실에 기인한다고 볼 수 있으며, 근로자 측에서 보면 ① 근로자의 피로, ② 근로자의 작업상의 부주의나 실수, ③ 근로자의 작업상의 숙련미달 등을 들 수 있다.

산업안전보건법 제2조에 따르면 산업재해는 "근로자가 업무에 관계되는 건설물·설비·원재료·가스·증기·분진 등에 의하거나 작업 또는 기타 업무에 기인하여 사망 또는 부상하거나 질병에 이환되는 것"으로 정의된다.

이 같은 산업재해에 대한 보상 및 배상을 받을 수 있도록 한 사회보장 제도가 산업재해보상보험제도이다. 근로자가 산업재해를 입어 산재보상을 청구하기 위해서는 그 재해가 업무상 발생한 것이어야 한다.

산업재해보상보험법 제4조는 업무상 재해에 대해 "업무상의 사유에 의한 근로자의 부상, 질병, 신체장애 또는 사망을 의미한다"고 정의하고 있다. 업무상 재해는 근로자가 산업재해를 당했을 때 그 재해가 산재보상의 대상이 되는 것인지 여부를 판단하는 기준이 된다.

법에서 정하는 업무상 재해에는 업무상 사고와 업무상 질병(직업병)이 포함되며, 업무수행성과 업무기인성이 판단기준이 된다.

산업재해의 윤리문제는 산업현장에서 일어나고 있는 다양한 원인을 사용자와 작업자들이 미리 재해예방을 위한 노력을 하여야 한다는 것이다. 특히 안전대책의 미비, 부실에 의한 산업재해는 미리 점검하고 노후화된 시설이나 장비를 정비하고 교체함으로써 충분히 예방할 수 있다. 이제 산업재해에 있어서도 윤리적 관점에서 접근함으로써 인적, 물적 손실을 막고 산업현장에서 발생할 수 있는 재해를 사전에 예방하는데 있다.

2. 거래 기업 간 윤리문제

가. 납품 단가와 대금결제

납품은 주문한 곳에 제품을 보내거나 가져다준다는 뜻이며, 단가란 물건 한 단위의 가격을 이르는 말이다. 이는 납품을 계약한 업체와 체결한 계약 조건에 따라 산정한 제품의 단가를 작성한 것이다.

납품단가표를 작성할 때에는 업체명, 제품 또는 시설명, 각 품목의 규격 및 단위에 따라 책정된 단가를 정확하게 기재하도록 한다. 납품단가표는 업종 및 업체, 제품에 따라 그 구성항목으로 다르게 작성할 수 있으며, 그 종류도 업체, 제품, 종목에 따라 다르게 만들 수 있다.

납품단가표를 작성하면 납품할 제품의 품목별 단가를 확인하기 용이하며, 이를 효율적으로 관리할 수 있다. 또한 납품과 관련한 대금을 관리하는 데 도움이 된다.

그런데 아직도 많은 대기업에서 협력업체를 상대로 납품단가 감액 강요 및 계약 불이행 등의 갑질을 한다는 의혹들이 많다. A씨는 P중공업에 원자력발전설비 핵심부품을 개발, 납품하는 1차 협력업체로 일을 하면서 터무니없는 갑질을 당했다고 주장했다.

A씨는 “P중공업과 납품 거래를 시작하고 20년이 지난 2011년부터 갑자기 납품단가 인하 요구를 해왔다”며 “2년이 지난 2013년에도 과도한 납품단가 인하를 요구했고 이 요구가 받아들여지지 않는다면 거래를 할 수 없다는 통보를 했다”라고 전했다.

A씨가 제시한 자료에 따르면 P중공업은 2011년 6월 납품단가 27% 인하를 요구했고 2013년 1월에는 19개의 품목에 대해 최대 74%까지 납품단가 인하를 통보한 것으로 확인됐다. 이 밖에도 P중공업이 단가 인하를 전제로 발주물량을 보장해 주기로 한 약속

을 지키지 않아 큰 손해를 입었다고 주장했다.

A씨는 "P중공업의 무리한 납품단가 인하 요구가 있은 뒤 본사를 찾아가 협의를 통해 납품하는 19개 부품에 대해 단가를 8% 깎아주고 P중공업은 연간 6억원씩 3년간 발주를 보장해주기로 약속했다. 하지만 납품 계약 재체결 후 1년이 지나 발주물량이 줄어들었고 2016년도에는 약 2억원, 2018년도에는 300만원까지 발주물량이 줄었고 설상가상 올해는 단 한 건의 발주도 들어오지 않았으며 이런 상황이 지속되면서 2019년도 말까지 약 22억원의 피해를 보았다"고 전했다.

공정거래위원회는 동일이 하도급대금을 부당하게 낮게 결정하고, 부당한 특약을 설정한 사실 등이 공정거래위원회에 적발돼 검찰에 고발을 하였다. 공정거래위원회는 2019년도 수급사업자에게 불공정하도급거래행위를 한 동일에 대해 시정명령과 함께 과징금 57억 6,100만원을 부과하고 법인과 대표를 검찰에 고발하기로 결정했다고 밝혔다.

공정위 조사 결과 동일은 2016년 1월부터 2017년 12월까지 71개 수급사업자에게 부당한 하도급대금결정 및 부당감액, 부당특약 설정, 하도급대금지급 미 보증 등의 불공정하도급거래행위를 한 것으로 드러났다.

특히 동일은 경쟁 입찰로 53개 수급사업자에게 84건의 건설공사를 위탁하면서 최저가 입찰금액으로 하도급대금을 결정하지 않고 추가협상을 통해 최저가 입찰금액보다 낮은 금액으로 하도급대금을 결정한 것으로 조사됐다. 동일이 이렇게 낮춘 하도급대금은 모두 50억 4,400만원에 달하는 것으로 집계됐다.

동일은 1개 수급사업자와 체결한 하도급계약금액에서 1,387만원을 부당하게 감액하고 하도급대금을 지급한 것으로 파악됐다. 또한 하도급거래 과정에서 발생한 민원처리비용, 산재처리비용에 대한 부담을 수급사업자의 귀책범위로 한정하지 않고 모든 비용을 수급사업자가 부담하도록 하는 특약을 설정한 것으로 드러났다.

이처럼 아직도 우리 주변에는 많은 기업들이 납품단가를 낮출 것을 강요하거나 거래대금을 부당하게 감액 등의 비윤리적 행위들이 종종 일어나고 있어 윤리경영의 실천을 위해서라도 공정한 거래관행이 정착되어야 한다.

나. 개발기술

우리 주변에는 IT기반으로 한 스타트업회사들이 많이 생겨났다. 그리고 이들 기업들은 새로운 분야에 기술을 개발하기 위해 노력한 결과 '특허'를 등록하고 사업의 영역을 확장하기 위해 노력하게 된다. 그러나 이들 신생기업들이 개발한 기술을 관련 업종의 공룡기업들이 훔쳐가는 사건들이 종종 발생하고 있다.

전자영수증 사업을 대행하는 한 벤처기업이 유명 커피 전문 업체 A사가 전자영수증 서비스가 자사 특허를 침해했다고 소송을 제기했다. 정보기술(IT) 스타트업 더리얼 마케팅이 A사를 상대로 특허권 침해금지 청구소송을 제기한 것이다.

더리얼 마케팅은 A사가 스마트폰 어플리케이션(앱)을 통해 제공 중인 전자영수증 시스템과 관련해 자사가 2011년 특허출원한 전자영수증 발급 방법을 침해했다며 소송을 제기했다. 전자영수증은 소비자가 결제한 내역에 대한 증빙 자료를 전자문서로 발행하는 서비스다. 종이 영수증을 대체하는 간편한 수단으로 주요 유통점에서 도입하고 있다. 더리얼마케팅 측은 “A사는 원고 측의 특허권을 문언 침해, 또는 적어도 균등침해하고 있다”고 주장했다. 그러면서 A사의 전자영수증 서비스 사용 등을 금지해줄 것과 위반 행위에 대한 손해를 보상하라고 주장했다.

문언 침해는 침해 대상이 특허권 청구범위의 구성요소를 모두 포함하고 있는 경우 성립하는 특허 침해의 한 종류를 말한다. 또한 균등 침해는 침해 대상이 특허권 구성요소 일부를 동일한 것으로 볼 수 있는 정도로 균등한 구성요소를 포함해 침해하는 경우에 해당한다. 이에 A사 측은 “(침해됐다고 주장하는) 특허 청구 항이 자의적으로 해석될 수 있어 특정을 새롭게 해달라”며 “특정이 돼야 저희 (전자영수증) 서비스가 어떻게 다른지 설명할 수 있다”고 했다. 재판부는 양측이 주장하는 특허 청구 항에 대한 특정을 위해 변론준비 기일을 정해 특허 침해가 있는지를 계속해서 심의할 예정이다.

이처럼 관련 분야의 기술을 부당하게 자신의 기술로 이용하거나 특허를 침해하는 행위는 기업윤리 차원에서 지양되어야 하며, 만약 기업에 필요한 기술이라면 정당한 방법으로 로열티를 지불하고 합법적으로 이용해야 한다.

다. 사업영역

대기업이 중소기업의 사업영역에 대한 침해가 다양하게 이루어지고 있어 많은 중소기업이 어려움을 겪고 있다. 대기업의 사업영역 침해를 방지하기 위한 사업조정제도에 많은 사회적 관심이 집중되고 있으며 최근 들어 사업조정신청도 SSM, 대형서점, MRO, 아울렛 등 여러 업종으로 확산되고 있다.

사업조정제도란 대기업 등의 사업진출로 당해 업종의 상당수 중소기업이 수요의 감소 등으로 경영안정에 현저하게 나쁜 영향을 미치거나 미칠 우려가 있는 경우 일정 기간 사업인수·개시·확장을 연기하거나 사업축소를 권고하는 제도이다(* 근거: 대·중소기업 상생협력 촉진에 관한 법률(이하 "상생법") 제31조 내지 제34조, 제38조, 제40조, 제41조).

중소기업형 업종에 대한 대기업의 사업진출로 인한 중소기업의 피해를 예방하기 위해 '중소기업사업조정법'에 최초 도입(1961년)되었다.

조정에 관한 권고 내용으로는 3년 이내에서 기간을 정하여 사업의 인수·개시·확장의 시기를 연기할 것을 권고하고 있다. 단, 1회에 한하여 3년 이내의 범위에서 연장가능이 가능하다.

생산(판매) 품목·생산(판매) 수량·생산(판매) 시설 등을 축소할 것을 권고하고 있다. 만약 불이행시 그 사실 공표, 이행명령을 하거나, 벌칙으로 명령 불이행시 1년 이하의 징역 또는 5천만원 이하 벌금을 부과하게 된다.

사업조정신청 기한은 사업조정 신청을 대기업 등이 사업을 인수·개시 또는 확장하기 전 및 인수·개시 또는 확장 후에는 그 날부터 90일 이내 신청가능하다. 예를 들어 2020년 1월 27일 입점한 SSM에 대하여 90일 이내인 2020년 4월 27일까지 사업조정신청이 가능하다.

라. 발주

발주란 매매 계약이나 공사 계약에서 주문을 하는 것을 말하는데, 주로 공사나 용역 등의 큰 규모의 거래에서 이루어진다. 발주를 계획할 때에는 철저한 계획을 세우고 진행하는 것이 중요하며, 그렇지 않을 경우 발주사와 수주사 모두 경제적, 시간적 손해를 입을 수 있다.

발주를 진행할 때에는 발주 금액 및 수량, 일정 등을 정확하게 조율하는 것이 중요하며, 추후 이와 관련하여 문제가 발생하는 것을 예방할 수 있다.

발주와 관련한 양식으로는 발주 현황에 따른 내역을 목록으로 작성한 발주 리스트, 발주 사항 등에 관한 검토를 요청하는 내용의 발주 기안서, 제품 발주 전에 발주 예정 사항을 기록한 발주 예정서, 발주계약 내용을 명시한 발주 계약서 등이 있다.

발주와 관련된 윤리적 문제로는 대체로 실수로 초과 발주를 하는 것이다. 이러한 일이 일어나게 되면 발주된 초과 물품에 대해서 회사 측과 최선의 협의를 시도해야 한다. 그러나 협의가 원만하게 이루어지지 않는다거나, 회사가 주장하는 손해액이 너무

커서 도저히 감당할 수 없다면, 회사를 상대로 소송(일부 채무부존재확인소송 등)을 고려해 보아야 한다.

제5절 제조물책임

1. 제조물책임의 개념

현대 자본주의 경제의 비약적인 발전은 인간의 삶에 많은 변화를 가져왔다. 고도의 산업사회가 도래하면서 이전에는 상상할 수 없었던 많은 편리가 인간의 삶에 제공되어 왔으며, 이에 상응하여 라이프 스타일 자체도 급격히 변했다. 이러한 변화가 삶의 질적 수준을 향상을 가져다주었지만 한편으로는 많은 문제점도 발생하고 있다. 특히 소비생활에서 받게 되는 피해는 산업화 이전과는 전혀 다른 양상으로 전개되고 있다.

현대 산업사회에서는 제품을 사용하거나 소비하지 않고는 사회생활, 특히 의식주를 해결할 수 없을 정도로 제조물이 인간다운 생활을 영위하는 데 있어 필수불가결한 것이 되었다. 그런데 이러한 제조물이 인간의 생활에 매우 큰 만족을 가져다주지만, 제조업자가 제조물을 생산하는 과정에서 결함이 발생하고 그러한 결함의 존재가 발견되지 않은 채 유통, 소비되는 문제점이 발생하였다. 이로 인한 소비자의 피해는 거래대상인 제품의 하자로 인한 경제적 불이익을 넘어서 소비자의 생명이나 신체 또는 재산상의 직접적인 위험으로서 나타나기도 한다. 이와 같은 피해의 보편적인 발생은 제조물의 소비로부터 발생하는 피해를 개별적인 소비자의 문제를 넘어서 사회 전체의 문제로 인식하는 계기가 되고 있다.

이러한 소비자들의 피해에 대한 계약법적 논리에 의한 소비자 피해구조를 도모하기에는 한계가 있음이 민법학자들에 의하여 지적되어 왔다. 즉 과거의 과실 책임론하에서는 피해자가 가해자에 대한 손해배상을 청구하기 위하여 피고의 과실을 원고가 입증해야 하는 등의 어려움이 있었다. 이 같은 문제를 해결하기 위하여 서구에서는 제조물책임 분쟁에서 생명 기타 신체상의 위해에 대하여는 계약당사자관계가 없더라도 매도인에게 책임을 물을 수 있는 방안을 모색해 왔고, 피해자의 입증책임에서도 완화를 기하는 등의 소비자피해구제에 만전을 기하여 왔다.

제조물책임법(Product Liability, PL법)은 제조되어 시장에 유통된 상품(제조물)의 결함으로 인하여 그 상품의 이용자 또는 제3자(소비자)의 생명, 신체나 재산에 손해가 발생한 경우에 제조자 등 제조물의 생산, 판매과정에 관여한 자의 과실 유무에 관계없이(무과실) 제조자 등이 그러한 손해에 대하여 책임을 지도록 하는 법리를 말한다. 제조물책임법의 도입은 소비자보호의 차원을 더욱 향상시키는 데 목적이 있다.

제조물책임 법리는 원래 시장에 제품을 제조하여 유통시킨 제조업자가 소비자의 안전에 대해 요구되는 여러 가지 작위의무를 이행하지 못함으로 인하여 생명, 신체 또는 재산상의 손실을 입은 자에게 행한 위법행위에 대한 일반불법 행위법상(一般不法行爲法上)의 책임을 지우면서 나온 것이었는데, 이때 제조업자가 지는 책임은 과실을 요건으로 하였다가, 현재의 제조물책임에서는 무과실책임 내지 엄격책임(strict liability)을 인정하고 있다.

과실 책임에서는 사람의 행위가 문제됨에 반하여 제조물의 결함에 있어서는 제조물 그 자체가 문제된다. 결함제조물로 인한 손해에 대하여는 특별책임으로서의 무과실책임을 인정하고 있는 것이 세계적인 추세이다. 무과실책임으로 인정될 경우, 소비자가 오용을 하더라도 피해를 보상받을 수 있게 된다.

제조물책임법상의 제조물책임은 사고발생 이후에 관한 문제로서 1차적 목적이 소비자의 피해에 대한 금전적 배상이지만, 궁극적으로는 생산자로 하여금 위험을 예측하여 해결책을 세우도록 하고, 생산자가 소비자의 피해배상에 지출하는 비용, 즉 사회적 비용을 제품의 안정성 향상에 투자를 유도하는 사후적 안전규제수단이기도 하다.

세계적 추세인 제조물책임의 강화는 제조업자로 하여금 결함제품에 대하여 리콜제도를 선호하게 할 것이고, 이는 제조물 사고와 피해발생에 대한 예방적 효과와 사회적 비용감소의 긍정적 효과를 낳게 된다.

일반적으로 결함 있는 생산물로 인한 피해에 대한 법적 구제는 여러 측면에서 고려될 수 있는데 우선 공법적 규제 내지 형사법적 제재를 강구할 수 있으며, 또한 민사법적 책임을 확보하는 것을 고려할 수 있는데 후자는 사후에 피해자를 실질적으로 구제하기 위한 손해배상 등을 효율적으로 강구하는 것이다.

민사법적 구제방안으로서, 제조물의 결함으로 인한 손해를 구제하기 위하여 다양한 책임법리가 발전되어 왔다. 민사적 손해배상책임은 계약책임(채무불이행책임)과 계약외적 책임으로 대별할 수 있다. 후자는 불법행위책임과 무과실책임으로 대별할 수 있고, 3중의 책임체계가 적용될 수 있다. 초기에는 계약법적 법리가 전개되고 그 후 계약법적 법리에 한계가 있기 때문에 그 다음에는 불법행위 법적 법리가 전개되었다. 그러나 불법행위법적 법리전개도 역시 소비자보호에 충분하지 못한 점이 많아서 마지막으로 과실 책임의 법리구성이나 무과실책임을 인정하는 입법적 해결을 시도하여 많은 나라에서 입법에 의하여 제조업자에게 무과실책임을 지우고 있다. 오늘날에 확립된 제조물책임법은 무과실책임의 원리에 기초한 계약외적 손해배상책임의 특별법이다.

제조물책임을 계약책임으로 구성할 수 있다. 피해소비자와 사업자 사이에 유효한 계약관계가 존재하는 경우 사업자에게 하자담보책임과 채무불이행책임을 물어 손해배상을 청구하는 것이다.

하자담보책임의 관점으로 보면, 거래 당사자가 계약(주로 매매계약)을 통해 인도받은 생산물에 결함이 있는 경우(매매 목적물의 하자)에 매도인은 그 하자에 대해서 무과실의 담보책임을 져야한다. 예컨대 대한민국 민법은 제580조 이하에서 매매계약의 해제권과 손해배상청구권, 그리고 하자 없는 완전물 급부 청구권을 보장하고 있다.

계약책임으로 이론적 구성의 경우, 제조자의 과실이나 인과관계 등을 소비자 측에서 입증할 필요가 없고, 결함으로 인한 손해의 배상뿐만 아니라 제품의 수리, 교환, 대금감액 등을 피해자의 선택에 따라 청구할 수 있다. 그러나 이와 같은 계약법에서의 담보책임은 그 구제의 방법과 범위가 제한되며, 보다 근본적으로 계약책임은 계약관계가 있는 당사자 사이에서만 적용되는데, 자동화되고 조직화된 현대의 대량 생산·대량 유통 체제하에서는 상품의 결함이 원재료의 공급, 제조공정 또는 판매를 위한 운송과정이나 보관과정 중 어느 단계에서 발생한 것인지 명확히 알 수 없는 반면에 공업생산물을 구매하여 사용·소비하는 일반인은 매도인과는 직접적으로 계약관계에 있으나 생산자와는 대부분 계약관계를 맺고 있지 않기 때문에 소비자가 피해를 입은 경우에 계약책임만 따질 경우에는 흠결 있는 생산물에 의한 피해자 구제에 한계가 있다. 또한 계약책임에 의할 경우 사업자와 관계가 없는 제3자의 피해와 확대손해에 대하여 사업자에게 계약책임을 인정하기가 곤란하다. 이렇게 제조자 측의 개개의 피용자의 과실을 포착하기가 사실상 불가능한 실정이므로 계약책임에 있어서의 입증책임전환의 법리를 이용하는 것은 매우 유리한 입증수단이라고 할 수 있다.

불완전이행에 의하여 제조물책임을 구성하려는 이론은 결함이 있는 제조물의 인도를 불완전이행에 포함시킨다. 즉 결함제조물로 말미암아 소비자가 피해를 입었을 경우에 이를 불완전한 급부로 인한 적극적 채권침해로 보는 것이다.

손해배상의 근거를 본래의 급부의무에 수반되는 의무 내지는 넓은 의미의 형태의 무위반 또는 채권채무관계에 있어서의 성실의무를 기반으로 하는 보호의무, 즉 상대방의 권리영역에 대한 특별한 간섭으로부터 발생할 수 있는 손해를 방지하여야 할 의무의 위반에서 구하고 있다.

제조자와 소비자 사이에 직접적인 계약관계가 존재하는 경우에 이 이론을 제조물책임에 적용하면 피해자에게 과실의 입증부담이 없을 뿐만 아니라, 결함상품으로부터 파생하는 확대손해도 적극적 채권침해이론에 의하여 전보할 수 있다는 이점이 있다.

피해소비자와 생산 사업자 간의 계약 관계가 없더라도, 직접 계약관계가 없는 사업자 등에게 불법행위로 인한 손해배상을 청구할 수 있다. 이 경우 소비자가 사업자의 행위가 일반 불법행위 요건을 갖추고 있다는 점을 입증하여야 한다. 즉 소비자는 가해자인 사업자에게 고의 또는 과실이 있고, 그 가해행위가 위법하며, 가해행위와 손해발생 사이에 인과관계가 있음을 입증하지 않으면 안 된다. 그런데 오늘날 상품은 고도로 분화되고 전문화된 생산 공정과 복잡한 유통과정을 거쳐서 소비자에게 공급되고 있기 때문에, 소비자들이 상품의 결함으로 인하여 피해를 입은 경우에도 그것이 어느 특정한 사업자의 고의·과실에 기인한 것이라는 점과 그 가해행위와 손해발생 사이에 인과관계가 존재한다는 것을 입증하기란 대단히 어렵다.

전통적인 민사법적 구제방법인 계약법과 불법행위에 의하여 이러한 손해배상을 해결하려는 노력이 시도되어 왔지만 피해자 보호에 한계가 드러나자 이에 대한 수정·보완 및 새로운 입법의 필요성이 대두되게 되었다. 이런 필요성에서 등장한 제조물책임법이라는 특별법을 통하여 제조업자의 귀책사유에 대한 입증 없이, 다시 말해서 소비자의 제조업자의 과실 등에 관한 입증의무가 면제되어서 소비자가 동법에 기하여 제조업자의 책임을 추궁할 수 있다(무과실책임). 이를 위험책임이라고도 하는데, 그 이유는 결함 있는 제조물은 위험책임법상의 위험원이기 때문이다. 미국의 판례를 비롯하여, 유럽연합의 제조물책임지침(1985) 제1조, 영국의 소비자보호법 제2조 제1항, 독일의 제조물책임법 제1조, 프랑스의 제조물책임법 제1386－1조, 그리고 한국 제조물책임법 제3조 제1

항과 중국 제조물 품질법 제41조 제1항이 각각 무과실책임을 채택하고 있어, 국제적으로 무과실책임이 보편적이다.

2. 제조물 결함의 유형

제조물에 대한 책임문제는 '결함 있는 제품'으로 인하여 소비자나 이용자의 신체나 재산상의 손해가 발생한 경우에 야기된다. 권영준(1998)은 제조물의 결함으로 설계상의 결함, 제조상의 결함, 설명·경고상의 결함으로 분류하였다.

첫째, 제품설계상의 결함

제품의 설계·계획과정에서 발생한 결함은 제조결함의 경우보다 논란이 많고 매우 복잡하다. 이는 설계의 적절성에 대한 가치판단이 필요하고 그에 따라 과실 책임을 가려야 하는데 매우 규명이 쉽지 않다.

둘째, 제품제조상의 결함

이는 제조물의 제조·관리과정에서 본래의 설계와 다르게 제품이 제조됨으로써 발생하는 결함이다. 대부분은 제품의 품질검사단계에서 발견이 된다. 그러나 이러한 결함이 검사단계에서 발견되지 않고 생산되는 경우 문제가 되는 것이다.

셋째, 설명·경고상의 결함

이는 소비자가 제품을 사용하는 과정에서 위험이 발생할 가능성이 있는 제품의 경우에는 제조업자가 안전한 사용방법을 설명하고 부적당한 사용으로 발생할 수 있는 모든 위험요소를 소비자에게 경고해야 한다.

3. 제조물의 결함판단 기준

제조물의 결함에 대한 판단기준은 통일되어 있지는 않다. 한국공업표준협회에서 제시하고 있는 일반적인 판단 기준은 다음과 같다.

첫째, 표준 일탈기준에 의한 판단이다. 이는 제품이 일반적인 상태에서 벗어난 경우에는 결함이 있다고 판단하게 된다. 그런데 일반적인 상태를 어떻게 판단하느냐가 문제인데 이는 제조업자가 설계에서 의도한 것이 제품의 일반적인 상태이며, 제조업자가 설계상 의도한 것과는 달리 제품이 제조된 경우가 제조상의 결함으로 판단하는 것이다.

둘째, 소비자 기대기준이다. 이는 가장 광범위하게 이용되는 기준으로 소비자가 기대하는 안정성을 결여한 경우, 즉 제품이 일반소비자가 예상하는 것 이상으로 위험한 경우에는 제품의 결함이 존재한다고 판다는 것이다.

셋째, 위험효용기준이다. 이는 제품의 위험성과 유용성을 비교하여 위험성이 유용성보다 큰 경우에는 결함이 존재하는 것으로 판단하는 것이다. 이 기준은 소비자기대기준과 더불어 가장 널리 사용되고 있는 기준이다.

위험성과 효용성의 판단 기준은 제품의 유용성과 필요성, 손해발생의 개연성과 손해의 정도, 대체설계의 가능성, 제조업자에 의한 위험회피 가능성, 소비자에 의한 위험방비 가능성, 위험에 대한 소비자의 인식, 제조업자에 의한 손실분산의 가능성 등에 따라서 판단할 수 있다.

[사례] 자동차 회사 도요타 — 스마트시티 건설

일본 자동차 회사인 도요타가 AI·로봇·자율주행 첨단 기술을 적용하여 2021년에 2,000명이 거주하는 스마트시티 단지 건설을 한다고 한다. 3차선 도로 중에 한 차선은 자율 주행차 전용도로 이용하고, 탄소 배출을 줄이기 위해 건물 대부분은 목재로 짓고, 집주인의 건강을 체크하는 로봇이 집안에 상주하며, 수소연료 전지 기반의 태양광 패널로 집을 짓는다.

도요타가 2020년 1월 6일 미국 라스베이거스에서 열린 CES 2020에서 발표한 '도요타시(市)' 계획의 일부다. 도요다 아키오(豊田章男) 도요타자동차 사장은 이날 기자회견에서 "2021년 중 일본 중부의 시즈오카(静岡)현에 위치한 옛 도요타 자동차 공장 부지를 재개발해서 스마트 시티를 만들겠다"고 발표했다.

도요타가 스마트 시티에 공식적으로 붙인 명칭은 '우븐 시티'(woven city)다. 그물망처럼 촘촘히 짜여있는 도시라는 뜻을 담고 있다. 이 도시는 여의도 면적의 4분의 1 정도(70만2000㎡)가 되는 규모로 도요타 직원과 그 가족 2,000명이 실제로 거주하게 된다.

우븐 시티에선 도요타가 현재 개발 중인 인공지능(AI)·로봇·자율주행 등 최첨단 기술이 모두 구현될 예정이다. 그간 많은 기업·도시들이 일부 제한된 공간에서 실험만 하는 테스트베드에 그친 데 비해 도요타의 플랜은 더 구체적이고 대담하다. '실제 사람이 살 만한 도시'를 만들겠다는 것이다. 도시의 전체 디자인은 덴마크의 스타 건축가 비야케 잉겔스가 맡는다.

아키오(豊田章男) 도요타자동차 사장은 이날 "도요타는 세계를 더 나은 곳으로 만들기 위한 역할을 하고 있고, 스마트 시티는 작지만 중요한 첫 걸음"이라고 강조했다. 2021년부터 시작하는 '도요타시' 실험이 어느 정도 성공하게 되면 도요타는 더 이상 자동차 회사가 아닌 하드웨어와 정보·기술(IT)을 포괄하는 기업으로 도약하게 된다.

스마트 시티는 구글과 같은 글로벌 IT 기업들도 탐내는 영역이다. 구글의 모회사 알파벳은 도시계획 사업을 위한 자회사 '사이드워크 랩스'를 설립했다. 현재 이 회사는 캐나다 토론토에 스마트 시티 '퀘이사이드'를 구축하고 있는데, 캐나다 토론토의 동쪽 온타리오 호숫가에 지어질 이 도시는 '도요타시'와 마찬가지로 자율주행 차량이 마음껏 달리고, 도로 상황에 따라 교통 신호가 자동으로 바뀌는 '적응형 교통 신호 시스템'이 도입된다. 도시 지하 터널에는 로봇이 다니면서 쓰레기를 수송한다. '친환경 미래 도시'라는 점에서 도요타가 추진하는 스마트 시티와 큰 그림이 유사하다.

IT 기업들은 도시에 비견될 만큼 큰 규모의 사옥을 지어서 스마트 시티를 위한 각종 실험을 이어가고 있다. 구글은 미국 캘리포니아 주 새너제이에 은색 천막 모양의 새 사옥을 건설 중이다. 지역 주민들도 자유롭게 드나들 수 있는 방식으로 짓겠다는 방침이다. 그래픽칩(GPU) 기업 엔비디아가 2017년 실리콘밸리에 완공한 신사옥에는 AI로 채광·통풍량을 조절하고, 2,500명이 한데 모여 일할 수 있는 미래형 사무실이 완공되었다.

제11장

정보관리와 기업윤리

제1절 정보화 사회에 대한 이해
제2절 정보화 사회와 윤리문제
제3절 정보기술과 관련된 윤리문제
제4절 정보관리와 윤리문제

[사례] 포스코, 직원 간 협업문화 촉진 위한 협업포인트제 실시

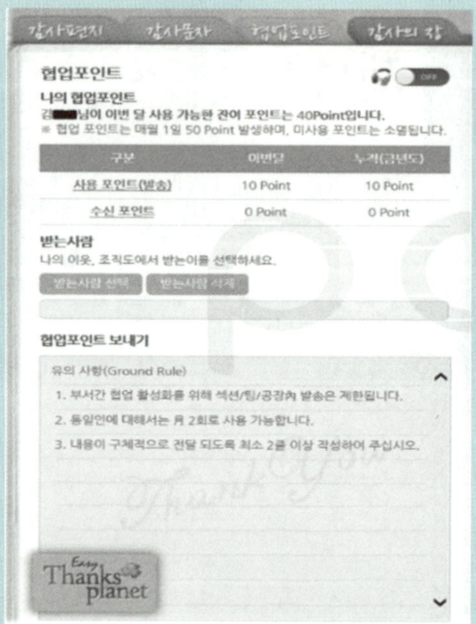

포스코가 조직 간 소통과 협력을 통해 강건한 조직을 만들고 실질적 성과를 창출하기 위해 조직 구성원 간의 벽을 허물고 현장중심의 유기적인 업무협업문화 정착에 나서고 있다.

포스코는 업무 관련하여 유기적인 소통과 협업문화 촉진을 위해 '협업포인트제'를 도입했다. '협업포인트제'는 타부서 직원 상호간 지식과 정보공유 및 기타 업무를 수행한 후 포인트를 선물할 수 있는 제도다.

포스코에서 공정/부서 간 협업은 쇳물에서 최종제품까지 연결된 일관 제철 생산 공정 설비를 보유하고 있어 회사 경쟁력의 핵심이 된다. 협업을 촉진하기 위해 임직원 평가에 '협업 KPI'를 도입하고 '협업 포인트'를 적극 반영하고 있다.

포스코는 2020년부터 협업을 통한 문제해결과 업무지식공유를 촉진하기 위해 어플리케이션 기반의 '오픈 연구소'와 동영상 플랫폼을 활용한 '포스튜브(POSTube, POSCO+YouTube)'도 개설했다.

포스코의 '오픈 연구소'는 현장직원들의 기술적인 애로사항에 기술연구소가 신속히 대응하는 사내 기술상담 어플리케이션 플랫폼이다. 현장직원들이 기술적인 문의사항을 등록하면 사내 기술연구원이 즉시 답변하는 방식으로 운영된다. 이를 통해 기술연구소는 약 500여 건의 질의에 대해 920건의 해결방안을 등록했으며, 앞으로도 현장에 실질적으로 필요한 기술개발과 지원을 할 수 있게 됐다. 또한 '포스튜브'는 베테랑 직원들이 보유한 현장 기술을 짧은 동영상을 통해 전수할 수 있는 지식 공유 동영상 플랫폼으로 직원이 직접 직무 노하우 영상을 올리고 공유할 수 있도록 사용자 제작 콘텐츠(UCC) 방식으로 운영된다.

직원들이 영상을 만들어 공유하면 제작지원금을 지급하고, 나아가 포스코 명장으로 성장할 수 있는 요건 중 하나로 반영해 동기를 부여하도록 했다. 이를 통해 숙련된 현장 직원들의 직무 노하우가 더욱 체계적으로 전수될 것으로 기대하고 있다.

오픈 연구소에 등록된 모든 질문과 답변을 언제든지 열람할 수 있고, 필요에 따라 원하는 연구원을 지정해 답변 받을 수 있다. 또한 긴급 질문으로 등록할 경우 연구원이 직접 현장을 방문해 해결하며, 해결이 어려우면 기술연구원에서 과제로 추진해 지원에 나선다.

오픈 연구소를 이용해본 포스코 직원은 "직원 모두가 참여할 수 있고 질문 유형을 선택할 수 있어 문제해결력이 우수하다. 제철소 특유의 다양한 공정부문과 기술연구원 간 경계를 잘 극복했다고 생각한다"라고 말했다.

포스코는 질문자와 답변자에게 포인트를 지급해 적극적인 참여를 유도했다. 질문자는 1,000포인트, 답변자는 1,500포인트를 받을 수 있다. 누적된 포인트는 연말에 본인 희망에 따라 현금으로 받거나 기부할 수 있다.

오픈 연구소 운영을 책임지는 연구기획그룹장은 오픈 연구소를 통해 현장 직원들의 기술적 애로사항을 해결하고 업무개선에 기여할 수 있다며 앞으로도 현장문제를 중심으로 연구역량을 집중하겠고 말했다.

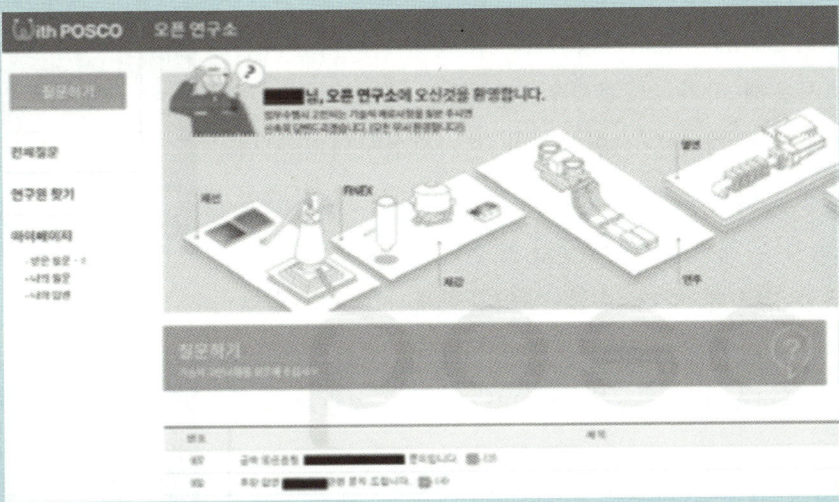

포스코는 향후 오픈 연구소에 스마트 기술을 적용하고 사외 전문가를 연계해 플랫폼 수준을 향상시킬 계획이다. 인공지능 알고리즘을 활용해 질문이 등록되면 전문가를 자동으로 연결하거나 간단한 수준의 질문은 인공지능이 대신 답변하는 시스템 구축에 나선다. 또한 사내 기술연구원의 전문분야를 벗어나는 질문은 포스텍 교수진이나 RIST 연구원과 연결해 지식공유 영역을 넓혀 운영하고 있다.

기술연구원장은 "오픈 연구소를 통해 제철소에서 필요한 기술을 바로 지원할 수 있다는걸 눈으로 확인했다"며 "앞으로도 현장에 관심을 갖고 실질적으로 필요한 기술을 개발하고 지원하겠다"고 말했다.

포스코 회장은 2020년 새해 CEO메시지를 통해 "조직 간의 장벽인 이른바 silo를 허물고 소통과 협력을 통해 실질적인 성과 창출이 중요하다"고 말했다. 창립 52주년을 맞은 기념사에서도 "어려운 때일수록 구성원 간 혁신과 협업의 마음가짐으로 3실(실질, 실행, 실리) 3현(현장, 현물, 현상)의 원칙에 입각해 안전하고 강건한 현장을 만들어 100년 기업 포스코의 저력을 보여주자"며 현장중심의 협업체계를 강조했다.

제1절 정보화 사회에 대한 이해

1. 정보화 사회의 개념과 특징

정보화 사회는 컴퓨터와 정보통신기술이 융합된 네트워크 사회로 정보를 효율적으로 수집·처리·유통하여 정보의 가치가 사회 및 경제의 중심이 되는 사회를 말한다. 정보화 사회의 목적은 정보기술(IT)을 창조적이고 생산적인 방식으로 사용해 국가 간 경쟁우위를 얻는 데 있다.

대니얼 벨(Daniel Bell)

앨빈 토플러(Alvin Toffler)

정보화 사회 개념은 산업사회와 후기산업사회의 차별성을 강조하는 대니얼 벨(Daniel Bell)로 대표되는 후기 산업사회론자들에 의해서 인류 역사의 변천이 사회의 재화 및 재화의 생산 방식에 따라 수렵·채취사회에서 농경사회로 산업혁명에 의한 산업사회로 발전해 왔으며, 새롭게 시작될 변화와 사회의 단계를 후기산업사회 또는 정보사회라 표현했다.

미래학자 앨빈 토플러는 그의 저서 『제3의 물결』에서 수렵 채집에서 벗어나 농경사회로 진입하는 농업 혁명을 첫 번째 물결이라 하고, 두 번째 물결은 고도로 산업화된 사회에서 표준화, 중앙화, 집중화된 생산 시스템을 기반으로 대량생산, 대량분배, 대량소비, 대량교육 등이 실시되는 사회, 제3의 물결은 후기산업사회로 대량화와 획일적인 표준화에서 벗어나 다양성과 지식기반 생산과 변화의 가속을 통한 정보화 사회의 도래를 이야기했다.

정보화 사회는 다양한 관점에서 정의되고 있다. 기술적 관점에서는 발전된 컴퓨터와 통신기술의 결합으로 새로운 노동 방식은 대량생산의 시대에서 주문생산의 시대로 대체되었고, 사회·경제적 관점, 직업적 관점에서는 정보 관련 산업의 성장과 규모, 정보 업무 관련 직업 구성의 변화로 정보화 사회를 설명하고 있다.

정보사회의 특징은 컴퓨터와 정보통신기술이 융합된 네트워크 사회로 다양한 정보의 유통에 따른 정보량이 증가되고, 정보가 갖는 가치가 사회의 중심 자원으로 이용된다. 사회 전반에 걸친 혁신적인 변화를 통해 사회가 급속히 변화하고 세분화되어, 인간의 삶의 질을 향상시킨다. 또한 자연의 도전 혹은 파괴에서 벗어나 지속적인 녹색성장이 가능하고 하드웨어 중심에서 소프트웨어 중심 사회로의 전환이 이루어진다.

현대 정보사회는 지식과 정보가 경쟁력을 좌우하는 핵심 요소이자 가치 창출의 원천이 되는 사회 지식기반 사회, 정보통신과 과학기술 혁신에 의한 시·공간적 한계를 넘어선 인터넷에 의한 정보 전달로 다양한 형태의 커뮤니케이션이 가능한 네트워크 사회, 정치, 문화, 경제 등 다양한 분야에 걸친 정보화로 정의되는 사회적 변화가 진행되고 있다.

2. 정보화 사회로 변화

선진국들이 정보화 사회로 이행해 가는 이유를 두 가지 관점에서 생각해 볼 수 있다.

첫째, 과학기술, 특히 마이크로일렉트로닉스(ME) 기술의 급격한 발전에 따라 컴퓨터와 그것을 응용한 산업용 로봇, 유연생산방식(FMS), 사무자동화(OA) 기기, 뉴미디어 등의 기기나 시스템이 차차 실용화되기에 이른 점이다. 그 결과 기존 산업분야의 생산성 향상은 물론 신제품이나 새로운 서비스의 가능성이 확대되었다.

둘째, 이러한 기술적 가능성을 현실화시키는 데 있어서의 불가결한 사회적 욕구의 확대를 들 수 있다. 의식주에 대한 기본적 욕구가 충족되면 사람들의 욕구는 점차로 고도화·다양화·개성화하게 되며, 그로 인하여 이런 변화에 대응한 상품이나 서비스를 기획하기 위해서는 많은 사람들의 창의가 필요하게 된다. 또한 다양화한 상품이나 서비스를 효율적으로 생산·제공하기 위해서는 고도의 정보기술을 구사한 기기나 시스템의 이용이 불가피해진다. 이 양자는 서로 자극하여 상승작용을 불러일으키기 때문에 가속화된 변화를 유도하게 된다. 즉, 새로운 정보기술의 개발이 욕구의 다양화·개성화를 강하게 자극하는 한편, 이와 같은 욕구의 변화가 곧 정보기술의 새로운 응용 영역의 개발을 촉구하는 것이다. 이런 의미에서 정보화 사회는 변화가 놀랄 정도로 빠르게 일어나고 있다.

제2절 정보화 사회와 윤리문제

1. 정보화 사회의 윤리

정보화 사회에서는 개인정보 침해 및 정보 유출로 인한 사생활 침해, 저작권 위반, 사이버 폭력, 사이버 성매매, 인터넷 중독, 음란·폭력물 등 유해 정보 유통, 인터넷 사기, 정보격차, 사이버 파괴, 외국 문화의 무분별한 유입 등을 발생하고 있다.

정보화 사회에서 정보격차의 문제가 발생하게 된다. 정보격차의 법률적인 의미는 "경제적·지역적·신체적 또는 사회적 여건으로 인하여 정보통신망을 통한 정보통신 서비스에 접근하거나 이용할 수 있는 기회에서의 차이"라고 규정하고 있다. 정보의 소외 계층은 경제적 하위 계층, 농어촌지역 거주, 장애인, 여성 등 정보에 접근하기 어려운 계층이고, 정부의 정보격차 해소를 위한 노력으로 정보화 교육 확대, 농어촌 정보화 마을 지정, 초고속 인터넷 회선 증설 등의 양적인 측면의 해결은 이루어지고 있으나, 정보를 수집하고 활용하는 능력의 격차가 여전히 남아 있어 정보격차 해소로 사회적 불평등을 방지하기 위해서는 질적 측면에서의 접근이 필요하다.

정보화 사회에서 개인정보 침해 및 유출이 발생할 수 있다. 개인정보란 개인에 관한 정보로서 성명, 주민등록번호 및 영상 등을 통해 개인을 알아볼 수 있는 정보를 말한다. 개인정보 유출은 전자상거래, 고객관리, 금융거래 등에서 개인정보 취급자의 부주의나 범행 또는 해킹에 의해 일어나고 있다. 개인정보 유출 사고 위험성은 단순히 개인의 인적사항 노출로 끝나지 않고 유출된 개인정보를 통해 보이스 피싱, 상품 마케팅 등 잠재적으로 다양한 피해가 야기될 수 있다는 데 있다.

개인정보 유출 방지를 위해 한국인터넷진흥원은 자신의 개인정보 도용 여부를 알아볼 수 있는 주민등록번호 클린센터(e프라이버시 클린서비스) 서비스를 무료로 제공하고 있다. 개인정보가 유출되었다면 개인정보 침해신고센터(전화 118번) 또는 한국인터넷진흥원의 개인정보침해신고센터를 통해 신고할 수 있다.

개인정보 유출을 막는 방법으로는 회원 가입 시 개인정보 처리 방침 및 이용 약관 꼼꼼히 살피기, 비밀번호는 정기적으로 바꾸되 문자와 숫자, 특수문자를 사용하여 8자리 이상으로 설정, 회원 가입은 주민등록번호 대신 I-PIN 사용, 명의 도용 확인 서비스를 이용하여 가입 정보 확인, P2P 공유 폴더에 개인정보 저장하지 않기, 금융거래 등 개인정보가 유출될 수 있는 작업은 PC방에서 하지 않기, 의심스러운 e-메일 첨부 파일 등 출처가 불명확한 자료는 다운로드 금지, 개인정보 침해 신고 적극 활용하기 등을 통해 가능하다.

2. 인터넷 윤리

인터넷 윤리는 올바른 인터넷 문화를 형성하기 위한 규범적인 기준 체계로서 인터넷 상에서 삶의 질적인 향상을 위해 지켜야할 윤리적 규범, 인터넷 이용이 증가하면서 발생하는 인터넷 중독, 무책임한 악성 댓글, 폭로성 정보로 인한 사이버 협박 등 인터넷으로 인한 폐해가 심화되고 있어 건전하고 안전한 인터넷 이용을 위한 인터넷 윤리가 사회적 논점으로 부각되고 있다.

인터넷 윤리는 매너(W. Maner)가 컴퓨터 윤리라는 용어를 처음 사용하였다. 그는 컴퓨터 및 컴퓨터 기술의 발달이 새로운 형태의 윤리적인 문제를 야기시키는 것을 해결하기 위해 컴퓨터 윤리학에 관심을 갖기 시작했다. 대표적으로 프라이버시, 보안, 소프트웨어 소유권등과 같은 문제들에 관심을 갖고 해결하고자 하였다.

인터넷에 의한 사이버 공간이 개인과 기업에 미치는 영향은 커지고 있다. 사이버 공간의 주요 윤리문제를 다음과 같이 설명할 수 있다(최만기·김영복, 2011).

가. 도달

인터넷에 배포되는 정보는 국경을 넘어 인터넷을 활용하는 모든 사람에게 도달된다. 그렇게 때문에 이용자 개인의 정보가 노출되거나 이용당할 수 있다는 점에서 윤리적 문제가 발생할 수 있다.

나. 복사

사이버공간에서 노출된 정보는 누구나 쉽게 복사, 저장 및 전달할 수 있다. 음악, 컴퓨터프로그램 정보의 불법 다운로드와 유통 과정에서 윤리문제가 발생할 수 있다.

다. 익명

사이버공간에서는 익명 또는 아이디로 신분이 노출되지 않은 상태에서 의견교환을 하게 된다. 이로 인해 인신공격, 인권침해, 허위사실 유포 등 심각한 사회문제를 야기시킬 수 있다. 이러한 문제를 해결하기 위해서 포털업체에서는 '본인 확인제'를 법제화하여 시행하고 있다.

라. 언어

컴퓨터 통신이나 사이버 공간에서 사용되는 언어는 아이디나 아바타 등을 통해 자신만의 정체성을 가진 새로운 존재를 창출할 수 있다. 사이버 언어는 경제적 동기, 오락적 동기 및 유대강화의 동기가 있다. 그중에서 경제적 동기가 대표적인데 대화자들이 빠른 시간 내에 의사전달을 위해 단어를 줄여 짧게 쓰거나 맞춤법을 무시하고 변형된 언어를 사용하고 있다.

이러한 인터넷 사용상의 윤리는 철저히 사전에 예방하고 처방윤리가 되어야 한다. 인터넷을 이용하는 과정에서 예상되는 문제를 사전에 예방하고, 해도 되는 것과 해서는 안되는 것을 명확히 규정하여야 한다. 또한 인터넷 윤리는 글로벌 윤리로서 국내 혹은 세계적인 보편된 윤리가 되어야 하며 종합윤리가 되어야 한다. 기존 윤리이론들을 종합적으로 활용하여 인터넷을 통해 야기되는 문제들을 해결하도록 해야 한다.

3. 사이버 문화

사이버 문화는 새로운 테크놀로지에 의해 가능해진 사이버 스페이스에서 이루어지는 문화적 과정과 그 산물, 또는 그러한 문화에 대한 이야기, 즉 담론이라고 정의할 수 있다. 현재 테크노 문화, 인터넷 문화, 포스트휴먼 문화, 하이테크 문화 등의 용어로 사용되고 있다. 이러한 용어의 혼란이 바로 사이버 문화의 다양성을 보여 주는 것이다.

사이버 문화는 대체적으로 ① 가상 공동체 문화, ② 온라인 커뮤니케이션 행위와 정체성, ③ 사이버펑크 등 세 가지를 지칭되고 있는데 최근 인공지능(Artificial Intelligence: AI), 생체공학(Biotechnology: BT), 가상현실(Virtual Reality: VR), 그리고 인터넷으로 대표되는 컴퓨터 매개 커뮤니케이션(computer−mediated communication: CMC)은 사이버 스페이스라는 새로운 사회적 공간을 창출해 내고 있다.

오늘날 사이버 스페이스는 실험실이나 공상과학소설·영화에서 그려지는 낯선 공간이 아니라 일상적인 삶의 공간이 되고 있다. 사이버 스페이스를 가능하게 하는 최근의 테크놀로지는 기존의 다른 테크놀로지와 마찬가지로 시간과 공간이라는 물리적 한계를 극복해 주는 인간 확장의 매체라는 특성을 가지고 있다.

이와 같은 테크놀로지의 발전으로 사이버 스페이스에서의 인간 행위, 즉 사이버 문화(cyber culture)는 이제 보편적인 현상으로 받아들여지고 있다. 일반적으로 사이버 문화는 앞서 언급한 새로운 테크놀로지에 의해 가능해진 사이버 스페이스에서 이루어지는 문화적 과정과 그 산물, 또는 그러한 문화에 대한 이야기, 즉 담론(discourse)이라고 정의될 수 있다(이재현, 2000).

누구나 이 용어를 쓰고 있음에도 불구하고 이 용어의 개념은 여전히 모호하다. 이러한 용어의 혼란이 바로 사이버 문화의 다양성을 보여 주는 것이다. 그리고 문화라는 말 자체가 갖고 있는 일반성이 그대로 전이되어 그 모호성을 더하게 된 것으로 보인다. 이런 이유 때문에 사이버 문화에 대한 논의도 체계적인 틀에 따라 이루어지고 있지 않다. 연구자에 따라 자신의 관심 영역을 사이버 문화의 일부분으로 간주하고 있을 뿐이다. 결국 사이버 문화라고 지칭하는 연구 대상들을 끌어 모으면, 극단적으로는 사이버 스페이스 전체가 될 수도 있다. 그러나 대체적으로 ① 가상 공동체 문화, ② 온라인 커뮤니케이션 행위와 정체성, ③ 사이버펑크(Cyberpunk)와 초인간주의(transhumanism) 등 세 가지 영역이 사이버 문화의 범주에 포함될 수 있을 것이다.

첫째와 두 번째가 인터넷 커뮤니케이션을 둘러싸고 이루어지는 것이라면, 세 번째는 문학과 영화에서 시작된 사이버펑크라는 문화양식이 가상현실 기술과 만나게 되면서 나타나는 현상이다. 이런 기준에서 본다면 사이버 문화는 인터넷 문화와 사이버펑크 문화라는 두 가지 영역으로 나뉠 수도 있다. 기존의 논의를 볼 때 일반적으로 사이버 정치, 사이버 자본주의, 인터넷 법제 등은 사이버 문화의 범주에서 제외되고 있다.

도나 해러웨이(Donna Haraway)

새로운 테크놀로지에 의해 창출된 사이버 문화는 한편으로는 인터넷을 중심으로, 다른 한편으로는 사이버펑크를 중심으로 확산되고 있다. 이러한 사이버 문화는 포스트 모던한 현대사회에서 다음과 같은 특성을 갖는다.

첫째, 사이버 문화에서는 기존의 문화에서 관습처럼 굳어져 왔던 다양한 경계들이 붕괴되어 가고 있다. 도나 해러웨이(Donna Haraway, 1997)는 진화론에 기반을 둔 생물학의 발전으로 인간의 고유한 특성이라고 할 만한 것이 약화되면서 인간과 동물 사이의 경계가 허물어지고 있고, 생체공학의 발전에 따른 사이보그의 출현으로 인간(유기체)과 기계 사이의 경계가 허물어지고 있으며, 미시물리학과 전자공학의 발전은 물리적인 것과 비물리적인 것 사이의 경계를 허물고 있다고 주장했다. 이런 점에서 자연적인 것과 인공적인 것, 즉 실재와 가상 사이의 경계는 더 이상 유효하지 않은 것이다.

둘째, 사이버 문화는 현대사회의 유동성, 다원성, 불확정성, 탈 중심성을 표상한다. 하이퍼텍스트의 확대로 저자의 힘이 약화되고 독자가 저자로 역전되는 양상이 나타난다. 인터넷과 같은 탈 중심화된 컴퓨터 커뮤니케이션이 보편화되면서 소수 중심의 모순적 커뮤니케이션 구조가 해체되고, 다양한 텍스트들을 접하면서 인간은 다원적인 정체성을 경험하게 된다. 성, 인종, 계급에 각각 대응하는 가부장제, 식민주의, 계급 지배의 체제는, 역전이라고는 할 수 없지만 상당히 변화될 가능성들을 보이고 있다. 이런 변화가 자본주의의 새로운 구조 전환이라고 평가될 수도 있겠지만, 변화되고 있는 현재의 모습을 부정할 수는 없다.

셋째, 사이버 문화는 과거와 같은 산물의 문화가 아니라 과정(process)의 문화라 할 수 있다. 이는 문화적 측면에만 국한된 것은 아니다. 네트워크가 진전되면서 경제 체제는 물질적 상품이 중시되던 산업자본주의와는 완전히 다르다.

이와 같은 특성에도 불구하고 사이버 문화는 기존의 문화와 완전히 분리된 새로운 형태의 문화는 아니다. 사이버 스페이스라는 새로운 세계가 열리고 그 세계 속에서는 새로운 문화가 꽃피우게 되리라는 '밀레니엄의 문화'도 아니다. 그리고 실재 세계와는 완전히 분리된 가상세계만의 문화도 아니다. 사이버 문화는 새롭게 부상하는 다양한 문화양식들이 테크놀로지를 매개로 실재 세계와 끊임없이 교차하는 문화의 콜라주다.

제3절 정보기술과 관련된 윤리문제

1. 정보기술의 발달과 윤리문제

정보기술이란 정보를 신속·정확하게 효율적으로 수집, 처리하고 전달하기 위한 총체적 기술을 말한다. 구체적으로 컴퓨터 하드웨어, 소프트웨어, 통신장비 관련 서비스와 부품을 생산하는 산업을 통칭한다. 정보기술 분야는 정보통신 분야, 정보처리 분야, 정보보안 분야, 표준화 분야 등 모든 정보 영역을 대상으로 하고 있다.

우리는 무엇인가 찾고자 하거나 몰랐던 것을 알고자 할 때 포털사이트와 검색 사이트 등을 찾게 된다. 포털이 제공해 주는 정보의 대부분은 그들이 직접 생산하고 책임을 지는 정보가 아니다. 포털은 이러저러한 정보가 여기저기에 있음을 알려 주는 중계자일 뿐 그 내용의 진위와 그것을 사용한 결과에 대한 책임이 없다. 그러나 개인인 네티즌은 자신이 접하고 유포하는 정보의 진위에 대해서 책임을 져야 한다. 그리고 포털 사이트와 검색 사이트의 책임으로는 개인 블로거나 네티즌의 거짓 정보의 유통을 방지하기 위해 적극적으로 노력하고 이에 대한 책임을 질 의무가 있다.

정보기술 사회의 새로운 기술 및 문화에 대한 부적응 현상으로 사회 규범 및 제도가 아직 미성숙되어 있거나 미흡한 실정이다. 사이버 공간에서는 국경 및 경계가 모호하여 범죄 행위가 적발되더라도 사법 관할권 문제 등으로 인한 실효성 있는 법의 집행이 어렵다. 사이버 공간에서 발생하는 범죄 행위의 신원 확인 및 증거 확보 등이 현실적으로 매우 어려운 실정이다.

가. 정보의 진위와 관련된 문제

정보의 가치가 있는 정확하고 참인 정보는 기업의 이익창출이 기대되지만 반대로 정보의 가치가 없는 부정확한 거짓의 정보는 기업에게 심각한 피해를 초래할 수 있다.

표 11-1 정보의 진위 여부에 따른 결과

정보의 가치	징보가 일마민금 징확하게 사실을 빈영하고 있는가?
유(有)	정확하고 참인 정보 → 이익 창출 기대
무(無)	부정확한 거짓 정보 → 피해 초래

나. 정보의 소유와 관련된 문제

정보를 통해 창출할 수 있는 부와 권력이 점점 커짐에 따라서 정보의 소유권에 대한 관심 증대되고 있다. 정보에는 소유권, 사용권, 통제권이 있다. 사용권과 통제권에 대한 정의와 정보를 생성, 공유하는 당사자에게 어떻게 경제적, 사회적으로 보상할 수 있는가? 이 부분이 정보혁명, 정보사회의 핵심이다.

예를 들면 핀테크 업체들은 마이데이터 산업이 핀테크 기반 사업임을 감안해 금융위가 신생 벤처 기업들에게 사업권을 우선적으로 줘야 한다는 입장인데 반해 기존 금융사들은 마이데이터 산업이 소비자의 금융거래정보를 활용하는 만큼 사업자 선정 시 보안력과 자본력 등을 고려해야 한다고 주장하고 있다.

다. 정보 처리 과정에서 발생하는 문제

정보를 생산하는 단계에서는 모든 사람들이 정보의 생산능력을 지니게 됨에 따라 부정확한 정보가 널리 유통하게 되면 많은 문제가 발생할 수 있다. 특히 정보의 가공 단계에서는 표절과 도용의 문제 발생할 수 있다. 정보의 전달 및 폐기 과정에서도 문제가 발생할 수 있다.

라. 정보 사회에서 고려해야 할 정보 윤리의 원칙

① **존중**: 자신(건강한 육체와 정신 유지)과 타인에 대한 존중(지적 재산권, 프라이버시, 다양성 인정)이 요구된다.

② **책임**: 어떤 사건 전에 주의를 기울여야 할 문제들에 대한 예상적 책임과 사건 후에 나에게 원인이 있다고 돌려질 수 있는 사건이나 결과들에 대한 소급적 책임이 있다.

③ **정의**: 사이버 공간에서는 각자 자신이 제공하는 정보의 진실성, 비편향성, 완전성, 공정한 표현을 추구해야 하며 타인의 기본적 자유와 권리를 침해하지 않아야 한다.

④ **해악 금지**: 소극적 의미의 해악 금지는 '남에게 해로움을 주지 말라'라는 최소한의 도덕이며, 적극적 의미에서는 다른 사람의 복지를 증진시키는 방식으로 행동해야 함을 뜻한다.

2. 정보기술의 발달과 사생활의 침해

정보기술의 발달로 사생활 침해 문제가 종종 발생하고 있다. 폐쇄회로 텔레비전

(CCTV), 블랙박스 등 영상 촬영 기기가 다양한 공간에 설치되어 작동함에 따라서 영상정보 오·남용이나 사생활 침해 우려가 제기되면서 영상 보안 솔루션의 필요성이 높아지고 있다. 넘쳐나는 영상정보로 인한 사생활 침해 우려를 방지하기 위한 영상 보안 솔루션의 중요성이 높아지고 있다.

정부도 개인 영상정보의 침해를 막고, 영상정보의 안전한 관리를 위한 각종 필수조치 사항을 법제화하였다. 기존 고정형 CCTV에만 적용해온 법적 보호 장치를 이동형 영상 촬영 기기로 확대하는 '개인영상정보 보호법'이 제정되었다. 새로운 영상정보 처리기기 출현에 따른 사생활 침해에 대응해 영상정보 주체의 권리 구제를 강화하고, 업무를 목적으로 개인영상정보를 처리하는 모든 공공기관·법인·단체 등이 최소한의 안전조치를 의무화하는 내용을 담고 있다. 이에 따라 지방자치단체가 운영하는 CCTV 통합관제센터를 비롯해 일정 규모 이상의 CCTV를 운영하는 민간시설의 경우 신규 구축 시 영향평가 및 매년 자체 점검을 실시해야 하고, 각종 기술적·관리적·물리적 안전 조치로 영상정보 보호를 강화해야 한다.

영상 보안 솔루션은 영상정보의 열람 및 반출을 관리하는 기능이 필수적인데 사전에 승인된 사용자에게만 영상정보 열람 및 반출 권한을 부여하고, 영상정보의 외부 반출 시 정해진 목적과 기간 내에 전용 플레이어로 열람한 뒤 자동 폐기하도록 하는 기능이다.

개인을 식별할 수 있는 영상정보로 인한 개인정보 침해를 방지하기 위해 얼굴을 자동으로 인식해 모자이크 처리하는 마스킹(Masking) 기술이나, 불법 유통된 영상 파일의 사후 추적이 가능한 디지털 포렌식 워터마킹(Watermarking) 기술도 사생활 침해를 방지하는 핵심 기능으로 꼽힌다.

영상정보를 암호화해 유출이나 조작을 방지하는 기술도 주목할 만하다. 이 기술을 활용하면 보안 정책 설정하에 영상정보의 재생 및 다운로드 횟수를 통제할 수 있다. 화면 캡쳐나 제 3의 영상 촬영기기를 통한 영상정보 유출을 방지하는 것이 가능하다. 고화질 CCTV의 경우 영상정보의 용량이 큰 만큼 이를 고속으로 처리할 수 있는 경량 암호화 기술도 뒷받침돼야 한다.

최근 CCTV를 해킹해 직접 실시간 영상정보를 유출하거나 대규모 디도스(DDoS) 공격에 악용하는 사례도 많다. 사물인터넷(IoT) 기기를 보호하는 보안 솔루션의 중요성도 커지고 있다. 또한 클라우드 기반의 영상정보 관리 시스템을 위한 보안관제 서비스 수요도 높아지고 있다.

개인영상정보 보호법 제정으로 영상 보안 솔루션 도입이 확대되면 영상 기기의 홍수 속에서 무분별하게 침해되는 개인의 사생활이 보호되는 효과가 기대된다.

3. 정보기술의 발달과 근로자 감시

최근 많은 사업장 내에 어디에서나 CCTV가 설치돼 논란이 되고 있다. 사업장에 도난이나 화재 등의 사고에 대비하기 위해 설치한 CCTV가 근로자들을 감시하는 용도로 악용되고 있는 일이 비일비재한 것이다.

알바천국에서 설문조사한 결과를 보면 10곳 중 8곳은 직원을 관리할 목적으로 CCTV를 설치했고, 직원들의 71.2%는 CCTV로 '감시당하는 느낌을 받은 적 있다'고 답했다. CCTV는 정해진 목적으로만 사용해야 하는데 만약 직원을 감시하기 위해 사용한다면 법에 저촉된다.

이와 같은 일은 커피전문점 등 소규모 사업장만의 문제가 아니다. 대기업이 운영하는 영화관이나 매장에서도 CCTV를 통해 아르바이트생들의 일거수일투족을 감시하고 지적하는 일이 잦다는 불만이 터져 나온다. CGV, 메가박스 등 멀티플렉스 영화관 6개 지점에 근무하고 있는 아르바이트생들은 CCTV를 통해 감시받고 업무를 지시받는 느낌을 받는 것으로 나타났다.

대다수 직원들이 느끼기에 공간 대비 CCTV가 많고 늘 감시하고 있는 것 같아 긴장한 상태로 근무하는 경우 많다고 한다. CCTV로 실시간 감시·청취한다는 걸 알고 나선 입을 꾹 다물게 된다는 사람도 많다.

현행법에서는 CCTV로 감시·녹음하는 것은 불법이다. 영상정보처리기기운영자는 영상정보처리기기의 설치 목적과 다른 목적으로 영상정보처리기기를 임의조작하거나 다른 곳을 비춰서는 안 되고 녹음 기능은 사용할 수 없다. 이를 어길 시 개인정보보호법(제25조 제5항, 제72조 제1호)에 3년 이하의 징역 또는 3천만원 이하의 벌금에 처한다고 명시되어 있다.

CCTV 감시에 대응할 수 있는 방법은 결국 근로자가 사업주를 대상으로 고소하는 것뿐이다. 국가인권위원회가 CCTV, 스마트폰 등 정보통신기기를 이용해 직원을 감시하는 등의 노동인권 침해 실태에 관해 조사한 결과, 직장 내 전자감시로 개인정보가 침해됐을 때 공식적으로 문제를 제기한 경우는 겨우 28.4%에 그쳤다. 그 만큼 사업주를 고소하기는 사실상 힘들다.

근로자 참여 및 협력증진에 관한 법률 제20조(협의사항) 14항에 사업장 내 근로자 감시설비 설치는 협의회와 협의하여 설치할 수 있다고 규정하고 있다.

제4절 정보관리와 윤리문제

정보관리란 의사결정을 위하여 필요한 각종 정보의 수집·처리·전달·저장을 합리적으로 하기 위한 체계적인 시책을 말한다. 정보가 의사결정에 도움이 되기 위해서는 정확성·신속성·적시성대량성 등의 조건이 충족되어야 한다. 그러기 위해서는 우선 수집의 시스템이 완비되어야 하며 그것이 처리·전달·저장의 각 시스템과 유기적으로 결합되지 않으면 안 된다. 이러한 정보관리에 있어 최근에 많은 사회문제가 발생되고 있고, 이러한 문제는 정보윤리 문제를 야기시키고 있다.

1. 사이버 범죄

사이버 범죄는 인터넷과 같은 정보 통신망으로 연결된 컴퓨터 시스템이나 이들을 매개로 한 사이버공간을 이용하여 공공복리를 저해하고, 건전한 사이버 문화에 해를 끼치는 행위이다. 사이버 범죄는 빠른 시간 안에 불특정 다수에게 많은 악영향을 미친다. 그러나 사이버 공간이라는 특성상 정보 발신자의 특정이 어렵고, 전자 정보의 증거 인멸 및 수정이 간단하기 때문에 범죄 수사에 어려움이 많다.

사이버 범죄에는 범행 목적에 따라 사이버 테러형 범죄와 일반 사이버 범죄로 나뉜다. 사이버 테러형 범죄는 해킹, 컴퓨터 바이러스와 같은 유형의 범죄이고, 일반 사이버범죄는 사이버 명예 훼손과 전자상거래 사기, 개인 정보 침해, 불법 사이트 개설, 디지털 저작권 침해 등을 말한다.

사이버 범죄는 국내·외에 동시에 발생할 수 있다는 특성을 갖고 있는데, 이에 대처하기 위해 국가 간의 법 제도의 상이성을 초월한 국제적인 형사법의 규칙이 제정될 필요가 있다.

2. 정보침해

정보통신망 이용촉진 및 정보 보호 등에 관한 법률 제48조(정보통신망 침해행위 등의 금지)에는 누구든지 정당한 사유 없이 정보통신시스템, 데이터 또는 프로그램 등을 훼손·멸실·변경·위조 또는 그 운용을 방해할 수 있는 프로그램(이하 "악성프로그램")을 전달 또는 유포하여서는 아니 된다.

제49조(비밀 등의 보호)에서는 누구든지 정보통신망에 의하여 처리·보관 또는 전송되는 타인의 정보를 훼손하거나 타인의 비밀을 침해·도용 또는 누설하여서는 아니 된다.

어느 하나에 해당하는 자는 5년 이하의 징역 또는 5천만원 이하의 벌금에 처한다.

3. 저작권 침해

저작권법 제136조(권리의 침해 죄) 저작권법에는 저작자의 권리와 이에 인접하는 권리를 보호하고 저작물의 공정한 이용을 도모하고 문화 및 관련 산업의 향상 발전에 이바지함을 목적으로 제정되었다.

① 저작재산권 그 밖에 이 법에 따라 보호되는 재산적 권리를 복제·공연·공중송신·전시·배포·대여·2차적 저작물 작성의 방법으로 침해한 자는 5년 이하의 징역 또는 5천만원 이하의 벌금에 처하거나 이를 병과할 수 있다.

② 다음 각 호의 어느 하나에 해당하는 자는 3년 이하의 징역 또는 3천만원 이하의 벌금에 처하거나 이를 병과할 수 있다.

1. 저작인격권 또는 실연자의 인격권을 침해하여 저작자 또는 실연자의 명예를 훼손한 자
2. 저작권법 제53조 및 제54조(제63조 제3항, 제90조 및 제98조의 규정에 따라 준용되는 경우를 포함한다)의 규정에 따른 등록을 거짓으로 한 자
3. 저작권법 제93조의 규정에 따라 보호되는 데이터베이스제작자의 권리를 복제·배포·방송 또는 전송의 방법으로 침해한 자

4. 저작권법 제124조 제1항의 규정에 따른 침해행위로 보는 행위를 한 자
5. 업으로 또는 영리를 목적으로 저작권법 제124조 제2항의 규정에 따라 침해행위로 보는 행위를 한 자
6. 업으로 또는 영리를 목적으로 저작권법 제124조 제3항의 규정에 따라 침해행위로 보는 행위를 한자. 다만 과실로 저작권 또는 이 법에 따라 보호되는 권리 침해를 유발 또는 은닉한다는 사실을 알지 못한 자를 제외한다.

저작권법 제53조(저작권의 등록) ① 저작자는 다음 각 호의 사항을 등록할 수 있다.

1. 저작자의 실명·이명(공표 당시에 이명을 사용한 경우에 한한다)·국적·주소 또는 거소
2. 저작물의 제호·종류·창작연월일
3. 공표의 여부 및 맨 처음 공표된 국가·공표연월일
4. 그 밖에 대통령령으로 정하는 사항

② 저작자가 사망한 경우 저작자의 특별한 의사표시가 없는 때에는 그의 유언으로 지정한 자 또는 상속인이 제1항 각 호의 규정에 따른 등록을 할 수 있다.

③ 제1항 및 제2항의 규정에 따라 저작자로 실명이 등록된 자는 그 등록저작물의 저작자로, 창작연월일 또는 맨 처음의 공표연월일이 등록된 저작물은 등록된 연월일에 창작 또는 맨 처음 공표된 것으로 추정한다.

저작권법 제54조(권리변동 등의 등록·효력) 다음 각 호의 사항은 이를 등록할 수 있으며, 등록하지 아니하면 제3자에게 대항할 수 없다.

1. 저작재산권의 양도(상속 그 밖의 일반승계의 경우를 제외한다) 또는 처분제한
2. 저작재산권을 목적으로 하는 질권의 설정·이전·변경·소멸 또는 처분제한

저작권법 제93조(데이터베이스제작자의 권리) ① 데이터베이스제작자는 그의 데이터베이스의 전부 또는 상당한 부분을 복제·배포·방송 또는 전송(이하 이 조에서 "복제 등"이라 한다)할 권리를 가진다.

② 데이터베이스의 개별 소재는 제1항의 규정에 따른 당해 데이터베이스의 상당한 부분으로 간주되지 아니한다. 다만 데이터베이스의 개별 소재 또는 그 상당한 부분에 이르지 못하는 부분의 복제 등이라 하더라도 반복적이거나 특정한 목적을 위하여 체계적으로 함으로써 당해 데이터베이스의 통상적인 이용과 충돌하거나 데이터베이스

제작자의 이익을 부당하게 해치는 경우에는 당해 데이터베이스의 상당한 부분의 복제 등으로 본다.

③ 이 장에 따른 보호는 데이터베이스의 구성부분이 되는 소재의 저작권 그 밖에 이 법에 따라 보호되는 권리에 영향을 미치지 아니 한다.

④ 이 장에 따른 보호는 데이터베이스의 구성부분이 되는 소재 그 자체에는 미치지 아니 한다.

저작권법 제124조(침해로 보는 행위) ① 다음 각 호의 어느 하나에 해당하는 행위는 저작권 그 밖에 이 법에 따라 보호되는 권리의 침해로 본다.

1. 수입 시에 대한민국 내에서 만들어졌더라면 저작권 그 밖에 이 법에 따라 보호되는 권리의 침해로 될 물건을 대한민국 내에서 배포할 목적으로 수입하는 행위
2. 저작권 그 밖에 이 법에 따라 보호되는 권리를 침해하는 행위에 의하여 만들어진 물건(제1호의 수입물건을 포함한다)을 그 사실을 알고 배포할 목적으로 소지하는 행위

② 정당한 권리 없이 저작권 그 밖에 이 법에 따라 보호되는 권리의 기술적 보호조치를 제거·변경·우회하는 등 무력화하는 것을 주된 목적으로 하는 기술·서비스·제품·장치 또는 그 주요 부품을 제공·제조·수입·양도·대여 또는 전송하는 행위는 저작권 그 밖에 이 법에 따라 보호되는 권리의 침해로 본다.

③ 저작권 그 밖에 이 법에 따라 보호되는 권리의 침해를 유발 또는 은닉한다는 사실을 알거나 과실로 알지 못하고 정당한 권리 없이 하는 행위로서 다음 각 호의 어느 하나에 해당하는 경우에는 저작권 그 밖에 이 법에 따라 보호되는 권리의 침해로 본다. 다만, 기술적으로 불가피하거나 저작물 등의 성질이나 그 이용의 목적 및 형태 등에 비추어 부득이하다고 인정되는 경우에는 그러하지 아니 하다.

1. 전자적 형태의 권리관리정보를 고의로 제거·변경 또는 허위 부가하는 행위
2. 전자적 형태의 권리관리정보가 제거·변경되거나 또는 허위로 부가된 사실을 알고 당해 저작물 등의 원본이나 그 복제물을 배포·공연 또는 공중송신하거나 배포의 목적으로 수입하는 행위

④ 저작자의 명예를 훼손하는 방법으로 그 저작물을 이용하는 행위는 저작인격권의 침해로 본다.

저작권법 제137조(부정발행 등의 죄) 다음 각 호의 어느 하나에 해당하는 자는 1년 이

하의 징역 또는 1천만원 이하의 벌금에 처한다.

1. 저작자 아닌 자를 저작자로 하여 실명·이명을 표시하여 저작물을 공표한 자
4. 제105조 제1항의 규정에 따른 허가를 받지 아니하고 저작권 신탁관리업을 한 자
6. 자신에게 정당한 권리가 없음을 알면서 고의로 제103조 제1항 또는 제3항의 규정에 따른 복제·전송의 중단 또는 재개요구를 하여 온라인서비스제공자의 업무를 방해한 자

저작권법 제138조(출처명시위반의 죄 등) 다음 각 호의 어느 하나에 해당하는 자는 500만원 이하의 벌금에 처한다.

5. 제105조 제1항의 규정에 따른 신고를 하지 아니하고 저작권대리중개업을 하거나, 제109조 제2항의 규정에 따른 영업의 폐쇄명령을 받고 계속 그 영업을 한 자

저작권법 제140조(고소) 이 장의 죄에 대한 공소는 고소가 있어야 한다. 다만 다음 각 호의 어느 하나에 해당하는 경우에는 그러하지 아니 하다.

1. 영리를 위하여 상습적으로 제136조 제1항 및 제136조 제2항 제3호에 해당하는 행위를 한 경우
2. 제136조 제2항 제2호·제5호 및 제6호, 제137조 제1호 내지 제4호 및 제6호와 제138조 제5호의 경우
3. 영리를 목적으로 제136조 제2항 제4호의 행위를 한 경우

4. 유해정보의 유통

유해정보의 유통이란 폭력적이거나 음란하여 수용자에게 해가 될 만한 정보가 유통되는 것을 말한다. 우리나라는 청소년 보호법에 의거하여 폭력성 및 선정성, 사행성 등 모방의 위험에 대한 우려가 많은 청소년들이 유해 매체물의 정보 및 자료에 대한 접근을 엄격히 제한하고 있다. 이를 근거로 하여 방송 및 통신 콘텐츠 등의 자료 및 정보에 청소년이 접근하는 것을 제한 또는 차단하고 있지만, 청소년 보호법상, 청소년 유해 매체물로 판정이 된 이후에 행정절차법에 따라 고시의 효력이 발생한 경우에는 반드시 청소년 유해 매체물의 표시 및 개별 포장을 의무적으로 하도록 규정하고 있다. 다만, 게임물의 경우 게임물관리위원회에서 사전 심의를 별개로 전담하고 있다.

일본은 청소년보호육성 조례에 의거하여 성인물, 폭력물 등의 자료나 유해 정보에 청소년이 접근하는 것을 제한하고 있다. 이를 전제로 인터넷상에서 성인물을 비롯한 모방 위험의 우려가 많은 폭력물, 유해 도서 등의 정보나 자료에 청소년이 접근할시 접근 주의물 알림을 통하여 청소년의 접근을 제한하고 있다. 하지만 주민등록번호 등의 인증을 통한 접근 제한은 하지 않고 있다. 한편 일본 내에서는 청소년을 유해 도서 등의 자료에 접근하지 못하도록 하는 이러한 규제가 청소년의 건전한 육성에 악영향을 초래한다는 사실에 대하여 의문을 제기하는 여론이 있으며, 표현의 자유 관점에서 이러한 규제에 대한 의문점들이 종종 지적되고 있다.

제12장

회계와 기업윤리

제1절 회계윤리의 본질

제2절 회계제도 개선

제3절 분식회계와 회계투명성

제4절 회계감사인의 윤리의식

[사례] '월드콤'사의 회계부정사건

월드콤사의 창업자인 버너드 J. 에버스는 2002년 4월 30일 CEO 자리에서 회계부정 사건으로 물러났다. 월드콤은 소규모 장거리전화서비스 재판매회사로 시작해 60여 개 이상의 회사를 통합한 연간 400억 달러 규모의 텔레콤 회사였다.

1998년 월드콤은 MCI를 370억불에 인수하게 된다. MCI는 일반 소비자에게 장거리전화서비스를 제공하는 회사로 월드콤이 인수했던 당시 매출액은 월드콤의 3배나 많았고, 직원은 무려 4배나 많았다. 그러나 월드콤은 인수 후 장거리전화서비스 사업은 점점 어려워졌고, 휴대폰의 출현으로 기존 전화기보다는 휴대폰으로 장거리전화를 하는 빈도가 많아지기 시작하면 영업이익이 급격히 감소하게 되었다. 데이터사업부분도 새로운 기술과 상당한 양의 추가 용량을 보유하고 있는 '레벨 3', '퀘스트'와 같은 사업자들이 제품과 서비스를 더 낮은 가격으로 공급하여 큰 타격을 입게 되었다. 이를 타개하기 위하여 국내 고객에 더해서 글로벌 기업 고객을 유치하기 위하여 국제 마케팅이 강한 '스프린트'라는 회사를 1999년 말에 1천290억 달러로 인수하려는 작업을 시작했다. 스프린트는 미국 전국에 휴대폰 네트워크인 스프린트 PCS를 보유하고 있어서 휴대폰 네트워크에도 참여할 수 있어 난국을 돌파하겠다는 기획이었다. 그러나 두 회사가 합병하면 장거리 음성과 데이터 트래픽 분에서 반카르텔 목적의 규정된 비율이상으로 시장점유율이 높아지게 되어 2000년 미법무성은 이 거래를 중지시켰다. 이 거래가 무산된 후 월드콤의 재정 상태는 더 나빠졌다. 이에 '버나드 J. 에버스'는 월드콤은 네트워크를 보유하고, 기업고객을 담당하며 데이터 서비스 같은 급속히 성장하고 있는 사업부분을 맡고, MCI는 성장세가 둔화된 소비자 장거리전화, 무선호출, 도매분야를 담당하게 할 생각이었다.

에버스는 신용매수로 돈을 빌려 개인적으로 주식매매를 하였는데 월드콤에 장기 투자한 것을 비롯해 주식투자 금액의 가치가 하락하자 투자금액 전액을 갚아야 했다. 월드콤 이사회에서 그를 일시적으로 구제해 주었으나 2002년 4월 월드콤의 CEO 자리에서 물러날 때, 이사회에서는 그에게 생존 시 연간 150만 달러의 연금을 지급하고, 회사 전용기를 한시적으로 이용할 수 있는 권한을 부여했고, 시장보다 낮은 2.32%의 금미로 4억1천5백만 달러를 빌려주었다. 그러나 에버스 조사과정에서 이 돈 중에 2천7백만 달러를 자신의 개인 주택을 건축하는데 사용했고, 가족에게 2백만 달러를 준 것이 판명되었다.

월드콤의 재무상 어려움을 겪고 있을 때, 월드콤 내부에서는 회계부정이 있었다는 소문이 돌기 시작했다. 즉 월드콤이 부채규모를 축소했고, 회사가 파산위기에 처해 있으며, 해외업체가 월드콤을 인수할 계획이라는 내용이 돌았다. 그리고 2002년 2월 미국 증권거래위원회는 월드콤에 대한 조사를 착수했다.

조사 결과 월드콤의 CFO인 '스콧 설리반'이 매 분기마다 영업경비를 자본계정으로 옮겨

놓음으로써 수입을 높게 분식했다. 즉 장거리 통화사용 비용을 조작하여 월드콤 수입의 42%로 유지하여 자본계정으로 옮겨 놓고 사용시간에 따라 감가 계산하여 2001년에는 적장에서 흑자로 만들었다. 2001년과 2002년 다섯 분기에 월드콤의 비용 39억 달러를 은폐했다는 것이 밝혀졌다. 월드콤의 회계부정사실이 공개된 후, 미국증권거래위원회는 에버스를 포함한 여러 임원들은 사기 혐의로 민사소송을 당했으며, 미법무성은 형사고발했다. 2002년 8월 9일까지 분식회계 금액이 33억 달러가 추가되어 총 72억 달러가 되었다.

파산법정 조사관인 '리처드 손버그'는 보고서에서 월드콤의 기업문화가 회계부정의 원인이었다고 말한다. 즉 월드콤이 짧은 시간에 70개 이상의 기업을 인수하다 보니 경영진과 내부 관리체계가 외부 변화의 속도에 보조를 맞추지 못했고, 이사회와 감사위원회는 유명무실했으며, CEO인 에버스의 전횡을 막지 못했다. 월드콤의 외부 회계법인인 '아서 앤더슨'도 고위경영진이 회사의 실질적인 재정 상태를 감추기 위해 내부관리시스템을 무시한 것을 발견하지 못했다. 월드콤 임원들은 민감한 재정수치가 저장되어 있는 데이터베이스에 대한 접근을 거절함으로써 '앤더슨'에게 사실을 감추었다. 월드콤의 법률고문인 '마이클 샐즈버리'도 그의 업무인 '기업의 지배구조에 대해서 경영진과 이사회에게 당연히 할 조언'을 하지 않았다. 그는 자신의 담당이라고 생각하지 않았다.

2004년 3월 검찰이 수사를 시작한지 2년 만에 월드콤 CEO였던 '에버스'를 구속기소했다. CFO였던 '설리번'은 월드콤을 파산으로 몰고 간 분식회계 혐의에 대해 유죄를 인정했다. 그리고 두 사람에게 각각 징역 25년을 구형했다.

이상에서 알 수 있는 사실은 적절한 회계감사는 견제와 균형의 원리가 필요하다. 당시 대부분의 회사에서는 각 사업부분에서 회계처리를 한 후에 그 결과를 전사적으로 합산하는 방법을 사용했다. 그러나 '설리번'은 1983년 이래 월드콤이 인수한 70여개 이상의 회사에서 비용을 절감하는 일에 몰두하고 있었으므로 미국 내 모든 회계자료를 월드콤 미시시피 본부로 받아서 일괄적으로 처리했다. 이처럼 월드콤 내부의 견제와 균형의 원리가 깨져 결국에는 회계부정으로까지 이어지게 된 사례이다. 월드콤의 회계부정사건은 그 사실이 밝혀지기까지는 어느 정도 시간이 걸린다. 회사나 개인이 비윤리적 행위를 하면 어느 정도 숨길 수는 있지만 결국에는 누군가가 반드시 사기행위를 밝혀내게 된다는 것이다.

월드콤 회계부정사건도 CEO인 '아서 앤더슨'이 개인의 그릇된 욕망에 의한 비윤리적 사고와 행동이, 이에 무조건 동조하고 회계부정을 주도한 CFO '스콧 설리번'의 개인의 욕심이 그 원인이었다.

제1절 회계윤리의 본질

1. 회계윤리의 개념

회계는 특정의 경제적 실체에 관하여 이해관계를 가진 사람들에게 합리적인 경제적 의사결정을 하는 데 유용한 재무적 정보를 제공하기 위한 일련의 과정 또는 체계를 말한다.

오늘날 사회에서의 경제활동은 기업·국가·학교 등 일정한 사회적 조직을 통하여 이루어지는데 이들 사회적 조직에 대하여는 이해관계를 가지는 개인이나 조직이 존재한다. 이들 이해관계자들은 자기 이익을 보호하기 위한 의사결정을 하며, 합리적 의사결정을 위해서는 의사결정의 결과가 자기 이익에 어떠한 영향을 미칠 것인지를 알아야 한다. 이런 결과에 영향을 미치는 요인 중에서 전제되고 있는 실체와 관련된 현상이 매우 중요한 부분이 될 수 있으며, 회계는 이러한 현상을 화폐액으로써 나타내주는 것이다.

회계의 기원은 일반적으로 경제행위가 분업화되어 자원의 소유와 관리가 분리됨에 따라서 소유주는 관리자에게 맡겨진 자신의 자원의 관리에 관한 수탁관리자로부터의 보고를 통하여 자신의 이익보호를 위한 의사결정을 하게 되었다. 이러한 사회적 분업제도에 의해서 회계의 기능이 사회적으로 필요하게 되었다.

오늘날 경제사회에서의 사회적 분업은 더욱 확대되었고 어떤 경제적 실체나 이해관계자는 존재하게 되어, 회계의 기능은 사회적으로 매우 중요한 것으로 인식되고 있다.

회계는 정보이용자에게 유용한 모든 정보를 제공하는 것이 아니고, 일정한 경제적 실체를 전제로 하여, 그 실체와 관련된 현상만을 나타내 주는데, 이때 회계가 성립하는 데 있어서 전제되는 경제적 실체를 회계실체 또는 회계주체라고 한다.

회계실체는 법적인 권리·의무의 주체가 되는 단위일 뿐만 아니라, 경제적 행위의 단위가 될 수 있는 것이면 뭐든 될 수 있다. 기업이 법인화되어 있을 때, 그 법인이 하나의 회계실체가 될 수도 있지만, 법적 권리·의무의 주체가 될 수 없는 회사의 1부문(공정·작업반 등)도 회계실체가 될 수 있다. 기업이 회계실체가 되어 성립된 회계를 기업회계, 국가를 회계실체로 하는 회계를 국가(예산)회계, 가정을 회계실체로 하는 회계를 가계라고 한다.

회계는 그것이 제공해 주는 정보가 재무적 정보라는 점에서 다른 모든 정보기능과 구별된다. 회계가 제공하는 정보는 기본적으로 회계실체의 경제적 현상을 화폐액으로 나타내주는 것이다. 그러므로 화폐액으로 나타낼 수 없는 현상은 회계대상에서 제외된다. 회계정보가 나타내주는 현상은 실제로 존재하거나 발생하였던 것에 한정된다. 미래에 존재하게 되거나 발생할 것으로 기대되는 것은 원칙적으로 회계대상에서 제외된다. 회계가 회계실체에 있어서 실제로 존재하거나 발생한 현상을 화폐액으로 나타내 주는 과정에서 수행되는 기능에는 식별·측정 및 전달 등이 있다.

식별이란 회계가 나타내 주어야 할 현상을 관찰하여 인지하는 기능이다. 측정이란 대상현상을 화폐단위의 수로 나타내 주는 기능이며, 전달이란 정보를 기호로써 일정한 보고서 양식에 따라 작성하여 공개하는 기능을 말한다. 회계는 그가 제공하는 정보의 이용자에 대한 유용성을 높이고 오해를 방지하기 위하여, 일정한 규칙에 따라 식별·측정·전달해 주는 것이 일반적이다.

회계윤리란 회계처리에서 지켜야 할 윤리를 말한다. 기업의 회계정보에 영향을 받거나 관심을 가진 사람들은 주주나 경영자뿐만 아니라 종업원, 채권자, 증권시장, 정부, 소비자, 외국인 투자자 등 다양하다. 기업의 이해관계자들은 회계처리가 합법적이고 윤리적으로 결함이 없기를 원한다. 회계처리 과정과 회계정보에 있어서 부정이 있거나 비윤리적인 경우에는 이해관계자들로부터 신뢰를 잃게 되며 경영활동에 지장을 초래하게 된다. 회계처리가 이해관계자의 요구에 미치지 못하는 경우 기업은 시장에서 퇴출될 수 있다.

2. 회계윤리의 중요성

오늘날 사회 각 분야에서 윤리문제가 중요한 이슈로 부각되고 있다. 정경유착, 뇌물수수, 회계부정, 법조비리 등 일반사회에서부터 전문직에 이르기까지 다양하게 비리가 분포되어 사회문제로 부각되고 있다. 특히 전문직에 종사하는 전문가의 윤리적 문제나 도덕성에 대한 문제가 심각하게 대두되고 있다.

회계윤리는 경제시스템을 이끌어 가는 구성원 모두가 지켜야 할 덕목이다. 최근 많은 대학에서 경영학이나 회계학을 공부하는 학생들에게 필수 교과목으로 다룰 정도로 중요성이 크게 높아졌다.

미국에서는 회계감독국협회(NASBA: National Association of State Boards of Accountancy)

에서 우리나라의 경우에도 IMF를 전후로 대기업들의 분식회계사건이 발생하면서 회계윤리의 중요성이 강조되었다.

회계의 기본 목적은 정보 이용자가 투자 및 신용 등에 관한 경제적 의사결정을 하는데 있어 유용한 정보를 제공하는 데 있다. 그런데 이용자에게 편의가 존재하거나 오도된 정보가 제공되면 이용자는 오히려 손해를 입게 된다. 따라서 이해관계자들로부터 경영실적을 평가받는 회계감사보고서가 투명하게 작성되어야 하며 회계가 신뢰경영을 제공하기 때문에 회계윤리는 중요하다.

회계윤리가 중요한 이유는 기업의 회계처리와 재무제표에 부정이 있거나 비윤리적 내용이 들어가 있다면 기업의 이해관계자의 불신을 초래하게 되어 기업 활동에 많은 지장을 받게 된다. 기업의 회계처리가 이해관계자의 기대에 어긋나게 되면 기업의 공신력은 떨어지고 그 결과 시장에서 신용도 하락으로 적기에 기업에서 필요한 자금조달을 어렵게 한다.

자본시장과 증권시장의 국제화에 따라서 일반 투자자들은 국제적인 투자에 관심을 갖게 되었다. 이들이 국제적인 투자에 적극적으로 참여할 수 있도록 하기 위한 중요한 요건이 회계·재무정보의 신뢰성이다. 따라서 회계정보나 재무정보의 신뢰성을 확보하는 문제는 경영자와 공인회계사들에게 부과된 윤리적·사회적 책임이다.

기업의 회계 관련 종업원의 경우가 아닌 기업과는 별도의 공인회계사나 회계 법인에 속한 회계사의 경우 그들의 주요 역할은 기업의 요청에 의하여 기업의 회계감사나 회계 관련 서류의 증명서비스를 하게 되는데 이런 경우 회계사는 자신에게 일을 맡긴 회사를 위해 일을 해야 하고 동시에 그 기업의 재무제표에 관심이 있는 이해관계자에게 신뢰할 수 있는 정보를 제공해야 한다.

기업의 재무제표의 외부감사의 목적은 감사를 의뢰한 해당 기업을 위한 것보다는 기업의 이해관계자들 위하고 그들의 신용을 보호하기 위한 것이다. 그러므로 공인회계사는 기업의 이해관계자에게 그 기업의 회계 관련기록이 회계기준에 맞게 잘 작성되었는지 해당 기업의 재무 상태를 정확하게 나타내고 있는지를 증명하는 것이다. 그런데 여기에서 문제가 생길 수 있다. 즉, 이런 증명을 할 공인회계사를 채용하고 그 노력의 보수를 지불하는 것은 회계감사를 받는 기업인데 이들이 해야 할 일은 그를 채용한 기업의 외부에 있는 이해관계자의 이익을 지키는 일이다. 따라서 공인회계사를 채용하고 보수를 지불하는 기업의 이익과 해당기업의 재무 상태와 자산상태를 객관적으로 정확하게 알고자하는 기업외부의 이해관계자의 이익 사이에서 갈등이 일어날 수 있다는 것을 알 수 있다.

따라서 기업에 대해 사회의 공신력을 제고시키고 자유시장경제체제의 경제활동질서를 유지하려면 회계윤리 수준을 높이고 이를 지속적으로 유지하는 노력이 매우 중요하다.

제2절 회계제도 개선

1. IMF 사태와 회계기준 변경

IMF 사태는 우리나라 기업회계지도에 큰 전환점이 되었다. IMF경제위기 이전에는 상장·비상장 구분 없이 모든 기업에 대하여 기업회계기준을 적용하다가 IMF 이후 기업의 대외적 회계 신인도의 향상의 목적으로 일반적으로 인정된 회계원칙인 기업회계

표 12-1 기업회계 체계

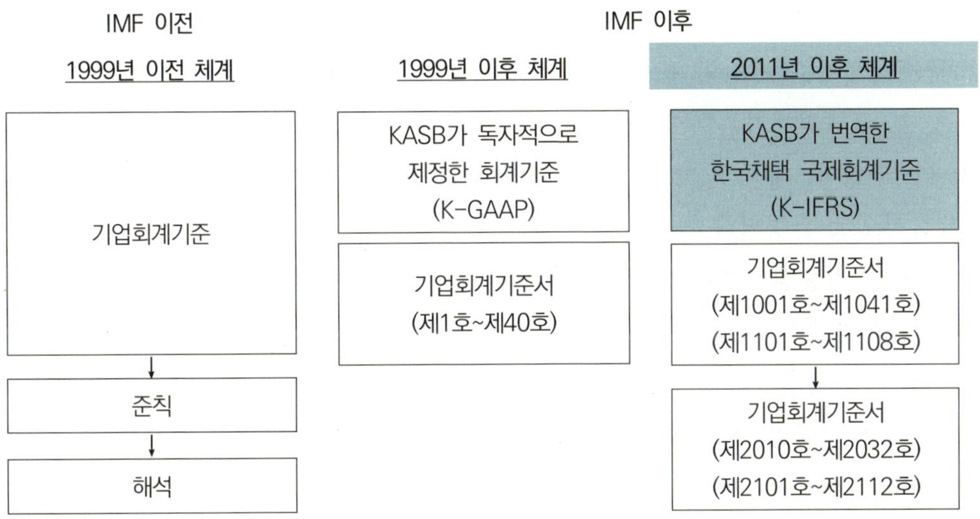

표 12-2 K-IFRS 도입 절차

구분	주요 내용
적용대상 및 적용시기	• 2011년부터 모든 상장법인과 금융기관에 의무 적용 • 2009년부터 조기 적용 가능(금융기관 배제) • 투자자 등의 혼란방지와 IFRS의 이해 제고를 위해 적용 직전연도에 회계기준 차이 금액에 대한 정보 공시 • 비상장기업제도 적용을 허용하되, 적용을 한번 선택한 경우에는 변경 금지
연결중심 공시체계	• 모든 공시내용을 연결재무제표(F/S) 중심으로 단계적 전환 - 조기적용 선택기업: 2009년부터 - 자산 2조원 이상: 2011년부터 적용 - 자산 2조원 미만: 2013년부터 적용 • 연결F/S 작성대상 - 연결대상 종속회사 범위를 국제회계기준과 동일하게 적용 - 30% 초과 최다출자자→50% 초과 지분보유 및 실질지배력 행사 • 분기/반기 연결재무제표 작성 • 비재무에 관한 사항도 연결기준으로 공시

기준서(K-GAAP)를 적용하였다. 그리고 2009년부터는 한국채택국제회계기준(K-IFRS)을 선택 적용하며, 2011년부터는 모든 상장법인은 강제적으로 적용된다.

한국채택국제회계기준(K-IFRS)에 대해 정리해 보면 <표 12-2>와 같다.

국제회계기준(IASB)의 특징에 대해 살펴보면 다음과 같다.

첫째, 국제회계기준은 국제협업을 통해서 제정된 기준이다. IASB는 기준제정 과정에서 미국, 영국, 캐나다, 호주, 일본 등 세계 각국과 공동 작업을 하였으며 감독기구와는 독립적으로 운영된다.

둘째, 원칙중심의 기준 체계이다. 상세하고 구체적인 회계처리방법 제시보다는 회계담당자가 경제적 실질에 기초하여 합리적으로 회계 처리할 수 있도록 회계처리의 기본원칙과 방법론을 제시하는 데 중점을 두고 있다. 반면, US GAAP 등은 법률관계 및 계약의 내용에 따라 개별 사안에 대한 구체적인 회계처리 방법과 절차를 세밀하게 규정하고 있다.

셋째, 연결재무제표 중심이다. 국제회계기준은 종속회사가 있는 경우 연결재무제표를 기본으로 한다. 따라서 사업보고서 등 모든 공시서류가 연결재무제표 기준으로 작성하게 된다.

넷째, 공정가치의 평가를 중시한다. 국제회계기준의 내용상 핵심은 자본시장의 투자자에게 기업의 재무상황 및 내재가치에 대한 유의미한 투자정보를 제공한다. 이를 위해 국제회계기준은 기업이 보유하는 모든 금융자산·부채의 가치를 공정가치(시장가치)로 평가하도록 하고 있다.

2. 결합 재무제표의 도입

결합 재무제표는 기업그룹 내의 계열사 간에 상품이나 자금거래가 이루어지는 것을 중복 계산되지 않게 하나의 재무제표로 결합시킴으로써 기업집단의 실질적인 재무상태를 정확히 보여줄 수 있다.

결합 재무제표는 그룹이 실질적으로 지배하는 국내외의 모든 계열사를 다 포함하므로 내부거래에 의한 판매액과 이익의 과대 계상을 방지할 수 있고, 계열사 간 자본의 상호출자, 상호지급보증, 상호담보제공, 상호 자금 대출과 차용 등 자금거래 내역이 명확하게 된다. 계열사 간에 자금이동은 그룹차원에서 필요하겠지만 각 계열사의 주주입장에서는 부당하기 여길 수밖에 없고 경쟁력이 없는 기업을 지원해서 그룹 전체가 경영위기에 처할 수 있기 때문에 결합 재무제표의 도입은 회계의 투명성을 제고시킬 수 있다.

3. 기업회계기준 개선

회계윤리는 기업회계기준을 지키는 데서 시작된다. 회계기준은 회계실무와 재무제표의 작성에 공통으로 적용되는 기준이다. 회계기준은 일반적으로 인정된 회계원칙(GAAP: Generally Accepted Accounting Principles)으로 회계를 할 때 반드시 지켜야 할 원칙, 회계방법, 요령, 재무제표 양식 등을 열거하고 있다.

기업회계기준은 기업회계의 관습을 모체로 하여 도출한 실천 규범적 성격을 가진다. 회계기준은 국가마다 경제 환경과 문화가 상이하기 때문에 고유한 회계기준을 제정하고 이를 적용하고 있다. 그러나 1990년대 후반부터 국가 간 자본이동이 활발하게 이루어짐에 따라서 세계 각국은 통일된 회계원칙의 필요성에 공감하고 100여 개 국가에서 국제회계기준(IFRS: International Financial Reporting Standards)을 자국의 일반적으로 인정된 회계원칙으로 도입하고 있다.

우리나라의 기업회계기준 및 기업회계기준서의 제정은 '주식회사의 외부감사에 관한 법률'에 근거하고 있다. 우리나라는 자산총액이 100억원 이상인 주식회사는 모두 공인회계사에 의한 외부감사를 받도록 규정하고 있다.

4. 회계감리제도의 개선

회계감리란 재무제표의 신뢰성과 외부감사의 공정성을 확보함으로써 재무제표 및 감사보고서에 대한 이해관계자의 신뢰성을 제고하기 위하여 금융감독원이나 한국공인회계사회가 검사하는 것을 말한다.

현재 상장·등록 기업에 대해 금융감독원이 중대형 비상장기업에 대해서는 한국공인회계사회가 각각 회계감리를 맡고 있다. 외부감사 대상은 자산총액 100억원 이상인 기업, 자산총액이 70억원 이상이면서 부채총액이 70억원 이상인 기업, 자산총액이 70억원 이상이면서 종업원 수가 300명 이상인 기업, 상장사 또는 상장 예정 법인 기업들이다.

우리나라의 감리는 1981년도에 제정된 '주식회사의 외부감사에 관한 법률' 제15조에 의거하여 외부감사의 공정한 수행을 보장하기 위하여 감사보고서의 감리를 행하도록 한 데 근거를 두고 있다.

결산기 때마다 회계법인은 해당 기업이 기업회계기준에 맞게 결산보고서(재무제표)를 작성했는지 회계감사를 실시한다. 이 회계감사에 대해 금융감독원과 금융감독원의 위탁을 받은 한국공인회계사회는 회계감사감리를 실시하게 된다.

한국공인회계사회는 증권거래소에 상장되어 있지 않은 비상장회사 회계감사를 담당한 회계법인의 감사보고서를, 금융감독원은 상장을 준비 중인 기업(기업공개예정기업)이나 이미 상장되어 있는 기업의 회계감사를 맡은 회계법인의 감사보고서를 감리한다.

감리의 목적은 회계법인의 공정한 감사 수행을 유도하고 있다. 감리의 유형에는 일반감리, 특별감리, 수시감리 등이 있다. 일반감리는 매년 두 차례에 걸쳐 무작위로 기업을 선정해 이루어지고, 특별감리는 중대한 분식회계 및 부실감사 정보가 있는 회사나 부도 또는 법정관리 신청회사를 대상으로 이루어지며, 수시감리는 기업공개 예정회사를 대상으로 실시된다. 동종업계에 비해 부채비율이나 재고자산비율이 가장 높거나 매출대비 현금흐름비율이 가장 낮은 기업의 회계감사보고서는 우선 감리대상이다. 부실회계감사로 적발되면 회계법인이나 담당 회계사에게는 등록취소, 업무정지, 형사고발, 각서징구 등의 조치가 내려진다.

5. 집단소송제 도입

집단소송제는 회사나 어떤 특정인의 잘못된 행동에 의해 다수인이 피해를 입었을 경우, 피해자 중의 한 사람 또는 일부가 다른 피해자들을 대표해서 가해자를 상대로 소송을 제기하도록 허용하는 제도이다. 판결의 효과는 소송 당사자뿐만 아니라 피해자 전체에 미친다. 이는 개별적 피해의 규모는 작지만 피해자의 숫자가 큰 경우에 활용할 수 있는 피해구제방법 중 가장 효율적인 소송방식이다. 개개인이 별도로 소송을 할 경우 비용과 노력의 낭비가 발생하는 것을 막고, 소송가액이 크지 않아 포기하기 쉬운 소액 피해자들에게 재판의 기회를 줄 수 있다.

미국에서 제기되었던 고엽제소송, 석면소송, 자동차 관련 소송, 담배소송 등이 집단소송의 형태로 제기된 것들이다. 세계적으로 집단소송제가 가장 활발히 시행되고 있는 대표적인 국가가 미국이다. 미국은 1938년부터 이 제도를 도입했다. 영국, 캐나다, 호주 등 영미법 체제를 가진 국가들도 집단소송제를 시행 중이다. 미국은 증권 분야뿐만 아니라 소비자 피해, 노동분쟁, 시장독점 등 거의 모든 분야에서 집단 소송을 인정하고 있다.

이에 비해 대륙법 체제를 따르는 독일과 프랑스는 증권 관련 집단소송을 부분적으로 인정하되 소송주체를 법률이 정한 단체로 제한하고 공익성 소송으로 범위를 한정하고 있다. 일본은 1990년과 1999년 두 차례에 걸쳐 증권 관련 집단소송제를 검토했으나 '소송 당사자주의'에 어긋나며 피해액과 피해자 확정이 어렵다는 이유로 도입을 유보한 상태이다.

우리나라에서는 2005년 소주주의 권익보호를 목적으로 증권 분야에 집단소송제가 도입되어 시행 중에 있다. 증권과 관련하여 집단소송제란 주식 투자자가 기업의 주가조작, 허위공시, 분식회계 등으로 피해를 보았을 경우 한 사람이 기업을 상대로 소송을 제기해 승소하면 똑같은 피해를 본 나머지 투자자는 별도의 소송 없이 동일한 보상을 받을 수 있도록 하는 제도다. 이 제도 실시 이전까지 증권 관련 피해에 대해서는 피해자 개인이 손해배상소송을 제기하거나 피해를 입은 일부 투자자들이 공동으로 소송을 제기하는 방법 밖에 없어 소송이 극히 제한적이었다. 내부자거래, 주가조작, 분식결산, 부실공시 등 기업의 각종 불법행위에 따른 피해자가 수천, 수만 명에 이르지만 피해자들이 힘을 모아 소송을 제기하기가 어렵기 때문이다. 그러나 증권 관련 집단소송제가 도입됨으로써 효율적으로 증시 불공정거래행위를 억제할 수 있게 됐으며, 소액주주의 권한이 강화되어 대주주를 견제하고 기업의 건전경영을 유도하는 효과를 얻을 수 있게 되었다.

정부는 1998년 9월 세계은행(IBRD)과 2차 구조조정차관 도입과 관련한 정책협의를 통해 증권관련 집단소송제를 도입하겠다고 약속했지만 재계의 반발에 밀려 적극적으로 추진하지 못했다. 정부는 2001년 10월 시안을 마련하여 2002년 2월 법사위에 상정했지만 이후 법사위에서 계류된 채 처리되지 못했다. 2003년 7월 23일 국회 법사위는 증권관련 집단소송법안을 여야 합의로 통과시켰고 결국 2003년 12월 본회의에서 통과했다. 이에 따라 상장·등록기업 중 자산규모가 2조원 이상인 기업은 2005년 1월부터, 자산규모 2조원 미만 기업은 2007년 1월 1일부터 집단소송의 대상이 된다. 집단소송은 피해집단 구성원이 50명 이상이 되어야 하고 이들은 피고 회사의 발행 유가증권 총수의 1만분의 1 이상을 보유해야 가능하다.

제3절 분식회계와 회계투명성

1. 분식회계의 개념

분식회계란 기업이 재정 상태나 경영 실적을 실제보다 좋게 보이게 할 목적으로 부당한 방법으로 자산이나 이익을 부풀려 계산하는 회계를 말한다. 이를 분식결산(粉飾決算)이라고도 한다.

기업이 자산이나 이익을 실제보다 부풀려 재무제표상의 수치를 고의로 왜곡시키는 것이다. 이러한 행위는 주주와 채권자들의 판단을 왜곡시킴으로써 그들에게 손해를 끼치기 때문에 법으로 금지되어 있다. 그러나 기업이 저지르고 있는 분식회계를 공인회계사의 감사보고서를 통해 분식회계 사실이 제대로 밝혀지지 않는 경우가 많다.

분식회계의 전형적인 사례로 창고에 쌓여 있는 재고의 가치를 장부에 과다 계상하거나, 팔지도 않은 물품의 매출전표를 끊어 매출채권을 부풀리거나, 매출채권의 대손충당금을 고의로 적게 잡아 이익을 부풀리는 수법 등이 대표적이다. 이와 반대로 세금 부담이나 근로자에 대한 임금 인상을 피하기 위하여 실제보다 이익을 적게 계상하는 경우도 있는 이를 역분식회계라고 한다.

분식회계는 특히 불황기에 기업에서 자주 이용되는 수법으로 주주·채권자들에게 손해를 끼치는 것은 물론 탈세와도 관련이 있어 상법 등 관련 법규에서 엄격히 금지하고 있다.

1997년 외환위기 이후 기업들의 영업실적이 악화되면서 분식회계가 급증하였다. 특히 대우그룹 김우중 회장의 41조원 분식회계 사실이 드러나 재무제표를 믿고 자금을 대출해준 금융기관과 투자자, 일반 국민들이 엄청난 손해를 보았고, 동아건설산업(주) 역시 이 문제로 사회를 떠들썩하게 하였다.

기업의 분식회계를 방지하기 위한 장치로서 회사는 감사를 두어야 하고, 외부 감사인인 공인회계사에게 회계감사를 받아야 한다. 분식회계를 제대로 적발하지 못한 회계법인에 대하여는 영업정지 또는 설립인가 취소의 처분을 내릴 수 있다. 분식회계가 된 재무제표를 보고 투자하여 손해를 본 투자자나 채권자는 손해배상 청구소송을 할 수 있다. 2007년 1월부터 분식회계에 대한 집단소송제가 적용된다.

2. 분식회계의 동기

분식회계는 사측에서 의도적으로 재무제표를 왜곡하였음에도 외부 감사인이 제대로 지적해 내지 못하거나 또는 의도적으로 은닉하는 경우에 발생한다. 분식회계의 근본적인 동기를 보면 외부 감사의 독립성 보장 장치 미흡, 단기성과 중심 경영 관습, 주주가치 중심적 경영 마인드의 결여 등이 회계분식을 하게 만든다.

가. 외부 감사의 독립성 보장 장치 미흡

사측에서 분식회계를 하게 되는 동기는 회계 감사의 독립성을 저해하는 관련 제도의 약점에서 찾을 수 있다. 외부 감사인의 독립성은 감사의 공정성을 높이는 중요한 요인이 된다. 감사인의 독립성과 관련된 분식회계의 동기로는 자유수임제에 근간을 둔 감사인 선임 제도의 한계와 회계 법인의 감사 및 컨설팅 등 기타 수익 서비스 동시 제공에 따른 폐해를 들 수 있다.

감사인 선임 방식은 크게 배정제와 자유수임제로 구분할 수 있다. 우리나라는 외감법이 시행되기 이전인 1981년까지는 배정제를 채택 하였다. 공인회계사회가 회계법인 등에게 소속 공인회계사의 수를 기준으로 감사 대상회사를 배정하는 방식이었다. 이 경우 감사 계약 체결의 권한이 피감사 대상 기업이 아닌 제3의 독립된 기관에 있어 감사인의 독립성이 강화되지만 상대적으로 감사 서비스의 질적 수준의 저하가 큰 문제로 지적되어 왔다.

반대로 자유수임제의 경우는 계속 감사 계약 체결의 권한이 피감사 대상 회사에 집중되어 외부 감사인의 독립성이 크게 약해진다. 현재 우리나라와 미국은 기업의 이해관계자에게 깊이 있는 재무 정보 서비스를 제공할 목적으로 자유수임제에 기본을 둔 제도를 운영하고 있다. 이 과정에서 외부 감사인의 독립성의 침해를 보완하는 다양한 조치를 두고 있기는 하다.

우리나라의 경우는 부실 감사가 우려되거나 공정한 감사가 필요하다고 인정되는 기업에 대해서는 증권선물위원회가 감사인을 지정하는 제도를 두고 있다. 미국의 경우 강제 사항은 아니지만 경영진과 독립된 사외이사로 구성된 회계감사위원회(Audit Committee)가 감사인을 선임하는 방식이 증권거래위원회나 미국공인회계사회 등의 권고로 보편화되어 있다.

제도적 장치만으로는 완벽한 독립성을 보장하지는 못한다. 더구나 회계 법인의 업무 영역이 컨설팅 등의 영역으로 확대되고 회계 법인의 특정 기업 의존도가 높아지면서 감사인의 독립성 유지를 더욱 어렵게 하고 있다.

엔론의 회계 감사를 맡았던 아더 앤더슨은 2000년에 회계 감사 수수료로 2천 5백만 달러를 받은 반면, 컨설팅 서비스 수입은 2천 7백만 달러에 달하였다. 우리나라 기업의 경우도 상장 등록 법인의 21%가 외부 감사 회계 법인으로부터 컨설팅 등 용역을 제공받고 있는 것으로 나타났다.

미국발 회계 분식 사태의 영향으로 우리 기업들도 회계 분식에 대한 경계의 목소리가 높아지면서 금융감독원은 회계 분식 방지를 위해 외부 감사의 독립성을 높이기 위한 다양한 대안을 마련하고 있다. 그 대책으로 스톡옵션 남발 방지를 위한 제도 개선, 스톡옵션 관련 비용 회계처리 강화, 회계 법인의 동일 회사 컨설팅과 감사업무 겸직 금지, 신규 상장 및 등록 기업에 대한 분식 회계 감리 강화 등 이다.

나. 근시안적 성과주의

분식회계의 동기로 경영자 보상과 기업 가치 평가에서 두드러지는 근시안적 성과주의를 들 수 있다. 미국 기업의 분식회계 사례의 이유 중 하나로 90년대 초반 이후 최고 경영자 성과급이 큰 부분을 차지해 왔던 스톡옵션의 부정적 영향을 지적하는 견해가 많다.

스톡옵션은 주주와 경영자 간의 이해를 일치시켜 주주 가치 중심의 기업 경영을 가능하게 한다는 긍정적인 측면이 있다. 반면, 경영자는 자신의 임기 동안 주가와 행사가격간의 차이를 가능한 크게 하여 옵션에 의한 보상액의 크기를 높이려 하는 동기를 갖게 된다. 더구나 단기 실적에 따른 경영자 교체가 빈번한 최근의 미국 기업 환경은 이러한 동기를 더욱 자극하게 된다.

금융감독원은 스톡옵션제도 개선에 역점을 두고 있다. 구체적인 내용을 보면 스톡옵션 부여 때 사외이사로 구성된 보상위원회 사전 심의 의무화, 이사회 결의에 따른 스톡옵션 한도 축소, 옵션 행사의 추정 이익 등 공시 강화, 성과 연동형 스톡옵션 도입 유도 등이 포함될 것으로 보인다.

최근 직접 자금 시장의 중요성이 커지면서 기업의 실질 가치를 고려하지 않고 외형상의 단기 실적에 따라 기업의 주가는 급등락하게 된다. 결국 기업 가치를 평가하고 이에 따라 자신의 성과를 보상 받는 경영자, 애널리스트 등 다양한 시장 참여자들의 지극히 단기적인 성과주의가 분식회계를 조장하게 되는 원인이 되는 것이다.

다. 주주 가치 중심의 경영 마인드 결여

과거에 기업이 분식회계를 통해 주로 매출액의 과대 계상이나 부채 과소 계상 등 이었다. 그러나 최근에는 회계기준을 부당하게 적용하거나 관계사 지분거래, 파생상품 등을 통해 장부를 조작하는 사례가 늘고 있다.

국내 회계 법인은 기업회계기준(GAAP)이 정한 적법한 회계 감사를 하였음에도 불구하고 금융감독원으로부터 징계를 받은 회계사를 문책한 바 있다. 해당 기업들은 기업

간 합병, 인수의 과정에서 장부 가치보다 저렴하게 지불한 '부(負)의 영업권' 환입이 적절하지 못 하였다. 기업회계기준에서는 부(負)의 영업권은 20년 내의 기간에 정액법으로 환입한다고 규정하고 있다. 해당 기업들은 이 규정을 악용하여 당기 발생한 부(負)의 영업권을 당기에 일시 환입하여 당기 순이익을 부풀린 혐의를 받고 있다.

미국 엔론의 사건이 충격적이었던 것은 정해진 규정을 준수하면서 다양한 수법으로 회계분식을 해 왔다는 사실이다. 특수목적자회사(SPE)를 설립하여 실질적인 상환 의무가 있는 상당 규모의 부채를 엔론의 재무제표에서 누락하였고, 자회사 지분 보유가 50%가 되지 않으면 연결 재무제표를 작성할 의무가 없다는 규정을 악용하여 실질 자회사와의 거래에서 발생한 가상 이익을 모회사인 엔론의 이익으로 계상한 점은 대표적인 사례이다.

회계 규정은 다양한 산업 내 각기 상이한 사업 특성을 갖는 기업들의 경영 성과를 보다 통일적인 기준으로 보고하기 위한 장치이지만 해당 기업에 고유한 모든 사안을 규정하는 것은 현실적으로 불가능하다. 또한 내용 연수, 상각 방식 등 감가상각 규정이나 부(負)의 영업권 환입 기간에서 볼 수 있는 것처럼 구체적인 규정 적용에 있어서도 상당한 유연성을 열어 놓게 된다.

해당 기업들이 회계 규정을 위반한 것은 아니며, 이를 묵과한 외부 감사인 역시 구체적인 규정을 위반했다고 할 수는 없지만 재무 보고와 외부 감사의 본래 목적을 생각할 때, 주주를 포함한 다수 이해 관계자를 대신하여 대리인 감사 책무를 지는 기업의 회계 담당자와 외부 감사인의 책무를 생각할 때 문제가 되는 것이다.

기업의 경영자는 자신의 경영 성과를 기업의 소유주인 주주에게 성실하게 보고할 의무를 갖는다. 외부 감사인 역시 재무제표를 통한 경영자의 주장이 일반적으로 인정된 회계원칙(GAAP)에 따라 작성되었는지의 신뢰성을 부여할 책임이 있다. 이 과정에서 감사인 독립성 확보 장치의 미흡이나 단기성과 중심의 경영 관행들로 인해 회계 분식의 가능성이 높아지는 것이다.

3. 분식회계의 목적

회계장부는 기업의 경제적 사실들을 특정 기간별로 구분해 화폐단위로 표시하여 기업내부, 기업외부 정보 이용자에게 합리적인 의사결정을 할 수 있도록 유용한 정보를 제공하는 역할을 한다.

기업의 재무 상태와 경영실적을 보고함으로써 자본시장 참여자들에게 있어서는 기본적인 투자 정보를 제공한다. 회계장부에 대한 신뢰성은 회계정보의 기본 요건임에도 불구하고 장부를 꾸미려는 유혹에 빠지게 된다. 분식회계의 시도하는 기업들의 목적을 보면 다음과 같다.

가. 재무적 어려움

분식회계를 시도하려는 목적은 우선 기업이 재무적 곤경에 빠진 경우가 많다. 당장 회계장부의 실적과 재무상태가 불량하다면 자금조달에 곤란을 겪게 된다. 따라서 부실한 기업일수록 회계장부도 부실하게 작성할 우려가 높다.

우리나라의 많은 기업이 IMF 외환위기를 겪으면서 대기업의 도산과 더불어 분식회계 규모가 조 단위가 넘어설 정도 많이 자행되었고, 미국의 경우도 엔론 사태 이후 이익을 부풀리거나 부채를 과소평가하여 공시하는 부실회계가 많이 이루어졌다.

나. 경영자의 탐욕

주식투자자들의 기대에 부응하고 자신의 실패를 은폐하기 위해서, 절세를 위해서, 제품 가격 인상 등의 목적으로 매출과 이익을 부풀려 자신의 봉급이나 성과급을 높이려는 불순한 의도로 회계를 조작하게 된다.

다. 제도적 장치의 미흡

회계장부의 감사나 감리 미흡이라는 환경적 요인 때문에 부실회계가 발생하기도 한다. 엔론 사태에서 보듯이 외부 감사인이 회계감사 업무와 경영컨설팅을 동시에 수행하면서 감사인의 독립성이 전혀 확보가 되지 않는다거나 감독시스템과 제재의 미흡으로 부실회계의 가능성을 높이는 여건이 만들어지게 된다.

4. 분식회계의 유형

회계장부를 경제적 실체와 다르게 작성하는 분식회계의 대표적 유형을 살펴보면 다음과 같다.

가. 자산 과다계상

자산 과다계상은 분식회계의 대표적인 방법이다. 자산을 부풀리는 방법은 주로 재고자산을 과대하게 평가하면서 나타난다. 재고자산은 판매를 목적으로 보유하며 재고자산을 과대하게 평가하게 되면 매출원가가 과소평가되기 때문에 자산을 부풀리는 동시에 이익까지 부풀려지는 효과가 나타나기 때문에 분식회계의 유혹에 빠지기 쉬운 유형이다.

재고자산을 과다평가하면 비용 처리되어야 할 부분을 원재료 등의 재고자산으로 계상하여 과대처리하며 경제적 진부화로 판매할 수 없는 제품을 그대로 재고자산으로 계상해도 외부에서 알아차리지 못할 것이라고 생각하기 쉽다. 이런 이유로 금융감독원에서 재고자산과 유형자산에 대해 철저하게 실사하도록 회계 법인에게 요청하고 있다.

투자자산도 과다계상하기 쉬운 유혹의 대상이 된다. 시가평가하기 힘든 투자자산의 비중이 지나치게 높다든지 투자 주식의 비중이 크다면 투자자나 채권자들은 이 회사가 보유한 자회사와 관계회사의 영업활동, 재무 상태를 상세하게 검토해 봐야 한다.

나. 부채 과소계상

기업의 부채를 과소평가하거나 장부 외에 거래를 통해 숨긴다. 장부 외의 부채로 널리 이용되는 것은 리스료를 들 수 있다. 리스계약상 경제적 내용, 연수 동안 사용할 수 있다는 리스자산에 대해 당기 비용만 인식하고 리스한 자산에 관한 전체 자산과 부채를 누락시킬 수 있기 때문이다.

제록스사는 업체에 리스한 복사기가 리스기간이 경과하게 되면 수익으로 인식해야 하지만 리스해 준 시점에서 즉시 판매한 것으로 장부에 인식하여 금융감독위원회로부터 경고를 받았다.

기업에서는 어음차입금을 지급수수료, 외환차손과 같은 비용과 가공의 매출채권과 상계하여 실제 부채를 장부에서 누락시키는 경우도 대표적인 사례에 해당된다. 특히 엔론사는 장부 외의 거래를 통해 특별 목적 자회사에 부채를 떠넘겨 숨기도 했다.

다. 수익 과다계상

분식회계에 있어 대부분의 경우가 수익을 부풀리는 것이다. 매출이 발생하기 전에 발생한 것처럼 장부에 기록하거나 불확실성이 큰 거래의 경우에도 매출이 일어난 것처럼 인식할 수 있다. 특히 반품을 매출로 보고하거나 업체들 간 제품과 서비스를 맞교환하는 방식으로 매출을 부풀리는 경우가 있다. 이러한 매출을 부풀리는 것을 방지하기 위해 판매수수료만을 수익으로 인식할 수 있도록 회계기준을 정하여 매출액 거품이 없도록 하고 있다.

라. 비용 과소계상

기업에서 발생한 비용을 줄이거나 다음 회계기간으로 넘기는 수법으로 분식회계를 하는 것이다. 회수 불가능한 채권에 대해서 대손충당금을 설정하도록 되어 있는데 이를 과소하게 설정한다든지 감가상각방법을 변경하거나 감가상각 관련 사항 중 추정 사항을 변경하는 방법이 주로 사용되고 있다.

대손충당금과 관련된 예로는 대출 채권에 대해 대손충당금을 과소계상한 경우 이외에도 회수가능성이 불확실한 매출채권이나 대여금에 대해서 대손충당금을 과소계상함으로써 이익을 부풀리는 것이다.

이익과 관련된 영업외 항목과 특별 항목에 대해서 유의해야 한다. IBM은 비경상항목인 구조조정 관련 비용을 인식하는 과정에서 부실회계 의혹을 받기도 했다.

비용을 줄이는 방법으로 사업용 유형 자산의 규모가 큰 대기업에서는 감가상각방법을 변경하거나 내용연수나 잔존가액을 변경하는 유혹에 빠지기 쉽다. J항공사는 항공기 감가상각 잔존가액을 0에서 10%로 변경함으로써 감가상각비가 90억원이 감소하여 이익이 90억 증가하기도 했다. 이처럼 회계처리 방법의 변경과 추정의 변경은 감가상각법에 그치지 않는다. 재고자산평가 방법 이외에도 무형자산 상각방법 등 대안적인 회계처리 방법이 인정되는 경우 회계변경을 고려한 후 이익을 잘 평가해 보아야 한다.

마. 내부 거래의 악용

관계회사와의 거래와 출자회사와의 거래를 악용하는 경우이다. 관계회사와의 담보제공, 금전 거래와 같은 모든 거래를 주석사항으로 기재하도록 되어 있지만 이를 누락하는 경우가 해당된다.

회사목적이 불분명한 특수목적 회사의 거래를 통해 이익을 조작하거나 손실을 누락시키는 경우가 있다. 연구개발비의 비용화를 막기 위해서 협력회사에 투자해 연구개발 활동을 하여 이익을 부풀리기도 한다.

바. 빈번한 기업합병과 분할

기업이 합병이나 기업분할로 인한 경영실체의 잦은 변경은 분식회계의 가능성이 높다. M&A를 통한 자회사 인수와 이들 회사를 통한 이익 부풀리기가 시도된다. 자회사들과 주식, 현금, 자산을 주고받는 복잡한 거래를 통해 부채는 감추고 이익을 부풀리는 것이다. 특히 기업사냥 방식으로 사용됐던 주식 맞교환 방식이 기업의 가치를 거품으로 포장하게 된다.

이들 기업들은 M&A건에 대해 공시를 하지 않거나 불성실 공시로 지정되게 되면 해당 기업의 주가는 폭락하게 된다.

사. 파생상품 거래의 자기규율 부족

기업에서는 파생상품 거래에 유의해야 한다. 기업의 재무위험을 회피하기 위하여 개발된 파생상품은 거래 위험과 수익이 동시에 큰 전형적인 고위험－고수익 상품의 특징을 갖고 있어 노출된 위험을 회피할 목적으로 보유하기도 하지만 투기목적으로 보유하는 경우도 많다. 이런 경우 파생상품과 역외펀드 거래에 관한 평가손익을 누락하거나 주석사항에 공시하지 않아 회계감리에 지적되고 있다.

엔론의 경우 시장상황이 예상과 달라 파생상품으로부터 손실이 발생하자 이를 만회하기 위해 가스와 전력 파생상품에 대규모 매수포지션을 취했다가 가격이 하락하면서 엄청난 손실을 보게 된 것이다. 파생상품은 구조가 복잡하고 매우 어렵다. 따라서 파생상품에 대한 공시 내용을 꼼꼼히 살펴보고 거래목적과 내역에 유의해야 한다.

5. 회계의 투명성

기업의 회계 투명성은 매우 중요하다. 한국거래소가 코스닥에 상장을 준비하는 기업에 대한 주관사의 체크리스트 중 회계투명성과 내부통제 항목을 보완했다. 이를 통해 상장주관사의 기업실사가 더욱 충실해질 것으로 기대하고 있다.

한국거래소는 상장주관사의 원활한 기업실사를 지원하기 위해 '내부통제 관련 실사 체크리스트' 중 회계투명성 관련 항목을 보완하고 2019년 10월 1일 이후 상장예비심사를 청구하는 법인부터 적용하고 있다. 지금까지 상장주관사들은 내부통제 체크리스트의 회계투명성 관련 항목에 따라 상장을 준비하는 법인들의 회계 처리 오류와 주요 자산의 체계적 관리 여부를 위주로 점검했다.

최근 회계환경의 변화에 맞춰 회계 관련 주요 이슈사항 및 신뢰성 있는 내부통제 시스템 구축과 운영 여부 점검항목을 추가했다. 세부적으로는 감독당국의 중점 점검 분야에 대한 회계처리 및 재무제표 작성 시 반영 여부, 무형자산·비상장주식 등 평가근거의 적절성, 우발부채 등 재무상태 악화 가능성 등 7개 항목이 회계 투명성 사항에 추가했다. 또한 재무보고 관련 내부통제에 관한 사항도 4개에서 9개로 늘었다. 주요 확인 사항은 신뢰성 있는 회계정보 산출을 위한 인력 및 조직, 내부회계 관리규정 등 재무보고를 위한 정책, 내부통제 절차 및 프로세스의 미비점에 대한 외부감사인의 지적사항 등이다.

상장주관사는 이번에 개정된 내부통제 관련 실사 체크리스트에 따라 상장 준비기업의 회계 관련 내부통제 환경 및 절차 등에 대해 기업실사를 실시하고 특이사항 발견 시 외부감사인과 면담을 통해 관련 회계처리 내용 등을 확인해야 한다.

상장주관사의 회계 관련 내부통제 점검사항을 체계화함으로써 상장예정기업에 대한 기업실사가 더욱 충실화될 것으로 기대된다.

6. 회계담당자의 회계윤리

회계담당자가 가지고 있는 중요한 역할은 문제해결, 기록유지, 주의환기 역할 등이 있다.

첫째, 문제해결기능은 관리회계에 속하는 회계의 기능이다. 의사결정을 위한 비교분석을 포함한다. 이러한 역할은 몇 개의 대체가능하고 이용 가능한 것들 중에서 어느 대안이 최선인가 하는 선택의 문제는 있다.

둘째, 기록보관기능은 재무회계에 속하는 기능이다. 이러한 역할은 기업이 어떻게 하고 있는가에 대해 알아보는 것이다.

셋째, 주의환기는 경영자에게 그들의 주의를 적절하게 집중시키는 것을 돕는 것이다. 이러한 역할은 어느 것이 우선 강조되어야 하는 기회인가 아니면 문제인가에 대한 질문을 하게 된다. 주의환기는 단지 원가절감기회에만 초점을 두는 것이 아니라 가치를 증대시키는 모든 기회에 대해서 초점을 두어야 한다.

관리회계담당자의 직업적 윤리에 대해 미국에서 가장 큰 회계담당자협회인 관리회계담당자협회(IMA)에 의하면 관리회계담당자의 직업적 윤리로서 전문가적 능력(Competence), 비밀유지(Confidentiality), 성실(Integrity), 객관성(Objectivity) 등 네 가지의 윤리적 행동규범을 제시하였다.

첫째, 자질(능력)과 관련하여서 회계담당자는 관련법률, 규정, 기준에 따라 업무를 수행하여야 하며, 전문가적 능력을 유지하고, 적절한 분석 후에 완전하고 명확한 보고서를 작성할 수가 있어야 한다.

둘째, 비밀유지로서는 법적으로 강제되지 않는다면 비밀정보를 공개하기 않는 것이다. 개인적인 이득을 위해 비밀정보를 사용하지 말아야 한다. 하급자가 비밀정보를 공개하지 않도록 감독하여야 한다.

셋째, 성실성은 업무를 수행할 능력에 대한 편견을 가질 수 있는 어떤 활동에도 개입하지 않는 것이다. 전문직의 신용을 저해시키는 어떤 활동에도 개입하지 않는 것이다. 유리한 정보뿐만 아니라 불리한 정보에 대하여도 의사소통 하여야 한다. 그리고 행동에 영향을 주거나, 주는 것처럼 보이는 어떠한 선물이나 호의 등을 거절하여야 한다.

넷째, 객관성으로는 정보를 공정하고 객관적으로 의사소통 하여야 하고, 경영에 유용한 모든 정보를 공시하여야 한다.

제4절 회계감사인의 윤리의식

전문직은 고도의 전문적 교육과 훈련을 거쳐서 자격 또는 면허를 취득했기 때문에 독점적으로 전문지식과 기술을 사용할 수 있는 직업으로서 이를 일반 대중의 공익을 위하여 제공할 책임이 있다. 회계감사업무를 수행하는 공인회계사는 전문직에 속하는데 대표적인 전문직으로는 의사, 변호사, 건축사와 공인회계사를 들 수 있다.

전문직에 관해서는 법률로 그 자격을 제한하여 국가가 그 자격시험이나 필요한 교육·훈련을 관장하는 것이 일반적이다. 이러한 전문직의 지식과 기술은 그것이 비윤리적으로 또는 비도덕적으로 사용되어질 때 그 사회적 결과도 중요할 뿐만 아니라 비전문가에 의해서는 쉽게 발견되고 규제될 수 없는 성질의 것이기도 하다. 따라서 전문직 종사자들은 수스로 높은 윤리의식과 도덕성의 소유자로서 스스로의 윤리적 활동과 도덕성을 자율적으로 규제할 필요가 있다.

감사인은 새로운 경제 환경으로부터 나타나는 다양한 윤리적 갈등을 해결하지 못함으로서 발생하는 사회적 명성의 손실과 경직된 사고로부터 잘못된 의사결정을 이끌어 내어 이로 인해 제기되는 소송으로 경제적 손실이 발생할 수도 있다.

감사인이 회계전문가로서 그 직업적 명성을 유지하기 위해서는 높은 도덕성과 윤리수준이 필요하다. 감사인은 경제적 이익추구 동기에서 회계감사, 세무자문, 경영컨설팅 등의 업무를 수행하고 있지만 회계감사와 관련하여서는 그 공익적 기능을 간과하여서는 안 된다.

회계감사의 결과는 사회의 많은 이해관계자들이 공유하게 되므로 회계감사인의 감사 실패나 부실감사는 곧 감사를 통해 사회를 오염시키는 결과를 초래하는 것이다. 감사인의 윤리수준이나 도덕성은 회계전문직의 모든 영역에서 중요한 역할을 하고 있다. 감사인들은 회계감사를 수행하는 과정에서 모순되는 가치사이에서 선택을 하여야 하는 문제에 지속적으로 직면하게 된다. 예로 감사인은 조세회피와 탈세사이에서 그들의 임무를 원만하게 수행하여야 한다.

Kohlberg(1984)는 감사인의 윤리적 행위와 도덕적 개발수준에 대한 연구에서 개인의 윤리적 개발수준은 시간이 경과하면서 전인습(preconventional) 수준에서 시작하여 인습(conventional) 수준으로 상향이동하고 최고의 수준인 원칙적(principled) 수준으로 이동한다고 하였다.

윤리적 개발이론은 감사인이 특별한 갈등상황에 직면했을 때 윤리적 개발수준에 따라 감사상황에서 나타나는 윤리문제를 상이한 방식으로 해결하려 할 것이다.

윤리개발수준이 전인습의 수준에 있는 감사인들은 자기이익의 극대화 내지 자기손실의 최소화라는 관점에서 행동한다. 따라서 그들은 직업윤리규정에는 조금도 신경을 쓰지 않고 단지 자기 자신의 이익에 도움이 되고 처벌을 피할 수 있는 윤리적 전략을 형성하게 된다. 이러한 감사인들은 발각될 위험이 적거나 발각된다 하더라도 처벌이 약할 것으로 예상되거나 위험보다도 더 커다란 이익을 얻을 수 있다면 직업윤리를 위반하더라도 그들이 추구하는 바를 실행할 것이다.

윤리적 개발수준이 인습수준에 있는 공인회계사들은 법의 준수와 질서유지의 관점에 따라 행동하기 때문에 준거집단인 자신의 회계 법인이나 회계전문직 사회와 일치성을 확보하는 방법으로 자신의 판단을 형성하여 갈등상황에 대처해 나갈 것이다. 또한 그들은 사회의 합의에 의하여 구축된 제도를 계속적으로 유지시키려는 의식적인 노력을 하려고 한다. 따라서 인습수준의 공인회계사들은 준거집단에 의해 장려되는 직업윤리 규정을 준수할 것이라고 예상할 수 있다.

윤리적 개발수준이 원칙적 또는 후인습의 수준에 있는 공인회계사들은 해결하기 어려운 갈등에 대해 전형적으로 사회적 복리후생을 고려하면서 규범적인 규칙이나 관습을 뛰어넘어 정의지향의 내면화된 윤리원칙에 따르는 행동을 취한다. 후인습적 공인회계사는 전형적으로 갈등에 대한 자신의 윤리적 해결이 친밀한 준거집단의 압력이나 요구 그리고 집단규범으로부터 자유로우며 그의 신념과 전문직의 신념이 일치할 때만 전문직의 규칙이나 지침에 따르는 윤리전략을 선택할 것이다. 따라서 후인습적 공인회계사들은 직업윤리규정을 위반할 수 있어도 직업적 이상만은 유지할 것이다.

[사례] KT&G 인니 담배회사 관련 분식회계

KT&G가 인도네시아 담배회사 관련 분식회계 혐의로 중징계 통보를 받았다. 2020년 3월 4일 금융당국 등에 따르면 금융감독원은 KT&G가 2011년 인수한 인도네시아 담배회사 트리삭티와 관련해 회계처리에 문제가 있다고 감리 결과 결론지었다.

이에 따라 금감원에서는 KT&G에 검찰 통보와 임원 해임권고 등의 중징계 내용을 담은 조치사전통지서를 보냈다. 금감원은 정치권에서 관련 의혹이 제기되자 2017년 11월 KT&G에 대한 감리에 착수했다.

철저한 점검을 한 결과 KT&G가 실질적인 지배력이 없는데도 연결재무제표를 작성한 것은 고의로 회계처리 기준을 위반한 분식회계에 해당한다고 판단했다.

KT&G는 2011년 트리삭티 경영권을 보유한 싱가포르 소재 특수목적회사(SPC) 렌졸룩을 인수해 트리삭티 지분 50%를 보유하게 됐다. 또한 트리삭티 인수 후 수천억원을 투자했지만 계속 순손실이 발생하자 이에 따라 부실 실사 등의 의혹이 제기됐다.

KT&G의 감리에 따른 조치안은 이르면 금융위원회 산하 회계 전문 기구인 감리위원회에서 논의된다. 이후 증권선물위원회와 금융위원회 심의를 거쳐 제재 수위가 최종 확정된다.

검찰 통보 등 중징계가 확정될 경우 회계기준 위반 금액에 따라 주식 거래가 정지되거나 상장폐지 심사 대상에 오를 수도 있다. KT&G는 공시에서 금감원 감리 결과에 대해 "감리 결과는 최종 결과가 아니다. 향후에 열리게 될 감리위원회, 증권선물위원회에서 회계기준 적절성에 대해 소명할 예정"이라고 밝혔다.

제13장

금융·보험과 기업윤리

제1절 금융기관에 대한 이해
제2절 은행업의 윤리
제3절 증권업의 윤리
제4절 보험업의 윤리

[사례] 해외금리 연계 파생결합상품(DLF)의 재앙

금융민원을 상담한 60대 할머니는 "평생 택시기사로 일한 남편이 번 돈 1억 5,000만원을 은행 직원의 말만 믿고 넣었는데 이제 어떻게 해야 하나요"하며 절규했다. 금융소비자원 A 국장은 "이 할머니가 남편이 평생 모은 노후자금을 은행 직원 말만 믿고 맡겼는데 망연자실해 전화를 걸어왔다"며 통화 내내 비통했다고 말했다.

2019년 은행만 믿고 투자한 투자자들의 손실이 눈덩이처럼 불어난 해외금리 연계 파생결합상품(DLF), 만기가 돌아오는 DLF는 60.1%의 원금 손실을 기록한 것으로 나타났는데 1억원을 이 상품에 투자했다면 4,000만원 정도만 돌려받을 수 있다는 얘기이다.

은행이 판매한 이 상품은 만기 시 독일 국채 10년물 금리가 행사가격 이하로 떨어지지 않으면 수익이 발생하는 구조로 설계되었다. 이 경우 연 3.8%에서 최고 연 6%까지 수익이 나지만, 독일 국채 10년물 금리가 행사가격 이하로 떨어질 경우 원금 손실을 보게 된다. 상품약관에 따르면 만기 사흘 전 독일 국채 10년물 금리를 기준으로 최종 수익률을 정하게 되어 있다. 그런데 독일 국채금리는 기준 −0.511%로 마감되어 큰 손실이 발생하게 되었다.

우리은행의 전체 DLF 판매 규모는 1,236억원이다. 이 상품에 가입한 금융소비자들의 안타까운 사연도 많다. 50대 B씨의 경우 "우리은행 PB와 친구 사이라 믿고, 1억원을 넣었는데 이러지도 저러지도 못하고 있다"고 말했다. B씨는 2019년 4월 19일 우리은행 직원 권유로 6개월 만기 DLF에 가입했다. 만기가 돌아오는데 손실이 예상되고 있어 발을 동동 구르고 있다. B씨는 "상품 가입 때 친구인 PB로부터 원금 손실 가능성에 대한 얘기는 전혀 듣지 못했다"고 덧붙였다.

은퇴자금을 비롯해 자녀 결혼자금 등 DLF 투자자들의 속내도 복잡하다. 일부는 남편이나 아내 몰래 투자한 경우도 있어 말도 못하고 속을 태우고 있다.

하나은행이 판매한 영국과 미국 이자율 스와프(CMS) 금리 연계 DLF도 만기가 돌아오면서 피해는 더 커질 전망이다.

금융소비자원 C국장은 "현재 DLF 불완전 판매 금융민원이 빗발치고 있다"며 대부분이 은행 직원 말만 믿고 투자해 낭패를 본 경우다. 원금 손실 가능성에 대한 언급이 없었다고 한다고 말했다.

불완전판매 의심을 받고 있는 파생결합펀드(DLF)에서 첫 손실이 확정됐다. 우리은행에 따르면 판매한 독일 국채금리 연계 DLF의 손실률이 60.1%로 확정됐다. 손실액은 78억 7,000만원 수준이다. 이 상품은 독일 국채 10년물 금리를 기초자산으로 만든 파생결합증권(ELS)에 투자한 사모펀드다. 기준일 금리가 행사가격(-0.2%)을 넘으면 4%대의 수익이 나지만, 행사가격 이하로 떨어지면 행사가격과 기준일 금리 차이에 손실 배수(200배)를 곱한 만큼 손실이 나도록 설계된 상품이다. 투자기간은 5~6개월로 짧은 편이다.

이번에 첫 손실이 확정된 DLF 상품은 만기(오는 19일) 3영업일 전인 지난 16일 독일 국채 10년물 금리(-0.511%) 기준으로 수익률이 확정됐다. 사흘 전 금리와 행사가격(-0.2%)의 금리차인 -0.311%에 손실배수 200배를 곱해 손실률 -62.2%가 나온 것이다. 여기에 만기까지 펀드를 유지하면 주어지는 쿠폰금리 2%대를 포함하면 최종 손실률은 60.1%로 확정됐다.

우리은행 관계자는 "투자자들에게 확정 손실을 통지했다"고 전했다. 최악의 상황은 피했다. 금융감독원은 우리은행과 NH투자증권이 판매한 '독일 국채금리 연계 DLF'가 당시 금리 기준으로 95.1%(1,204억원)의 손실이 날 것으로 예상했다. 100% 원금 손실 구간인 -0.7%까지 떨어졌던 독일 국채 금리가 반등하면서 손실률이 예상보다 줄어들었다.

제1절 금융기관에 대한 이해

금융기관은 자금의 수요자와 공급자에게 각종 금융서비스를 제공하는 기관이다. 금융기관은 금융서비스의 성격에 따라 다음과 같이 분류할 수 있다.

첫째, 은행, 상호신용금고 및 신용조합 등 예금·대출서비스를 제공하는 기관

둘째, 보험회사와 같이 연금·보험서비스를 제공하는 기관

셋째, 증권 및 투자회사와 같이 브로커, 인수(underwriting) 등의 업무를 수행하는 기관 등으로 구분될 수 있다.

우리나라의 금융기관도 다른 나라와 마찬가지로 기본적으로 은행·증권·보험의 3 대축으로 구성되어 있다.

금융기관은 제1금융권과 제2금융권으로 구분할 수 있다. 전자는 은행을 말하며 후자는 은행을 제외한 금융기관을 말한다. 제1금융권인 은행에는 은행법에 의해 설립되어 규제를 받는 일반은행과 특수은행법에 의해 설립되어 규제를 받는 특수은행, 농수산업협동조합이 포함된다.

제2금융권에는 종합금융회사, 투자신탁회사, 증권회사, 상호저축은행, 신용협동기

구, 보험회사, 증권금융회사와 은행에서 취급하는 은행신탁계정 등이 포함된다. 이외 여신전문금융기관인 신용카드업, 시설대여업, 할부 금융업, 신기술사업금융업 등을 제3 금융권이라고 한다.

금융기관은 제1금융권, 제2금융권, 제3금융권 등의 자금의 수요와 공급을 매개하는 기관으로써 많은 정보를 가지고 예금자를 대신하여 투자활동을 수행하므로 전형적인 대리인이다. 따라서 금융기관의 윤리문제는 기업이나 개인의 자금을 관리하고 공급하는 위탁자와 대리인 관계에서 발생한다. 위탁자와 대리인 간에는 정보의 비대칭성이 존재하게 되는데 이로 인해 금융기관의 신용도 저하, 경쟁력 저하가 일어나게 된다.

제2절 은행업의 윤리

1. 은행업의 역할

은행업은 고대 상인들의 첫 원형이 되는 은행과 함께 시작했으며, 도시들 간에 물건을 조달하였던 농부와 교역자들이 곡식 대출을 받았다. 이러한 일은 기원전 2000년경에 아시리아와 바빌로니아에서 비롯되었다. 그 이후 그리스 및 로마 제국 시기에 사원에 위치한 대출자들이 대출을 제공하였다. 이들은 예금과 환전을 받아들였다. 이 시기 고대 중국과 인도에서의 고고학은 대출 활동에 대한 증거를 보여주고 있다.

은행의 기능은 대한민국에서는 한국은행에서 돈을 발행하고 지불금의 정착, 신용

거래 중개 기능을 하게 되는데 은행은 중개자로서 자체 계좌의 돈을 빌려 주고 빌린 돈을 받는다. 은행은 돈을 일반 영리 단체와 개인에게 빌려 주지만, 돈을 빌리는 측의 신용 품질은 대개 높다.

은행업의 법칙은 은행과 고객 사이의 관계의 계약적 분석을 기반으로 한다. 고객은 은행이 계좌를 수행하도록 동의한 개인을 말한다. 이러한 관계의 권리와 의무는 다음과 같다. 은행 계좌의 수지는 은행과 고객 사이에서 금융상의 위치에 있다. 계좌가 신용 상태에 있을 때 은행은 고객에게서 수지에 대한 빚을 지고 있다. 계좌의 돈을 너무 많이 발행할 때, 고객은 수지에 대한 빚을 은행에 지고 있다.

은행의 주요 역할은 다음과 같다.

첫째, 화폐 발행 업무이다. 은행은 고객의 요구에 대하여 수표를 발행하거나 현금을 지급하기 위해 은행권 또는 당좌예금의 형태로 화폐를 발행한다. 은행권 또는 당좌예금은 언제든지 양도 및 상환이 가능하므로 액면가로 평가되기 때문에 화폐의 역할을 할 수 있다. 은행권의 경우 단순 교부나 수표발행을 통해 효과적으로 양도가 가능하다.

둘째, 자금중개 및 지급결제 업무이다. 은행은 고객을 대신하여 추심 및 지급 업무를 수행한다. 이들은 은행 간 청산 및 결제시스템에 참가하여 지급결제수단을 통해 대금을 지급한다. 이러한 제도는 내부적, 외부적으로 지급을 상쇄함으로써 은행이 지급결제를 위해 보유하고 있는 지급준비금을 줄일 수 있도록 한다. 또한 지역 사이에서 지급의 흐름을 상쇄시켜 그 사이에서 발생하는 비용을 절감할 수 있게 한다.

셋째, 신용중개 업무이다. 은행은 당행의 계좌를 통해 돈을 빌리거나 빌려주는 중개인 역할을 한다.

넷째, 신용상태 개선의 업무이다. 은행은 신용상태가 양호한 일반법인 및 개인 또는 신용상태가 매우 좋은 차입자에게 돈을 빌려준다. 신용상태의 개선은 은행 자산의 다각화를 통해 이루어지는데, 이는 채무 불위험의 위험을 흡수하는 역할을 하지 않는다. 그러나 일반적으로 은행권과 예금은 무담보이다. 따라서 은행이 자금난에 빠져 은행 운영자금 조달을 위해 이러한 자산을 담보로 저당을 잡게 되면, 은행권 소시자 및 예금자는 경제적으로 종속된 지위에 놓이게 된다.

다섯째, 자산·부채 불일치 및 만기 전환업무를 한다. 은행은 차입에 있어서는 단기 차입을, 대출에 있어서는 장기 대출을 선호한다. 즉, 은행은 짧게 빌리고 길게 빌려준다.

여섯째, 신용창조 기능이다. 은행이 일정부분의 지급준비율을 남기고 대출을 하게 되면 이 대출금이 다시 예금되고, 은행은 이 예금에 대하여 지급준비율을 남겨두고 또 다시 대출을 하게 된다. 이러한 과정이 계속적으로 이루어지면 은행은 최초 예금액의 몇 배 이상의 통화를 창출하게 된다.

2. 은행업의 윤리

은행은 고객의 동의 없이 고객의 계좌로부터 돈을 빼내면 안 된다. 은행은 고객의 계좌를 한데 관리할 권한이 있다. 왜냐하면 각 계좌는 단지 같은 신용 관계의 단면이기 때문이다. 은행은 고객이 동의하지 않으면 고객의 계좌의 거래 내역을 공개하면 안 된다. 은행은 고객에게 정당한 통보 없이, 고객이 동의하지 않는 한, 고객의 계좌를 닫아서는 안 된다. 계좌를 닫는 데에는 관련된 법과 그에 따른 의무가 있다.

은행업의 윤리 문제는 자금조달상 편법중개에서 많이 일어날 수 있다. 은행은 수신고를 올리기 위해 편법적인 방법으로 영업하는 경우 윤리적 문제가 야기된다. 그 대표적인 사례를 보면 다음과 같다.

첫째, 은행이 사채업자과 결탁하는 경우이다. 이때 사채업자가 대부를 하면서 차입자의 채무이행이 불확실한 경우 대부자와 은행이 결탁하여 대부금을 예금하고 이를 은행이 다시 차입자에게 대부하는 방식으로 자금을 빌려주는 것이다. 이때 사채업자는 은행의 이자율에 추가하여 차입자에게 이자를 받고, 법률적으로는 은행에 예금한 형태가 되므로 채무불이행의 위험을 제거하는 것이다. 그리고 은행은 예금액이 증가하게 되는 결과가 된다.

둘째, 각종 공과금을 은행이 납부하는 제도를 이용하는 경우이다. 즉, 납기일 이전에 고객이 납부한 금액을 이용하거나 정부 수납기관으로 이전하기 전까지 은행이 융통시켜서 부당 이득을 취하는 것이다.

셋째, 다른 은행의 수표를 수취하는 것이다. 은행에 타 은행의 자기앞수표가 입금될 경우 익일까지 인출되지 않고 이자계산도 적용되지 않는다. 그러나 은행은 입금된 금액을 이용하여 대출액을 늘릴 수 있어서 사실상 은행은 지급되지 않는 하루분의 이자만큼 이득을 얻게 되는 것이다. 이 경우 발생한 소득이 누구의 것인가가 문제가 되는데 은행은 수표를 신탁한 고객에게 혜택을 주어야 하는가에 대한 윤리문제가 발생한다.

넷째, 부실 파생상품을 양산하는 경우이다. 미국 서브프라임 모기지라는 비우량 주택담보대출을 은행에서 상품으로 제시하여 고객을 모은 결과 부실대출, 주가폭락, 신용등급 하락 등으로 은행은 파산하게 되고 글로벌 금융위기를 초래하게 되었다.

제3절 증권업의 윤리

증권시장은 발행시장(primary market)과 유통시장(secondary market)으로 나눈다. 발행시장은 새로 발행되는 유가증권이 최초의 투자가에게 이전되는 시장으로 1차 시장이다. 유가증권의 발행주체는 자금의 수요자로 정부·기업·지방공공단체 등이며, 수요자는 자금의 공급자로서 개인투자가·은행·증권사·신탁회사·보험회사 등이다. 발행방법으로는 발행주체가 직접 일반대중으로부터 모집하는 직접발행과 모집과정에 중개기관을 개입시키는 간접발행이 있다.

유통시장은 이미 발행된 유가증권이 공정한 가격으로 매매·유통되는 구체적인 거래시장으로 2차 시장이라고 한다. 유통시장은 상장증권이 증권거래소를 통해 대량집단거래 방식으로 매매가 이루어지는 증권거래소시장과 증권업자와 투자가 간에 비상장증권이나 거래단위 미만의 증권이 산발적으로 매매되는 장외시장으로 구분된다. 넓은 의미로 유가증권이 발행주체에서 투자가로 또는 투자가 사이에 이전·유통되는 거래관계를 통칭한다.

유가증권의 발행주체는 주식·사채·국채 등을 발행하여 증권 수요자에게 매각함으로써 장기산업자금을 조달받게 된다. 발행방법으로는 발행주체가 직접 일반대중으로부터 모집을 하는 직접발행과 모집과정에서 중개기관(인수주선기관)을 개입시키는 간접발행이 있다.

발행시장이 자본의 증권화를 담당하는 1차 시장임에 반하여 유통시장은 증권의 자금화를 담당하는 2차 시장이다. 즉 유통시장에서 유가증권이 거래됨으로써 시장성과 유통성이 높아지게 되며, 경쟁원리에 의하여 유가증권의 가격이 결정된다.

유통시장은 그 시장의 형태에 따라 일정요건을 구비한 상장증권이 증권거래소를 통하여 대량집단거래 방식으로 매매가 이루어지는 증권거래소시장과 증권업자와 투자가 사이에 비상장증권 또는 거래단위 미만의 증권이 산발적으로 매매되는 장외시장 또는 점두시장(店頭市場)으로 구분된다.

증권거래소에서는 주로 대량의 주식이 위탁매매의 형식으로 거래되는 데 반해 장외거래 또는 점두시장에서는 주로 채권이 증권회사와 투자가 사이에서 상대매매 방식으로 거래된다.

증권시장은 정책결정기구인 증권관리위원회를 정점으로 하여 정책집행기관인 증권감독원으로 구성되어 있다. 증권시장의 관계기관은 유가증권의 매매가 이루어지는 구체적인 장소인 증권거래소와 증권매매를 직접 담당하고 있는 25개의 증권회사로 이루어져 있다. 또한 증권의 대체결제를 담당하는 증권대체결제주식회사가 증권거래소의 자매기관으로 독립되어 있다.

이외에 유통시장의 금융을 담당하고 있는 한국증권금융주식회사와 증권투자의 전문적 대행위탁기관인 3개의 투자신탁주식회사, 최근 설립된 지방투자신탁주식회사, 투자에 필요한 각종 정보 및 자료를 제공해주는 투자자문회사, 수익증권의 발매를 통해 일반 투자가의 간접적 투자수단을 제공해주고 있는 종합금융회사 등이 증권시장을 형성하고 있다.

투자자가 증권회사에 유가증권의 종목선정, 종목별 수량, 가격, 매매 등을 전부 맡기는 것을 일임매매라 한다. 이때, 유가증권의 종류, 종목수량, 가격, 매매방법 등에 대해서는 고객의 결정이 있어야 한다. 일임매매는 가끔 증권회사와 고객 사이의 분쟁의 원인이 되고 있어 금지하는 것을 원칙으로 하나 어쩔 수 없이 일임매매를 할 때는 서면으로 계약하게 되어 있다.

고객이 직접 원하는 종목의 유가증권을 원하는 수량만큼 사고파는 대신 유가증권 매매와 관련된 모든 행위를 증권회사 임직원에게 맡기는 것으로 일임매매 약정이 체결된 계좌를 일임매매계좌라 한다. 그러나 이 때 약정 기간은 1년 이내, 일임할 종목은 5종목 이내로 해야 하는 등 많은 제약이 뒤따른다.

증권회사 임직원이 고객으로부터 유가증권매매의 종류별·종목별 수량과 가격의 결정을 일임 받아 고객의 계산으로 매매를 하는 구좌를 말한다. 구좌를 설정함에 있어서는 일임매매약정을 체결해야 하는데 약정 기간은 1년 이내, 일임할 종목은 5종목 이내로 하는 등의 제약이 있다.

최근 증권시장에서 가장 투자자들에게 이슈가 되고 있는 것이 바로 공매도인데 이에 대해 살펴보고, 투자자와 직원들에게 증권분쟁이 생기는 가장 큰 사건이 바로 일임매매로 인한 투자금액의 손실이다.

1. 공매도

공매도란 주식이나 채권을 갖고 있지 않은 상태에서 매도 주문을 내는 것을 말한다. 보유하고 있지 않은 주식을 문서상으로 매도하고, 결제일이 돌아오는 3일 안에 실제 주식이나 채권을 구해 매입자에게 돌려주는 방식이다. 말 그대로 '없는 걸 판다'라는 뜻이다.

만약 A종목을 갖고 있지 않은 투자자가 이 종목의 주가 하락을 예상하고 매도 주문을 냈을 경우, A종목의 주가가 현재 3만원이라면 일단 3만원에 매도를 한다. 이후 주가가 2만 6,000원으로 떨어졌다면 투자자는 2만 6,000원에 주식을 사서 결제해주고 주당 4,000원의 시세차익을 얻게 된다. 그러나 예상과 달리 주가가 상승하면 공매도한 투자자는 손해를 보게 된다.

그런데 2018년에 삼성증권과 골드만삭스도 공매도 사태가 일어났다. 개인투자자는 대부분 공매도에 참가할 수 없어서 눈 뜬 장님처럼 당하고 말아야 한다 말인가? 당시 공매도 금지에 대한 청와대 청원이 쇄도했다. 공매도 금지의 청원의 글을 보면 "증권사는 마음만 먹으면 언제나 주식을 찍어내고 팔수 있다는 이야기가 된다. 이건 사기 아닌가!", "눈뜨고 코 베어 간다'는 말과 같이 개인들은 눈 뜬 장님들이다" 등의 비판이 쇄도했다.

골드만삭스증권 서울지점 공매도 미결제 사고 현황

공매도 주문 증권사	골드만삭스 인터내셔널 (골드만삭스 자회사로 영국 런던에 소재한 투자은행)
중개 증권사	골드만삭스증권 서울지점
결제 불이행 규모	20개 종목(139만주, 약 60억원)이 지난 21일 결제 불이행
원인(추정)	골드만삭스 인터내셔널이 일부 주식에 대해 주식대차가 확정되지 않은 상태에서 공매도 주문을 하면서 발생. 사실상 무차입 공매도를 단행한 것으로 추정

삼성증권 사태로 수면 위로 올라온 공매도 시스템에 대한 문제가 골드만삭스 공매도 사태가 발생해 재점화가 되었다. 이번 두 사건에 대한 일반 투자자들의 공매도에 대한 분노를 쉽게 가늠할 수 있다.

삼성증권 사태 충격파가 채 가시기도 전에 골드만삭스증권 공매도 사고가 연이어 터져 투자자들의 불안감이 더욱 증폭되었다. 뉴시스에 따르면 금감원은 골드만삭스증권 공매도 사고의 구체적인 주문 주식수와 매도금액은 약 138만 7,967주, 60억원가량으로 추정했다.

골드만삭스증권 공매도 사건은 금융위원회가 '무차입 공매도' 방지 대책으로 실시간 감시 시스템을 만들겠다고 공언했지만 발생하면서 그 심각성을 더하고 있다. 금융당국이 새로운 시스템을 고민하는 동안 일반 투자자들은 여전히 공매도 위험성에 무방비로 노출돼 있는 현실을 보여주고 있는 것이다.

사실 전국을 충격으로 몰아넣은 삼성증권 사태가 발생했을 때도 금융당국과 삼성증권은 강도 높은 징계와 개선시스템을 약속한 바 있다. 삼성증권 대표는 삼성증권 사태 발생 후 이틀 만에 사과문을 발표했다. 사과문에는 투자자 피해 구제 방법 강구, 해당직원 엄중처벌, 업무프로세스 개선방안 등 세 가지 약속이 담겼다. 사과문 발표 후 삼성증권은 대표를 포함한 임원의 자사주 매입과 배당사고 발생 당일 '유령주식'을 매도한 직원 23명 등에게 해고 등 내부중징계를 조치했다.

삼성증권은 내부적으로 업무프로세스도 개선에 나섰다. 금감원은 삼성증권 배당사고 검사 결과 브리핑에서 "(삼성증권) 회사가 위험관리에 대해 두루뭉술하게 (하고 있다). 사고라든지 금융 사고에 대한 손해배상 이런 부분에 대해서만 있다. 사고가 발생했을 때 대응을 어떻게 할 것인가에 대한 건 전혀 없다"고 지적했다. 금융당국은 삼성증권 사태가 대중들에게 알려진 '공매도' 문제가 아닌 '배당오류' 사고로 규정했다.

삼성증권은 시스템 개선 방안을 내놓았지만 투자자들은 여전히 공매도 위험에 노출되고 있는 것은 아닐까? 더 심각한 대목은 이 같은 위험성에 노출된 것이 다른 증권사도 예외일 수 없다는 사실이다. 금감원은 '실물주식 업무절차에서 예탁결제원의 확인 없이 거래될 수 있다는 게 삼성증권만의 문제냐'는 질문에 "다른 증권사 시스템은 점검 과정서 확인해 문제가 있다고 생각하면 바로 잡겠다"고 답했다. 실제로 금감원은 삼성증권의 우리사주 배당사고를 계기로 주식매매와 관련한 사고 재발방지를 위해 32개 증권사 및 코스콤에 대한 현장 점검을 실시를 했다. 하지만 금감원 현장 점검 결과가 발표되지 않은 시점에 골드만삭스 공매도 사고가 발생해 개인 투자자들의 불안감을 키웠다. 금융당국과 증권사들이 시스템 마련에 고심하고 있는 이 순간에도 투자자들은 또 다른 공매도 사고 위험성에 무작정 떨고 있는 것이다.

우리 정부는 2008년 금융위기 때와 2011년 유럽 재정위기 때 한시적으로 공매도를 금지했다. 그리고 코로나19로 인해 2020년 3월 16일~9월 15일 동안 유가증권시장 전체 상장종목에 대한 공매도를 금지했다. 금융당국에서는 한시적 공매로 금지 해제와 관련하여 단계적 해제 쪽으로 결정하려고 시장의 반응을 보고 있다.

[사례] 탐욕에 눈 먼 삼성증권 사람들의 민낯

길을 걷다 돈 뭉치를 발견하면 사람들은 으레 인근 파출소를 찾아가서 주인을 찾아달라고 한다. 왜냐하면 그 돈은 내 돈이 아닌 남의 돈이기 때문이다. 그런데 갑자기 자신의 계좌에 수백억원 어치의 주식이 계좌로 잘못 입고되어 있다면 과연 어떨까? 꿈에서나 있을 법한 일에 깜짝 놀라 눈을 의심하게 될 것이고, 정신을 차리고 어디다 어떻게 신고해야 할지 알아보는 게 일반적인 상식이다.

112조원대에 해당되는 유령주식의 배당 파문으로 금융참사를 일으킨 삼성증권의 우리사주 조합원 2천여 명 대부분도 마찬가지였다. 그런데 이 가운데 직원 16명은 달랐다. 금융감독원 조사에 의하면 일부 삼성증권 직원들의 도덕적 해이는 참담한 범죄 행위에 가까울 정도였다고 한다. 뒤늦게 배당 오류 사태를 알게 된 회사 측이 사내 게시판을 통해 직원들에게 세 차례나 '매도 금지'를 공지했는데도 불구하고 16명은 눈에는 들어오지 않았다. 불과 26분 동안 2천억원 어치의 유령 주식 501만 주를 매도하기 시작했다. 그 결과 돈에 눈이 멀고 탐욕에 양심을 내팽개친 결과 1인당 평균 100억원씩을 손에 쥔 것이다. 이들 중에는 일반 투자자들을 보호해야 할 애널리스트도 포함됐다. 과도한 매도로 삼성증권 주가는 장중 12% 급락하면서 동반 매도에 나섰던 일반 투자자들까지 피해를 입었다.

삼성증권 사태는 담당 직원이 단위를 착각해 '원' 대신 '주'로 잘못 입력하는 실수(팻 핑거, Fat Finger)로 시작됐지만 일부 직원들의 비윤리적 일탈과 부실한 관리시스템이 초래한 예고된 인재였다.

신뢰가 생명인 주식거래에서 유령 주식이 버젓이 유통되는데도 아무런 경고음을 내지 못한 현행 시스템에 심각한 허점이 있는 것이다. 즉, 발행주식수(8,900만 주)를 훨씬 초과하는 수량(28억 1,000주)의 주식 물량이 입고됐는데도 삼성증권 시스템상에는 아무런 오류가 확인되지 않았다.

또 사고 발생 하루 전날 담당 직원의 입력 실수가 있었지만 최종 결재자는 그대로 승인을 했고, 다음날 오전까지도 오류를 발견하지 못했다. 우리사주 조합원에 대한 현금배당의 경우에는 예탁결제원을 거치지 않고 발행회사가 직접 처리하는 시스템도 문제점으로 지적되고 있다. 이럴 경우 삼성증권뿐 아니라 다른 증권사에서도 제2, 제3의 유령 주식 배당 사태가 발생할 수 있기 때문이다. 금감원을 비롯한 금융당국도 책임에서 자유로울 수는 없다. 사건 발생 초기에 적극적으로 대응하지 못했다는 비판의 목소리가 크다.

삼성증권 시스템 규제와 공매도 금지 관련 청와대 국민청원 참여자 수는 불과 나흘 만에 20만 명에 육박하고 있다. 이번 파문에 대한 국민들의 비판과 우려를 반영하고 있는 것이다. 삼성증권의 유령 주식 배당 파문은 자본시장의 신뢰와 질서를 한순간에 무너뜨린 참사가 아닐 수 없다.

금융당국과 증권사가 함께 재발 방지 대책을 시급히 마련하는 것은 물론이고 책임자 문책도 반드시 뒤따라야 한다.

2. 일임매매

증권거래법 제107조(일임매매거래의 제한)에 증권회사는 고객으로부터 유가증권의 매매거래에 관한 위탁을 받은 경우 그 수량·가격 및 매매의 시기에 한하여 그 결정을 일임 받아 매매거래를 할 수 있다. 이 경우 그 유가증권의 종류·종목 및 매매의 구분과 방법에 관하여는 고객의 결정이 있어야 한다.

증권회사는 법 규정에 의하여 유가증권의 매매에 관하여 고객으로부터 일임 받아 이를 매매거래(이하 "일임매매"라 한다)하는 경우에는 선량한 관리자로서의 주의를 다하여야 하며, 다음 각호의 행위를 하여서는 아니 된다.

① 고객의 자기 판단과 자기책임에 의한 투자원칙에 반하여 일임매매에 관한 위탁을 권유하거나 위탁받는 행위

② 위탁받은 취지와 위탁받은 금전 및 유가증권의 규모에 비추어 지나치게 자주 매매거래를 하는 행위

③ 자기 또는 제3자의 이익을 위하여 일임매매를 이용하는 행위

이러한 법규상의 제약이 있음에도 현실적으로는 포괄적 일임매매라고 하여 유가증권의 수량·가격 및 매매의 시기뿐만 아니라 유가증권의 종류(채권, 주식, 주가지수선물 등) 및 종목(A주식, B주식, C주식 등)의 결정까지도 증권회사가 일임을 받아 거래를 하는 방식이 관행적으로 이뤄져 이를 둘러싼 분쟁도 끊이지 않고 있다. 하지만 이러한 방식의 일임매매는 법률에 위반될 뿐만 아니라 이러한 매매방식에 의하여 거래를 한 고객은 일임매매로 인한 손해를 보상받을 수 없다.

주식의 매매를 증권사 직원에게 맡기는 일임매매가 불법인 것은 아니다. 실제 현장에서는 일임매매가 이루어지고 있다. 현행 증권거래법은 증권사 임직원이 고객이 지정해준 종목에 한해 수량과, 가격, 매매 시기를 임의로 결정할 수 있도록 제한적인 일임매매를 허용하고 있으나 매매종목까지 증권사에 위임하는 포괄적인 일임매매는 엄격히 금지하고 있다. 또 불공정거래 소지 등을 우려해 증권사 임직원의 자기매매도 엄격히 금지돼 있으나 위탁계좌를 통해 음성적으로 주식매매를 하는 경우가 일반화된데다 일임매매를 둘러싼 다툼도 끊이지 않아 금융당국은 그간 일임매매와 자기매매에 대한 규제를 완화하는 추세이다.

금융당국의 관계자는 "외국에서는 대부분 일임매매와 자기매매를 규제하지 않고 있다"면서 "무리한 규제로 범법자가 양산되고 증권사에 대한 부정적 인식이 확산되는 현실을 감안, 이를 허용하는 것이 바람직하다는 의견"이라고 말했다. 다만 증권사 직원의 과당매매를 규제하는 한편 증권사의 내부통제시스템을 확립하고 이에 대한 감독을 강화하는 등 일임메메와 지기메메를 허용하는 데 따른 부작용을 방지할 수 있는 안전장치를 마련할 것이라고 이 관계자는 덧붙였다.

A씨는 2020년 1월 한 증권사에 주식 위탁계좌를 만들고, 4,600만원을 입금한 뒤 증권사 지점장에게 주식 매매 일체를 일임했다. 그러나 지점장이 계좌를 운용해 2,800여만원의 손실을 내자, A씨는 억울하다는 생각에 금감원에 분쟁조정을 신청했다. 그러나 금감원의 판결은 A씨의 기대에 못 미치는 것이었다. 금감원은 증권사엔 40%의 책임을 물은 반면 A씨에겐 60%의 책임이 있다고 결정하였다. 평소 매매내역을 꼼꼼히 챙기지

않았다면 투자자에게도 책임이 있다는 게 금감원 측의 설명이다.

금감원 분쟁조정위원회는 “증권사가 고객의 이익을 무시하고 회사의 영업 실적만을 늘리기 위해 무리한 회전 매매를 해 고객에게 손해를 끼쳤다면, 이는 과당 매매로 불법행위가 성립된다”며 “증권사는 A씨에게 손해의 40%를 책임져야 한다”고 결정했다. A씨의 돈을 받은 증권사 지점장은 매매 회전율이 평균 3,566%에 달할 정도로 주식을 지나치게 자주 사고팔았다. 이에 따라, 증권사가 챙긴 수수료 같은 거래 비용만 4,900여 만원에 달했다. 주식 매매에서 일부 수익이 났지만, 너무 자주 사고파는 바람에 오히려 손실을 본 셈이다.

그러나, 분쟁조정위원회는 A씨의 관리 소홀에 더 큰 책임을 물었다. 분쟁조정위원회는 “A씨가 주식 거래를 지점장에게 모두 맡긴 뒤 한 달에 두 번 정도 지점장을 만나면서도 거래내역은 한 번도 확인하지 않았다”며 “자신의 재산 관리를 소홀히 한 과실이 있기 때문에 A씨에게도 60%의 책임을 물은 것”이라고 밝혔다.

금감원은 “주식 투자와 관련된 일체의 내용을 증권사에 맡기는 일임 매매는 손실과 이익도 모두 투자자에게 귀속되는 것이 원칙”이라며 따라서 자신의 재산 관리에 충실하지 않았다면 본인에게도 책임을 물을 수밖에 없다는 것이다.

제4절 보험업의 윤리

보험업은 무형의 상품을 보험 가입자에게 공급하고 그 대가로 받은 보험료를 관리·운영하여 사고가 발생하거나 만기가 도래하였을 때 소정의 보험금을 지급하는 사업이다.

1. 보험회사의 윤리

보험업을 관리하는 주체인 보험회사의 보험 상품은 보험약관에 기재되어 있다. 대체로 글자가 작고 내용이 길며 일반인이 쉽게 이해하기 어려운 전문용어를 많이 사용하고 있다. 그리고 보험소비자는 보험 상품을 가입할 때 보험약관을 자세히 읽어보지 않는 경우가 많고, 그 내용을 이해하기도 쉽지 않다.

보험가입자는 자신이 가입한 보험에 관한 내용을 충분히 이해하지 못하거나 지식도 없이 보험판매원의 설명에 주로 의존하여 보험가입에 관한 의사결정을 하는 경우가 많다. 보험회사와 보험판매인은 보험 상품에 관해 잘 알고 있지만 보험 가입자는 보험에 대해서 제대로 알지 못하다 보니 비대칭 현상이 존재하여 보험소비자들이 손해를 보는 경우가 발생하게 된다.

2. 보험판매인의 윤리

보험판매인은 보험업법 제98조(특별이익의 제공 금지)에 의거 보험계약의 체결 또는 모집에 종사하는 자는 그 체결 또는 모집과 관련하여 보험계약자 또는 피보험자에게 다음 각 호의 1에 해당하는 특별이익을 제공하거나 그 제공을 약속하여서는 아니 된다고 명시하고 있다.

① 금품(대통령령이 정하는 금액을 초과하지 아니하는 금품을 제외한다)
② 기초서류에서 정한 사유에 근거하지 아니한 보험료의 할인 또는 수수료의 지급
③ 기초서류에서 정한 보험금액보다 많은 보험금액의 지급의 약속
④ 보험계약자 또는 피보험자를 위한 보험료의 대납
⑤ 보험계약자 또는 피보험자가 당해 보험회사로부터 받은 대출금에 대한 이자의 대납
⑥ 보험료로 받은 수표 또는 어음에 대한 이자상당액의 대납

현행 보험업법은 특별이익 제공의 금지에 따라 보험계약자와 피보험자가 보험계약 체결과 관련해 금품 등을 주고받지 못하도록 규정하고 있다. 그러나 금품이라는 의미를 사실상 보험사가 비용을 부담하지 않는 제휴사에 의한 서비스는 물론 프로모션 성격의 서비스 제공까지 광범위하게 포함해 영업현장에서 어려움을 겪고 있다.

보험업계 관계자는 “금융당국이 불법행위로 단속하는 항목에 대한 기준이 모호해 오랫동안 혼선을 빚고 있다”며 “건전한 경쟁 범위 내에서 허용할 수 있는 서비스 제공은 규제를 완화하는 등 명확한 기준이 필요하다고 요청해 왔다”고 말했다.

금융위원회는 제휴사 등 제3자에 의한 서비스도 보험계약 마케팅을 위한 개인정보 수집의 반대급부를 목적으로 하고 있어 보험 상품에 의한 경쟁보다는 모집질서를 저해

할 가능성이 있다는 점을 고려해 업계의 요구를 들어주지 않고 있다. 반면 최근 금지유형과 관련 가이드라인과 유권해석 방식을 통해 해결하기로 정한 것이다.

금융위에서는 "특별이익과 관련해 법령에 금지유형을 모두 명시하는 것은 현실적으로 불가능하다며 건강증진형 보험 상품에 대한 가이드라인을 마련해 특별이익 제공금지 규정에 대해 완화된 기준을 적용한 것처럼 앞으로도 시장상황에 맞게 대처할 것"이라고 말했다.

금융위는 건강증진형 보험 상품에 대한 가이드라인을 마련하고 보험가입자의 지속적인 건강관리를 유도하고 건강 및 행동 정보를 수집하는 데 필요한 기기의 구매비용을 할인해주거나 전부 또는 일부를 보전하는 것에 대해서는 특별이익 제공금지규정을 위반한 것으로 간주하지 않겠다고 밝혔다.

3. 보험소비자의 윤리

보험업의 윤리문제는 보험소비자의 윤리도 매우 중요하다. 최근 급증하고 있는 보험소비자의 비윤리적인 행위가 적나라하게 들어나고 있다. 보험소비자의 비윤리적 행위로 보험회사의 경영성과에 매우 부정적인 영향을 미치고 있다. 이를 예방하기 위해 보험회사는 다양한 방법으로 보험소비자의 비윤리적 행위에 대해 대응 팀을 설치하고 적극적으로 대응하고 있다.

전형적인 보험소비자의 비윤리적 행위는 두 종류로 나타나고 있다. 첫째, 보험금을 수령하기 위하여 살인, 방화, 절도 및 사기 등 범죄에 해당하는 행위를 저지르는 경우이다. 이런 사례는 최근 들어 매우 지능적으로 진화되고 있어 사회 문제가 될 뿐만 아니라 사태의 심각성이 커지고 있다.

둘째, 보험 때문에 오히려 부주의해지거나 사고에 무관심해져 사고를 유발하게 되는 정신적 해이가 있다. 보험에 가입했기 때문에 너무 자주 병원을 이용하거나 자동차 보험에 가입했기 때문에 사고가 나더라도 보험으로 처리하면 된다고 여기는 도덕적 해이가 발생하게 된다.

보험회사는 보험소비자들의 도덕적 해이를 방지하기 위해 노력해야 한다. 보험회사들은 보험소비자들의 무관심, 부주의에 의한 사고에 대해서는 피보험자의 피해를 전액 보상하지 않고 일부는 피보험자가 부담하도록 하는 공동보험이 있다. 만약 사고발생시 보험회사가 피보험자의 손해를 100% 부담하게 되면 피보험자는 손해가 나도 자신에게는 전혀 피해가 없기 때문에 사고를 방지하려고 하는 노력을 하지 않는 경우가 심리적으로 발생하게 된다. 만약 피보험자가 손해의 일부를 자신이 부담한다면 피보험자가 사고방지에 대한 노력을 기울이려고 할 것이기 때문에 사고가 감소하게 되고 이로 인해 보험회사의 보험금 지출은 줄어들어 보험료를 낮추게 되는 긍정적인 효과를 기대할 수 있다.

보험회사는 보험소비자들의 보험범죄를 방지하기 위하여 보험약관에 이런 규정을 넣거나 홍보 및 교육, 계약심사와 손해사정 업무의 개선, 사례금 지급제도 등을 활용해서 지속적으로 예방에 노력해야 한다. 특히 언론매체, 정보지 등을 활용하여 보험사기가 어떻게 일어나고 보험소비자에게 어떤 피해를 주는지를 알리고 사기사건의 사례를 홍보하여 보험범죄가 사회에 미치는 악영향을 일깨우면 보험범죄의 예방에 효과를 기대할 수 있다.

[사례] 보험설계사 부실모집행위 막는다 … 자격시험에 '영업윤리' 문제 추가

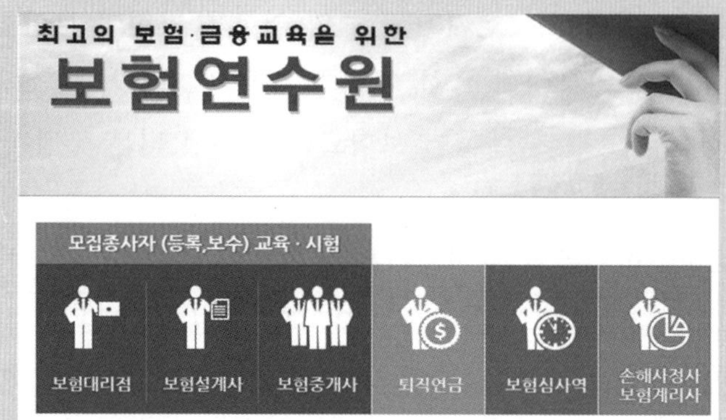

보험업계가 소비자 알권리를 높이고 부실모집행위를 근절하기 위해 손해·생명보험협회는 '보험회사 영업행위 윤리준칙' 의식을 업계 전반에 고취시키기 위해 보험설계사 자격시험과 연수교재에 영업윤리 관련 문제 2~3개가 추가된다.

'보험회사 영업행위 윤리준칙'은 ▲소비자와 정보 불균형 해소 ▲모집질서 개선 ▲성과평가보상체계의 적정성 제고 ▲합리적 분쟁해결 프로세스 구축 ▲영업행위 내부통제 강화 등을 골자로 한다.

보험설계사는 소비자에게 적합한 상품을 권유하고 충실한 설명을 해야 할 의무가 있다. 한편으로는 과도한 스카웃을 자제하고, 부실모집행위에 대한 제재기준을 운영하는 등 건전한 시장질서 확립 등도 담겼다.

윤리준칙에 따르면 소비자 권익을 침해하는 영업행태를 방지하기 위한 적정한 평가보상체계를 구축·운용하고 있다. 공정한 민원처리 절차를 운영하는 등 합리적인 민원분쟁 해결 프로세스도 구축한다. 또한 윤리준칙 준수 여부에 따라 주기적으로 점검하는 등 내부자 신고제도를 운영하고 있다.

보험협회는 보험업계 전반에 이 같은 의식을 고취하기 위해 이를 자격시험 문제와 연수교재에 반영하고 있다. 총 50문항으로 구성된 보험설계사 자격시험에 윤리 문항을 2~3개가 있다. 신입은 물론 기존 설계사 의식도 높이기 위해 교육과정도 강화한다. 보험설계사 등록 후 2년마다 이수해야 하는 보수교육과정에 윤리준칙이 추가적으로 들어가 있다.

또한 보험협회는 윤리준칙이 영업실무에 반영될 수 있도록 이를 내부통제기준 등에 반영한다. 각 사에서 실시하는 임직원 및 영업조직 대상의 자체 교육 커리큘럼에 반영하고 있다. 이를 위해 협회는 문제은행 개편 작업을 진행하여 자격시험 연수교재 개편했다. 보수교육 개편 역시 추진하며, 내부통제기준 등은 회사별 사정에 따라서 자체적으로 진행된다.

협회 관계자는 "윤리준칙이 보험업권 전반에 확산돼 영업문화 일부로 정착할 수 있도록 노력하겠다"며 "실적 중심 영업 관행을 없애고 불건전 모집행위를 개선해 소비자 신뢰가 높아지는 계기가 될 것"으로 기대했다.

〈보험설계사 자격시험 문제 구성〉

구분	기초이론	보험법규·약관	보험범죄·사고예방	보험상품
문항수 (총 50문항)	6문항	8문항	2문항	34문항

☞ 기초이론(모집인의 윤리규범)/보험법규·약관 과목에 윤리준칙 관련 문항 2~3개 추가

〈보험회사 영업행위 윤리준칙 주요 내용〉

- **(소비자와 정보 불균형 해소)** 적합한 상품 권유, 충실한 설명의무이행, 계약체결·유지 단계별 정보 제공을 통해 **소비자의 알 권리 보호**
- **(모집질서 개선)** 과도한 스카웃 자제, 부실모집행위에 대한 제재기준 운영 등 **건전한 시장질서 확립**을 위해 노력
- **(성과평가·보상체계의 적정성 제고)** 소비자 권익을 침해하는 영업행태 방지를 위한 적정한 **평가·보상체계**의 **구축·운용**
- **(합리적 분쟁해결 프로세스 구축)** 공정한 민원처리 절차 운영 및 분쟁예방 대책 마련 등 **합리적인 민원·분쟁 해결 프로세스 구축**
- **(영업행위 내부통제 강화)** 윤리준칙 준수 여부에 대한 **주기적 점검** 및 위법·부당행위에 대한 **내부자 신고제도 운영** 등

[사례] 금감원, DLF 은행·CEO 중징계

금융감독원이 해외금리 연계형 파생결합펀드(DLF: Derivative Linked Fund) 사태와 관련해 우리금융그룹 회장과 하나금융지주 부회장 등 최고경영자(CEO)에 대해 문책경고의 중징계를 내린 것은 사태를 촉발한 전반적인 책임이 CEO에 있다고 본 결과다.

하나은행과 우리은행 기관에 대해서는 업무 일부정지 6개월과 과태료 부과 등 역대급 초고강도의 중징계가 내려졌다. 이는 '소비자 보호'를 강조해온 금감원의 의지를 제재심의 민간위원이 받아들인 결과로 해석된다.

금감원은 은행 내 리스크 관리 조직이 제대로 운영이 됐는지, DLF 판매 결정 과정에 은행장이 개입했는지 등을 집중적으로 들여다봤다. 이를 위해 다수 회사 관계자와 법률대리인, 검사국 진술과 설명을 듣는 한편 제반 사실관계와 입증자료 등을 살폈다.

그 결과 이번 DLF 사태가 발생하게 된 배경을 단순히 상품을 판매한 프라이빗뱅커(PB)들의 개인적인 책임이라기보다는 은행의 내부 통제 시스템이 제대로 작동하지 않았기 때문이라

고 판단했다.

지금껏 금감원은 소비자 보호를 강조해 왔다. 윤석헌 금감원장은 2019년 송년간담회에서도 "제재는 공정해야 한다. 그러면서도 시장에 '올바른 시그널'을 보낼 수 있어야 한다"며 이 두 가지를 충족시키는 범위로 문제를 풀어가야겠다고 생각하고 있다"고 언급했다.

2019년 10월 DLF 판매은행 현장검사 중간검사 결과 발표 당시에도 상품위원회 심의를 거친 DLF상품이 1% 미만에 불과했던 점을 들어 내부 통제를 할 만큼 운영되지 않았다고 지적했다. 그러나 반론도 만만치 않았다. 불완전판매를 은행장이 권유하지 않은 이상, 불완전판매의 온전한 책임을 은행장에게 다 묻는다는 것은 법적인 대표성이 떨어지기 때문이다. 또한 DLF 배상 비율이 70%까지 높아지면서 투자자들의 피해가 크게 줄어든 것도 경감 요인으로 거론됐었다.

금감원이 불완전판매 제재의 근거인 자본시장법을 모두 빼고 금융위원회를 거치지 않아도 되는 금융지주회사법을 주된 제재의 근거법으로 제시한 것도 제재에 신중한 금융위를 패싱하려는 '꼼수'가 아니냐는 논란도 일었다. 하지만 금감원은 결국 제재 원안을 유지했고, 민간위원이 포함된 제재심은 3차례나 논의를 거듭한 끝에 금감원의 손을 들어줬다. 이번 제재로 은행의 지배구조는 크게 흔들릴 수밖에 없게 되었다.

이번 DLF사태의 문제는 해당 펀드가 손실 위험이 큰 초고위험 금융상품임에도 불구하고 은행 측에서 고객에게 위험에 대한 설명 없이 판매되었다는 점이다. 더욱이 조작사실까지 드러났다. 심지어는 치매 판정을 받은 노인까지 전문투자자로 등록시키고 펀드를 가입시킨 조작 사실이 드러나며 은행은 사기판매 논란에 휩싸였다.

예금 이자가 낮아지자, 시중의 은행은 모두 비이자 수익, 특히 수수료 수입에 눈을 돌렸다. 수수료 수익을 높이는 방법 중 하나는 펀드를 판매하는 것이다. 펀드를 판매하면 은행은 평균 1%가량의 선취수수료를 받게 되는데, 이 수수료는 모두 비이자 수익, 즉 실적에 포함된다. DLF 상품을 판매한 곳은 우리은행과 하나은행이다. 우리은행과 하나은행은 비이자 수익의 선두를 달리고 있는 곳이다.

펀드를 판매한 직원들에게도 사정은 있었다. 하나은행은 펀드 판매를 한 직원들의 이름과 판매실적에 등수를 매겨 '판매왕 리스트'를 내부 게시판에 공개했다. 우리은행도 다르지 않았다. 담당 임원이 영업본부를 방문해 상품 판매를 독려한 사실이 드러났다. 실적에 대한 압박으로 은행 직원들은 예금과 적금을 하러 온 고객들을 VIP룸으로 안내하고, 위험 1등급의 펀드를 가입시킬 수밖에 없었던 것이다. 이러한 실적 압박의 피해는 금융상품에 대한 정보가 부족하고, 평생 은행에 성실하게 예금을 해온 정년퇴직자, 도우미 등 서민들이 고스란히 떠안게 됐다.

그동안 은행의 사기판매 문제는 끊임없이 있었다. 2008년 금융위기 당시 하나은행은 키코 사태로 곤욕을 겪었고, 우리은행은 파워인컴펀드 사건으로 사람들의 신뢰를 잃었다. 그러나 은행은 지금도 여전히 같은 문제에 직면해 있다. 키코, 파워인컴펀드에 이어 DLF 사태까지 계속해서 반복되는 은행 사건사고들이 이제는 더 이상 일어나지 말아야 한다.

제14장

환경경영과 기업윤리

제1절 환경경영의 개념
제2절 환경경영의 필요성
제3절 환경경영과 삶의 질
제4절 환경오염의 유형
제5절 환경마인드
제6절 친환경경영의 실천

[사례] 기업의 환경오염, 소비자는 채찍 대신 당근 — 캐럿몹 운동은 보이콧보다 멋지다

타임지는 캐럿몹 운동을 보이콧과 비교하며 호평했다. "보이콧"은 이미 대중에 널리 알려진 개념으로 부당한 행위를 한 기업에 대한 소비자의 불매운동을 의미한다. 그렇다면 "캐럿몹"이란 뭘까? 먼저 어원부터 살펴보면, 캐럿몹은 캐럿(당근)과 몹(군중)의 합성어이다. 캐럿몹은 미국 샌프란시스코에 위치한 비영리단체로 기업의 사회적 책임을 장려하는 운동을 펼치고 있다. 예전에는 소비자가 부도덕한 기업에 대해 보이콧 운동을 펼쳤다면, 이제는 그런 채찍을 대신해서 당근으로 기업을 회유하겠다는 의도를 담고 있는 운동이다.

캐럿몹 캠페인의 내용은 다음과 같다. 환경윤리를 지키지 않는 기업을 피하기 대신에 그 기업이 환경문제를 개선하겠다고 공약했을 때, 소비자가 그 기업의 상품을 구매함으로써 상(賞), 즉 당근을 주자는 것이다. 보이콧 운동과는 정반대의 캠페인으로 볼 수 있다.

2008년에 캐럿몹 운동이 시작 되었다. 캐럿몹 운동의 창시자 브렌트 슐킨(Brent Schulkin)은 샌프란시스코 내 23개의 상점을 대상으로 가게의 에너지 효율 개발에 투자할 수 있는 하루의 매출액을 물어보았고, 그중에서 가장 높은 22%를 제시한 K&D 마켓이 캐럿몹 캠페인에 참여하는 것으로 선정되었다.

슐킨은 온라인상의 소셜네트워크를 통한 홍보와 거리에서 팸플릿을 배포하며 이 행사의 취지를 알렸다. 그리고 2008년 8월 23일, 300여 명의 시민들이 K&D 마켓을 방문하여 상품을 구매하는 것으로 이 캠페인을 후원했다. 그리고 이 날 이 상점은 평소 매출액의 두 배가 넘는 9,200달러의 매출을 올렸고, 그들이 약속했던 22%의 수익금은 상점 내의 점등장치를 개선하여 에너지를 효율적으로 소비하는 데에 쓰였다.

현재 여러 나라에서 캐럿몹 캠페인이 벌이고 있다. 이 운동은 사람들의 자발적인 참여가 가장 중요시되는 캠페인이다. 지금은 각 도시에서 캠페인이 이루어지고 있지만, 이 운동이 세계로 퍼진다면 우리는 집 앞 상점이 아닌 대기업을 상대로 기업의 환경정책을 변화시킬 수 있다.

소비자는 기업의 그린 마케팅을 지켜볼 것이 아니라 그들의 근본적인 내부 환경문제에도 관심을 기울여 변화를 일으켜야 한다. 캐럿몹 캠페인 홍보 방법 중의 하나는 바로 유튜브이다. 유튜브에 방문하여 캐럿몹을 검색하면 캠페인이 진행되기 전에 어떤 상점이 이 캠페인에 참여하게 되었고 언제 이곳에 와서 상품을 구매하면 된다는 홍보영상이 뜬다. 소셜미디어 하나만으로, 한 명의 자발적인 참여만으로도 우리는 큰 변화를 만들 수 있다. 우리나라도 이제 캐럿몹 캠페인을 시작해야 할 때이다. 곧 머지않아 우리나라에서도 상점 앞에 줄이 길게 늘어져 있는 캐럿몹을 만나볼 수 있을 것이다.

출처: https://mevprblog.tistory.com

제1절 환경경영의 개념

환경경영이란 기업 활동의 전 과정에 걸쳐 환경성과를 개선하도록 함으로써 경제적 수익성은 물론 환경적인 지속가능성을 동시에 추구하는 일련의 경영활동으로 정의할 수 있다. 이러한 환경경영은 기업이 환경문제에 적절히 대응하여 환경보전의 성과와 경제적 성과를 균형 있게 달성하는 전략적 경영을 말한다.

환경경영이 추구하는 궁극적 목표는 경제적 수익성과 환경적 지속가능성의 조화이며, 그 대상 범위는 원료의 구매에서부터 생산, 마케팅, 소비, 그리고 폐기단계에 이르기까지 직·간접적으로 기업 활동과 연계되는 전체 과정이 된다.

1970년대 UN에서는 환경문제의 심각성을 인식하면서 기업 활동을 규제하기 시작하였다. 그 결과 1980년대 들어서면서 기업들도 환경문제를 심각한 경영상의 문제로 인식하기 시작하게 되었다. 세계 각국은 1992년 기업의 지속가능성을 정책의 최우선 과제로 두고 경제·환경·사회적 가치의 상호관련성을 강조하였다. 그러나 아직은 정부의 규제와 규제기구의 협약이 이루어졌지만 대다수 기업들은 여전히 환경경영에 소극적으로 대응하고 있었다.

환경경영은 기업의 주요 기능별 영역인 인사조직 또는 환경경영체제, 청정생산, 환경마케팅, 환경회계, 환경경영전략 등의 세부적인 분야를 포괄한다. 이러한 환경 경영으로 인하여 지구환경문제에 대한 관심은 국제적인 차원에서도 이루어지고 있다.

기후변화협약, 바젤협약, 생물다양성 협약 등 약 180여개에 달하는 협약이 체결되어 세계 무역질서에 새로운 변수로 작용하고 있다. 예를 들면 협약에서 요구하는 환경기준을 충족시키지 못하면 관세를 부과하는 등의 무역규제가 적용되기 때문이다. 구체적으로는 생산 공정 및 생산방법(PPMs)을 적용하도록 하고 환경경영체제로서 ISO 14000을 준수하도록 기업들에게 요구하고 있다. 또한 소비자들도 구매의사결정에 있어서 과거의 일반적인 구매 판단기준인 품질, 가격, 편의성 등을 벗어나 환경성을 고려하는 친환경적 소비활동으로 전환되었다.

이러한 환경을 중요시하는 기업환경의 조성은 환경보전이 기업이익과 상충된다는 고정관념을 버리고 보다 기업이익에 적극적으로 기여한다는 사고의 전환이 요구된다. 그러므로 환경경영은 기존의 경영분야에 환경이라고 하는 분야를 추가하여 경영적 개념을 도입하는 것으로 "기업의 고유한 생산 활동에 의해서 필연적으로 파생되는 환경적 훼손을 최소화하면서 환경적으로 건전하고 지속 가능한 발전을 도모하는 경영철학"을 말한다.

제2절 환경경영의 필요성

1. 환경경영의 동인

1970년대 까지는 대부분의 기업에서는 환경규제를 제대로 준수하게 되면 비용이 증가하게 되므로 규제를 위반하지 않는 적당한 수준에서 환경지출을 최소화하는 것이 기업의 가치를 극대화하는 것으로 인식했다. 그 결과 소극적인 환경경영으로 철저히 규제에 대한 효율적 대응을 위해 환경경영을 해야 한다는 인식을 가지고 있었다.

1980년대 들어서면서 환경경영은 선진국의 글로벌 기업을 중심으로 본격화되기 시작했다. 정부의 환경에 대한 규제가 심화될수록 이에 따라 기업의 규제대응 비용도 따라서 증가하게 된다. 이런 환경경영에 대한 소극적인 대응은 기업 가치를 극대화하기 위한 최적의 전략이 아니라는 것을 최고경영자들이 깨닫기 시작했다. 그 결과 환경문제에 대해서 지금까지 펼쳐왔던 소극적인 대응에서 적극적인 대응으로 전략을 급선회하게 되었다.

기업에 적극적인 환경경영의 실천은 두 가지 경로를 통해 기업의 경쟁우위를 확보하게 된다.

첫째, 원가절감을 통한 경쟁우위를 확보하는 전략이다. 기업은 환경규제를 제대로 준수하면서 발생하는 원가를 최소화하려고 한다. 그로 인해 기업은 환경경영을 수행함으로써 원가경쟁력과 추가적인 사업성과의 개선을 기대할 수 있다.

둘째, 새로운 시장기회를 적극적으로 활용하기 때문에 매출이 증가하게 되어 경쟁우위를 얻게 된다. 즉, 환경경영을 통하여 원가절감을 하게 되면 다음으로 기업은 경쟁우위를 확보하기 위해서 시장에 관심을 갖게 된다. 고객들의 환경의식이 높아서 환경친화적인 기업과 제품을 선호하는 시장 영역이 생겨나게 되고 이쪽 방향으로 마케팅 활동을 강화시켜 나가면 기업은 많은 고객들에게 환경경영의 실천하는 기업으로 기업 이미지를 갖게 하여 결국 환경 친화적 이미지 구축 및 환경 친화적인 제품의 개발 등이 가능해져 기업의 경쟁우위를 확보하게 된다.

2. 환경경영의 필요성

1980년대 후반부터 산업 활동으로 인한 대규모 환경재해와 지구 환경문제가 심각해지자 환경사안이 중요한 산업부터 환경보호에 대한 기업의 책임을 강조하는 분위기가 고조되었다. 산업의 성격에 따라 환경적 심각성에는 큰 차이가 있지만 환경보전이나 환경복구를 위한 산업, 즉 환경산업을 제외한 거의 모든 산업이 환경문제로부터 자유롭지 못한 것이 사실이다.

미국의 신용평가 기관인 무디스와 스탠더드앤푸어스에서는 기업의 신용도에 환경성과, 환경위험의 영향이 있다고 판단될 경우 이에 대한 분석을 평가과정에 포함시키고 있다. 기업이 기업의 가치를 상승시키기 위해서는 환경경영을 반드시 수행해야 한다. 그런데 환경 친화적 사업이 비용을 상승시킬 수는 있지만 궁극적으로는 기업의 가치를 제고시킬 수 있다는 인식의 전환이 필요하다.

글로벌 시대 기업은 환경경영이 필요하다는 것을 절실히 느끼고 실천해야 한다. 미국, EU 등에서는 환경보호라는 명분으로 환경규제를 점점 더 강화하고 있다. 이러한 환경규제는 새로운 무역장벽으로 여겨지고 있다.

기업의 제품을 구매하는 소비자들은 환경보존의 중요성을 인식하고 환경 친화적 제품을 선호하고 있다. 소비자들의 눈높이를 맞추기 위해서 기업은 환경경영시스템을 개발하고 체계적으로 운영해 나가야 한다.

따라서 기업은 국제사회에서 지속적인 경영을 하기 위해서는 국제적인 환경규제에 능동적으로 대처하고 더 나아가 적극적인 환경경영을 실천해야 한다.

제3절 환경경영과 삶의 질

1. 환경과 삶의 질

최근 온난화의 가속화로 우리 주변을 둘러싸고 있는 모습이 점차 변화되고 있다. 이러한 환경변화는 날이 갈수록 빠르게 변화가 진행되어 그 변화의 결과가 우리 인간들이 감당하기 힘든 상태로 몰고 갈 수도 있다.

우리 주변에 눈으로 볼 수 있는 환경문제로는 대기오염, 수질오염, 토양오염, 해양오염, 방사능오염, 미세먼지 등 인간의 삶과 생태계를 큰 피해를 가져다주고 있다. 이러한 환경문제는 우리 인간들이 자초한 결과의 산물이다.

세계 각국은 서로 경쟁적으로 그리고 무분별한 개발정책을 시행하여 산업화를 달성했지만 이러한 산업화, 도시화는 반대급부로 환경오염, 대기오염, 가상이변, 미세먼지 등의 문제가 야기되어 우리 인간의 생존을 위협하고 있다.

우리 인간의 삶의 질은 경제적인 물질적 풍요로부터도 많은 부분 영향을 받지만 오늘날은 환경문제에서 야기되는 다양한 현상들에 의해서 영향을 지속적으로 받고 있다. 경제성장으로 대다수의 사람들이 물질적 생활수준은 향상되었지만 그렇다고 삶의 질도 함께 향상되었다고 이야기할 수 없다. 그 이유가 바로 우리 주변에 발생하고 있는 다양한 환경문제가 인간의 삶의 질을 위협하고 있기 때문이다. 따라서 환경문제를 해결하지 않고는 삶의 질의 실질적인 개선이 되었다고 보기 어렵기 때문에 이제는 환경문제를 정책의 최우선과제로 정하고 적극적으로 해결해 나가야 한다.

2. 환경오염 발생의 주체

가. 기업

현재 발생하고 있는 환경오염의 유발자는 바로 기업에 있다고 볼 수 있다. 각종 오염물질의 대부분은 기업의 생산 활동에 발생되는 부산물로 이는 산업화에 따른 필요악이라기보다는 어쩌면 기업의 환경오염 방지를 위한 적극적인 노력이 부족했기 때문이다.

환경보전법은 경제발전에 따라 환경오염이 점차 심화되면서 종전의 「공해방지법」에 의한 사업장의 오염물질 배출규제만으로는 전반적인 환경보전이 어렵게 되자 종합적인 환경오염방지 제도를 수립하고자 1977년 12월 제정하였다.

이 법은 오염물질 등을 배출하는 배출시설의 설치에는 설치허가와 오염방지시설의 설치, 배출시설관리인의 임명을 하도록 하고, 배출시설의 오염물질의 정도가 허용기준을 초과하는 경우에는 시설개선과 조업중지, 사업장이전, 배출 부과금의 납부 등을 명할 수 있도록 하고 있다.

대기보전을 위해 일정한 구역 내의 사업장에 대한 비산분진(飛散粉塵: 티끌이 흩어져 날림)의 규제, 사업장에 대한 연료의 사용제한 또는 변경, 자동차에 대한 사용정지 또는 통행규제, 자동차 제작자의 배기가스배출 농도규제, 자동차연료첨가제의 규제, 매연이나 가스방지장치의 정비나 개선 등을, 소음이나 진동 등의 규제를 위해 생활소음규제기준의 설정 및 그 기준에 따른 소음제한, 소음방지시설의 설치, 소음규제지역의 지정, 자동차에 대한 소음기의 정비 및 대체 등을 정하고 있다.

수질 및 토양의 보전을 위해 일정구역 내의 사업장에 대한 오염물질 총량규제, 공공수역이나 산림에 대한 훼손 등의 금지, 농약잔류 허용기준의 설정 등을 정하고 있다.

이 법은 그 밖에 방지 시설업, 환경오염으로 인한 분쟁의 조정과 피해배상에 대하여 정하고 있다. 이후 법의 개정으로 환경보전법은 폐지되고 1997년 현재는 환경정책기본법이 있다.

기업이 환경정책기본법을 준수하지 않는 사례로 폐수배출시설 및 공업용수 정화시설 등 폐수가 발생하는 시설은 사전에 허가를 받고 설치를 해야 함에도 불구하고 이를 위반하고 공장을 가동한 업체가 아직도 많이 있다. 태풍이 오거나 비가 많이 내리는 날

법의 감시가 소홀한 틈을 타서 공해유발물질을 몰래 배출하거나 공해방지시설을 가동하지 않고 무단 방류하다 적발된 업체도 많다.

기업이 환경오염방지 시설을 갖추려면 상당한 투자를 해야 한다. 그리고 그 시설을 운영하는 데 적지 않은 비용을 지출해야 한다. 환경오염방지를 위한 시설은 생산 활동과 이익에 직접적으로 기여하지 않고 회계상의 비용만 발생한다. 그래서 일부 기업들은 단기적 안목에서 투자를 회피하고 있는 것이다. 그러나 이런 의사결정은 장기적 안목에서 보면 올바른 것이 아니다. 이와 관련 연구조사에서 환경오염시설을 갖추고 운영하는 기업일수록 매출액, 영업이익, 시장점유율 등의 상대적으로 경쟁기업보다 높게 나타났다는 결과가 나오고 있다.

이제 환경경영을 기업의 경쟁력을 갖추는 전략으로 전환되어야 한다. 환경오염방지시설을 철저히 갖추고 양심적으로 기업을 운영하는 것이 지속가능한 경영을 가능하게 된다는 것을 명심해야 한다.

나. 가정

환경오염을 이제 집안의 문제로 끌어들여야 한다는 주장과 이를 위한 주부의 역할이 강조되고 있다. 주부교실중앙회는 「주부 생활과 환경오염」을 주제로 한 소비자 교육을 실시했다. 「환경오염과 영향」을 강연에서 "환경오염이나 자연의 파괴 문제는 공장의 폐수뿐 아니라 쓰레기·구정물 등 가정에서의 오염도 심각하다"고 말했다.

현재 가장 문제가 되고 있는 것은 대기오염과 수질오염이다. 가정에서 비롯되는 대기오염의 경우는 에너지 사용이 주원인이 된다. 가정 에너지의 주 연료가 되고 있는 연탄·무연탄 등 화석 연료는 세계적으로 최근 1백25년 간 1,400억 톤이 방출됐으나 최근에는 연 45억 톤으로 크게 늘었다. 이는 필연적으로 대기 중에 탄산가스의 증가를 가져와 연 1PPM 정도 늘고 있는 추세라면 2050년에는 현재의 2배로 늘게 되고, 이로 인해 남북극의 빙산이 녹아 해면의 높이가 높아지는 결과를 초래하게 된다. 뿐만 아니라 화석 연료에는 유황 성분이 들어 있기 때문에 산성비가 내리는 원인이 되고 있다.

가정에 사용하고 있는 냉장고 역시 냉장고의 작동 유체인 프레온가스가 지상 상공 오존층을 파괴하는 역할을 하기 때문에 자외선 통과 양이 늘어나 아주 심할 경우 피부암이 발생할 수도 있다. 가정으로 인한 수질오염도 대단해 공장의 폐수로 인한 오염이 30%라면 구정물 등 주부들로 인한 오염은 70%가 된다고 한다.

바다 오염의 근원적 문제는 가정에서 방류되는 세제 및 오물이 원인이 되고 있다. 대기오염·수질오염 못지않게 인간 생활에 영향을 미치고 있는 것이 소음 공해인데 아직도 이에 둔감한 것이 현실이다.

가정의 주부들은 환경과 관련되는 기사·TV프로 등을 자주 접할 것, 가정의 오물 분리수거에 적극·협조하여 경제성이 있는 쓰레기의 재순환을 도울 것, 에너지절약의 효율성을 높일 것, 오염물 배출량을 감소시키는 데 노력할 것, 각종 오염물을 배출하는 업소의 감시 및 지도 계몽, 생물학적 농축으로 무서운 결과를 가져오는 중금속 오염의 피해를 줄이기 위해 항상 깨끗이 씻어먹도록 해야 한다. 자연은 한번 파괴되면 복구가 거의 불가능하다. 이제 환경오염 악화는 각 가정의 문제로 받아 들여 주부는 물론 유치원에서부터 초·중·고등학교의 학생들을 위한 환경교육에도 주력해야 한다.

제4절 환경오염의 유형

1. 대기오염

대기오염(air pollution)은 대기상의 환경오염을 말한다. 세계보건기구(WHO)는 "대기오염이란 옥외의 대기 중에 인공적으로 반입된 물질의 농도나 지속 시간이 어떤 지역의 주민 중 상당히 많은 사람들에게 불쾌감을 일으키거나, 넓은 지역에 걸쳐서 공중보건상의 위해나 동식물의 생활을 방해하도록 되어 있는 상태"라고 말한다.

대기오염을 쉽게 정리해 보자면, 대기의 자정 능력 이상의 오염물질이 대기 중에 방출된 상태를 말한다. 오염물질은 많은 사람에게 불쾌감을 주거나 건강에 위해하다. 재산상의 피해까지 가져오면서 사람들의 웰빙을 방해하는 대기의 상태라고 할 수 있다.

대기오염에 대한 경각심을 갖게 된 결정적인 사건은 1930년 벨기에의 뫼즈계곡사건, 1948년 미국의 도노라 사건, 1952년의 런던 스모그 사건이다. 1930년 12월 벨기에 뫼즈계곡에서 조성된 대규모 공업지대에서 배출된 가스가 지면에 오래도록 머무르게 되면서 대기 중 이산화황 농도가 9.6~38.4ppm에 달하도록 높아졌으며 이 때문에 심장병과 급성폐렴으로 63명이 사망하고 수많은 급성호흡기질환자가 발생하였다. 또한 주위의 수목과 가축, 조류에도 그 피해가 막심하였다. 도노라 사건은 1948년 10월 미국

펜실베니아 주 도노라 공단지역에 스모그가 대량 발생한 것으로 주민의 50%에 해당하는 6천여 명이 기침, 호흡곤란, 두통, 구토 등의 증세를 나타냈다. 1952년 12월 4일부터 10일 사이에 일어난 런던 스모그 사건은 석탄 연소에 따른 아황산가스 배출로 인하여 스모그가 발생하여 시민의 약 1만 2천여 명이 만성폐질환과 호흡장애로 사망한 사건이다. 이를 계기로 영국은 대기오염의 심각성을 깨닫고 1956년 대기오염 청정법을 제정하였으며 세계 모든 나라에 대기오염이 중요한 문제로 대두되었다. 그러나 현재 급격한 도시화와 산업화로 인하여 대기오염은 점차 광역화되며 심각해지고 있다.

대기오염에 대한 대책으로 공장과 같은 오염물질의 고정발생원을 법령으로 지정하여 오염물질 배출기준을 설정하고, 사용연료의 질을 규제하며, 긴급한 경우에는 조업을 단축시키는 등 개별적인 발생시설을 규제하고 있다. 또한 매진(煤塵: smoke dust)·황산화물·질소산화물 등의 매연이나, 카드뮴·납·플루오린화수소·염소 등 유해물질은 엄격한 배출기준을 설정하여 규제한다. 광화학 스모그 대책을 위하여 탄화수소의 배출을 규제하고, 옥시던트(oxidant: 강한 산화성 물질) 개선 등에도 주력한다.

환경오염을 개별적 발생시설을 규제하는 것만으로 환경기준의 달성이 어려울 경우에는 특정 지역을 지정하여 그 일대의 공장에서 나오는 배출총량을 규제하는 방식을 취하기도 한다. 자동차와 같은 이동 발생원에 대해서도 질소산화물·탄화수소 등 배출가스의 농도를 규제하거나, 연료 속의 납이나 황 성분을 감소시키는 방식을 취한다. 대부분의 대책이 유해물질의 배출규제의 형태로 이루어져 있는 것은 대기오염물질이 일단 대기 중에 방출된 이후에는 이를 줄이거나 제거하기가 매우 힘들기 때문이다. 따라서 대기오염에 대한 대책에 있어서는 지속적인 규제와 예방이 가장 중요하다.

2. 수질오염

수질오염(Water pollution)이란 인간 활동으로 호수, 강, 해양, 지하수 등을 관측하였을 때 생물학적, 물리적, 화학적으로 수질이 악화된 현상을 말한다. 이때 악화란, 물의 특정한 용도, 정상적인 값으로부터의 변화, 공중보건과 생태적 영향 등에 따라서 판단된다. 수질 오염은 각종 질병을 일으키고, 수산업에 피해를 발생시킨다.

대표적 수질 오염물질에는 산소를 요구하는 폐기물, 병원성 미생물, 합성 유기화합물, 중금속, 방사성 물질, 퇴적물 등이 있다. 최근에는 관리가 되지 않는 관정으로부터 오염원 유입과 광산으로부터의 폐기물 및 누출 수에 의한 오염 유입이 주요 문제로 대두되고 있다. 수질오염의 원인을 살펴보면 다음과 같다.

가. 산소를 요구하는 폐기물

유기물은 시간이 지나면서 부패되는데, 이는 박테리아가 유기물을 소모하는 과정으로 산소가 필요하다. 만약 이러한 호기성 박테리아의 활동이 많아진다면, 물속의 산소는 점차 낮아져서 수중 생물들이 죽게 된다. 박테리아에 의한 분해 작용에 사용되는 산소의 양을 생화학적 산소요구량(biochemical oxygen demand: BOD)이라고 하며, 수질 관리에서 일반적으로 사용되는 지표이다. 높은 BOD는 물속에 호기성 박테리아가 많다는 것을 암시한다.

사람의 활동에 의해 배출된 영양염류도 수질오염을 일으킨다. 비료, 세제, 하수처리 시설의 부산물 등에 포함된 높은 농도의 인과 질소는 물에서 인위적 부영양화를 발생시킨다. 부영양화는 조류가 급격히 증가하는 특성을 보인다. 조류의 증가는 수면의 전체를 뒤덮기도 하며, 조류가 햇빛이 물속으로 투과하는 것을 막아서 궁극적으로 물속의 식물을 죽게 만든다. 조류 또한 분해되면서 호기성 박테리아의 증가로 BOD를 증가시키고, 수중 생물도 죽게 된다.

나. 병원성 미생물

병원성 미생물은 현미경으로만 관찰되며, 이는 중요한 생물학적 오염물질이다. 콜레라, 장티푸스, 간염, 이질 등은 병원성 미생물에 의해 발생하는 수인성 질병이다.

다. 기름

기름의 지표수 유출은 가장 큰 수질오염 원인 중 하나이다. 기름 유출은 주로 바다에서 오일 탱크 사고로 발생한다. 석유는 주로 배에 싣고 바다를 통해서 운반하기 때문에 가끔 기름유출 사고가 일어나고 있다. 유조선은 많은 기름을 싣고 이동하게 되므로 이들 기름이 한꺼번에 유출된다면 상상하기 힘든 환경 재앙이 발생하게 된다. 유출된 기름은 얇은 막을 형성하면서 바다에 넓게 펴져 공기와 접촉을 막아 바다 속에 산소 부족 현상을 일으켜 바다에 살고 있는 어류는 물론, 갯벌에 살고 있는 조개류를 비롯한 모든 생물은 죽게 된다. 그러면 갯벌을 터전으로 살아가고 있는 어민들은 수입이 없어지게 되어 생계에 막심한 피해를 주게 된다. 그 대표적인 사건이 2007년 12월 7일 서해 태안 앞바다에서 유조선 허베이스피리트호와 삼성중공업의 해상 크레인이 충돌해 기름이 유출된 사고는 국내에서 가장 심각한 해양오염 사고로 기록되고 있다.

라. 독성물질

(1) 합성 유기화학물질

합성 유기화학물질이란 산업 공정에 의해 합성된 탄소화합물을 말한다. 합성 유기화합물은 산업 공정이나 해충 구제, 제약 산업, 음식 첨가제 등 다양한 용도로 사용된다. 이들 중 환경에 오랫동안 잔류하여 오염과 독성을 배출하는 오염 물질을 잔류성 유기오염물질(Persistent Organic Pollutants: POPs)이라고 부른다. POPs는 쉽게 분해되지 않고, 생물체의 조직에 축적되어 생물농축 현상이 발생하는 오염물이다.

(2) 중금속

납, 수은, 아연, 카드뮴, 비소 등이 대표적인 중금속 오염 물질이다. 중금속들이 범람원 지역에 퇴적된다면, 곡식을 포함하는 여러 식물들이나 동물들에 흡수될 수 있다. 이 금속들이 농업용이나 생활용으로 사용하는 물에 용해된다면 중금속 중독을 유발할 수 있다.

(3) 수은

수은은 화산으로부터의 유입 등 자연적 근원에서도 기인한다. 우리 주변에서 석탄의 연소, 쓰레기 소각, 금속 가공 등을 통해 환경으로 유입되는 수은이 오염원의 주요인이다. 인류활동은 대기 중 수은의 양을 2배에서 3배 정도 증가시켜 왔으며, 매년 1.5% 정도씩 증가하고 있다. 대부분의 수생태계에서의 수은의 주요 기원은 강수를 통해 대기 중의 수은이 침전되는 것이다. 수은 또한 생물 농축 현상이 일어난다. 대표적 수은 중독 사건은 미나마타병이 있다.

비소는 자연적 금속임과 동시에 산업폐수와 농업용수를 통해서도 유입된다. 주로 농약 생산, 화석연료의 연소, 광산 활동의 부산물로 배출된다. 비소가 먹는 물의 높은 농도로 존재한다면, 방광, 허파, 콩팥 등의 신체 기관을 손상시킨다. 방글라데시의 지하수 중의 비소 농도는 환경부가 지정한 먹는 물의 비소기준치인 10ppb의 5배인 50ppb로 확인되었다(먹는 물 수질환경기준). 최근 시중 유통되고 있는 생수 중 먹는 샘물에서 기준치 초과량의 비소가 검출돼 판매가 중지되었다.

(4) 방사성 폐기물

저준위 폐기물은 주로 지하에 매장된다. 매장된 방사성 폐기물과 지하수의 접촉이 지속적으로 방지될 수 있을지는 어떤 전문가도 수리지질학적 안전을 장담할 수 없다고 한다. 물과 접촉한 방사성 폐기물로 인한 적은 양의 방사능이라도 장기적으로 노출이 되면 인간과 동식물에 미치는 영향은 매우 심각한 피해를 입게 된다.

마. 염수 침입

과잉양수나 지하수의 채굴 등은 주변 대수층이나 바다로부터 상대적으로 수질이 나쁜 물들이 이동하도록 유도할 수 있다. 염수는 담수보다 밀도가 크므로 지하수면은 바다를 향해서 경사져 있다. 하지만 지나친 관정은 지하수면의 수위를 하강시키고, 담수의 고갈로 해수의 수위상승이 추가 발생하여 염수침입이 발생하게 된다.

그림 14-1 오염 물질을 정화시키는 데 필요한 물의 양

3. 해양오염

해양오염(marine pollution)은 인간 활동으로 인해 직·간접적으로 해양에 유입된 어떤 물질이나 에너지가 수질을 악화시키거나, 인간의 건강에 해롭거나, 해상 활동을 방해하거나, 풍광을 해치거나, 해수의 사용을 저해할 정도로 수질을 떨어뜨리는 것과 같은 악영향을 초래하는 것을 말한다.

해양오염의 유입경로는 육상 또는 해상에서의 인간의 활동에 의한 결과물에 기인한다. 해양오염의 약 80%는 육상에서 기원을 하지만 이에 대한 과학적인 근거는 정확히 제시된 적은 없다. 오염의 종류와 지역에 따라 육상에서의 기원하는 오염의 비율은 다르다고 보는 것이 합리적이다. 육상에서 기원하는 해양오염은 강수에 의한 지표면수가 강을 통해서 유입되거나, 하수와 폐수처리장에서 해양으로 직접 방류되거나, 해안에서 직접 투기에 의해서 유입되거나, 또는 대기를 통한 이동과 침적을 통해 유입된다. 해양에 기원된 오염은 선박과 해양 시설물에서의 직접적인 투기, 운항 중 배출 또는 사고를 통해 유입된다.

가. 해양오염의 특성

해양은 대부분의 오염 물질이 최종적으로 도달하여 모이는 장소가 된다. 오염 물질 중 잔류성이 강해 해양에 장기간 머무는 물질의 경우 생물체 내에 고농도로 축적되는 경향을 보인다. 해양은 3차원으로 이루어진 규모가 방대한 개방형 환경이며, 접근이 육상보다 용이하지 않아 해양오염의 처리는 불가능하거나 일부 가능한 경우에도 육상에 비해 처리비용이 훨씬 많이 든다. 따라서 해양오염을 가장 효과적으로 저감하기 위해서는 사후 처리가 아닌 사전 예방적 접근이 필요하다.

나. 해양오염의 종류

다양한 해양오염이 존재하고 있다. 종류에 따라서 국지적 또는 지구적 규모에서 해양생태계와 인간 활동과 건강에 영향을 미치고 있다. 대표적인 해양오염이 종류에 대해 살펴보면 다음과 같다.

(1) 부영양화

자연계에 존재하며 해양에서 광합성을 통한 1차 생산에 필수 요소인 질소, 인, 규소 등의 영양염의 과다 유입으로 인해 기존에 안정된 생태계의 구조와 기능에 변화를 유발한다.

(2) 유류 오염

유조선 적재 원유, 선박의 연료유 등이 운항 중에 사고 또는 선적과 하역 시 사고로 유출되면 주변 환경을 오염시킬 수 있다. 2007년 서해에서 발생한 허베이스피리트호 사고처럼 유조선의 원유 유출사고는 대규모 유류 오염을 유발할 수 있다. 유류는 자연계에서 만들어진 물질이나 다환방향족 탄화수소(polycyclic aromatic hydrocarbon: PAH) 등 독성이 강한 물질을 포함하고 있다.

산유국의 일부 지역에서는 해저에서 자연 발생적으로 원유가 유출되어 주변을 오염시키기도 한다. 최근에는 원유 이외에 화학물질 운반선을 통해 이동하는 유해 물질(hazard and noxious substance: HNS) 유출에 따른 오염도 국제적인 문제가 되고 있다.

(3) 중금속

자연계에 존재하며 일부는 생체 활동에 필요한 원소이나 인간 활동으로 인해 환경 중 농도가 자연계의 배경 농도를 넘어서 일정 수준에 이르면 생물에 축적되어 독성을 유발할 수 있다. 금속 원소에 탄화수소가 결합된 형태로 인위적으로 합성 또는 자연계에서 생성되는 유기주석(organotin), 메틸수은(mehtylmercury) 등 독성이 상대적으로 강한 유기 금속(organometal) 오염도 있다.

(4) 지속성 유기 오염 물질

농약, 살생물제(biocide), 공업용 등으로 인위적으로 합성된 화학물질 중 일정 수준 이상의 잔류성(persistent), 생물 축적성(bioaccumulative), 독성을 함유한 물질을 말하며, 이 중 장거리 이동을 하며 전 지구적으로 문제가 되는 물질은 스톡홀름협약(Stockholm Convention)에서 생산, 사용 등을 규제하고 있다. 과거에 사용되다가 사용이 규제된 폴리염화비페닐(polychlorinated biphenyl: PCB) 등의 화합물은 물론 새롭게 환경문제로 대두된 신종 오염 물질로서 폴리브롬화 난연제(polybrominated flame retardants), 과불화합물(perfluoro chemicals: PFC) 등이 포함된다.

(5) 해양 쓰레기

관리되지 않고 해양으로 유입된 인공적인 고형물을 말하며, 이에는 플라스틱, 금속, 유리, 천, 목재 등이 포함된다. 해양 쓰레기 중 플라스틱이 50% 이상을 차지하는데, 플라스틱 중 인위적으로 작게 합성되었거나 환경 중에서 풍화로 미세화된 5mm 이하의 플라스틱은 미세플라스틱으로 분류되며 섭식을 통한 생물 및 생태계에 영향에 대한 우려가 증대되고 있다.

(6) 서식처 물리적 파괴

항만과 임해 시설 등의 건설, 준설, 매립, 해사 및 심해 광물 채취 등으로 해양 생물의 서식처를 물리적으로 훼손하는 경우에 해당한다. 육상과 바다가 만나는 해안선과 하구는 생물 다양성과 생산성이 높은 지역이면서 동시에 개발 압력이 높은 지역으로 서식처의 물리적인 훼손이 가장 심각한 지역이다.

4. 토양오염

토양오염(Soil pollution)이란 인간 활동으로 인한 화학 물질 및 토양 환경 교란으로 인해 토지 황폐화가 발생하는 것을 말한다. 토양오염은 사람이나 생태계에 피해를 주는 폐기물 및 대기오염 물질들이 토양에 유입되었을 때 발생한다. 특히 탄화수소나 농약과 같은 유기 화학물질, 셀레늄, 카드뮴, 니켈, 납과 같은 중금속을 포함하는 물질들이 토양 오염물로 작용한다. 세립 점토 입자를 가진 토양은 환경오염을 발생시키는 독성 물질을 끌어당기고 흡착, 고정할 수 있는 능력을 가지고 있다.

토양은 오염물질을 자연저감시킬 수 있는 유기물을 포함하고 있기 때문에 스스로 환경오염을 줄일 수 있는 기회를 제공하기도 한다. 하지만 토양 내의 오염물질과 토양의 생화학적 과정에 의해 분해된 물질들이 식물 안에 농축되거나 대기 또는 지하수계로 이동한다면 생태계와 인간에 독성물질로 작용할 수 있다.

오염된 토양에서 오염물을 제거하는 복원작업에는 큰 비용이 소비된다. 토양 정화 기술에는 생물학적 처리방법, 물리화학적 처리방법, 열적 처리방법이 있다.

대표적인 방법으로 생물학적 처리방법으로는 생물학적 분해법, 생물학적 통풍법, 토양 경작법, 식물재배 정화법, 퇴비화공법, 자연 저감법이 있다. 생물학적 처리방법은 무독한 부산물을 생성시키기 때문에 후처리 시설이 필요하지 않아 타 기술에 비해 경제적이다. 그러나 물리/화학적 기술에 비하여 처리기간이 긴 단점이 있기 때문에 긴급히 오염지역을 정화해야 하는 경우에는 적용이 용이하지 않다. 생물학적 분해법은 미생물에 의하여 분해가 가능한 할로겐 및 비할로겐 VOCs, 유류 등으로 오염된 토양을 처리할 수 있으나, 클로로포름, 살충제와 같은 할로겐 SVOCs, 금속과 같은 무기물질 및 방사성 물질은 분해가 불가능하기 때문에 적용이 어렵다.

5. 폐기물오염

폐기물에는 생활 폐기물, 사업장 폐기물이 있다. 사업장 폐기물 중에서 주변 환경을 오염시킬 수 있는 유해한 물질을 지정 폐기물이라고 한다. 생활 폐기물은 사업장 폐기물 외의 폐기물을 말하는데, 이 중 가장 문제되는 것이 음식물 쓰레기이다. 음식물 쓰레기는 이론적으로 가축의 사료로 재사용이 가능하지만 실제로 음식점에서 나오는 음식물 쓰레기에는 여러 이물질들이 섞여 있어서 가축들이 이를 먹었을 때 큰 문제가 발생하게 되고, 또 음식물 쓰레기는 쉽게 부패하기 때문에 실질적으로 가축의 사료로 활용하는데 많은 애로 사항이 있다. 그런데 음식물 쓰레기는 수분을 많이 함유하고 있어서 별도의 처리과정 없이 그냥 매립하게 되면 거기서 발생하는 가장 큰 문제점이 바로 침출수의 문제이다. 이 침출수는 악취와 해충 서식 등의 문제가 있지만, 침출수에 의한 수질오염의 2차 오염이 가장 문제가 되고 있다.

그러나 가장 심각한 것은 지정 폐기물에 의한 오염이다. 지정 폐기물에는 폐유, 중금속 등이 포함되는데, 예를 들어 폐유를 바다나 강에 무단 방류하면, 폐유로 인해 수중 내의 산소 유입이 차단되며, 폐유의 독성으로 인해 수중 생물들이 죽게 된다. 또한 산이나 알칼리는 그 위험성에 항상 조심해야 한다. 중금속에 의한 오염은 수은 카드뮴 비소 등에 의한 오염인데, 수은이나 카드뮴은 미나마타병이나 이따이이따이병을 유발하는 대표적인 중금속이다.

폐기물오염이란 폐기물이 방치되어 생기는 것으로 특히, 폐기물 매립지에서 침출수는 수질오염을 오염시킬 수 있어 심각하다. 침출수는 매립된 폐기물에서 나오는 수분이라고 할 수 있는데 이 침출수가 매립지에서만 고여 있는 것이 아니라 지하수원이나 하천으로 흘러들어가서 하천을 오염시키는 것이다.

폐기물 오염을 줄이기 위해서는 발생된 폐기물을 잘 분류하는 것이 필요하다. 분리 수거한 폐기물 중에서 재활용 가능한 폐기물은 재생하여 자원화하고, 재생이 불가능한 폐기물은 처리 규정에 따라서 폐기처분하도록 해야 한다. 가정이나 식당 등에서 나오는 음식물 쓰레기가 많이 발생하고 있는데 이것은 고객들이 음식을 남기지 않도록 하는 식사습관을 길러 해결해 나갈 수 있다.

6. 소음오염

소음은 불쾌하고 시끄러운 소리로 기계나 교통수단의 진동 때문에 발생하고 있다. 특히 대도시의 경우 소음오염은 심각한 수준이다. 자동차와 기차 등에서 나는 교통 소음, 공장 기계에서 나는 공장 소음, 비행기가 뜨고 내릴 때 나는 항공기 소음이 대표적이다. 최근에는 집 안에 있는 가전제품에서 나는 소리, 공사 현장이나 확성기에서 나는 소음과 같은 생활 소음이 늘어나고 있다. 사람은 오랫동안 지속적으로 소음에 시달리면 집중력이 떨어지고 두통에 시달리는 등 몸에 병이 생길 수 있다.

몸에 해를 끼치지 않을 정도의 소음을 소음의 허용 기준이라고 하는데 지역에 따라 약간의 차이는 있지만, 낮 동안에는 50~70dB(A), 밤에는 40~58dB(A) 정도가 된다. 허용 기준이 넘는 소음을 1개월 동안 계속 듣게 되면 소리를 제대로 들을 수 없을 정도로 난청 같은 장애를 일으킬 수 있다. 소음은 집중력을 떨어뜨려서 하는 일을 방해할 뿐만 아니라 휴식을 망치고, 숙면을 방해하는 주요 원인이 된다. 소음은 동물에게도 고통을 주어서 소리에 민감한 동물들은 스트레스를 받게 되면 짝짓기나 산란, 같은 무리

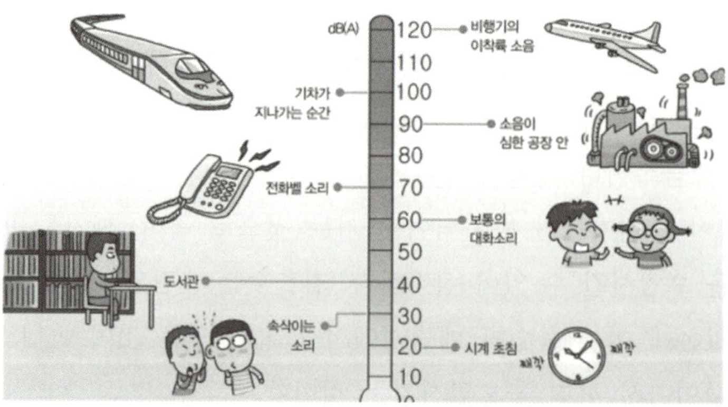

끼리 의사소통에 어려움을 겪는다.

소음이 생활환경을 파괴하는 문제로 취급된 것은 최근의 일이다. 사람들의 생활수준이 높아지면서 조용한 환경에서 살고 싶어 하는 욕구가 점점 커지고 있다. 소음으로 인해 일어나는 대표적인 갈등이 바로 '층간 소음'이다. 층간 소음은 아파트 같은 공동주택에서 발생하는 소음 공해로 주로 집안에서 걸을 때 나는 소리, 식탁을 끄는 소리, 화장실 물소리, 물건이 떨어지는 소리부터 아이들이 뛰어다니는 소리, 애완동물 소리, 텔레비전 소리 등이 해당된다.

가정, 공장, 수송 등에 동력기계를 이용함으로 발생하는 소음오염은 아직도 해결하기 까다로운 문제로 인식되고 있다. 소음이 적은 자동차의 생산, 건설공사장의 기계소리의 축소, 시민의 안락한 생활을 보장받을 있는 수준의 소음으로 자동차 운행, 공장 등 소음발생업소의 도시 외각지대나 공업단지로의 이전 등이 소음오염을 감소시킬 수 있다.

7. 식품오염

식품은 인간의 생명·건강을 유지·증진하기 위해 필요불가결한 것이며 그 안전성의 확보는 중요한 과제이다. 일상생활 속 여러 곳에서 식품오염(food pollution) 문제가 발생하고 있다.

식품오염은 대량생산된 식품에 인체에 유해한 원료·자재를 사용하거나, 각종 첨가물을 넣어 건강을 해치는 유해불량식품 전체를 일컫는 말이다. 대표적인 식품오염으로는 어패류의 수은오염, 어패류·육류·유제품 등의 PCB 오염, 쌀의 카드뮴오염, 야채·과일 등의 BHC·DDT·파라치온 등 잔류농약오염, 핵실험·원자력발전소 사고에 의한 방사능오염 등이 있다.

식품공업의 발달에 따른 방부·착색 등의 목적으로 식품첨가물이 많이 쓰이게 되어 만성족성시험, 최기형성실험·대사실험 등에 의해 안전성이 점검되고 있음에도 불구하고 가끔 유해성이 문제화되고 있다.

식품오염은 대부분의 유해불량식품은 무허가이거나 비양심적인 사업가들에 의해 생산·유통되고 있는데 이런 유해 불량식품이 유통되고 있는 근본적인 원인은 다음과 같다.

첫째, 무허가를 포함한 일부 식품업체를 운영하고 있는 사업주들의 사회적 책임 및 윤리의식이 결여되어 있기 때문이다.

둘째, 유해 불량식품을 수거, 폐기, 공시하는 제도가 미비하다.

셋째, 유해 불량식품을 생산·유통하는 업체들과 범법자들에 대한 감시체계가 허술하고 위반 시 처벌기준이 엄격하지 않기 때문이다.

넷째, 식품의 원료나 재료의 유해성 여부를 판단하고 제조과정에서 발생하는 유해 불량식품을 적발하고자 하는 정부기관의 적극적 의지와 능력이 부족하고 일부에서는 관련 공무원의 부패성에도 원인이 있다.

제5절 환경마인드

2020년 현재 우리가 살고 있는 세상은 환경이 그 어느 때보다도 삶의 질에 중요한 역할을 하게 된다. 따라서 기업은 환경 친화적인 경영을 할 때 생존과 발전을 보장받을 수 있다.

1. 환경악화 및 환경정화 비용

우리가 살고 있는 지구는 환경오염이나 파괴로 인하여 생물이 생활하는 환경의 질이 떨어지고 있는데 그 원인은 수질 오염, 대기 오염, 소음, 진동 등에 귀인하고 있다.

급속한 산업화로 거대 도시가 하루가 다르게 생겨나고 그 결과로 산림은 훼손되어 녹지공간은 점차 감소하고 있는 추세에 있다. 많은 사람들은 환경악화가 삶을 살아가는데 큰 경제적 비용을 일으키는 것을 잘 알고 있다.

우리나라에서 가장 심각한 환경문제는 미세먼지의 습격이다. 미세먼지는 여러 가지 복합한 성분을 가진 대기 중의 부유 물질이다. 대부분 자동차의 배기가스, 도로 주행과정에서 발생하는 먼지에서 발생한다. 입자의 크기와 화학적 조성이 건강 영향을 결정한다. 미세먼지의 노출은 호흡기 및 심혈관계 질환의 발생과 관련이 있으며 사망률도 증가시키는 것으로 보고되고 있다. 특히, 크기가 10마이크로미터 이하의 작은 먼지 입자들은 폐와 혈중으로 유입될 수 있기 때문에 큰 위협이 된다.

미세먼지는 지름이 10마이크로미터보다 작고, 2.5마이크로미터보다 큰 입자로 주로 도로변이나 산업단지 등에서 발생한다. 지름이 2.5마이크로미터 이하의 입자는 초미세먼지라고 하며 담배 연기나 연료의 연소 시에 생성된다. 입자의 성분이 인체의 독성에 중요한 역할을 하는데, 주로 연소 입자인 탄소, 유기탄화수소, 질산염, 황산염, 유해금속 성분 등으로 구성되어 있다. 이들은 크기가 매우 작아서 코와 기도를 거쳐 기도 깊숙한 폐포에 도달할 수 있으며, 크기가 작을수록 폐포를 직접 통과해서 혈액을 통해 전신적인 순환을 한다.

환경악화에 대기오염도 한몫을 하고 있다. 대기 오염은 공장이나 고층 빌딩의 굴뚝, 또는 자동차에서 내뿜는 가스 등 주로 인간의 활동으로 만들어지는 유독 물질에 의해 공기가 더러워지는 현상으로 오늘날의 대표적인 도시 공해 주범이다.

대기오염은 자동차·공장·발전소·가정에서 연료를 태울 때 나오는 매연이나 가스 때문에 생긴다. 그리고 화산 폭발이나 산불 등에 의해서도 공기가 오염된다. 오염된 공기는 한 곳에 머물지 않고 바람에 의해 이리저리 퍼져나가 그 피해가 더욱 커진다. 또한, 여러 가지 오염 물질이 서로 광화학 반응을 일으켜 광화학 스모그를 만들기도 한다.

우리가 생활하는 주변 환경은 산업이 발달하고 인구가 증가하면서 심각하게 오염되어 가고 있다. 대기오염은 화산의 폭발이나 바람에 의해, 먼지나 흙가루가 날려서 일어나는 자연적인 경우도 많지만, 대개는 교통 기관의 배기가스와 공장의 굴뚝에서 뿜어내는 매연 등으로 일어난다. 이 매연 속에는 먼지·이산화황·황화수소·이산화질소·일산화탄소·염소 등 우리 몸에 해로운 물질들이 많이 포함되어 있다.

대기오염의 정도가 심하면 폐암을 일으킬 수도 있으며, 머리가 몹시 아프거나 어지럽고, 목이 갑갑해지는 등 사람들의 건강을 크게 해치게 된다. 또한 식물이나 건물에도 커다란 피해를 주게 된다. 대도시의 중심가나 공장 지대에서 일하는 사람이 오후가 되면 두통 또는 현기증이 나는데, 이는 대기오염에서 오는 경우가 많다. 가스와 안개가 뭉쳐지는 현상으로 스모그가 심하면 앞이 잘 보이지 않아 교통사고를 일으킬 염려가 많다.

유해발암물질에 가해져 핵 발암물질도 인간의 건강을 위협하고 있다. 원자력발전소를 가진 나라들의 정부는 핵 발암물질을 안전하게 처리하기 위한 시스템을 안정적으로 정착시켜야 한다. 오늘날 대부분의 원자력발전소는 사용이 끝난 연료를 발전소 부지 내의 냉각수 풀장에 저장하고 있다. 핵 발암물질의 안전한 처리와 핵 발암물질을 만들어 내는 원자력발전소의 안전한 폐로 조치를 하는데 어느 정도의 비용이 소요될지는 아직 정확히 계산을 할 수 없다고 한다.

2011년 3월 11일 일본 도호쿠[東北] 지방 앞바다의 대지진과 지진해일(쓰나미)로 인하여 후쿠시마 제1원자력발전소에서 사고가 발생했다. 발전소가 침수되어 전원 및 냉각 시스템이 파손되면서 핵연료 용융과 수소 폭발로 이어져 다량의 방사성 물질이 누출되었다.

일본 도쿄에서 북동쪽으로 370㎞ 떨어진 도호쿠 지방의 태평양 앞바다에서 발생한 모멘트 규모(Moment magnitude) 9.0의 대지진과 그로 인한 쓰나미가 도호쿠 지방을 강타하면서 발생하였다. 이로 인하여 진앙지로부터 인접한 해변에 있는 후쿠시마 제1원자력발전소(제1원전)와 제2원자력발전소(제2원전), 오나가와 원자력발전소, 도카이 원자력발전소 등 4개 원자력발전소 부지가 직접 또는 간접적인 영향을 받았다. 당시 운전 중이던 후쿠시마 제1원전의 1~3호기와 제2원전의 1~4호기, 오나가와 원전의 1~3호기, 도카디 원전의 2호기 등 11기가 강진을 감지하여 자동으로 정지되었다. 가장 큰 피해는 후쿠시마 제1원전에서 발생하였다. 지진이 발생한 지 약 52분 뒤에 높이 14~15m의 쓰나미가 도달하여 정기검사로 정지 중이던 4~6호기까지 6기의 원전 건물이 모두 4~5m 높이로 침수되었다. 이로 인하여 전원이 끊긴 뒤 비상용 발전기까지 정지되는 등 모든 교류 전원을 상실함으로써 냉각장치도 작동하지 않아서 원자로 노심(爐心)을 식혀 주는 냉각수 유입이 중단되었다. 그 결과로 핵연료가 용융하고 수소가 발생함으로써 3월 12일 1호기에서 수소폭발이 일어난 데 이어 3월 14일에는 3호기, 3월 15일에는 2호기와 4호기에서 잇달아 수소폭발이 발생하면서 원자로 격벽이 붕괴되어 다량의 방사성 물질이 누출되었다. 냉각장치가 작동하지 않음에 따라 3월 13일부터 냉각수 대신 뿌린 바닷물이 방사성 물질을 머금은 오염수로 누출되었다. 3월 24일 3호기 터빈실 주변에서 정상적으로 운전할 때의 원자로 노심보다 1만 배나 농도가 높은 방사성

물질이 검출되었다. 오염수 처리 문제가 시급해짐에 따라 일본 정부는 4월 4일에서 10일까지 저농도 오염수를 바다로 방출하였다. 4월 12일 일본 정부는 후쿠시마 제1원전의 사고 수준을 7등급으로 격상한다고 공식 발표하였는데, 이는 원자력 사고의 최고 위험 단계로서 1986년 구소련에서 발생한 체르노빌 원자력발전 사고와 같은 등급이다.

방사성 물질 누출로 인하여 후쿠시마 제1원전 부지 내의 토양에서 핵무기 원료인 플루토늄까지 검출되었고, 원전 주변에서는 요오드와 세슘 외에 텔루륨·루테늄·란타넘·세륨·코발트 등 다양한 방사성 물질이 검출되었다. 이는 핵연료봉 내 우라늄이 핵분열을 일으킬 때 생기는 핵분열 생성물들이다. 또한 후쿠시마 토양에서는 골수암을 유발하는 스트론튬이 검출되기도 하는 등 심각한 방사능 오염 상태를 보였다. 이러한 방사성 물질은 편서풍을 타고 상당량이 태평양쪽으로 확산되어 육지 생태계에 미친 영향은 적었으나 방사능이 다량 누출된 날의 풍향에 따라 원전 북서쪽 지역의 오염이 상대적으로 심하게 나타났다. 이 사고의 방사능 누출로 인하여 한국에서도 극미량이지만 요오드-131과 같은 방사성 원소가 대기 중에서 검출되기도 하였다. 이 사고로 인한 방사성 물질 누출량은 체르노빌 원자력발전 사고의 누출량에 비하여 약 10~15% 수준인 것으로 알려졌으며, 수소폭발 이후에는 대기 중으로 방사성 물질이 다량 누출되는 일은 발생하지 않았다.

사고 후 원전의 반경 20㎞ 이내의 주민을 대피하도록 하였고, 원전 가동 중지로 인한 전력 공급의 부족을 우려하여 3월 14일에서 4월 8일까지 도쿄전력주식회사와 도호쿠전력주식회사의 관할권 내에서 계획 정전이 실시되었다. 2011년 12월 16일 일본 정부는 후쿠시마 제1원전이 냉온정지 상태임을 발표하였는데, 이는 용융된 원자로 내부의 냉각수 온도가 100℃ 미만임을 의미하는 것으로 한국 원전의 상온정지 운전모드와 동일한 상태로 곧 원전의 위험도가 상대적으로 낮은 상태를 의미한다. 2012년 4월에는 일본의 전기사업법에 따라 제1원전의 1~4호기가 폐로(廢爐)되었으며, 중장기 과제로 이후 수십 년에 걸쳐 연료봉 추출, 오염수 처리시설 설치, 오염된 토양 정화 및 원자로 폐로 작업을 추진한다.

후쿠시마 제2원전도 일부가 침수되어 4기가 모두 자동 정지되었지만, 침수 상태가 경미하고 외부 전원이 공급되어 신속히 회복되었다. 냉각장치 고장으로 방사능 누출 가능성이 높아져 반경 3㎞ 이내의 주민들에게 피난 지시를 내렸다. 도카이 원전은 발전소로 공급되는 외부 전원 3개 선로가 모두 차단되었으나 비상 디젤발전기 3개가 작동하여 전원을 공급하였다. 오나가와 원전은 5개 송전선로 가운데 4개가 상실되었으나 침수 피해가 발생하지 않아 비상 디젤발전기를 이용하여 냉각 기능이 안정적으로 작동하였다.

이 사고로 인한 경제적 피해 추정액은 최소 5조 5,045억 엔에서 최대치는 일본 정부 1년 예산의 절반에 육박하는 48조 엔에 이른다. 또한 이 사고로 인하여 원자력 발전에 대한 근원적 회의의 목소리가 높아졌다. 사고 당시 일본에서는 총 54기 가운데 38기가 운전 중이었으나, 2012년 10월 현재 2기만 운전 중이다. 다른 나라들에서도 대체로 원자력 찬성 비율이 크게 줄었으며, 국제기구를 중심으로 원자력 발전의 안전성 강화를 위한 논의가 활발하게 이루어졌다. 특히 독일 정부는 노후한 원전의 수명 연장 결정을 철회하고 2020년 이전까지 자국 내의 원전 17기를 모두 폐기할 것을 선언하였다.

탈 원전에 대한 주장은 1956년 영국에서 최초의 상업용 원전을 가동할 당시부터 현재에 이르기까지 꾸준히 제기되어 왔다. 기본적으로 탈 원전을 지지하는 '원자력 발전 폐지론자'들은 원자력 발전이 저렴하고 친환경적인 에너지가 아니며, 통제 가능한 근본적 기술을 확보하지 못한 위험한 에너지라고 믿고 있다.

1970년 프랑스의 핵실험에 반대하기 위해 1971년 발족된 그린피스(NGO)는 원자력 발전의 비효율성과 위험성을 알리는 운동을 펼쳐왔다. 우리나라의 탈원전 정책은 1979년 미국 스리마일섬 원자력 발전소 사고, 1986년 소련 체르노빌 원자력 발전소 사고, 2011년 일본 후쿠시마 제1 원자력 발전소 사고 등 세 개의 유명한 원전 사고의 영향을 받았다. 2016년 현재, 호주, 오스트리아, 덴마크, 그리스, 아일랜드, 이탈리아, 라트비아, 리히텐슈타인, 룩셈부르크, 말레이시아, 몰타, 뉴질랜드, 노르웨이, 필리핀, 포르투갈은 원자력 발전소가 없으며, 앞으로도 보유 계획이 없다. 벨기에, 독일, 스페인, 스위스는 원자력 발전소 가동을 중단했다.

우리나라도 문재인 정부가 출범하면서 탈 원전 정책을 구체적으로 시행하게 되었다. 19대 대선 때 탈 원전 정책을 공약으로 '원자력 제로'를 목표로 신규 원전 건설계획 백지화, 노후 원전 수명연장 중단, 월성1호기 폐쇄, 신고리 5·6호기 공사 중단 등을 주장했다. 또한 원전 비중을 2030년까지 30%에서 18%로 낮추고, LNG는 20%에서 37%, 신재생 에너지는 5%에서 20%로 높이겠다고 발표했다. 집권 이후에는 신고리원자력발전소 5, 6호기의 공사를 3개월 간 일시 중단하고, 시민 배심원단들로 구성된 공론화위원회가 공사의 중단/재개 여부를 결정하도록 했다. 이 과정에서 1,000억원의 손실이 발생하고 한수원 노조 등 원자력업계의 반발이 일어나는 등의 논란이 일어났다. 또한 서울대학교 공과대학 11개 학과가 모두 모여 『탈 원전 추진, 과학기술계의 의견을 경청하라』라는 입장서를 내기도 했다.

2. 환경오염과 건강

우리는 공기를 호흡하고 물을 마시며, 땅에서 재배한 농작물을 먹으면서 자연 환경과 더불어 살아간다. 그런데 인구가 급속하게 증가하고 산업화와 도시화가 이루어지면서 이러한 환경이 점점 오염되어 오늘날 우리의 건강과 생명까지 위협하고 있다. 환경오염의 종류와 각각의 환경오염이 우리의 건강에 어떤 영향을 미치는지 알아보자.

대기가 오염되면 산성비가 내리게 되어 각종 시설물이 부식되고, 식물이 말라 죽게 되는 등 생태계가 큰 영향을 받는다. 또한 오염된 공기는 눈과 기도를 자극하여 심한 경우에는 눈병이나 호흡기 질환을 일으키고, 두통과 비염의 원인이 되기도 하며 야외에서 이루어지는 신체 활동에 지장을 준다.

수질오염은 심한 악취를 발생시켜 주변 지역 주민에게 불쾌감과 생활의 불편함을 주고, 수영, 수상스키 등과 같은 활동을 어렵게 만든다. 또한 오염된 물을 먹거나 오염된 물에서 살아가는 수중 생물을 먹으면 설사, 장티푸스, 콜레라 등의 전염병이나 피부병에 걸린다.

토양오염은 가정 및 공장에서 나오는 폐기물과 농경지에 뿌려지는 농약은 중금속을 많이 포함하고 있고, 토양 속에 오랫동안 남아 있기 때문에 농작물에 큰 피해를 준다. 오염된 토양에서 자란 농산물을 사람이 먹으면 중금속과 같은 좋지 않은 성분이 몸에 쌓여 건강을 해치게 된다.

3. 환경보호의 생활화

환경보호는 생활에서 시작된다. 환경오염을 예방하기 위해서는 일상생활 속에서 환경보호 활동을 해야 한다. 집에서, 학교에서, 동네에서 할 수 있는 일들을 찾아내어 실천해 보자. 집에서 환경보호 활동을 실천하는 것은 깨끗하고 아름다운 환경을 지키기 위한 첫걸음이다. 우리가 스스로 집에서 할 수 있는 환경보호 방법에는 어떤 것들이 있는지 살펴보자.

① 합성 세제의 사용을 줄인다.
② 음식을 남기지 않는다.
③ 종이, 캔 등의 쓰레기는 종류별로 분리하여 버린다.
④ 일회용품의 사용을 줄인다.

학교는 친구들과 함께 공부하고 생활하는 공간이다. 그러므로 나보다는 학교라는 공동체를 생각하는 자세로 학교 환경을 다 함께 보호하고 가꾸어야 한다. 학교생활에서 할 수 있는 환경보호 방법에는 어떤 것들이 있는지 살펴보자.

① 학용품을 아껴 쓰고 재활용한다.
② 종이를 아껴 쓰고, 이면지를 활용한다.
③ 급식을 할 때에는 음식 쓰레기가 생기지 않도록 먹을 만큼만 가져온다.

지역 사회의 환경보호를 위한 공동체 의식은 내가 살고 있는 동네를 깨끗이 하는 데에서 시작된다. 우리 동네에서 할 수 있는 환경보호 활동에는 어떤 것들이 있는지 살펴보고, 실천해 보도록 한다.

① 가까운 거리는 걷거나 자전거를 이용한다.
② 대중교통을 이용한다.
③ 일회용 비닐봉지의 사용을 자제하고, 장바구니를 이용한다.
④ 야외 활동 후에는 쓰레기를 버리지 말고 직접 되가져온다.

제6절 친환경경영의 실천

1. 친환경경영을 위한 실천 과제

21세기 글로벌 시대의 기업의 경영트렌드는 바로 친환경 경영을 실천하는 것이다. 우리나라의 대기업 중에는 한화, 대한항공, KT, 캐논 등 많은 기업들이 친환경 경영활동을 실천하고 있다.

해외 기업으로는 필립스가 "지속가능성이란 우리에게 지워진 의무"라는 경영철학으로 환경경영에 대한 확고한 의지를 보이고 있다. 저비용의 물 정화 장치 개발하여 보급함으로써 저개발 지역 주민들의 생존은 물론이고 위생수준을 개선하는데 도움을 주고 있다. 또한 연기가 나지 않는 난로를 개발해 호흡기 질환을 예방할 수 있게 되었다.

유니레버의 페트릭 세스코(Patrick Cescau, 2005~2008 유니레버 그룹 CEO)는 "환경친화경영만이 미래 경영의 살 길이다"라고 강조했는데 유니레버는 환경경영활동을 위한 자체지침을 설정해 적용했다. 대표적으로 어획량을 초과해 남획한 지역의 어류는 공급원에서부터 배제하고, 브라질과 아프리카의 농민들에게 지속가능한 경작법을 무상으로 교육하는 사업을 전개하였다.

환경경영을 위한 실천과제로는 다음과 같다.

첫째, 자연환경에 대한 교육을 통해 환경에 대한 올바른 인식을 갖게 하여야 한다. 자연환경은 그 자체로도 충분한 존재이유가 있다는 것을 이해할 때 비로소 자연환경의 보존이 가능하다. 인간의 삶은 자연생태계의 일부에 불과하다. 만약 자연환경이 파괴가 되면 인간생존의 위협에 직면하게 된다. 인간에 의한 자연의 지배와 착취가 아니라 인간이 자연이 조화롭게 공생할 수 있는 관계를 구축해 나가야 한다.

둘째, 환경 분야의 위기관리에 과감한 투자를 해야 한다. 환경관련 이슈는 일단 터지면 큰 재앙이 될 수 있다. 우리는 지금까지 주로 금융위기와 관련된 사건들을 경험해 봤지만 2019년 코로나19의 대재앙에 전 세계가 공포에 휩싸였고, 모든 산업시스템이 붕괴되는 초유의 사태를 경험했다.

2001년에 소니(Sony)의 제품인 Playstation 케이블에서 중금속인 카드뮴이 허용기준치를 초과해서 발견되었는데 이 제품이 어린 아이들이 가지고 노는 제품이어서 사회적으로 큰 문제가 되었다. 소니는 이 사건으로 1억 6천만 달러 상당의 경영 손실을 보았다. 이후 소니는 이러한 환경 분야 위기를 극복하기 위해 기업 전 분야에 걸친 위기관리 시스템을 설치하고 사전 위기 감지와 조기 수습에 대한 과감한 투자를 했다.

셋째, 에너지 효율을 개선하는데 투자를 늘려야 한다. 기업이 에너지 효율을 개선하는데 얼마나 노력을 하고 있는지는 기업의 이미지에 많은 영향을 미치게 된다. 1999년 미국의 아모코를 흡수 합병하여 BP아모코로 회사명을 변경함으로써 세계 3대 석유

회사로 발돋움하였고, 2000년 2월에는 세계 최대 규모의 정유시설을 보유한 ARCO(아코)를 흡수 합병함으로써 엑슨-모빌에 이어 세계 제2위의 민간 석유기업인 BP는 텍사스 정유소 폭파사고, 알라스카 송유관 파열사고 등으로 큰 위기를 맞았지만 그동안 에너지기업으로서 에너지 효율개선과 대체에너지에 대한 꾸준한 투자를 통해 환경친화이미지를 쌓아온 명성 덕분에 이러한 위기를 슬기롭게 극복할 수 있었다.

넷째, 원료 공급지역의 환경 및 의료 서비스를 지원해 주는 것이다. 친환경 경영의 또 다른 축은 바로 원료 공급에서 친환경성을 유지하는 것이다. 일반적으로 원료의 공급지역이나 국가의 경우 산업화가 덜 이루어진 경우가 많다. 그러한 지역 및 국가의 낙후된 생활환경을 개선하여 준다든지, 의료 서비스를 제공해 주거나 개선하는 것은 기업의 친환경적 이미지를 제고할 수 있는 좋은 방법이 될 수 있다.

다섯째, 원료 공급과 생산에 있어서 지속 가능성을 확보하는 데 주력해야 한다. 특히 농업, 수산업, 임업과 같은 1차 산업을 가공하는 제조업의 경우, 원료의 안정된 확보가 무엇보다도 중요하다. 이런 면에서 기업이 원료 공급원을 지속가능한 수준으로 유지시키려는 노력은 기업의 장기 성장의 핵심이 된다.

이건산업은 기업에 필요한 목재를 벌목하면 임야에 벌목한 것 이상으로 조림지를 조성함으로써 환경보호에 대한 확고한 의지를 나타내 보임으로써 자연훼손이라는 부정적 이미지를 환경친화기업의 이미지로 바꾸게 만들 수 있다.

오늘날 소비자들은 기업들이 환경보전에 대한 좀 더 책임 있는 활동을 기대하고 있다. 환경친화경영은 이제 좋은 기업을 넘어 초일류 기업으로 가는 지름길이 될 것이다.

[사례] 루이비통 향수 대신 손 세정제 생산

2020년 봄은 세계 각국이 코로나 전시체제에 돌입했다. 사실상 국가 총동원령이 내려지면서, 자동차 회사인 롤스로이스가 인공호흡기를 생산하고, 패션 회사인 루이비통이 세정제를 만들기 시작했다.

루이비통 등을 운영하는 프랑스 명품 그룹 루이비통 모에헤네시(LVMH)가 신종 코로나 바이러스 감염증(코로나19)으로 손 세정제 품귀 현상이 빚어지자, 자사의 향수와 화장품 공장에서 손 세정제를 생산했다.

로이터통신 등에 따르면 이 회사는 자사의 향수 및 화장품 공장 3곳에서 손 세정제를 생산했다. 이들 공장은 원래 겔랑, 디올, 지방시 등의 화장품을 생산하는 곳이다. LVMH는 이번 주 12t의 손 소독제를 생산해 프랑스 보건당국 및 파리 39개 공립병원 무료로 기부할 방침이다. LVMH는 성명을 통해 “손 세정제의 부족으로 인한 위험을 해결하고 더 많은 사람이 바이러스의 확산으로부터 자신을 보호할 수 있도록 하고자 한다”고 밝혔다.

프랑스는 코로나19 확진자가 급증하면서 손 세정제의 확보에 비상이 걸린 상황이다. 현지 약국들은 손 세정제를 ‘1인 1개’만 구매하도록 허가하고 있으나, 일부 업자들이 폭리를 취하는 등 전국적으로 손 소독제 부족 현상을 겪는 것으로 알려진다. 특히 이번 조치는 2020년 3월 12일 세계 4대 부호인 베르나르 아르노 LVMH 회장은 미국 뉴욕증시 폭락으로 하루 만에 95억 달러(약 11조 6337억원)를 잃은 후 발표된 것으로 주목받고 있다.

자메 루이비통 사무국장은 “겔랑, 디올, 지방시 공장에서 알코올 세정제를 만들고 있습니다.”

화장품 원료들로 세정제를 만들어 파리 39곳 병원에 공급하기로 했습니다. 코로나 사태 후 특히 술을 보는 시선이 달라졌다. 술의 주성분은 수소 6개와 탄소 2개가 결합한 에틸 ‘알코올’인데 유럽 전통 주류회사들은 양조장에 비축한 알코올을 세정제 원료로 정부에 내놓기 시작했다.

제 5 부

윤리경영 사례

제15장 한국기업의 윤리경영 사례와 공직자윤리법

제15장

한국기업의 윤리경영 사례와 공직자윤리법

제1절 POSCO 윤리경영
제2절 삼성전자의 윤리·준법 경영
제3절 KT 윤리경영
제4절 공직자윤리법

제1절 POSCO 윤리경영

posco 윤리경영

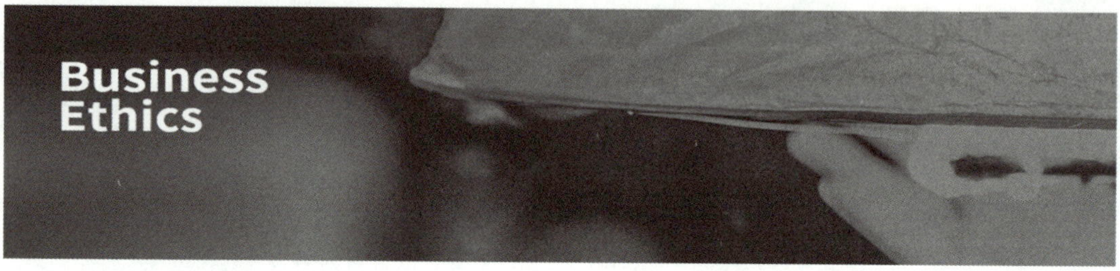

Doing the Right Thing

올바른 일을 올바르게 하는 것, 포스코가 하는 것입니다.

윤리규범

- 포스코그룹의 임직원이라면 누구나 지키고 발전시켜 나가야 할 윤리적 가치와 행동기준입니다.

1. 윤리준칙

(1) 전문

본 윤리규범은 희생과 봉사를 근간으로 하는 제철보국(製鐵報國)의 창업정신을 계승하고 새로운 시대정신을 반영하여 포스코그룹의 임직원이라면 누구나 지키고 발전시켜 나가야 할 윤리적 가치와 행동기준이다.

진실(Integrity), 공정(Fairness), 정직(Honesty)을 최우선의 가치기준으로 모든 이해관계자들에게 신뢰(Trust) 받는 기업상을 구축하는 것이 우리 모두가 지향해야 할 불변의 가치이다.

이에 포스코는 2003년 전 임직원이 지켜야 할 윤리규범을 제정하였고, 2014년에는 인간존중을 표방하는 유엔 인권경영을 윤리규범에 명시적으로 포함시켰으며, 금번에는 윤리를 경영의 최우선가치로 하는 경영혁신의 취지에 맞게 윤리기준을 강화한 윤리규범을 개정하게 되었다.

본 윤리규범은 전문에 이어 임직원의 윤리규범 준수 및 책임을 반영한 윤리경영원칙 그리고 윤리적 의사결정 기준인 실천지침 등으로 이루어져 있다.

포스코 그룹의 모든 임직원들은 업무를 추진하는 전 과정에서 본 윤리규범이 정한 윤리원칙과 실천지침을 철저히 준수하여야 한다.

이것이 선열의 피와 창업세대의 땀으로 이룬 포스코를 현재의 우리 모두가 자랑스럽게 지켜가는 길이기 때문이다.

(2) 윤리원칙

① 윤리규범 준수의무

- 포스코가 사업을 운영하는 전 세계 어느 곳에서나 관련 법규 및 규정을 준수해야 한다.
- 포스코 임직원으로서의 품위를 지키며 기업평판 유지를 위해 노력해야 한다.
- 모든 업무수행 및 거래관계에서 정직하고 공정하며 신뢰를 지켜야 한다.
- 회사와 개인의 이해가 상충되는 행위를 하지 않는다.
- 임직원 및 이해관계자에 대해 인종, 국적, 성, 연령, 학벌, 종교, 지역, 장애, 결혼 여부, 성 정체성 등을 이유로 불합리한 차별을 하지 않고 개인의 존엄성과 다양성을 존중해야 한다.
- 안전한 직장을 만들고 환경을 보호하기 위해 노력해야 한다.
- 임직원은 윤리적인 행동에 책임을 지고 실천함으로써 윤리적 문화를 정착하는 데 최선을 다해야 한다.

② 임직원의 역할과 책임

임직원은 윤리규범의 모든 내용을 이해하고 실천하며, 글로벌 기업의 일원으로서 반부패 관련 국내외 법령을 준수해야 한다.

- 윤리규범의 이해와 준수
  - 윤리규범의 모든 내용을 숙지하고 성실히 준수하여야 한다.
  - 윤리규범에 저촉될 우려가 있는 상황에 대해서는 부서장 또는 정도경영실과 상담을 한 후 의사결정을 해야 한다.

- 비윤리행위를 한 경우에는 그에 상응하는 책임을 진다.

• 비윤리행위 신고와 상담

- 본인이나 타인의 행위가 윤리규범에 저촉된 사실을 알게 된 경우에는 부서장 또는 정도경영실에 즉시 신고 또는 상담해야 한다.
- 윤리규범에 저촉된 사실을 신고 또는 상담할 수 있는 여러 가지 방법을 알고 있어야 한다.

※ 리더의 역할과 책임

리더는 윤리준수를 통해 비윤리행위를 예방하고 근절함으로써 회사의 본원 경쟁력 제고에 중추적인 역할을 다한다.

• 의사결정

- 회사의 이익과 윤리가 상충될 경우 윤리 우선의 의사결정을 할 의무가 있다.

• 경영책임

- 비윤리행위 발생 시 무한책임을 지고, 부하직원의 비윤리행위 시에도 관리책임을 진다.

• 업무수행

- 철저히 법과 사규를 지키며 사익을 추구하지 않고 회사의 기업가치 창출에 최선을 다하며 부정부패한 이해관계자와는 거래하지 않는다.

• 청탁배제

- 모든 청탁을 근절하고 외부인과 연계한 업무상 영향력 행사를 배제한다.

• 인간존중

- 조직 내 성희롱과 폭언 등 인간존중을 저해하는 행위근절에 노력한다.

• 이해충돌 방지

- 거래 관계사에 재직 중인 사적 이해관계자와 이해충돌을 방지하고, 사적 이해관계를 이유로 특혜를 제공하는 불공정 거래 근절을 위해 노력한다.

• 실천 활동
 - 상기의 역할과 책임을 완수함으로써 윤리실천 수준을 세계 최고로 올릴 수 있도록 역할을 다한다.

※ 리더는 소속직원의 비윤리행위를 예방하고, 발생 시 이에 대응하기 위해 다음과 같은 사항을 수행해야 한다.

• 윤리교육과 상담
 - 소속직원에 대한 윤리교육과 상담을 실시해야 한다.
 - 윤리규범의 준수와 윤리실천의 중요성을 소속직원에게 이해시켜야 한다.

• 비윤리행위 예방조치
 - 상습적으로 발생하는 비윤리가 있을 경우 원인을 발굴하고 프로세스를 개선하여 근본적인 예방활동을 실시해야 한다.
 - 소속직원이 윤리규범을 위반한 사실을 보고받는 즉시 정도경영실로 신고 또는 상담해야 한다.

③ 윤리규범 위반에 대한 징계

윤리규범을 위반한 임직원은 관련 규정에 따라 해고를 포함한 징계를 받을 수 있다. 특히 금품수수, 횡령, 정보조작, 성윤리 위반[1]에 대해서는 무관용 원칙을 적용한다.

• 징계대상 행위
 - 윤리규범을 위반하거나 다른 사람에게 규범을 위반하도록 요구한 경우
 - 이미 알고 있거나 의심이 되는 윤리규범 위반 사항을 즉시 알리지 않는 경우
 - 윤리규범 위반 가능성이 있는 사안에 대한 정도경영실 조사에 협조하지 않는 경우
 - 윤리경영 문제와 관련하여 신고한 다른 직원에게 보복 행위를 하는 경우

---

1) 금품수수: 이해관계자로부터 사회적으로 통용되는 범위 이상의 금전 및 물품을 받는 행위, 횡령: 회사 공금이나 자산을 불법적으로 착복하는 행위, 정보조작: 업무정보를 사실과 다르게 위조·은폐·유포하는 행위, 성윤리 위반: 성희롱이나 성추행을 통해 상대방에게 성적 수치심을 불러일으키는 행위.

2. 실천지침

(1) 윤리실천과 준법

글로벌 기업으로서 기본에 철저하고 원칙을 지키는 경영 활동을 통해 법과 윤리를 준수함으로써 윤리적 기업문화를 정착한다.

① 금품

- 금품은 금전(현금, 상품권, 이용권 등), 물품 등 경제적 이익을 가져올 수 있는 것을 뜻한다.
- 어떠한 명목으로도 이해관계자[2)]에게 금품을 제공하거나 요구 또는 받아서는 안 된다. 다만, 다음에 해당하는 경우는 예외로 한다.
  - 5만원을 초과하지 않는 판촉 또는 홍보 용도의 선물. 단, 농수산물·가공품(화훼 포함)에 한해 10만원까지 허용
  - 5만원을 초과하지 않는 이해관계자의 회사 로고가 표시된 기념품 및 이해관계자가 주관하는 행사에 서 참석자에게 일반적으로 제공되는 기념품
- 해외 출장 시 해외법인으로부터 선물을 요구 또는 받아서는 안 된다.
- 인지하지 못한 상태에서 불가피하게 금품을 받은 경우에는 반환하여야 하며 반환이 곤란한 경우에는 정도경영실에 신고하여야 한다.

② 접대

- 접대는 식사, 술자리, 골프, 공연, 오락 등 비즈니스로 인한 인적모임과 교류를 위해 이루어지는 다양한 활동을 뜻한다.
- 이해관계자와 인당 10만원을 초과하는 접대는 주고받을 수 없다. 업무와 관련하여 인당 10만원을 초과하는 접대를 주고받아야 하는 경우에는 사전에 부서장의 승인을 받아야 한다. 불가피하게 10만원을 초과하는 접대를 주고받은 경우에는 정도경영실에 신고해야 한다. 단, 공무원, 언론인, 교직원 등 청탁금지법 적용대상자에 대해서는 원활한 직무수행, 사교·의례 등 정당한 목적이 인정되는 경우에 한해 인당 3만원 이하의 음식물을 제공할 수 있다.

---

2) 이해관계자: 본인의 업무와 관련하여 권리 또는 이익에 직간접적으로 영향을 받거나 줄 수 있는 임직원 및 고객사, 거래회사, 계열사, 협력사, 국내외 공공기관, 국제단체(그 소속 임직원 포함).

- 금액에 관계없이 이성도우미가 있는 유흥주점에서의 접대는 금지한다.

③ 편의

- 편의는 교통수단, 숙박시설, 관광, 행사지원 등의 수혜를 제공하거나 받는 것을 뜻한다.
- 통상적 수준을 초과하는 교통수단, 숙박시설 등의 편의를 주고받아서는 안 된다. 다만, 행사 등에서 모든 참석자에게 일반적으로 제공되는 편의는 제외한다.
- 불가피하게 허용된 범위를 초과하는 편의를 주고받은 경우에는 정도경영실에 신고하여야 한다.

④ 경조금

- 본인 또는 동료에게 발생한 경조사를 이해관계자에게 알려서는 안 되며, 제3자를 통해 알리는 것도 본인의 통지행위로 간주한다.
- 직원 간 경조사 안내는 사내 경조사 게시란을 이용하고, 개별 사내메일 및 안내장(청첩장 및 부고장) 발송 등에 의한 안내를 금한다. 경조사 안내 시 친족의 범위는 직계가족인 직원 본인 및 배우자의 조부모, 부모, 자녀로 제한한다.
- 임직원간 경조금은 사회관례상 통상적 수준인 5만원을 권장한다.
- 외부 이해관계자에게 경조금을 제공하는 경우엔 화환·조화를 포함해 10만원을 한도로 한다. 단, 청탁금지법 적용대상자에 대해서는 화환·조화를 제외한 경조금이 5만원을 초과할 수 없다.
- 외부 이해관계자로부터는 어떠한 경우에도 경조금을 받지 않는다. 불가피하게 경조금을 받은 경우에도 반환하거나 정도경영실에 기탁하여야 한다.
- 임직원은 정도경영실이 요구하는 경우 이해관계자로부터 받은 경조금의 반환실적 등 관련 자료를 제출하여야 한다.
- 이해관계자로부터 경조화환을 받아서는 안 되며, 불가피하게 받은 경우라도 전시해서는 안 된다.
- 임직원은 특급호텔 등에서의 사치성 혼례를 하지 않도록 한다.

⑤ 청탁/추천

- 사내 지인 또는 외부인을 통해 다음 사항에 대한 청탁/추천을 하지 않으며, 청탁/

추천을 받은 경우 회사의 '클린포스코 시스템'에 등록하여야 한다.
- 설비/자재 구매 및 각종계약에 대한 특혜 요청
- 채용, 승진, 상벌, 보직이동 등 각종 인사에 있어서 우대 및 특혜 요청
- 통상적인 절차를 벗어난 과도한 편의, 특혜 제공 등 우대 요청
- 점검 및 검수 등 관리, 감독 업무를 소홀히 하도록 요청

- 청탁금지법에 열거된 대상 직무와 관련하여 직접 또는 제3자를 통하여 부정청탁을 해서는 안 된다.

⑥ 금전거래

- 이해관계자와 금전대차, 대출보증, 부동산 임대차 등 금전거래를 해서는 안 된다.
- 사적인 친분관계로 이해관계자와 불가피하게 금전거래를 한 경우에는 정도경영실에 신고하여야 한다.

⑦ 행사찬조

- 부서단위 행사 또는 동호인 활동 등 회사가 지원하는 행사시 이해관계자로부터 찬조금품을 받아서는 안 된다.
- 행사에 필요한 차량, 장소, 용역 등 편의를 제공받은 것도 찬조금품을 받은 것으로 간주한다.
- 불가피하게 행사찬조를 받은 경우에는 정도경영실에 신고하여야 한다.

⑧ 예산재원의 부당한 사용

- 회의비, 업무추진비 등 회사의 예산재원을 사적인 용도로 사용해서는 안 된다.
- 경비 집행 시 법인카드 사용을 원칙으로 하며, 예산의 목적과 법이 정하는 기준에 맞게 사용하여야 한다.

⑨ 정보 및 자산의 보호

- 회사의 비공개 정보나 중요한 정보를 철저히 보호하여야 한다.
- 중요한 정보는 인지하는 즉시 업무에 필요한 사람에게 전달한다.
- 정보를 왜곡하거나 허위사실을 유포하지 않는다.
- 회사의 비품, 시설 등을 회사업무와 직접 관련 없는 용도에 사용하지 않는다.

⑩ 공정거래

- 국제기준 및 국가별 공정거래 관련 법규를 준수함으로써 경쟁사와 생산, 가격, 입찰, 시장분할 등에 관한 담합 등 불공정거래 행위를 하지 않으며 시장에서 공정하게 경쟁한다.
- 우월적 지위를 이용하여 어떠한 형태의 대가나 부당한 요구를 고객과 거래회사에게 하지 않는다.
- 지적재산권을 포함하여 타인의 권리와 재산을 존중하고 이를 침해해서 거래나 이득을 취하지 않는다.
- 경쟁사 정보를 포함한 기업 정보는 정당한 방법을 통해서만 취득하고 활용한다.

⑪ 이해충돌 방지

- 이해충돌이란 거래 관계사 임직원과의 사적 이해관계가 임직원의 직무수행에 적절한 영향을 미치는 경우를 뜻한다.
- 퇴직임직원을 포함한 사적 이해관계가 있는 거래 관계사 임직원의 부적절한 요청사항은 철저히 배제하여 이해충돌을 방지한다.
- 사적 이해관계가 있는 거래 관계사 임직원과 비공식적인 접촉을 하지 않으며, 의도하지 않은 접촉 시에는 부서 상급자 또는 정도경영실 윤리책임관에게 보고한다.
- 회사의 승인을 받지 않은 퇴직임직원 모임에는 참석하지 않는다.
- 퇴직임직원 모임은 퇴임 후에 가입하고, 현재 가입되어 있는 경우 부서 상급자에게 보고 및 탈퇴한다.
- 거래 관계사 임직원과 사적 이해관계가 있는 경우 부서 상급자 또는 윤리책임관과 상담 후 결과에 따라 업무 재배정 등의 조치에 동의한다.
- 퇴직 후에도 포스코 및 포스코그룹사와의 이해 충돌을 방지한다.
- 사적 이해관계를 이유로 특정 개인, 법인 등을 우대하여 부당한 수의계약 체결, 고가 구매, 물량 몰아주기, 거래정보 사전유출 등의 불공정 거래를 하지 않는다.

(2) 임직원의 일과 삶의 조화

일과 삶의 균형을 통해 개인의 성장과 회사의 발전을 추구하며 상호 존중하는 기업문화의 정착을 통해 행복하게 일하는 일터를 조성한다.

① 일과 삶의 균형 추구

- 임직원의 생활여건 안정에 도움이 되는 복리후생 제공 등을 통해 삶의 질 향상을 도모한다.
- 임직원이 개인의 비전을 달성하도록 지원하고 시간, 장소, 방법 등에서 유연하게 업무를 수행할 수 있도록 한다.

② 교육과 성장의 기회 제공

- 창의적으로 일할 수 있는 근로환경과 제도를 마련한다.
- 임직원이 능력과 자질을 개발하여 최고의 역량을 지닌 인재가 될 수 있도록 역량 향상과 자기개발 교육을 지원한다.

③ 공정한 평가 및 보상

- 회사는 임직원 개인의 역량과 성과에 기반한 공정한 평가를 실시하고 이를 체계적으로 반영하여 적절한 보상이 이루어지도록 한다.

④ 건전한 조직문화 조성

- 임직원은 열린 의사소통을 통해 개방적인 기업문화를 지향한다.
- 임직원은 조직 간의 벽을 없애고 상호 협력하는 조직 분위기를 조성한다.

(3) 고객가치 창출과 신뢰확보

고객의 신뢰와 성공이 우리의 미래임을 인식하여 고객의 의견을 항상 존중하고, 고객을 이해하며 고객의 발전에 도움이 되는 가치를 창출한다.

① 고객만족 실현

- 고객의 소리를 경청하고 존중하는 고객 중심의 업무를 수행한다.
- 고객의 정당한 요구와 합리적인 제안을 적극적으로 수용한다.

② 고객가치 창출

- 지속적인 기술개발을 통해 최상의 제품을 제공함으로써 고객의 니즈에 부응한다.
- 임직원은 국내외 시장현황을 파악하고 고객의 문화와 관습을 존중하는 서비스

마인드를 함양한다.

③ 고객신뢰 확보

- 경영활동에서 고객의 안전과 건강을 충분히 고려하여 고객의 안전과 건강에 위협이 되는 제품과 서비스를 제공하지 않는다.
- 고객의 정보를 보호하며 정보보호에 관한 법규와 규정을 준수한다.
- 고객에게 정확한 정보를 적기에 제공한다.

(4) 투자자에 대한 신의성실의 의무

투명한 의사결정과 효율적인 경영활동으로 정당한 이익을 실현함으로써 투자자 가치를 극대화한다.

① 주주가치 증대추구

- 투명한 의사결정과 효율적인 경영활동을 통해 이익을 창출하고 기업 가치와 주주의 가치를 동시에 증대한다.

② 투자정보의 공정한 제공

- 투자자의 투자판단에 영향을 미칠 수 있는 정보를 일부 투자자 에게만 제공하거나, 내용을 선별하여 제공하지 않는다.
- 직무상 취득한 내부정보를 이용하여 주식이나 유가증권을 직접 거래하거나 타인에게 거래를 권유하지 않는다.

③ 투명한 재무정보 산출 및 제공

- 재무정보는 정확한 거래사실을 기반으로 적절한 프로세스와 통제를 통해 산출되어야 한다.
- 일반적으로 인정된 회계기준에 따라 재무보고를 작성한다.
- 투자자들이 자유로운 판단과 책임하에 투자결정을 내릴 수 있도록 충분하고 정확한 경영정보를 제공한다.

(5) 거래회사와 상생관계 구축

상호신뢰를 기반으로 공정한 거래질서를 확립하고 이해관계자와의 동반성장을 통해 함께 공존하는 기업생태계를 구축한다.

① 상호신뢰 구축

- 거래회사와의 거래가 상호존중과 동등한 관계를 통해 공정하게 이루어지도록 한다.
- 거래회사와의 거래에서 입수한 정보를 관련 법규와 계약서상의 조건에 따라 엄격히 보호한다.
- 거래회사가 공정거래와 관련된 법규와 규정을 준수하도록 지원한다.

② 거래회사와의 동반성장 추진

- 거래회사와 성과를 공유하여 상호 이익을 추구한다.
- 거래회사와 원활한 의사소통과 상호 협력을 통해 거래회사가 우수한 품질의 제품과 수준 높은 서비스를 제공할 수 있도록 한다.
- 거래회사에게는 공평한 기회를 제공하고 합리적인 거래조건을 보장하여 동반자 관계로 발전시킨다.

③ 거래회사의 지속적 발전지원

- 거래회사에 대한 기술 및 금융지원을 통하여 안정적인 공급망이 구축되도록 노력한다.
- 기업 생태계의 전체적인 상생을 위해 동반성장 거래회사의 범위를 확대시킨다.

(6) 국가와 사회에 대한 공헌(기업시민의 자세)

글로벌 기업시민으로서의 책임과 의무를 다함으로써 국가와 사회발전에 기여한다.

① 기업시민으로서의 역할과 자세

- 현지국의 법규와 규정, 지역사회의 문화와 전통을 존중하고 국가사회와의 공동발전을 위해 노력한다.
- 국가사회와 관련이 있는 경영활동 과정에서 이해관계자의 참여를 통해 의사소통할 수 있도록 노력한다.
- 거래회사가 국가사회 발전을 위한 활동에 참여하도록 노력한다.

② 국가와 사회 발전에 기여

- 회사는 안정적인 일자리 창출과 유지, 성실한 세금 납부를 통해 지역사회에서의 의무를 다한다.
- 자원봉사, 재난구호 등 사회봉사활동에 적극 참여하고 문화, 예술, 스포츠, 학문 등 각 분야에서의 공익활동을 전개한다.
- 지역주민의 삶의 질을 향상시키고 행복한 삶을 누릴 수 있도록 지원한다.

(7) 환경보호와 생태계 보전

환경경영 체계를 구축하고 환경 리스크 대응 역량을 강화하며 열린 의사소통을 통해 진환경 경영을 수행한다.

① 환경경영체계 구축

- 환경경영체계를 효과적으로 운영하여 환경경영 목표를 달성할 수 있도록 기업활동이 환경에 미치는 영향과 리스크를 평가하고, 환경경영 실적을 체계적으로 관리 분석한다.
- 다양한 이해관계자와 성과 및 이슈를 공유하고 환경보존 활동을 함께 수행한다.
- 거래회사와 환경보호가 기업의 기본적인 사회적 책무임에 대한 공감대를 형성하고, 환경보호에 관한 법규와 규정을 준수하도록 지원한다.
- 거래회사가 제품의 생산과 서비스의 제공에 있어 공공의 보건과 안전을 지키는 한편, 지역사회 환경과 천연자원에 미치는 부정적인 효과를 최소화하도록 지원한다.

② 환경법규 준수 및 환경영향 개선

- 환경법규를 준수하고 제품의 개발과 생산, 사용 등의 전 과정에서 환경영향 개선을 위해 노력한다.
- 친환경생산 공정 도입과 환경오염 방지 최적기술 적용으로 오염물질 배출을 최소화한다.

③ 기후변화 대응

- 화석연·원료 사용량을 저감하고 에너지 효율 향상을 통해 온실가스 배출을 감축

하기 위해 노력한다.

- 저탄소 혁신기술 개발을 통해 경쟁력을 강화한다.

④ 환경과 생태계 보호

- 천연자원, 부산물 등을 효율적으로 활용하여 자연 생태계의 복원과 생물 다양성 보전을 위해 노력한다.

(8) 인권의 보호와 존중

인권을 존중하고 관련 국제 기준을 지지하며 자유, 안전, 삶의 질적 향상을 통해 모든 이해관계자의 인간의 존엄성을 확립한다.

① 인권관련 국제기준의 존중

- 세계인권선언, UN 기업과 인권에 관한 이행 원칙, UN글로벌콤팩트, OECD 다국적기업 가이드라인 등 국제적으로 통용되는 인권관련 국제기준을 존중하고 지지한다.
- 명확한 인권보호 정책과 체계를 확립하고 경영활동 과정에서 인권을 침해하지 않도록 노력한다.
- 거래회사가 인권관련 국제기준에서 요구하는 인권규정을 준수하고 직원의 인권을 보호하며 공정하게 대우하도록 지원한다.

② 인권존중을 위한 실사의무(Due Diligence)

- 인권을 침해하거나 불만을 초래하는 경영활동에 대해서는 필요시 실사를 실시할 수 있다.
- 실사 결과 회사의 경영활동으로 인해 인권을 침해하거나 불만을 초래했다고 판단되는 경우에는 합리적 해결책을 모색한다.
- 인권과 관련된 활동 내용과 결과에 대해 관련 이해관계자들과 의사소통한다.

③ 임직원 보호

- 개인의 인권을 침해하는 성희롱 행위를 포함하여, 다른 사람에게 불쾌감을 주는 언어적, 육체적, 시각적 행동을 하지 않는다.
- 임직원 개개인의 사생활을 존중하며 타인에 대한 비방이나 음해 등을 하지 않으

며, 개인 정보를 유출하지 않는다.

- 정신적·육체적 강요에 의해 비자발적으로 수행되는 업무가 발생하지 않도록 한다.
- 미성년자의 노동조건과 최저 노동의 연령기준은 국가별 노동법과 국제기준을 준수한다.
- 안전수칙을 철저히 준수하고 발견된 위험요소에 대해서는 적절한 조치를 취한다.

④ 존중과 평등

- 인종, 국적, 성, 연령, 학벌, 종교, 지역, 장애, 결혼 여부, 성 정체성 등을 이유로 어떠한 차별이나 괴롭힘을 하지 않는다.
- 직무 자격 요건과 능력을 갖추고 있는 경우에는 고용에 있어 평등하게 기회를 제공한다.
- 다양한 문화적 차이를 존중하여 근로환경을 유지한다.

⑤ 적법하고 인간적인 고용조건 보장

- 임직원이 제기한 인권문제에 대해서는 회사의 고충처리 제도를 이용하여 신속하게 조치한다.
- 인간의 존엄을 유지할 수 있는 생활을 영위할 수 있도록 적정한 근로시간 유지 등 고용조건을 보장한다.

⑥ 지역사회의 인권 존중 노력

- 회사의 경영활동으로 인하여 지역사회에서 인권을 침해당한 경우 의견을 수렴하고 인권 문제가 해결될 수 있도록 노력한다.

<부칙> 윤리규범의 관리와 운영

① 윤리규범의 준수

- 윤리규범을 행동과 가치판단의 기준으로 삼아 성실히 준수하여야 한다.
- 윤리규범의 제반 관리업무는 정도경영실로 하고, 세부 운영은 분야별 관리책임부서에서 한다.
- 윤리규범의 효율적인 운영을 위하여 필요시 별도의 기준을 정할 수 있다.

② 임원 및 부서장의 책임

- 임원 및 부서장은 소속 직원이 이 규범을 충분히 이해할 수 있도록 교육과 상담을 수시로 실시하여야 한다.
- 임원 및 부서장은 소속직원이 이 규범을 위반하지 않도록 적절한 예방조치를 취하여야 한다.

③ 신고의무 및 비밀보장

- 윤리규범을 위반한 사실을 알게 된 경우 가장 신속하고 편리한 방법으로 정도경영실에 신고하여야 한다.
- 임원 및 부서장은 소속직원이 윤리규범을 위반한 사실을 보고받는 즉시 정도경영실에 신고하여야 한다.
- 정도경영실은 신고 받은 사안에 대해 필요시 사실 확인을 할 수 있으며, 관련 임직원은 이에 적극 협조하여야 한다.
- 임직원은 보고자 및 신고자에게 불이익을 가하거나 그 신분을 누설하여서는 안된다.
- 보고자 및 신고자가 인사상 불이익을 받을 우려가 있는 경우에는 본인의 희망에 따라 보직변경 등 인사 조치를 취한다.
- 임직원은 직무상 또는 우연히 신고사실을 알았더라도 그 비밀을 지켜야 하며, 누설한 경우 징계를 받을 수 있다.
- 이해관계자로부터의 금품수수 등에 대한 비윤리 행위 신고 및 보상에 대한 운영기준은 따로 정한다.

④ 포상 및 징계

- 회사는 윤리규범의 목적을 달성하는 데 공로가 있는 임직원에게 관련 규정에 따라 포상 또는 적정한 보상금을 지급할 수 있다.
- 회사는 윤리규범을 위반한 임직원에 대해 관련규정에 따라 엄중 문책한다.
- 회사는 윤리규범을 위반하여 퇴직한 임직원에 대하여 회사출입 및 거래를 제한할 수 있다.

⑤ 윤리위원회 운영

- 회사는 윤리관련 중요 안건의 보고, 심의, 의결을 위해 윤리위원회를 설치, 운영할 수 있으며, 운영기준은 따로 정한다.

⑥ 해석

- 임직원의 명의를 이용하여 그 가족, 친인척, 지인 등이 이 윤리규범을 위반하는 행위도 본인의 행위로 간주한다.
- 윤리규범에서 구체적으로 정하지 않은 부분이 있거나 해석에 분쟁이 있는 경우 정도경영실에 문의하여 그 해석에 따른다.

⑦ 개정

- 정도경영실은 필요한 경우 윤리규범을 개정하되, 정도경영실장이 중요하다고 판단한 사항은 대표이사 회장의 승인을 득하여 개정한다.

제2절 삼성전자 윤리·준법 경영

"인재와 기술을 바탕으로 최고의 제품과 서비스를 창출하여 인류사회에 공헌한다"는 경영이념 아래 공정하고 투명한 경영을 위해 최선을 다하고 있습니다.

1. 경영원칙

모든 경영활동에서 임직원의 가치판단의 기준이 되는 삼성의 경영원칙을 소개합니다.

우리 삼성은 인재와 기술을 바탕으로 최고의 제품과 서비스를 창출하여 인류사회에 공헌하는「글로벌 초일류기업」을 지향한다.

이를 위해 인재제일, 최고지향, 변화선도, 정도경영, 상생추구를 모든 삼성인이 공유하고 지켜야 할 핵심가치(Samsung Value)로 삼는다. 나아가 우리는 법과 윤리를 준수하고 기업 본연의 역할과 사회적 책임을 다하기 위해 모든 경영활동에서 삼성인의 사고와 행동기준이 될「경영원칙」을 제정하고, 이를 적극 실천할 것을 다짐한다.

(1) 법과 윤리를 준수한다

① 개인의 존엄성과 다양성을 존중한다

- 모든 사람의 기본적인 인권을 존중한다.
- 강제노동, 임금착취 및 어린이 노동 등은 어떠한 경우에도 허용하지 않는다.
- 고객, 종업원 등 모든 이해관계자에 대해 국적, 인종, 성별, 종교 등에 따른 차별을 하지 않는다.

② 법과 상도의에 따라 공정하게 경쟁한다

- 국가와 지역사회의 각종 법규를 지키고, 시장경쟁 질서를 존중하며 정당한 방법으로 경쟁한다.
- 상도의에 벗어난 부정한 방법으로 부당한 이득을 취하지 않는다.
- 사업 활동에 있어서 대가성 선물이나 뇌물, 향응을 주고받지 않는다.

③ 정확한 회계기록을 통해 회계의 투명성을 유지한다

- 모든 이해관계자들이 사업 활동을 객관적으로 이해할 수 있도록 회사의 모든 거래를 정확하게 기록하고 관리한다.
- 각국의 회계 관련 법규 및 국제적으로 통용되는 회계기준을 준수 한다.
- 법이 정하는 바에 따라 회사의 재무적 변동 등 경영상의 주요사항 및 기업정보를 성실하게 공시한다.

④ 정치에 개입하지 않으며 중립을 유지한다

- 개인의 참정권과 정치적 의사를 존중하되, 회사 내에서는 정치활동을 하지 않는다.
- 회사의 자금, 인력, 시설 등을 정치적 목적으로 사용하지 않는다.
- 불법적인 기부금 등 금품을 제공하지 않는다.

(2) 깨끗한 조직문화를 유지한다

① 모든 업무활동에서 공과 사를 엄격히 구분한다

- 회사와 개인의 이해가 상충하는 경우, 회사의 합법적 이익을 우선으로 한다.
- 회사의 재산과 자신의 직위를 이용하여 사적인 이익을 도모하지 않으며, 회사 자산의 횡령, 유용 등 일체의 부정행위를 하지 않는다.

• 직무상 취득한 정보를 이용하여 주식의 매매 등 유가증권에 관한 거래를 하지 않는다.

② 회사와 타인의 지적 재산을 보호하고 존중한다

• 내부의 지적 재산, 기밀 정보는 사전 허가나 승인 없이 외부에 유출하지 않는다.
• 타인의 지적 재산을 존중하여 무단사용, 복제, 배포, 변경 등 일체의 침해 행위를 하지 않는다.

③ 건전한 조직 분위기를 조성한다

• 성희롱이나 금전거래, 폭력 등 건전한 동료관계를 해치는 일체의 언행을 하지 않는다.
• 조직 내 위화감을 야기하는 파벌을 형성하거나 사조직을 결성하지 않는다.
• 상호 신뢰와 원활한 의사소통을 바탕으로 공존공영의 노사관계를 구축한다.

(3) 고객, 주주, 종업원을 존중한다

① 고객만족을 경영활동의 우선적 가치로 삼는다

• 고객의 요구와 기대에 부응하는 제품과 서비스를 적기에 제공한다.
• 진실한 마음과 친절한 태도로 고객을 대하며, 고객의 제안과 불만을 겸허하게 수용한다.
• 고객의 명예와 정보를 존중하고 보호한다.

② 주주가치 중심의 경영을 추구한다

• 합리적인 투자와 경영효율 향상 등을 통해 주주에게 장기적 이익을 제공한다.
• 건실한 경영활동을 통하여 안정적인 수익을 창출하고 기업의 시장가치를 제고한다.
• 주주의 권리와 정당한 요구 및 의사를 존중한다.

③ 종업원의 「삶의 질」 향상을 위해 노력한다

• 모든 종업원에게 동등한 기회를 제공하고, 능력과 성과에 따라 공정하게 대우한다.
• 종업원들의 끊임없는 자기계발을 권장하며 업무수행상 필요한 역량 향상을 적극

지원한다.

- 자율적이고 창의적으로 일할 수 있는 근무환경을 조성한다.

(4) 환경, 건강, 안전을 중시한다

① 환경 친화적 경영을 추구한다

- 환경보호와 관련된 국제기준, 관계법령, 내부규정 등을 준수한다.
- 개발, 생산, 판매 등 모든 사업 활동에서 환경보호를 위해 부단히 노력한다.
- 자원의 재활용 등 자원의 효율적 사용에 앞장선다.

② 인류의 안전과 건강을 중시한다

- 안전과 관련된 국제기준, 관계법령, 내부규정 등을 준수한다.
- 안전수칙을 준수하고 쾌적한 근무환경을 조성하여 안전사고를 예방한다.
- 인류의 건강과 안전에 해를 끼칠 수 있는 제품이나 서비스를 제공하지 않도록 노력한다.

(5) 글로벌 기업시민으로서 사회적 책임을 다한다

① 기업시민으로서 지켜야 할 기본적 책무를 성실히 수행한다

- 지역사회의 일원으로 책임과 의무를 다하여 회사에 대한 신뢰를 높이도록 노력한다.
- 안정적인 고용창출을 위해 노력하며, 조세납부의 책임을 성실하게 이행한다.

② 현지의 사회·문화적 특성을 존중하고 상생을 실천한다

- 지역사회의 법, 문화와 가치관을 존중하고 지역주민의 삶의 질 향상에 기여한다.
- 학문과 예술, 문화, 체육 등 각 분야의 공익활동을 통해 건전한 사회발전을 도모한다.
- 자원봉사, 재난구호 등 사회봉사활동에 적극 참여한다.

③ 사업 파트너와 공존공영의 관계를 구축한다

- 사업 파트너와 상호 신뢰의 기반 위에서 호혜적인 관계를 형성하고 사업 파트너를 전략적 동반자로 인식한다.

• 합법적 지원을 통해 협력회사의 경쟁력을 강화하고 공동의 발전을 추구한다.

2. 부정제보

(1) 부정제보 가이드

① 제보운영 목적

당사는 사업의 투명성 제고 및 윤리적인 기업문화 정착을 위해 거래업체 등 외부 이해관계자와 관련되어 부당한 이득을 취하거나 회사손실을 초래한 비리행위에 대해 제보를 받고 있습니다.

② 제보대상 부정유형

1 뇌물, 금전거래, 향응 수수
2 거래업체 특혜 및 지분투자행위
3 공금횡령 및 절도, 사리도모
4 근무기강 관련 사항
5 회사정보 및 인력유출 행위
6 기타 사례(부정, 부실, 내부회계 관리규정 위반 등)

③ 부정제보하기

"제보자의 비밀은 절대적으로 보호되며, 제보자는 제보로 인해 어떠한 불이익도 받지 않습니다."

삼성전자 임직원의 불공정한 업무처리나 직위를 이용한 부당한 요구 및 비리사실에 대한 제보를 받으며 비공개 방식으로 처리됩니다.

익명 제보의 경우 내용이 구체적이지 않고 사실근거가 불분명한 경우 조사를 진행하지 않을 수 있습니다.

3. 법위반 제보

(1) 법위반 제보 가이드

① 제보운영 목적

"위법 행위 및 발생 가능성에 대한 신속한 인지 및 사전방지는 회사의 준법경영 실천을 위한 가장 중요한 요소인바, 회사와 관련된 위법행위 및 위험요소에 대해 제보를 받고 있습니다."

② 제보대상 유형

1 공정거래법 위반 행위

2 영업비밀 침해행위

3 허위·과장 광고 관련 위반 행위

4 반부패 법규 위반 행위

5 개인정보보호법 위반 행위

6 기타 법 위반 행위

(2) 법위반 제보하기

"제보자의 비밀은 절대적으로 보호되며, 제보자는 제보로 인해 어떠한 불이익도 받지 않습니다."

삼성전자 임직원이 법규를 위반하였거나 위반할 우려가 있는 행위에 대한 제보를 받으며 비공개방식으로 처리됩니다.

익명 제보의 경우 내용이 구체적이지 않고 사실근거가 불분명한 경우 조사를 진행하지 않을 수 있습니다.

제3절 KT 윤리경영

1. 신경영윤리원칙

KT는 사회적 책임과 의무를 다하고 윤리적인 기업 경영을 확립하기 위해서는 올바른 의사 결정과 윤리적 판단이 선행되어야 한다고 생각합니다. KT는 2008년 기업의 사회적 책임에 관한 세계협정인 UN 글로벌 콤팩트에 가입하였으며, 2014년 3월 전사 윤리강령인 '신윤리경영원칙'을 새롭게 수립하고 윤리경영의 5대 행동 원칙을 정립함으로써 기업 윤리경영의 탄탄한 토대를 마련하였습니다. 아울러, 2016년 3월에는 UN 글로벌 콤팩트가 주도하는 준법 윤리경영 민관협력포럼인 'Fair Player Club'에 가입하고, 지속적인 윤리경영 실천 활동, 교육·캠페인 및 상시 커뮤니케이션 채널 운영 등 체계적인 활동을 통해 조직 내 윤리경영이 뿌리내릴 수 있도록 노력하고 있습니다.

윤리경영추진체계

"신 윤리경영 원칙 제정 및 선포"

윤리경영 체계 구축

[1] 윤리경영 실천 활동	[2] 윤리경영 교육캠페인	[3] 윤리경영 커뮤니케이션 채널
기준 정립 • 신윤리경영 원칙 실천서약 시행 • 전사 리스크 관리를 위한 임직원 행동 원칙 핸드북 배포 **모니터링** • 윤리실천 모니터링을 위한 상시 및 특별 활동	**교육** • 임직원 대상 윤리경영 교육(월1회) • 윤리경영 직강(기관장 직접 교육) **캠페인** • 임직원 Clean-365 캠페인 시행 • 명절 Clean KT 캠페인 시행 등	**사전 예방 채널** • 윤리경영 FAQ • Clean 365 센터 **사후 신고 채널** • 윤리위반신고 • 감사위원장 Hot-Line 운영

"1등 KT 신윤리경영 원칙"

『우리는 글로벌 1등 기업으로 성장하기 위해 올바른 의사 결정과 윤리적 판단으로 회사의 미래를 도모』 한다.
이를 위해 「고객 최우선, 준법경영, 기본 충실, 주인의식, 사회적 책임」 을 모든 KT인이 공유하고 지켜야 할 윤리경영 5대 행동 원칙으로 삼고, 이를 적극 실천할 것을 다짐한다.

원칙 01 **고객 최우선**	**고객을 최우선 가치로 삼는다.** 1-1. 고객의 가치와 정보를 존중하고 철저히 보호한다. 1-2. 고객에게 도움이 되는 차별화된 가치를 끊임없이 창출한다.
원칙 02 **준법경영**	**각종 법규와 기준을 엄격히 준수한다.** 2-1. 법과 상도의에 따라 공정하고 깨끗하게 행동한다. 2-2. 경영의 투명성을 확보·유지하며, 회사의 비밀은 철저히 보호한다.
원칙 03 **기본충실**	**기본과 원칙에 충실한다.** 3-1. 회사 전체 이익 관점에서 합리적·객관적으로 판단하고, 책임 있게 행동한다. 3-2. 공과 사를 엄격히 구분하며, 건전하고 깨끗한 조직문화 조성에 앞장선다.
원칙 04 **주인의식**	**스스로 회사와 내가 하나라는 주인의식을 가진다.** 4-1. 실패를 두려워하지 않고, 항상 최고에 도전한다. 4-2. 자율과 임파워먼트를 통해 효율성 향상을 추구한다.
원칙 05 **사회적 책임**	**국민기업으로서 사회적 책임과 의무를 다한다.** 5-1. 주주의 권리와 이익을 보호하고, 임직원의 「삶의 질」 향상을 위해 노력한다. 5-2. 환경·안전·인권을 중시하고 존중한다. 5-3. 사회공헌 활동에 앞장서고, 사업 파트너와 동반성장의 관계를 구축한다.

2. 윤리경영활동

KT는 모든 임직원이 실제 업무에서 이를 실행할 수 있도록 윤리경영의 5대 행동원칙을 분명히 하고 신 윤리경영 원칙 실천서약, 윤리경영교육, 상시 소통채널 운영 등을 통해 윤리경영이 뿌리내릴 수 있도록 노력하고 있습니다.

윤리경영 주요 추진사항

- 신 윤리경영 원칙 제정 및 선포
- 윤리실천 모니터링을 위한 상시 및 특별활동
- 신 윤리경영 원칙 실천서약 시행

- 임직원 대상 윤리경영교육 시행 (매월1회)
- 명절 Clean KT 캠페인 시행 - Clean 365 센터 운영
- 상황별 다양한 윤리경영 커뮤니케이션 채널 운영

윤리경영 커뮤니케이션 채널 운영

사전예방 채널
- 윤리경영 FAQ
- Clean 365 센터
- 임직원 대상 리스크 상담채널

사후신고 채널
- 윤리위반신고
- 감사위원장 Hot-Line 운영

오프라인 교육은 신입/경력 직원 채용 및 신규 임원 임용 시 KT 전 그룹사를 대상으로 수시로 시행하고 있으며, 필요한 경우 해당기관을 직접 방문하여 교육을 시행합니다.

윤리경영활동 내역을 살펴보면 다음과 같다.

■ 2016

- 09 청탁 금지법 시행에 따른 임직원 '청렴의무사항' 공지·시행
  2016년 한가위 Clean KT 캠페인 시행
  윤리 실천특별약관 개정·시행
  윤리경영원칙 실천지침 개정·시행
- 02 설 명절 Clean KT 캠페인 시행
- 01 2016년 '윤리경영 실천 서약' 시행 (KT 전 임직원)

■ 2015

- 09 한가위 Clean KT 캠페인 시행
- 06 전사 리스크 관리를 위한 임직원 행동원칙 핸드북 제작, 배포
- 02 설 명절 Clean KT 캠페인 시행
- 01 KT그룹 윤리경영 내재화를 위한 그룹사 직책자 교육 시행(분기)
  2015년 '윤리경영 실천서약' 시행(KT 전 임직원)

■ 2014

- 08 한가위 Clean KT 캠페인 시행
- 06 사례로 알아보는 신 윤리경영 행동원칙 발간
- 03 신 윤리경영 원칙 제정 및 선포 신 윤리경영 원칙 실천서약 시행
- 01 설 명절 Clean KT 캠페인 시행

■ 2013

- 09 한가위 Clean KT 캠페인 시행
- 05 윤리강령 실천지침 개정
- 02 설 명절 Clean KT 캠페인 시행
- 01 2012년 윤리경영실천대상 시상

■ 2012

- 09 한가위 Clean KT 캠페인 시행
- 07 개별직무윤리 제정
  개별직무윤리 실천서약 시행
- 01 설 명절 Clean KT 캠페인 시행

■ 2011

- 09 한가위 Clean KT 캠페인 시행
- 08 윤리강령 실천지침 개정
- 02 설 명절 Clean KT 캠페인 시행

■ 2010

- 10 윤리경영 Help－Line(상담채널) 시행
- 04 감사위원장 Hot－Line(신고채널) 개설 및 운영
- 02 전 임직원 윤리경영 실천다짐 서약

■ 2009

- 12 2009년 윤리경영 의식조사 시행
- 06 윤리경영 All New Campaign 추진(비윤리행위 자진 신고제)
- 03 윤리헌장 선포 및 윤리강령 개정
- 02 Clean KT 추진계획 수립(윤리경영실 10대 과제, 구매전략실 9대 과제)

■ 2008

- 09 KT윤리경영 수준진단
- 05 UN Global Compact 가입
- 03 제9회 기업윤리대상 수상

■ 2007

- 12 제2회 지속가능경영대상 수상
- 03 국내 최초 CSR위원회 운영 및 개최(분기1회)
  Clean－365센터(舊 선물신고센터) 개설
- 01 제4회 투명경영대상 수상

■ 2006

- 06 협력회사 윤리실천 특별약관 도입
- 05 임직원 윤리실천 서약
- 03 윤리강령 실천행동지침 2차 개정

■ 2005

- 08 윤리강령 실천행동지침 제정
- 05 윤리강령 제정 및 선포

3. 윤리위반 신고

KT는 건전한 기업 풍토 조성을 위하여 윤리 위반 신고 채널을 운영하고 있습니다.

고객님께서 접하신 임직원의 직무와 관련한 비리행위를 제보하여 주시면 적극 조치하겠으며 고객님의 신원은 철저히 보장해 드립니다.

(1) 윤리 위반 신고 안내

- 횡령, 배임, 공갈, 절도, 금품수수, 향응 등 KT 임직원의 비리행위를 아래 윤리 위반 신고 채널의 방법으로 제보하여 주시기 바랍니다.
- KT 임직원의 비리행위 이외의 서비스 이용 중 불편사항은 "고객센터>서비스상담" 코너에 접수하시면 관련부서에서 신속히 처리가 됩니다.

고객센터 바로가기

※ 사실에 근거하지 않은 비방, 개인 사생활과 관련된 사항은 처리되지 않으며, KT 임직원의 비리행위 이외의 경우에는 답변을 생략하오니 이 점 양지하여 주시기 바랍니다.

※ 중요 실명으로 접수하신 경우에 조사를 원칙으로 하고 있으며, 익명의 내용이라도 내용이 구체적이고 사실근거가 명확한 경우에는 조사를 실시합니다.

(2) 윤리 위반 유형

- 임직원간 및 이해관계자와 금품/향응 수수 및 공여
- 이해관계자와 사적인 금전거래 및 부당한 압력 행사
- 고객 및 회사 정보 유출
- 이해관계자에게 특혜제공 또는 지분투자 행위
- 회사 공금 횡령/유용 및 회사재산 파손
- 중복취업, 겸직 등 근무기강 관련 사항

4. 윤리경영원칙 실천지침

제1장 총칙

1-1 목적

본 '윤리경영 원칙 실천지침'은 임직원들이 일상생활에서 직면하게 되는 윤리적 문제에 대한 의사결정 및 행동기준과 신고절차에 필요한 사항을 규정함을 목적으로 한다.

1-2 적용 범위

본 실천지침은 주식회사 케이티(이하 '회사'라 한다)에 재직 중인 모든 임직원을 대상으로 한다.

1-3 용어의 정의

- 금품 등(제공을 약속하는 경우도 포함됨)
  - 금전, 유가증권, 부동산, 물품, 숙박권, 회원권, 입장권, 할인권, 초대권, 관람권, 부동산 등의 사용권 등 일체의 재산적 이익
  - 음식물·주류·골프 등의 접대·향응 또는 교통·숙박 등의 편의 제공
  - 채무 면제, 취업 제공, 이권(利權) 부여 등 그 밖의 유형·무형의 경제적 이익
- 신고자: 금품 등의 수수 및 동 사실의 인지와 관련하여 신고 의무가 있는 내부 임직원 외에 그룹사, 협력사 및 외부 자연인을 말한다.
- 내부제보자: 회사에 부정거래, 불법행위 기타 회사의 이익을 침해하는 행위가 발생 하였거나 발생할 우려가 있다는 사실을 신고, 진정, 제보하는 자를 말한다.
- 이해관계자: 고객 및 임직원을 제외한 업무와 관련한 임직원의 행위나 의사결정으로 인하여 그 권익에 영향을 받는 납품사, 협력사, 제휴사업자 등 사내외의 모든 자연인과 단체를 말한다.
- 공직자 등: '부정청탁 및 금품 등 수수의 금지에 관한 법률'에서 정한 공무원, 공공기관 임직원, 교육기관 임직원 및 언론사 임직원 등을 의미하며 제2장 및 제5장에서 각각 고객, 이해관계자에 포함된다.
- 관리자: 보직 부서장(현업 팀장 이상)을 말한다.

1-4 윤리적 의사결정 및 행동원칙

모든 임직원은 업무수행과 관련하여 윤리적 갈등상황에 직면하게 될 경우 윤리경영 원칙과 실천지침을 기준으로 판단하고 행동하여야 한다.

1-5 임직원의 책임과 의무

- 고객을 최우선 가치로 삼으며, 각종 법규와 기준을 엄격히 준수한다.
- 회사 전체 이익 관점에서 합리적, 객관적으로 판단하고, 책임 있게 행동한다.
- 회사에 피해를 주는 리스크가 발생되지 않도록 노력하고 리스크 발생 시 신속하게 대응한다.
- 모든 임직원은 윤리경영 원칙과 실천지침을 반드시 숙지하고 준수해야 한다.
- 윤리경영 원칙 및 실천지침을 몰랐다는 이유로 면책되지 않으며, 의문사항이 있거나 윤리적 갈등상황이 있는 경우에는 윤리경영실에 질의 및 상담하고 그 해석에 따라 행동하여야 한다.
- 임직원은 그 가족, 친인척, 지인 등을 이용하여 이 지침을 위반하는 행위를 하여서는 안 된다.

1-6 관리자의 책임과 의무

- 회사의 관리자는 소속 구성원과 업무상 관련된 이해관계자들이 윤리경영 원칙과 실천지침을 올바르게 이해하고 준수할 수 있도록 지원하고 관리하여야 한다.
- 공정하고 깨끗한 의사결정과 행동을 통하여 윤리경영 원칙과 실천지침을 솔선수범하여 준수함으로써 타의 모범이 되도록 한다.
- 윤리경영 원칙과 실천지침에 위배되는 사건이 발생한 경우, 그 부서의 관리자도 상응하는 책임을 진다.

1-7 포상 및 위반에 대한 조치

- 회사는 이 지침의 목적을 달성하는 데에 공로가 있는 임직원 또는 외부 이해관계자에게 관련 규정에 의거하여 포상이나 적정한 보상금을 지급한다.
- 이 지침을 위반한 임직원은 관련규정에 의거하여 징계한다.

1-8 비윤리적 행위 신고

- 내부신고
  - 회사 내 임직원의 비윤리적 행위나 윤리경영 원칙에 저촉되는 행위를 발견 또는 제의 받았을 경우 윤리경영실에 신고하여야 한다.
  - 회사는 내부신고 사실을 익명으로 처리하여야 하며, 제보자가 어떠한 불이익도 받지 않도록 노력한다.
- 자진신고
  - 본의 아니게 비윤리적 행동에 가담하였거나 관련된 임직원이 과거의 잘못을 뉘우치고 이에 대한 사실을 윤리경영실이나 관리자에게 자진신고하였을 경우 처벌을 감면할 수 있다.
  - 관리자에게 자진신고하였을 경우 관리자는 윤리경영실에 동 사실을 통보하여야 한다.
  - 임직원 또는 외부 이해관계자로부터 금품 등을 자신의 의지에 반하여 수수하였을 경우에는 각 기관에 설치되어 있는 Clean－365센터(특정 사안에 있어 정함이 없는 경우 기관별 인사, 조직운영 부서)에 3일 이내에 신고하여야 한다.
    ※ 'Clean－365센터'는 수수금지된 금품을 불가피하게 받게 된 선의의 임직원을 보호하기 위하여 운영되는 제도이며, 접수된 금품은 불우이웃돕기 등 사회공헌활동에 사용된다.
- 외부 이해관계자 신고
  - 고객, 그룹사, 협력사 등 외부 이해관계자가 회사 임직원의 비윤리적 행위를 신고하였을 경우 절차에 따라 처리하고, 그 처리결과는 요청 시 제보자에게 통보한다.
  - 신고한 외부 이해관계자의 신분은 보장한다.

1-9 유권해석

- 윤리경영 원칙과 실천지침에서 구체적으로 정하지 않은 부분에 대해 의문사항이 있거나 윤리적 갈등상황이 있는 경우에는 윤리경영실에 문의하고 그 해석에 따른다.

- 사회 통상적 수준
  - 식사: 원활한 직무수행, 사교·의례 목적으로 3만원 이하
  - 선물: 원활한 직무수행, 사교·의례, 부조 목적으로 5만원 이하
    ※ 단, 상품권 등 일체의 유가증권은 허용되는 '선물'의 범위에서 제외
  - 경조사비: 부조 목적으로 5만원 이하
    ※ 단, 축의금·조의금을 대신하는 화환·조화는 10만원까지 가능하며, 축의금·조의금과 화환·조화를 함께 주는 경우에는 합산하여 10만원까지 가능하다 (이 경우에도 축의금·조의금은 5만원 초과 금지).

※ 식사, 선물, 경조사비 중 2가지 이상을 함께 수수한 경우에는 그 가액을 합산하고 가액범위는 함께 받은 음식물, 선물, 경조사비의 가액 범위 중 가장 높은 금액으로 하되, 각각의 가액범위를 초과할 수 없다.

1-10 실행절차

본 지침은 2019년 8월 12일부터 시행한다.

제2장 고객과의 관계

(고객은 '부정청탁 및 금품 등 수수의 금지에 관한 법률'에서 정한 공직자 등과 그의 배우자도 포함한다.)

구분	금지행위 예시	징계가능 범위	비고
고객만족저해 (고객기만행위)	• 고의적인 약속 미이행 • 고의적인 VOC처리 소홀 • 고객을 속이는 행위	견책~해임	성실의 의무위반
고객정보유출	• 고객정보 분실, 방치 등 관리소홀 • 고객정보유출/무단사용	감복~해임	성실의 의무위반 정보보호 및 안전사항위반
고객으로부터 부적절한 금품 등 수수 및 제공, 고객재산 침해	• 고객으로부터 금품 등의 수수 및 제공	감봉~해임	청렴의 의무위반
	• 고객재산 임의 사용 • 고객재산 피해 유발	견책~해임	성실의 의무위반 청렴의 의무위반

2-1 고객 만족 저해(고객기만 행위)

[금지사례]

- 고객과의 약속을 고의적으로 지키지 않는 행위
- 고의적으로 VOC 처리를 소홀히 하는 행위
- 고객의 요구나 의견을 무시하는 행위
- 고객을 기만하여 상품을 판매하는 행위

[행동지침]

- 고객과의 약속은 반드시 지킨다.
- 부득이하게 이행할 수 없을 경우에는 사전에 양해를 구한다.
- 고객의 제안과 불만사항은 겸허하게 수용하고, 불만은 신속하게 해소한다.
- 고객에게 허위 또는 과장 광고를 하지 않는다.
- 고객에게 도움이 되는 차별화된 가치를 제공할 수 있도록 소관 분야 업무에 대한 정확한 전문 지식을 갖추기 위해 노력한다.

2-2 고객정보 유출

[금지사례]

- 정당한 절차를 거치지 않고 고객정보를 취득, 보유, 사용, 유출하는 행위
- 고객정보를 분실, 방치하거나 사적으로 이용하는 행위

[행동지침]

- 고객의 신상정보, 거래내역 등 개인정보는 관계법에 허용된 경우를 제외하고는 임의로 사용하거나 누구에게도 제공하지 않는다.
- 고객정보를 취득하기 위하여 다른 사람의 이름이나 비밀번호를 도용하여 회사의 전산시스템에 접근하여서는 안 된다.
- 고객 본인의 동의 없이 개인정보를 수집, 보유, 전달, 유출해서는 안되며, 어떠한 사유로도 동의 받지 않은 목적에 임의로 사용할 수 없다.
  - 고객정보를 타인에게 전화, FAX, SNS, E-Mail 등을 통하여 제공하지 않는다.
  - 개인적인 친분을 이용하여 고객정보 유출 청탁을 하거나 들어 주는 행위는 어떠한 경우에도 하지 않는다.

- 고객정보가 분실되거나, 불법 유출되지 않도록 철저히 보호한다.
  - 모든 고객정보에 대하여 관련 법규, 회사방침 및 사규에 따라 철저한 보호대책을 마련한다.
  - 고객정보가 기재된 문서를 책상 위에 장시간 내버려 두거나 고객정보가 있는 컴퓨터 화면이 보이는 채로 자리를 비우는 등 고객정보를 다른 사람의 눈에 쉽게 보이는 장소에 방치하지 않는다.
  - DM 및 물품배송을 위해 외부업체에 고객정보를 제공할 시, 고객정보 취급에 대한 계약관계를 명확히 하고 계약사항에는 업무 종료 후에 고객정보를 파기해야 함을 명기하여야 한다.
  - 고객정보가 포함된 서류, 파일 등은 불필요한 복사본을 만들어서는 인되며, 관리자는 이에 대해 철저히 통제하여야 한다.

2-3 고객으로부터 금품 등 수수 및 제공, 고객재산 침해

[금지사례]

- 고객으로부터 금품 등을 수수하거나 고객에게 제공하는 행위
- '부정청탁 및 금품 등 수수의 금지에 관한 법률'에서 정한 공직자 등이나 그의 배우자에게 금품 등을 제공하는 행위(제공을 약속하는 행위 포함)
- 고객의 재산을 무단으로 사용하는 행위
- 고객의 재산에 피해를 유발하는 행위

[행동지침]

- 고객으로부터 금품 등을 직·간접적으로 받거나 이를 조장 또는 묵인하지 않는다.
- 만약 위와 같은 행위가 있을 경우에는 회사의 윤리경영 방침을 설명하고 정중히 거절한다.
  - 단, 고객이 주관하는 공식적인 행사에서 주최자가 참석자에게 사회 통상적 수준에서 일률적으로 제공하는 금품 등 및 불특정 다수인에게 배포하기 위한 기념품은 제외한다.
- 인지하지 못한 상태에서 받은 경우에는 즉시 반환한다.
- 자신의 의지에 반하여 불가피하게 받았거나 반환이 곤란한 경우 수수한 날로부터 근무일 기준 3일 이내에 Clean－365센터에 제출한다.

- 고객이 '부정청탁 및 금품 등 수수의 금지에 관한 법률'에서 정한 공직자 등이거나 그의 배우자일 경우에는 금품 등 제공은 금지한다.
  - 단, 대가성이 아닌, 원활한 직무수행 또는 사교·의례 또는 부조의 목적으로 사회 통상적 수준의 식사, 선물, 경조사비 제공은 가능하며, '부정청탁 및 금품 등 수수의 금지에 관한 법률'에서 정한 예외 사유에 해당될 경우에도 가능하다.
  - 골프 관련 사항은 제5장 이해관계자의 관계 5-5 "부적절한 골프"의 내용을 따른다.
- 업무를 수행함에 있어 부득이 하게 고객의 재산을 사용 할 경우에는 반드시 사전에 고객의 승인을 얻은 후 사용하며, 절대 재산피해를 유발하여서는 안 된다.

제3장 임직원과 회사의 관계

3-1 공금 횡령 및 유용

[금지사례]

- 수입금 등 회사의 공금을 개인적으로 착복하거나 일시적으로 사용하는 행위
- 법인카드 및 회사소유 유가증권(상품권 등)을 사적 용도로 사용하는 행위

[행동지침]

- 수입금 등 회사의 공금에 대한 사적사용은 금액의 과다, 이유 여하를 불문하고 금지한다.
- 수입금 등 공금의 관리는 반드시 법인계좌로 관리한다.
- 수입금은 지체 없이 수입결의 처리하고, 지출금은 지출 증빙을 철저히 한다.
- 사익을 위해 회사 예산을 허위로 청구하지 않는다.
- 임직원은 범죄행위 등 불법적인 활동에서 발생한 자금을 세탁하는 과정에 연루되지 않도록 한다.
- 법인카드, 회사소유의 유가증권(상품권 등 포함) 등을 이용하여 사적 용도의 물품과 서비스를 구매하지 않는다.

※ 공금을 횡령하거나 유용한 임직원에게는

- 고의적인 해사행위를 한 것으로 인정하여 가장 중한 징계양정을 적용한다.
- 금액의 과다, 회사의 손실 여부 등을 고려하여 형사고발을 검토할 수 있다.
- 징계처분 시 감경 대상에서 제외한다.

구분	금지행위 예시	징계가능 범위	비고
공금횡령 및 유용	• 수입금 등의 사적 사용 행위 • 법인카드, 회사소유 유가증권의 사적 사용	감봉~해임	청렴의 의무위반
회사재산의 사적 사용 및 파손	• 공용물품의 사적 사용 행위 • 업무시간에 무단으로 개인용무를 보는 행위 • 회사재산을 무단으로 반출/인계/양도하는 행위	감봉~해임	청렴의 의무위반
	• 회사재산 파손행위	견책~해임	회계처리위반
지적재산권의 침해	• 직무발명 사항의 외부 누설 또는 사적 사용 • 상표권/특허 등 회사의 지적재산권 무단임대 또는 사적 사용	감봉~해임	청렴의 의무위반
부적절한 예산집행	• 예산의 부적정한 목적 외 사용 • 과다집행 등 예산낭비 행위 • 법인카드 및 상품권 현금화	견책~해임	회계처리위반
기업정보유출 등	• 사업계획, 경영정보 등 내부 정보의 사내외 유출 행위 • 언론 등 외부기관에 승인 없이 정보를 제공하는 행위 • 자료 관리 시 보안 관련 규정 위반 행위	감봉~해임	정보보호 및 안전사항위반
	• 사내외에 회사관련 유언비어 유포행위	견책~해임	조직 내 질서존중의 의무위반
경영왜곡	• 허위보고행위	견책~정직	업무운영상의 위법 및 부당행위
	• 허수판매 등 경영실적 조작행위	견책~해임	업무운영상의 위법 및 부당행위
	• 개인 또는 부서의 실적을 위해 회사에 이익이 되지 않는 행동을 하는 경우	견책~해임	성실의 의무위반
주식부당취득	• 내부정보를 이용 KT주식투자 및 외부에 정보제공 • 직무와 관련된 회사주식을 보유하는 행위	감봉~해임	청렴의 의무위반
중복취업 및 겸직	• 다른 회사의 임직원 신분을 동시에 갖는 행위 • 회사 승인 없이 다른 회사의 직무를 수행하는 행위	견책~해임	겸직제한위반
정치관여행위	• KT 임직원 신분으로 특정 정당 및 후보 지지행위 등을 하여 회사입장으로 오인케하는 행위 • 특정 정치인 등에 회사시설, 인력 등을 제공하는 행위	견책~해임	품위유지의무 위반 및 회사위신 손상행위
내부제보자 공개 및 불이익 조치 행위	• 내부제보자 색출을 위한 활동/행위 • 내부제보자 신원공개 행위 • 내부제보자에 대한 신분상 불이익 조치를 행하는 행위	견책~해임	성실의 의무위반
부정 청탁에 의한 인사	• 부정한 청탁에 의한 승진·채용·전보 등 인사 관련 행위 • 인사 프로세스 미준수 행위	견책~해임	업무운영상의 위법 및 부당행위

3-2 회사재산의 사적사용 및 파손

[금지사례]

• 회사의 상품(서비스), 고정자산, 차량, 비품, 소모품 등을 사적으로 사용하거나 회사 밖으로 무단 반출하는 행위
• 공식적인 업무시간 중에 무단으로 개인적인 용무를 보는 행위
• 회사의 재산을 정당한 절차 없이 임의로 본인이나 제3자에게 양도·대여하는 행위
• 회사의 재산을 고의적으로 파손하는 행위

[행동지침]

• 회사의 재산은 반드시 회사의 공적인 용도로만 사용해야 하며. 공용물품의 사적 사용은 업무상 횡령에 해당한다.
• 홍보물품(판촉물) 등은 용도와 구매 규모를 명확히 하여 구매하고, 해당 물품이 사적으로 사용되는 일이 없도록 한다.
• 거래관계상 무상으로 취득한 물품 등은 'Clean−365센터'에 제출한다.
• 회사 PC 등으로 채팅, 주식거래, 도박, 불법 동영상 등 비업무용 사이트에 접속하여 업무와 무관한 일을 하지 않는다.
  - 업무상 필요로 하는 경우 회사가 정한 절차에 따라 승인을 받는다.
• 업무시간은 회사의 재산으로 관리되어야 하며, 취미, 종교생활 등 개인적인 용무로 활용하는 것은 금지한다.
  - 불가피한 경우에는 반드시 소속 부서장의 승인을 받는다.
• 회사의 재산을 외부에 양도·대여하는 경우는 반드시 정해진 절차에 따른다.
• 회사의 재산은 소중하게 다룬다.

3-3 지적재산권의 침해

[금지사례]

• 업무와 관계되는 발명을 하고 이를 외부에 누설하거나 사적으로 이용하는 행위
• 회사의 지적재산권을 사적으로 사용하거나 타인에게 임의 양도하는 행위

[행동지침]

• 업무와 관계되는 발명을 한 경우에는 지체 없이 소속 기관장에게 보고한다.

- 직무발명과 자유발명에 대한 판단이 곤란한 경우에는 지적재산권 관리부서에 문의하여 그 결정에 따른다.

• 회사의 특허권, 상표권, 저작권 등 지적재산권을 사적으로 사용하거나 타인에게 임의 양도하지 않는다.
  - 회사의 지적재산권을 외부에 양도·대여하는 경우는 반드시 정해진 절차에 따른다.

3-4 부적절한 예산 집행

[금지사례]

• 정당한 절차를 거치지 않고 당초 편성 목적과 다르게 예산을 집행하는 행위
• 실제 예산집행 내용과 다른 계정과목으로 회계 처리하는 행위
• 비정기 수입금을 절차에 따라 수입 처리하지 않는 행위
• 불필요한 예산 사용 또는 과다 집행으로 예산을 낭비하는 행위
• 법인카드 또는 유가증권(상품권 등)을 현금화하는 행위

[행동지침]

• 예산은 당초 편성목적에 맞게 사용해야 하며, 전용이 불가피한 경우에는 관련 지침에 따른다.
• 기부행위는 자선 목적으로 진행하여 부정한 목적으로 활용하지 않도록 한다.
• 비품매각, 피해변상 등을 통해 발생한 비정기 수입금은 회사의 기준 및 절차에 따라 반드시 수입 처리한다.
• 예산이 합리적이고 효율적으로 집행될 수 있도록 노력한다.

3-5 기업정보 유출 등

[금지사례]

• 회사의 사업계획, 경영정보 등 기업정보를 유출하는 행위
• 회사에 손해가 되거나 회사의 이미지가 손상될 내용의 자료를 유출하는 행위
• 자료 관리 시 보안 관련 규정 위반 행위
• 사내·외에 회사관련 유언비어 유포 행위

[행동지침]

- 회사 및 업무에 관련된 구두, 서면, 전자적 자료 등은 별도 표시를 하지 않아도 모두 기업정보에 해당하므로 외부에 유출하지 않는다(기업전략, 사업계획, 경영정보, 상품전략, 영업전략 등의 기업정보 외부유출은 중대한 해사 행위로 간주한다).
- 기업정보는 반드시 승인된 목적을 위해 사용하고, 사적인 목적으로 이용하지 않는다.
- 정부기관, 학회 등 외부기관 대응 자료는 사전에 소속 및 관련부서장의 승인을 받는다.
- 언론관련 취재 요청 시 개인 또는 소속부서에서 대응하지 말고 반드시 사전에 홍보부서와 상의하여야 한다.
- 퇴직 후에도 회사의 정보를 제3자에게 유출하거나 사적으로 활용하지 않는다.
- 회의결과는 업무에 필요한 내용만 간략하게 관리/공유하고, 회의결과를 포함 한 일체의 회사 업무는 외부인과 얘기하지 않는다.
- 모든 자료는 사내 보안관련 규정을 준수하여 관리한다.
- 회사의 자료를 SNS, 인터넷 등에 게시하지 않는다.
- 유언비어 등 허위사실을 유포하여 기업 이미지를 손상시키거나 조직 분위기를 저해하는 행위를 하지 않는다.

3-6 경영 왜곡

[금지사례]

- 경영실적을 사실과 다르게 조작하거나 경영진 또는 업무 관련자(부서)에게 허위 보고하는 행위
- 회사의 올바른 의사결정과 판단에 영향을 미치거나 기타 회사의 손실을 유발할 수 있는 정보의 왜곡 행위
- 회사의 주요 자료(전자적 정보 포함)를 무단으로 훼손, 은닉하는 행위
- 실적을 높이기 위해 회사에 본질적으로 이익이 되지 않는 활동을 하는 행위

[행동지침]

- 회계자료를 포함하여 모든 문서 및 자료는 정확하고 명확하게 기록·보고하여야

하며, 임의로 내용을 변경해서는 안 된다.

- 의사결정에 관련된 정보는 상급자 및 해당부서 책임자에게 왜곡 없이 적시에 보고 또는 공유하여야 한다.
- 모든 문서 및 자료(전자적 정보 포함)는 회사에서 지정한 방법과 보존연한까지 기록 관리되어야 한다.
- 경영왜곡 행위는 중대한 해사행위이자 주주이익 침해행위로 간주하며, 해당 행위를 발견 시에는 윤리경영실에 신고한다.

3-7 주식 부당취득

[금지사례]

- 내부정보를 이용하여 KT 주식투자를 하거나 제3자에게 정보를 제공하는 행위
- 직무와 관련된 회사의 주식을 보유하는 행위

[행동지침]

- 직무와 관련하여 취득한 내부정보를 이용하여 KT주식 또는 내부정보와 연관이 있는 회사의 주식을 취득 또는 매각하거나 제3자에게 정보를 제공하지 않는다.
- 직무와 관련이 없는 제3자라 할지라도 직무와 관련된 자로부터 내부정보를 알게 되었다면 이를 활용하여 KT주식 및 관련된 회사의 주식거래를 해서는 안 된다.
- 벤처육성, 출자회사 관리, 계약업무 등 직무와 관련하여 이권행위의 개연성이 있는 부서의 임직원은 관련업체의 주식보유를 금지한다.
- 직무와 관련이 없는 상태에서 취득한 비상장회사의 지분인 경우에도 새롭게 KT와 거래관계가 발생하여 직무와 관련성이 생길 경우 해당 주식을 정리해야 한다.

※ 내부정보 이용 주식거래 행위는 자본시장과 금융 투자업에 관한 법률 제174조(미공개 중요정보 이용행위 금지)에 의해 실정법 위반행위로서 형사 처벌 대상임(10년 이하 징역 또는 5억원 이하 벌금형 가능)

3-8 중복취업 및 겸직

[금지사례]

- 다른 회사의 임직원 신분을 동시에 가지는 행위
- 회사의 승인 없이 다른 회사의 직무를 수행하는 행위

[행동지침]

- 다른 회사 임직원 직위를 갖지 않는다. 즉, 중복취업을 하지 않는다.
  - 단, 회사의 사전 승인이 있는 경우에 한하여 가능하다.
- 회사의 허가를 받지 아니하고는 다른 회사의 직무를 겸할 수 없다.

3-9 정치 관여

[금지사례]

- 개인의 정치적 입장을 회사의 입장으로 오해 받도록 만드는 행위
- 특정 정당, 정치인 등에게 회사의 조직, 자금, 인력 및 시설 등을 제공하는 행위

[행동지침]

- 임직원 개인의 신분으로 정치적 입장을 밝힐 수 있으나, 개인의 입장이 회사의 입장으로 오해되지 않도록 하여야 한다.
- 정치적 목적으로 특정 후보자, 정당, 정치인 등에게 회사의 조직, 자금, 인력 및 시설 등을 제공하지 않는다. 단, 정치적 목적이 아닌 시설대여 등은 반드시 정해진 절차에 따른다.

3-10 내부제보자 공개 및 불이익 조치 행위

[금지사례]

- 면담, 뒷조사 등 내부제보자 색출을 위한 활동/행위
- 내부제보자 의사에 반하는 신원공개 행위
- 내부제보자에 대한 신분상 불이익을 가하는 일체의 행위

[행동지침]

- 건전한 내부제보에 의한 해당기관 조사 시 내부제보자 색출을 위한 일체의 활동 및 지시를 하지 않아야 한다.
- 내부제보자의 신원 등을 제보자의 의사에 반하여 외부에 누설하여서는 아니 된다.
- 내부제보자에 대하여 제보 및 조사 협력 등을 이유로 신분상 불이익을 가하는 일체의 행위를 하여서는 아니 된다.

3-11 부정 청탁에 의한 인사

[금지사례]

- 부정한 청탁을 받아 특정인을 승진·채용·전보하는 행위
- 회사가 정한 프로세스를 준수하지 않고 특정인을 승진·채용·전보하는 행위

[행동지침]

- 인사에 관련된 부정청탁을 받았을 때에는 상대방에게 부정청탁임을 알리고 이를 거절하는 의사를 명확하게 표시한다.
- 명확하게 거절의사를 밝혔음에도 불구하고 동일한 청탁을 다시 받은 경우에는 이를 윤리경영실에 이메일 등 서면으로 신고한다.
- 인사에 관련하여 상사로부터 부당한 지시를 받은 경우 부하직원은 부당하다는 근거를 제시하고 거절해야 하며, 거절하였음에도 시정되지 않거나 거절로 인해 불이익을 받은 경우에는 윤리경영실에 신고한다.
- 모든 임직원의 승진·채용·전보는 회사가 정한 공식 프로세스를 철저히 준수하여 이루어져야 한다.

제4장 임직원 상호간의 관계

4-1 임직원간 금품 등 수수 및 제공 등

[금지사례]

- 상사가 지위를 이용하여 부하 직원에게 금품 등을 요구하는 행위
- 인사 청탁·업무편의 등의 목적으로 임직원간 금품 등을 수수하거나 제공하는 행위
- 임직원간 금품 등의 제공을 제안하거나 유도하는 행위
- 각종 평가, 점검업무 수행 시 점검자(부서)와 수검자(부서)가 금품 등을 수수하거나 제공하는 행위
- 상사의 해외출장이나 타 기관 전출 시 부하직원들이 전별금을 주는 행위
- 상사가 부하에게 지위를 내세워 금전차용 또는 대출보증 등을 요구하는 행위

구분	금지행위 예시	징계가능 범위	비고
임직원간 금품 등의 수수 및 제공 등	• 상사가 부하직원에 금품요구 • 인사청탁 목적 등의 금품 등 수수 및 제공 • 금품 등의 제공을 유도하는 행위 • 출장/전출 시 전별금 제공	감봉~해임	청렴의 위반의무
	• 부하직원에 사적 업무 지시 등 편의 수수 • 직권을 이용한 보증 등 요구	견책~해임	직권남용
상사의 부당한 업무지시 및 이행	• 관련법규, 사규, 내부 지침 등에 위반되는 상사의 업무지시 • 부당한 업무지시를 이행하는 행위	견책~해임	업무운영상의 위법 및 부당행위
축하 화환 수수/제공 및 경조사비 제공	• 승진/전보 시 화환제공/수수 • 임직원간 사회통상적 수준을 넘어서는 과도한 경조사비 제공	감봉~해임	청렴의 위반의무
성희롱	• 성적 모욕감, 수치심 등 유발 행위(당사자 및 주변인 포함)	견책~해임	성희롱 금지
직장 내 괴롭힘	• 우월적 지위를 이용하여 다른 임직원에게 신체적·정신적 고통을 가하는 행위	견책~해임	직장 내 괴롭힘 금지
조직질서 문란행위	• 언어폭력 및 폭행 • 도박 등 사행심 조장 행위 • 부적절한 금전거래 행위 • 불순한 사조직 결성/참여 • 의도적인 불성실 근무 행위	견책~정직	조직 내 질서 존중의 의무위반
	• 고의적인 유언비어 유포 또는 모함행위	견책~해임	조직 내 질서 존중의 의무위반
임직원간 부적절한 골프	• 부하/예하기관에 골프접대 또는 부킹을 요구하는 행위 • 상사/상급기관에 골프접대를 하는 행위 • 직원간 골프비용을 회사경비로 집행하는 행위	감봉~해임	청렴의 의무위반
	• 기타 임직원간 부적절한 골프를 하는 행위	견책~해임	성실의 의무위반
임직원간 부적절한 유흥	• 사회 윤리적 지탄 가능성이 있는 유흥업소나 퇴폐업소를 회사 경비를 집행하여 임직원 간에 이용하는 행위	견책~해임	청렴의 의무위반 품위유지 의무위반 및 회사위신 손상행위

[행동지침]

- 상사가 금품 등을 요구하는 경우 윤리경영실에 신고한다.
- 승진, 고과, 연봉 등에서 혜택을 받기 위해 상사에게 제공하는 개인적인 선물은 일절 금지한다.

- 부하직원이 사적으로 금품 등을 제공할 경우 상사는 이를 단호히 거절하고 해당 직원에게 회사의 윤리경영 취지를 충분히 설명한다.
- 자신의 의지에 반하여 불가피하게 금품 등을 받았거나 반환이 곤란한 경우 수수한 날로부터 근무일 기준 3일 이내에 Clean－365센터에 제출한다.
- 출장 시 임직원 간 교통, 숙박, 향응, 접대, 선물 등과 같은 금품 등을 제공하거나 수수하지 않는다.
- 상사의 해외출장이나 타 기관 전출 시 전별금 등 어떠한 명목이라도 금품 등을 제공하지 않으며, 상사는 이를 수수하지 않는다.
  - 단, 사회 통상적 수준 내 선물 등은 가능하다.
- 임직원간 대출보증은 금지한다.
  - 단, 사내 복지기금(주택자금 대출 등) 신청에 한하여 임직원간 1회 보증은 가능하다.

4-2 상사의 부당한 업무지시 및 이행

[금지사례]

- 관련법규, 사규, 내부지침 등에 위반되는 상사의 업무지시 행위
- 위법성과 부당성을 알거나 알 수 있었음에도 상사의 지시라 하여 지시사항을 이행하는 행위

[행동지침]

- 상사의 부당한 업무지시 시 부하직원은 부당하다는 근거를 제시하고 거절해야 하며, 거절하였음에도 시정되지 않거나 거절로 인해 불이익을 받은 경우에는 윤리경영실에 신고한다.

4-3 축하 화환 수수/제공 및 경조사비 제공

[금지사례]

- 취임, 승진, 전보 시 축하 화환(화분 등 포함)을 수수하거나 제공하는 행위
- 임직원 애경사 시 사회 통상적 수준을 넘어서는 과도한 경조사비를 내거나 받는 행위

[행동지침]

- 임직원 상호간의 축하 화환 수수 및 제공은 금품수수에 해당하므로 금지하며 부득이 수수하였을 경우에는 Clean-365센터에 신고한 후 환경조성 등 회사목적으로 사용한다.
- 임직원간 경조사비는 상부상조 정신의 취지에 따라 사회 통상적 수준에 준하는 금액이어야 한다.

4-4 성희롱

[금지사례]

- 상대방으로 하여금 성적 굴욕감이나 혐오감, 위압감 등을 느끼게 하는 행위
- 성적인 시선, 비난, 농담, 음담패설, 신체접촉 등의 표현 행위

[행동지침]

- 성적 굴욕감, 혐오감, 위압감 등을 느끼게 하거나 성적인 시선, 비난, 농담, 음담패설, 신체접촉 등의 행위를 금지한다.
- 회식 등의 모임에서 술시중이나 춤을 강요하지 않는다.
- 동료의 신체에 대한 성적인 평가나 비유를 하지 않는다.
- 불필요한 신체접촉을 삼가고 고정된 성 역할을 강조하는 말(여자이기 때문에, 남자이기 때문에)을 하지 않는다.
- 성희롱 거부에 대한 상대방의 의사표현을 존중한다.

4-5 직장 내 괴롭힘

[금지사례]

- 직장에서의 지위 또는 관계 등의 우위를 이용하여 업무상 적정 범위를 넘어 다른 임직원에게 신체적·정신적 고통을 주거나 근무 환경을 악화시키는 행위

[행동지침]

- 임의적 업무 변경, 제외, 업무 떠넘기기 등 권한을 이용하여 부하 및 동료 직원을 부당하게 처우하지 않는다.
- 업무시간이 아닌 시간에 업무지시를 하거나 불필요한 초과근무를 강요하지 않는다.
- 부하나 동료직원을 고의적으로 따돌리거나 부하나 동료직원에 대한 악의적 유언

비어를 유포하지 않는다.

- 상사는 부하 직원에게 업무와 무관한 사적인 심부름, 보고서 작성 등을 시키거나, 출퇴근 시 반복적으로 교통편의를 요구하는 등의 행위를 하지 않는다.
- 인격모독, 호통, 욕설, 비속어 등 폭력적인 언행을 하지 않는다.
- 회식참여를 강요하거나 회식자리에서의 음주, 장기자랑 등을 강요하지 않는다.

4-6 조직질서 문란행위

[금지사례]

- 상·하간 또는 동료 간 언어폭력 및 신체적 위협 또는 폭행 행위
- 건전한 동료관계를 해치는 도박 등으로 사행심을 조장하고 조직 분위기를 저해하는 행위
- 임직원간 갈등을 유발하는 부적절한 금전 거래 행위
- 사내 친목도모 차원을 벗어난 불순한 형태의 사조직을 결성하거나 참가하는 행위
- 회사 및 임직원과 관련된 유언비어를 유포하는 행위

[행동지침]

- 상대방을 존중하여 서로 평등하고 인격적으로 대우한다.
- 임직원 각자의 사생활을 존중하고 상호 협력하는 분위기를 조성한다.
- 임직원 상·하간 또는 동료 간 반목과 대립적인 행위를 해서는 안되며, 건전한 조직풍토를 저해하는 표현이나 언행을 하지 않는다.
- 건전한 동료관계를 해치는 도박행위는 금지한다.
- 잦은 금전 대차 및 미상환 등으로 임직원간 갈등을 유발하지 않는다.
- 회사 내 비공식적 모임은 조직 내 피벌조장, 위화감 조성, 사리도모 등의 우려가 있으므로 모임을 결성하거나 참가하는 행위를 금지한다.
- On/Off−Line상으로 회사 및 임직원과 관련된 유언비어 유포는 금지하며, 위반 시 해사행위로 간주한다.

4-7 임직원간 골프

[금지사례]

- 예하 기관(현장기관 등) 등에 골프 부킹을 청탁하는 행위

- 상사가 부하에게 지위를 내세워 골프 접대를 요구하는 행위
- 상사나 상급기관에 골프접대를 하는 행위
- 회사 골프회원권을 사용하여 임직원끼리 골프운동을 하는 행위
- 마케팅 활동, 사내 공식행사 등과 무관한 골프비용을 회사경비로 처리하는 행위

[행동지침]

- 예하 기관(현장기관) 등에 사적인 골프 부킹을 청탁하지 않는다.
- 회사 골프회원권이나 회사경비를 사용하여 임직원끼리 골프운동을 하는 행위를 금지한다.
  - 단, 사내 공식행사 등 경영상의 이유로 골프운동이 필요한 경우에 한하여 소속 기관 임원급 이상인 상급자의 서면승인(문서결재, 이메일 限)을 사전에 득한 뒤에는 회사의 골프회원권이나 회사경비 사용이 가능하다.
- 임직원간 부적절한 골프는 금지한다.
  - 임직원간 골프비용 전가, 부적절한 내기 및 사전 서면승인(문서결재, 이메일 限) 받지 않은 회사경비 사용은 금품수수 및 공금횡령으로 간주한다.

4-8 임직원 간 부적절한 유흥

[금지사례]

- 임직원간 모임 시 부적절한 업소에서 회사경비를 집행하는 행위

[행동지침]

- 사회 윤리적 지탄 가능성이 있는 유흥업소나 퇴폐업소(단란주점, 룸살롱 등)를 회사경비를 집행하여 임직원 간에 이용하지 않는다.

제5장 이해관계자와의 관계

(이해관계자는 '부정청탁 및 금품 등 수수의 금지에 관한 법률'에서 정한 공직자 등과 그의 배우자도 포함한다.)

구분	금지행위 예시	징계가능 범위	비고
이해관계자와의 금품 등의 수수 및 제공 등	• 대가성을 불문하고 금품 등을 수수하는 행위 • 이해관계자에게 금품 등을 요구하거나 유도하는 행위 • 불가피하게 수수한 금품 등을 반송 또는 신고하지 않는 행위 • 고의로 경조사를 이해관계자에 알리고 과도한 경조사비 또는 축하화환을 받는 행위 • '부정청탁 및 금품 등 수수의 금지에 관한 법률'에서 정한 공직자 등이나 그의 배우자에게 금품 등을 제공하는 행위(제공을 약속하는 행위도 포함)	감봉~해임	청렴의 의무위반
	• 사회적 지탄대상이 되는 유흥업소나 퇴폐업소에서의 접대를 받거나 제공하는 행위		청렴의 의무위반 품위유지 의무위반 및 회사위신 손상행위
이해관계자에게 부정청탁 및 부당한 요구	• 직접 또는 제3자를 통하여 관련직무를 수행하는 '부정청탁 및 금품 등 수수의 금지에 관한 법률'에서 정한 공직자 등에게 법령을 위반하여 처리토록 하는 행위 • 이해관계자에 사내행사(회식, 체육행사 등)를 알리거나 비용을 전가하는 행위 • 대출보증, 자산임대차 요구행위	감봉~해임	청렴의 의무위반
	• 계약내용을 벗어난 추가요구	견책~해임	직권남용
사적인 금전거래 및 부당한 압력행사	• 이해관계자에게 금전을 사용하거나 대여하는 행위 • 이해관계자로부터 자산의 임차나 담보를 제공받는 행위 • KT가 추진하는 사업과 관련하여 이해관계자에게 부동산을 임대해 주거나 담보를 제공하는 행위 • 이해관계자의 자산을 정상가격보다 현저히 낮은 가격으로 매입하는 행위 • 이해관계자에게 채무의 대리상환을 청탁하는 행위	감봉~해임	청렴의 의무위반
	• 이해관계자에게 우월적 지위를 이용하여 부당한 압력이나 요구를 행사하는 행위	감봉~해임	청렴의 의무위반
부당한 계약체결 및 회사자산 등의 지원	• 정당한 사유 없이 계약과정에 특혜나 불이익을 주는 행위 • 시세에 맞지 않는 고가계약행위	견책~해임	회계처리위반
	• 회사시설, 물품, 용품을 무단 지원하는 행위 • 특정 이해관계자에 정보제공 등 특혜를 주는 행위 • 유통망 등과 결탁한 실적조작 행위	견책~해임	업무운영상의 위법 및 부당행위

부적절한 골프	• 이해관계자에 골프비용을 전가하거나 부킹청탁, 회원권 이용을 요구하는 행위 • '부정청탁 및 금품 등 수수의 금지에 관한 법률'에서 정한 공직자 등이나 그의 배우자에게 골프회원권, 골프비용 등을 제공하는 행위 • 임원급 이상인 상급자의 사전 서면 승인 받지 않고 회사의 골프회원권, 회사경비를 사용하여 이해관계자와 골프를 치는 행위	감봉~해임	청렴의 의무위반
이해관계자 존중의무 소홀 등	• 이해관계자에게 반말, 욕설 등의 언행으로 모욕감을 주는 등 하대행위 • 이해관계자에게 성적 모욕감, 수치심 등 유발행위	견책~해임	품위유지 의무위반 및 회사위신 손상행위 성희롱 금지

5-1 이해관계자와의 금품 등 수수 및 제공 등

[금지사례]

- 이해관계자로부터 금품 등을 수수하는 행위(수수를 약속받는 행위 포함)
- 이해관계자에게 금품 등을 요구하거나 제공을 유도하는 행위
- 불가피하게 수수한 금품 등을 반송 또는 신고하지 않는 행위
- 이해관계자에게 경조사를 의도적으로 알리거나, 사회 통상적 수준을 넘는 과도한 경조사비를 수수하는 행위
- 취임, 승진, 전보 시 축하화환(화분 등 포함)을 수수하는 행위
- '부정청탁 및 금품 등 수수의 금지에 관한 법률'에서 정한 공직자 등이나 그의 배우자에게 금품 등을 제공하는 행위(제공을 약속하는 행위도 포함)

[행동지침]

- 금액과다 또는 대가성 여부와 상관없이 금품 등의 수수는 금지하며 가족, 친·인척 또는 지인 등을 통한 수수도 임직원 본인의 행위로 간주한다.
  - 단, 공식적인 행사에서 주최자가 참석자에게 사회 통상적 수준에서 일률적으로 제공하는 금품 등 및 불특정 다수인에게 배포하기 위한 기념품은 제외한다.
- 만약 금품 등을 제공하겠다는 제안이 있을 경우에는 회사 윤리경영 방침을 설명하고 정중하게 거절한다.
- 자신의 의지에 반하여 불가피하게 받았거나 반환이 곤란한 경우 수수한 날로부

터 근무일 기준 3일 이내에 Clean－365센터에 제출하여야 한다.

- 원활한 직무수행을 위해 이해관계자와의 식사가 불가피한 경우 사회 통상적 수준의 식사는 가능하며 수수하는 금액이 사회 통상적 수준 내라 할지라도 이해관계자와의 지속, 반복적인 식사는 금지한다.
- 휴가나 업무 출장 시에 교통, 숙박 등 편의를 수수해서는 안 된다. 다만, 아래와 같이 사업과 직접 연관성이 없고 회사 경영차원에서 필요한 경우, CEO의 사전승인이 있는 때에는 가능하다.
  - 국가차원의 행사(올림픽, 월드컵, 엑스포 등) 참가
  - 일반적 세미나 및 전시회 참가 등
- 경조사를 이해관계자에게 의도적으로 알려서는 안 되며, 이해관계자가 자발적으로 경조사비를 내는 경우에도 사회 통상적 수준을 넘는 금액은 받지 않는다.
- 화환을 수수할 경우 상대방에게 회사의 윤리경영 방침을 설명하고 정중히 거절하며 부득이하게 수수하였을 경우에는 Clean－365센터에 신고하여 사회공헌활동에 사용한다.
- '부정청탁 및 금품 등 수수의 금지에 관한 법률'에서 정한 공직자 등이나 그의 배우자에게 금품 등을 제공하지 않는다.
  - 단, 대가성이 아닌, 원활한 직무수행 또는 사교·의례 또는 부조의 목적으로 사회 통상적 수준의 식사, 선물, 경조사비 제공은 가능하며, '부정청탁 및 금품 등 수수의 금지에 관한 법률'에서 정한 예외 사유에 해당될 경우에도 가능하다.
- 사회 윤리적으로 지탄의 대상이 되는 유흥업소 및 퇴폐업소(단란주점, 룸싸롱 등)에서 접대를 받거나 접대를 하는 행위는 금지한다.

5-2 이해관계자에게 부정청탁 및 부당한 요구

[금지사례]

- 직접 또는 제3자를 통하여 관련 직무를 수행하는 '부정청탁 및 금품 등 수수의 금지에 관한 법률'에서 정한 공직자 등에게 법령을 위반하여 처리토록 청탁하는 행위
- 접대 및 부서회식 등의 비용을 이해관계자에게 부담시키는 행위
- 이해관계자에게 대출보증이나 자산임대, 자산임차 등을 요구하는 행위

- 계약내용을 벗어난 추가 요구 행위
- 이해관계자에게 인사 청탁을 하는 행위

[행동지침]

- 모든 임직원은 직접 또는 제3자를 통하여 관련 직무를 수행하는 '부정청탁 및 금품 등 수수의 금지에 관한 법률'에서 정한 공직자 등에게 '부정청탁 및 금품 등 수수의 금지에 관한 법률'에서 정한 바에 따른 부정청탁을 해서는 안 된다.
- 이해관계자에게 회식 사실을 알리거나 회식비 등의 영수증을 건네주는 행위, 기타 찬조를 받는 모든 행위를 금지하며, 위반 시 금품 등의 수수로 간주한다.
- 부서단위 행사, 동호회 등에 이해관계자를 참석시켜서는 안 된다. 다만, 행사 성격상 이해관계자 참석이 불가피할 경우에는 소속 기관장의 사전 승인을 받아야 한다.
  - 행사에 필요한 차량, 장소, 용역 등 편의를 수수한 경우에는 향응 수수로 간주하며, 이해관계자에게 행사내용을 사전에 알려주는 행위는 협찬을 받기 위한 의도적 행위로 간주한다.
- 이해관계자에게 대출보증, 자산임대, 자산임차 등을 요구하지 않는다.
- 계약내용 범위를 벗어나는 부당한 추가요구를 하지 않는다.
- 구두 발주 등을 통하여 이해관계자의 자원을 부당하게 낭비하지 않는다.
- 정당한 사유 없이 이해관계자에게 다른 기업과의 거래 중단을 강요하는 등 부당하게 간섭하지 않는다.
- 이해관계자에게 친·인척, 지인 등을 취업·승진시켜 줄 것을 요구하지 않는다.

5-3 사적인 금전거래 및 부당한 압력 행사

[금지사례]

- 이해관계자로부터 금전을 차용하거나, 이해관계자에게 금전을 대여하는 행위
- 이해관계자로부터 자산의 임차나 담보를 제공받는 행위
- KT가 추진하는 사업과 관련하여 이해관계자에게 부동산을 임대해 주거나 담보(물적 담보 및 인적담보)를 제공하는 행위
  - 인적담보 예시: 대리점 개설 보증인, 보증보험 연대보증인
- 이해관계자의 자산을 정상가격보다 현저하게 낮은 가격으로 매입하는 행위

- 이해관계자에게 외상대금 또는 대출금 등의 대리결제나 상환을 청탁하는 행위
- 이해관계자에게 우월적 지위를 이용하여 부당한 압력이나 요구를 행사하는 행위

[행동지침]

- 이해관계자와의 사적인 금전거래는 업무처리 시 공정성을 잃을 수 있으므로 금지한다.
- 이해관계자에게 담보제공 요청을 금지하며, 이러한 경우는 금품 등의 수수로 간주한다.
- KT가 추진하는 사업과 관련하여 이해관계자에게 부동산을 임대해 주거나 담보를 제공하면 업무처리 시 공정성을 잃거나 업무상 특혜를 제공할 수 있으므로 금지한다.
- 이해관계자로부터 유가증권 또는 부동산 등 유·무형의 자산을 현저하게 낮은 가격에 매입 또는 임차하여 사적인 이익을 취해서는 안 된다. 이러한 경우 정상가격과 매입가격의 차액에 대하여 금품 등의 수수로 간주한다.
- 카드대금, 외상대금, 대출금 등의 대리결제나 상환을 요구해서는 안 되며, 이러한 경우도 금품 등의 수수로 간주한다.
- 퇴직 후 취업 알선 등 개인적 특혜를 요구하지 않는다.
- 우월적 지위를 이용하여 상품 구매, 서비스 가입 등을 강요하지 않는다.

5-4 부당한 계약 체결 및 회사자산 등의 지원

[금지사례]

- 이해관계자에게 정당한 사유 없이 특혜나 불이익을 주거나 이중계약을 하는 행위
- 계약업무의 기본절차를 소홀히 하여 시세보다 고가로 물품을 구매하거나 공사, 용역 등의 계약을 체결하는 행위
- 회사의 사전 승인 없이 거래회사에 인력 및 장비, 서비스, 정보 등을 임의로 제공하는 행위
- 특정 이해관계자에게 정보제공 등 특혜를 주는 행위
- 유통망 등과 결탁하여 실적을 조작하고 조작된 실적을 기반으로 지원금 등을 제공하는 행위

[행동지침]

- 구매 등 계약 체결 시 반드시 회사지침을 준수하여야 한다.
- 공정한 거래질서 준수를 위하여 이해관계자와의 계약서 작성 시 '윤리실천 특별약관'을 관련 서류에 반드시 포함한다.
- 임의로 회사자산을 무단 지원하고 이해관계자에 특혜를 주는 행위는 이익의 수취 여부와 상관없이 금지한다. 이를 위반 시 회사 자산의 사적사용 행위로 간주한다.
  - 거래회사에 대한 지원 필요 시 타당성을 검토하고 부서장 또는 기관장의 승인을 받은 후 지원한다.

5-5 부적절한 골프

[금지사례]

- 이해관계자와 부적절한 내기골프를 하거나 골프 비용을 부담시키는 행위
- 이해관계자에게 골프 부킹을 청탁하거나 이해관계자의 골프회원권 이용 행위
- '부정청탁 및 금품 등 수수의 금지에 관한 법률'에서 정한 공직자 등이나 그의 배우자에게 골프회원권, 골프비용 등을 제공하는 행위
- 임원급 이상의 사전 서면 승인(문서결재, 이메일 限)을 받지 않고 회사의 골프회원권, 회사경비를 사용하여 이해관계자와 골프를 치는 행위

[행동지침]

- 이해관계자와 부적절한 내기골프를 하는 행위, 이해관계자에게 골프비용을 부담시키는 행위 등 골프비용의 혜택을 제공받는 행위는 금지한다. 이를 위반하였을 때에는 금품 등 수수로 간주한다.
- '부정청탁 및 금품 등 수수의 금지에 관한 법률'에서 정한 공직자 등이나 그의 배우자에게 회사 골프회원권, 골프비용 등을 대여하거나 제공하는 행위는 금지한다.
  - 법인카드 사용 등의 회사경비뿐만 아니라 임직원 개인비용으로 대여하거나 제공하는 행위도 금지된다.
- 다만, 청탁금지법을 위반하지 않는 범위에서, 마케팅활동, 사내 외 공식행사 등 경영상의 이유로 회사의 골프회원권 또는 골프비용 사용이 불가피한 경우에 한해, 소속기관의 본부장, 단장, 실장 등 임원급 이상의 서면승인을 사전에 득한 뒤

에는 회사의 골프회원권 또는 골프비용 사용이 가능하다.

5-6 공사, 납품, 고객접점 등 이해관계자 존중의무 소홀 등

[금지사례]

- 이해관계자에게 반말, 욕설 등의 언행으로 모욕감을 주는 행위
- 이해관계자를 부하직원 취급하거나 무시하는 행위
- 이해관계자로 하여금 성적 굴욕감이나 혐오감 등을 유발할 수 있는 외모지적, 음담패설, 신체접촉, 문자 등의 표현 행위

[행동지침]

- 이해관계자와의 업무수행 시에는 상호 예의범절을 준수하여 행농한다.
- 이해관계자와는 상하관계가 아닌 동등한 입장에서 서로를 존중하며 업무를 처리한다.
- 이해관계자와의 업무수행, 회식 등에서 상대방으로 하여금 성적 굴욕감, 혐오감 등을 느끼게 하는 외모지적, 음담패설, 신체접촉, 문자 등의 행위를 하지 않는다.

5-7 국가와 지역사회에 대한 책임 소홀

[금지사례]

- 국가 경제에 해를 끼치거나, 건전한 사회질서에 반하는 행위
- 자연보호에 부합되지 않거나 환경오염을 발생시키는 행위
- 전통적 미풍양속을 해치는 행위 등

[행동지침]

- 회사의 시장가치를 제고하여 주주에게 장기적 이익을 제공할 수 있도록 노력한다.
- 지역사회와 관련된 사업을 추진할 때는 주민 의견을 적극 수렴한다.
- 환경보호 관련법규를 준수하며, 환경보호에 부합되게 사업 활동을 한다. 물품 구매 시는 환경 친화적 제품을 우선적으로 선정한다.
- 쓰레기 분리수거 및 재활용품의 활용 등 환경 친화 활동에 적극 동참한다.
- 에너지 절감 및 효율화 등 국가적인 자원절약 노력에 적극 동참한다.
- 전통적 미풍양속을 지키고, 지역사회의 문화와 전통을 존중한다.

5-8 안전 보건

[금지사례]

- 정당한 사유 없이 법과 관련규정을 위반하는 행위
- 인명사고 등을 초래할 수 있는 중대한 과실 행위

[행동지침]

- 관계법령, 내부규정 등을 준수하여 안전사고 예방에 노력하고 산업 재해 예방을 위하여 주기적으로 자체 안전점검 등을 실시한다.
- 산업재해예방을 위한 기준을 준수하고, 사업장내 안전보건관리책임자가 시행하는 산업재해의 방지에 관한 조치에 따라야 한다.

제6장 비윤리 행위 신고와 보상

6-1 기본방향

가. 전 임직원 및 외부 이해관계자를 대상으로 비윤리 행위 신고제 운영

- KT 임직원 및 KT 관련된 외부 이해관계자의 각종 부조리 사항 접수
- 제보자는 실명 제보를 원칙으로 하되, 익명제보일 경우라도 증거가 명확하거나 회사의 피해가 우려될 경우 조사 대상에 포함 가능

나. 신고내용이 회사의 수익증대 또는 손실감소 효과가 발생하는 경우 보상금 지급

다. 자진신고의 경우 책임감면이 가능하나 보상금 지급은 제외

6-2 제보대상 및 방법

가. 제보대상

- 임직원의 직무관련 부조리·비위·품위손상 행위와 회사 이미지에 손상을 주는 사회적 지탄행위
- 유언비어 등 허위사실을 유포하여 기업 이미지 손상, 특정 임직원 명예훼손 등 조직분위기를 저해하는 행위
- 회사 손실을 초래하는 불합리한 경영, 직원의 고의적인 업무태만 행위
- 경영실적 왜곡 및 부적절한 예산집행으로 비용을 낭비하는 행위
- 뇌물·금품 등의 수수, 횡령, 배임 등 직무 관련 부당이득 행위
- 승진·채용·전보 등 인사 관련 비위 행위

• 기업비밀 및 고객관련 정보 유출 행위
• 회계정보 위조·변조·훼손 등 내부회계 관리규정 위반행위
• 성희롱 금지규정, 직장 내 괴롭힘 금지규정 위반행위
• KT와 관련된 외부 이해관계자의 비윤리 행위
• 기타 회사의 윤리경영 원칙에 위배되는 행위 등

나. 제보방법
• 윤리 위반 신고 : ethics.kt.com
• e-mail : ethics@kt.com
• 전화 : 080-713-6262
• 우편신고 : 서울특별시 종로구 종로3길 33 KT 윤리경영실
※ 관리자에게 신고시, 해당 관리자는 즉시 윤리경영실에 통보

다. 제보자
• 실명 : 제보자 익명성 보장, 책임감면
-자진신고자의 경우 익명보장 및 최대한 책임감면
• 비실명 : 사실에 근거하되 허위 및 음해성 제보는 접수하지 않음

6-3 신고자에 대한 보상금 지급

가. 보상대상
• 조사결과 신고내용이 사실로 나타난 건으로, 제보대상 행위일로부터 1년 이내 신고 되어야 하며, 신고로 인하여 회사의 수익증대나 손실감소효과가 발생하여야 함

나. 보상금 지급기준
• 최대 보상금액은 5천만원 한도
• 동일 건에 대해 보상금 지급사유가 중복되는 경우 가장 큰 금액을 기준
• 조사과정에서 제보내용과 다른 사유로 발생한 손실금액은 보상대상에서 제외

다. 보상금 산정
① 다른 임직원의 금품 등 수수 행위 신고: 수수 금액의 5배
② 신고로 인하여 회사의 수익증대나 손실감소 효과 발생시

수익증대 또는 손실감소액	지급기준
1억원 이하	5%
1억원~ 5억원 이하	5백만원+ 1억원 초과금액의 3%
5억원~10억원 이하	17백만원+ 5억원 초과금액의 2%
10억원 초과	27백만원+10억원 초과금액의 1%

- 일회성의 경우: 해당금액 전체
- 장기의 경우: 연간 발생 예상금액

라. 보상금 최종결정: 윤리경영실장

마. 보상금 지급 제외

- 신고내용이 사실이 아닌 것으로 판명되거나 증거부족으로 인하여 사실 여부 확인이 곤란한 경우
- 이미 신고된 사항이거나 윤리경영실 또는 외부기관에서 이미 인지하여 조사가 진행 중이거나 징계절차 등이 진행 또는 완료된 사항
- 언론보도 등에 의해 공개된 사항
- 익명 또는 가명으로 신고하여 신고자가 누구인지 알 수 없는 경우
- 윤리경영실 직원이 신고한 경우
- 기타 보상심의 결과 보상이 부적절하다고 인정되는 경우

6-4 신고자 보호 및 보상방안

가. 보호대상자

- 대상: 내·외부 신고자, 자진신고자

  ※ 단, 사전에 비위사실이 노출되었거나 감사중인 경우는 제외

나. 보호내용

- 비밀보호
  - 신고자 신원공개 금지(단, 공개 필요시는 본인 동의 필수요건)
  - 신고자 색출작업 금지: 피신고자 또는 피신고자 소속부서 및 기타 관련부서 임직원이 신고자를 알아내기 위한 활동 금지(위반 시 관련자 징계조치)

- 신고자가 제시하였던 증거 또는 정보
- 혐의 대상자 또는 혐의 대상기관 등

• 신분보장
  - 신고자의 승진, 전보 등 인사상 또는 신분상 불이익이나 근무조건상 차별 금지
  - 신고자가 전보를 요청할 경우 소속기관장은 우선 배려

• 신분보장조치 요구 등 절차
  - 신고자가 불이익 처분을 받을 것으로 예상되는 경우 윤리경영실에 신분보장 조치 요구
  - 윤리경영실장은 조사 후 해당기관장에 신분보장 조치 요구 또는 권고 여부 결정
  - 윤리경영실장의 신분보장 조치 요구나 권고를 이행하지 않거나 '신분보장' 위반 사실이 확인된 경우 행위자 징계 또는 해당기관 경고
  - 본인의 의사에 반해 신고자의 신분이 노출될 경우 신분노출 경로를 조사하여 유출자 징계

• 책임감면
  - 자진신고자의 경우 신고자 불이익 처분 시 비위 정도, 평소 근무태도, 반성 정도를 고려하여 책임감면 가능
  - 금품 등의 수수 행위를 자진 신고한 경우에는 정상참작
  - 자진신고를 하지 않았더라도 조사과정에서 비위사실의 자진신고, 고백 등 조사에 적극적으로 협조할 경우에는 불이익 처분 시 비위 정도, 평소 근무태도, 반성 정도를 고려하여 정상참작

다. 신고자에 대한 보상금 지급

• 보상금 지급과정에서의 신분노출 방지를 위해 윤리경영실에서 수령하여 비밀이 보장되고 수령자가 원하는 방법으로 전달(수령자 별도기재 금지)

6-5 처리절차

가. 신고접수 및 사실 확인

• 접수부서: 윤리경영실 내 신고접수 지정부서
  - 신고접수 후 최단기간 내 사실 확인

나. 보고 및 감사 실시

- 신고된 사항과 사실 여부를 윤리경영실장에 보고
- 신고된 사항은 비위 정도 등을 고려하여 감사 실시

다. 결과처리

- 감사실시 결과 조치요구는 내부감사 업무처리 메뉴얼에 의함

라. 자체종결

- 비위신고 내용을 면밀히 검토하여 비위 정도가 약하고, 감사 실익이 없다고 판단될 경우 내부결재로 자체 종결 처리

제4절 공직자윤리법

제1장 총칙

제1조(목적) 이 법은 공직자 및 공직후보자의 재산등록, 등록재산 공개 및 재산형성과정 소명과 공직을 이용한 재산취득의 규제, 공직자의 선물신고 및 주식백지신탁, 퇴직공직자의 취업제한 및 행위제한 등을 규정함으로써 공직자의 부정한 재산 증식을 방지하고, 공무집행의 공정성을 확보하는 등 공익과 사익의 이해충돌을 방지하여 국민에 대한 봉사자로서 가져야 할 공직자의 윤리를 확립함을 목적으로 한다.

제2조(생활보장 등) 국가는 공직자가 공직에 헌신할 수 있도록 공직자의 생활을 보장하고, 공직윤리의 확립에 노력하여야 한다.

제2조의2(이해충돌 방지 의무) ① 국가 또는 지방자치단체는 공직자가 수행하는 직무가 공직자의 재산상 이해와 관련되어 공정한 직무수행이 어려운 상황이 일어나지 아니하도록 노력하여야 한다.

② 공직자는 자신이 수행하는 직무가 자신의 재산상 이해와 관련되어 공정한 직무수행이 어려운 상황이 일어나지 아니하도록 직무수행의 적정성을 확보하여 공익을 우선으로 성실하게 직무를 수행하여야 한다.

③ 공직자는 공직을 이용하여 사적 이익을 추구하거나 개인이나 기관·단체에 부정한 특혜를 주어서는 아니 되며, 재직 중 취득한 정보를 부당하게 사적으로 이용하거나 타인으로 하여금 부당하게 사용하게 하여서는 아니 된다.

④ 퇴직공직자는 재직 중인 공직자의 공정한 직무수행을 해치는 상황이 일어나지 아니하도록 노력하여야 한다.

제2장 재산등록 및 공개

제3조(등록의무자) ① 다음 각 호의 어느 하나에 해당하는 공직자(이하 "등록의무자"라 한다)는 이 법에서 정하는 바에 따라 재산을 등록하여야 한다.

1. 대통령·국무총리·국무위원·국회의원 등 국가의 정무직공무원
2. 지방자치단체의 장, 지방의회의원 등 지방자치단체의 정무직공무원
3. 4급 이상의 일반직 국가공무원(고위공무원단에 속하는 일반직공무원을 포함한다) 및 지방공무원과 이에 상당하는 보수를 받는 별정직공무원(고위공무원단에 속하는 별정직공무원을 포함한다)
4. 대통령령으로 정하는 외무공무원과 4급 이상의 국가정보원 지원 및 대통령경호처 경호공무원
5. 법관 및 검사
6. 헌법재판소 헌법연구관
7. 대령 이상의 장교 및 이에 상당하는 군무원
8. 교육공무원 중 총장·부총장·대학원장·학장(대학교의 학장을 포함한다) 및 전문대학의 장과 대학에 준하는 각종 학교의 장, 특별시·광역시·특별자치시·도·특별자치도의 교육감 및 교육장

9. 총경(자치총경을 포함한다) 이상의 경찰공무원과 소방정 이상의 소방공무원
10. 제3호부터 제7호까지 및 제9호의 공무원으로 임명할 수 있는 직위 또는 이에 상당하는 직위에 임용된 「국가공무원법」 제26조의5 및 「지방공무원법」 제25조의5에 따른 임기제공무원
11. 「공공기관의 운영에 관한 법률」에 따른 공기업(이하 "공기업"이라 한다)의 장·부기관장·상임이사 및 상임감사, 한국은행의 총재·부총재·감사 및 금융통화위원회의 추천직 위원, 금융감독원의 원장·부원장·부원장보 및 감사, 농업협동조합중앙회·수산업협동조합중앙회의 회장 및 상임감사
12. 제3조의2에 따른 공직유관단체(이하 "공직유관단체"라 한다)의 임원
13. 그 밖에 국회규칙, 대법원규칙, 헌법재판소규칙, 중앙선거관리위원회규칙 및 대통령령으로 정하는 특정 분야의 공무원과 공직유관단체의 직원

제3조의2(공직유관단체) ① 제9조 제2항 제8호에 따른 정부 공직자윤리위원회는 정부 또는 지방자치단체의 재정지원 규모, 임원선임 방법 등을 고려하여 다음 각 호에 해당하는 기관·단체를 공직유관단체로 지정할 수 있다.

1. 한국은행
2. 공기업
3. 정부의 출자·출연·보조를 받는 기관·단체(재출자·재출연을 포함한다), 그 밖에 정부 업무를 위탁받아 수행하거나 대행하는 기관·단체
4. 「지방공기업법」에 따른 지방공사·지방공단 및 지방자치단체의 출자·출연·보조를 받는 기관·단체(재출자·재출연을 포함한다), 그 밖에 지방자치단체의 업무를 위탁받아 수행하거나 대행하는 기관·단체
5. 임원 선임 시 중앙행정기관의 장 또는 지방자치단체의 장의 승인 ·동의·추천·제청 등이 필요한 기관·단체나 중앙행정기관의 장 또는 지방자치단체의 장이 임원을 선임·임명·위촉하는 기관·단체

② 제1항에 따른 공직유관단체의 지정기준 및 절차, 그 밖에 필요한 사항은 대통령령으로 정한다.

제4조(등록대상재산) ① 등록의무자가 등록할 재산은 다음 각 호의 어느 하나에 해당하는 사람의 재산(소유 명의와 관계없이 사실상 소유하는 재산, 비영리법인에 출연한 재산과 외국

에 있는 재산을 포함한다. 이하 같다)으로 한다.

1. 본인
2. 배우자(사실상의 혼인관계에 있는 사람을 포함한다. 이하 같다)
3. 본인의 직계존속·직계비속. 다만, 혼인한 직계비속인 여성과 외증조부모, 외조부모, 외손자녀 및 외증손자녀는 제외한다.

② 등록의무자가 등록할 재산은 다음 각 호와 같다.

1. 부동산에 관한 소유권·지상권 및 전세권
2. 광업권·어업권, 그 밖에 부동산에 관한 규정이 준용되는 권리
3. 다음 각 목의 동산·증권·채권·채무 및 지식재산권(知識財産權)
   가. 소유자별 합계액 1천만원 이상의 현금(수표를 포함한다)
   나. 소유자별 합계액 1천만원 이상의 예금
   다. 소유자별 합계액 1천만원 이상의 주식·국채·공채·회사채 등 증권
   라. 소유자별 합계액 1천만원 이상의 채권
   마. 소유자별 합계액 1천만원 이상의 채무
   바. 소유자별 합계액 500만원 이상의 금 및 백금(금제품 및 백금제품을 포함한다)
   사. 품목당 500만원 이상의 보석류
   아. 품목당 500만원 이상의 골동품 및 예술품
   자. 권당 500만원 이상의 회원권
   차. 소유자별 연간 1천만원 이상의 소득이 있는 지식재산권
   카. 자동차·건설기계·선박 및 항공기
4. 합명회사·합자회사 및 유한회사의 출자 지분
5. 주식매수선택권

③ 제1항에 따라 등록할 재산의 종류별 가액(價額)의 산정방법 또는 표시방법은 다음과 같다.

1. 토지는 「부동산 가격공시에 관한 법률」에 따른 개별공시지가(해당 토지의 개별공시지가가 없는 경우에는 같은 법 제8조에 따라 공시지가를 기준으로 산정한 금액을 말한다) 또는 실거래가격
2. 주택은 「부동산 가격공시에 관한 법률」 제16조, 제17조 및 제18조에 따른 공시가

격 또는 실거래가격

3. 상가·빌딩·오피스텔, 그 밖의 부동산은 대지를 「부동산 가격공시에 관한 법률」에 따른 개별공시지가(해당 토지의 개별공시지가가 없는 경우에는 같은 법 제8조에 따라 공시지가를 기준으로 산정한 금액을 말한다)로 산정한 가액과 건물을 국가 또는 지방자치단체가 고시하는 공정가액 중 최고가액(취득가액이 있는 경우에는 취득가액을 함께 쓴다)으로 산정한 가액의 합계액 또는 실거래가격
4. 부동산에 관한 규정이 준용되는 권리는 실거래가격이나 전문가 등의 평가액 그리고 종류·수량·내용 등 명세
5. 현금·예금·채권 및 채무는 해당 금액
6. 국채·공채·회사채 등 유가증권은 액면가
7. 주식 중 「자본시장과 금융투자업에 관한 법률」에 따라 거래소허가를 받은 거래소에 상장된 주권과 「자본시장과 금융투자업에 관한 법률」 제166조에 따라 장외거래되는 주식 중 증권시장과 유사한 방법으로 거래되는 주식은 재산등록 기준일의 최종거래가격(거래가 재산등록 기준일 전에 마감된 경우에는 마감일의 최종거래가격. 다만, 「자본시장과 금융투자업에 관한 법률」 제166조에 따라 장외 거래되는 주식 중 증권시장과 유사한 방법으로 거래되는 주식의 경우에는 대통령령으로 정하는 거래가격을 말한다), 그 외의 주식은 해당 법인의 자산 및 수익을 고려하여 대통령령으로 정하는 평가방법에 따라 산정한 금액 또는 실거래가격
8. 합명회사·합자회사 및 유한회사의 출자지분은 출자가액과 지분비율 및 최근 사업연도의 회사 연간매출액
9. 금 및 백금(금제품 및 백금제품을 포함한다)은 실거래가격이나 신고일 현재의 시장가격 그리고 종류·함량과 중량
10. 보석류는 실거래가격이나 전문가 등의 평가액 그리고 종류·크기·색상 등 명세
11. 골동품 및 예술품은 실거래가격이나 작가·크기를 고려한 전문가 등의 평가액 그리고 종류·크기·작가 및 제작연대 등 작품의 명세
12. 회원권은 취득가액. 다만, 골프회원권은 「소득세법」에 따른 기준시가 또는 실거래가격
13. 자동차·건설기계·선박 및 항공기는 실거래가격이나 감가상각 등을 고려한 전문

가 등의 평가액 그리고 종류·제작연도·제작회사·등록번호 등 명세

14. 주식매수선택권은 받을 주식의 종류 및 수량, 행사가격·행사기간 등 행사조건, 받을 주식의 현재시가 등 명세

④ 제3항에서 규정한 것 외에 등록할 재산의 가액 산정방법과 표시방법, 그 밖에 등록에 필요한 사항은 대통령령으로 정한다.

⑤ 제2항에 따른 재산에 대하여 소유자별로 재산의 취득일자·취득경위·소득원 등을 기재하거나 소명자료를 첨부할 수 있다. 다만, 제10조 제1항 각 호에 따른 공개대상자는 부동산, 제3항 제7호에 따른 그 외의 주식 및 그 밖에 대통령령으로 정하는 재산에 대하여 소유자별로 재산의 취득일자·취득경위·소득원 등을 기재하여야 한다.

⑥ 제1항에 따른 등록대상재산 중 다음 각 호의 어느 하나에 해당하는 새산은 다른 등록대상재산과 구분하여 표시하여야 한다.

1. 비영리법인에 출연한 재산. 이 경우 그 법인에서의 등록의무자의 직위를 밝혀야 한다.
2. 「정치자금법」 제3조 제1호에 따른 정치자금의 수입 및 지출을 위한 예금계좌의 예금

⑦ 등록의무자가 제2항에 따른 재산 중 주식을 등록하기 위하여 필요한 경우 주식을 발행한 자에게 자산총액 및 그 밖에 대통령령으로 정하는 정보를 요청할 수 있다. 이 경우 주식을 발행한 자는 그 요청에 따라야 한다.

제5조(재산의 등록기관과 등록 시기 등) ① 공직자는 등록의무자가 된 날부터 2개월이 되는 날이 속하는 달의 말일까지 등록의무자가 된 날 현재의 재산을 다음 각 호의 구분에 따른 기관(이하 "등록기관"이라 한다)에 등록하여야 한다. 다만, 등록의무자가 된 날부터 2개월이 되는 날이 속하는 달의 말일까지 등록의무를 면제받은 경우에는 그러하지 아니하며, 전보(轉補)·강임(降任)·강등(降等) 또는 퇴직 등으로 인하여 등록의무를 면제받은 사람이 3년(퇴직한 경우에는 1년) 이내에 다시 등록의무자가 된 경우에는 전보·강임·강등 또는 퇴직 등을 한 날 이후 또는 제11조 제1항에 따른 재산변동사항 신고 이후의 변동사항을 신고함으로써 등록을 갈음할 수 있다.

1. 국회의원과 그 밖의 국회 소속 공무원: 국회사무처
2. 법관과 그 밖의 법원 소속 공무원: 법원행정처
3. 헌법재판소장, 헌법재판소재판관 및 헌법재판소 소속 공무원: 헌법재판소사무처

4. 중앙선거관리위원회 및 각급 선거관리위원회 소속 공무원: 중앙선거관리위원회 사무처
5. 정부의 부·처·청(대통령령으로 정하는 위원회 등의 행정기관을 포함한다. 이하 같다) 소속 공무원: 그 부·처·청
6. 감사원 소속 공무원: 감사원사무처
7. 국가정보원 소속 공무원: 국가정보원
8. 지방자치단체 소속 공무원: 그 지방자치단체
9. 지방의회의원과 지방의회 소속 공무원: 그 지방의회
10. 특별시·광역시·특별자치시·도·특별자치도교육청 소속 공무원: 그 특별시·광역시·특별자치시·도·특별자치도교육청
12. 공직유관단체의 임직원: 그 공직유관단체를 감독하는 부·처·청. 다만, 특별시·광역시·특별자치시·도·특별자치도 및 시·군·구(자치구를 말한다. 이하 같다)의 감독을 받는 공직유관단체의 임직원은 특별시·광역시·특별자치시·도·특별자치도 및 시·군·구에 등록한다.
13. 그 밖의 등록의무자, 제5호부터 제7호까지 및 제12호 본문에도 불구하고 정부의 부·처·청 소속 공무원과 감사원·국가정보원 소속 공무원 및 공직유관단체의 임원으로서 제10조 제1항에 따라 재산등록사항을 공개하는 공직자: 인사혁신처

② 제1항 단서의 경우에 등록기관이 종전의 등록기관과 다를 때에는 종전의 등록기관의 장은 전보 등으로 인하여 등록의무를 면제받은 사람이 다시 등록의무자가 된 날부터 1개월 이내에 그 사람의 재산등록에 관한 서류를 새로운 등록기관의 장에게 이관(移管)하여야 한다. 등록의무자가 전보 등으로 인하여 등록의무를 면제받지 아니하고 등록기관이 변경된 경우에도 또한 같다.

③ 제1항 제5호에 따른 등록기관 중 재산을 등록하여야 할 등록의무자의 수가 많아 등록업무를 수행하기가 곤란한 등록기관에 대하여는 대통령령으로 정하는 바에 따라 그 소속 기관 중 일부를 등록기관으로 할 수 있다.

제6조(변동사항 신고) ① 등록의무자는 매년 1월 1일부터 12월 31일까지의 재산 변동사항을 다음 해 2월 말일까지 등록기관에 신고하여야 한다. 다만, 최초의 등록 후 또는 제5조 제1항 단서에 따른 신고 후 최초의 변동사항 신고의 경우에는 등록의무자

가 된 날부터 그 해 12월 31일까지의 재산 변동사항을 등록기관에 신고하여야 한다.
② 퇴직한 등록의무자는 퇴직일부터 2개월이 되는 날이 속하는 달의 말일까지 그 해 1월 1일(1월 1일 이후에 등록의무자가 된 경우에는 등록의무자가 된 날)부터 퇴직일까지의 재산 변동사항을 퇴직 당시의 등록기관에 신고하여야 한다. 다만, 퇴직일부터 2개월이 되는 날이 속하는 달의 말일까지 다시 등록의무자가 된 경우에는 제1항에 따른 변동사항 신고만으로 신고를 갈음할 수 있다.
③ 10월부터 12월까지 중에 등록의무자가 되어 제1항에 따라 재산 변동사항을 신고하여야 하는 경우에는 등록의무자가 된 날부터 그 해 12월 31일까지의 재산 변동사항은 다음 해의 변동사항 또는 제2항에 따른 퇴직자 변동사항에 포함하여 신고할 수 있으며, 등록의무자가 1월 또는 2월 중에 퇴직한 경우에는 제1항에 따른 변동사항은 제2항에 따른 퇴직자 변동사항에 포함하여 신고할 수 있다.
④ 제2항은 제3조 제1항 제11호부터 제13호까지의 등록의무자 중 소속 기관·단체가 공직유관단체에서 제외되어 등록의무를 면제받은 경우에 준용한다.
⑤ 삭제
⑥ 삭제
⑦ 삭제
⑧ 제1항과 제2항에 따른 신고를 하는 경우에는 매매계약서·영수증 등(사본을 포함한다) 재산의 증감원인(增減原因) 등을 소명할 수 있는 자료를 첨부하거나 그 사유를 구체적으로 밝혀야 한다.

제6조의2(주식거래내역의 신고) ① 제10조 제1항 각 호의 공개대상자에 해당하는 등록의무자는 제6조 또는 제11조 제1항에 따른 재산 변동사항 신고 시에 제4조 제1항 각 호의 어느 하나에 해당하는 사람의 주식의 취득 또는 양도에 관한 주식거래 내용을 등록기관에 신고하여야 한다.
② 제1항에 따른 주식거래내역 신고 시 신고대상 주식거래의 범위, 신고의 방법 등에 관하여 필요한 사항은 대통령령으로 정한다.
③ 제1항에 따른 주식거래의 신고내용은 공개하지 아니한다.
④ 제1항에 따른 신고와 신고사항의 심사 및 관리에 관하여는 제8조, 제8조의2, 제12조부터 제14조까지 및 제14조의3을 준용한다.

제6조의3(변동사항 신고의 유예 등) ① 등록기관의 장은 등록의무자가 다음 각 호의 어느 하나에 해당하여 변동사항 신고의 유예신청을 하는 경우에는 3년의 범위에서 제6조 제1항 또는 제11조 제1항에 따른 변동사항 신고를 유예할 수 있다.

1. 법령의 규정에 따라 외국에 파견근무하게 된 경우
2. 법령의 규정에 따라 휴직하게 된 경우
3. 재외공관 또는 해외 주재 사무소에서 근무하게 된 경우
4. 그 밖에 대통령령으로 정하는 사유에 해당하는 경우

② 등록기관의 장은 등록의무자가 다음 각 호의 어느 하나에 해당하는 경우에는 제9조 제1항에 따른 공직자윤리위원회(이하 "공직자윤리위원회"라 한다)의 의결로 제6조 또는 제11조에 따른 변동사항 신고를 유예하거나 면제할 수 있다. 이 경우 등록기관의 장은 그 명단 및 사유 등을 관리하여야 한다.

1. 구금 등으로 신고가 곤란하다고 인정된 경우
2. 실종 등으로 행방이 불분명한 경우
3. 제1호 및 제2호에 상당하는 사유로 사실상 신고가 곤란하다고 인정된 경우

③ 제1항 또는 제2항에 따라 변동사항 신고를 유예받은 등록의무자는 그 유예사유가 소멸된 날부터 2개월이 되는 날이 속하는 달의 말일까지 최종 재산등록 또는 변동사항 신고 이후의 재산 변동사항을 신고하여야 한다.

제6조의4(변동사항 신고의 범위와 내용) 제6조 제1항 및 제2항에 따라 신고하여야 할 재산상의 변동사항의 범위와 내용은 다음과 같다.

1. 제4조 제2항 제1호 및 제2호에 해당하는 재산과 제4조 제3항 제12호 중 골프회원권의 매매·증여 또는 공시가격 고시 등으로 인한 변동사항. 다만, 매매 등의 거래를 한 경우 실거래가를 신고하고 증여와 같이 실거래가격을 알 수 없거나 해당 연도에 거래를 하지 아니한 경우에는 공시가격 변동액을 신고하되, 공시가격 변동액이 이미 신고된 실거래가보다 낮은 경우에는 신고하지 아니한다.
2. 제4조 제2항 제3호에 해당하는 재산의 품목·수량·금액 등 증감한 변동사항. 다만, 제4조 제2항 제3호 사목 및 아목의 재산은 제6조 제1항 및 제2항의 등록대상기간 동안 거래가 없는 경우 금액의 변동이 있더라도 변동액을 신고하지 아니한다.
3. 제4조 제1항 및 제6항에 따른 비영리법인에 출연한 재산은 출연재산의 구체적인

내용, 비영리법인의 명칭, 주된 사무소의 소재지, 대표자, 목적사업, 그 밖에 비영리법인의 세부적인 사항과 그 법인에서의 등록의무자의 직위의 변동사항

제6조의5(금융거래정보·부동산정보의 제공 및 활용 등) ① 공직자윤리위원회는 제5조 제1항, 제6조 제1항·제2항, 제10조 제2항 및 제11조 제1항에 따른 등록 또는 신고(이하 이 조에서 "재산등록·신고"라 한다)를 위하여 필요한 경우에는 「금융실명거래 및 비밀보장에 관한 법률」 제4조, 「신용정보의 이용 및 보호에 관한 법률」 제33조 및 「개인정보 보호법」 제18조에도 불구하고 명의인의 동의를 받아 등록의무자가 요청하면 「정보통신망 이용촉진 및 정보보호 등에 관한 법률」 제2조 제1항 제1호에 따른 정보통신망(이하 "정보통신망"이라 한다)을 이용하여 금융기관(「금융실명거래 및 비밀보장에 관한 법률」 제2조 제1호에 따른 금융회사 등, 「신용정보의 이용 및 보호에 관한 법률」 세15조에 따른 신용정보회사 등 및 그 밖에 대통령령으로 정하는 자를 말한다. 이하 이 조에서 같다)의 장에게 금융거래 중 잔액에 관한 자료(신용정보 중 대출 잔액에 관한 자료를 포함한다. 이하 이 조에서 같다) 제출을 요구할 수 있으며, 해당 금융기관의 장은 정보통신망을 이용하여 20일 이내에 자료를 제출하여야 한다. 이 경우 해당 금융기관의 장은 「금융실명거래 및 비밀보장에 관한 법률」 제4조의2 및 「신용정보의 이용 및 보호에 관한 법률」 제35조에도 불구하고 명의인이 동의할 때에는 금융거래 중 잔액에 관한 자료를 제공한 사실을 명의인에게 통보하지 아니할 수 있다.

② 공직자윤리위원회는 등록의무자로부터 재산등록·신고를 위하여 명의인의 동의를 받아 부동산 보유·등기, 과세정보(지적, 건축, 주택에 관한 자료를 포함한다. 이하 같다)의 제공을 요청받으면 「개인정보 보호법」 제18조에도 불구하고 정보통신망을 이용하여 중앙행정기관, 지방자치단체, 공직유관단체, 그 밖의 공공기관의 장에게 관련 자료의 제출을 요구할 수 있다. 이 경우 요청을 받은 기관의 장은 20일 이내에 정보통신망을 이용하여 그 요청에 따라야 한다.

③ 공직자윤리위원회는 재산등록·신고 기간 만료일 15일 전까지 제1항 전단에 따른 금융거래 중 잔액에 관한 자료와 제2항에 따른 부동산 보유·등기, 과세정보에 관한 자료를 등록의무자에게 제공하여야 한다.

④ 공직자윤리위원회는 제1항에 따른 금융거래 중 잔액에 관한 자료와 제2항에 따른 부동산 보유·등기, 과세정보에 관한 자료를 「금융실명거래 및 비밀보장에 관한 법률」

제4조, 「신용정보의 이용 및 보호에 관한 법률」 제33조 및 「개인정보 보호법」 제18조에도 불구하고 등록사항의 심사에 활용할 수 있다.

⑤ 제9조 제2항 각 호(제8호는 제외한다)의 공직자윤리위원회는 제1항 및 제2항에 따른 자료제출 요구를 제9조 제2항 제8호에 따른 정부 공직자윤리위원회에 위탁할 수 있으며, 정부 공직자윤리위원회는 위탁받은 명의인에 대한 자료를 관계 기관의 장에게 요구할 수 있다.

⑥ 제1항 및 제2항에 따른 자료제출 요청 및 동의 등에 필요한 사항은 국회규칙, 대법원규칙, 헌법재판소규칙, 중앙선거관리위원회 규칙 또는 대통령령으로 정한다.

제7조(등록기간의 연장) 등록기관의 장은 등록의무자(제6조 제2항의 퇴직공직자를 포함한다. 이하 제8조·제10조·제12조·제13조 및 제24조에서 같다)가 부득이한 사유로 재산등록(신고를 포함한다. 이하 같다)의 기간 연장을 신청한 경우에 그 사유가 타당하다고 인정할 때에는 재산의 전부 또는 일부에 대한 등록기간을 연장할 수 있다. 이 경우 등록의무자는 연장된 기간 내에 등록을 하여야 한다.

제8조(등록사항의 심사) ① 공직자윤리위원회는 등록된 사항을 심사하여야 한다.

② 공직자윤리위원회는 등록의무자가 등록재산의 일부를 과실로 빠트리거나 가액합산 등을 잘못 기재한 부분이 있다고 인정될 때에는 등록의무자에게 기간을 정하여 재산등록서류의 보완을 명할 수 있다.

③ 공직자윤리위원회는 제1항에 따른 심사를 위하여 필요하면 등록의무자에게 자료의 제출요구 또는 서면질의를 하거나 사실 확인을 위한 조사를 할 수 있다. 이 경우 공직자윤리위원회는 등록의무자에게 해명 및 소명자료를 제출할 기회를 주어야 한다.

④ 공직자윤리위원회는 국가기관, 지방자치단체, 공직유관단체, 그 밖의 공공기관의 장에게 제1항에 따른 심사를 위하여 필요한 보고나 자료 제출 등을 요구할 수 있으며, 이 경우 그 기관·단체의 장은 다른 법률에도 불구하고 보고나 자료 제출 등을 거부할 수 없다.

⑤ 공직자윤리위원회는 제1항에 따른 심사를 위하여 금융거래의 내용(신용정보를 포함한다. 이하 같다)에 관한 확인이 필요하다고 인정될 때에는 「금융실명거래 및 비밀보장에 관한 법률」 제4조 및 「신용정보의 이용 및 보호에 관한 법률」 제33조에도 불구하고 국회규칙, 대법원규칙, 헌법재판소규칙, 중앙선거관리위원회 규칙 또는 대통령령

으로 정하는 기준에 따라 인적사항을 기재한 문서 또는 정보통신망에 의하여 금융기관의 장에게 금융거래의 내용에 관한 자료 제출을 요구할 수 있으며 그 금융기관에 종사하는 사람은 이를 거부하지 못한다.

⑥ 공직자윤리위원회는 등록의무자와 그 배우자, 등록의무자의 직계존속·직계비속, 그 밖의 재산등록사항 관계인에게 출석을 요구하고 진술을 받을 수 있다.

⑦ 공직자윤리위원회는 제1항에 따른 심사 결과 다음 각 호의 어느 하나에 해당하는 등록의무자에 대하여는 그 증명서류를 첨부하고 기간을 정하여 법무부장관(군인 또는 군무원의 경우에는 국방부장관)에게 조사를 의뢰하여야 한다.

1. 거짓으로 등록하였다고 의심되는 등록의무자
2. 다음 각 목의 어느 하나에 해당하는 행위를 통하여 재물 또는 재산상 이익을 취득한 상당한 혐의가 있다고 의심되는 등록의무자
   가. 직무상 알게 된 비밀의 이용
   나. 직무와 관련한 뇌물의 수수(收受)
   다. 지위를 이용하여 다른 공직자의 직무에 속한 사항의 알선

⑧ 법무부장관 또는 국방부장관은 제7항에 따라 조사 의뢰를 받으면 지체 없이 검사(檢事) 또는 군검사에게 조사를 하게 하고 그 조사 결과를 공직자윤리위원회에 통보하여야 한다.

⑨ 제8항에 따른 검사나 군검사의 조사에 관하여는 형사소송에 관한 법령(「군사법원법」을 포함한다) 중 수사에 관한 규정을 준용한다. 다만, 인신구속에 관한 규정은 그러하지 아니하다.

⑩ 공직자윤리위원회는 제5조 제1항에 따른 등록사항 또는 제6조에 따른 변동신고사항을 제10조 제1항에 따라 공개한 후 3개월 이내에 재산공개대상 공직자 전원에 대한 심사를 완료하여야 한다. 다만, 공직자윤리위원회는 필요하다고 인정되면 그 의결로써 심사기간을 3개월의 범위에서 연장할 수 있다.

⑪ 공직자윤리위원회는 필요한 경우 재산공개대상자가 아닌 등록의무자의 등록사항에 대한 심사를 등록기관의 장이나 그 밖의 관계 기관의 장에게 위임할 수 있으며, 위임을 받은 기관의 장은 심사결과를 관할 공직자윤리위원회에 보고하여야 한다.

⑫ 제11항에 따라 위임하는 경우에는 제2항부터 제9항까지의 규정을 준용한다. 이 경

우 제5항에 따른 금융거래의 내용에 관한 자료 제출을 요구하거나 제7항에 따른 조사 의뢰를 하려면 관할 공직자윤리위원회의 승인을 받아야 한다.

⑬ 공직자윤리위원회는 재산등록사항을 심사할 때 필요한 경우 제4조에 따라 등록한 재산의 소유자별 취득일자, 취득경위 및 소득원 등(이하 이 조에서 "재산형성 과정"이라 한다)을 소명하게 할 수 있다. 이때 재산형성과정의 소명을 요구받은 사람은 소명내용에 대한 재산등록 기준 일부터 과거 5년 간의 증빙자료를 제출하여야 한다.

⑭ 제13항에 따라 재산형성과정의 소명을 요구받은 사람은 정당한 사유가 없으면 소명 및 자료 제출을 거부할 수 없다.

⑮ 제13항 및 제14항에 따른 재산형성과정의 소명 및 자료 제출에 필요한 사항은 대통령령으로 정한다.

⑯ 공직자윤리위원회는 제4항 및 제5항에 따른 자료제출 요구를 제9조 제2항 제8호에 따른 정부 공직자윤리위원회에 위탁할 수 있으며, 정부 공직자윤리위원회는 위탁받은 명의인에 대한 자료를 관계 기관의 장에게 요구할 수 있다. 이 경우 「금융실명거래 및 비밀보장에 관한 법률」 제4조의2 및 「신용정보의 이용 및 보호에 관한 법률」 제35조에 따른 비용은 해당 사무를 위탁한 공직자윤리위원회가 부담한다.

제8조의2(심사결과의 처리) ① 공직자윤리위원회는 제8조에 따른 등록사항의 심사(제9조의2에 따른 재심사를 포함한다) 결과 다음 각 호의 어느 하나에 해당하면 제2항에 따른 필요한 조치를 하여야 한다.

1. 등록대상재산을 거짓으로 기재한 경우
2. 등록대상재산을 중대한 과실로 빠트리거나 잘못 기재하는 경우
3. 허위의 자료를 제출하거나 거짓으로 소명하는 등 불성실하게 재산등록을 하거나 심사에 응한 경우
4. 직무상 알게 된 비밀을 이용하여 재물 또는 재산상 이익을 취득한 사실이 인정된 경우

② 제1항의 필요한 조치는 다음 각 호의 어느 하나에 해당하는 조치로 한다.

1. 경고 및 시정조치
2. 제30조에 따른 과태료 부과
3. 일간신문 광고란을 통한 허위등록사실의 공표

4. 해임 또는 징계의결 요구

③ 제1항의 중대한 과실이 있는지를 인정하려면 등록된 재산과 등록에서 빠진 재산의 규모·종류 및 가액과 빠트리거나 잘못 기재한 경위 등을 종합적으로 고려하여야 한다.

④ 공직자윤리위원회는 제2항 각 호의 조치 중 제3호의 조치는 다른 조치에 부수하여 함께할 수 있다.

⑤ 공직자윤리위원회는 제2항에 따른 조치를 하였을 때에는 등록기관의 장이나 그 밖의 관계 기관의 장에게 통보하여야 한다.

⑥ 공직자윤리위원회는 제2항에 따른 조치를 하는 경우에 제4조 제1항 각 호의 어느 하나에 해당하는 사람이 다른 법령을 위반하여 부정한 방법으로 재물 또는 재산상 이익을 취득한 혐의가 있다고 인정되면 이를 법무부장관(군인 또는 군무원의 경우에는 국방부장관을 말한다)에게 통보할 수 있다. 다만, 조세 관련 법령의 경우에는 국세는 국세청장 또는 관세청장에게, 지방세는 해당 지방자치단체의 장에게 각각 통보할 수 있다.

제9조(공직자윤리위원회) ① 다음 각 호의 사항을 심사·결정하기 위하여 국회·대법원·헌법재판소·중앙선거관리위원회·정부·지방자치단체 및 특별시·광역시·특별자치시·도·특별자치도교육청에 각각 공직자윤리위원회를 둔다.

1. 재산등록사항의 심사와 그 결과의 처리
2. 제8조 제12항 후단에 따른 승인
3. 제18조에 따른 취업제한 여부의 확인 및 취업승인과 제18조의2 제3항에 따른 업무취급의 승인
4. 그 밖에 이 법 또는 다른 법령에 따라 공직자윤리위원회의 권한으로 정한 사항

② 각 공직자윤리위원회의 관할 사항은 다음과 같다.

1. 국회 공직자윤리위원회: 국회의원, 국회 소속 공무원과 그 퇴직공직자에 관한 사항
2. 대법원 공직자윤리위원회: 법관, 법원 소속 공무원과 그 퇴직공직자에 관한 사항
3. 헌법재판소 공직자윤리위원회: 헌법재판소재판관, 헌법재판소 소속 공무원과 그 퇴직공직자에 관한 사항
4. 중앙선거관리위원회 공직자윤리위원회: 중앙선거관리위원회 및 각급 선거관리위

원회 소속 공무원과 그 퇴직공직자에 관한 사항

5. 특별시·광역시·특별자치시·도·특별자치도 공직자윤리위원회: 특별시·광역시·특별자치시·도·특별자치도 소속 4급 이하 공무원, 관할 공직유관단체의 임직원, 특별시·광역시·특별자치시·도·특별자치도의회 소속 4급 이하 공무원, 시·군·구의회의원, 시·군·구의 4급 공무원과 그 퇴직자에 관한 사항
6. 시·군·구 공직자윤리위원회: 시·군·구 소속 5급 이하 공무원, 관할 공직유관단체의 임직원, 시·군·구의회 소속 5급 이하 공무원과 그 퇴직공직자에 관한 사항
7. 특별시·광역시·특별자치시·도·특별자치도 교육청공직자윤리위원회: 특별시·광역시·특별자치시·도·특별자치도교육청 소속 4급 이하 공무원과 그 퇴직공직자에 관한 사항
8. 정부 공직자윤리위원회: 제1호부터 제7호까지의 공직자 외의 공직자와 그 퇴직공직자에 관한 사항

③ 공직자윤리위원회는 위원장과 부위원장 각 1명을 포함한 11명의 위원으로 구성하되, 위원장을 포함한 7명의 위원은 판사·검사·변호사, 교육자, 학식과 덕망이 있는 사람 또는 시민단체(「비영리민간단체 지원법」 제2조에 따른 비영리민간단체를 말한다. 이하 같다)에서 추천한 사람 중에서 선임하여야 한다. 다만, 시·군·구 공직자윤리위원회는 위원장과 부위원장 각 1명을 포함한 5명의 위원으로 구성하되, 위원장을 포함한 3명의 위원은 판사·검사·변호사, 교육자, 학식과 덕망이 있는 사람 또는 시민단체에서 추천한 사람 중에서 선임하여야 한다.

④ 공직자윤리위원회위원의 자격, 임기, 선임 및 심사절차, 그 밖에 필요한 사항은 다음 각 호의 구분에 따라 정한다.

1. 국회 공직자윤리위원회: 국회규칙
2. 대법원 공직자윤리위원회: 대법원규칙
3. 헌법재판소 공직자윤리위원회: 헌법재판소규칙
4. 중앙선거관리위원회 공직자윤리위원회: 중앙선거관리위원회 규칙
5. 정부 공직자윤리위원회: 대통령령
6. 특별시·광역시·특별자치시·도·특별자치도 공직자윤리위원회 및 시·군·구 공직자윤리위원회와 특별시·광역시·특별자치시·도·특별자치도교육청 공직자윤리위

원회: 해당 지방자치단체의 조례

⑤ 공직자윤리위원회의 업무를 효율적으로 지원하기 위하여 위원회에 분과위원회와 전문위원을 둘 수 있다.

⑥ 공직자윤리위원회는 이 법과 제4항 각 호에 규정된 규칙, 대통령령 또는 조례의 범위에서 그 운영에 관한 규정을 제정할 수 있다.

제9조의2(공직자윤리위원회 직권 재심사) 공직자윤리위원회는 제9조 제1항 제1호 또는 제3호에 따른 결정사항이 다음 각 호의 어느 하나에 해당하는 경우로서 재적위원 과반수가 재심사할 공익상의 필요가 크다고 인정하는 경우에는 최초 결정이 있은 날부터 3년 이내, 직권 재심사 사유가 있음을 안 날부터 6개월 이내에 직권으로 재심사할 수 있다. 이 경우 공직자윤리위원회의 회의는 재적위원 3분의 2 이상의 찬성으로 의결한다.

1. 결정의 기초가 된 증거자료가 위조·변조 또는 고의로 누락된 사실이 밝혀진 경우
2. 심사과정에서 조사가 이루어지지 아니한 중요한 증거가 새로 발견된 경우
3. 심사과정의 심의·의결 절차 등에 관한 위법이 발견되었을 경우

제10조(등록재산의 공개) ① 공직자윤리위원회는 관할 등록의무자 중 다음 각 호의 어느 하나에 해당하는 공직자 본인과 배우자 및 본인의 직계존속·직계비속의 재산에 관한 등록사항과 제6조에 따른 변동사항 신고내용을 등록기간 또는 신고기간 만료 후 1개월 이내에 관보 또는 공보에 게재하여 공개하여야 한다.

1. 대통령, 국무총리, 국무위원, 국회의원, 국가정보원의 원장 및 차장 등 국가의 정무직공무원
2. 지방자치단체의 장, 지방의회의원 등 지방자치단체의 정무직공무원
3. 일반직 1급 국가공무원(「국가공무원법」 제23조에 따라 배정된 직무등급이 가장 높은 등급의 직위에 임용된 고위공무원단에 속하는 일반직공무원을 포함한다) 및 지방공무원과 이에 상응하는 보수를 받는 별정직공무원(고위공무원단에 속하는 별정직공무원을 포함한다)
4. 대통령령으로 정하는 외무공무원과 국가정보원의 기획조정실장
5. 고등법원 부장판사급 이상의 법관과 대검찰청 검사급 이상의 검사
6. 중장 이상의 장성급(將星級) 장교
7. 교육공무원 중 총장·부총장·학장(대학교의 학장은 제외한다) 및 전문대학의 장과 대학

에 준하는 각종 학교의 장, 특별시·광역시·특별자치시·도·특별자치도의 교육감

8. 치안감 이상의 경찰공무원 및 특별시·광역시·특별자치시·도·특별자치도의 지방경찰청장, 소방정감 이상의 소방공무원
9. 지방 국세청장 및 3급 공무원 또는 고위공무원단에 속하는 공무원인 세관장
10. 제3호부터 제6호까지, 제8호 및 제9호의 공무원으로 임명할 수 있는 직위 또는 이에 상당하는 직위에 임용된 「국가공무원법」 제26조의5 및 「지방공무원법」 제25조의5에 따른 임기제공무원. 다만, 제4호·제5호·제8호 및 제9호 중 직위가 지정된 경우에는 그 직위에 임용된 「국가공무원법」 제26조의5 및 「지방공무원법」 제25조의5에 따른 임기제공무원만 해당된다.
11. 공기업의 장·부기관장 및 상임감사, 한국은행의 총재·부총재·감사 및 금융통화위원회의 추천직 위원, 금융감독원의 원장·부원장·부원장보 및 감사, 농업협동조합중앙회·수산업협동조합중앙회의 회장 및 상임감사
12. 그 밖에 대통령령으로 정하는 정부의 공무원 및 공직유관단체의 임원
13. 제1호부터 제12호까지의 직(職)에서 퇴직한 사람(제6조 제2항의 경우에만 공개한다)

② 등록의무자가 재산등록 후 승진·전보 등으로 인하여 제1항에 따른 공개대상자가 된 경우에는 공개대상자가 된 날부터 2개월이 되는 날이 속하는 달의 말일까지 공개대상자가 된 날 현재의 재산을 제5조 제1항 본문에 따라 다시 등록기관에 등록하여야 하며, 공직자윤리위원회는 제1항에 따라 이를 공개하여야 한다. 다만, 공개대상자가 공개대상이 아닌 직위로 전보되었다가 3년 이내에 다시 공개대상자가 된 경우에는 최종 공개 이후에 변동된 사항만을 공개한다.

③ 제1항과 제2항에 해당하는 경우가 아니면 누구든지 공직자윤리위원회 또는 등록기관의 장의 허가를 받지 아니하고는 등록의무자의 재산에 관한 등록사항을 열람·복사하거나 이를 하게 하여서는 아니 된다. 다만, 등록의무자가 본인의 등록사항에 대하여 열람·복사하는 경우에는 그러하지 아니하다.

④ 공직자윤리위원회 또는 등록기관의 장은 다음 각 호의 어느 하나에 해당하는 경우가 아니면 제3항에 따른 허가를 할 수 없다.

1. 등록의무자 또는 등록의무자였던 사람에 대한 범죄수사 또는 비위(非違) 조사나 이에 관련된 재판상 필요가 있는 경우

2. 국회의원이 「국회법」 제128조 제1항, 「국정감사 및 조사에 관한 법률」 제10조 제1항, 「국회에서의 증언·감정 등에 관한 법률」 제4조에 따라 국정감사·조사 등의 자료를 요구하는 경우 또는 의정활동으로서 특정 공직자가 구체적 비위사건에 관련되었는지를 규명하기 위하여 필요한 경우. 이 경우 재산등록사항의 전체 세부목록을 외부에 공개할 수 없다.
3. 국가기관·지방자치단체 또는 공직유관단체의 장이 소속 공직자의 비위사건 관련 여부를 판단할 필요가 있는 경우
4. 등록의무자이었던 사람이 본인의 등록사항에 대하여 열람 또는 복사를 요구하는 경우

제10조의2(공직선거후보자 등의 재산공개) ① 대통령, 국회의원, 지방자치단체의 장, 지방의회의원 선거의 후보자가 되려는 사람이 후보자등록을 할 때에는 전년도 12월 31일 현재의 제4조에 따른 등록대상재산에 관한 신고서를 관할 선거관리위원회에 제출하고, 관할 선거관리위원회는 후보자 등록 공고 시에 후보자의 재산신고사항을 공개하여야 한다.

② 대법원장·헌법재판소장·국무총리·감사원장·대법관·국회사무총장 등 임명에 국회의 동의가 필요한 공직자의 임명동의안 또는 헌법재판소재판관·중앙선거관리위원회위원 등 국회에서 선출하는 공직자의 선출 안을 제출할 때에는 그 공직후보자에 대하여 제4조에 따른 등록대상재산에 관한 신고서를 국회에 제출하고, 국회의장은 지체 없이 그 공직후보자의 재산신고사항을 공개하여야 한다. 다만, 그 공직후보자가 전년도 12월 31일 현재 또는 그 이후의 등록대상재산에 관하여 해당 임명동의안 또는 선출 안 제출 전까지 제10조 제1항에 따라 등록대상재산을 공개한 경우에는 그러하지 아니하되, 등록대상재산을 공개하였음을 확인할 수 있는 서류를 국회에 제출하여야 한다.

③ 중앙선거관리위원회 공직자윤리위원회와 국회 공직자윤리위원회는 제1항 또는 제2항의 재산신고사항을 심사하여 심사결과를 공개할 수 있다.

④ 제3항의 심사에는 제8조 제2항부터 제6항까지·제13항 및 제14항을 준용한다.

⑤ 제1항 및 제2항의 신고서 서식, 공개방법, 그 밖에 필요한 사항은 국회규칙 또는 중앙선거관리위원회 규칙으로 정한다.

제11조(전보된 사람 등의 재산신고) ① 등록의무자가 공무원 또는 공직유관단체 임직원의 신분을 보유하면서(퇴직일부터 2개월이 되는 날이 속하는 달의 말일까지 다시 공무원 또는 공직유관단체 임직원이 되는 경우를 포함한다) 전보 등으로 인하여 등록의무를 면제받았을 때에는 전보 등이 된 날부터 2개월이 되는 날이 속하는 달의 말일까지 그 해 1월 1일(1월 1일 이후에 등록의무자가 된 경우에는 등록의무자가 된 날) 이후 전보 등이 된 날까지의 재산변동사항을 종전의 등록기관에 신고하여야 한다.

② 제1항에 따른 신고와 그 신고사항의 관리에 관하여는 제6조, 제6조의2부터 제6조의5까지, 제7조, 제8조, 제8조의2, 제10조, 제12조부터 제14조까지 및 제14조의3을 준용한다.

제12조(성실등록의무 등) ① 등록의무자는 제4조에서 규정하는 등록대상재산과 그 가액, 취득일자, 취득경위, 소득원 등을 재산등록 서류에 거짓으로 기재하여서는 아니 된다.

② 등록의무자는 공직자윤리위원회 등의 등록사항에 대한 심사에 성실하게 응하여야 한다.

③ 제4조 제1항 제2호 또는 제3호의 사람은 등록의무자의 재산등록이나 공직자윤리위원회 등의 등록사항의 심사에 성실하게 응하여야 한다.

④ 제3항에도 불구하고 제4조 제1항 제3호의 사람 중 피부양자가 아닌 사람은 관할 공직자윤리위원회의 허가를 받아 자신의 재산신고사항의 고지를 거부할 수 있으며 3년마다 재심사를 받아야 한다. 이 경우 등록의무자는 고지거부 사유를 밝혀 허가를 신청하여야 한다.

⑤ 제4항에 따른 고지거부에 관한 허가신청 및 심사에 필요한 사항은 대통령령으로 정한다.

제13조(재산등록사항의 목적 외 이용금지 등) 등록의무자는 허위등록이나 그 밖에 이 법에서 정한 사유 외에 등록된 사항을 이유로 불리한 처우나 처분을 받지 아니하며, 누구든지 재산등록사항을 이 법에서 정한 목적 외의 용도로 이용하여서는 아니 된다.

제14조(비밀엄수) 재산등록업무에 종사하거나 종사하였던 사람 또는 직무상 재산등록사항을 알게 된 사람은 다른 사람에게 이를 누설하여서는 아니 된다.

제14조의2(직무상 비밀을 이용한 재물취득의 금지) 등록의무자는 직무상 알게 된 비밀

을 이용하여 재물이나 재산상 이익을 취득하여서는 아니 된다.

제14조의3(금융거래 자료의 제공·누설 등 금지) 제8조 제5항에 따라 금융거래의 내용에 관한 자료를 제공받은 사람은 그 자료를 타인에게 제공 또는 누설하거나 그 목적 외의 용도로 이용하여서는 아니 된다.

제14조의4(주식의 매각 또는 신탁) ① 등록의무자 중 제10조 제1항에 따른 공개대상자와 기획재정부 및 금융위원회 소속 공무원 중 대통령령으로 정하는 사람(이하 "공개대상자등"이라 한다)은 본인 및 그 이해관계자(제4조 제1항 제2호 또는 제3호에 해당하는 사람을 말하되, 제4조 제1항 제3호의 사람 중 제12조 제4항에 따라 재산등록사항의 고지를 거부한 사람은 제외한다. 이하 같다) 모두가 보유한 주식의 총 가액이 1천만원 이상 5천만원 이하의 범위에서 대통령령으로 정하는 금액을 초과할 때에는 초과하게 된 날(공개대상자등이 된 날 또는 제6조의3 제1항·제2항에 따른 유예사유가 소멸된 날 현재 주식의 총 가액이 1천만원 이상 5천만원 이하의 범위에서 대통령령으로 정하는 금액을 초과할 때에는 공개대상자등이 된 날 또는 유예사유가 소멸된 날을, 제14조의5 제6항에 따라 주식백지신탁 심사위원회에 직무관련성 유무에 관한 심사를 청구할 때에는 직무관련성이 있다는 결정을 통지받은 날을, 제14조의12에 따른 직권 재심사 결과 직무관련성이 있다는 결정을 통지받은 경우에는 그 통지를 받은 날을 말한다)부터 1개월 이내에 다음 각 호의 어느 하나에 해당하는 행위를 직접 하거나 이해관계자로 하여금 하도록 하고 그 행위를 한 사실을 등록기관에 신고하여야 한다. 다만, 제14조의5 제7항 또는 제14조의12에 따라 주식백지신탁 심사위원회로부터 직무관련성이 없다는 결정을 통지받은 경우에는 그러하지 아니하다.

1. 해당 주식의 매각
2. 다음 각 목의 요건을 갖춘 신탁 또는 투자신탁(이하 "주식백지신탁"이라 한다)에 관한 계약의 체결
   가. 수탁기관은 신탁계약이 체결된 날부터 60일 이내에 처음 신탁된 주식을 처분할 것. 다만, 60일 이내에 주식을 처분하기 어려운 사정이 있는 경우로서 수탁기관이 공직자윤리위원회의 승인을 받은 때에는 주식의 처분시한을 연장할 수 있으며, 이 경우 1회의 연장기간은 30일 이내로 하여야 한다.
   나. 공개대상자등 또는 그 이해관계자는 신탁재산의 관리·운용·처분에 관여하지 아니할 것

다. 공개대상자등 또는 그 이해관계자는 신탁재산의 관리·운용·처분에 관한 정보의 제공을 요구하지 아니하며, 수탁기관은 정보를 제공하지 아니할 것. 다만, 수탁기관은 신탁계약을 체결할 때에 대통령령으로 정하는 범위에서 미리 신탁재산의 기본적인 운용방법을 제시할 수 있다.

라. 제14조의10 제2항 각 호의 어느 하나에 해당하는 사유가 발생하는 경우에는 신탁자가 신탁계약을 해지할 수 있을 것

마. 수탁기관이 선량한 관리자의 주의의무로써 신탁 업무를 수행한 경우에는 이로 인한 일체의 손해에 대하여 책임을 지지 아니할 것

바. 수탁기관은 신탁업무를 수행하는 기관으로서 「자본시장과 금융투자업에 관한 법률」에 따른 신탁업자 또는 집합투자업자일 것. 다만, 공개대상자등 또는 그 이해관계자가 최근 3년 이내에 임직원으로 재직한 회사는 제외한다.

② 삭제

③ 공개대상자등은 주식백지신탁계약의 체결 또는 해지로 인한 재산변동사항을 제6조 및 제11조에 따른 신고에 포함하여 함께 신고하여야 한다.

④ 제1항에 따라 주식백지신탁계약의 체결을 신고한 경우에는 그 신탁계약을 해지할 때까지 그 신탁재산은 제6조 및 제6조의2 제1항에 따른 신고대상에서 제외한다.

⑤ 제1항에 따라 주식을 매각하거나 백지신탁을 한 사실의 신고방법은 대통령령으로 정한다.

⑥ 제1항에 따른 신고와 신고사항의 심사 및 관리에 관하여는 제6조의2 제3항, 제7조, 제8조, 제8조의2, 제12조부터 제14조까지 및 제14조의3을 준용한다.

제14조의5(주식백지신탁 심사위원회의 직무관련성 심사) ① 공개대상자등 및 그 이해관계인이 보유하고 있는 주식의 직무관련성을 심사·결정하기 위하여 인사혁신처에 주식백지신탁 심사위원회를 둔다.

② 주식백지신탁 심사위원회는 위원장 1명을 포함한 9명의 위원으로 구성한다.

③ 주식백지신탁 심사위원회의 위원장 및 위원은 대통령이 임명하거나 위촉한다. 이 경우 위원 중 3명은 국회가, 3명은 대법원장이 추천하는 자를 각각 임명하거나 위촉한다.

④ 주식백지신탁 심사위원회의 위원은 다음 각 호의 어느 하나에 해당하는 자격을

갖추어야 한다.

1. 대학이나 공인된 연구기관에서 부교수 이상의 직이나 이에 상당하는 직에 5년 이상 근무하였을 것
2. 판사, 검사 또는 변호사로 5년 이상 근무하였을 것
3. 금융 관련 분야에 5년 이상 근무하였을 것
4. 3급 이상 공무원 또는 고위공무원단에 속하는 공무원으로 3년 이상 근무하였을 것

⑤ 위원장 및 위원의 임기는 2년으로 하되, 1차례만 연임할 수 있다. 다만, 임기가 만료된 위원은 그 후임자가 임명되거나 위촉될 때까지 해당 직무를 수행한다. <개정 2019. 12. 3.>

⑥ 공개대상자등은 본인 및 그 이해관계자가 보유한 주식이 직무관련성이 없다는 이유로 제14조의4 제1항에 따른 주식 매각의무 또는 주식백지신탁 의무를 면제받으려는 경우 또는 전보 등의 사유로 직위가 변경되어 직무관련성 심사를 받으려는 경우에는 본인 및 그 이해관계자 모두가 보유한 주식의 총 가액이 1천만원 이상 5천만원 이하의 범위에서 대통령령으로 정하는 금액을 초과하게 된 날(공개대상자등이 된 날, 제6조의3 제1항·제2항에 따른 신고유예 사유가 소멸된 날 또는 공개대상자등의 직위가 변경된 날 현재 주식의 총가액이 1천만원 이상 5천만원 이하의 범위에서 대통령령으로 정하는 금액을 초과할 때에는 공개대상자등이 된 날, 신고유예 사유가 소멸된 날 또는 공개대상자등의 직위가 변경된 날을 말한다)부터 1개월 이내에 주식백지신탁 심사위원회에 보유 주식의 직무관련성 유무에 관한 심사를 청구하여야 한다.

⑦ 주식백지신탁 심사위원회는 제6항에 따른 심사청구 일부터 1개월 이내에 해당 주식의 직무관련성 유무를 심사·결정하고 그 결과를 청구인에게 통지하여야 한다. 다만, 주식백시신탁 심사위원회는 필요하다고 인정될 때에는 그 의결로써 심사기간을 1개월의 범위에서 연장할 수 있다.

⑧ 주식의 직무관련성은 주식 관련 정보에 관한 직접적·간접적인 접근 가능성과 영향력 행사 가능성을 기준으로 판단하여야 한다.

⑨ 주식백지신탁 심사위원회는 주식의 직무관련성 유무를 심사하기 위하여 필요하면 공개대상자등에게 자료 제출을 요구하거나 서면질의를 할 수 있다.

⑩ 주식백지신탁 심사위원회는 주식의 직무관련성 유무를 심사하기 위하여 필요하면

관련 기관·단체 및 업체에 자료 제출을 요구할 수 있으며, 해당 기관·단체 및 업체는 정당한 사유가 없으면 요구에 응하여야 한다.

⑪ 주식백지신탁 심사위원회의 심사절차 및 운영 등에 필요한 사항은 대통령령으로 정한다.

제14조의6(주식취득의 제한) ① 제14조의4 제1항에 따라 주식백지신탁계약이 체결된 경우에는 그 신탁계약이 해지될 때까지는 공개대상자등과 이해관계자 중 어느 누구도 새로 주식을 취득하여서는 아니 된다. 다만, 이해관계자가 「상법」에 따른 주식회사의 발기인으로서 주식을 인수하는 경우에는 그러하지 아니하다.

② 공개대상자등은 본인 또는 이해관계자가 제1항에 따라 주식취득이 제한되는 기간에 같은 항 단서에 해당하는 경우 또는 상속이나 그 밖에 대통령령으로 정하는 사유로 주식을 취득하게 된 경우에는 취득한 날(상속의 경우에는 상속 개시를 알게 된 날을 말한다)부터 1개월 이내에 그 주식을 직접 매각 또는 백지신탁을 하거나 이해관계자로 하여금 그 주식을 매각 또는 백지신탁을 하도록 하고 그 사실을 등록기관에 신고하여야 한다. 다만, 주식백지신탁 심사위원회로부터 직무관련성이 없다는 결정을 통지받은 경우에는 그러하지 아니하다.

③ 제2항에 따른 주식백지신탁 및 직무관련성 심사에 관하여는 제14조의4 제3항부터 제6항까지 및 제14조의5를 준용한다.

제14조의7(신탁재산에 관한 정보제공금지 등) ① 제14조의4 제1항 또는 제14조의6 제2항에 따라 주식백지신탁계약이 체결된 경우 공개대상자등 및 그 이해관계자는 「자본시장과 금융투자업에 관한 법률」 제91조 및 제113조에도 불구하고 신탁업자·집합투자업자·투자회사·투자매매업자 또는 투자중개업자에 대하여 신탁재산의 관리·운용·처분에 관한 내용의 공개 등 정보의 제공을 요구할 수 없으며, 신탁업자·집합투자업자·투자회사·투자매매업자 또는 투자중개업자는 공개대상자등 또는 그 이해관계자의 정보 제공 요구에 응하여서는 아니 된다. 다만, 신탁업자·집합투자업자·투자회사·투자매매업자 또는 투자중개업자는 신탁재산을 처분한 후 그로 인하여 양도소득세 등 납세의무가 발생하는 경우 공개대상자등 및 그 이해관계자가 이를 자진 납부할 수 있도록 납세의무 이행에 필요한 정보를 해당 공개대상자등 또는 이해관계자에게 통지할 수 있다.

② 제14조의4 제1항 또는 제14조의6 제2항에 따라 주식백지신탁계약이 체결된 경우 공개대상자등 또는 그 이해관계자는 신탁재산의 관리·운용·처분에 관여하여서는 아니 된다.

제14조의8(신탁상황의 보고 등) ① 주식백지신탁의 수탁기관은 매년 1월 1일(주식백지신탁계약이 체결된 해의 경우에는 계약체결일)부터 12월 31일까지 신탁재산을 관리·운용·처분한 내용을 다음 해 1월 중에 관할 공직자윤리위원회에 보고하여야 한다. 이 경우 12월 중에 주식백지신탁계약이 체결되었으면 다음 해의 관리·운용·처분에 관한 내용과 함께 보고할 수 있다.

② 주식백지신탁의 수탁기관은 다음 각 호의 어느 하나에 해당하는 경우에는 이 사실을 관할 공직자윤리위원회에 통보하여야 하며, 공직자윤리위원회는 이를 신탁자에게 통지하여야 한다.

1. 처음 신탁된 주식의 처분이 완료된 경우
2. 신탁재산의 가액이 1천만원 이상 5천만원 이하의 범위에서 대통령령으로 정하는 금액 이하가 된 경우

③ 제2항에 따른 수탁기관의 통보시기 및 방법은 대통령령으로 정한다.

제14조의9(수탁기관에 대한 감독) 공직자윤리위원회는 수탁기관의 임직원이 이 법 또는 이 법에 따른 명령이나 처분을 위반하면 그 임직원에게 시정명령 또는 징계처분 등 적절한 조치를 취하도록 금융감독원장에게 요청할 수 있다.

제14조의10(주식의 매각요구 및 신탁의 해지) ① 주식백지신탁의 신탁자는 관할 공직자윤리위원회의 허가를 받아 수탁기관에 신탁재산을 모두 매각할 것을 서면으로 요구할 수 있다.

② 주식백지신탁의 신탁자는 다음 각 호의 어느 하나에 해당하는 사유가 발생하면 수탁기관에 주식백지신탁계약의 해지를 청구할 수 있다. 다만, 제2호의 경우에는 반드시 주식백지신탁계약의 해지를 청구하여야 한다.

1. 제14조의8 제2항 제2호에 따른 사항을 통지받은 경우
2. 제1항에 따른 매각요구를 받아 수탁기관이 신탁재산을 모두 매각한 경우
3. 퇴직·전보 등의 사유로 해당 공개대상자등이 공개대상자등에서 제외된 경우
4. 주식백지신탁 신탁자의 직위가 전보 등의 사유로 변경된 경우로서 제14조의5 제7

항에 따라 주식백지신탁 심사위원회로부터 변경된 직위와 백지신탁 관리·운용 중인 주식 간에 직무관련성이 없다는 결정을 통지받은 경우

5. 이해관계자로서 주식백지신탁의 신탁자가 되었으나 사후에 재산등록사항의 고지를 거부하거나 혼인 등의 이유로 그 이해관계자의 요건을 갖추지 못한 경우

③ 주식백지신탁의 수탁기관은 제2항에 따라 주식백지신탁계약이 해지되면 해지된 날부터 1개월 이내에 해지사유 및 그 해 1월 1일(주식백지신탁이 설정된 해에 해지된 경우에는 주식백지신탁이 설정된 날)부터 해지된 날까지 신탁재산을 관리·운용·처분한 내용을 관할 공직자윤리위원회에 보고하여야 한다. 이 경우 주식백지신탁계약이 1월 중에 해지되었으면 전년도의 관리·운용·처분에 관한 내용과 함께 보고할 수 있다.

제14조의11(이해충돌 직무에 대한 관여 금지) ① 공개대상자등은 다음 각 호의 기간 동안 공개대상자등 또는 그 이해관계자가 백지신탁한 주식이나 보유하고 있는 주식과 관련하여 해당 주식을 발행한 기업의 경영 또는 재산상 권리에 영향을 미칠 수 있는 직무에 결재, 지시, 의견표명 등의 방법을 통하여 관여해서는 아니 된다.

1. 제14조의4 제1항 제2호에 따라 주식백지신탁에 관한 계약을 체결한 경우: 처음 신탁된 주식의 처분이 완료될 때까지
2. 제14조의13 제1항에 따라 직위 변경을 신청한 경우: 직위 변경을 신청한 날부터 변경된 직위에서 직무관련성 심사를 받아 주식백지신탁 심사위원회로부터 직무관련성 없음 결정을 통보받은 날까지

② 공개대상자등은 제1항에 따라 직무를 회피하기 위하여 필요한 경우에는 해당 직무를 다른 사람으로 하여금 처리하게 하는 등의 조치를 하여야 한다.

③ 제1항에도 불구하고 공개대상자등은 법령에서 해당 직무를 직접 수행하도록 규정하고 있는 경우 등 직무회피가 불가능한 경우에는 백지 신탁한 주식 또는 보유하고 있는 주식과 관련한 직무에 관여할 수 있다.

④ 제3항에 따라 공개대상자등이 백지 신탁한 주식 또는 보유하고 있는 주식과 관련한 직무에 관여한 경우에는 매 분기 동안 해당 주식과 관련한 직무에 직접적 또는 간접적으로 관여한 내역을 매 분기 말일부터 10일 이내에 관할 공직자윤리위원회에 신고하여야 하며, 관할 공직자윤리위원회는 그 신고사항을 관보 또는 공보에 게재하여야 한다.

제14조의12(주식백지신탁 심사위원회 직권 재심사) 제14조의5에 따른 주식백지신탁 심사위원회는 제14조의5 제7항에 따른 결정사항이 다음 각 호의 어느 하나에 해당하는 경우로서 재적위원 과반수가 재심사할 공익상의 필요가 크다고 인정하는 경우에는 최초 결정이 있은 날부터 3년 이내, 직권 재심사 사유가 있음을 안 날부터 6개월 이내에 직권으로 재심사할 수 있다. 이 경우 주식백지신탁 심사위원회의 회의는 재적위원 3분의 2 이상의 찬성으로 의결한다.

1. 결정의 기초가 된 증거자료가 위조·변조 또는 고의로 누락된 사실이 밝혀진 경우
2. 심사과정에서 조사가 이루어지지 아니한 중요한 증거가 새로 발견된 경우
3. 심사과정의 심의·의결 절차 등에 관한 위법이 발견되었을 경우

제14조의13(주식과 직무관련성 없는 직위로의 변경 신청) ① 제14조의4 제1항에 따라 주식 매각의무 또는 주식백지신탁 의무가 발생한 공개대상자등은 그 의무가 발생한 날부터 1개월 이내에 공개대상자등 또는 그 이해관계자가 보유하고 있는 주식과 관련성이 있는 직무사항을 명시하여 소속 기관의 장 등에게 직위 변경을 신청할 수 있고, 신청을 받은 소속 기관의 장 등은 신청 일부터 1개월 이내에 해당 직무사항과 무관한 직위로 변경할 수 있다.

② 제1항에 따라 직위가 변경된 공개대상자등이 제14조의5 제6항에 따른 직무관련성 유무에 관한 심사를 청구하여 같은 조 제7항에 따라 직무관련성이 없다는 결정을 통지받은 경우에는 제14조의4 제1항에도 불구하고 주식의 매각 또는 주식백지신탁에 관한 계약을 체결하지 아니할 수 있다.

③ 제1항에 따른 신청일부터 1개월 이내에 직위 변경이 완료되지 아니한 경우에는 제14조의4 제1항 본문에 따른 의무 이행기간은 직위 변경 신청일부터 1개월이 경과한 날부터 기산한다.

제14조의14(주식의 매각 또는 신탁 사실의 공개) ① 제14조의4 제1항 또는 제14조의6 제2항에 따라 주식 매각 또는 주식백지신탁 계약의 체결 사실을 신고 받은 등록기관의 장은 해당 사실을 공개하여야 한다.

② 제14조의8 제2항 제1호에 따라 처음 신탁된 주식의 처분이 완료된 사실을 통보받은 관할 공직자윤리위원회는 해당 사실을 공개하여야 한다.

③ 제1항 및 제2항에 따른 공개 방법 등에 필요한 사항은 국회규칙, 대법원규칙, 헌

법재판소규칙, 중앙선거관리위원회 규칙 또는 대통령령으로 정한다.

제14조의15(기관별 주식취득의 제한) ① 국가기관의 장(국회는 국회사무총장, 법원은 법원행정처장, 헌법재판소는 헌법재판소사무처장, 중앙선거관리위원회는 중앙선거관리위원회 사무총장을 말한다. 이하 같다) 및 지방자치단체의 장은 기업 등에 대한 정보를 획득하거나 영향력을 행사하는 등 공익과 사익의 이해충돌이 발생할 우려가 있는 업무를 수행한다고 인정되는 부서의 제3조 제1항 각 호에 따른 공무원이 관련 분야의 주식을 새로 취득하는 것을 제한할 수 있다.

② 각 기관의 장은 제1항에 따라 소속 공무원의 주식 취득을 제한하려는 경우에는 그 제한방안을 관할 공직자윤리위원회에 보고하여야 한다.

③ 공직자윤리위원회는 제2항에 따른 제한방안에 대하여 개선을 권고할 수 있으며, 각 기관의 장은 특별한 사유가 없는 경우에는 이를 제한방안에 반영하고 그 결과를 공직자윤리위원회에 보고하여야 한다.

④ 제1항에 따른 업무의 범위 등에 관하여 필요한 사항은 국회규칙, 대법원규칙, 헌법재판소규칙, 중앙선거관리위원회 규칙, 대통령령 또는 지방자치단체의 조례로 정한다.

제15조(외국 정부 등으로부터 받은 선물의 신고) ① 공무원(지방의회의원을 포함한다. 이하 제22조에서 같다) 또는 공직유관단체의 임직원은 외국으로부터 선물(대가 없이 제공되는 물품 및 그 밖에 이에 준하는 것을 말하되, 현금은 제외한다. 이하 같다)을 받거나 그 직무와 관련하여 외국인(외국단체를 포함한다. 이하 같다)에게 선물을 받으면 지체 없이 소속 기관·단체의 장에게 신고하고 그 선물을 인도하여야 한다. 이들의 가족이 외국으로부터 선물을 받거나 그 공무원이나 공직유관단체 임직원의 직무와 관련하여 외국인에게 선물을 받은 경우에도 또한 같다.

② 제1항에 따라 신고할 선물의 가액은 대통령령으로 정한다.

제16조(선물의 귀속 등) ① 제15조 제1항에 따라 신고된 선물은 신고 즉시 국가 또는 지방자치단체에 귀속된다.

② 신고된 선물의 관리·유지 등에 관한 사항은 대통령령 또는 조례로 정한다.

제4장 퇴직공직자의 취업제한 및 행위제한 등

제17조(퇴직공직자의 취업제한) ① 제3조 제1항 제1호부터 제12호까지의 어느 하나에 해당하는 공직자와 부당한 영향력 행사 가능성 및 공정한 직무수행을 저해할 가능성 등을 고려하여 국회규칙, 대법원규칙, 헌법재판소규칙, 중앙선거관리위원회 규칙 또는 대통령령으로 정하는 공무원과 공직유관단체의 직원(이하 이 장에서 "취업심사 대상자"라 한다)은 퇴직일부터 3년간 다음 각 호의 어느 하나에 해당하는 기관(이하 "취업심사 대상기관"이라 한다)에 취업할 수 없다. 다만, 관할 공직자윤리위원회로부터 취업심사대상자가 퇴직 전 5년 동안 소속하였던 부서 또는 기관의 업무와 취업심사 대상기관 간에 밀접한 관련성이 없다는 확인을 받거나 취업승인을 받은 때에는 취업할 수 있다.

1. 자본금과 연간 외형거래액(「부가가치세법」 제29조에 따른 공급가액을 말한다. 이하 같다)이 일정 규모 이상인 영리를 목적으로 하는 사기업체
2. 제1호에 따른 사기업체의 공동이익과 상호협력 등을 위하여 설립된 법인·단체
3. 연간 외형거래액이 일정 규모 이상인 「변호사법」 제40조에 따른 법무법인, 같은 법 제58조의2에 따른 법무법인(유한), 같은 법 제58조의18에 따른 법무조합, 같은 법 제89조의6 제3항에 따른 법률사무소(이하 "법무법인 등"이라 한다)
4. 연간 외형거래액이 일정 규모 이상인 「공인회계사법」 제23조 제1항에 따른 회계법인
5. 연간 외형거래액이 일정 규모 이상인 「세무사법」 제16조의3 제1항에 따른 세무법인
6. 연간 외형거래액이 일정 규모 이상인 「외국법자문사법」 제2조 제4호에 따른 외국법자문법률사무소 및 같은 조 제9호에 따른 합작법무법인
7. 「공공기관의 운영에 관한 법률」 제5조 제3항 제1호 가목에 따른 시장형 공기업
8. 안전 감독 업무, 인·허가 규제 업무 또는 조달 업무 등 대통령령으로 정하는 업무를 수행하는 공직유관단체
9. 「초·중등교육법」 제2조 각 호 및 「고등교육법」 제2조 각 호에 따른 학교를 설립·경영하는 학교법인과 학교법인이 설립·경영하는 사립학교. 다만, 취업심사대상자가 대통령령으로 정하는 교원으로 취업하는 경우 해당 학교법인 또는 학교는 제외한다.
10. 「의료법」 제3조의3에 따른 종합병원과 종합병원을 개설한 다음 각 목의 어느 하나

에 해당하는 법인

가. 「의료법」 제33조 제2항 제3호에 따른 의료법인

나. 「의료법」 제33조 제2항 제4호에 따른 비영리법인

11. 기본재산이 일정 규모 이상인 다음 각 목의 어느 하나에 해당하는 법인

가. 「사회복지사업법」 제2조 제3호에 따른 사회복지법인

나. 「사회복지사업법」 제2조 제4호에 따른 사회복지시설을 운영하는 가목 외의 비영리법인

12. 다음 각 목의 어느 하나에 해당하는 사기업체 또는 법인·단체로서 대통령령으로 정하는 기준에 해당하는 사기업체 또는 법인·단체

가. 방위산업분야의 사기업체 또는 법인·단체

나. 식품 등 국민안전에 관련된 인증·검사 등의 업무를 수행하는 사기업체 또는 법인·단체

② 제1항 단서의 밀접한 관련성의 범위는 취업심사대상자가 퇴직 전 5년 동안 소속하였던 부서의 업무가 다음 각 호의 어느 하나에 해당하는 업무인 경우를 말한다.

1. 직접 또는 간접으로 보조금·장려금·조성금 등을 배정·지급하는 등 재정보조를 제공하는 업무
2. 인가·허가·면허·특허·승인 등에 직접 관계되는 업무
3. 생산방식·규격·경리 등에 대한 검사·감사에 직접 관계되는 업무
4. 조세의 조사·부과·징수에 직접 관계되는 업무
5. 공사, 용역 또는 물품구입의 계약·검사·검수에 직접 관계되는 업무
6. 법령에 근거하여 직접 감독하는 업무
7. 취업심사대상기관이 당사자이거나 직접적인 이해관계를 가지는 사건의 수사 및 심리·심판과 관계되는 업무
8. 그 밖에 국회규칙, 대법원규칙, 헌법재판소규칙, 중앙선거관리위원회 규칙 또는 대통령령으로 정하는 업무

③ 제2항에도 불구하고 다음 각 호의 어느 하나에 해당하는 취업심사대상자(이하 "기관업무기준 취업심사대상자"라 한다)에 대하여는 퇴직 전 5년간 소속하였던 기관의 업무가 제2항 각 호의 어느 하나에 해당하는 경우에 밀접한 관련성이 있는 것으로 본다.

1. 제10조 제1항 각 호에 따른 공개대상자
2. 고위공무원단에 속하는 공무원 중 제1호에 따른 공개대상자 외의 공무원
3. 2급 이상의 공무원
4. 공직유관단체의 임원
5. 그 밖에 국회규칙, 대법원규칙, 헌법재판소규칙, 중앙선거관리위원회 규칙 또는 대통령령으로 정하는 특정분야의 공무원과 공직유관단체의 직원

④ 제1항에 따른 취업 여부를 판단하는 경우에 「상법」에 따른 사외이사나 고문 또는 자문위원 등 직위나 직책 여부 또는 계약의 형식에 관계 없이 취업심사대상기관의 업무를 처리하거나 취업심사대상기관에 조언·자문하는 등의 지원을 하고 주기적으로 또는 기간을 정하여 그 대가로서 임금·봉급 등을 받는 경우에는 이를 취업한 것으로 본다.

⑤ 취업심사대상자가 퇴직 전 5년 동안 처리하였거나 의사결정과정에 참여한 제2항 각 호의 업무와 관련하여 다음 각 호의 어느 하나에 해당하는 경우 그 취업심사대상자가 소속하였던 부서의 업무는 해당 법무법인 등, 회계법인, 세무법인, 외국법자문법률사무소 또는 합작법무법인의 업무와 제1항 단서에 따른 밀접한 관련성이 있는 것으로 본다. <개정 2019. 12. 3.>

1. 법무법인 등이 사건을 수임(「변호사법」 제31조 제4항 각 호에 해당하는 수임을 포함한다)한 경우
2. 회계법인이 「공인회계사법」 제2조 각 호에 따라 업무를 수행한 경우
3. 세무법인이 「세무사법」 제2조 각 호에 따라 업무를 수행한 경우
4. 외국법자문법률사무소가 「외국법자문사법」 제24조 각 호에 따라 업무를 수행한 경우
5. 합작법무법인이 「외국법자문사법」 제35조의19에 따라 업무를 수행한 경우

⑥ 공직자윤리위원회는 제2항 및 제3항의 밀접한 관련성 여부를 판단하는 경우에 퇴직공직자의 자유 및 권리 등 사익과 퇴직공직자의 부당한 영향력 행사 방지를 통한 공익 간의 균형을 유지하여야 하며, 제3항 및 제5항에 따라 업무 관련성이 있는 것으로 보는 퇴직공직자에 대하여 제1항 각 호 외의 부분 단서에 따라 취업 승인 여부를 심사·결정하는 경우에 해당 업무 처리 등의 건수, 업무의 빈도 및 비중 등을 고려하

여 해당 취업심사대상자의 권리가 불합리하게 제한되지 아니하도록 하여야 한다.

⑦ 제1항부터 제3항까지의 규정에도 불구하고 제10조 제1항 각 호에 따른 공개대상자가 아닌 취업심사대상자 중 「변호사법」 제4조에 따른 변호사는 법무법인등과 합작법무법인에, 「공인회계사법」 제3조에 따른 공인회계사는 회계법인에, 「세무사법」 제3조에 따른 세무사는 세무법인에 각각 취업할 수 있다.

⑧ 제1항의 경우 부서 또는 기관의 범위, 취업심사대상기관의 규모 및 범위 등에 관하여는 국회규칙, 대법원규칙, 헌법재판소규칙, 중앙선거관리위원회 규칙 또는 대통령령으로 정한다.

⑨ 제1항부터 제3항까지의 규정에도 불구하고 취업심사대상자가 다음 각 호의 업무를 수행하기 위하여 취업하는 경우 제1항 단서에 따른 밀접한 관련성이 없는 것으로 본다. <신설 2019. 12. 3.>

1. 「비상대비자원 관리법」에 따른 비상대비업무
2. 「예비군법」에 따른 예비군부대의 지휘관 업무
3. 그 밖에 단순 집행적 업무로서 업무 관련성이 없다고 관할 공직자윤리위원회가 고시하는 업무

제18조(취업제한 여부의 확인 및 취업승인) ① 취업심사대상자가 제17조 제1항 단서에 따라 퇴직 전 5년 동안 소속하였던 부서 또는 기관의 업무와 취업심사 대상기관 간에 밀접한 관련성이 없다는 확인을 받아 취업심사대상기관에 취업을 하려는 경우에는 국회규칙, 대법원규칙, 헌법재판소규칙, 중앙선거관리위원회 규칙 또는 대통령령으로 정하는 바에 따라 퇴직 당시 소속되었던 기관의 장을 거쳐 관할 공직자윤리위원회에 제17조 제2항 및 제3항에 따라 취업이 제한되는지를 확인하여 줄 것을 요청하여야 한다.

② 취업심사대상자가 제17조 제1항 단서에 따라 취업승인을 받으려는 경우에는 국회규칙, 대법원규칙, 헌법재판소규칙, 중앙선거관리위원회 규칙 또는 대통령령으로 정하는 바에 따라 퇴직 당시 소속되었던 기관의 장을 거쳐 관할 공직자윤리위원회에 취업승인을 신청하여야 한다.

③ 제1항에 따라 취업제한 여부의 확인을 요청받거나 제2항에 따라 취업승인의 신청을 받은 관할 공직자윤리위원회는 국회규칙, 대법원규칙, 헌법재판소규칙, 중앙선거

관리위원회 규칙 또는 대통령령으로 정하는 바에 따라 심사 결과를 통지하여야 한다.

제18조의2(퇴직공직자의 업무취급 제한) ① 모든 공무원 또는 공직유관단체 임직원은 다른 법률에 특별한 규정이 있는 경우를 제외하고는 재직 중에 직접 처리한 제17조 제2항 각 호의 업무를 퇴직 후에 취급할 수 없다.

② 기관업무기준 취업심사대상자는 다른 법률에 특별한 규정이 있는 경우를 제외하고는 퇴직 전 2년부터 퇴직할 때까지 근무한 기관이 취업한 취업심사대상기관에 대하여 처리하는 제17조 제2항 각 호의 업무를 퇴직한 날부터 2년 동안 취급할 수 없다.

③ 제1항 및 제2항에도 불구하고 국가안보상의 이유나 공공의 이익을 위한 목적 등 해당 업무를 취급하는 것이 필요하고 그 취급이 해당 업무의 공정한 처리에 영향을 미치지 아니한다고 인정되는 경우로서 관할 공직자윤리위원회의 승인을 받은 경우에는 해당 업무를 취급할 수 있다.

④ 제2항에 따른 기관의 범위와 제3항의 승인절차 등 필요한 사항은 국회규칙, 대법원규칙, 헌법재판소규칙, 중앙선거관리위원회 규칙 또는 대통령령으로 정한다.

제18조의3(업무취급 제한 퇴직공직자의 업무내역서 제출) ① 제18조의2 제2항에 따라 퇴직 후 일정한 업무취급을 제한받는 기관업무기준 취업심사대상자는 퇴직 후 2년간 업무활동내역 등이 포함된 업무 내역서를 매년 작성하여 소속 취업심사대상기관의 장의 확인을 거쳐 관할 공직자윤리위원회에 제출하여야 한다.

② 관할 공직자윤리위원회는 제1항에 따라 제출받은 업무내역서를 검토하여 제18조의2 제2항 및 제3항의 위반 여부를 확인하여야 한다.

③ 제1항에 따른 업무 내역서에는 퇴직공직자가 관여한 사건·사무 등 업무활동내역 등을 기재하여야 하며, 업무 내역서에 포함되는 내용과 제출절차 등에 필요한 사항은 국회규칙, 대법원규칙, 헌법재판소규칙, 중앙선거관리위원회 규칙 또는 대통령령으로 정한다.

제18조의4(퇴직공직자 등에 대한 행위제한) ① 퇴직한 모든 공무원과 공직유관단체의 임직원(이하 "퇴직공직자"라 한다)은 본인 또는 제3자의 이익을 위하여 퇴직 전 소속 기관의 공무원과 임직원(이하 "재직자"라 한다)에게 법령을 위반하게 하거나 지위 또는 권한을 남용하게 하는 등 공정한 직무수행을 저해하는 부정한 청탁 또는 알선을 해서는 아니 된다.

② 재직자는 퇴직공직자로부터 직무와 관련한 청탁 또는 알선을 받은 경우 이를 소속 기관의 장에게 신고하여야 한다.

③ 누구든지 퇴직공직자가 재직자에게 청탁 또는 알선을 한 사실을 알게 된 경우 해당 기관의 장에게 신고할 수 있다.

④ 소속 기관의 장은 제2항 또는 제3항에 따라 신고된 사항에 대하여 제1항에 따른 부정한 청탁 또는 알선인지 여부를 판단하여야 하며, 수사의 필요성이 있다고 인정하는 경우 수사기관에 통보하여야 한다. 이 경우 소속 기관의 장은 신고된 사항과 수사기관에 통보한 사실을 관할 공직자윤리위원회에 통보하여야 한다.

⑤ 누구든지 제2항 및 제3항에 따른 신고자의 인적사항이나 신고자임을 미루어 알 수 있는 사실을 다른 사람에게 알려주거나 공개 또는 보도해서는 아니 된다. 다만, 해당 신고자가 동의한 경우에는 그러하지 아니하다.

⑥ 누구든지 신고자에게 신고를 이유로 불이익조치(「공익신고자 보호법」 제2조 제6호에 따른 불이익조치를 말한다. 이하 같다)를 해서는 아니 되며, 신고를 이유로 불이익조치를 받은 신고자는 신고를 받은 소속 기관의 장에게 원상회복이나 그 밖에 필요한 조치(이하 "보호조치"라 한다)를 신청할 수 있다. 다만, 거짓으로 신고한 경우는 그러하지 아니하다.

⑦ 보호조치의 신청을 받은 소속 기관의 장은 신고자가 신고를 이유로 불이익조치를 받았는지를 조사하고, 조사 결과 신고자가 신고를 이유로 불이익조치를 받았다고 인정될 때에는 보호조치를 취하여야 한다.

⑧ 소속 기관의 장은 신고자의 신고가 공직윤리의 확립에 기여했다고 인정하는 경우에는 신고자에게 「상훈법」 등의 규정에 따라 포상을 추천·수여하거나, 예산의 범위에서 포상금을 지급할 수 있다.

⑨ 제1항부터 제8항까지의 규정에 따른 신고와 신청의 절차 및 방법 등에 관하여 필요한 사항은 국회규칙, 대법원규칙, 헌법재판소규칙, 중앙선거관리위원회 규칙 또는 대통령령으로 정한다.

제18조의5(재직자 등의 취업청탁 등 제한) ① 재직 중인 취업심사대상자는 퇴직 전 5년 동안 처리한 업무 중 제17조 제2항 각 호에서 정하는 업무와 관련한 취업심사대상기관을 상대로 하여 재직 중 본인의 취업을 위한 청탁행위를 하여서는 아니 된다.

② 국가기관, 지방자치단체 또는 공직유관단체의 장은 해당 기관의 취업심사대상자를 퇴직 전 5년 동안 처리한 제17조 제2항 각 호에 따른 업무와 관련된 취업심사대상기관으로의 취업을 알선하는 행위를 하여서는 아니 된다.

제19조(취업자의 해임 요구 등) ① 관할 공직자윤리위원회는 제17조 제1항을 위반하여 취업한 사람이 있는 때에는 국가기관의 장 또는 지방자치단체의 장에게 해당인에 대한 취업해제조치를 하도록 요청하여야 하며, 요청을 받은 국가기관의 장 또는 지방자치단체의 장은 해당인이 취업하고 있는 취업심사대상기관의 장에게 해당인의 해임을 요구하여야 한다.

② 제1항에 따라 해임 요구를 받은 취업심사대상기관의 장은 지체 없이 이에 응하여야 한다. 이 경우 취업심사대상기관의 장은 그 결과를 국가기관의 장 또는 지방자치단체의 장에게 통보하고, 국가기관의 장 또는 지방자치단체의 장은 관할 공직자윤리위원회에 통보하여야 한다.

③ 제1항에 따른 해임 요구에 대하여 「행정소송법」 제3조에 따른 행정소송을 제기한 경우에는 그 소송이 제기된 때부터 법원의 판결이 확정될 때까지 제17조 제1항에 따른 해당인의 취업제한 기간의 진행이 정지된다. 다만, 해당 소송을 통하여 해임 요구 처분이 취소되거나 해임 요구 처분의 효력이 없는 것으로 확인된 경우에는 그러하지 아니하다.

제19조의2(취업 및 업무취급제한 위반 여부 확인방법 등) ① 국가기관, 지방자치단체 또는 공직유관단체의 장은 취업심사대상자가 퇴직한 경우에는 그 퇴직 후 3년 동안 관련 취업심사대상기관에의 취업 여부를 직접 확인하거나 국세청, 「국민건강보험법」 제13조에 따른 국민건강보험공단, 「국민연금법」 제24조에 따른 국민연금공단 및 「산업재해보상보험법」 제10조에 따른 근로복지공단에 자료(국세청의 경우 「소득세법」 제21조에 따른 기타소득에 관한 자료로 한정한다)를 요청하거나 조회하는 등의 방법으로 확인하여야 하며, 매년 1회 이상 그 점검 결과를 관할 공직자윤리위원회에 보고하여야 한다.

② 관할 공직자윤리위원회는 퇴직공직자가 제18조의2 제1항에 따른 업무취급제한 사항을 위반하였다고 의심할 만한 상당한 사유가 있는 경우에는 이를 확인하기 위하여 해당 공직자가 퇴직 당시 소속하였던 기관의 장 또는 「국민건강보험법」 제13조에 따른 국민건강보험공단, 「국민연금법」 제24조에 따른 국민연금공단 및 「산업재해보상

보험법」 제10조에 따른 근로복지공단에 관련 자료를 요청할 수 있다.

③ 관할 공직자윤리위원회는 취업제한, 업무취급의 제한 및 행위제한 등과 관련하여 관련 취업심사대상기관의 장에게 해당 자료 제출을 요구할 수 있으며, 취업심사대상기관의 장은 정당한 사유가 없으면 자료를 제공하여야 한다.

④ 관할 공직자윤리위원회는 제18조의2 제1항에 따른 업무취급 제한 사항을 위반하였다고 의심할 만한 상당한 사유가 있는 경우에는 국회규칙, 대법원규칙, 헌법재판소규칙, 중앙선거관리위원회 규칙 또는 대통령령으로 정하는 바에 따라 퇴직공직자가 취업한 기관·단체(취업심사대상기관은 제외한다)의 장에게 퇴직공직자의 담당업무 등에 대한 자료제출을 요구할 수 있다. 이 경우 해당 기관·단체의 장은 정당한 사유가 없으면 자료를 제공하여야 한다.

⑤ 인사혁신처장은 제1항에 따른 자료의 요청을 효율적으로 수행하기 위하여 다른 중앙행정기관, 지방자치단체 또는 공직유관단체의 장을 대신하여 필요한 자료를 일괄하여 요청할 수 있다. 다만, 국세청에 자료를 요청할 경우에는 인사혁신처장이 일괄하여 요청하여야 한다.

제19조의3(취업제한 여부의 확인, 취업승인, 업무취급승인 및 업무내역서 심사 기록의 작성·관리 및 결과의 공개) ① 관할 공직자윤리위원회는 다음 각 호의 어느 하나에 해당하는 심사를 하는 경우 각각의 심사사항에 대한 결정의 근거가 되는 사유를 회의록에 기록·관리하여야 하며, 심사를 완료한 때에는 그 심사 결과를 관할 공직자윤리위원회가 지정하는 인터넷 사이트에 공개하여야 한다.

1. 제18조에 따른 취업제한 여부의 확인 및 취업승인 심사
2. 제18조의2 제3항에 따른 업무취급승인 심사
3. 제18조의3 제2항에 따른 업무내역서 심사

② 제1항에 따라 심사 결과를 공개하는 경우 각각의 심사사항에 대한 구체적인 사유를 포함하여야 한다.

③ 제1항 및 제2항에 따른 심사 기록의 작성·관리와 심사 결과의 공개 항목 및 범위 등에 관하여 필요한 사항은 국회규칙, 대법원규칙, 헌법재판소규칙, 중앙선거관리위원회 규칙 또는 대통령령으로 정한다.

제19조의4(기관업무기준 취업심사대상자에 대한 취업이력공시) ① 공직자윤리위원회

는 기관업무기준 취업심사대상자의 퇴직일부터 10년 동안 취업심사대상기관에 취업한 현황을 매년 조사하여 그 취업이력을 공직자윤리위원회가 지정하는 인터넷 사이트에 다음 해 6월 30일까지 공시(公示)하여야 한다.

② 기관업무기준 취업심사대상자는 퇴직일부터 10년 동안 취업심사대상기관에 취업한 경우에는 취업 일부터 1개월 이내에 그 취업 사실을 퇴직 전 소속 기관의 장에게 신고하여야 한다. 이 경우 신고를 받은 퇴직 전 소속 기관의 장은 그 신고 사실을 지체 없이 관할 공직자윤리위원회에 통보하여야 한다.

③ 제1항에 따른 취업 현황 조사 및 공시의 내용·절차와 제2항에 따른 신고의 내용·절차 등에 관하여 필요한 사항은 국회규칙, 대법원규칙, 헌법재판소규칙, 중앙선거관리위원회 규칙 또는 대통령령으로 정한다.

제5장 보칙

제20조(기획·총괄기관) 인사혁신처장은 이 법에 따른 재산등록 및 공개, 주식의 매각 또는 신탁, 선물신고, 퇴직공직자의 취업제한 및 행위제한 등에 관한 기획·총괄업무를 관장한다.

제20조의2(국회 등에 대한 보고) ① 공직자윤리위원회는 매년 정기국회 개회 전까지 또는 해당 지방의회 2차 정례회 개최 전까지 전년도의 재산등록·선물신고 및 퇴직공직자의 취업제한에 관한 실태(제17조 제1항 단서에 따라 취업승인을 하거나 제18조 제3항에 따른 심사 결과 취업할 수 있다고 통지하는 때에는 그 결과를 포함한다)와 감독, 그 밖에 공직자윤리위원회의 활동에 관한 연차보고서를 제출하여야 한다.

② 제1항의 연차보고서 작성에 필요한 사항은 대통령령으로 정한다.

제20조의3(벌칙 적용에서 공무원 의제) 공직자윤리위원회와 제14조의5에 따른 주식백지신탁 심사위원회의 위원장 및 위원으로서 공무원이 아닌 사람은 「형법」 제129조부터 제132조까지의 규정을 적용할 때에는 공무원으로 본다.

제21조(위임규정) 이 법 시행에 필요한 사항은 국회규칙, 대법원규칙, 헌법재판소규칙, 중앙선거관리위원회 규칙, 대통령령 또는 지방자치단체의 조례로 정한다.

제6장 징계 및 벌칙

제22조(징계 등) 공직자윤리위원회는 공무원 또는 공직유관단체의 임직원이 다음 각 호의 어느 하나에 해당하면 이를 사유로 해임 또는 징계의결을 요구할 수 있다.

1. 제5조 제1항을 위반하여 재산등록을 하지 아니한 경우
2. 제5조 제1항, 제6조 제1항·제2항, 제6조의3, 제7조, 제10조 제2항 또는 제11조 제1항에 따른 재산등록, 변동사항 신고 등을 정당한 이유 없이 대통령령으로 정하는 기간 내에 마치지 아니한 경우
3. 제6조 제1항(10월부터 12월까지 중 등록의무자가 되어 같은 항에 따른 재산 변동사항을 신고하는 경우의 변동사항 신고에 관한 같은 조 제3항을 포함한다)·제8항, 제6조의2 및 제11조 제1항을 위반하여 변동사항 신고 또는 주식거래내역 신고를 하지 아니하거나 소명자료의 첨부 등을 하지 아니한 경우
4. 제8조 제13항에 따른 공직자윤리위원회의 소명 요구에 대하여 거짓으로 소명하거나 거짓 자료를 제출한 경우
5. 제8조 제14항을 위반하여 정당한 사유 없이 소명 또는 자료 제출을 하지 아니한 경우
6. 제10조 제3항(제11조 제2항에서 준용하는 경우를 포함한다)을 위반하여 허가 없이 등록사항을 열람·복사하거나 이를 하게 한 경우
7. 제12조 제1항(제6조의2 제4항 및 제11조 제2항에서 준용하는 경우를 포함한다)을 위반하여 허위등록 등 불성실하게 재산등록을 한 경우
8. 제12조 제2항(제6조의2 제4항 및 제11조 제2항에서 준용하는 경우를 포함한다)을 위반하여 공직자윤리위원회 등의 등록사항 심사에 응하지 아니한 경우
9. 제13조(제6조의2 제4항 및 제11조 제2항에서 준용하는 경우를 포함한다)를 위반하여 재산등록사항을 이 법에서 정한 목적 외의 용도로 이용한 경우
10. 제14조(제6조의2 제4항, 제11조 제2항 및 제14조의4 제6항에서 준용하는 경우를 포함한다)를 위반하여 재산등록사항을 다른 사람에게 누설한 경우
11. 제14조의4 제1항을 위반하여 신고를 하지 아니한 경우
12. 제14조의6을 위반하여 주식을 취득하거나 신고를 하지 아니한 경우
13. 제14조의7 제1항 본문을 위반하여 신탁재산의 관리·운용·처분에 관한 정보의 제

공을 요구한 경우

14. 제14조의7 제2항을 위반하여 신탁재산의 관리·운용·처분에 관여한 경우

14의2. 백지 신탁한 주식 또는 보유하고 있는 주식과 관련한 직무를 회피할 수 있음에도 불구하고 제14조의11 제1항을 위반하여 해당 주식과 관련한 직무에 관여하였거나 제14조의11 제4항을 위반하여 신고를 하지 아니한 경우

15. 제14조의10 제2항을 위반하여 주식백지신탁계약을 해지한 경우

16. 제15조를 위반하여 외국에서 받은 선물 또는 외국인에게 받은 선물을 신고 또는 인도하지 아니한 경우

17. 제18조의4 제2항을 위반하여 청탁 또는 알선을 받은 사실을 소속 기관의 장에게 신고하지 아니한 경우(같은 조 제4항에 따라 부정한 청탁 또는 알선으로 인정된 경우로 한정한다)

18. 제18조의5 제1항을 위반하여 취업을 위한 청탁행위를 한 경우

제23조(시정 권고) 관할 공직자윤리위원회는 국가기관, 지방자치단체 또는 공직유관단체의 장이 제18조의5 제2항을 위반하여 해당 기관의 취업심사대상자를 제17조 제2항 각 호의 업무와 관련된 취업심사대상기관으로 취업을 알선하는 경우에는 시정을 권고할 수 있다. 이 경우 시정 권고를 받은 국가기관, 지방자치단체 또는 공직유관단체의 장은 특별한 사유가 없으면 그 시정 권고에 따라야 한다.

제24조(재산등록 거부의 죄) ① 등록의무자가 정당한 사유 없이 재산등록을 거부하면 1년 이하의 징역 또는 1천만원 이하의 벌금에 처한다.

② 제10조의2 제1항 및 제2항에 따른 공직선거후보자 등이 정당한 사유 없이 등록대상재산에 관한 신고서를 제출하지 아니하면 6개월 이하의 징역 또는 500만원 이하의 벌금에 처한다.

제24조의2(주식백지신탁 거부의 죄) 공개대상자 등이 정당한 사유 없이 제14조의4 제1항 또는 제14조의6 제2항을 위반하여 자신이 보유하는 주식을 매각 또는 백지신탁하지 아니하면 1년 이하의 징역 또는 1천만원 이하의 벌금에 처한다.

제25조(거짓 자료 제출 등의 죄) 공직자윤리위원회(제8조 제11항에 따라 공직자윤리위원회로부터 재산등록사항에 관한 권한을 위임받은 등록기관의 장 등을 포함한다. 이하 제26조에서 같다) 또는 주식백지신탁 심사위원회로부터 제8조 제4항 및 제5항(제6조의2 제4항, 제11조

제2항 및 제14조의4 제6항에서 준용하는 경우를 포함한다) 또는 제14조의5 제10항에 따른 보고나 자료 제출 등을 요구받은 각 기관·단체·업체의 장이 거짓 보고나 거짓 자료를 제출하거나 정당한 사유 없이 보고 또는 자료 제출을 거부하면 1년 이하의 징역 또는 1천만원 이하의 벌금에 처한다.

제26조(출석거부의 죄) 공직자윤리위원회로부터 제8조 제6항(제6조의2 제4항, 제11조 제2항 및 제14조의4 제6항에서 준용하는 경우를 포함한다)에 따른 출석요구를 받은 사람이 정당한 사유 없이 출석요구에 응하지 아니하면 6개월 이하의 징역 또는 500만원 이하의 벌금에 처한다.

제27조(무허가 열람·복사의 죄) 제10조 제3항(제11조 제2항에서 준용하는 경우를 포함한다)을 위반하여 허가 없이 재산등록사항을 열람·복사하거나 이를 하게 한 경우에는 1년 이하의 징역 또는 1천만원 이하의 벌금에 처한다.

제28조(비밀누설의 죄) ① 제14조(제6조의2 제4항, 제11조 제2항 및 제14조의4 제6항에서 준용하는 경우를 포함한다)를 위반하여 재산등록업무에 종사하거나 종사하였던 사람 또는 직무상 재산등록사항을 알게 된 사람이 공개된 재산등록사항 외의 재산등록사항을 정당한 사유 없이 누설하면 1년 이하의 징역 또는 1천만원 이하의 벌금에 처한다.

② 제14조의3(제6조의2 제4항, 제11조 제2항 및 제14조의4 제6항에서 준용하는 경우를 포함한다)을 위반하여 금융거래의 내용에 관한 자료를 제공받은 사람이 그 자료를 타인에게 제공 또는 누설하거나 그 목적 외의 용도로 이용하면 3년 이하의 징역 또는 2천만원 이하의 벌금에 처한다.

③ 제2항의 징역형과 벌금형은 함께 부과할 수 있다.

제28조의2(주식백지신탁 관여금지 위반의 죄) ① 공개대상자등 또는 그 이해관계자가 제14조의7 제1항 본문을 위반하여 신탁재산의 관리·운용·처분에 관한 정보제공을 요구하거나, 신탁업자·집합투자업자·투자회사·투자매매업자 또는 투자 중개업자의 임직원이 정보제공 요구에 응하면 각각 1년 이하의 징역 또는 1천만원 이하의 벌금에 처한다.

② 공개대상자등 또는 그 이해관계자가 제14조의7 제2항을 위반하여 신탁재산의 관리·운용·처분에 관여하면 1년 이하의 징역 또는 1천만원 이하의 벌금에 처한다.

제29조(취업제한, 업무취급 제한 및 행위제한 위반의 죄) 다음 각 호의 어느 하나에 해

당하는 자는 2년 이하의 징역 또는 2천만원 이하의 벌금에 처한다.

1. 제17조 제1항을 위반하여 취업승인을 받지 않고 밀접한 업무관련성이 있는 취업심사대상기관에 취업한 사람
2. 제18조의2 제1항을 위반하여 재직 중 본인이 직접 처리한 업무를 퇴직 후 취급한 사람
3. 제18조의4 제1항을 위반하여 퇴직 전 소속 기관의 임직원을 상대로 부정한 청탁 또는 알선 행위를 한 사람

제30조(과태료) ① 제18조의2 제2항을 위반하여 퇴직 전 2년부터 퇴직한 때까지 근무한 기관의 업무를 취급한 사람에게는 5천만원 이하의 과태료를 부과한다. <개정 2015. 12. 29.>

② 다음 각 호의 어느 하나에 해당하는 사람에게는 2천만원 이하의 과태료를 부과한다. <개정 2014. 12. 30., 2015. 12. 29., 2019. 12. 3.>

1. 공직자윤리위원회가 제8조의2 제2항 제2호(제6조의2 제4항, 제11조 제2항 및 제14조의4 제6항에서 준용하는 경우를 포함한다)에 따라 과태료 부과 대상으로 결정한 사람
2. 제8조 제13항에 따른 공직자윤리위원회의 소명 요구에 거짓으로 소명하거나 거짓 자료를 제출한 사람
3. 제8조 제14항을 위반하여 정당한 사유 없이 소명 또는 자료 제출을 하지 아니한 사람
4. 제19조의2 제3항에 따른 자료 제출요구를 정당한 사유 없이 거부하거나 거짓 자료를 제출한 취업심사대상기관의 장

③ 다음 각 호의 어느 하나에 해당하는 사람에게는 1천만원 이하의 과태료를 부과한다. <개정 2014. 12. 30., 2015. 12. 29., 2019. 12. 3.>

1. 제5조 제1항, 제6조 제1항·제2항, 제6조의3, 제7조, 제10조 제2항 또는 제11조 제1항에 따른 재산등록, 변동사항 신고 등을 정당한 이유 없이 대통령령으로 정하는 기간 내에 마치지 아니한 사람
2. 제12조 제1항(제6조의2 제4항 및 제11조 제2항에서 준용하는 경우를 포함한다)을 위반하여 허위등록 등 불성실하게 재산등록을 한 사람
3. 제12조 제2항(제6조의2 제4항 및 제11조 제2항에서 준용하는 경우를 포함한다)을 위반하여

공직자윤리위원회 등의 등록사항 심사에 응하지 아니한 사람

4. 제14조의6을 위반하여 주식을 취득하거나 신고를 하지 아니한 사람
5. 제14조의10 제2항을 위반하여 주식백지신탁계약을 해지한 사람
6. 백지 신탁한 주식 또는 보유하고 있는 주식과 관련한 직무를 회피할 수 있음에도 불구하고 제14조의11 제1항을 위반하여 해당 주식과 관련한 직무에 관여하였거나 제14조의11 제4항을 위반하여 신고를 하지 아니한 사람
7. 제15조를 위반하여 외국에서 받은 선물 또는 외국인에게 받은 선물을 신고 또는 인도하지 아니한 사람
8. 제18조 제1항을 위반하여 취업제한 여부의 확인을 요청하지 아니하고 취업심사대상기관에 취업한 사람
9. 제18조의3 제1항을 위반하여 업무 내역서를 제출하지 아니하거나 거짓으로 제출한 사람
10. 제19조 제2항에 따른 해임 요구를 거부한 취업심사대상기관의 장
11. 제19조의4 제2항 전단을 위반하여 취업심사대상기관에 취업한 사실을 취업 일부터 1개월 이내에 퇴직 전 소속 기관의 장에게 신고하지 아니한 사람

④ 제3항에도 불구하고 같은 항 제1호부터 제5호까지에 해당하는 경우 제22조에 따라 해임 또는 징계의 의결이 있은 후에는 과태료를 부과하지 아니하며, 과태료가 부과된 후에는 해임 또는 징계의 의결을 하지 아니한다.

⑤ 관할 공직자윤리위원회는 제1항부터 제3항까지의 과태료 부과 대상자에 대하여는 그 위반사실을 「비송사건절차법」에 따른 과태료 재판 관할 법원에 통보하여야 한다.

부칙(생략)

참고문헌

강보현(2015), 기업윤리, 서울: 도서출판 라온.

권영준(1998), “결함 제조물에 대한 경고의무의 근거”, 재산법 연구.

권한용(2011), “기업의 사회적 책임에 대한 국제적 논의와 법적 과제,” 東亞法學 第53號, pp.717~752.

김경동·김여진(2010), 한국의 사회윤리–기업윤리·직업윤리·사이버윤리, 서울: 철학과 현실사.

김성수(2000), 기업경영윤리론, 서울: 삼영사.

김성수(2009), 21세기의 윤리경영론, 서울: 탑북스.

김승범(2017), 윤리경영의 구조적 이해, 서울경제경영.

김정원·김찬중·권종욱·설승현(2018), 서울: 도서출판 범한.

김희수(2004), 기독교윤리학의 이론과 방법론, 서울: 동문선.

김희수(2011), 기독교윤리학, 서울: 동문선.

노순규(2012), 윤리경영과 기업윤리, 서울: 한국기업경영연구원.

마누엘G. 벨라스케즈 저(2002), 기업윤리, 매일경제신문사.

문경옥(2006), “기업윤리의식 함양을 위한 교육방법 연구,” 중앙대학교 교육대학원 석사학위논문.

박희준·정민영(2010), “인사관리의 윤리경영”, 윤리경영연구, 12(2), pp.16~32.

서인덕·배성현(2011), 기업윤리, 서울: 경문사.

서인덕, 배성현, 안성익(2016), 기업윤리, 서울: 경문사.

심영규(2011), “기업형 슈퍼마켓(SSM) 규제에 대한 국제통상법적 고찰”, 한양법학, 제2권, 제1집 (통권 제33집).

오성근(2006), “기업의 사회적 책임(CSR)과 사회적 책임투자(SRI)에 관한 고찰,” 비교사법, pp.505~543.

윤대혁·윤정현·김대수(2019), 글로벌시대의 윤리경영론, 서울: 탑북스.

이우채·최원근(2003), “미국과 프랑스의 기업윤리시스템 비교연구”, 국제지역연구, 제7권 제1호, pp.229~256.

이재현(2000), 인터넷과 사이버사회, 서울 : 커뮤니케이션북스.

이종영(1997). 기업윤리 교육의 효과, 경영교육연구. No. 1, pp.5~18.

이종영(2002), 광고의 윤리, 마케팅연구원, 마케팅 36(10).

이종영(2013), 기업윤리－윤리경영의 이론과 실제, 서울: 탑북스.

임태순(2011), 기업윤리, 한국학술정보(주).

장화익(2007), "근로자 내부고발보호제도 국제비교 : 영·미·일의 사례와 시사점," 한국노동연구원, 노동정책연구 7(2), pp.227~264.

정예슬·박지영·손영우·하유진(2013), "직업가치 유형이 조직몰입에 미치는 차별적 영향 : 직무열의, 직무만족의 매개효과와 개인－조직 적합성의 조절효과", 한국심리학회지, Vol. 26, No. 4, pp.507~532.

정운용(2011), 옳은 경영이 세상을 바꾼다, 라이프맵.

정원규(2007). "경영자를 위한 기업윤리 교육과정에 대한 철학적 반성과 제안," 한국철학회, pp.159~190.

정원규, 최성호, 윤훈용, 임석준(2006), "기업의 사회적 책임(CSR) 평가체제 추론을 위한 이론적 고찰," 21세기 정치학회 제16집 1호, pp.378~379.

최만기·김영복(2011), 현대사회와 윤리경영, 서울: 탑북스.

최성백(2010), 기업의 환경변화와 기업윤리에 대한 고찰, 한국일본근대학회.

최애경, 직업윤리와 기업윤리, 청람, 2018.

최영태(2014), 인간 삶의 윤리적 판단기준에 대한 연구, 기독교를 더 이해하기.

허정림·김영랑·박상규(2013), 소음도 보이지 않는 오염이에요, 재미있는 환경 이야기.

홍성태 엮음(1997), 사이보그를 위한 선언문 : 1980년대에 있어서 과학, 테크놀로지, 그리고 사회주의 페미니즘, 서울: 문화과학사.

국가수자원관리종합정보시스템(http://www.wamis.go.kr).

국민권익위원회(2011), ISO26000에 대한 이해를 돕기 위하여, 기업윤리브리프스.

기업윤리실천 매뉴얼(2000), 기업윤리 실무 지침서, 전국경제인연합회 한국기업윤리학회.

기업의 윤리경영 매뉴얼과 사례(2012), 전경련 윤리경영팀, 서울: FKI미디어.

네이버 지식백과.

네이버 지식사전, 기업윤리.

네이버 지식백과, 수질 오염(Water pollution), 지질학백과.

네이버 지식백과, 해양오염(marine pollution), 해양학백과

전경련(2007), 윤리경영 추진실태와 과제, FKI ISSUE PAPER, 제72호, 3면.

전경련(2008), 국내외 CSR 추진조직 운영현황과 시사점.

환경부(2007), 오염토양 정화방법 가이드라인.

환경부, 토양정화체계 개선방안 연구, July, 2012.

리사 H. 뉴턴, 일레인 E. 잉글하트, 마이클 S. 프리처드, 제임스 곽, 로버트 A. 라머지음, 권루시안 옮김, 당신의 선택은 기업윤리?, 양철북, 2015.

http://www.posco.co.kr

http://sec－audit.com

https://corp.kt.com/html/sustain/transparent/ethics_01.html

Barry V.(1983), Moral Issues in Business, Belmont, Califrnia: Wordsworth Pubishing Co, pp.57~67.

Biocca, Frank(1997), "The Cyborg's Dilemma: Progressive Embodiment in Virtual Environments", *Journal of Computer－Mediated Communication*, 3: 2. pp.102~124.

Brummer, J. J.(1991), Corporate responsibility and legitimacy : An interdisciplinary analysis. New.

De George, Richard T.(1993), *Competing with Integrity in International Business*, New York, Oxford University Press.

Edward A. Keller (2012), "Introduction to Environmental Geology", PEARSON, pp.610~613.

Edward A. Keller(2012), Introduction to Environmental Geology, PEARSON, pp. 466~499.

Gandz, J. & N. Hayes(1988). "Teaching Business Ethics", *Journal of Business Ethics*, No. 7, pp.657~669.

Ghillyer, A.(2008), Business Ehtics: A Real World Approach, McGraw－Hill, Boston.

Mitra, Ananda & Cohen, Elisia(1999), Analyzing the Web : Directions and Challenges. In Jones, Steve (ed.), Doing Internet Research : Critical Issues and Methods for Examining the Net. Newbury Park, CA : Sage, pp.179~202.

Parmental. George. L.(1989), "The Course in Business Ethics : Can it work?". *Journal of Business Ethics*, No. 8, pp.547~551.

Pennings, J. M.(1970), "Work－value systems of white－collar workers", *Administrative Science Quarterly*, 15, pp.397~405.

Steuer, Jonathan.(1992), "Defining Virtual Reality : Dimensions Determining Telepresence", *Journal of Communication*, 42: 4, pp.73~93.

Sutton, F. X.(1956), The American Business Creed, Harvard University Press, Cambridge.

Wollack, S. J., Goodale, J., Witjing, & Smith, P.(1971), "Development of the survey of work values", *Journal of Applied Psychology*, 55, pp.331~338.

Zafirakou, A., Themeli, S., Tsami, E., & Aretoulis, G.(2018), Multi－Criteria Analysis of Different Approaches to Protect the Marine and Coastal Environment from Oil Spills. Journal of Marine Science and Engineering, 6(4), pp.125~143.

찾아보기

ㄱ

각국의 기업윤리교육 119
강보현 193
거래 기업 간 윤리문제 296
결합 재무제표 337
경영자의 사회적 책임 164
경제적 책임 162
계속기업 11, 162
계층별 기업윤리교육 122
고용 205
공기업 윤리교육 125
공리(功利)의 원리 37
공리주의 윤리론 36
공매도 363
공정관리의 윤리 289
공직자윤리법 466
공직자청렴성수사국 105
광고 윤리 246
광고대행사의 윤리 246
광고매체의 윤리 248
광고윤리강령 251
광고윤리의 관리 251
광고주의 윤리 247
교육훈련 210
교화 131
국가윤리 9
국제노동기구(ILO) 204
국제소비자연맹 254
국제윤리 9
국제표준의 노무관리 203
국제회계기준 338
규범(norm) 6
그룹학습 130
근로생활의 질(QWL) 203
기업 공시제도의 의미 275
기업공개 270
기업공개의 개선방안 273
기업공개의 윤리 272
기업윤리 관리제도 98
기업윤리 인식의 변천 과정 16
기업윤리 8
기업윤리강령 58, 70
기업윤리강령의 개념 58
기업윤리강령의 작성 69
기업윤리강령의 제정 목적 69
기업윤리교육 113
기업윤리교육의 내용 122
기업윤리교육의 목적 116
기업윤리교육의 방법 128
기업윤리교육의 필요성 113
기업윤리교재 128
기업윤리실 95

기업윤리위원회 95
기업윤리의 개념 11
기업윤리의 구성요소 19
기업윤리헌장 69
기업의 사회적 책임 145, 161
기업의 사회적 책임에 대한 인식 변화 147
기업의 사회적 책임의 유형 163
기업의 사회적 책임의 필요성 159
기업의 윤리적 판단기준 21
기업지배구조 279
기업회계기준 337

ㄴ

난매시장 245
내부 고발자의 보호 218
내부고발 시 고려사항 216
내부고발 213
내부고발의 개념 213
내부고발의 성격 213
내부고발의 요건 214
내부신고 시 유의사항 217
내부자 거래 277
내재적 직업가치 192
노동에 대한 인식 188
노사관계 212

ㄷ

단체행동의 권리 204
대기업의 기업윤리교육 127
대기오염 383
대내적 책임 164
대외적 책임 166
대응단계 18
데이비드 챈들러 146
데이비스(K. Davis) 149
도덕(mores) 6
드조지(Ricahrd T. De George) 216

ㄹ

라이덴바흐와 로빈 17
로버트 벨라 191
록펠러(J. D. Rockefeller) 148
롤스의 정의론 45

ㅁ

마이클 포터 153
마케팅 윤리 236
마케팅 윤리의 개념 235
마케팅 윤리의 본질 235
마케팅 윤리의 체계 236
마케팅 윤리의 특징 237
마크 크라이머 153
막스 베버(Max Weber) 8
매너(W. Maner) 315
맥과이어(J. W. McGuire) 149
맥레드(S. MacLeod) 174
멘토링 제도 133
목적론적 윤리방법론 22
무지의 베일 44
문경옥 128
미국의 기업윤리 시스템 102
미국의 기업윤리교육 121

미국의 내부자 고발 법적 보호 219
미연방특별조사국 105
미투운동(#MeToo) 198

ㅂ

바텔스(L. Bartels) 11
반경쟁적 가격책정 240
발행시장 361
배리(V. Barry) 24
법(raw) 6
법적 책임 162
벤담 36
보건관리 211
보겔(D. Vogel) 153
보험소비자의 윤리 370
보험업의 윤리 368
보험판매인의 윤리 369
보험회사의 윤리 368
부도덕단계 17
부루머(Brummer) 157
분식회계 340
분식회계의 개념 340
분식회계의 동기 341
분식회계의 목적 344
분식회계의 유형 345
비윤리적 행동 62

ㅅ

사무국 97
사이버 교육 134
사이버 문화 316
사이버 범죄 323
사회윤리 9
사훈 69
산업재해관리 294
산업재해의 윤리적 의미 295
삼성전자 윤리·준법 경영 424
상대주의 윤리론 39
상대주의 윤리론의 개념 39
상대주의 윤리론의 문제점 41
상황론적 윤리방법론 24
생산관리 윤리의 개념 287
생산관리 윤리의 내용 289
생산관리의 목표 292
성희롱 199
소비자보호 운동 254, 256
소비자보호 운동의 의미 254
소음오염 392
수질오염 384
쉰(Roger L. Shinn) 24
스테이너(Steiner) 150
스톡옵션 343
승진 206
식품오염 393
실천으로서 기업윤리 20
심정윤리 10

ㅇ

안전관리 210
앨빈 토플러 312
약탈적 가격책정 241
업무부서별 교육 프로그램 137

역할연기/경영게임 132
영국의 공익정보 개시법 223
영역별 기업윤리교육 124
외국의 기업윤리시스템 102
외재적 직업가치 192
우드(D. J. Wood) 153
워터게이트 사건 104
월튼(C. C. Walton) 150
윌리엄 워서 146
유럽연합(EU) 178
유통경로 242
유통시장 361
유해정보의 유통 327
윤리(ethics) 5
윤리 범주 7
윤리 선진단계 19
윤리 수준 7
윤리강령 제정 절차 74
윤리강령의 내용 76
윤리강령의 작성 원칙 70
윤리강령의 주요 내용 72, 73
윤리관 태동단계 19
윤리교육 프로그램의 개발 136
윤리담당임원 96
윤리상담센터 231
윤리의 구분 9
윤리의 영역과 범주 10
윤리적 사회적 책임 158
윤리적 책임 162
은행업의 역할 358
은행업의 윤리 358, 360
의무론적 윤리론 31
의무론적 윤리방법론 23
의무주의 윤리론의 개념 31
의무주의 윤리론의 장·단점 36
이기주의 윤리론 48
이론으로서 기업윤리 20
이종영 196, 202
이타적 사회적 책임 158
이해관계자를 위한 교육 프로그램 138
인적자원관리의 환경변화 188
인터넷 윤리 315
일본의 공익통보자 보호제도 227
일임매매 366
임마누엘 칸트 32

ㅈ

자발적 CSR의 필요성 160
자선활동 책임 163
자율경영 팀 209
자재관리의 윤리 290
재무관리에서의 윤리 영역 269
재무관리와 윤리 268
저작권 침해 324
전략적 사회적 책임 158
전사적 품질경영(TQM) 209
정보관리와 윤리문제 323
정보침해 324
정보화 사회 개념 312
정보화 사회의 윤리 314
정부윤리법 103
정의주의 윤리론 42

제도로서의 기업윤리 21
제조물 결함의 유형 304
제조물의 결함판단 기준 304
제조물책임 300
제품의 윤리 238
제품포지셔닝 239
조사위원회 구성 100
조사제도 100
조직개발 208
조직설계 207
존 롤스(John Rawls) 42, 43
존 스튜어트 밀 36
존스(Jones) 151
종업원 행동지침 70
종업원의 권리 196
종업원행동지침 문답 70
준법단계 18
중소기업 윤리교육 126
증권거래법 277
증권업의 윤리 361
증권집단소송제도 280
직급별 윤리경영 교육 프로그램 137
직무설계 208
직업 가치 192, 193
직업에 대한 인식 190, 193
직업윤리 7
직업의 의미 190
직접마케팅 242
집단소송제 339
징계 결과 통보 102
징계위원회 구성 101
징계절차 101

ㅊ

차별적 가격책정 241
책임윤리 10
최영태 21
친환경경영의 실천 400

ㅋ

카네기(Andrew Carnegie) 148
칸트의 의무론 34
캐롤(A. B. Carroll) 151, 152

ㅌ

텔레마케팅 243
토론 130
토양오염 390
통합론적 윤리방법론 24
특수기업윤리교육 124

ㅍ

판매촉진 245
평행가격책정 240
폐기물오염 391
품질관리의 윤리 291
프랑스의 기업윤리시스템 106
프레데릭(W. C. Frederick) 149
프리드먼 170
피터 드러커(P. Drucker) 151

ㅎ

한국기업윤리학회 122
한국의 기업윤리교육 119
한국채택국제회계기준(K-IFRS) 336
해양오염 388
해양오염의 종류 388
해양오염의 특성 388
해외부패방지법 103
협의 재무관리 268
홈즈(S. Holmes) 150
환경경영 377
환경경영의 개념 377
환경경영의 동인 378
환경경영의 필요성 378, 379
환경과 삶의 질 380
환경마인드 394
환경보호의 생활화 399
환경오염 발생의 주체 381
환경오염과 건강 399
환경오염의 유형 383
회계감리 338
회계감리제도의 개선 338
회계감사인의 윤리의식 350
회계담당자의 회계윤리 349
회계윤리 337
회계윤리의 개념 332
회계윤리의 본질 332
회계윤리의 중요성 333
회계의 투명성 348
회계제도 개선 335

기타

Andrew Ghillyer 158
Brown 132
CSR에 대한 부정론 170
CSR에 대한 절충론 171
CSR의 찬성론 168
Herbart A. Carrol 161
ISO 9000 203
ISO 14000 203
ISO 26000 180
Kohlberg 351
KT 윤리경영 430
OCED 15
POSCO 윤리경영 408
SA 8000 203
UN Global Compact 176

[저자 약력]

변 상 우

부산대학교 대학원 경영학과(경영학박사)
신라대학교 경영학과 겸임교수 역임
부산가톨릭대학교 경영학과 조교수 역임
현, 부산대학교 교육인증원 강의전담교수

저 서

최신 인적자원관리론(무역경영사, 2005)
리더십(도서출판 청람, 2016)
경영조직의 이해(피앤씨미디어, 2016)
글로벌 시대의 노사관계론(피앤씨미디어, 2017)
21세기를 선도하기 위한 경영학의 이해(피앤씨미디어, 2018)
조직행동론(피앤씨미디어, 2019)

논 문

지적자본의 체계적 관리가 조직유효성에 미치는 영향에 관한 연구(산업경제연구)
윤리경영과 조직시민행동과의 관계에 있어서 신뢰의 역할(인적자원관리연구)
HRM 유형과 조직특성이 조직유효성에 미치는 영향에 관한 연구(산업경제연구)
셀프 리더십이 목표몰입에 미치는 영향에 관한 연구(경영과 정보연구)
웨딩산업종사자의 교환관계가 직무만족과 자발적 서비스 의도에 미치는 영향에 관한 연구(경영과 정보연구)
비전이 학교생활에 미치는 영향에 관한 연구(경영과 정보연구)
관광지 선택 동기가 관광지 이미지, 재방문의도에 미치는 영향에 관한 연구(경영과 정보연구) 외 다수

기업윤리

초판인쇄 2020년 7월 25일
초판발행 2020년 7월 31일

지은이 변상우
펴낸이 박노일

총괄기획 김중용·최준규
편 집 심성보·김인숙

펴낸곳 pnc publishing and culture 피앤씨미디어
경기도 고양시 일산동구 강송로 153 310-1501
등록 제396-2012-000203호
전 화 070)7550-3758 팩 스 02)718-8554
홈페이지 www.pncmedia.co.kr 이메일 pnc@pncmedia.co.kr
ISBN 979-11-5730-750-0 93320

정 가 28,000원